人民·联盟文库

顾问委员会

由人民出版社市场联盟成员社社长、总编辑组成

编辑委员会

（以姓氏拼音为序）

主　任：陈有和

副主任：杜培斌　潘少平　王德树

委　员：陈令军　姜　辛　刘锦泉　刘智宏

王　路　许方方　徐佩和　张文明

中共重大历史事件亲历记

(1949—1980)

李海文 主编

四川人民出版社
人民出版社

出版说明

人民出版社及全国各省市自治区人民出版社是我们党和国家创建的最重要的出版机构。几十年来，伴随着共和国的发展与脚步，他们在宣传马克思列宁主义、毛泽东思想、邓小平理论、“三个代表”重要思想，深入贯彻落实科学发展观，坚持走有中国特色社会主义道路方面，出版了大量的各种类型的优秀出版物，为丰富人民群众的学习、文化需求作出了不可磨灭的贡献，发挥了不可替代的作用。但由于环境、地域及发行渠道等诸多原因，许多精品图书并不为广大读者所知晓。为了有效地利用和二次开发全国人民出版社及其他成员社的优秀出版资源，向广大读者提供更多更好的精品佳作，也为了提升人民出版社市场联盟的整体形象，人民出版社市场联盟决定，在全国各成员社已出版的数十万个品种中，精心筛选出具有理论性、学术性、创新性、前沿性及可读性的优秀图书，辑编成《人民·联盟文库》，分批分次陆续出版，以飨读者。

《人民·联盟文库》的编选原则：1. 充分体现人民出版社的政治、学术水平和出版风格；2. 展示出各地人民出版社及其他成员社的特色；3. 图书主题应是民族的，而不是地区性的；4. 注重市场价值，要为读者所喜爱；5. 译著要具有经典性或重要影响；6. 内容不受时间变化之影响，可供读者长期阅读和收藏。基于上述原则，《人民·联盟文库》未收入以下图书：1. 套书、丛书类图书；2. 偏重于地方的政治类、经济类图书；3. 旅游、休闲、生活类图书；4. 个人的文集、年谱；5. 工具书、辞书。

《人民·联盟文库》分政治、哲学、历史、文化、人物、译著六大类。由于所选原书出版于不同的年代、不同的出版单位，在封面、开本、版式、材料、装帧设计等方面都不尽一致，我们此次编选，为便宜读者阅读，全部予以统一，并在封面上以颜色作不同类别的区分，以利读者的选购。

人民出版社市场联盟委托人民出版社具体操作《人民·联盟文库》的出版和发行工作，所选图书出版采用联合署名的方式，即人民出版社与原书所属出版社共同署名，版权仍归原出版单位。《人民·联盟文库》在编选过程中，得到了人民出版社市场联盟成员社的大力支持与帮助，部分专家学者及发行界行家们也提出了很多建设性的意见，在此一并表示诚挚的感谢！

《人民·联盟文库》编辑委员会

目　录

. . . Contents . . .

丁一岚、邓拓夫妇。

丁一岚（1921—1998），福建福州市人。1935 年参加“一二·九”学生抗日救亡运动。1938 年 2 月在延安加入中国共产党，1938 年年底到晋察冀抗日根据地，历任河北平山县妇救会副主任和专区宣传部长、《晋察冀日报》通讯员、《晋察冀日报》编辑，张家口新华广播电台、陕北新华广播电台播音员。新中国成立后历任北京市人民广播电台播音科长，北京市广播电台台长，中央人民广播电台总编辑室副主任兼播出部主任、对外部主任，中国国际广播电台副台长、台长等职。1943 年 3 月与《晋察冀日报》总编辑邓拓结为夫妻。

作者简介

终生难忘的开国大典转播工作①

□ 丁一岚

从 1945 年我在晋察冀解放区参加广播电台的工作，至 1985 年离休，整整干了 40 年。至今刚好半个世纪了（其中有 7 年是在播音工作岗位上）。

光阴荏苒，许多往事都渐渐淡忘了。但是，在国家、民族的历史上，在个人的经历中，有些重大事件，却是终生难忘的。1949 年 10 月 1 日，我参加了中华人民共和国开国大典的实况转播工作，那一幕幕情

① 本文写于 1995 年。

景，永远生动而深刻地铭记在我的心中。

在中国人民的广播史上，这是第一次对全国进行重大政治庆典的实况转播，由所有的地方电台联播。早在一个多月以前，中央广播事业局的领导廖承志、李强、梅益、温济泽、李伍等同志，就主持制定大典的整个广播工作计划，分工领导编辑、采访、播音、技术、行政等方面的准备工作。播音是整个编采工作的最后一道工序，又处于直接与亿万听众交流思想感情的第一线，需要全身心投入准备工作。我和共同担当播音任务的齐越为熟悉各方面的情况，参与编辑、记者研究讨论广播稿件，细心领会稿件内容，仔细揣摩怎样掌握宣传的精神，如何把稿件的重点、感情准确地表达出来。

当时的技术装备是很简陋的。为了使整个广场都能听到天安门城楼上的声音，普通的扩音机是不能适应的。于是，由 1940 年创建人民广播时负责技术工作的傅英豪同志设计并制作了几部新型扩音机，把九只喇叭装置在一起，分设于广场的适当位置，形成强大的音量，我们把它称之为“九头鸟”。虽然解决了广场内部的音响问题，但是，朱德总司令将要从东长安街那边阅兵的音响还无法传送到设在天安门城楼下的机房，再转播出去。工程师黄云同志在检阅车的挡风玻璃板上安装一支话筒，在车的尾部安装一个小喇叭，另在记者和技术人员的采访车上，装备一部钢丝录音机，在演习的时候，尾随在检阅车之后。事前录下音来，精确计算了时间，在开国大典这天播放这一录音，巧妙地解决了这一难题。

9 月下旬要向各地方电台发出联播的通知，9 月 30 日还要向全国听众和新华社、各报社发出预告。这项全新的节目应该取个什么名称呢？梅益、温济泽等同志一起商量，想出了“实况转播”这个业务用语，即把现场的真实情况和音响，通过广播的技术设备和播音员的解说，转播给全国乃至国外听众。大家都认为这个新的词语恰当地反映了这个新节目的含义，所以一直沿用到今天。

经过一个多月的紧张工作，一切准备就绪了。10 月 1 日下午 2 时左右，我们来到天安门城楼，播音工作的位置安排在城楼西侧。没有播音室，只有一个话筒立在那里，这是一支普通的话筒，但今天却显得那么不同寻常。我穿了一件蓝色双排扣列宁服，与齐越并肩肃立在话筒前，像是待命投入战斗的士兵。2 时过后，主持大典筹备工作的周恩来同志提前来到主席台，以他一贯严谨的作风，仔细检查了各项工作。

我和齐越站在天安门城楼上，俯瞰广场。排山倒海的欢呼声、嘹亮的歌声、不尽的红旗，汇成了欢乐的海洋。城楼上下，所有的人们都在等待着，等待领导着中国人民经历了艰苦卓绝的奋斗，取得了伟大胜利的一代开国伟人的来临，等待那个庄严的划时代的时刻。2 时 55 分，毛泽东、刘少奇、朱德等党和国家领导人从城楼西侧长长的台阶上，健步走上天安门城楼。当他们一一从我们面前经过，走向主席台时，我和齐越激动地对着话筒说党和国家领导人登上了天安门城楼！霎时间广场上一片沸腾，口号声连绵不断。

1949 年 10 月 1 日，中华人民共和国开国大典在北京隆重举行，毛泽东主席向全世界庄严宣告中华人民共和国成立。

3时整，中央人民政府秘书长林伯渠宣布盛典开始，请毛主席讲话。毛泽东主席以洪亮而又浓重的湖南乡音庄严宣布："同胞们！中华人民共和国中央人民政府已于今日成立了！"一语千钧，宣告了中华民族历史上灾难深重的黑暗岁月的结束，一个光辉灿烂的新时代的开始。这划时代的声音，通过无线电波传播到长城内外，大江南北，滔滔东海之滨，莽莽青藏高原，解放区的天和那些未被解放的国土，并且飞越疆界，远达海外。广场上刚刚静下来凝神倾听伟人声音的30万群众又欢腾起来，齐声高呼："中华人民共和国万岁！""中央人民政府万岁！""毛主席万岁！"海潮般的声浪回荡在广场上空。

我和齐越兴奋而又认真地交替朗读着广播稿，把眼前这一幕幕动人的场面及时告知海内外的亿万听众。当林伯渠秘书长宣布"奏国歌，请毛主席升国旗"时，毛主席在主席台上庄重地按动电钮，只见鲜艳的五星红旗在广场中央徐徐升起。五星红旗伴随着激扬雄壮的《义勇军进行曲》飘扬在蔚蓝的天空。

我望着冉冉上升的国旗，激动地对听众说："中华人民共和国的国旗，现在正由毛主席亲手把她升起。"我及时地向听众介绍了当时广场上的情景："参加大会的30万人都整齐肃立致敬，注视着祖国人民的庄严而美丽的五星红旗徐徐升起。各队带队指挥员行举手礼，在队列中间的干部和战士，以及执行勤务的工作人员都肃然立正。"国旗在升高，我越说越兴奋、激动："国旗已经上升到旗杆的顶尖，开始在人民首都的晴空迎风招展。她象征着中国的历史已经进入一个新的时代，我们的国旗——五星红旗将永远飘扬在祖国人民的大地上。"

对于那个时代经过炮火硝烟洗礼的年轻人来说，《义勇军进行曲》是多么熟悉、多么亲切。我参加革命，奔赴延安，在革命队伍中冒着敌人的炮火前进的一段段往事，油然浮现在眼前……

抗战爆发前，我在天津三八女中上学时，受到一些地下党师生的影响，参加了学生抗日救亡活动。我学会的第一支救亡歌曲就是《义勇军进行曲》，这支催人奋进的歌，鼓舞着我们挺起胸膛参加“呼吁抗战，反对日本帝国主义”的示威游行。卢沟桥事变后，我们许多平津流亡同学长途跋涉奔赴革命圣地延安。沿途行军也高唱着这支歌。如今她成为我们的国歌，她教育我们不要忘记灾难的过去，更应万众一心，坚定勇敢地开拓未来。

在延安学习一年，1938 年底我响应党的号召到了华北敌人后方，开始做妇女工作，1942 年后到晋察冀日报社工作。1945 年抗战胜利时，我还在报社。一天，突然接到电讯，日寇投降了！报社当晚紧急突击出了号外，发表了日寇投降的喜讯和朱德总司令宣布各解放区部队进军接受敌伪军投降的命令。为了把这个特大喜讯很快地传播出去，我们成立了宣传队，到附近党政军机关驻扎的村庄去宣传。我普通话讲得不错，就让我宣读进军命令和胜利喜讯。拂晓回报社途中，大家在一起说笑，有人说：“丁一岚，你的声音还挺响亮，将来我们解放大城市，有了广播电台，你去当播音员好了。”当时是随便说说的，想不到还就真的成了现实，那时我 24 岁。从那以后，我在张家口和后来设在阜平的新华广播电台当播音员，以话筒为武器，把一条条令我广大军民振奋、令敌人丧胆的消息，通过电波传遍全国。

眼前，铁流滚滚东来，各兵种分列式从东长安街陆续进入广场。齐越以他特有的庄严、浑厚的声音向听众介绍着各个兵种，对海军、步兵、炮兵、装甲兵、坦克兵、骑兵及空军编队经过天安门的雄姿一一作了详尽的介绍。当最后一个方队走出广场后，参加欢庆盛典的群众队伍连续不断地通过广场。这时天色已经暗下来了，整个广场和东西长安街两侧的灯大放光明。正阳门外，五彩缤纷的焰火腾空而起。直到晚上 9 时 20 分，林伯渠秘书长宣布庆祝大会结束了，毛主席和国家领导人走下主席台，到城楼两侧向停留在广场中的群众和值勤的同志们挥帽致意，问候大家：“同志们辛苦了！”群众也高呼“毛主席万岁！”“共产党万岁！”至此，我们宣布实况转播结束。

孰料最热烈的高潮却在这时出现了。当广场前方的军乐队奏着欢快的进行曲向金水桥畔走来时，广场后部的群众高举着鲜花、红旗和灯笼，高呼着“毛主席万岁！万万岁！”像彩色的巨浪，涌向金水桥边。毛主席和其他领导人，微笑着向群众亲切招手。毛主席向城楼下呼喊：“同志们万岁！”“人民万岁！”城楼下的群众“毛主席万岁”的呼声更高昂了。城楼上下，互相呼应。人民爱戴领袖，领袖热爱人民。这是发自心底的爱，是民心所向的爱，是最为真诚的爱。但是，由于我们的转播已经结束，没能将这动人的场面介绍给全国听众，至今想起来，仍然深感遗憾。

转播这次盛典实况，是缜密组织的集体创作，除了直接参加工作的各级领导、编辑、记者、技术人员和行政工作人员以外，还有大批间接参加的同志的辛勤劳动。每当我回忆起 46 年前的这一次转播时，心中对他们充满敬意。我尤其怀念我的播音伙伴齐越同志。开国大典时我们没有留下播音时的照片，真是件憾事。恰巧，1985 年北京广播学院组织拍摄纪念人民广播创办 35 周年历史回顾电视片，他们约我和齐越又登上了天安门城楼，再次来到开国大典时我们播音的位置上，补照了一张照片。谁能料到两年前，齐越同志离开他热爱的播音事业，离开他亲密的战友和亲人，永远离去了！我珍藏着这张在天安门上的合影，它使我永远不会忘记开国大典那一天。

1985 年丁一岚和齐越在天安门。

姚伦（1914—2002），黑龙江双城人，1935年参加革命，1936年加入中国共产党，1937年参加红军，任中共山西临县县委书记。1941年到中央社会部工作，1946年到晋察冀社会部任审讯科长，后历任华北公安部审讯科长，公安部一局审讯科长，公安部直属一处处长，预审局副局长、局长。1983年任公安部顾问。

作者简介

秦城监狱的由来[①]

□姚　伦

功德林监狱

秦城监狱的前身是国民党北平第二模范监狱，地址在德胜门外功德林一号，故也称功德林监狱。这座监狱是民国4年（即1915年）建造的。

1949年5月，华北社会部进驻北平。我当时在华北社会部二室任审讯科长，审讯科有三个看守所，分别由蒋孚民、田世昌和白世栋担任所长。我们押解着300多名犯人从河北平山县进入北平，进京后审讯科及看守所就设置在德胜门外的原国民党北平第二模范监狱。这座监狱当时是由两个部门管辖，犯人也分为两部分：一部分是华北军区军法处关押

① 原载《百年潮》2001年第4期。

的犯人；另一部分就是我带领审讯科管的犯人。犯人们由两个部门分别安置在东西监房内，各自管理。办公室也是一个院子分为东西两部分，各自办公。1952 年，军法处搬走后，所有房屋全部移交公安部一局四处（执行处）。

在“功德林”，我们面对的是简陋的工作环境和艰苦的生活条件，同时担负着繁杂的和大量的工作任务。审讯室就设在监房，家属也跟着我们居住和生活在监房。1952 年我们在“功德林”的大墙外边盖了一部分简易平房，作为监狱干部的家属住房。但由于数量很少，有一部分干部和家属还得住在监房中。

随着预审工作的深入开展，犯人也陆续增加。除了我们审讯科入城时带进的几百名在押犯以外，以后又先后收押了一些“三反”、“镇反”等运动中清理出来的犯人以及一些专案犯人，监房愈发显得紧张。1954 年以后，全国六个大区的战犯管理处撤销，全国除保留抚顺战犯管理所外，主要战犯多集中在北京的功德林监狱。此外，在这里还收押了一些外籍犯和特殊犯人。因此，当时犯人的管理问题成了预审工作中的一个亟待解决的大问题，而首先急需解决的就是监房拥挤和管理上区别对待的问题。

作为人民民主专政的工具，我们所接管的功德林监狱即国民党北平第二模范监狱是不合格的。整个监狱从结构到设施都非常不合理，处处都是为摧残人犯而设置的，体现了反动统治阶级的暴虐和不人道的本性。在这座监狱里没有放风场地，没有审讯室，也没有卫生设施，甚至连个说得过去的厕所都没有。每个监舍的面积很小，还不足二平方米。为防止犯人逃跑，整个监狱的外形呈八卦形，每个八卦角是一栋监房，全部是砖木结构，监舍的出口很少，每扇门都设在“八卦”的角上，反锁着，地面铺的青砖，监舍阴暗潮湿，再加上年久失修，几十年来风风雨雨，随时都有坍塌的危险。每逢刮风下雨，我们更是为犯人的人身安全担心，甚至在夜里连觉都睡不安稳，半夜常常跑到监房里去查看情况。当时，很多要犯患有这样那样的疾病，有的犯人身体虚弱，如果管理不好，后果将是不堪设想的。我深知自己责任的重大，思想压力也是很大的。这方面的工作是代表党和国家形象的，是讲政策的，讲人道主义的。而“功德林”的状况和条件远不能体现出这些，远远达不到党对犯人改造和管理工作的要求，这样的监狱是不能再维护下去了，我们确实需要建造一所能适应新中国公安工作和体现中国共产党政策的现代化监狱。

新监狱选址

那时候，新中国刚刚诞生，抗美援朝战争刚刚结束，我们有许多困难和问题要去解决。特别是美蒋反动派还很猖狂，空投特务、潜伏特务的破坏活动时有发生。针对当时的形势，公安部罗瑞卿部长亲自确定了建造新监狱的原则：监狱不要建在北京城里，离京城要远些，可以建在郊区或更远些的地方，甚至可以靠近山区、大同或内蒙古等边远地带。

1955 年秋，我当时担任公安部直属一处处长，主管预审工作。根据罗瑞卿部长的指示精神，我和当时的办公厅副主任于光文及秘书朱慧开始了为新监狱选址的工作。

究竟在什么地方建监狱最合适，当时我们心中还是一片空白。所以我们决定先围绕北京城外的东、南、西、北方圆几百里去实地考察，哪里合适就选定在哪里。我们三个人每天清晨出发，带上干粮和两暖瓶茶水，乘吉普车在漫无边际的京郊大地上苦苦寻找着、观察着，这种寻找存在着一定的盲目性，但我们的行动是明确的，无非是远离京城的郊外或山区，以及有山有水又交通便利的地方。

我们首先奔向北京南郊的周口店一带，走遍了周口店周围十几里的平原，以及方圆二三十里以外的平原山丘，凡是吉普车能开进去的地方，我们几乎无一漏过。就这样我们漫山遍野苦苦寻找了一个多星期也没有发现理想的地方。

随后，我们改道奔向京郊的西山一带。在六爷坟周围，我们发现了一处比较理想的地址，这里山水幽幽，景色宜人，山上长着巨大成林的白皮松，山脚下是开阔的平原，绿草茵茵。这里的水质也很好，交通也比较便利，确实是建造监狱的一处比较理想的地方。我们当时很高兴，马上报告了部领导。为此，徐子荣、杨奇清副部长等领导都相继亲临此地视察，也都感到满意。但后来将要具体运作时，北京军区的领导对此提出了异议。他们认为公安部在这里建造监狱距离军区的设施太近，不同意我们在此地施工建监狱。无奈，只好因此作罢。我们继而又转向京城北面的回龙观地区，继续为新监狱选址。经勘察，这个地区的土质很差，多是很厚的沙土层，这种土质不利于打地基，只好放弃了。

经过大半年的长途跋涉，风餐露宿，我们终于发现了一处比较理想的地方——秦城。此地位于北京西北远郊的昌平县境内，坐落在燕山脚下，与十三陵相连。南面是天然温泉小汤山，东邻陶峪口水库，西面是四通八达的大汤山。此地远离城市，一面依山，人口稀少，地理环境适于犯人的改造和关押。虽然当时比较荒凉，遍地荒山野草，野狼出没，但自然环境还是比较好的。这里的交通也比较便利，几条公路通向北京城里和远近郊区。我们经过反复勘察和研究，认为此地建造监狱是很合适的，后经罗瑞卿部长拍板，决定将公安部的直属监狱建在秦城。并因地名而将这座监狱称为秦城监狱。

秦城监狱的设计

监狱的地址选定以后，还有一系列问题要逐一去解决。如征购土地、修建公路和桥梁、设计监狱的图纸以及施工建造等等。

首先是征购土地的工作。这块地是当地村民赖以生存的地方，价格是比较高的，特别是生长着果树等经济作物的土地要价就更高，一般一棵果树要作价四十元，因为这些都是当地老百姓生活的来源和依靠，我们也本着“一切从人民的利益出发”的精神，尽量兼顾群众的利益。另外，我们还征购了从小汤山到秦城沿途十几里的农田，建造了一条公路，并修建桥梁，很好地解决了秦城监狱的交通问题，为监狱的施工和利用开辟了良好的途径，创造了便利的条件。

接着就是设计和修改图纸的工作。究竟要建造一座什么样的监狱，我们当时的指导思想就是本着革命人道主义思想彻底改变国民党等历代统治阶级对待犯人那种不人道的做法，在图纸的设计上处处体现出共产党的政策，要把犯人当人对待。根据当时苏联专家向我们提供的图纸，我们结合实际需要进行了必要的修改和设计，从保密、安全、坚固的角度出发，使布局更加合理化，更加科学化。在设施和设备上进行了改进，并增设了卫生设施，以保证犯人的洗澡和卫生，设计了医疗室和锻炼身体的环境，这也是共产党与国民党监狱的区别。当年国民党的监狱没有卫生设施，厕所多是设在露天的槽形水沟，至于让犯人洗澡讲卫生就更谈不上了。

秦城监狱建成后，功德林监狱的犯人都搬到了秦城，各方面都有了很大的改善。

秦城监狱从 1960 年建立，至今已有 40 年了，它在国内外是比较知名的，也是比较现代化的高级监狱。从整体来说，它的布局是合乎实际要求的，坚固、实用、严密。它一方面体现了人民民主专政的工具作用，另一方面也体现了把犯人当人对待的革命人道主义政策。

秦城监狱一开始就由公安部直属一处（预审）管辖，1962 年后改由公安部预审局管辖。这里先后关押过国民党首要战犯、各类大案要案的案犯、美蒋特务等。不幸的是在“文化大革命”中，这座监狱却被林

姚伦（坐者）和秦城监狱长、政委。

彪、江青一伙利用，他们先后逮捕关押了许多中央领导同志，有的入狱达10年之久，有的甚至被迫害致残、致死。但具有讽刺意义的是，林彪、“四人帮”反革命集团的成员后来也被关在秦城监狱，并在此上了法庭，受到了人民的审判。

李雪峰（1907—2003），山西永济人，1933年加入中国共产党，在山西、河北开展地下工作，历任中共山西省工委宣传部长，直（隶）中特委书记，冀豫晋省委组织部长、书记，冀豫晋区委书记、太行区委书记兼太行军区政委，晋冀鲁豫中央局委员，中原局第三书记，河南省委书记，华中局常委。新中国成立后历任中南局组织部部长、第二书记，中南军政委员会副主席，中共中央副秘书长，中央书记处第三办公室主任，中央交通工作部、工业工作部部长，中央书记处书记，华北局第一书记，第三届人大常委会副委员长，北京市委第一书记，中央政治局候补委员，河北省革委会主任，九届中央委员。1983年当选为第六届全国政协常委。

作者简介

召开八大前后片断回忆[①]

□李雪峰

我党第八次全国代表大会是一次具有历史意义的成功大会。1956年我国基本完成了生产资料私有制的社会主义改造任务，全国亿万人民为在中国共产党领导下取得的一个又一个的胜利而欢欣鼓舞，建设社会主义的劳动激情如火山喷发一般炽热，就是在这样的形势下迎来了我党八大的召开。八大总结了社会主义建设初期的经验和教训，制定出新的

① 原载《中共党史研究》1996年第4期。

1956 年 9 月 15—27 日，李雪峰（中前排左四）出席八大，在会上当选为中共中央书记处书记，兼中央工业工作部部长。

方针、政策，正如《关于建国以来党的若干历史问题的决议》指出的："八大的路线是正确的，它为社会主义事业的进一步发展指明了正确的方向。"在纪念党的八大召开 40 周年之际，我回顾当年的情景，仍然十分激动。

一

党的八大是 1956 年 9 月 15 日在现在的政协礼堂开幕的。我被选为大会主席团成员，并当选为中央委员和中央书记处书记。在此之前我任中共中央副秘书长，参加了八大从筹备到召开的工作。

1947 年我随刘、邓大军从太行山南下到了中原，任中原局副书记，并受中原局之命负责组建了河南省委。武汉解放后，中原局改建为中共中央中南局，辖广东、广西、湖南、湖北和江西、河南及武汉市，我任中南局副书记并兼任了一段时间的组织部长，还兼任中南土地改革委员会主任。1952年邓子恢从中南局到中央农村工作部，叶剑英从华南分局调来，不久也调到中央工作，直到大区解散之前由我在中南局守摊子。我在中南局时，正是新中国成立初期，百废待兴，一方面要支援解放全国的战争，同时要恢复经济，安顿人民的生活，并着手进行城市的民主改革和广大新区农村的土地改革，工作十分繁重。但是，在党中央毛主席的正确领导下，中南地区在短短的几年里，支援了解放战争和接管了新区。同时，在广大农村进行了剿匪反霸、减租退押和土地改革，以及在城市进行了民主改革，稳定了社会秩序，恢复了经济，也对新解放区的人民群众开展了广泛的宣传教育工作。

1954年党内发生了高饶事件，中央于四五月间在京召开会议，决定撤销各中央局。4月27日中央决定成立六个中央地区工作部，同时建立了中央秘书长会议制度。邓小平任中央秘书长。副秘书长有：刘澜涛，兼任中央华北地区工作部部长；谭震林，兼任中央华东地区工作部部长；宋任穷，兼任中央西南地区工作部部长；马明方，兼任中央西北地区工作部部长；林枫，兼任中央东北地区工作部部长；李雪峰，兼任中央中南地区工作部部长；还有杨尚昆、胡乔木。当时，几乎每天都召开中央秘书长办公会，讨论研究各方面的问题。记得毛主席召集了一次秘书长会议，他对大家说：你们是干事的，对外一律用中央名义，不用秘书长、副秘书长名义。中央地区工作部是在大区解散后设立的过渡性机构，时间很短，1954年下半年中央撤销了中央地区工作部，在中央书记处下设立了四个办公室。中央一办主管政法工作，由彭真任主任，罗瑞卿任副主任；中央二办主管农业，主任是谭震林，副主任是张子意和刘建勋；中央三办主管工业交通，主任李雪峰，副主任李立三；中央四办主管工、青、妇群众团体，主任刘澜涛，副主任李颉伯；还有中央办公厅，主任是杨尚昆，副主任是曾三、邓典桃、田家英、龚子荣。中央三办撤销后，中央设立了中央工业交通工作部，我兼部长，副部长是李立三、高扬和于江震。这是党的八大前中央机构的一些情况。八大以后，中央把工业和交通分开，我任中央工业部部长，曾山任中央交通工作部部长。

1955年3月，中央开始起草党的八大会议文件。刘少奇同志主持政治报告的起草工作，周总理主持《第二个五年计划建议》报告的起草工作，修改党章及修改党章报告的起草工作由邓小平负责主持。中央副秘书长不仅要参加修改党章工作，也要参加其他筹备工作会。党章修改工作总的来说比较顺利，毛主席让把党章修改报告写得短些，小平同志说3万字吧，不再压了。这样修改党章的报告草成得比较早。政治报告是陈伯达主笔，写社会主义改造时期的两条路线斗争，稿子写了半年，直到1956年夏天的北戴河会议仍没完成。少奇同志亲自起草了政治报告的农村部分，约9000字。由于政治报告起草没有完成，时间紧迫，中央把大家集中到北戴河写。毛主席要求大家抓紧时间写，并把原定9万字的政治报告压缩成5万字（实际完成是6万字），调参加修改党章报告的胡乔木同志参加政治报告的起草工作，小平同志的精力也集中到那里。

整个筹备工作紧张繁忙，但是中央很注意发扬民主，坚持集体领导，走群众路线。筹备工作最早是提中央委员候选人名单，由邓小平和一些老同志负责。先从六个大区和军队的领导同志中选，大家可以随便提，提了约400人，比较全面，但仍有一些同志被遗漏了。如湖北省委书记刘子厚，他因调三门峡搞水利，提名时把他漏下了。张稼夫也被遗漏了。这些同志无论资历和经历都是够格的。在一次筹备会上，毛主席就选举中央委员问题专门指出：这次一些年轻的省委书记没选上，先让一让老同志，让他们先“过过瘾”。实际上，主席讲的不仅仅是让一让的问题，而是让大家注意党内团结的重要性。在后来的八大二次会议上一些年轻的省委书记也都补选进中央委员会。

党章修改工作是很费力的，大家反复进行认真的讨论，字斟句酌。同志们思想上没有顾虑，畅所欲言，可以提出任何意见，气氛很活跃。在讨论政治报告中，关于我国的主要矛盾问题有过争论，一种意见赞成报告中写的：我国的主要矛盾，“已经是人民对经济文化迅速发展的需要同当前经济文化不能满足人民需要的状况之间的矛盾”。我记得这是少奇同志提出来的。一次毛主席在天安门上也说过：还是按马克思讲的，生产力是基础，生产力决定生产关系。另一种意见认为，阶级斗争还存在，主要矛盾还应是无产阶级与资产阶级的矛盾。在社会主义改造基本完成的情况下，政治报告中阐述的国内主要矛盾是正确的。这个问题在大会决议时大家都没有意见。由于种种原因，八大制定的正确路线没有认真地贯彻下去，特别是在“文化大革命”时期党的八大路线被说成是修正主义反动路线，这种说法是极其荒谬的。

八大选举了以邓小平任总书记，彭真、王稼祥、谭震林、谭政、黄克诚、李雪峰任书记，刘澜涛、杨尚昆、胡乔木任候补书记的中央书记处。小平同志一向做事谨慎，在中央决定他做总书记时，他曾向毛主席提出，书记处还是作为政治局的办事机构，负责对军队和国务院的文件承送。主席不同意，强调书记处是党中央的办事机构，什么事都要管，中央的事都由你们做，发文用中央名义。这实际上是赋予书记处重要责任，也是对小平同志的信任。在以后书记处的工作中，对承办军队和国务院的文件，一般按照小平同志的意见转出去。陈伯达在“文化大革命”中诬蔑小平同志专权，开会不让周总理主持，这是别有用心的。书记处成立后第一次开会时，总理参加了，小平同志让总理主持会议，总理一再说他不宜主持中央书记处的会议。由于书记处要管党政军各方面的工作，面很宽，以后又增补了国务院和军队的同志，有李先念和罗瑞卿等同志。

八大开幕当天，毛主席致开幕词。主席对开幕词很满意，会议期间

毛泽东在八大致开幕词。

他曾兴奋地告诉我们：开幕词最先是陈伯达写的，我看了不行，就自己动手写了一篇，写好拿给田家英看，他说尽是标语口号，也不行。现在的开幕词是田家英写的。毛主席历来注重发挥青年人的作用，赞赏青年人不受条条框框的约束，敢想敢干的精神，田家英就是其中的一个。著名的“虚心使人进步，骄傲使人落后”，就出自这篇开幕词。

二

党的八大开会期间，我作为中共中央工业交通工作部部长在大会上发言，着重阐述当时国营企业领导制度问题。

从 1953 年执行第一个五年计划开始，各地工业部门为了整顿生产秩序，改进企业管理工作，先后推行了苏联的一长制。我调中央后任中央三办主任，三办的任务是负责工业交通战线的政策调查研究，工作一开始就碰上了企业中实行一长制的问题。我们采取巡视员制度，对当时

前排右起：刘少奇、周恩来、邓小平等在八大参加投票选举。

企业究竟应该建立什么样的领导制度问题，进行了集中的调查研究。我去了东北的一些工厂，如辽宁的飞机制造厂等，并参加过由厂长主持召开的生产调度会。调查的结果表明，企业中实行苏联一长制，虽然在建立生产指挥系统和改进生产管理秩序方面起了一定作用，但是它的弊端也是显而易见的。在当时看，一长制不适合中国的特点和历史条件，也体现不出我党一贯的优良传统和作风。这种一切权力归厂长一个人的制度，实际上把企业的行政领导与党组织对企业的领导对立起来，使党组织处于从属地位，因此，不同程度地模糊了党员和群众对党的领导作用的认识，滋长了主观主义和官僚主义、骄傲自满和独断专行的作风。

1955 年冬，在调查研究的基础上，我们召开了两次会议，专门研究企业领导制度问题。一个是由国务院召集的 8 个工业部负责同志参加的会，一个是全国各省市委工业部长会。在国务院召开的会上，8 个工业部的负责同志大都主张实行一长制。他们认为，现代化企业是一部联动机，必须有高度统一集中的指挥，党委领导下的厂长负责制不利于企业生产管理。我与他们在这个问题上产生争议，会议连续开了 8 个小时，争论很激烈。在各省市工业部长会上，大多数人赞成党委领导下的厂长负责制，他们指出，苏联的一长制在实践中证明不适合中国的国情，党组织在企业中不能处于从属地位，群众也不能脱离党的领导，因此，党的领导要加强。同时，企业生产必须要有统一的指挥，所以也应当有厂长负责制。他们认为，企业除了生产之外，还有职工的政治思想工作、社会工作、群众工作、福利工作等等，这些方方面面的工作要由包括党、政、工、团各级组织来做，只能依靠党组织的领导。长期的革命实践证明，只有坚持党委集体领导的民主集中制原则，我们的各项工作才能统筹兼顾。我们支持这种意见，同意在企业内部实行党委领导下的厂长（经理）负责制。这种党、政有统有分的企业领导制度，比较适合当时企业的情况，也符合毛主席一贯教导的马克思主义的普遍真理与中国具体实践相结合的原则。

在这一时期，毛主席召开了 34 个部的汇报会，少奇同志也召开了交通方面的工作会议。我参加了毛主席召集的大部分会，亲身感受到毛主席作调查研究认真细致和谦虚的态度。毛主席为了更多地了解情况，亲自做各经济部门的调查研究工作，有时甚至要问清一些物质的化学分子式和原子结构，以及一些地方的土壤结构等。毛主席是不赞成苏联的一长制的。国务院 8 个工业部负责同志参加的会结束后，我到毛主席那里开会和汇报工作，当他知道 8 个工业部的负责同志不赞成党委领导下的厂长（经理）负责制时，十分严肃地说：8 个部反对，怎么得了呀！当即指定李富春找 8 个工业部的负责同志做工作。1956 年 2 月 26 日，毛主席在听取一机部汇报时说：集体领导与个人负责，两个缺一都完成不好，不要个人负责也很危险，集体领导基础上的个人负责制，是更好的个人负责制，严格执行厂长命令，但有个集体比没有好。1962 年 2 月

25 日，他在一次谈话中说：厂内几千几万人是大事，没有党委领导，很容易打架。依靠党委领导，就是大事要党委议，党委不妨碍厂长决定的执行，它保障厂长决定的执行，大事党委议，紧急事厂长下命令。由此可见，贯彻群众路线，工人参加生产管理，实行民主监督，是毛主席一贯的指导思想。

我在八大发言中是这样说的："就在推行一长制的这个期间，也有不少企业由于领导干部保持了我党在长期革命斗争中发展起来的优良的传统，在实际工作中坚持了党的集体领导和个人负责相结合的原则，就把企业办得比较好，也创造出了党如何领导企业的一些良好经验。"这些行之有效的经验就是："企业中重大问题，包括生产行政在内，都在党委会上进行充分的讨论，依靠集体的经验和智慧，作出决定，然后，由企业行政领导同志按照个人负责的原则，负责组织执行，至于日常行政事务和技术工作，则一概由企业行政领导同志独立负责处理，党组织不仅不加干涉，并且从各方面给以支持。紧急的问题需要当机立断、迅速处理的，也由企业领导同志负责处理，党委给以支持。"这也就是当时中央决定的在企业中实行党委领导下的厂长（经理）负责制的中国企业领导制度。

邓小平在八大作关于修改党章的报告

历史经验告诉我们，党委的集体领导是以群众路线为基础的，必须把领导人员的经验和智慧与广大群众的经验和智慧结合起来，走群众路线，才能不断克服主观主义和官僚主义，才能坚持我党全心全意为人民服务的宗旨。

党的八大以后，我参加了中央书记处的工作，还兼任中央工业工作部部长。工业工作部的机构和人员都由中央组织部定，干部是分口管理，任务是管理企业党委和各地工业部的方针、政策、政治思想工作，以及一些人事工作，企业的生产经营由国务院负责。我们根据党的八大的路线、方针、政策和中央关于研究工人阶级问题的通知，对企业的管理工作和企业的领导制度进行了较系统的调查研究，其中包括各地进一步完善党委领导下厂长（经理）负责制的经验，试行职工代表大会制的经验，企业在大搞技术革新和技术革命活动中群众创造的新鲜经验，以及企业发扬民主和职工福利问题等。例如：黑龙江庆华工具厂和建华机械厂工人直接参加班组管理，干部参加劳动和实行领导干部与工人、技术员三结合的经验，后来总结成“两参、一改（改革管理制度）、三结合”。我们把这些经验报告给中央，经中央批准，以后就形成了党委领导下的厂长负责制，党委领导下的职工代表大会制和“两参一改三结合”的中国工业企业的领导制度，并在全国企业中普遍执行。

1961年6月，在邓小平主持的中央书记处会议上，决定正式起草工业企业管理工作条例，也就是后来的“工业七十条”。主持起草工作的是薄一波和李富春，我也参加了起草工作。1961年9月17日，中央在庐山会议上通过了《国营工业工作条例（草案）》，并正式下发了这部工业条例（简称“工业七十条”）。“工业七十条”是在经过大量调查研究的基础上，总结了新中国成立后我国国营企业的管理经验和教训而制定的。它明确地规定：“在国营工业企业中，实行党委领导下的行政管理上的厂长负责制，这是我国企业管理的根本制度。”“工业七十条”较为严格地规定了各级企业党组织的职能，为防止党委包办一切，规定了“在企业党委的领导下，企业生产行政工作的指挥，由厂长负责”，车间、工段、科室，不实行党委或支部领导下的负责制，实行车间主任、工段长、科室主任负责制。但是在后来的实践中，由于企业党委领导下的厂长（经理）负责制受到“左”的方面的严重干扰，尤其是在“文化大革命”中，这条路线走得更偏了，从“书记挂帅震山川”到了无政府主义泛滥。这些后果的造成，从根本上讲是民主与集中关系问题没有解决好，甚至有时放弃了民主集中制的原则。因此，“工业七十条”实际上也没有得到认真的贯彻执行。

党的八大前后，我们比较集中考虑的问题是我国工人阶级地位如何巩固，如何发挥广大职工群众的聪明才智和生产积极性。企业管理说到底是针对人的管理，这是很复杂的问题。没有细致的政治思想工作，就不能真正调动起广大职工群众的生产积极性，工人阶级的主人翁精神也不能体现出来，工人阶级没有地位，共产党的宗旨就丢掉了。因此，如何处理好企业中党政关系、干群关系、政治思想工作与经济利益的关系等，在今天看来也是不容忽视的问题。过去因为种种历史原因，这些问题没有解决好，在几十年的风风雨雨中，我国国有企业有过许多经验教训，但客观地讲，党委领导下的厂长（经理）负责制在当时的历史条件下，对我国工业化的建设是起过积极作用的。特别是现在，要建立社会主义市场经济条件下的现代企业制度，没有现成的模式，究竟如何更好地解决社会主义企业的领导制度和管理问题，还要经过很多艰苦的探索，这对我国的国有企业来说又是一次新的严峻考验。但是我坚信，有中国共产党的领导，无论什么样的艰难险阻都能战胜。

林蕴晖教授，1932年12月生，江苏省丹阳市人。1949年11月参加中国人民解放军，1957年毕业于中国人民解放军军事学院政治系。长期在解放军军事学院、军政大学、政治学院、国防大学从事中国共产党历史、当代中国史的教学和研究工作。1995—1998年被中共中央党史研究室聘为特约研究员。

作者简介

朱可夫事件与彭德怀庐山罢官[①]

□林蕴晖

关于1959年彭德怀庐山罢官，可以说是早有定论。其起因是彭德怀在1959年7月14日给毛泽东写的一封信。但如果与1958年毛泽东对军队整风的指示联系起来研究，似乎可以看出，其中还有更深层的原因。

毛泽东指示军队整风

从1958年年初的南宁会议到3月的成都会议，毛泽东多次说过，今年要抓一下军队的事。如说：过去总是搞军事，现在几年都不开会，

① 原载《百年潮》2004年第2期，此次发表做了修改。

文件看都没看，等你们整风以后再接触一下。又说：今年要回过来搞点军事工作。至于军队学习苏军中的问题，毛认为：全国解放后（1950 年至 1957 年），在经济工作和文教工作中产生了教条主义，军事工作中搬了一部分教条，基本原则坚持了，还不能说是教条主义。可见，1958 年在军队展开反对教条主义，并不是毛泽东最初的命题。当时，毛泽东真正关心军队的事，反映在 1958 年 1 月 21 日他在南宁会议的结论中的一段话。他说：

莫斯科广场上的朱可夫塑像（周林歌摄）。

> 党委要抓军事。军队必须放在党的领导和监督之下。要好好同军事工作方面的同志们商量。一年抓四次。在整风中，建议军队拿几天时间讨论一次朱可夫所犯严重错误的问题，此事由军委发出指示和有关朱可夫错误的材料，吸取苏联的教训①。

对革命在全国胜利以后，军队将帅是否会居功自傲、不听指挥，毛泽东早在进城之初，就高度警觉。刘伯承在与一位高级将领谈工作时曾经说过，1949 年刚解放进城，六个军区司令员去看毛主席。当时心想，毛主席可能要讲几句鼓励的话，可没有想到，毛主席开头就说：你们这

① 《建国以来毛泽东文稿》第七册，中央文献出版社 1992 年 8 月版，第 29 页。

些人要守规矩，听指挥啊，不然我就从你们几个人开刀。刘帅说：我听了以后，心里直打颤，他是多么严格啊！这次，毛泽东就是捡起朱可夫这块“石头”，向军队的将帅们抛了过来。

什么是“朱可夫所犯严重错误”？

赫鲁晓夫（左）与朱可夫（右）在克里姆林宫。

朱可夫，苏联元帅，1957年10月27日前为苏联政府的国防部长。在苏德战争期间，朱可夫一直是苏军最高统帅部成员。1942年8月起直到战争结束，担任仅次于斯大林的最高副统帅。多次作为最高统帅部代表被派往前线，并曾先后担任过几个最大的、最重要的方面军的司令员。在计划、准备和指挥莫斯科会战、斯大林格勒会战、库尔斯克会战和柏林战役等一系列决定性战役中起过重要作用。战后，曾担任首任驻德苏军总司令和德国苏军占领区最高行政长官。后因功高盖主，被斯大林贬为地方军区司令员。斯大林逝世后，朱可夫恢复了国防部副部长的职务，并于1955年2月出任国防部部长。1957年6月，在苏共中央主席团会议上，苏共中央第一书记赫鲁晓夫受到莫洛托夫等多数主席团委员的反对，会议以七比四的表决结果，要求赫鲁晓夫辞去苏共中央第一书记的职务。赫鲁晓夫则要求召开中央全会。在中央主席团休会期间，朱可夫命令国防部门用军用飞机火速把在各地的中央委员接到莫斯科。朱可夫这一着，为赫鲁晓夫在中央全会上击败莫洛托夫等人，并把他们打成“反党集团”起了决定性作用。朱可夫本人，因此由苏共中央主席团候补委员升为主席团委员。

但是，也正是这一着，引起了苏共党内高层对朱可夫的警惕。赫鲁晓夫在他的回忆录中说道：正是在这个时候，朱可夫“僭取了很大的权力，开始使领导成员感到担心。主席团的其他委员一个个来找我，表示他们的关注。他们问我，我是否像他们那样能够看出，朱可夫正在努力夺权——我们正面临一次军事政变。我得到情报，朱可夫在同军区司令员的谈话中，确实流露出波拿巴式的意图来。我们不能让朱可夫在我们国家里演出南美洲式的军事接管”。“‘是的’，我告诉其他同志说，‘我知道朱可夫在搞什么。我同意你们的意见，我知道我们应当做什么。他的不正当活动使我们别无选择，只有解除他的职务。’这是我们唯一有责任做的事。”①

1957年10月27日，塔斯社发表一份官方公报称：

> 苏联最高苏维埃主席团任命苏联元帅罗吉昂·雅科夫列维奇·马利诺夫斯基为苏联国防部长。
>
> 苏联最高苏维埃主席团解除苏联元帅格奥尔基·康斯坦丁诺维奇·朱可夫的国防部长职务。

11月3日，苏共中央公布《中央全会关于改进苏联陆军和海军中党的政治工作的决议》，谴责朱可夫试图削弱党组织在武装部队中的工作，企图取消党对军队的领导和监督，从而“破坏了党的列宁主义原则”。中央全会认为，虽然党和政府高度评价朱可夫的功绩，给了他许多荣誉，包括让他在党内担任一些高级职务，但朱可夫丧失了“B.N.列宁教导我们的党的谦虚精神”。他以为他在“我国人民及其武装部队在共产党领导下所取得的一切胜利中是唯一的英雄”。朱可夫辜负了党对他的信任。“他证明自己是一个在政治上不清醒的人，无论在对苏联对外政策的主要目标的理解上，还是在他对国防部的领导工作中，都有冒险主义的倾向。”中央全会决定：解除朱可夫党中央委员会主席团委员和

① 《最后的遗言——赫鲁晓夫回忆录续集》，东方出版社1988年5月版，第39～40页。

中央委员会委员的职务。

这就是历史上的“朱可夫事件”，也是它所以引起毛泽东的关注，要求“军队拿几天时间讨论一次朱可夫所犯严重错误的问题”，并从朱可夫错误中吸取教训的重要原因。

军委会拿粟裕开刀

关于1958年中共中央军委扩大会议，把反对教条主义作为会议的中心主题，林彪在1959年8月31日军委扩大会议第一综合小组会上的发言中说，去年军委扩大会议反教条主义的情况，他记得很清楚。在军委扩大会以前，彭德怀的态度是不明确的，当时军委扩大会议马上就要开，但并没有确定以反教条主义为主题。在他（林彪）看到训练总监部关于对反教条主义争论的材料以后，就认为这个问题很重要，应该以这个为主题。于是他就把这个情况报告给毛主席，毛主席认为应该开展这个斗争。林彪说：“这才有去年以反教条主义为中心的军委扩大会。这个会议是多少年来第一次大规模的会议，会后军队思想才有一个大的转变。中央、主席有决定，彭德怀才有180度大转弯来领导这个会议。”①林彪这番话说明，是他的意见才使毛泽东下决心扭转了会议的主题。

历史表明，1958年，真正领会毛泽东关于军队整风意图的，不是林彪，而是彭德怀。这就是要为防止军队出朱可夫式的人物敲响警钟。

对1958年的军委扩大会议，何以会以批判总参谋长粟裕的“个人主义”揭开序幕？可以说，人们一直没有弄清究竟。从上述毛泽东要军

① 《彭德怀传》，本书编写组编写，当代中国出版社1993年4月版，第553页。

队将帅接受朱可夫事件的教训来看，问题就非常明白。因为，彭德怀作为中央军委日常工作的主持者，决不会意识到毛泽东抛的这块石头是朝着他来的。中共党内的传统是，谁是领导，谁就是党的化身。因此，彭德怀理所当然地要寻找不服从他领导的人，这便是总参谋长粟裕。

粟裕，是中国人民解放军战功赫赫的一名骁将。1946 年，根据中共中央的决定，粟裕就在陈毅领导下，挑起了华东战场战役指挥的重任，并多次向中央军委提出具有战略意义的建议，为中央军委和毛泽东采纳，对夺取解放战争在全国的胜利具有重大影响。在 1955 年被授予大将军衔的十名大将中，粟裕名列第一，绝非偶然。1951 年 11 月，中央军委任命粟裕为总参谋部第二副总参谋长；1954 年 10 月，粟裕被任命为总参谋长。

粟裕就任第二副总参谋长时，总参谋长徐向前因病在治疗休养，由第一副总参谋长聂荣臻代总参谋长。1952 年 7 月，彭德怀接替周恩来主持中央军委日常工作。粟裕先后在聂、彭二帅领导下，工作上难免发生碰撞。例如：1952 年 7 月，聂荣臻任代总参谋长时，对呈送毛泽东和中共中央的文件有所控制。据时任总参作战部部长的张震回忆说："聂总说：毛主席他们管的事多、太忙了。你们的东西事无巨细地都报上去不好，以后报到我这里就行了，需要毛主席他们知道的由我批后转报。从那以后，我们送到毛主席、刘少奇同志、朱老总那里的东西就少了。后来毛主席召开会，把几个老帅都找去，我也被叫去。毛主席对我说，早先还见得着你们作战部的报告，后来也看不到了，现在党政民系统的东西一大桌菜吃不完，军事系统就没有吃的，干饿。"① 毛泽东批评后，粟裕认为向毛泽东反映情况少，自己也是有责任的。因刚到总参谋部工作时，毛泽东就规定粟裕每半月向他直接汇报一次工作。粟裕起先是按规定执行了的，聂代总长有了以上交代后，执行就不够坚决了。同时粟

① 张震：《总参谋部回忆史料》，解放军出版社 1995 年 12 月版，第 326 页。

裕认为，自己是副总长，作为总参领导人之一也应该承担一定责任，便也向毛泽东做了书面检讨，检讨了未按毛泽东要求每半月报告一次情况的错误，并且说虽然毛泽东没有指名批评他，但对他教育很大。不料毛泽东在他的检讨上做了批示，不但写上“此种检讨很好”，而且把粟裕和聂荣臻的工作作了对比，肯定了粟裕半年来的工作，对聂又作了批评①。此事，引起了聂荣臻的很大误解。

彭德怀主持军委日常工作后，粟与彭在对未来战争的认识和战争准备问题上，存有分歧，有时粟还与彭据理力争。1954 年第一届全国人民代表大会决定在国务院设立国防部，为了体现国防部的领导，许多原来由中央军委和总部颁发的命令、指示，都要求改由国防部署名。但哪些文件以国防部的名义发，哪些不用，又无明确规定。总参为中央军委起草的和总参下发的命令、文电，常常因署名问题受到批评。文件有时没有署国防部的名受批评，有时署了也受批评。为此粟裕提过希望加以明确的意见，以便在日常工作中有所遵循。1955 年 3 月 16 日中央军委会议决定，责成总参起草国防部与总参职责条例②。

因以上这些问题，在 1958 年 5 月 26 日的中共中央军委预备会议（亦称小型会议）上，军委责成粟裕就所谓“总参与国防部关系”等问题作检讨。27 日，军委扩大会议正式开幕后，会上就所谓“总参与国防部关系”问题，强加给粟裕“一贯反领导”、“向国防部要权”、“告洋状”等罪名③。迫使粟裕在会上进行检讨。

---

① 《粟裕传》，本书编写组编写，当代中国出版社 2000 年 8 月版，第 938～939 页。

② 同上书，第 939～941 页。

③ 所谓“一贯反领导”，主要是指粟裕与聂荣臻、彭德怀的关系。“告洋状”、“里通外国”，指 1957 年 11 月粟裕在苏联访问时，拜会了苏军总参谋长索科洛夫斯基。粟裕鉴于军委责成总参谋部起草国防部及总参职责条例，虽已五易其稿，尚未获得通过，从借鉴苏军经验出发，趁便向苏军总长提出请对方提供一份苏军“关于国防部和总参谋部工作职责的书面材料”，以作参考一事，见《粟裕传》，当代中国出版社 2000 年 8 月版，第 941～942 页。

批粟裕，毛泽东最初是表示支持的。5 月 30 日，军委秘书长黄克诚传达毛泽东的指示："把火线扯开，挑起战来，以便更好地解决问题。"[①] 彭德怀在会上说：朱可夫事件就暴露了苏军在这方面的弱点（不少地方违背列宁建军原则）……苏联那一套大都为了巩固"一长制"。我们虽然实行党委领导下的分工负责制，没有抄袭他们的"一长制"，但还是有些东西照搬了。我们所以要严肃地批判教条主义，就是为了把我军优良传统牢固地传下去。不然的话，当我们这批老的骨干逐渐死去以后，我军就可能有像匈牙利军队那样变质垮台的危险[②]。

于是，会议从 6 月 7 日起，扩大到全军军级以上单位和部分师级单位的主要领导干部，人员增加到 1400 多人。大会的主持者，既不顾历史的基本事实，也不愿听粟裕的说明，批判粟裕的调门一再升温。

但是，粟裕终究不是毛泽东预先设定要批判的对象。有一次毛泽东找萧劲光谈话，问萧对粟裕的看法。萧劲光说："粟裕同志为人正派，没有二心，是好人。"毛点头表示赞同。就在粟裕第二次在大会作检讨之前，毛泽东为粟裕说了一段话："粟裕同志战争年代打仗打得好，是为公的。到北京以后是为公还是为私？不能说都是为私吧！请大家来判断。"[③]

7 月 14 日，粟裕在大会上作第二次检讨，把别人强加的罪名，差不多都认了下来，才算基本过关。8 月 31 日，中共中央政治局会议决定"解除粟裕总参谋长职务"，并决定将他的"错误"口头传达到军队团一级、地方地委一级[④]。1960 年 1 月，毛泽东在上海举行的中共中央政治

① 《黄克诚自述》，人民出版社 1994 年 10 月版，第 246 页。

② 丛进：《曲折发展的岁月》，河南人民出版社 1996 年 10 月版，第 288 页。《黄克诚自述》，人民出版社 1994 年 10 月版，第 246 页。

③ 《粟裕传》，本书编写组编写，当代中国出版社 2000 年 8 月版，第 944 页。

④ 同上书，第 944 页，第 952 页。对粟裕 1958 年蒙冤的正式公开平反，是 1994 年 12 月 25 日，中央军委副主席刘华清、张震联名在《人民日报》、《解放军报》发表的《追忆粟裕同志》一文，正式宣称："1958 年，粟裕同志在军委扩大会议上受到错误的批判，并因此长期受到不公正的对待。这是历史上的一个失误。这个看法，也是中央军事委员会的意见。"

局扩大会议上，当面对粟裕说：粟裕呀，你的事可不能怪我呀！那是他们那个千人大会上搞的①。

这次军委扩大会议，后来转向了反对教条主义，刘伯承、萧克等成了批判的重点，但也很难说，实现了毛泽东年初要军队吸取朱可夫事件教训的初衷。因为刘、萧两人只主管军队的训练工作，并不掌军队的指挥大权。黄克诚后来回顾1958年这次会议时说：这次会议，实际是中央领导军委整风，为彭德怀始料不及。我们未能领会中央精神，所以主持会议显得很被动。这可能是：毛主席在匈牙利事件之后，开始担心我军领导出问题。也许这就是庐山会议的先兆②。

毛泽东眼中的中国朱可夫

1958年"大跃进"和人民公社化运动受到重挫。在毛泽东强调要压缩空气的背景下，党内对这一严重错误的认识差距很大。

彭德怀在1958年冬中共八届六中全会以后，曾回湖南调查，先到湘潭县的乌石（彭的故乡）、韶山，后到平江。了解到粮食没有收好，而上报的数字高得吓人。一位伤残的老红军悄悄给他一张纸条，上面写着："谷撒地，薯叶枯，青壮炼铁去，收禾童与姑。来年日子怎么过？请为人民鼓咙胡。"③ 1959年4月，彭德怀出国访问，6月13日回国。第二天，黄克诚向他谈了山东、甘肃等省出现粮荒的严重情况。彭德怀曾向人感叹说：匈牙利人均每年吃40公斤肉，还出了匈牙利事件。要不是中国工人农民好，党中央、毛主席威信高，也会发生"匈牙利事件"。

---

① 《粟裕传》，第948页。

② 《黄克诚自述》，人民出版社1994年10月版，第247页。

③ 原文见《彭德怀传》，本书编写组编写，当代中国出版社1993年4月版，第582页。"鼓咙胡"，即替人民说话，反映人民呼声之意。

庐山会议期间，彭德怀因担心在党内高级干部未曾取得基本一致认识的情况下，会议匆匆收场，于是给毛泽东写信反映意见。当毛泽东把彭德怀的信印发与会人员后，赞同彭的意见的人却越来越多。解放军绝大部分的干部、战士来自农村，“大跃进”和人民公社化运动对农村造成的严重影响，不能不反映到军队中来。上庐山前，彭德怀就常把军队方面反映的一些社会情况，转呈给毛泽东。这样，这位站在军队最高领导岗位的彭德怀写的这封信，在毛泽东看来，其影响远远超过信的本身，而不能不令他严重关注。

1958年彭德怀重访延安（童小鹏摄）。

曾在刘少奇身边参与重要工作的邓力群在一则回忆中说，庐山会议批判彭德怀是由多种因素促成的：

“一种因素，小平同志对此也讲，彭老总写信、说话，特别是说话，确有不妥当的地方。当时有人揭发，说他在从北京出发到庐山的火车上讲了这样的话，说：中国的问题严重，困难会继续下去，也许只有靠苏联红军帮助我们才能解决了。这种讲法，虽然是气话，但是让毛主席听了这个话不能不反感。

“他的信，他的发言，在很多小组会上有同感。因为的确都有这样的问题嘛。确实在几天里，有这样的趋势，同意彭德怀意见的人越来越多。而在小组会上，彭德怀又说了些气话，翻老账，延安的华北会议开了他 40 天的会，他耿耿于怀。

“恰在这个时候，驻苏使馆发来一个情报，说苏联的报刊、领导人讲话，指责我们的错误，这些说法同彭德怀的说法又大同小异。因此引起一种怀疑：里外呼应。

“在庐山会议期间，北京留守的只剩下陈毅。一次，见到苏联大使尤金。陈老总说：他们都开会去了，就剩下我一个人。也不知道尤金是出于什么意思，是否开玩笑，竟说：这样你就可以搞政变了。陈毅同志很警惕，马上报告毛主席。社会主义国家的大使，对我们的国家领导人说这样的话，问题尖锐了。

“……这些因素，造成了对彭德怀的错误批判……”①

彭德怀在革命战争年代的功绩，由他在十大元帅中排名第二可以说明。新中国成立后的抗美援朝战争，更使他名扬中外。但毛泽东与彭在历史上多有芥蒂。1959 年 4 月 5 日，在上海举行的中共八届七中全会上，毛就揭了一通彭德怀的老账，说：我这个人是许多人恨的，特别是彭德怀同志，他是恨死了我的。是不是这样呢？不恨死了，也有若干恨。因为我跟他闹别扭闹得相当多。会理会议，延安会议，中央苏区江口会议，我们两个人斗。但是我们两个人我看是好的，有什么不好呢？都是革命党。我是寸步不让，你一炮来，我一炮去。我跟彭德怀同志的政策是这样的：“人不犯我，我不犯人；人若犯我，我必犯人。”

所以，庐山会议对彭德怀的批判，远远超出了彭 7 月 14 日这封信

① 邓力群：《我为少奇同志说些话》，当代中国出版社 1998 年 10 月版，第 102～103 页。

1959年庐山会议现场（童小鹏摄）。

所涉及的内容本身，是有深层原因的。毛泽东在7月23日的讲话中，除了批彭德怀在路线问题上发生了“动摇”，“表现出资产阶级的动摇性”，“把自己抛到右派的边缘了，距右派还有三十公里”等等外，更尖锐地提出：“你解放军不跟我走，我就找红军去，我看解放军会跟我走。”

如果说，林彪对1958年毛泽东指示军队整风的意图没有摸透，可这次批判彭德怀，他是完全心领神会了。就在人们对毛泽东把彭德怀的问题，提到解放军跟不跟他走的高度，还不甚理解的时候，林彪在中央政治局常委会上批彭说：彭德怀这回是招兵买马来的，是野心家、阴谋家、伪君子。他还指着彭德怀说：“只有毛主席能当大英雄，别人谁也不要想当英雄，你我离得远得很，不要打这个主意。”① 可以认为，林彪在这里说出了毛泽东要说的话。随后，毛泽东就接过来对彭说：

① 《彭德怀传》，本书编写组编写，当代中国出版社1993年4月版，第624～625页。

你这个人有野心，历来有野心。

你要用你的面目改造党、改造世界。过去因各种原因未得到机会，这次从国际上取了点经（不能断定）……

去年八大二次会议我讲过，准备对付分裂，是有所指的，就是指你。

我六十六岁，你六十一岁，我快死了，许多同志有恐慌感，难对付你①。

毛泽东的这一席话，明确道出了他要军队接受朱可夫事件的教训，所指的对象正是彭德怀。

据此，1959年8月16日，中共八届八中全会通过决议，把彭德怀的“错误”性质定为“反党”，并决定将彭德怀、黄克诚调离国防工作岗位。9月17日，新华社发布中华人民共和国主席令，免除彭德怀国防部长职务，任命林彪为国防部长。

至此，毛泽东在1958年初，提出要军队吸取苏联“朱可夫所犯严重错误”教训的指示，终算落到了实处。但“朱可夫事件”的阴影，就毛泽东而言，并未就此散去。不过那已是后话了。

---

① 《彭德怀传》，本书编写组编写，当代中国出版社1993年4月版，第626页。

马贵凡，1939年生，辽宁沈阳市人。1965年毕业于苏联列宁格勒大学东方系。1966年起在解放军总参谋部工作。1981年调入中共中央党史研究室从事国外中共党史研究译介工作，并研究共产国际与中国革命关系问题，曾任编译处处长、第三研究部副主任、译审。现主持翻译《联共（布）、共产国际与中国》系列档案文件集，已出版中译本七册。发表多种译著和二百多篇论文、译文。

作者简介

赫鲁晓夫[①]与毛泽东会谈记录[②]

□马贵凡　译

编者按：1958年苏联提出：为了指挥苏联在太平洋地区活动的潜艇，由中国和苏联共同建设电台，所需一亿卢布苏方承担七千万，中方承担三千万。7月21、22日，苏联驻华大使尤金会见毛泽东时又提出中

① 尼基塔·谢尔盖耶维奇·赫鲁晓夫（1894—1971）苏联乌克兰人，1917年参加红军，1918年加入俄共（布），1920年内战结束在顿巴斯矿井工作，先后在顿涅茨工学院工人专修班、莫斯科工学院学习，毕业后任莫斯科工学院党委书记，1934年当选为联共（布）中央委员，1938年为中央政治局候补委员，1939年为中央政治局委员。卫国战争期间任基辅特别军区、西南军区、斯大林格勒方面军、南方方面军和第一乌克兰方面军军事委员会委员，授中将衔。战后任莫斯科市委第一书记、联共（布）中央书记、苏共第一书记兼俄罗斯联邦局主席、苏联部长会议主席。1964年被迫辞职，荣誉退休者。

② 此档案文件发表在俄罗斯《近现代史》杂志2001年第1期上，原件存俄罗斯总统档案馆，全宗498，目录1，卷宗41～77，第151～156页。文件前面编者写了很长的前言，翻译时从略。2001年在《中共党史资料》第79辑发表。

苏合建一支潜艇舰队。毛泽东表示这两个问题涉及主权问题，只能由中方出资建设，苏方贷款，给予技术帮助，所有权归中国。尤金向莫斯科报告后，7月31日赫鲁晓夫马上飞到北京，和中国共产党领导人会谈。

一、1958年7月31日至8月3日赫鲁晓夫与毛泽东会谈记录

赫鲁晓夫与毛泽东的第一次会谈

1958年7月31日，在怀仁堂。

1958年7月31日，毛泽东在北京机场迎接到访的赫鲁晓夫。

参加者：波诺马廖夫同志、邓小平同志。

赫鲁晓夫转达苏共中央主席团委员们的问候和祝愿。

毛泽东表示感谢。他说，有两党领导人之间的合作，世界性问题较容易解决。

赫鲁晓夫表示赞同。

毛泽东：不作更长时期的预测，可以说，我们的合作有一万年的保证。

赫鲁晓夫：在这种情况下，过了9999年可以再次会晤，商定下一个一万年的合作问题。

毛泽东：但是，在我们之间有一些不同的意见。在一些问题上的这种不同的意见，过去有，现在有，将来也会有。如果拿十个指头作比

喻，那么我们的合作是九个指头，而不同的意见是一个指头。

赫鲁晓夫：是的，也许是不同的理解。

毛泽东：这些问题容易解决，我们之间总是会合作的，因此可以签署一万年的协议。

他提议转入讨论想研究的问题。

赫鲁晓夫：我们看了尤金关于同您谈话情况的通报。根据通报判断，有许多问题纠缠在一起，因此我想谈一谈，以便弄清楚所有问题。

毛泽东：好吧。

赫鲁晓夫：我不谈那些从通报中可以看出我们有一致观点的问题。这是国际形势问题、对近东和中东事态的评价、南斯拉夫问题。我们也拥护你们这样的声明，说明我们没有任何问题会使我们产生不同的观点。我们为你们党和中华人民共和国取得的成就而感到高兴，我想，你们也为我们取得的成就而感到高兴。

毛泽东：是的。

赫鲁晓夫：我想提及一个简直使我们感到震惊的问题。这就是建立海军舰队问题。您说，因此一夜没睡着觉。我收到通报后也一夜没睡着觉。

毛泽东：我感到惊讶，因此没睡着觉。

赫鲁晓夫：这个问题在任何时候都与别人无关，首先与我有关，因为主要是我同尤金谈的，后来才在中央主席团会议上给他下达指示，不存在你们同志们对问题的这种理解。对联合舰队连想都没有想过。您了解我的观点。斯大林在世时我就反对搞混合公司，反对他要搞租让菠萝罐头厂的那种老年人的愚蠢。我强调说老年人的愚蠢，是因为斯大林并未愚蠢到不理解这个问题的地步。这里表现出了（他思想的）僵硬。

毛泽东：我也引用过这些例子说赫鲁晓夫废除了这个遗产。

赫鲁晓夫：我是直接对斯大林说不要给毛泽东发关于租让企业的这种电报的政治局委员之一，因为这种做法根本是不对的。还有另一些政治局委员，我现在同他们发生了意见分歧，他们也不支持斯大林的这个建议。斯大林去世后，我们立即提出了取消混合公司的问题，现在我们在哪里也没有这种公司了。

毛泽东：还有两个半殖民地——新疆和满洲。

赫鲁晓夫：那里的不正常情况已经消除了。

毛泽东：按照协议，在那里甚至都不允许第三国公民居住。您把这两个半殖民地也取消了。

赫鲁晓夫：是的，因为这违背基本的共产主义原则。

毛泽东：完全同意。

赫鲁晓夫：就连在菲律宾，即资本主义国家，我们也取消了自己的军事基地。

毛泽东：在旅顺口也正是您取消了基地。

赫鲁晓夫：不能不这样做。对于社会主义国家，这样做尤为正确。就是在资本主义国家中，这也只能带来损害。我们在奥地利取消了共同财产，（把我们那部分）卖给了奥地利政府。这种做法带来了成果。否则就会成为同奥地利政府发生冲突的根源。不久前，我们接待了奥地利代表团，进行了亲切友好的会见。以前，进行这种会见是不可能的。我们同中立的资本主义国家保持良好的关系，这对所有社会主义国家都有利。

我们的方针是纯洁的、明确的。我们向原殖民地提供援助，在我们的协议中，没有一个条款给我们的关系蒙上阴影，或含有侵犯受援国独立的图谋。这就是社会主义阵营的力量所在。我们向原殖民地提供援助时也不提出政治条件，从而争得了这些国家人民的心。我们向叙利亚、埃及、印度、阿富汗和其他国家都提供这种援助。不久前，我们同意同阿根廷签订协议。这会对拉丁美洲特别是阿根廷有头脑的人们产生很大的影响。我们同意为采油工业提供一亿美元的设备。这是在与美国作对，以使南美不感到自己完全依赖于美国，看到自己是有出路的。

毛泽东：做得对。

赫鲁晓夫：您怎么能认为我们会像您同尤金同志谈话时说的那样对待你们呢？（开玩笑地）我这已经是在进攻了。

毛泽东：联合舰队是怎么回事？请您解释一下。

赫鲁晓夫：我不好谈这件事，因为大使不在这里。我向他转达了责成他办的事情，是单独同他谈的，后来是在主席团里谈的。我同他谈话时，担心他有可能错误地理解了我的意思。我问他："您对问题清楚吗？"他说："清楚。"但我发现，他没有向您谈我说的主要东西。

毛泽东：原来是这样！

赫鲁晓夫：我是这样看的，这种问题离他很遥远，就像月亮离地球很远一样。这是专业性问题，他与这种问题没有关系。

建立舰队问题很复杂，以至于我们现在还没有就这个问题作出最后决定。从斯大林去世时起，我们就开始研究这个问题。我们解除了库兹涅佐夫海军上将的军事职务，让他退休了，因为若是采纳他建立舰队的十年计划，那么无论舰队还是资金都会化为乌有。这就是为什么我们在收到周恩来同志请求提出意见和帮助建立舰队的信时，我们难以作出答复。

毛泽东对这项计划的费用感兴趣。

赫鲁晓夫作出答复。

有人建议我们造巡洋舰、航空母舰和其他大型舰只。造一艘巡洋舰很昂贵，但建港口和舰队停泊处还要贵得多。我们讨论了这项计划，并把它否定了。然而最主要的是，鉴于军事技术状况的改变，我们批判了海军舰队理论。

1956年，在塞瓦斯托波尔召开一次水兵会议，伏罗希洛夫、米高扬、马林科夫、朱可夫和我出席了这次会议。水兵们报告了他们想如何在战争中利用舰队。听了他们的这种报告后，不仅应该把他们赶出舰队，而且应该把他们赶出军队。

您记得，1954年我们从您这里回去时，是经旅顺口去符拉迪沃斯托克，然后去了共青城。后来乘巡洋舰进行一次不远的航行，期间组织一次小规模的操练。海军上将库兹涅佐夫陪同我们。在操练过程中，潜艇和鱼雷艇对巡洋舰发起攻击。鱼雷艇发射的鱼雷没有一枚击中巡洋舰，潜艇发射的鱼雷仅有一枚击中。我们认为，如果舰队这样备战，那我们的国家就不能指望我们的海军力量了，这是我们持批判态度的开始。这之后我们责成库兹涅佐夫作出报告和准备建议。在中央主席团会议上，他的建议未被采纳。他恼羞成怒耍无赖，声称："什么时候中央能对海军舰队采取正确的态度？"当时我们就建立了正常的关系，我们把库兹涅佐夫赶出了舰队。

在斯大林时期，我们建造了许多巡洋舰。我在访问伦敦时，甚至建议艾登①购买我们的巡洋舰。如今人们在绞尽脑汁地考虑如何在战争中利用舰队。您回想一下，二次大战时发生了什么大海战吗？没有发生任何大海战。舰队要么无所作为，要么覆没。最强大的海洋大国是美国和日本。日本用空军使美国舰队遭到了惨重失败。美国人后来也借助于空军击溃了日本舰队。

问题在于，把资金投到哪里。

我们收到您的来信时，思考了一下，派军人去吧，他们对建立舰队没有一致的观点。这个问题我们已经讨论了三次，最近一次决定给他们一个月期限，让他们准备建议。在现时条件下需要什么样的舰队？我们已经停止建造巡洋舰，把已经造好的炮塔扔进了炼铁炉，其实这是黄金呀。我们在船台上还有几艘未造好的巡洋舰。我们的总参谋部有两种意见：一些人说，扔掉；另一些人说，造完，然后不再造了。我们回去后要决定这个问题。海军军人分成了两派。我的观点不坚定：停止建造吧，对支出的费用感到可惜，造完吧，还得花钱。对于战争，它们是没

① 艾登，1955年至1957年任英国政府首相。——译者注。

有用的。马利诺夫斯基去休假前要求研究这个问题。在国防军事委员会会议上，我反对造完巡洋舰，但不坚决。马利诺夫斯基请求同意造完，我又决定支持他的意见。后来举行中央主席团会议时，许多著名的元帅和将军都坚决反对。于是决定等马利诺夫斯基休假回来后再议。我想，这次我们会决定把它们扔进炼铁炉。

在这种情况下，我们的军人能给你们提供什么样的意见呢？因此我们对自己说，需要同中共负责同志聚集在一起讨论决定这个问题。我们不能只凭信军人的意见，因为他们本身没有固定的观点。我们想同你们一起讨论，在建造海军舰队问题上采取什么方针。比如，我现在就说不出，我们的新海军参谋长在这个问题上持什么观点。如果我们派他来，那还不知道他将阐述谁的观点，我们的还是他自己的。所以我们想同周恩来和彭德怀同志，即同军政工作人员一起讨论这个问题。我们不能也不打算强加自己的观点。要建立什么样的舰队，你们也可以不同意我们的意见。我们还处于探索阶段。

在有火箭武器的情况下，现在谁还需要火力有限的巡洋舰呀。我在伦敦对艾登说过，他们的巡洋舰是游动的钢铁棺材。

建立舰队的问题很复杂。军人们会提出问题：为什么在这种情况下美国人建立舰队。我认为，从他们的角度来看，美国人做的是对的，因为美国位于美洲，而他们打算在欧洲或亚洲作战。他们需要用舰队来搞运输和掩护。否则他们就需要放弃自己的政策和宣布门罗主义①。

毛泽东转向邓小平，请邓给他同尤金的谈话记录。邓小平把谈话记录交给了毛泽东。

赫鲁晓夫：现在事情就是这样。所以我就同尤金这样说了，请他向您说明这个情况。我问他，都明白了吗？他作了肯定的回答。但他从来

① 门罗主义——1823 年美国总统 J. 门罗在致国会咨文中公布的美国政府对外政策纲领，宣布了对美洲大陆和欧洲大陆各国互不干涉内政原则，同时还提出美国是否会强大将取决于对新领土兼并的论点。这一论点后来被用作美国在拉美进行扩张的依据。

没有研究过舰队问题，因此他可能没有准确转达事情的实质。苏共中央无论过去还是现在都从来没有考虑过建立联合舰队的问题。

毛泽东（气愤地）：我没有听见您的谈话，您在莫斯科。同我谈话的是一个俄国人——尤金。所以我要问，您有什么理由“攻击”我？您谈到了我。

1957 年 11 月 7 日毛泽东（左二）在莫斯科红场。

赫鲁晓夫：我对您没有意见。

毛泽东（气愤地）：应该攻击谁？攻击毛泽东还是攻击尤金？

赫鲁晓夫：我作这样冗长的说明不使您感到厌倦吗？

毛泽东：不厌倦，您还没有谈主要东西呢。

赫鲁晓夫：根据上述原因，我们也希望你们的同志前来一起讨论需要什么样的舰队问题，以及它的技术和作战使用问题。我确实是这样对尤金说的，毛泽东同志主张协调我们的力量，以防发生战争。1954 年我们来访时和 1957 年您访问莫斯科时，您都谈到了这一点。遗憾的是，在这个问题上，至今还什么工作也没有做。因此我让尤金说明情况。我们知道，需要建立潜艇舰队和建造装备有不是对海导弹而是对空导弹的鱼雷快艇。因为潜艇舰队的主要任务，不是同敌人的水上舰队作斗争，而是摧毁它的港口和工业中心。因此我是从这样的角度对尤金说的。最好取消我们在黑海和波罗的海的舰队。那里不需要这种舰队，如果在这些地区已在建立，那只能建造不大的潜艇。在这种情况下，我们能在哪里建立呢？在摩尔曼斯克地区吧，但从那里不好向美国方向突破。在英国和冰岛，他们可以采取措施进行拦截。在符拉迪沃斯托克要好些，但在那里，我们紧靠萨哈林岛和库页岛，这两个岛屿保护着我们，但也能为敌人的潜艇监视我们的潜艇出海提供可能性。我说过，中国有广阔的海岸线，有公海，从那里容易同美国进行水下战争。因此最好同中国讨论利用这些条件的问题。更具体地说，看来，你们需要在某一条河（黄河，或者别的河）上建设一个能够生产相当数量潜艇的工厂。我们认为，需要就这些问题谈一谈，但关于建立联合工厂或联合舰队，我们没有想过，也没有这个必要。

毛泽东：尤金不止一次地说过建立联合舰队的事，并说黑海和波罗的海没有出海口，舰队从摩尔曼斯克出海不很容易，从符拉迪沃斯托克出海的路被日本切断，等等。而且他指出，中国海岸线很长。据尤金说，苏联在生产核潜艇。他的整个谈话都在于建立联合舰队。

赫鲁晓夫：我们在建立自己的舰队并能够利用它。这是个威力强大的武器。确实，利用它将会很难，但敌人也不容易。进行战争通常都是困难的事情。

毛泽东：我问尤金：舰队的所有权是谁的，是中国的，是苏联的，还是共有的？我还强调说，在现时条件下，对于中国来说，舰队应当为中国所有，不能谈任何其他所有。一旦发生战争，我们都提供给苏联。但是尤金坚持舰队应当是共同所有。第三次，刘少奇接待了尤金和我们的另一些同志。在这次谈话中，尤金重复了他以前的声明。我们的同志反对搞联合舰队。他改变了提法，代替联合舰队，开始谈“共同建立”舰队。我们的同志批评了这种提法，说我们对此的理解是共同管理舰队。这时尤金开始谈在建立舰队方面“共同作出努力”。

赫鲁晓夫：这里也有我的过错。不应责成不了解问题的尤金向您作出通报。但我们不想就此问题给您写信，想向您作出口头通报。

毛泽东： 我们对他的话是这样理解的，如果我们想得到援助，那就要建立主要旨在反对美国的联合舰队。我们是这样理解的，赫鲁晓夫想同中国同志一起决定共同建立海军舰队问题，并打算吸收越南参加。

赫鲁晓夫： 我说过，将来发生战争，我们需要广泛利用包括越南在内的沿海一带。

毛泽东： 我还说过，一旦发生战争，苏联可以利用中国的任何地方，俄国水兵可以在中国的任何港口活动。

赫鲁晓夫： 我不会说"俄国水兵"。一旦发生战争，需要共同作出努力，也许中国水兵将采取行动，也许需要联合作出努力。但是不存在关于什么领土或我们基地的问题。

毛泽东： 比如说，舰队若是由100艘舰船组成，那你们和我们各分摊多少艘？

赫鲁晓夫： 舰队不可能由两个国家管理，舰队需要指挥。而有两个人指挥时，那就不能作战。

毛泽东： 说得对。

赫鲁晓夫： 您可以不同意我们的意见。我们是这样认为的，而您可以说：我们反对。若是您向我们提出这样的意见，我们也会反对。

毛泽东： 如果是这样，那所有乌云就散了。

赫鲁晓夫： 本来就没有乌云。

毛泽东： 但是我们都没睡着觉。结果我白没睡着觉了。

赫鲁晓夫： 毛泽东同志怎么能设想我们会强加完全不符合党性的原则呢？

毛泽东： 我甚至对我们的同志们说，从原则性的角度讲，我对这个建议不理解，这可能是个误会。您取消了斯大林所做的不正确的事情。我本人和另一些同志都怀疑，这个建议是不是苏联海军司令部的建议。你们的顾问四次建议我们发出关于援建舰队的电报，并让我们相信，这个问题肯定会得到解决。

赫鲁晓夫：这样的顾问应该赶走。

毛泽东：顾问没有谈联合舰队问题。

赫鲁晓夫：反正他们无权。他们的工作是，当就此事询问他们的意见时，他们提出建议。

毛泽东：顾问们提出了请求苏联提供援助的建议。之后周恩来发出了这样的请求，指建立装备有发射导弹装置的舰队。

赫鲁晓夫：尤金没有被授权提出建议。只责成他转达关于共同讨论建立潜艇舰队问题的请求。我们怎么能授权尤金进行关于建立潜艇舰队的谈判呢？我们了解尤金并在党的问题上信任他，但他不适合进行关于核潜艇舰队的谈判。

毛泽东：他曾说，需要派去代表就共同建立海军舰队问题进行谈判。我请他转达，这样的谈判我们不能进行。

赫鲁晓夫：实际上，他试图对问题作出正确的阐述，但看来，他本人没有正确理解我们的任务，没有正确作出解释，因此才能使我们处于不正常的相互关系之中。

毛泽东：但是尤金就是这样说的。并且还有安东诺夫在场。这里是谁的自尊心受到了伤害？

赫鲁晓夫：我看出，您的自尊心受到了很大的触犯。

毛泽东：因此没睡着觉。

赫鲁晓夫：我们的自尊心也受到了伤害。您怎么能这样不正确地理解我们的政策呢？

毛泽东：您的代表是这样阐述的呀。而我对他说，我不同意这种建议，我不干，并说："你们在海上和空中作战吧，而我们将在陆地上打游击。"

邓小平：问题产生于对中国和苏联海岸线的分析上。尤金说，中国有较好的海岸线，而苏联没有好的海岸线，因此需要建立联合舰队。这时毛泽东说，这是合作社。

毛泽东：由两部分组成的合作社。

赫鲁晓夫：我很清楚。我讲了自己的意见。我认为，我们中国朋友对我们是有较好的意见的，因此我认为需要作出解释。我们不想侵犯中国主权，在我们党内是一种态度。我想，你们也有这样的原则。

毛泽东：这样，我就放心了。

按另一种方案也得出联合舰队问题。若是舰队不是联合的，那就不提供援助。

赫鲁晓夫：尤金就是这样说的？

毛泽东：不是，这是我转达他的话的意思。

赫鲁晓夫：这是您的推论！

毛泽东：而第三种方案是，我们干脆撤销请求，因为第二种方案对我们不合适。即便一万年我们没有核潜艇舰队，那时我们也不会同意建立联合舰队，我们过得去。

赫鲁晓夫：在您的信中没有谈核潜艇舰队问题。

毛泽东：是的，没有谈。我们提出了建立装备有火箭武器的舰队问题。尤金谈到核潜艇舰队问题。

赫鲁晓夫：因此我也说：建什么样的舰队需要讨论。谁给您出的主意？戈尔什科夫？我不相信他能给我们出正确的主意。他给您出主意，您将以为这是我们的主意。尔后您会搞清楚，说是我们出了错误的主意。

毛泽东：对我们来说，不会出现关于建立庞大舰队的问题。我们只讲鱼雷艇和装备有发射导弹装置的潜艇问题。这在我们的信中作了说明。

存在第二个问题，即在中国建立雷达站的问题。

赫鲁晓夫：我想结束海军舰队问题，然后谈雷达站问题。我认为，尤金对这部分使命没有作出正确的阐述。看来，他表达得不准确，并使人有理由对他的意思理解得不正确。

毛泽东：但此事有七八个人在场。当时我说，这是合作社。大家听到这个建议时，都发出了“啊”的惊叹声。所以我一整夜没睡着觉。

赫鲁晓夫：而我第二天夜里没睡着觉。我同意我承担部分过错，我是源头。我对尤金作了说明，他没有正确理解我的意思，没有作出正确的转达。尤金是个诚实的人，他对中国和对您个人很尊敬。我们信任尤金，我们认为，他不可能有意识地进行歪曲。这是一名诚实的中央委员，他所做的一切都是为了巩固我们两国的友谊。这一切都是由于他没有正确理解使命而造成的误会。我说了，我本人有怀疑，曾问他两三次，都明白了吗？因为给他的使命，是关于他根本没有接触过的问题的使命。不过我对您有个意见，若是您看出事情超出共产主义关系范围，那您应该好好睡觉，应该对自己说，这是误会，并试图再次弄清楚这件事。（开玩笑地）您瞧，我在要求您了。

毛泽东：我说了，也许这是误会，我希望这是误会。

赫鲁晓夫：应该睡觉。

毛泽东：有几次只谈联合舰队问题，因此我在当时就转入反攻了。现在您反攻我。但我还要转入对您的进攻的。

赫鲁晓夫：物理学中有一个定律，说作用与反作用相等。

毛泽东（气愤地）**：**我是有根据的。当时我说，我们可以让出所有中国海岸，但不同意搞联合舰队。

赫鲁晓夫：我们自己有许多海岸，愿上帝保佑，我们能管好自己的海岸。

毛泽东：这是第四种方案，把所有海岸让给您。还有第五种，我习惯打游击。

赫鲁晓夫：现在不是那个时候了。

毛泽东：可是我们没有指望了，我说的是，若是我们让出所有海岸，那我们就只剩下陆地了。

赫鲁晓夫（开玩笑地）**：**那我们只好交换海岸啦，最好让我们每个人都留在自己习惯的海岸上。

毛泽东：同意让出直到越南的所有海岸。

赫鲁晓夫：那还需要邀请胡志明，不然他知道了会说，赫鲁晓夫和毛泽东搞阴谋反对他。

毛泽东：按第五种方案，我们把旅顺口让给您，我们还剩下几个港口。

赫鲁晓夫：您怎么，认为我们是红色帝国主义分子?

毛泽东：问题不在于是红色或白色帝国主义分子。曾有一个人，名叫斯大林，他占领了旅顺口，并把新疆和满洲变成了半殖民地，还建立了四个混合公司。这都是他干的好事。

赫鲁晓夫：您了解我的观点。但在旅顺口问题上，我认为当时斯大林的决定是对的。那时在中国有蒋介石，在旅顺口和满洲驻扎着苏军，对你们也是有利的，这起到了一定的积极作用。但是人民中国一取得胜利，就应该结束这种状况。依我看，1954 年我们提出从旅顺口撤军的问题时，您对这样做是否合适还提出过怀疑，您认为，苏军的存在将牵制美国的侵略意图。我们请您研究一下这个问题。您答应考虑考虑。您考虑了，后来同意了我们的意见。

毛泽东：是的。

赫鲁晓夫：您当时说，在你们的议会里，不是共产党人提出这样做对中国是否有利的问题。您说了这件事没有?

毛泽东：说了。但这是事情的一个方面。斯大林不仅在这件事上犯了错误，他还建立了两个殖民地。

赫鲁晓夫：您捍卫了斯大林。但批评了我，因为我批判了斯大林。而现在是相反。

毛泽东：您批判的是别的问题。

赫鲁晓夫：我在代表大会上也谈到了这件事。

毛泽东：无论现在还是当时在莫斯科，我始终说，批判斯大林的错误是对的。我们只是不同意不划清批判界限。我们认为，斯大林的10个指头中有3个指头是坏的。

赫鲁晓夫：我认为更多。

毛泽东：不对。在他的一生中主要是功绩。

赫鲁晓夫：是的。我们谈斯大林的功绩，并且我们也是这些功绩中的一部分（原文如此。——译者）。

毛泽东：正确。

赫鲁晓夫：斯大林还是斯大林。而我们批判了特别是他到老年时形成的污垢和疮痂。但铁托批判他时，则是另一回事。过20年后，小学生将会在字典中找到铁托是什么人，而斯大林的名字将是人人皆知的。在字典中将会说，铁托是社会主义阵营的分裂主义者，他企图破坏这个阵营，而关于斯大林，将会写他是同工人阶级的敌人进行搏斗的战士，但犯了很大的错误。

毛泽东：斯大林对中国的主要错误不在半殖民地问题上。

赫鲁晓夫：我知道。他错误地估计了中共的革命能力，给蒋介石写一些客气的信件，他支持王明。

毛泽东：更重要的是在另一方面。他的第一个主要错误是，一度使中共已有的地盘仅剩下十分之一。他的第二个错误是，当中国革命成熟时，他不主张我们起来闹革命，并说，如果同蒋介石开战，会造成整个民族的灭亡。

赫鲁晓夫：不对。民族不可能灭亡。

毛泽东：但在斯大林的电报中是这样说的。所以我认为，两党之间的关系不正常。我们的革命取得胜利后，斯大林怀疑它的性质。他认为，中国是第二个南斯拉夫。

赫鲁晓夫：是的，他认为有这个可能。

毛泽东：我到莫斯科时，他不想同我们签订友好条约，也不想废除以前同国民党的条约。我记得，费德林和科瓦廖夫转达他的建议，让我在苏联各地走走看看。但我对他们说，我只有三项任务：吃饭、睡觉、拉屎。我来莫斯科不是只给斯大林祝寿的。因此我说，如果你们不想签订友好条约，那就不签。我将完成自己的三项任务。去年我们在莫斯科时，谈话中还有布尔加宁参加，有人对我们说，斯大林窃听了我们的谈话。

赫鲁晓夫：是的，我说过这个情况。他也窃听我们的谈话，窃听自己的谈话。有一天，我同他在一起休息，他承认，他对自己也不相信。他说：我是个毫无用处的人，我对自己也不相信。

毛泽东：要建立什么样的海军舰队？对于我们来说，这样的问题是不存在的。我们不建库兹涅佐夫海军上将所设计的那种舰队。

赫鲁晓夫：关于舰队问题，我们自己还没有作出决定。

毛泽东：我们只想获得援助，建立潜艇舰队，建造鱼雷快艇和小型水上舰船。

赫鲁晓夫：我也是这样认为。应该拥有强大的装备有导弹的潜艇舰队和装备有导弹而不是鱼雷的鱼雷快艇。

毛泽东：我们在信中正是提出了这个请求。

赫鲁晓夫：我们认为，需要装备有导弹的驱逐舰。我们认为，需要建立考虑到可以用于军事目的的民用舰队。建造几艘装备有导弹的军舰。我们认为，要拥有一些装备有导弹的巡逻舰、扫雷舰。最主要的是装备有导弹的飞机。我想，您首先需要的正是这些东西，从空中可以射得更远。首先需要海岸防御体系。旅顺口的火炮没有意义，它的能力有很大的局限。其次需要有海岸导弹发射装置和装备有导弹的军舰，或者移动的海岸防御体系。这是我们建立舰队的方针。

毛泽东：正确的方针。

赫鲁晓夫：我认为，首先需要装备有导弹的军舰。潜艇舰队较昂贵。借助于装备有导弹的军舰，可以将敌人拦阻在距离自己的海岸很远的地方。

毛泽东：完全正确。还在莫斯科的时候就谈了这个问题。

赫鲁晓夫：飞机更主动些。我们准备向中国提供我们所拥有的飞机。TY—16型飞机作为轰炸机失去了意义，但作为装备有导弹的飞机，在海上要道上活动还是好飞机。总的说来，轰炸航空兵经受着危机。在军人的头脑中还不清楚，歼击机有替代物，这就是导弹。

毛泽东对苏联、美国、英国的火箭武器及其作战能力和型号感兴趣。

赫鲁晓夫对毛泽东感兴趣的问题作出答复。

毛泽东说：最好避免发生战争。

赫鲁晓夫：因此要用自己的导弹使敌人感到恐惧。有人对土耳其人说，用三四枚导弹，土耳其就不存在了。要从地球上消灭英国，用10枚导弹就够了。英国在争论：一些人说，要消灭英国需要9枚导弹；另一些人说，6到7枚。一旦发生原子战争，英国将被消灭，这一点他们不怀疑。只是在争论，要做到这一点需要多少导弹。发生苏伊士事件时，我们给艾登和摩勒①写信，他们立即停止了侵略行动。现在我们有洲际导弹，我们控制了美国的咽喉。他们以为，达不到美国。但不是这样。因此我们要利用这些手段，不允许发生这种战争。现在应该拯救伊拉克。

毛泽东：依我看，美国和英国已放弃进攻伊拉克了。

赫鲁晓夫：我认为，这有百分之七十五的正确性。

毛泽东：百分之九十。

赫鲁晓夫：这是中国的说法。在这里我们有"分歧"。

毛泽东：他们怕发生大规模的战争。

赫鲁晓夫：是的，很害怕。在土耳其、伊朗、巴基斯坦，特别害怕。伊拉克革命激发了这些人民，他们可以重演伊拉克事件。

---

① 摩勒，1956至1957年任法国政府总理。——译者注。

毛泽东：国际形势问题我们明天谈。我认为，海军的问题已经解决了。

赫鲁晓夫：是的，没有进行战斗，双方都没有失败。

毛泽东：不会有联合舰队了吧？

赫鲁晓夫：是的，我们根本就没有提过这个问题。

毛泽东：但要知道，有三位苏联同志谈了联合舰队问题。

赫鲁晓夫：现在这里已经是四位苏联同志。并且我们说，不会有联合舰队了。

毛泽东：我们不再回过头来谈这个问题了。

赫鲁晓夫：问题已不存在，这是误会。

毛泽东：同意。我们记录一下，撤销这个问题。

赫鲁晓夫：同意。让我们这样记录一下：这个问题过去没有、现在没有、将来也不会有。这是误会、是尤金没有正确说明这个问题所致。我认为，全都解决了。

毛泽东：现在我放心了。

赫鲁晓夫：我也放心了。我们可以平静地睡觉了。

现在我想谈雷达站问题。中央没有关于这个问题的决定。我们的军人同志说，应该建一个雷达站，一旦需要可以指挥苏联在太平洋里的潜艇。我认为，这种想法是对的。我想，在这个问题上可以同中国同志联系，建这样的雷达站。如果中国同志同意，最好我们通过提供贷款或其他什么方式参加建设。雷达站是需要的。我们需要，你们有潜艇舰队时，也需要。关于使用问题，我想，不能双方共管。因此我们可以以平等的原则达成协议，使我们能通过这个雷达站同我们的潜艇舰队保持联系。关于所有权问题，没有什么可谈的。它应该是中国的。我们想就在对等条件下的利用问题达成协议。你们可以利用我们在符拉迪沃斯托克、库页岛和北部海岸的雷达站。如果你们方面不反对的话，那我认为，我们军方应该考虑这个问题。如果这对中华人民共和国不合适，那我们不坚持这个设想。

毛泽和赫鲁晓夫

毛泽东：可以建这样的雷达站。它将是中国的财产，由中国政府投资建设，但可以共同利用。

赫鲁晓夫：不是共同利用，而只是部分地利用。对于我们来说，一旦发生战争和和平时期为了进行训练，需要这样的雷达站。

毛泽东：那在马利诺夫斯基的信中需要改变提法。

赫鲁晓夫：我没有见到信。中央没有讨论。

毛泽东：还是合作社。中国份额百分之三十，而苏联份额百分之七十。我们本着我说的精神给马利诺夫斯基作了答复。

赫鲁晓夫：我不了解就这个问题交换的信件。看来，这是经我们军方的联系，并且是不成功的联系进行的。

毛泽东：马利诺夫斯基的第二封信，即7月来信，含有关于这个问题的协议草案。如果说按第一封信，中国份额定为百分之三十，那么按第二封信，所有份额则全归苏联。

赫鲁晓夫：我猜想，我们军方是善意的。我们需要这样的雷达站。它造价昂贵，这是他们想给以援助。当时他们忽视了问题的政治、法律方面。

毛泽东：我们以彭德怀名义作出答复，说我们建设，而苏联可以利用。

赫鲁晓夫：军方对我说，好像同中国同志达成了全面的协议。

毛泽东：请看，这是全部交换的信件。

赫鲁晓夫：我没有见过。如果是通过中央发的，那可能我们也会作出这样的蠢事，并建议用我们的资金来建设这个雷达站，但在中央，我们没有讨论过这个问题。如果您不愿意让我们付钱，那就不要这样做。

毛泽东：我们都是代表社会主义国家。我们自己建雷达站，而要共同利用。您同意吗？

赫鲁晓夫：现在你们不需要雷达站，它造价数百万。请不要拒绝接受款项。友谊是友谊，而服务是服务。在社会主义条件下，我们应该一起承担负担。我们可以同意提供建设贷款。它的一部分你们可支付，而一部分则不要支付，因为雷达站你们也需要。

毛泽东：我们可以不要任何贷款进行建设。

赫鲁晓夫：这就不对了。现在你们不需要它。

毛泽东：将来需要。

赫鲁晓夫：但我们首先需要。

邓小平：我们已经作出答复，我们将自己建，但共同利用。

赫鲁晓夫：看来，因此我们军方对我说，中国人同意，而他们没有注意到中国的细节。有什么问题，他们觉得奇怪。据说，取得了完全一致。

毛泽东：我们同意由我们自己来建，但共同利用。

赫鲁晓夫：我认为，需要我们方面的贷款、援助。

毛泽东：如果你们坚持给以援助，那我们就不建了。

赫鲁晓夫：现在谈谈米高扬问题。您的声明使我们感到震惊，因为大家都确信，你们同米高扬的关系很好。没有想到，能怀疑他对中国不

左二起：刘少奇、杨尚昆、赫鲁晓夫、刘宁一、邓小平、廖承志、彭真在莫斯科合影。

忠实，有什么影响我们友谊的情绪。他本人从来没讲过这种情况，我们也没有看出来。他在你们代表大会上的讲话，是经中央主席团审定的，并没有提出意见。曾建议他把讲话稿给您看一下，以便务必将您的意见和祝愿加进去。1954 年我在这里讲话时，我也给您寄了报告并请您提出意见。

毛泽东：我们欢迎您的讲话，因为它反映了平等关系。米高扬同志的讲话也不错，但好的部分和不好的部分的对比是 9∶1。这与有些教训人的腔调有关系。大会有些代表表示不满，而我们不便对米高扬同志谈这一点。我们说，中国革命是十月革命的继续，这是无可争辩的真理。但许多东西应由中国人自己来讲。而在米高扬的讲话中，有某种类似父亲对待儿子的态度。

赫鲁晓夫：我现在没有再看讲话稿，但我记得，当时我对他说过，很多注意力集中到国际关系上了。也许没有这个必要，但米高扬作了某种说明，我就同意了。如果说有某些不必要的方面，那么这不只是他的过错，因为我们都看过了。

现在来谈谈对他在西柏坡的逗留不满意的问题。

毛泽东：他在那里所做的事情都很好，但举止有些傲慢，像是监察员。

赫鲁晓夫：我很惊讶。

毛泽东：我也很惊讶。但是在某种程度上这像是父亲教训儿子。

赫鲁晓夫：这我难以作出解释，最好您对他说。米高扬是善于听取意见和作出结论的。

毛泽东：是的。他是个好同志。我们邀请他到我们这里来。

赫鲁晓夫：他现在在休假。

毛泽东：他在任何时候来中国，我们都欢迎。我们认为需要讲讲，在他的讲话中，我们发现有一些不合适的地方。

赫鲁晓夫：当时他在中国的逗留是斯大林下的命令。斯大林要求他每天作出报告，责成他嗅个遍，看你们周围有没有奸细。斯大林这样做是出于良好的动机，但是是按自己的方式，按斯大林的方式进行的。当时斯大林坚决主张逮捕两个美国人，你们就把他们逮捕了。斯大林去世后，米高扬说，他们没有罪过。我们给你们写信说明了这个情况，你们就把他们放了。应该考虑到，当时米高扬做的事情，不是他想做的事情，而是斯大林想做的事情。例如，把斯特朗[①]赶出莫斯科，尔后给她恢复了名誉。我想，斯大林这样做的原因，是不让她去中国，因为他认

---

① 安娜·路易斯·斯特朗，美国进步作家和记者。1946 年 8 月毛泽东在延安向她发表了著名谈话，提出“一切反动派都是纸老虎”的论断。1958 年斯特朗到中国定居。

为，她是间谍。现在斯特朗打算来中国和苏联。我们不反对，虽然她写了斯大林的愚蠢，并且你们的报纸把她写的东西登出来了。

毛泽东：我没看过，但有人在谈这件事。

赫鲁晓夫：我看过并听说这是中国资本家的报纸。

毛泽东：是的，是右派掌握的报纸。

赫鲁晓夫：文章是针对苏联的。我们甚至想就此问题给你们写信，但后来决定，既然是资本家的报纸，不值得这样做。

毛泽东：这家报纸原来在右派那里，现在在我们手中。

赫鲁晓夫：我们没有意见，但斯特朗是不对的。

毛泽东：报纸的方向是不对的，现在改变了这种情况。

赫鲁晓夫：这是你们的事情。我们也认为，报纸的方向是不对的。

我认为，米高扬的问题解决了。

毛泽东：他是个好同志。但他的对比关系是1对10。这也造成了我们的意见。我们很希望他来访。

赫鲁晓夫：在我们主席团里，关于我们的关系，我们两党之间的关系，谁也没有别的意见。我们为你们取得的成就，就像自己取得的成就一样感到高兴。我们想，你们对我们也是一样。在这一点上我们没有疑虑。

下面谈专家问题。我认为，这是健康肌体上的一个小疖子。

毛泽东：我不同意这种提法。

赫鲁晓夫：我们向你们派了数千名专家。怎么能保证他们百分之百提出正确的建议呢？

毛泽东：正确的有百分之九十多。

赫鲁晓夫：我们派的专家能搞明白自己的领域，但不研究政治。我们不能还要求他们搞清楚我们的关系。凡能搞清楚我们的关系的，他就不懂专业。因此我们给你们写信请求召回全部专家。你们则可以派人到我们这里来学习。

毛泽东：需要利用两种办法。

赫鲁晓夫：那就会给我们造成不平等的条件。我们这里没有你们的人，并为你们作出保证，他们不干蠢事。

毛泽东：我们不要求你们作出保证。

赫鲁晓夫：但您使我们处于不平等的地位。我们派来专家，他们干蠢事，而我应该表示歉意。

毛泽东：不需要表示歉意，要进行调解。

赫鲁晓夫：好像我们只干这种事。

毛泽东：这里说的是个别人。他们都是共产党员。

赫鲁晓夫：不都是。一些人不是共产党员，而一些人我们要把他们开除出党。就是这样也保证不了他们不干蠢事。

毛泽东：这与中国也有关系。

赫鲁晓夫：我们不要只是俄国人干蠢事的专利。这种品质是国际性的，损害所有国家。但对我们来说，条件是不平等的。你们可以对我们专家干的蠢事提出意见，而在我们这里没有你们的专家。所以得出，只是我们在干蠢事。

毛泽东：这是由于历史的过错。

赫鲁晓夫：而我们要负责？

毛泽东：你们首先完成了革命。

赫鲁晓夫：我们在这方面也有过错？

毛泽东：因此你们需要派专家。还要向伦敦和向其他地方派专家。

赫鲁晓夫：那我们要一起来做这件事，责任和蠢事我们要对半分。

毛泽东：我们的意见只与军事方面和国家安全方面的顾问有关，而与经济方面的顾问无关。

赫鲁晓夫：我们这里都在犯错误，而你们那里没有。都没有保证。

毛泽东：这是些小错误。如果他们有时提出不合适的建议或提出不合适的建设方案，这不是什么大不了的事。

赫鲁晓夫：你们要国家安全顾问干什么？难道你们自己不能作出保证？这可是个政治问题。

毛泽东：甚至关于军事顾问，这里讲的也完全是个别人，主要问题是，常常不同我们协商就变换顾问。这方面的过错不是很多。

赫鲁晓夫：我们不知道，谁在你们这里工作，谁和谁变换。我们不能承担责任，也不能进行监督。

毛泽东：这不是由于我们的过错。看来，是国家安全机关和军事机关的过错。

赫鲁晓夫：你们要军事顾问干什么？你们进行过这种战争，具有这种经验。你们要他们干什么？我们的顾问是在另一种条件下受的教育。

毛泽东：我们需要技术方面的专家。

赫鲁晓夫：你们到苏联来学习呀。

毛泽东：我们也采用这种形式向你们那里派人，但你们派来一部分专家也有好处。

我说的是个别人，而不是说召回所有人。

赫鲁晓夫：我们建议一起来讨论这个问题。你们对我们的工作人员有意见使我们感到很不安。我们不希望这件事引起你们的忧虑。

毛泽东：同意你们的意见。可以谈谈这方面的具体措施。看来，我们必须留下多数顾问。有一些顾问我们不需要。我们将提出他们的名单。

赫鲁晓夫：我们希望得到所有人的名单，以便不再发生任何误会，因为今天有一个人做蠢事，明天会有另一个人做蠢事。

毛泽东：我们请求留下，而你们要带走顾问。

赫鲁晓夫：没有你们我们什么事情也做不了。

毛泽东：他们和我们工作人员之间的差别仅仅是国籍。

赫鲁晓夫：我同意这种说法，这是暂时的差别。主要的是共产主义的联系。

毛泽东：对。就是在国家内部也是常有矛盾的。例如，我们来自北方的工作人员，在中国南方就不太受欢迎。

赫鲁晓夫：我听说，你们在同尤金的谈话中提到我们的一位专家，他建议用无沉箱法建桥，这种方法在我们那里没人支持。我告诉你们，谁不支持，卡冈诺维奇。而他是什么专家呢？我问他，为什么大家不支持？他说，任何地方都没有用过这种方法。但新的东西因此才是新的东西，因为以前任何地方都没有用过呀。

我说出了我想说的话。就是在喜欢干净的很好的家庭主妇那里，偶尔有了一点儿灰尘，她也是要用湿抹布把它擦掉的。我们也时而需要会面，以免积存很多灰尘。

毛泽东：完全正确。

赫鲁晓夫：因此你们建议进行会晤时，我们认为，这是需要的。一开始我们回答说，我不能来，因为考虑到在纽约有个会晤。但收到西方人的答复后，才明白，他们在拖延，因此我们立即来到这里。这是最好的会晤，是有益的、愉快的会晤。

毛泽东：我们谈谈，这很好。不要积存问题。如果发生什么问题或者即便没有发生什么问题，我建议也可进行会晤和交谈，不定任何日程。始终都有需要谈的事情，这就是国际形势问题，在这方面我们需要着手做什么工作呢？你们可以向我们通报一些国家的情况，我们从自己方面也可以谈谈其他情况。但"合作社"问题是出乎预料的，完全是暂时性的，不过因此我一夜没睡着觉，我同尤金吵了架，也没让你们睡着觉。因而我们摆平了。

至于米高扬，这是个好同志。他在中国所做的事情都是好的。我们在一些问题上的不满情绪，我们将对他说，如果他接受，那很好，他不接受，也是他的事情。但在这个问题上我必须划出界限。至于顾问，这里现在没有争论，将来也不会有争论。我对尤金，对我们的所有同志都说过，顾问们做了大量有益的工作，并且做得很好。我们经常从党的系统和行政系统给地方下达指示，要如何对待苏联顾问。我们强调同他们保持团结的必要性，指出他们是来帮助我们的。在我们这里呆了七八年的人员中，百分之九十九，也许更多都是好人，只是个别人员对工作不认真。例如，彼得鲁舍夫斯基组里的人。但这是他的过错，而不是他的人员的过错。

赫鲁晓夫：您瞧，我甚至都不认识他。

毛泽东：我也从来未见过彼得鲁舍夫斯基。现在这个组有个好的领导人特鲁法诺夫。

赫鲁晓夫：我是在斯大林格勒保卫战时认识他的，不错的将军。

毛泽东：我们器重他。国家安全方面的一些顾问我们不需要。

赫鲁晓夫：你们可以派自己的人。这是内部的、政治性的问题。

毛泽东：给军队总政治部派来一个人，我们没有邀请。

波纳马廖夫：可以对大使说，会立即把他召回去的。

毛泽东：我想划清界限。绝大多数是好的工作人员。我们的意见只针对个别人。

赫鲁晓夫：谁为处在这个界限之外的那些人负责？赫鲁晓夫，而不是毛泽东。不平等的条件。您处于更有利的地位。

毛泽东：你们真的想把所有人召回吗？

赫鲁晓夫：不。我们建议讨论一下。我们认为，干部不仅是我们的资本，而且是共产党的共同财富。我们必须利用他们来推翻资本主义。

毛泽东：我们不提顾问问题了。或许我们错误地提出了顾问工作中的缺点问题？

赫鲁晓夫：相反，你们说了，这很好，不然就不是同志式的谈话了，问题还会存在，而你们默不作声。

毛泽东：问题早就存在，但是，比如在匈牙利事件时期，我们有意没有提出。在从波兰召回苏联军事顾问时我们也没有提出。意见是针对为数不多的人的，其实是针对他们的指挥方法。

赫鲁晓夫：你们做得明智。我们让你们来决定。昨天你们需要顾问，今天不需要了。其实你们不希望让俄国人像照看婴儿那样照看着中国人。从来没有这样做过。你们经历过这样的斗争道路。

毛泽东：这里说的是为数不多的人。例如，军事学院一位顾问给教员们作出指示，只能在利用卫国战争经验的基础上进行教学。

赫鲁晓夫：他像是香肠，灌进去什么，就有什么。

毛泽东：也许要使所有顾问都成为专家？

赫鲁晓夫：对。不要让他们出主意。让他们工作。

毛泽东：是的，他们在工作，但有些按另一种方式。

你们能呆到明天吗？

赫鲁晓夫：而你们想这么快把我们打发走吗？

毛泽东：不是，你们想呆多长时间就呆多长时间。关于下次会晤时间问题，我们可能有矛盾。您白天工作，而我白天睡觉。四天后才能见面。

赫鲁晓夫：是的，这是个矛盾，但不是冲突。

毛泽东：需要发表关于我们会晤的公报吗？也许需要吓唬一下帝国主义分子？

赫鲁晓夫：是的，不错。让他们想想，赫鲁晓夫和毛泽东在北京谈了什么。我们方面可以责成库兹涅佐夫、波诺马廖夫、费德林做起草公报工作。

毛泽东：我们方面将是王稼祥和胡乔木同志。可以吓唬一下帝国主义分子，需要吓唬他们。

赫鲁晓夫：对。可能斯大林因此不想同你们签订条约。他认为，（帝国主义）进攻中国是可能的，他不想卷入，可以给些援助，但不去打仗。但他没有向任何人谈这件事。例如，我们同阿尔巴尼亚就没有签订条约。讨论华沙条约问题时，莫洛托夫建议不让阿尔巴尼亚加入。我问莫洛托夫，为什么不让阿尔巴尼亚加入。他说，我们将为他打仗吗？

可是，如果不保卫他，（敌人）不经过战斗就会把他夺走。

毛泽东：是的，这是个坚强的、坚定的民族，需要帮助他。

赫鲁晓夫：当时莫洛托夫也反对让德意志民主共和国加入。我觉得应该讨论加强阿尔巴尼亚的问题。他需要舰队。在什么基础上做这件事？在合作组织基础上或者在其他基础上？这要同恩维尔·霍查讨论。问题是复杂的。可能将需要一种合作组织。你们可不要为此谴责我们呀。

毛泽东：是的，同阿尔巴尼亚、德意志民主共和国、波兰、匈牙利需要有合作组织，而同捷克斯洛伐克未必需要。那里没有驻军？

赫鲁晓夫：没有。只是在波兰和匈牙利有。我在匈牙利时，曾向卡达尔提出撤出军队问题，他不同意。他只同意缩减一个师。他们把我们的军队部署在奥地利边境，但奥地利人不威胁他们。我认为，匈牙利情况很好。卡达尔是个好人。

毛泽东：一旦发生战争，必然需要进行合作。您看，在我们周围，有多少军事基地，钉了多少这种钉子：在日本，在台湾、南朝鲜、越南，在马来亚等等地方。

赫鲁晓夫：是的。而在欧洲有多少呢？四周都是基地。好在我们发展了经济，而我们的学者帮助制造了导弹。

毛泽东：我们都靠你们的导弹生活着。

赫鲁晓夫：是的，可以不客气地说，在某种程度上是这样。这遏制着敌人。

我认为，德意志民主共和国的情况不错。

毛泽东：我们也这么看。董必武同志也这样评价那里的情况。

赫鲁晓夫：对，我同他在保加利亚和德意志民主共和国见过面。

到此会晤结束。

会谈记录：H. 费德林和 A. 菲廖夫

赫鲁晓夫与毛泽东的第四次会谈

1958年8月3日，在怀仁堂。

参加者：赫鲁晓夫、马利诺夫斯基、库兹涅佐夫、波诺马廖夫、安东诺夫同志；毛泽东、刘少奇、周恩来、朱德、陈云、林彪、邓小平、彭德怀、彭真、陈毅、王稼祥、黄克诚、杨尚昆、胡乔木同志。

毛泽东：我想说明两个不大的、但很重要的问题。

一个是停止原子武器试验问题。你们单方面停止了试验，但西方在继续进行。你们不认为需要恢复试验吗？

赫鲁晓夫：他们不停止试验，这就解除了我们的义务。我们进行过试验。现在我们在继续制造原子弹和氢弹。一旦需要，我们就恢复试验，当然，如果这时还没有签订共同的停止试验协议的话。

毛泽东：我明白了。

您说，洲际导弹通过宇宙飞行。当它重新进入大气层时不会烧毁吗？

赫鲁晓夫：不会的，这个问题解决了。

毛泽东：美国在苏联周围部署了军事基地，您怎么看？

赫鲁晓夫：这对我们是不利的。军事基地靠近了我们。但他们的主要基地离我们可能很远，在美国。轰炸机很难到达他们那里。但现在有火箭武器，力量对比就拉平了。

现在我们在试验远程导弹方面遇到了困难。为了进行试验我们领土不够。

毛泽东：难道不能朝北极方向发射吗？

赫鲁晓夫：这恰恰距离近，在发生战争情况下，我们将通过极地发射。因此美国人提议要检查北极区，为的是标出我们导弹基地的方位，以保证自己的安全。

毛泽东：我看了艾森豪威尔对您关于防止发生突然袭击的建议的答复，好像答复是不错的，似乎他准备出席讨论这个问题的专家会议。可见，他们怕发生突然袭击。

赫鲁晓夫：我还没看到这封信。

毛泽东：我想商定代表团启程问题。或许我们应改变送行方式，在机场上集合社会人士，排好仪仗队，邀请外交使团?

赫鲁晓夫：好像昨天协商的结果是，走时像来时那样安排。我们商定好的就别变了。这样我们会给闲言闲语提供较少口实。不然西方将说，是秘密抵达的，因为未指望会谈取得成果。看来，中苏之间有什么矛盾，然后说什么，举行了会晤，达成了协议，并决定举行盛大的欢送仪式，最好让他们猜谜，让会晤事实本身起作用。

毛泽东：我认为，需要您秘密来访，以使帝国主义分子不能利用您的不在搞突然袭击。

赫鲁晓夫：我不认为他们敢这样做，因为力量对比对他们不利。现在他们还得吞下一个苦果，即承认伊拉克。即便他们百分之五十准备打仗，他们也不会发动战争。

毛泽东：是的，英国当然不会发动。

赫鲁晓夫：法国和德国也不敢。他们知道，我们可以把他们碾成碎粉。如果说英国人在二战期间遭到了德国“ΦAY—1”、“ΦAY—2”火箭袭击，那么现在与导弹相比，这些都是玩具。他们知道这一点。

毛泽东：但是他们四周都有基地。在一个土耳其就有100多个。

赫鲁晓夫：不，在土耳其少些。而且它们都在射程之内。他们打算在希腊建基地，但在那里对付它们还要简单些：从保加利亚山上往下扔石头，它们就不存在了。美国本身现在就处在打击之下。

我们应该感谢我们的学者制造出洲际导弹。

毛泽东：也有德国学者?

赫鲁晓夫：不，只是刚开始时他们参加了。不能把这样重要的工作委托给德国人。现在他们都回德国了，并在那里讲述他们做了什么工作。美国人根据他们的说法，判定我们没有洲际导弹。当我们宣布试验

毛泽东和赫鲁晓夫在签署中苏联合公报后握手。

了洲际导弹时，他们不相信，但后来我们发射了卫星。现在美国人已经说，俄国人自己制造了洲际导弹。那里的报纸上说，在美国也有德国人工作，但第一颗卫星不是在美国发射的。

毛泽东：我还是认为，如果举行政府首脑会议，您出国是有危险的。我想劝您在您不在国内时要指定代替人。那时您外出，我们都放心。

赫鲁晓夫：是的，有一定的危险性，特别是会议在纽约举行的时候：那里有许多凶狠的匈牙利人和其他敌人。在日内瓦条件较好。我想起 1955 年召开日内瓦会议时发生的一个有意思的情况。

按照美国宪法，总统外出时应该有保镖跑在前面。但是宪法还是在乘坐四轮轿式马车时制定的。因此艾森豪威尔来到日内瓦时，乘坐汽车，而他的保镖跑在前面，这引起了所有迎接的人发笑。这时大家在想，赫鲁晓夫和布尔加宁将如何表现。而我们来到日内瓦时，乘坐敞篷汽车，并经过市内。这种做法使所有人都感到惊讶，因为他们以为，我

莫斯科赫鲁晓夫墓地（李海文摄）。

们害怕，只会乘坐装甲汽车。确实，后来我们乘坐了装甲汽车，因为瑞士警方报告说，那里有一个打算进行袭击的恐怖集团。

美国人还写道，在匈牙利，赫鲁晓夫不敢在民众面前露面。但我们去匈牙利时的情况怎么样，大家都知道。我们应该向位于美国大使馆对面的纪念碑献花圈。我当时向卡达尔提出通过人群走向纪念碑，让美国人看看人们将怎样“撕碎”赫鲁晓夫。这以后，他们不再说匈牙利人反对苏联了。

毛泽东：斯大林甚至拒绝去日内瓦，我是指并没有这样的危险性。

赫鲁晓夫：这是老年人的头脑缺陷。

我们不认为现在能够发生战争。有时我们责成我们军方根据他们的材料准备对形势作出分析。不久前，他们报告说，现在没有理由认为近期有发生战争的危险。

毛泽东：您是怎么想的，杜勒斯会留在职位上吗？

赫鲁晓夫：不会，看来，他要走开，虽然如果他留下来，对我们会更好些。最好是同傻瓜打交道，而不是同聪明人打交道。

毛泽东：您怎么认为，或许斯蒂文森将当总统？

赫鲁晓夫：这是个比较正面的人物。

毛泽东：如果共和党执政，很可能尼克松将当总统。

赫鲁晓夫：是的，很可能是这样。这个人比艾森豪威尔差些。艾森豪威尔是作为战后的民族英雄走上政治舞台的。作为政治家，他不是出色的。他没有政治经验。而且作为军人，他也不出众。战争结束时，在阿登，德国人几乎使他遭到失败。当时还是丘吉尔请求斯大林向西方盟国提供援助的。

毛泽东：当时不该援助他们。也许因此现在不会有西柏林，而且也不会有西德。

赫鲁晓夫：是的，也许现在我们在多列士那里做客了。但当时是另一种形势。德国人向美国人不战而降，而对我们进行了顽强的抵抗。形势可能变成这样，我们攻不下柏林。这时斯大林同艾森豪威尔达成协议，他给我们提供了占领柏林的机会。在维也纳城下的战斗中，德国人也逃离我们投向艾森豪威尔，但他不抓他们做俘虏。从而可以看出，艾森豪威尔并不是一点不正派。但现在他受美国垄断资本家的左右。

毛泽东说，签署公报都准备好了。

赫鲁晓夫：好，我们签署吧。

到此会晤结束。

会谈记录：H. 费德林和 A. 菲廖夫

梁志远，1930年7月生，安徽亳州市人。1948年参加革命，1954年加入中国共产党，历任副镇长、镇长、区员、股长、县政府助理秘书、县政府办公室副主任、科长、县农林局长、县委农村工作部副部长。1990年离休。

作者简介

“大跃进” 在安徽亳县[①]

□ 梁志远

原亳县（今安徽省亳州市谯城区）位于安徽西北边陲，西、北、东与河南省接壤。全县总面积2200平方公里，1957年耕地为273万亩。亳县农业以麦、豆为主，同时是以亳芍、亳菊为主的药材之乡，为全国四大药都之一，是国家历史文化名城。

从1958年5月“大跃进”开始到1961年6月《农村人民公社工作条例（修正草案）》下达，亳县大刮浮夸风、共产风、生产瞎指挥风、强迫命令风、干部特殊化风，加之受1959年旱灾的影响，广大农村普遍发生了荒、逃、饿、病、死等现象，生产力遭到严重破坏。

在三年“大跃进”期间，我先后任县人委（政府）办公室副主任、县委农村工作部生活福利科长，在机关上报下达，到农村蹲点跑面，对当时亳县发生的许多重大问题至今还记忆犹新。作为见证人之一，为使

① 原载《中共党史资料》2000年第75期。

后人了解这段历史，汲取历史教训，我根据保留下来的近百万字的《农村工作笔记》，就“大跃进”在亳县的一些情况作一回顾。

浮夸风与“高产卫星”

1958年5月，中共中央在北京召开八届二次会议，通过了“鼓足干劲、力争上游、多快好省地建设社会主义”的总路线，此后“大跃进”运动在全国范围内从各个方面开展起来。就是这时，亳县在继续反右派斗争中拉开了“大跃进”的序幕。上半年在农业上批判“条件论”、“增产到顶论”等右倾保守思想，接着到处“拔白旗”、“插红旗”，大抓“秋后算账派”。

1958年6月14日，谭震林副总理来亳县视察，见亳县谷子、秫秫（高粱）面积大，提出搞谷子、秫秫“挂帅”（高产）。县委随即当作政治任务向全县发出号召，并放任纵容，全县拔掉谷子、秫秫三类苗几万亩，留一类苗作为“挂帅田”，二类苗作为“丰产田”。

7月28日，县委发出了为“迅速培养大豆丰产田”的指示，要求“丰产田”亩产1000斤，“挂帅田”亩产3000斤，“卫星田”亩产10000斤。而1957年全县亩产平均是101斤。

亳州城南郊的薛阁塔。

9月27日，亳县召开党代会，县委负责同志宋××在工作报告中宣布：1958年预计粮食总产24.9亿斤，比1957年实产提高4.92倍。皮棉亩产100斤，总产1300万斤，比1957年提高近4倍。油料总产可达8900

万斤，比1957年增产8300万斤。9月30日，党代会作出决议，保证全县1958年要成为粮食亩产“千斤县”，翌年成为粮食亩产“万斤县”。

10月，县委为适应“大跃进”形势的需要，成立了“跃进”办公室，抽调干部十余人，由县委直接管理，专门掌握各类“大跃进”数字和情况。县人委统计科和有关部门的计划统计资料，均以“跃办”材料为标准，上报下达统一口径，助长了一浪高过一浪的浮夸风。

11月7日，县委发出《关于培养小麦大面积丰产与卫星田的指示》，要全县培养小麦亩产3～5万斤“丰产田”70万亩，5～10万斤“卫星田”7.8万亩。

1958年秋收期间，各类农作物掀起了竞放“卫星”的高潮。县委提出全县13万亩水稻预产每亩1500斤，并在《阜阳报》上公布。当时高估近5倍的产量，并不能满足浮夸的需要。县委积极学习外地的“经验”，决心放出惊人的“卫星”，在五马公社泥店大队搞亩产超4万的并田计划。县委除有一位负责同志坐镇指挥外，分管农业的负责人多次前往具体安排。社队也建立了专业班子，日夜突击，把一百零几亩黄熟前期的水稻，移并到1.3亩多的水田里。

并田移栽的方法是：先在地里打埂、深耕、施肥、灌水、活田，打上横竖成行、距离相等、出地面不足一米、高度一致的硬杂木桩，约10平方米为一方。后在边行木桩上紧紧牢固地缠系铁丝，再拉一行行竖铁丝，形成胡同式的铁丝行。接着顺着胡同挤栽移来的水稻，栽够一方时，用木板挤、铁棍撬，以挤实为标准，拉上一条横铁丝，这样反复进行，栽出了一个用铁丝、木桩网成的水稻“卫星田”。最后田边上再栽上青草，以表其实。

这块“卫星田”造好后，县委随即决定组织县直和社队干部参观。参观人群连续多日不断。参观者有不少人“站”在稻穗上合影留念。泥店大队也搭棚设灶，杀猪备酒，招待参观客人。

为使自己的“卫星”放在其他地方的前面，稻还没有收完，县委负责同志就提出了向省、地委报喜的提纲，交农业局干部起草，并要求“卫星田”亩数字要到毫，产量到斤。收获脱粒结束，县长亲自到场，县委负责同志亲自过磅，最终这块1.389亩的“卫星”水稻，总产5.6683万斤，亩产4.0808万斤。县委在稻谷场上召开了庆祝大会，奏乐鸣炮，三级书记讲话，大吹一通。

县委主要负责同志亲自为《亳县报》写了社论，报社记者连夜赶写了题为“稀罕稀罕五马水稻亩产超过四万大关”的长篇通讯，以号外专版发表了这颗特大“卫星”的消息。《阜阳报》和《安徽日报》都及时刊登了这一消息。

之后，全县水稻、红薯、棉花、油料等作物并田成风，双万斤薯、千斤棉等不断涌现。向县委、县人委各种报喜的队伍络绎不绝，其中贴在竹木架子上的喜报，堆满了县档案馆西厢库房，在确实胀库无法时，县委才决定焚烧。

为了显示“大跃进”的成绩，县委要农业局将农作物“丰产”、“卫星”情况汇集成册，印发社队，广为人知。

由于浮夸成风，大幅度虚报农业产量，亳县在省地的知名度大为提高，1958年加入了阜阳地区农业高产县的行列，五马公社以农业高产夺得了全县的帅旗，泥店大队为放“卫星”立了大功。1959年10月，县委负责人和泥店大队负责人均出席了全国群英大会，国务院向亳县和泥店大队颁发了奖状。

一哄而起的人民公社

1958年8月17日至30日，中共中央在北戴河召开政治局扩大会议，通过了《关于在农村建立人民公社问题的决议》。9月7日到17日，原有71万农村人口、9个区、40个乡、241个高级社的亳县建成了13个工、农、兵、学、商五位一体的人民公社（团），下划分153个大队（营）、1345个生产队（连）和若干生产组（排）、生产专业组（班）。同时以自然村或以生产队、生产组为单位建立了农村公共食堂，多以大队为单位建立了敬老院、幼儿园、妇产院、小农场、火箭连、饲养场、铁木厂、缝纫厂等单位。各种活动室如党员之家、团员之家、妇女之家、民兵之家等也相继建立。

人民公社成立的同时，亳县在全县范围内开展了声势浩大的形式多样的宣传活动，全县城乡红旗招展，诗画满墙，大力宣传人民公社"一大二公"的无比优越性。社员的衣食住行，生老病死，男婚女嫁，由公社统包下来。公社实行供给制，社员吃饭不要钱，按月发工资，过共产主义生活。

由于供给制需要大量的物资和钱财，"一平二调"的共产风也刮了起来。原高级社和社员的一切财产，如高级社的土地、耕畜、农具、粮、款，社员的房屋、树木、自留地及锅、碗、瓢、盆都归了公社所有。原高级社不管经济条件和贫富差别，一律拉平，多不退，少不补，由公社统一核算，统一分配。对社员的家畜家禽，多数公社限期集中办饲养场，最短的是十九里公社，规定一天一夜集中起来。集中起来的畜禽普遍饲养差，不少传染疾病死了。十九里公社薛菜园大队养鸡场集中2000多只鸡，不到一个月就全部死光了。

在大刮共产风中，各部门乱箭齐发。银行实行存实贷实，连地里的庄稼也算上了存款，强迫储蓄，强收贷款。税务部门拉平调税，乱抵税款。收购部门所收农副产品一律实行非现金结算。张集公社财贸部竟印制了"张钞"，在社内流通，抵发社员的工资或用于在公社、供销社购买物品。该公社党委一位负责人说："我一个公社照样到共产主义。"

9月27日，县党代会在决定大放高产卫星的同时，作出了全县实现农业生产机械化、水利河网化、深耕园田化、植树园林化、城乡沼气化、工具改良轴承化、公路砂石化、学校工厂化、工厂学校化、人人学文化、语言普通化、诗歌漫画满墙化、积肥经常化、体育运动全面化、干部劳动经常化、组织军事化、行动战斗化、生活集体化等“十五化”的决议，并提出大办钢铁、水利、民兵、福利、文教、机床、档案等十个“大办”，但唯独没有大办粮食。

为全面贯彻执行党代会的决议，县委宣布了“全民皆兵”，县为民兵师，县委、县人委分别为师党委和师司令部，县委、县人委办公室合署办公，公社以下均为军事组织名称。各项战斗任务均在全县范围内展开。“月亮当太阳”、“黑天当白天”、“雨天当晴天”等战斗口号响彻全县。

与此同时，全县实行全民搬家，村庄合并，男女分开，集体住宿，按时上操，进行军事训练，生产一律实行大兵团作战。一般不大的农活也要班、排、连行动，动不动就是苦战几昼夜。大活大轰隆，小活小轰隆，时而人海战，时而无人管，生产受到严重损害。大杨公社郭万大队21个村并为4个，居住拥挤，场地、田间住了不少人。刮风下雨齐哭乱叫，有的骂干部害人，有的说没打仗像“跑反”一样。这个大队，秋收时许多红薯根本没收，秋种任务到“立冬”还未完成，抛下了许多白地，不久即出现全面饥荒，大部分社员陷入了极贫困的境地，人民公社由“一大二公”变成了“一大二空”。

得不偿失的大炼钢铁

1958年8月，中共中央政治局在北戴河召开扩大会议，号召全党全民为生产1070万吨钢而奋斗。8月下旬，亳县开始大力宣传大炼钢铁，让钢铁元帅升帐。9月30日，县党代会作出决议，提出要完成1380吨

大炼钢铁时的土炼炉（童小鹏摄）。

的大炼钢铁的任务。

10月27日，县委下达了《关于分配炼钢任务的指示》，指出"为早日赶上和超过英国，实现国家工业化，加强国防建设，党中央、毛主席指示要大炼钢铁，我们必须全党全民动手，马上掀起一个炼钢运动和土法炼钢高潮，让百吨'卫星'早日上天。"同时规定：1. 土炼炉在三天内按分配任务完成。2. 每炉16个劳力，日夜生产。3. 一切工作以钢为纲，全力支援钢铁生产。4. 全县分配土炼炉700个，参加4600人，炼钢任务1900吨，日进度147.5吨。

指示下达后，县委要求每天汇报一次任务完成进度，并几乎每天召开一次电话会议进行评比。大杨公社要求每一小时汇报一次炼钢情况。全县几天内建土炼炉2000多个，参加2万余人，砍伐了大量树木，开炉生火炼钢。县委、县人委机关的土炼炉，由县委第一书记亲自点火，县长亲自鼓风，搞了几天几夜，炼出的尽是废料。

正当县委急需先进典型总结推广经验的时候，11月9日大杨公社放出了建立土炼炉201个、炼钢12万斤的大"卫星"。县委及时发贺信通报表扬，并向地委报喜。地、县准备召开现场会，派人前去检查总结经验，经查实际建土炼炉50个，炼钢4.2万斤，大部分大队数字都是空白。原报喜数字中，公社明知有假，又多加报12万斤，并让供销社给开了收购新炼钢的假发票。虚报最多的第三营（大队）负责汇报人员说："这叫以虚代实的跃进数吧！"公社党委第一书记随声附和并叫以后再补。地委严肃追查，县委无法交代，被迫给大杨公社党委书记崔××和供销社主任纪××以党内警告处分。

全县大炼钢铁的原料，主要有三个来源，一是群众献的废铁，二是公社食堂收的农民的饭锅，三是供销社收购的废铁。燃料多是砍伐了的硬杂木树。结果炼出的钢铁全是次品和废品。到 11 月底，难以为继，在无奈中全县大炼钢铁运动草草收了场。

阜阳地委继 10 月份由各县出人出资在凤台县建起了炼钢厂后，于 11 月份又一次向各县紧急集资，再次分配给亳县集资款 130 万元，人均近 2 元，限期 11 月底完成。11 月 7 日，县委发出集资的通知，对农村规定："资金来源：公社集资和发动群众集资，开展全民投资运动，要第一书记挂帅，做到全党动手，全民动员，发动群众自报现金及金、银、铜、铁、锡等金属及其他各种易售的实物，售后由银行办理手续。"通知下达后，全县农村集资炼钢运动又掀高潮。由于公社化初期共产风乱刮，各种形式的集资搞过多次，致使在这次集资中许多农民已没有多少现金和金属之类的东西可以拿出，他们被迫变卖了各种易售的物品。市场上家具用品的价格大跌。如一对半新的大门只能卖 2 元左右，一张半新的老式雕花双人床仅 3～4 元，一张坚固的棕床仅卖了 5～8 元。

亳县的大炼钢铁运动，正如一首打油诗所云：砸锅献资千万家，大炼钢铁见火花，月夜苦守土炼炉，产品多是废炉渣。

罕见的秋收秋种

人民公社、大炼钢铁一哄而起之时，正是秋收的黄金季节，而这年的秋收是最粗放也是最浪费的一年。不少成熟的黄豆炸在地里，晴天中午可不断听到响声；成熟的玉米棒颈枯干，垂吊在秸秆上；盛开的棉花，挂满枝梢，无人采摘，被在棉田里大便的人用作手纸；春红薯收得不净，夏红薯收得迟，由于天气冷，就地入窖，不少冻烂在地里。所以，农民有顺口溜说：“豆子乱放炮，棉花像穿孝，棒子（玉米）上了吊，红薯就地窖，小红薯都不要。”

秋收损失如此严重，主要原因是：1. 领导的精力主要集中在反右倾、争上游、放“卫星”、大轰大嗡和秋种上，放松了秋收；2. 劳力大量被省、地上调，主要劳力用于大炼钢铁、大搞小麦亩产千斤运动、水利运动提前上工等；3. “一平二调”损害了社员的利益，挫伤了他们的积极性，他们只知道实行供给制，吃饭不要钱，不爱惜粮食。

1958 年的秋种，在“人有多大胆，地有多大产”的口号下，全县掀起了小麦亩产千斤运动的热潮。在整地上越深越好，施肥上越多越好，下种上越密越好。其中心点是“一深”、“二高”。

“一深”就是深翻土地。要打破耕作层，深耕一尺二寸。对“丰产田”、“挂帅田”、“卫星田”分别深翻 2～5 尺。

“二高”就是高指标和高密度。小麦计划产量指标，由 1957 年的亩产 101 斤提高到亩产 1000 斤。对“三田”（即“丰产田”、“挂帅田”、“卫星田”）要求亩产 2000 斤、3000 斤、5000 斤、1 万斤、10 万斤。每亩下种量：大田 40 斤，“三田”分别为 100 斤、200 斤、300 斤、500 斤、600 斤……当时有人按越密越好的“理论”计算，下种千斤以 1 收 10，就可亩产 1 万斤。这年小麦的下种量超过了平常年份的亩产，一时难以筹集到如此多的种子。

为了达到上述要求，县委对社队作了部署：

1. 用大鸣、大放、大字报大挖麦种。县委指出，“秋种是一场恶战，每个公社要写十万张大字报大挖麦种，对典型人物可用漫画，要同时开展大辩论”等。公社、大队都办了有小麦种嫌疑户集训班，用大字报、漫画、批斗、吊打等多种手段逼迫交出麦种。十九里公社有一个大队竟把人放在缸底下用硫磺熏，以致把人眼搞瞎。魏岗公社为挖麦种扣押100余人。张集、古城、十九里等公社都出现了为挖麦种导致农民自杀事件。

2. 实行大兵团作战，秋种“十到田”。即在田野里建灶、搭棚，干部、食堂、住宿、托儿所、医务室、铁木工、物资供应、学习、宣传、文艺活动全部在田间，工、农、兵、学、商，男、女、老、少、壮一齐上战场，到田间参加秋种。田野里到处是红旗招展，锣鼓喧天，战斗口号此起彼伏。劳动时虽按编制进行了分工，但仍是一片混乱，时而麻雀战，时而无人干，耕作粗放，马虎了事。

这种形式主义，劳民伤财，无助于提高和调动群众的积极性。由于大轰隆，许多社队耽误了农时，早茬变成了晚茬，“霜降”过后，不少社队抛下大片白地，只好提前虚报完成了秋种任务，导致1959年全县夏收作物的实收面积只有122万亩，比1958年麦收作物面积减少63万亩，总产减少5000万斤。

3. 要大种“三田”。各级党委第一书记要亲自挂帅，夜以继日，大干特干。在县委第一书记的带领下，县直机关干部在城南七里板桥口大种“三田”，深翻土地最深的5尺，将生地都翻上来，分层施肥后高出了原来的地面，下种量最多的每亩400斤，出苗后又密又黄。各社队的“三田”大致也是如此。不少社队不得不采取疏苗、搭架等措施，虽代价昂贵，但收获寥寥。全县的实产没有向干部、社员公布。

大办水利

早在1957年9月24日，为贯彻《全国农业发展纲要（修正草案）》，中共中央、国务院发出了《关于在今冬明春大规模开展兴修农田水利和积肥运动的决定》。根据这个决定，从1957年冬到1958年春，亳县以高级社为单位以开挖水塘为重点掀起了兴修水利的高潮。

1958年9月27日，县党代会提出了十个“大办”，其中就包括大办水利，提出“两年实现河网化，誓把淮北变江南”的战斗口号，并把河网化工程提高到共产主义建设的高度来看待。

1958年10月20日，全县的河网工程全面展开，20多万的劳力被抽调去挖河、打塘、筑路。当时较大的工程是亳涡（涡阳县）公路，抽调劳力几万人，采取“河成路就”的方法，先开挖亳县到城父的引水干渠（亳城河），10月28日起在渠岸上修筑长37公里、宽28米的亳涡（涡阳县）公路，仅月余便完成。与此同时，开挖龙凤、油洺一、油洺二、亳宋、亳永、大观、安芦等数条大河、20余条大沟和部分小沟。

1959年2月全县水利枢纽工程大寺闸破土动工，由于人力、财力困难，“大跃进”期间仅完成土方87万立方米、混凝土7000多立方米，1961年被迫停建。该闸经过三上三下，到1978年才完成主体工程。

1959年10月8日，全国批判右倾机会主义，全县的河网化运动再次全面展开，接着上年度未完的工程进行大干。

亳县的水利建设，其任务之重、要求之急是前所未有的，其失误也是严重的：

1. 工期时间长，任务要求高，对人力、物力损害巨大。当时的水利建设，工期一般从当年10月中上旬到第二年的3月中旬，时间长达近半年，而且是日夜苦战。这段时间大多数月份又处于冬季，在地冻天寒中，民工劳动付出是巨大的。而每当春节时，民工不仅得不到休息，还要搞“突击”，当时喊出的口号是：“挖河挖到二十九，吃了饺子再动手”、“打塘打到年初一，吃了饺子不休息”等。

不仅如此，民工的日工作量也被定得太高。在正常情况下，一个民工日均只能完成土方1立方米左右，但由于上边的压力，工程开工之初，一般要求每个民工每天完成土方20立方米，5天之后要求完成25立方米。全县一个年度的总土方量要达到1.2亿到1.6亿立方米。这样就不得不浮夸虚报，往往一条河开工几天，就把应完成的土方报完。由于工期长，要求高，加之口粮不足，一些民工身体消耗大，全身浮肿，体力不支，大病一场，甚至死亡。后来不得不提出“水利工地牛群化”，在工地上使用了大批耕牛运土，但由于饲养差，使役重，死牛现象也不断发生。

2. 上工早，上工人数多，影响了农业生产。水利建设，一般是利用农闲季节，在冬春进行。但在亳县，一般是在10月中上旬开工，而这时正是秋收秋种的关键时候。上工的人数虽是先少后多，但到11月20日左右，一般达到20万人，11月下旬最多达到25万人，占全县总人口的35%以上。不少生产队除饲养员、犁地手和较弱的劳力以外，其余全都上了工地。这不能不使秋收秋种、冬季生产和积肥受到严重影响。

3. 盲目大干，影响了水系。当时大办水利，只注意了满足大面积改种水稻用水，开沟引水，打塘灌溉，忽视了河道疏浚和排水。由于贪多求大，引水工程出现了许多半截工程，有的严重阻水，在一定程度上加重了涝灾。如1963年8月，由于降水量大，在县河网化重点双沟公社任小庙网区，南北向的油洺一、二两条大河，阻水倒灌，造成了加重内涝的严重后果。此外，花费了沉重代价开挖的水塘，由于降水冲刷，大部分报废，有的不得不再退塘还田。

严重的旱灾

1959年夏秋，在“大跃进”和“五风”使农村生产力遭到严重破坏的同时，亳县又出现了严重的干旱，可以说是祸不单行，雪上加霜。

1958年前，全县年平均降水量820毫米左右，1959年降水量为

634.1毫米，属于偏少，但旱情出现在7—10月的关键时期，就形成了严重的旱灾。据气象部门记载：

7月：上旬降水23.5毫米，中旬降水0.2毫米，下旬降水9.5毫米，月降水33.2毫米。

8月：上旬降水16.7毫米，中旬降水1.5毫米，下旬降水33.3毫米，月降水51.5毫米。

9月：上旬降水0毫米，中旬降水4.7毫米，下旬降水56.8毫米，月降水61.5毫米。

10月：上旬降水0毫米，中旬降水2.3毫米，下旬降水33.7毫米，月降水36毫米。

从四个月的降水情况来看，虽然不是百日无雨，然而7—10月的严重干旱，直接影响了秋季作物的生长和抢种晚秋及菜类。这不仅使当年秋季作物减产，还使1960年小麦减产成为定局。

面对关键时刻的严重干旱，各级党委发动全县农民开展了声势浩大的抗旱运动，挽回了很大的损失。但由于“大跃进”形势所迫，没能摆正保水稻与大田抗旱保苗、抗旱抢种的关系。省委强制推行的旱地改种水稻，必须集中一切人力、物力、财力死保。全县45万亩水稻任务，花费了很大的代价，仅插秧15万亩左右。当时的形势是大田禾苗旱死没事，稻田缺水就整人。为了死保水稻，塘边田头到处可见批斗整人的场面。大田抗旱保苗和抗旱抢种无形中被放在次要地位。保一亩水稻，要抵10亩以上旱粮作物的用工用水。1959年只保住水稻13万亩，亩产仅有193斤，比1958年每亩减产108斤。秋季粮食亩产由1958年的150斤下降为107斤，较上年减产28.7%，秋季总产由上年2.75亿斤下降到1.97亿斤，较上年减产28.9%。全年粮食总产由上年4.55亿斤下降到3.27亿斤，减少1.28亿斤。

在大田抗旱中，全县实行大兵团作战，全用军事组织指挥行动，没有到人的责任制约束。抗旱中有一个大队，在几个生产队搞了包工到人，有的夫妻包打一眼井，包浇一亩胡萝卜，给多少工分，这样既进度快又质量好。县委发现后，当作了倒退的典型，在全县批判了“夫妻井”。这一批判，谁也不敢再搞包工到人或到组，因此抗旱始终是大轰隆，形式上虽然轰轰烈烈，实际上达不到应有的效果。

抗旱中的浮夸风也相当严重，在浇水的亩数和遍数上，普遍虚报，从而为秋收以后大吹抗旱夺得了大丰收、为粮食高征购提供了依据，引起了随后的饥荒。

通过1959年的旱灾，充分暴露了全县大办水利中的失误，1958年河网化运动虽全面展开，但大部分是半截子工程，群众反映“挖河没见水，引水更不来，旱天不能浇，涝了不能排”，对抗旱没有发挥应有的作用，使粮食大幅度减产，总产量由上年的4.55亿斤减为3.27亿斤，是1951年以来最低的一年。

“反右倾”运动和“更大跃进”

“大跃进”以来，全国到处都在大刮浮夸风。1959年4月29日，毛泽东给六级干部发出指示信，浮夸风有所收敛。但时隔不久，中共安徽省委办公厅通知将指示信全部收回，浮夸风又有所抬头。

1959年7—8月中共中央在庐山召开政治局扩大会议，通过了《关于以彭德怀同志为首的反党集团的错误的决议》和《为保卫党的总路线、反对右倾机会主义而斗争》等文件。8月29日，县委传达了庐山会议精神，随后，全县城乡开展了“反右倾机会主义”运动，“左”倾错误更是变本加厉，浮夸风越刮越大。

1960年1月5日，县委召开了全县群英大会，会议通过了题为“欢庆伟大成就，再鼓冲天干劲，为实现1960年‘更大跃进’而奋斗”的报告。报告不顾1959年减产的事实，大肆鼓吹1959年在天大旱中粮食产量超过"大跃进"的1958年，生猪、山绵羊、家禽等项生产增长一倍或几倍。报告提出了1960年的各项指标：农、林、牧、副、渔等要比1959年加番加倍，粮食总产量保证15亿斤，争取17亿斤（亩产千斤以上）。棉、油、烟生产要比1959年增长4倍以上。生猪饲养量达到人均3.41头，大牲畜发展保证9万头，争取10万头。水利要实现河网化，要完成每人植树610棵的任务。

就植树任务来说，1960年初全县农村有70万人，若每人植树610棵，就要植树4.2亿棵，当时全县总面积2200平方公里，每平方公里要栽19万棵。如按林业育苗方式株距1米，每里植树500棵计算，可以绕地球赤道10周以上。

"更大跃进"所放的各种卫星更是"稀奇"。如魏岗公社王岗生产队放出了40亩高产优质烟叶，实际上一棵也没种；县委向省、地委报喜的宽几十行长达160余华里的"皖西北防护林带"，不久就销声匿迹。更令人啼笑皆非的是1960年4月17日双沟公社杨庙大队以"妇产院里产妇多"为名向上报喜，经逐人检查，10多个"临产妇女"全是用衣服填怀假装的产妇。

"左"倾中的粮食统购统销

"大跃进"期间的粮食统购统销，是在高估产下的征购，是在低标准并有脱销情况下的统销。1958—1960年全县粮食统购统销的情况是：

1958年农业人口71万，粮食实产4.55亿斤，征购1.5119亿斤，商品率33.2%，人均负担量213斤，留量加回销人均占有粮食526斤。

1959年农业人口70.8万，粮食实产3.27亿斤，征购1.2924亿斤，商品率39.5%，人均负担量183斤，留量加回销人均占有粮食357斤。

1960年农业人口56万，粮食实产2.7885亿斤，征购7336万斤，商品率24.5%，人均负担量122斤，留量加回销人均占有粮食464斤。

从以上粮食统购统销来看，每年的粮食征购占到了实产的1/3左右。而留给和返销给农民的粮食，除去种子、饲料、社办工业等项用粮外，口粮的标准很低。1960年全县口粮人日均仅有半斤左右，而且大部分是红薯片。1960年春天最困难时期，全县日人均口粮仅有2两左右，不少地方日人均口粮只有一两几钱。

浮夸风带来高估产，高估产又引起高征购。为了完成这些征购，许多地方不顾农民的生产和生活，不仅把农民的口粮作了征购，而且一到播种季节，向社员逼交种子。1960年春在许多人挨饿的情况下，有的地方竟把干菜等代食品也纳入到粮食征购范围，同时又顶粮返销。有的地方连农民的回销粮也不放过。如1960年2月，五马公社竟把县委安排全社每人每天不足4两的回销粮，于3月初“结余”上交4500斤。

为了完成征购任务，一些地方不得不大搞批斗和搜家，甚至把私藏粮食的农民关进监狱。一些农民反映说，党的粮食政策没有了，也不要农民了。

在粮食统购统销中，不少干部或因没有完成任务而被“拔白旗”，或挨批斗、受处分。1958年不少干部群众因如实反映粮食统购统销的问题而被打成右派分子。1959年春因1958年粮食征购未完成，要回销，被视为“西北风”，整了一批干部和群众。1959年秋在全县城乡开展反右倾机会主义运动中，不顾土地抛荒和旱灾减产的实际，以粮食征购任务完成情况为标准，把大批干部视为右倾机会主义分子，给予无情的打击。例如十河公社党委第一书记邢占秀，向县委汇报了“粮食征购中有些地方卖了豆种，明春会出问题”，被阜阳地委点名批评为右倾，并被停职反省。

1959年11月中旬县委召开了分支（大队党支部派出的分支部简称

分支）书记以上干部会议。会上除批斗了邢占秀等人以外，用大搞人人过关，解决一批走一批的办法，进行逼粮追粮。会后，在全县掀起了大反右倾、大放粮食入库“卫星”的新高潮。十河公社孙大庄大队，为过关，无奈向邻近的河南省某大队借粮几千斤，放出了粮食入库的“卫星”，免除了一次批斗。全县农村全面进行复收复打，普遍翻箱倒柜，许多干部群众迫于政治压力，卖种子、卖饲料、卖口粮，但最终全县也没有完成1959年2.2亿斤的征购任务。

农村公共食堂存在的问题

随着人民公社的成立，作为共产主义因素的农村公共食堂，在亳县全面迅速兴起。公共食堂多以自然村或生产队、生产组为单位建立，全县13个人民公社的1345个生产队共建立4700多个食堂。其房子绝大部分是占用社员的住房。食堂一般由生产队长或会计负责。炊事员由生产队抽劳力或干部家属担任。所需的粮食由公社、大队统一调配，蔬菜由生产队自产。当时县委的口号是：“柴、米、油、盐、酱、醋、菜样样都从社里来。”吃、烧都由公社统包。

食堂建立后，传统的家庭小伙被严令禁止，社员的锅、碗、瓢、盆都集中起来。全村（队）的老老少少在一起吃不要钱的“大锅饭”。食堂多的几百人，少的几十人吃饭。一到开饭的时候，老老少少排着长队领饭。有的食堂占用社员房屋做了饭厅，也有的社员领饭回家吃。食堂刚建立时，一般随便吃，吃饱为止。由于是“大锅饭”，社员对粮食不是那么爱惜，丢馍丢饭、红薯吃中间丢两头的现象普遍存在。一些过路人也被允许到公共食堂吃饭，并且不收粮（票）钱。

这样吃“大锅饭”的“好日子”并不太长，一些生产队少则一个

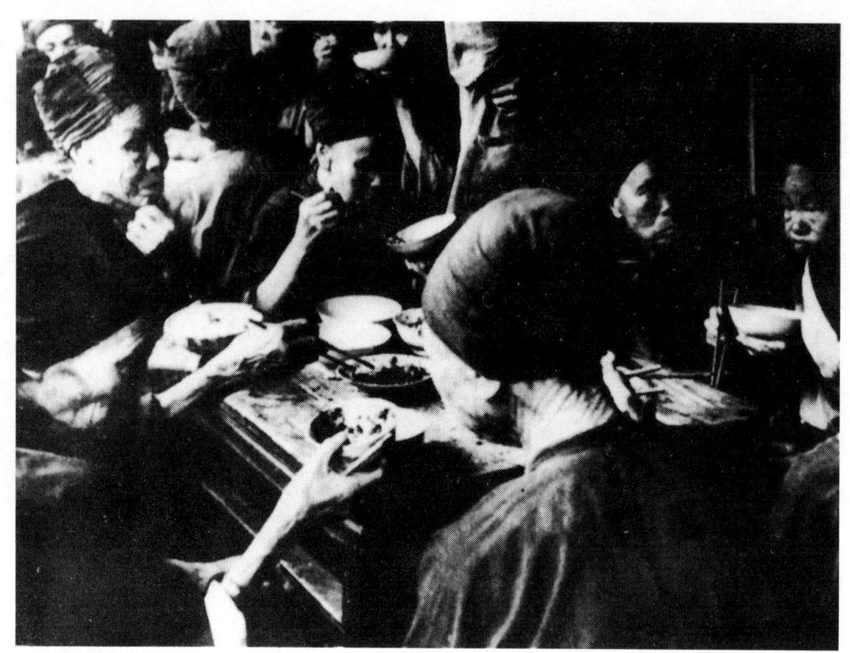

人民公社的公共食堂（童小鹏摄）。

月，多则两三个月，粮食便被弄光了，公共食堂被迫停火。许多社员不得不冒着风雪严寒，到地里扒剩下的坏红薯吃。全县农村的饥饿从此开始。

事情发生后，县委并没有认清事实的真相，而是认为1958年粮食获得大丰收，公共食堂停伙是假象。于是在全县范围内批判斗争了一些干部和群众，到处翻箱倒柜，搜粮食交征购，但对公共食堂没有粮食、社员没有吃的问题仍不解决。

1959年3月，在阜阳地委工作队的帮助下，县委终于搞清了事情的真相，停止了粮食征购，安排了少量的粮食回销，大部分公共食堂恢复起伙。但由于粮食不多，直到1959年秋，公共食堂一直处于时起时停状态。

1959年8月在传达庐山会议精神时，安徽省委负责同志说："人民公社的食堂为什么被一风吹？主要是对敌人打击得不狠。有人认为食堂是一片黑暗，有的在动摇军心……”据此，全县城乡在开展反右倾机会主义的运动中对不少因食堂停伙和对食堂有意见的干部进行了无情打击。如十九里公社薛菜园大队程庄生产队长程中德因说“食堂食堂经常没粮，小孩没吃，饿得叫娘”，被批斗多次，并受到撤职和党内警告处分。

从这以后，公共食堂不仅不允许停伙，而且越办越大。十九里公社张宽庙大队刘庄分支 6 个食堂合并为 1 个食堂。大杨公社中修大队板桥修等 8 个小庄合并为一个食堂。观堂公社刘集大队刘集 450 人一个食堂，开饭时常要治安干部去维持吃饭秩序。沙土集 850 人一个食堂，常常不能按时开饭，晚饭往往要等到 9 点钟以后。有打油诗云：“早饭等到日正南，午饭红日偏西山，晚饭等到更鸡叫，不知明日再多晚。”

全县在实行公共食堂的过程中，除开始几个月外，一直存在以下问题：

1. 口粮标准低，社员普遍吃不饱。当时农村流传着“食堂的馍，洋火（火柴）盒，打的稀饭不粘勺，排队晚了摸不着”的歌谣。1960 年春天，在一段时间内全县人均口粮只有 2 两左右。同时绝大部分食堂常年不供应开水，整年不吃油、肉，还有的食堂几个月不吃盐。

2. 干部多吃多占，经常吃掉社员的口粮。干部多吃多占是食堂生活中普遍存在的现象。1959 年夏，当全县城乡副食品供应出现紧张的时候，县委为副部长以上干部开办了小食堂，透支的粮食由县委财贸部如数解决。上行下效，公社、大队一般也有自己的小灶，多吃的粮食由社办小农场等有粮食收入的单位解决或直接扣社员的口粮。不仅如此，有的干部也带自己的家属、亲戚到小食堂和小灶吃饭，甚至有的还安排家属、亲戚到小农场或敬老院等单位安渡生活困难。1960 年春节，由于大批社员挨饿，国家和社队给食堂调剂了一些细粮，大部分仍没有吃到社员肚里。在口粮标准低、社员普遍吃不饱的情况下，干部多吃多占害的是老百姓。1960 年全县农村流传着“刮大风，起大雾，饿死社员留干部”的歌谣。

3. 干部经常通过扣饭来惩罚社员。各地扣饭的名目繁多，主要有：不能干活扣饭、少干活扣饭、上工迟到扣饭、不服从领导扣饭、对检查人员反映情况扣饭、私起小灶吃青苗扣饭、偷庄稼扣饭，等等。古城公社洛北大队河北张庄生产队长公开向社员说：“我就靠食堂里一把勺子一杆秤，想叫谁活谁就活，想叫谁死谁就得死。”他任意扣饭，多吃多占，致使全村人饿死 40%以上。有些地方也出现了因扣饭而引起自杀的事件。如古城公社油河大队梁庄生产队社员梁景志因病不能干活被扣饭后上吊自缢。从而造成干群关系紧张。

4. 跑路吃饭，给老、弱、病、残带来严重困难。不论烈日当头，还是刮风下雨，老老少少都要一天几趟往食堂里跑，特别是路远在大食堂吃饭的老、弱、病、残困难更大。有的晕倒或死在领饭的队里及途中。有的因吃了凉饭而腹泻，加重了原有的病情而死亡。

5. 砍树扒房烧锅。公共食堂建起，柴火紧张起来。全县 80%以上的食堂不得不砍树，树砍光了就扒房子。有不少地方因扒烧了房子，搞得社员无家可归。如十河公社王桥食堂，1960 年 1—3 月，共扒烧社员的房子 50 间，其中小张庄 40 间房子被扒烧了 19 间。有的食堂还烧了一些农具。

1960 年 11 月 3 日，中央发出了“十二条紧急指示信”，指出“经县委批准可采取食堂统一管理，各户分散做饭的临时办法”。12 月 15 日，县委在全县范围内征求意见，结果除小农场、敬老院等食堂和一些鳏、寡、孤、独不愿分散起伙外，绝大部分社员同意分户做饭。县委打算全县分两批停伙，报地委批准，但实际上未等报批即一哄而散。

广大农民对解散食堂奔走相告，说这下子家里的小锅保险了，口粮低标准可以全部吃到肚里了。

大饥大病和食物中毒

从1959年到1961年，亳县农民口粮标准低，吃不饱，因饥饿引发了多种疾病，面积之大，危害之重，实属罕见。

早在1958年年底，全县缺粮的地方，就有农民出现脸黄、消瘦、浮肿。1959年春，全县浮肿曾几度普遍发生，严重不能起床者达万人以上。1959年冬到1960年麦收前是浮肿的高发期，最多时有10万人以上。1960年下半年虽有减少，但持续不断。浮肿者的惨状，目不忍睹。轻者，下肢或者眼睛肿胀；重者，全身肿胀，面部膨大，眼睛睁不开，呼吸急促，行走困难，甚至卧床不起，天热时，皮肤开裂流水，生蝇生蛆。

由于口粮少，为了能活下去，农民极力寻找一切可以食用的东西充饥。三年中，全县农民食用的代食品主要有以下几类：

1. 树叶、树皮。这是农民缺粮后最早的代食品。到1960年春，全县杨、柳、槐、榆、桑等树，其可食部分，均早已吃光。其中不少村庄榆树因剥皮食用而绝迹。

2. 烂红薯、红薯秧。1958年秋收时许多红薯没收和没收净，被烂在地里。冬天来后，许多吃不饱的农民不得不到田间，把这些红薯，不论烂到什么程度，统统捡回吃掉。第二年春天，他们在吃完育过苗有毒的薯块后，又接着吃田间的鲜秧、鲜叶，至秋季又吃干秧、干叶。

3. 大麦、小麦、豌豆、扁豆的幼苗。特别是1959年冬到1960年春，有不少过旺苗被吃光。如1960年2月14日张集公社黄营大队就把100多亩大麦和大部分小麦过旺苗吃光。据魏岗公社几个大队的统计，700多亩大麦被吃净，需改种其他作物。

4. 糠、皮、壳与烧柴。谷糠、高粱壳、稻壳、花生壳、棉籽壳、牛草穗、麻梭子等这些原来喂牲畜的东西被人们当作代食品。高粱秆、葵花秆穰子、玉米芯等原用作烧柴的东西也加工食用。1960 年没有高粱秆的生产队，就把地铺（床）、房薄（用高粱秆做的，在房内作隔间用）上的高粱秆拆下，剥去外壳，加工食用。十河公社 1960 年 3 月上旬，用 2 天时间大动员，就收集原料 20 多万斤，先后加工成品 4 万多斤。

5. 茅草根、刺刺芽、苲草等野草。茅草根能加工淀粉，是较好的代食品，甚至以它作粮食统购、粮食回销。1959 年冬和 1960 年春，全县在农村全党全民发动，第一书记挂帅，抽调大批劳力，大兵团作战，掀起一个又一个扒茅草的高潮。由于茅草分布面广，含糖量高，又有药用价值，在救灾中发挥了重要作用。

刺刺芽又叫七七芽，是田间和荒野到处可见而一般牲畜不吃的野草。在茅草根扒完以后，由于其味道尚可，也成为主要的代食品。1960 年春，在一段时间里，全县大采大食刺刺芽，一般食堂每天要食用数百斤。

苲草是一种水生植物。1960 年春凡是靠河有苲草的地方，都进行大动员大采食。不少社队党委书记挂帅，造筏下水捞苲草。

从 1959 年到 1961 年，农民因为大量吃野草、野菜，腹泻、痢疾等疾病也在全县流行开来。1960 年全县发病人数达 25 万人以上。1960 年 4 月，十九里公社余集、崔寨等六个大队，农民因吃刺刺芽过多，普遍引起腹泻，仅崔寨大队就有腹泻、痢疾 595 人，致几十人死亡。

农民因为大量吃槐叶、椿叶、榆娃娃（学名称虫瘿）、苍耳子、蓖麻子、育过秧的红薯母子、蝌蚪、蛇出溜子导致的食物中毒，也是不计其数，导致不少人死亡。五马公社丁双庙生产队高思一家曾因吃臭大麻子 5 口死亡。

在大饥大病过程中，某些领导不顾农民的死活，不实事求是，仍然大搞浮夸。如 1960 年春天，全县人均口粮只有 2 两左右，但大部分食堂仍向上汇报是“三干（馍）三稀（稀饭）”吃粮 10 两以上。1960 年 2 月 17 日县委向省、地委检查团汇报：全县已扒茅草根 2 亿斤以上，人均 300 斤之多，可以安渡 1960 年春季灾荒。全县为大吹代食品的数量，为应付检查，不少生产队把茅草根等堆在柴草垛上。

不仅如此，有些领导还以种种手段隐瞒实际情况，千方百计封锁消息。1959年春，全县严重浮肿病人在万人以上的时候，国家内务部农福司杨善存来亳县检查工作，县委事先定好检查地点，一个浮肿、外流人口都没上报。杨善存无奈而走。1960年冬，中央某部司长朱农来亳县检查，县委紧急通知社队，做好“迎接”检查的准备，同时召开县直有关部门会议，统一数字口径。隐瞒灾情、封锁消息已成为全县上下的通病。1960年4月中旬，双沟公社有各种病人约5000名以上，而他们以正式文字向县委报告，全社仅有浮肿病人59名。该社洪深大队有各种病人500多名，为怕上级检查，竟把他们集中多处锁在屋里。1960年初春，五马公社在罗庄大队召开扒茅根现场会，大队害怕发现病人，竟把一部分病人提前集中送到边远的荒野里，到会议结束，因冻饿而死数人。

更有甚者，有些领导还对于如实反映情况者给予无情打击。从1959年年初到1960年年底，全县因反映生活困难、疾病等问题的干部群众，受到打击者数以千计。1959年1月张集公社干部孙彩良向国务院写信反映农民生活问题，被当作右派势力反攻的“西北风”批斗。1959年夏双沟公社农民随毛因反映饿死人问题，县委主要负责人亲自前往处理，指使大队书记张××将随毛批斗后交大队“火箭连”关押，以致饥饿而死。1959年冬魏岗公社党委委员董××，因反映群众无粮、批评某些领导不实事求是而被逮捕法办。十九里公社小学教师任怀林因向中央写信反映饿死人问题被列为反革命事件而遭逮捕判刑。

查禁不止的农村人口外流

随着农民生活的不断困难和疾病的不断发生，一些农民为了活命，不得不外出逃荒。全县农村人口大量盲目外流，开始于1958年年底粮食被搞光、农民无吃以后。最初的形式是部分农民抛弃集体生产，先内地后外地到田间扒收获未净的坏红薯，后来则发展成带着炊具、行李，出外以乞讨为生。

当时人口外流的主要去向，是河南省的郸城、鹿邑、虞城、永城等县。1959年2月下旬至3月上旬是人口外流的高峰期。全县外流人口在2万人以上。特别是靠近河南省的双沟、十河、十八里、魏岗、张集、五马、观堂七个公社，外流的人口接连不断。观堂公社刘集大队去永城的人数达2000人之多。

河南省向中央反映后，县委一方面派人去接回外流农民，另一方面拒不承认外流是生活困难所致。县委在大批“右派势力”反攻的同时，层层设卡阻拦。但不论如何“批”、“拦”，也难以控制农民盲目外流的发生。直到地委工作组到亳县帮助搞清无粮的事实，并安排了粮食回销后，农民盲目外流才得以缓和。

1959年麦收时，外流人员大多数回归。但麦收后不久，由于浮夸，粮食统购又过了头，人口外流又有发生。7月份以后，由于连续几个月大旱，夏荒接着秋荒，外流人口急剧增加，查禁不止。

1959年冬，面对严峻形势，县委并没有安排农民的生活，却一方面大抓粮食征购，另一方面制定严管措施，部署各公社大队建立劝阻站或劝阻所。到12月14日全县共建立劝阻站、所212处，抽调人员747人。其中生活困难比较严重的五马公社就建站、所50个，抽调专人150人。城关公社设17个站、所，分布在出入城的主要街道和汽车站，并在村头、街道设有许多流动岗哨巡逻。这些站、所，大部分有专门的房子，用于扣留、关押外流人员。不少地方连正常走亲串友的农民也予以查扣。除此之外，县委还加强了外线封锁，增派了大批干部到商丘、郸城、鹿邑、永城等地，查扣外流农民。

外流农民在被查扣送回的过程中，受到了多种多样的折磨。在被任意拦截检查时，不仅通常被没收钱物，特别是食物之类的东西，均予没收。他们常常被搜身，受到人身侵害；在关押收容中，经常一关押就是许多天，夏天热晕、冬天冻坏的情况时有发生；在转送途中管理更严，大小便都要经过批准，稍有违抗，便遭到训斥、打骂或绑铐。不仅如此，还遭受饥饿之苦，虽然每天都有少量的饭吃，但都吃不饱，吃不够规定的口粮标准。而且有病也得不到及时治疗。许多农民从外流长途跋涉，到扣留、收容、转送，经过多日折腾，饿病交加，中途死亡者，屡见不鲜。

尽管如此，但由于生活日趋困难，一些不甘心在家挨饿的农民，还是冒着风险，拖着瘦弱的身体，穿着脏烂的寒衣，挎条筐，背破被，顶风冒雪，扶老携幼或者单独地背井离乡。他们用走背道、沿河崖、装探亲、白天藏、夜间走等方法外出，但大多数被查扣送回。

1960 年春天，生活更加困难，但由于农民体质越来越差，许多人想走而无力外出。不少人认为，既已如此，死在外边不如死在家里，全家走散死不如死在一起，因而农村外流人口比 1959 年有所减少。从 1959 年秋到 1960 年冬，全县农村人口外流约有 4 万人以上。

1960 年 11 月，"十二条紧急指示信"发出后，中央开始纠"左"，随着一系列政策的深入贯彻，到 1961 年春节，外流农民大多数回乡，全县范围的农村人口外流基本结束。

三次转折减少了人口非正常死亡

在 1960 年整风整社以后的若干年内，也不知道县委研究过多少次，为农村人口非正常死亡定案？1960 年 5 月上旬，县委为了对死亡人数做到有数，要我安排一个大队进行人口死亡比例调查。我分姓名、性别、年龄、死亡时间、死亡原因等内容拟好提纲，交县委生活检查组王心斋等人去古城公社李沃大队调查。该大队原有3130人，1960年1月1日到5月8日共死亡771人（不含外流死亡在他乡的），占总人口数的25.3%。我向县委汇报后，县委认为“死亡比例太大，选点不准，重新选点调查”。接着由县委书记亲自选点，以十河公社十河大队为中等大队，我派县委生活检查组李运曾等人前去调查，结果该大队从1960年1月1日到5月15日共死亡901人，占总人口数2980人的29.15%。1960年底，我又在双沟公社王阁大队调查了偏重的大王、支庙等6个村庄，它们原有127户，共575人，两年死亡239人，占原有人口的41.5%，死绝的18户占原户数的13%。其中小李庄原有75人，死亡36人，占原有人口的48%；小许庄65人，死亡32人，占原有人口的49%。

那么究竟全县农村两年非正常死亡多少人？县委最后公布的数字是：1959年、1960年两年减少2.8824万户，占原户数的15.9%；减少15.0503万人，占原人口数的21.1%。而1996年出版的《亳州市志》刊载1960年全县城乡总户数比1958年减少2.94万户，人口负增长9.6万人。

在人口非正常死亡中，以下十种人死得最多：1. 儿女不孝和多病的老人；2. 地、富、反、坏、右分子及其家属；3. 因提意见而被撤职的干部及家属；4. 上吵下闹好搞不团结的人；5. 手脚不干净有小偷小摸行为的人；6. 不讲卫生，乱吃东西的人；7. 在外地工作的职工的家属；8. 老实人；9. 残疾人；10. 有传染病无人敢接近的人。

在分阶层死亡人口比例上，据典型调查，1960年1月到5月中旬，贫农死亡占本阶层的28.25%，中农死亡占本阶层的12.5%，地主、富农死亡占本阶级的44%。

在全县农村人口非正常死亡中，有过三次转折，从而减少了人口的死亡。

第一，1959年春天，全县大多数社队粮食统购过了头，人口浮肿外流，非正常死亡也有发生。县委仍坚持大力反右、大批"西北风"、对农民生活困难不予承认的时候，阜阳地委派副专员张剑华来到亳县，深入农村进行调查，搞清了大多数地方无粮的事实，及时对绝大多数社队安排了粮食回销，从而迅速扭转了形势，减少了损失。

第二，1960年春节过后，人口非正常死亡日趋严重，有些领导回避问题，县委生活检查组王心斋等人，在大杨公社中修大队进行了深入全面的调查，发现全大队在不到一个月的时间里非正常死亡282人，占总人口数的9%，浮肿严重的劳力444人，大部分农民都有轻度浮肿。他们把情况如实全面地向县委作了汇报，引起了县委的高度重视，作为"中修事件"通报全县，处理了有关责任人员，对问题严重的地方增派了力量，震动了全县，对减少人口非正常死亡也起到了一定作用。

第三，1960年入冬以后，不少地方因生活困难，浮肿、人口外流、非正常死亡不断发生。县委生活检查组王心斋等人在古城公社焦瓦大队周寨、周瓦房两生产队检查发现，从10月到11月下旬，非正常死亡29人，浮肿病人占总人口数的32%。其他检查组也发现类似的问题。我接到报告后如实地向县委作了综合汇报。县委办公室干部刘志良将问题写进了"生产生活第二期简报"，报送阜阳地委。地委及时通报全区并上报省委，从而引起了省委的高度重视，增派了大量干部来亳县，帮助整风整社，全面贯彻落实中央的紧急指示12条等一系列的纠"左"政策，重点落实农民的生活问题，迅速扭转了形势。全县农村人口的非正常死亡，到1961年春节前基本停止。

"大炼钢铁"炼出的铁渣和不合格生铁（童小鹏摄）。

粗浅的认识

"大跃进"在安徽亳县农村引发了一系列问题。但在阜阳地区各县，都是执行上级下达的任务，1959 年旱灾也大体相同，为什么有的县问题不太严重？涡阳、临泉两个县 1961 年初还支援了亳县大量粮食。这与干部执行政策的水平、素质很有关系。邓小平讲得很对："'左'的思想发展导致了 1958 年的'大跃进'和人民公社运动，这是比较大的错误，使我们受到惩罚。1959 年到 1961 年三年困难时期，工农业减产，市场上商品很少，人民群众吃不饱饭，积极性受到严重挫伤。那时，我们党和毛泽东主席由于长期斗争历史形成的威望很高，我们把困难的情况如实地告诉了人民，'大跃进'的口号不再喊了，并且采取了比较切合实际的政策、步骤和方法，1962 年就开始从困难的境况中恢复，1963 年、1964 年情况比较好。"挫折教训教育了全党，我们深信：进一步改革开放，一定能够把我国建设成为一个富强、民主、文明的社会主义国家。

赫鲁晓夫与毛泽东1959年10月2日会谈记录[①]

□马贵凡　译

编者按：1956年苏共第20次代表大会，赫鲁晓夫提出当代国际关系和当代国际共产主义运动的三个基本问题：和平共处、防止世界大战的可能性、和平过渡。赫鲁晓夫坚持缓和国际紧张局势。1958年8月中国人民解放军炮击金门、马祖，苏联唯恐破坏苏美合作，十分不满。1959年8月25日，印度挑起中印边界武装冲突。和中国有边界纠纷的苏联，9月9日以塔斯社名义发表声明，偏袒印度，把中苏分歧公布于众。9月15日赫鲁晓夫访问美国，和美国总统艾森豪威尔在戴维营会谈，并发表公报。他不顾各国实际情况，要求各社会主义国家都按照苏联的模式处理和美国的关系。9月30日，他从美国突然直飞中国参加中华人民共和国国庆活动，于是有了10月2日和中国共产党领导人的会谈。

赫鲁晓夫同志与中共中央主席毛泽东，副主席刘少奇、周恩来、朱德、林彪，政治局委员彭真、陈毅和书记处书记王稼祥会谈记录

（1959年10月2日）

今天赫鲁晓夫同志同苏斯洛夫、葛罗米柯同志一起按照他的请求到毛泽东住所拜会了毛泽东。

毛泽东：我们看了艾森豪威尔给您赫鲁晓夫同志的信的内容，这封

---

① 此档案文件发表于俄罗斯《近现代史》杂志2001年第2期上，原件存俄罗斯总统档案馆。译文原载《中共党史资料》2001年第79辑。

1959年国庆节，毛泽东、赫鲁晓夫（右一）在天安门。

信是今天上午按照您的委托转给我们的。

赫鲁晓夫：好。此外，我们还想让您了解我1959年9月27日在美国同艾森豪威尔总统会谈时涉及中国部分的摘录的内容，然后就与我的美国之行有关的问题和同美国的关系问题交换意见。最好在这里由翻译把上面提到的我同艾森豪威尔会谈的摘录口译一下。

翻译阎明复和李越然口译赫鲁晓夫同艾森豪威尔会谈的摘录。

关于中国拘留5个美国人的问题，以及艾森豪威尔说，为什么苏联在台湾问题上不持在德国问题上那样的立场引起了中国人的很大注意。

赫鲁晓夫（在翻译结束后）**：**很清楚，为什么艾森豪威尔急于向中国这里发信。

毛泽东：据我的理解，他艾森豪威尔谈话的意思是，应该实行有节制的、温和的政策。

赫鲁晓夫：对。

毛泽东：艾森豪威尔还说什么有45个国家承认台湾，而承认我们的少些，并说不要进行战争。在艾森豪威尔的信中有积极的方面，这就是他说不应允许发生战争。其实，我们也不希望发生战争。

赫鲁晓夫：您说得对。我想强调指出，在艾森豪威尔的信中有这样的意思，台湾问题不是长期不解决，而是推迟解决。艾森豪威尔信的主要意思是，不要进行战争。我们希望不要因为台湾发生战争。

毛泽东：台湾是中华人民共和国的内部问题。我们讲，我们一定要解放台湾。但解放的途径可以是不同的，和平的和战争的。周恩来在1955年的万隆会议上就说，中国准备同美国进行谈判。实际上从那时起我们和美国人之间就开始进行谈判了，先是在日内瓦，后来在华沙。一开始参加谈判的代表一周会见一次，后来两周会见一次，而最近是一个月会见一次。双方都不愿意破坏谈判。美国人曾一度试图破坏谈判。我们说这不好，于是规定了恢复谈判的期限。美国人说，他们也赞成继续谈判，但不能接受“最后通牒式的”期限。我们同意了这个意见。后来在我们炮击中国沿海岛屿金门和马祖后，谈判恢复了。我们中国人，在谈判中始终提出了这样的思想：请美国人离开台湾，那时我们之间就不会有任何问题了，我们将同蒋介石在谈判的基础上自己来解决遗留的问题。蒋介石不希望美国人离开。而美国也怕蒋介石同中华人民共和国有联系。在这个地区发生过作战行动，但不是战争。在我们看来，可以让台湾和其他岛屿留在蒋介石分子手中10年、20年甚至30年，我们将忍让。

赫鲁晓夫：我想说，我在苏联驻美使馆举行第一次午餐会时，艾森豪威尔说，就是他们美国人，在许多年间同中华人民共和国进行谈判，没有取得任何成果。甚至有5名美国人被监禁在中华人民共和国，他们中国人不同意释放，而这就使情况复杂化了，并使美国人民感到很气愤。此外，艾森豪威尔对我说，可以让愿意离开美国的中国人都离开美国，我们不阻止他们。艾森豪威尔还对我说，我去中国是徒劳的。

毛泽东：中国同德国不一样，不仅是因为台湾居民比中国大陆居民要少得多，而且也是因为中国在二次大战后不是战败国，而属战胜国。在朝鲜，三八线也是根据以金日成和我们为一方与以美国人为另一方之间的协议确定的。越南是根据日内瓦协议分成北越和南越的。至于台湾，没有关于它的国际会议决议。美国人在台湾的出现，不仅在社会主义国家引起了人们的不满，而且在英国、在美国本土和在其他国家也引起了人们的不满。

赫鲁晓夫：艾森豪威尔明白这一点。但问题是，他应该先承认中国的革命，然后也应该承认政府。他恰恰不想承认革命。

毛泽东：是的，就是这样。美国明白这一点，但他想按照自己的方针进行谈判。美国政府作出暗示，让中华人民共和国作出关于在台湾问题上不使用武力的声明。美国人想得到不使用武力的保证，而他们自己打算自行其是。

赫鲁晓夫：我根本不知道，中华人民共和国监禁着5名美国人。有这事吗？在同艾森豪威尔会谈时，我只是说，我可以在北京以提出友好建议的方式提及这个问题。

周恩来：1955年8月1日，在日内瓦，我们和美国人之间达成一项协议，根据这个协议，长期在中华人民共和国居住的美国人（侨民）可以返回美国。但规定，如果这类人员犯了什么罪行，那他们可以被逮捕。中国的法律也规定，如果被监禁人员在监狱里表现好，他可以被提前释放。第二类人员，曾达成协议给予他们离开中华人民共和国的权利，这是指战俘。在安东市地区的中国空中而不是在朝鲜，曾击落一架美国飞机。在这架飞机里有13名美国军人被俘。后来我们把他们都释放了。您记得吗，关于美国战俘问题，联合国讨论过，1955年联合国秘书长哈马舍尔德曾就此事来过中华人民共和国。继哈马舍尔德之后就此问题还来过门德斯—佛朗斯。美国人通过英国人告诉我们，他们希望同中华人民共和国谈判。我们同意了，开始了谈判。我们表现出了主动，放了13名美国战俘。因此在日内瓦会议上，美国人没有借口进行争论。这以后，我们这里还监禁两名美国人费克托和多尼。他们是美国中央情报局的间谍，是被当场抓获的。他们乘坐的飞机被击落了，当时

赫鲁晓夫在美国民众中间（1959 年）。

这架飞机试图在不着陆情况下借助于专门的设备把这两名间谍拉上去。中国法庭判处他们长期监禁：一个是无期徒刑，一个是 20 年徒刑。哈马舍尔德来中国时说，就这两名美国人进行谈判的事不属他的使命。其余三人长期居住在中国，是因为从事间谍活动而被捕的。我们这里总共约有 90 名美国人。其中大多数我们已经放了，现在只有 5 人在中国被监禁。他们都是间谍，并是按照中国法律受到监禁的。我们认为，我们中国人放了太多的美国人。

赫鲁晓夫：我第一次听说这些情况。但如果你们想知道我们的意见的话，那我们若是在你们的位置上，我们会采取另一种做法。如果要坚持不激化关系的方针，那就应该把监禁在中国的美国人，要么驱逐出境，要么交换相应的人员。列宁当时就是这样做的，并且做的是对的。

如果，这么说吧，要“无谓地刺激”他们，那当然可以继续拘留美国人。我们就曾用被我们拘留的一个匈牙利间谍交换了拉科什。一句话，我们认为，最好把监禁的美国人放了。

毛泽东（明显不满意地）：当然，可以放或者不放，但我们现在不放美国人，我们将在晚些时候更合适的时间这样做。要知道，美国人把我们在朝鲜的大量志愿军遣送到台湾去了，把朝鲜人民民主主义共和国军队的不少战士遣送到南朝鲜去了。

赫鲁晓夫：好，这是你们内部的事情，我们不干涉。但是你们提问题的方法和可能你们感到受了委屈的这种情况，就使我们难于交换意见了。我想强调指出，我不是美国的代表，也不替美国人说情。我是自己的苏维埃社会主义国家、苏联共产党的代表。即使我在这里提及这个问题，那也只不过是为了弄清楚这个问题并说明我们的观点，因为这个问题是使国际形势发生动荡的一个手段。

毛泽东：也就是使美国人感到难办。

赫鲁晓夫：这个问题也使我们感到难办。我们有大量理由向美国提出要求。要知道，他们拘留了大量所谓的移民。我们立场的弱点在于，这些人当中有不少人不想返回苏联。当然，我们同美国人没有讨论释放监禁在中国的美国人问题。我只是答应艾森豪威尔，我在中国逗留时，以提出友好建议的方式提及这个问题。而且美国人只是间接地提出了这个问题。

毛泽东：台湾问题是清楚的，我们不仅不动台湾，而且在10年、20年，也可能是30年间不动沿海岛屿。

赫鲁晓夫：台湾，这是中国不可分割的一部分、中国的一个省，在这个原则性的问题上，我们没有分歧。至于5个美国人问题，我们会用另一种办法解决。您说，你们可以在10年、20年，甚至30年间不动台湾。但这里主要的是策略问题。台湾问题不仅给美国人造成了困难，而且也给我们造成了困难。彼此间私下我们说，我们不会因为台湾去打仗，但是，可以说，对外我们相反要说，一旦台湾局势紧张，苏联将保卫中华人民共和国。美国也会声明，他们将保卫台湾。这样一来，就会造成一种临战的形势。

毛泽东：那我们怎么办？像美国说的那样去做，即声明在台湾地区不使用武力和使这个问题国际化？

周恩来：至于台湾问题，这里应该划清两个方面的界限：中华人民共和国和台湾之间的关系，这是内部问题，而中国和与台湾问题有联系的美国之间的关系，这是这个问题的国际方面。

赫鲁晓夫：这一点是清楚的，我们也是这样对艾森豪威尔说的，你们可以从我同艾森豪威尔谈话记录的摘录中看到这一点。当然，任何问题都有许多方面。主要是打下怎样的基础。当年在苏联远东，列宁创建了远东共和国并给以承认。你们要注意到，这个共和国是在苏联的同一片领土上建立的。这是不可思议的，但列宁暂时同意这样做。后来必然是远东共和国同苏联合并。

在台湾问题上，我们没有建议，但我们认为，需要寻求缓和局势的途径。我们作为你们的盟友，根本不了解你们在台湾问题上的措施，我今天第一次听到你们在这方面的立场和一些原则。而我们，作为盟友，需要就所有那些不仅可能把我们而且也可能把你们的朋友拖入一些事件中的问题交换意见。需要寻求能够促进国际紧张局势缓和的途径，同时不损害中华人民共和国的威望和主权。

毛泽东：我们总参谋部通过你们的主要军事顾问向你们通报了我们在台湾问题上的打算。我们请他向苏联国防部报告了所有情况。我想立刻作出更加详细的说明，在台湾地区，我们不打算采取什么大的军事行动，而只是鉴于美国在黎巴嫩陷入困境，试图给他们增加点困难。我们认为，我们的这个做法是成功的。

赫鲁晓夫：在这个问题上我们持另一种观点。

毛泽东：虽然我们炮击沿海岛屿，但我们不打算解放它们。我们还认为，美国不会因为沿海岛屿和台湾来打仗。

赫鲁晓夫：是的，美国人不会因为台湾和沿海岛屿去打仗。我们知道杜勒斯去会见蒋介石时给他下达的指示的内容。如果你们对这个文件感兴趣，我们可以给你们看。至于炮击沿海岛屿，如果你们要炮击这些岛屿，那就应该去占领，如果你们认为没有必要去占领，那就没有必要进行炮击。我不明白你们的这种政策。说实话，我以为，你们要占领岛屿，当我知道你们不占领时，我很伤心。当然，这是你们的事情，但我是作为盟友谈到这一点的。

毛泽东：我们是在开始炮击沿海岛屿之前一个月，向你们通报了我们对台湾的打算。

赫鲁晓夫：你们向我们通报的，不是你们在这个问题上的政策，而只是一些步骤。我们讲了我们的立场，现在同意不同意我们的意见，这是你们的事情。我们不十分明白你们在国际问题上的政策。我们应该协调国际政策问题。看来，我们需要考虑，有没有必要通过外交渠道，就我们之间没有取得一致看法的重大政治问题交换意见。

毛泽东：我已经说过，我们通过我们的总参谋部向你们通报了自己的打算。不过我想知道，在我们应该怎么做的问题上，你们是什么看法。

赫鲁晓夫：我们主张缓和紧张局势。我们只想让人民明白，我们主张和平。炮击岛屿，逗逗猫，不值得。

毛泽东：这是我们的政策。我们同蒋介石和同美国的关系，这是不同的事情。同美国我们将力求以和平的手段来解决问题。如果美国不离开台湾，那我们将同他们进行谈判直到他们离开那里。同蒋介石的关系，这是我们的内部问题，它不仅可以以和平的方式解决，而且也可以以其他方式解决。至于建立远东共和国，以及当年曾从苏联分离出去立陶宛、拉脱维亚和爱沙尼亚的事实，这里应该注意到，那里不存在外国的干涉。

赫鲁晓夫：立陶宛、拉脱维亚和爱沙尼亚及波兰、格鲁吉亚和亚美尼亚的问题，这是完全另一种性质的问题。这是民族自决的问题。至于远东共和国，它是俄罗斯的一部分。

毛泽东： 台湾问题是很复杂的。

赫鲁晓夫： 我们同你们对台湾问题的理解是一致的。现在存在的只是关于策略的问题。你们无论如何不想在这个问题上制定我们明白的政策。你们可能在想，好像我们在干涉你们的内部事务，但我们讲了自己的想法。与此相联系，需要指出，我们不知道，明天你们在这个问题上将是什么政策。

毛泽东： 我们不想同美国进行战争。

赫鲁晓夫： 不必这样提问题。无论你们还是我们都不想进行战争。这是人所共知的。问题是，不仅世界公众不知道你们明天可能采取什么步骤，就是我们，你们的盟友，也不知道这个情况。

毛泽东： 这里可能有两条路：一条路是按美国人要求的那样去做，就是作出对台湾不使用武力的保证。美国人早就这样提出问题了，早在1955年3月就通过艾登向我们谈了这一点；另一条路是划清同美国的关系和同蒋介石分子的关系之间的界限。与同美国的关系有关的问题，我们想通过和平途径即和平谈判来解决。至于同蒋介石的关系，这里可以使用任何方法，因为同蒋介石的关系是我们的内部事务。

休息一个小时后，继续交换意见。

毛泽东： 我们将干什么？

周恩来： 继续谈。

毛泽东： 我们像美国人建议的那样去做不是很好。美国人也不想按我们要求的那样去做。

赫鲁晓夫： 你们使我们处于令人难堪的境地。你们这样提出问题，似乎我们采取了美国人的立场，而我们采取的是我们苏联的共产主义立场。

毛泽东： 或许我们应无限期地推迟讨论这个问题。大家都看到，我们同美国的关系是不密切的，是美国而不是我们向我们的海岸派出了自己的舰队。

赫鲁晓夫： 应该注意到，我们也并非无过错。其实是我们自己把美

毛泽东（左二）、刘少奇（左一）等和赫鲁晓夫（右二）、苏斯洛夫（右一）会谈。

国人拖进南朝鲜的。需要采取这样的步骤，使美国人对其作出回应，能采取缓和局势的步骤。需要寻求缓和局势的方式、寻求改善处境的途径。你们知道，发生匈牙利事件时，为了坚决击溃反革命，我们的手没有颤抖。当时刘少奇同志在我们那里，我们一起决定了这个问题。如果再有这个必要，我们还可以这样做，你们可以相信这一点，我们将无条件地履行自己国际主义和共产主义义务。我们认为，需要制定完整的措施计划，并要使人民理解我们。斯大林去世后，我们取得了许多成绩。我可以向你们讲一些我本人都不同意的方面。斯大林给我们留下了什么？莫斯科周围矗立着准备随时开火的大炮，我们每时每刻都在等待着袭击。我们成功地消除了这种状况，我们为此而感到自豪。并且你们要注意到，在取得这种境况后，我们没有放弃自己的任何原则立场。我们提出这个问题，是因为我们不理解你们的立场，尤其不理解你们同印度的冲突。我们在150年间同波斯在边界问题上有争论。三四年前我们通过转让给波斯一部分领土解决了这个问题。我们是这样看问题的：我们的土地多5公里或少5公里，这没有什么了不起的。我举列宁的例子，他把卡尔斯、阿尔达汉和亚拉腊都给了土耳其，至今在我们外高加索的部分人中对列宁的这些做法还有一定的不满情绪。但我认为，这些做法是正确的。我讲这一点是为了说明，对于我们来说，这种领土问题不是不可克服的。你们同印度在许多年间有很好的关系，现在突然发生了流血事件，结果尼赫鲁陷入了很艰难的境地。你们可以说，尼赫鲁是资产阶级人士，这一点我们知道。如果尼赫鲁离开，那有谁比他更好些吗？达赖喇嘛离开了西藏，他是资产阶级人士。这个问题我们也不清楚。发生匈牙利事件时，尼赫鲁反对我们，对此我们没有抱怨，因为他作为资产阶级人士，不能从他那里期待任何其他东西。虽然他反对我们，这并没有影响我们同他保持良好关系。如果你们允许的话，那我要向你们说作为客人不该说的话，这就是，西藏事件是你们的过错。你们统治着西藏，应该在那里设自己的侦察机构，了解达赖喇嘛的计划和打算。

毛泽东：尼赫鲁也说，发生西藏事件是我们的过错。此外，苏联还就我们同印度的冲突问题发表了塔斯社声明。

赫鲁晓夫：您怎么想让我们称赞你们同印度的冲突吗？我们方面若这样做那是愚蠢的。塔斯社的声明是必要的。您大概还是看出了我和尼赫鲁之间有某种不同。若是我们不发表塔斯社声明，那就可能造成这样的印象，社会主义国家建立了反对尼赫鲁的统一战线。而塔斯社的声明使这个问题成了你们和印度之间的问题。

毛泽东：我们的错误在于，我们没有立即解除达赖喇嘛的武装。但当时我们同西藏民众没有联系。

赫鲁晓夫：是，你们现在同西藏居民也没有联系。

毛泽东：我们对这个问题有不同的理解。

赫鲁晓夫：当然，正是因此我们提及了这个问题。可以讲以下情况：无论在我们那里还是在你们这里，都有从金日成那里跑过来的朝鲜人。但这没有给我们提供破坏同金日成的关系的理由，我们同他依然是好朋友。至于达赖喇嘛离开西藏，若是我们处在你们的位置上，就不给他离开的机会，最好是他死去。而他现在呆在印度，并有可能去美国。难道这对社会主义国家有利吗?

毛泽东：这是不可能的，当时我们不能逮捕他。我们不能阻止他离开，因为同印度的边界线很长，他可以在任何一个地点越过边界。

赫鲁晓夫：问题不在逮捕上，我只是说，白白把他放出去了。如果你们给他提供了逃跑到印度去的机会，那这里有尼赫鲁什么事。我们认为，西藏事件，这是中国共产党的过错，而不是尼赫鲁的过错。

毛泽东：不，这是尼赫鲁的过错。

赫鲁晓夫：那对匈牙利事件有过错的不是我们，而是美利坚合众国，这样你们理解吗?你们要明白，我们在匈牙利有驻军，我们支持了傻瓜拉科什，这是我们的错误，而不是美国的错误。

毛泽东：难道可以把拉科什同达赖喇嘛作比较吗?

赫鲁晓夫：如果想这样做的话，在某种程度上是可以的。

毛泽东：印度人在西藏活动，以为西藏好像属于他们。

赫鲁晓夫：我们知道这个情况。你们都知道，尼泊尔希望在它那里有苏联大使，而我们长时期没有向那里派大使，你们也是这样做的。原因在于，尼赫鲁不希望那里有苏联和中国的大使。对此不必感到奇怪，也不能期待从尼赫鲁那里得到任何别的东西。但这不应成为我们同他关系破裂的理由。

毛泽东：我们也支持尼赫鲁，但在西藏问题上，我们必须打败他。

赫鲁晓夫：为什么你们要在同印度的边界上打死人呀?

毛泽东：他们先进攻我们，越过边界，射击12个小时。

周恩来：谁的材料你们更相信，是我们的还是印度的?

赫鲁晓夫：虽然印度人先进攻，但中国人没有被打死的，而印度人有。

周恩来：如果他们先进攻我们，那我们怎么办?我们不能向空中射击。要知道，印度人甚至越过了麦克马洪线。此外，最近拉达克里希南副总统将来中国。这说明，我们在采取措施通过和平途径即通过谈判来解决问题。在我今年9月9日给尼赫鲁的信中，我们详细地说明了在我们和印度之间所发生的一切。

赫鲁晓夫：周恩来同志，您当中华人民共和国外交部长多年，知道怎样能不流血地解决争论的问题不比我差。在这种情况下，我绝不触及边界问题，因为如果中国人和印度人都不知道他们之间的边界走向，那我，一个俄国人，就不应干预。我只是反对已经采用的方法。

1959年毛泽东在首都机场欢迎赫鲁晓夫。后右一为周恩来。

周恩来：在一定的时间里，我们对边界事件情况什么也不了解，那里的所有措施都是当地机关在没有得到中央指示情况下采取的。此外，这里谈的是中印之间三个有争论的地区。印度人先越过麦克马洪线，先开火。麦克马洪线是中国任何一届政府都不承认的。如果，比如说，芬兰人侵犯苏联的边界，那你们对他们反击还是不反击？

苏斯洛夫：我们不会向芬兰政府提出要求。

赫鲁晓夫：中央一点儿也不了解事件情况，这对我来说是新发现。我可以对你们讲我本人反对什么。1941年6月22日，德国人开始进攻苏联。斯大林禁止开火还击，只是过了一定的时间才下达开火指示。对此斯大林解释说，这可能是挑衅。当然，这是斯大林的错误，斯大林实在是胆怯了。而这里完全是另一回事。

朱德：印度人越过了麦克马洪线，这条线本来就夺去了中国9万平方公里的领土。

陈毅：西藏叛乱后，在印度不止一次地掀起了反华反共运动。在我们驻德里大使馆和驻加尔各答领事馆周围举行示威游行，游行参加者辱骂中华人民共和国领导人和喊反华口号。我们没有采取任何这类行动，印度驻华使馆没有一点儿理由指责我们不友善。

赫鲁晓夫：我们苏联驻外代表受到的考验比你们多得多。在我国历史上，有不少我们苏联驻外大使被杀害。在我们苏联，1918年曾有一个德国大使被杀。如果在我们苏联，过去某个时候有人打碎了美国和德意志联邦共和国使馆的玻璃，那这是我们自己组织的。

陈毅：如果谈把尼赫鲁拉到自己方面来的工作的效果，那我们的方法显得更有成效，而你们的方法是迁就。

赫鲁晓夫：陈毅是外交部长，善于斟酌自己讲的话。他说这种话不是偶然的。我们存在42年，其中30年我们单独存在，没有迁就过任何人，而是实行了原则性的共产主义政策。

陈毅（很激动地和气冲冲地）：中国人民长期引起了人们的同情，遭受英国、美国、法国和其他帝国主义分子的压迫几十年。这个情况苏联同志应该是了解的。为了通过和平途径来解决同印度的冲突，我们现在采取了一定的措施，可能在今年10月中旬，印度副总统拉达克里希南将到我们这里来，这个事实就可以证明这一点。我们也有一定的迁就成分。你们应该更正确地理解我们的政策。我们的方针是更正确和更坚定的。

赫鲁晓夫：嗬，何等的左派！你们看，陈毅同志在向左走，而结果可能是向右。柞木也是坚硬的，但可以折断。我认为，这个问题最好放一放，因为我们对它有不同的理解。

周恩来：赫鲁晓夫同志，连印度人自己也不知道，在印中边界上发生了什么事情和怎样发生的。

林彪：在苏联和法西斯德国之间进行战争时期，苏军歼灭法西斯分子，进入柏林。这并不意味着苏联发动了战争。

赫鲁晓夫：不应是我这个中将教导您这个元帅同志。

苏斯洛夫：您，林彪同志，比较了完全不可比较的东西。在卫国战争时期，有数千万人被杀，而这里发生的是不值一提的事件。

周恩来：印度人没有从他们潜入的地区撤出自己的军队。我们力求和平解决冲突，我们过去和现在都建议分部分地解决。

赫鲁晓夫：现在你们所做的一切都是对的。但是我们不同意你们以前所做的事情。

周恩来：印度人在挑衅开始前的40天间就开展了广泛的反华宣传。他们先越过边界，先开火。在这种情况下，能认为是我们挑起了事件吗?

赫鲁晓夫：我们和你们都是共产党人，而他们那里是一群乌合之众。您，周恩来同志，明白所有这一切不比我差。

苏斯洛夫：乌合之众应该这样来理解，在他们那里什么人都有。

彭真（气冲冲地）**：**纳赛尔在无理谩骂向他提供无私援助的苏联。这里要注意到民族资产阶级的反动方面。如果你们苏联同志能骂民族资产阶级，那我们为什么不能骂?

赫鲁晓夫：谁也没说不能骂。但是射击，这不是骂人。

彭真：麦克马洪线，这是一条肮脏的线，没有得到任何一届中国政府承认。

赫鲁晓夫：我们在这里是3个人，而你们是9个人，你们都重复同一个内容。我认为这是没有益处的。我只想讲出我们的立场，接受不接受，这是你们的事。

毛泽东：同印度的边界冲突，这只是局部的边界问题，而不是两国政府之间的冲突。尼赫鲁本人也不知道那里发生了什么事情。据查明，他们的巡逻队越过了麦克马洪线，这些情况我们是在事件发生之后很晚才知道的。对这些情况，尼赫鲁不知道，连我们西藏军区也不知道。当尼赫鲁知道他们的巡逻队越过麦克马洪线时，他给他们下达了指示，让他们离开那里。我们也进行了和平解决问题的工作。

赫鲁晓夫：如果在交火之后立即这样做，那也就不会发生冲突。此外，你们相当长时间没有向我们通报边界事件。

刘少奇：9月6日，我通过安东诺夫同志向你们通报了边界上的情况。

周恩来：塔斯社的声明是在把我给尼赫鲁的信转给你们之前发表的。信是在9月6日下午交给安东诺夫同志的。

苏斯洛夫：看来，几乎是同时，因为要考虑到莫斯科和北京的时差是5小时。

葛罗米柯：印度驻苏大使对我说，中国的信件不仅没有带来缓和，相反却使一切都倒退了。

苏斯洛夫：现在温度降下来了，可以放下这个问题。

毛泽东（抱怨地）：由于你们的声明温度才降下来的吗？

苏斯洛夫：不，不只是，也是由于你们议会的决定。

刘少奇：今年9月6日，我通过安东诺夫同志转告你们，我们将在一周内反击印度人。

苏斯洛夫：你们议会的决定比照会缓和得多。

彭真：全国人民代表大会的代表问我，怎么理解塔斯社的声明，是不是老大哥没有搞清楚谁是谁非，对中国和印度各打50大板。

王稼祥：但是先开枪的不是我们，而是印度人。

赫鲁晓夫：是的，他们先开枪和被打死。我们的责任是向你们说出自己对这个事件的看法，因为除了我们谁也不会向你们谈这个事件。

周恩来：在中共和苏共之间可能发生争论和存在没有解决的问题，但对外我们始终强调同苏联的团结。

林彪：印度人先开枪，射击 12 个小时，打完了所有弹药。即使对问题有不同看法，但事实总是事实：1. 印度人先越过边界；2. 印度人先开火；3. 印度人射击 12 个小时。在这种情况下，对问题可有两种态度：1. 印度人越过边界，我们后撤；2. 印度人越过边界，我们给以反击。

毛泽东：反击是根据当地军事机关的决定进行的。

林彪：上面没有下命令。

毛泽东：我们无法拦住达赖喇嘛，因为同印度边界很长，他能在任何地点越过边界。

苏斯洛夫：需要事先了解他的意图和阴谋。

毛泽东：我们想把西藏的改革暂缓四年进行。

赫鲁晓夫：这是你们的错误。

毛泽东：推迟进行改革的决定是以前作出的，是在达赖喇嘛去过印度①之后。我们没有理由在那里发动攻势。而这次我们有很好的理由，所以我们采取了行动。看来，这正是你们所不理解的。请你们以后确信，同印度的麦克马洪线将保留，边界冲突将被消除。

赫鲁晓夫：这很好。但问题不在麦克马洪线上。我们不了解这条线，也不想了解。

毛泽东：同印度的边界问题，我们将通过谈判来解决。

赫鲁晓夫：我们欢迎你们这样的打算。

---

① 指 1956 年达赖到印度参加释迦牟尼涅槃 2500 周年纪念活动。

周恩来： 今年1月22日，我们建议尼赫鲁就边界问题进行谈判。当时他没有同意。现在他同意了。

毛泽东： 你们给我们戴了两顶帽子，同印度的冲突是由于我们的过错发生的，达赖喇嘛出走也是我们的过错。而我们给你们戴了一顶帽子，迁就。请接受吧。

赫鲁晓夫： 我们不接受。我们采取了原则性的共产主义立场。

毛泽东： 塔斯社的声明使所有帝国主义分子都感到高兴。

苏斯洛夫： 正相反。这个声明和你们最近的措施促进了局势的缓和。若是印度和中国之间的关系破裂，那帝国主义分子才会高兴呢。我们获得消息说，在印度和中国之间发生冲突的时候，美国人自告奋勇地为尼赫鲁效劳。我们采取的步骤冷却了反动派的狂热。

林彪： 整个问题是谁先开枪的，而不是谁被打死了。

周恩来： 结果得出，强盗闯入我们的家，我们打了他们，这却是我们的过错。

赫鲁晓夫： 为什么你们可以批评我们，而大哥不能批评你们？您，毛泽东同志，在与尤金的一次会见中，很尖锐地批评了苏共，并且我们接受了这次批评。再有，在中共八大的一次会议上，米高扬同志讲话，您，毛泽东同志，离开了会场。这是示威，米高扬也可以离开会场。其实，我也可以收拾手提箱飞走，但我没有这样做。发生匈牙利事件时，周恩来同志到我们那里，给我们上了一课。他认为我们有过错，为比萨拉比亚（摩尔达维亚的一个地区。——译者注）和波罗的海沿岸国家说话。我们接受了这个教训。结果是，你们可以给我们提出意见，而我们不能提。我们那里现在甚至有一些苏共中央主席团委员这样说：有"以苏联为首的社会主义阵营"的提法，但实际上甚至对苏共方面的意见都缺少尊重。你们同我们讲话不傲慢吗？

毛泽东： 我们私下向你们讲出了自己的想法。这次你们也这样向我们讲出了你们的想法，这很好。这对处理问题有好处。但是你们公开表态，我指的是塔斯社声明，这种做法不好。

葛罗米柯：塔斯社声明丝毫没有使印度与中华人民共和国疏远（读摘录）。

彭真：我们也应该表态。要知道是印度人先越过边界，先开火，并持续 12 个小时。刚才毛泽东同志说了，谁都不准确地知道，在中印边界上究竟发生了什么事情。

赫鲁晓夫：您不容许人反驳，认为自己是正统的，这就表现出了你们的傲慢。陈毅给我们扣了一顶帽子，而且是政治帽子。他有什么理由这样做？

陈毅：塔斯社的声明是对印度的支持，对资产阶级的支持。

赫鲁晓夫：你们想让我们服从你们，但这做不到，我们也是一个党，我们走自己的路，不会迁就任何人。

毛泽东：而我们走的是什么路？

赫鲁晓夫：过去和现在我们始终认为，我们同你们是在一起走的一条路，并把你们看作是自己最好的朋友。

毛泽东：我无法理解，我们错在什么地方？你们那里的克伦斯基和托洛茨基也都逃跑了。

赫鲁晓夫：达赖喇嘛逃跑了，而你们没有过错？其实，我们那里也有错误和事实。我们让克伦斯基从苏联逃跑了，这是我们的错误，但要注意到，这确实是发生在革命的最初几天。列宁凭着克拉斯诺夫和卡列金将军说真话放了他们。至于托洛茨基，那是斯大林流放的。尼赫鲁可以投靠美国。他属于我们的同路人，这些人在对他们有利的时候，就同我们一起走。当我们向纳赛尔提供援助时，我们知道，他也可能反对我们。当他确实在反对我们时，我们做了什么工作呢？我们向他提供贷款，建设很高的阿斯旺水坝。这是策略。若是不提供贷款，纳赛尔就会投入美国的怀抱。

毛泽东：你们只看到了我们作出的“威胁的表示”，而没有看到另一方面，我们为把尼赫鲁拉到我们方面来所进行的斗争。

赫鲁晓夫：我们不相信纳赛尔能长期同我们保持关系。只有一根很细的线连接着我们，这根线随时都可能断。

陈毅：你们的声明使我感到气愤的是，说“由于我们的罪过，同印度的关系恶化了”。

赫鲁晓夫：而你们的声明使我感到气愤的是，说我们迁就。我们应该支持尼赫鲁，帮助他掌握住政权。

毛泽东：西藏事件和边境冲突，这是暂时现象。最好我们到此结束对这些问题的讨论。可否这样来评价我们之间的关系，我们总的来说是一致的，有一些分歧意见并不影响我们的友谊?

赫鲁晓夫：我们过去和现在正是都支持这样的观点。

毛泽东：我想作出说明，我本来就没有出席八大的那次米高扬讲话的会议。我要亲自同米高扬谈谈。

赫鲁晓夫：您没有出席这次会议正是因为米高扬在那里讲话。当年周恩来给我们上了一堂很好的课。他是个很好的讲课人，但我不同意课程的内容。

刘少奇：关于我们同你们的分歧意见，我们从来没有向任何人、任何兄弟党讲过。

赫鲁晓夫：这很好，这样做是对的。你们给我们上了第一课我们听了，你们也应该听我们的课。请你们放弃政治指责，否则我们会破坏我们两党之间的关系。我们是你们的朋友，向你们讲了实话。我们不想迁就任何人，就是朋友也不想迁就。

陈毅：但是你们说，同印度关系复杂化和达赖喇嘛出走，是由于我们的过错发生的，其实你们这就向我们提出了两项政治指责。我认为，你们还是在迁就。

赫鲁晓夫：这是完全不同的事情。我只是给你们指出了你们的一些疏忽，没有向你们提出原则性的指责。如果您认为我们是迁就者，陈毅同志，那您不要向我伸手，我不握。

陈毅：我也不握。应该说，我不怕您发火。

赫鲁晓夫：不要从元帅的高度向我们身上吐唾沫。唾沫是不够的。你唾脏不了我们。最好造成这样的局面：一方面你们讲“以苏联为首”的提法，另一方面不让我说话。在这种情况下，有什么平等可言呢？正是因此，在二十一大上，我们提出了放弃“以苏联为首的社会主义阵营”的提法的问题。我们不想以一些党为首，所有共产党都是平等的和独立的。不然就是虚假的情况。

毛泽东（有意和解地）**：**陈毅讲的是一些细节，不要概而论之。

王稼祥：问题在于翻译不准确。陈毅没有讲迁就是某种主义。

赫鲁晓夫：我们击落不止一架美国飞机，并始终说它们是自己坠毁的。这你们无论如何不能说是迁就吧？

苏斯洛夫：现在谈到你们和印度之间的谈判问题，这很好。

葛罗米柯：有没有必要由中华人民共和国发表一个能够促进局势缓和的声明。附带说明一下，我讲这一点，事先未与赫鲁晓夫同志交换意见。

周恩来：没有必要发表这样的声明。我们已通知印度人，拉达克里希南副总统可以在 10 月 15 日至 12 月 1 日期间的任何对他方便的时间到我们这里来。

赫鲁晓夫：我也想谈一个想法，这是在提到副总统来访问题时在我头脑里刚出现的。来中国访问的是副总统，而不是总统，也不是总理，这会不会引起某种迷惑不解？

周恩来：拉达克里希南人选是印度人自己提出的。值中华人民共和国成立 10 周年之际，印度总统和总理给我们发来了贺电。在复信时，我们再次提到邀请拉达克里希南来中国访问。

毛泽东：《真理报》只简要刊登了周恩来给尼赫鲁的信，而塔斯社的报道我们全文发表了。或许到此我们结束讨论这些问题，来研究老挝问题?

赫鲁晓夫：好吧，但我对这个问题一点儿也没有兴趣，因为这个问题本身很小，而围绕这个问题的议论却很多。今天胡志明来到我们这里，同我们谈了老挝问题。我让他去你们那里，因为这个问题定会使你们感到不安。发生匈牙利事件和波兰事件时，刘少奇和周恩来同志都去过我们那里。我们同刘少奇同志持不同的、有时是正相反的立场。在几天里，我们未能制订出一致的意见。我们的立场改变了，后来我们达成了一致，很好地解决了问题。

毛泽东：我们反对扩大老挝的战火。

赫鲁晓夫：我们也反对。

刘少奇：越南民主共和国国防部长有扩大在老挝的作战行动的计划。胡志明反对这个计划，反对扩大作战行动。我们支持他的立场。

赫鲁晓夫：不应扩大在老挝的作战行动，因为不然的话，美国人就会去那里。那时他们将站在同越南民主共和国的边界上，定会对越南民主共和国进行挑衅。这样一来，他们将会驻扎在直接靠近越南民主共和国的地方，而我们离越南民主共和国有相当远的距离，如果形势复杂化，美国人可以很快打垮越南民主共和国，而我们来不及采取任何措施。我们认为，需要劝越南同志不要扩大在老挝的作战行动。

毛泽东：在这一点上，我们同你们的观点完全一致。我们本来就主张不仅不扩大在老挝的作战行动，而且在台湾地区保持现状。我想再次说明，1958年8月，我们开始炮击沿海岛屿金门和马祖时，我们根本没有打算在那里发动什么大规模的作战行动。

出席会谈的有：苏联驻华临时代办C.Φ.安东诺夫、苏联外交部远东司随员P.Ш.库达舍夫；中方有：译员阎明复和李越然。会谈记录：C.Φ.安东诺夫和P.Ш.库达舍夫。

阎明复，1931 年生，辽宁海城人。1946 年参加革命，1949 年加入中国共产党，毕业于哈尔滨外国语学校。历任全国总工会翻译，国际部组长、科长，中央办公厅翻译组组长。1975 年起历任中共中央马克思恩格斯列宁斯大林著作编译局毛泽东著作编译室翻译、中国大百科出版社副总编辑、全国人大常委会副秘书长、中央统战部长、第十三届中央委员、中央书记处书记、全国政协第七届副主席、民政部副部长、中华慈善总会会长。

阎明复（中）。

作者简介

从布加勒斯特会议到莫斯科会议[①]

□阎明复

国际共运风云迭起

布加勒斯特会议，是指 1960 年 6 月 24 日至 26 日在罗马尼亚工人党第三次党代表大会期间，召开的一次国际共产主义运动会议。其间先后举行了两次社会主义国家党的代表会议，两次 51 国共产党、工人党的代表会议。赫鲁晓夫利用这次会议，精心策划了对中国共产党的突然袭击，动员了几十个国家的共产党、工人党的代表围攻彭真同志率领的

① 本文根据在《当代中国研究》1998 年第 3 期发表的《彭真在布加勒斯特会议上》与在《百年潮》2000 年第 12 期发表的《中共代表团在莫斯科会议》两文修改而成。

苏共二十大会场

1956 年朱德（左五）等出席苏共二十大。

中共代表团，对中共的内外政策、对毛泽东同志进行了激烈的攻击。彭真同志根据中央的指示，对赫鲁晓夫的种种指责进行了有力的反驳，揭露了赫鲁晓夫破坏中苏关系的错误，谴责了赫鲁晓夫极端粗暴地把自己的意见强加于人的大国沙文主义、老子党的行为。对于参加会议的其他党的代表，彭真同志则采取了讲明真相、说清是非、坚持团结的做法，赢得了许多与会者的同情和支持。阿尔巴尼亚劳动党代表卡博公开站出来反对赫鲁晓夫在国际会议上攻击中国共产党的做法，几次发言同他争论。越南、朝鲜、日本、印尼等国家的党的代表呼吁苏、中两党消除分歧，团结对敌，没有参加对我党的“围攻”。其余40多个党的代表中只有一多半按赫鲁晓夫定的调子在会议上发言。赫鲁晓夫企图通过国际会议谴责中共，树立老子党地位的目的没有达到。会后，赫鲁晓夫采取了一系列严重破坏苏中关系的措施。布加勒斯特会议已作为赫鲁晓夫加剧国际共产主义运动和社会主义阵营分裂的严重事件而载入国际共运的历史。

事情还得从1956年的苏共二十大说起。赫鲁晓夫在苏共二十大上作的全盘否定斯大林的秘密报告引起了国际共运严重的思想混乱。西方敌对势力利用秘密报告在世界范围掀起了反共高潮。同年10月又接连发生了波兰事件和匈牙利事件。

毛主席、党中央从一开始就对苏共二十大有保留。毛主席认为，赫鲁晓夫的秘密报告破除了认为斯大林、苏共、苏联一切都是正确的迷信，揭了盖子，有利于反对教条主义，不要再硬搬苏联的一切；但是这个报告全盘否定斯大林，从内容和方法上都有严重错误，将导致严重的后果，所以说是捅了娄子。从当时的大局出发，毛主席、党中央决定坚持原则，坚持团结对敌，“补救（赫鲁晓夫）失误”、“帮人帮到底”，而对帝国主义势力的进攻则要坚决顶住，而且要反击。

在毛主席亲自主持下撰写并发表的《论无产阶级专政的历史经验》和《再论无产阶级专政的历史经验》两篇文章，阐明了我们党对斯大林是非功过和对当时国际社会关心的一系列重大问题的观点。同时应苏共邀请，刘少奇、邓小平同志于10—11月去莫斯科调解苏共和波党的关系，而在匈牙利事件发生后又为处理这一事件同苏共领导进行协商。

1957年11月16日，毛泽东代表中共在莫斯科会议宣言上签字。前排右二为邓小平。

1957年1月，周恩来总理和贺龙副总理又去苏联、波兰和匈牙利，协助处理波匈事件。刘少奇、邓小平和周恩来同志先后在同赫鲁晓夫等苏共领导人的多次会谈中，都严肃批评了赫鲁晓夫在对待社会主义国家关系中的大国沙文主义。

在1957年11月各国共产党、工人党代表举行的莫斯科会议期间，毛主席和邓小平同志又就苏共二十大提出的“和平过渡”等问题向苏共中央、赫鲁晓夫提出了正式意见。毛主席和中共代表团做了大量的工作，修改了会议宣言草案，同许多与会的代表团会谈、做工作，保证了莫斯科会议的成功。中苏关系达到了友好的顶峰。

但是，好景不长。从1958年起发生了一系列导致中苏关系恶化的事件。1958年7月，赫鲁晓夫通过苏联驻华大使尤金向毛主席提出建立“共同舰队”的建议，引起了毛主席、党中央的强烈抵制。毛主席指出，赫鲁晓夫“旧病复发”，又想控制中国了。赫鲁晓夫不得不来华向毛主席解释。再加上赫在京期间受到种种冷遇，使他耿耿于怀。赫鲁晓夫下决心不让中国人掌握原子武器的生产技术，下令停止供应加工铀矿石的设备。并于 1959 年 6 月单方面撕毁了 1957 年 10 月双方签订的关于国防新技术的协议。1959 年由于印度军队侵占和侵犯我国领土，并于 8 月 25 日挑起第一次武装冲突。9 月，苏联政府就中印边境冲突事件发表声明，偏袒印度，谴责中国，向全世界公开了苏中分歧。

1959 年 10 月，我国国庆 10 周年期间，赫鲁晓夫访问美国，从戴维营会谈回来，直接飞到北京，在我庆祝宴会上教训中国不要用武力试探资本主义的稳固性。在两党领导人的会谈中，赫鲁晓夫粗暴地攻击中国的内外政策，双方进行了激烈的争论。赫鲁晓夫提前回国，回国后发表讲话，影射攻击毛主席是“公鸡好斗，热衷战争”，是“不战不和的托洛茨基”。

1960 年 2 月 4 日，康生作为中国观察员参加了华沙条约国政治协商会议。康生在会议上宣读了中国政府的声明，称：“中国一贯主张普遍裁军，但是，由于美帝国主义一贯在国际关系中排斥中国，任何没有中国参加和正式签字的裁军协议，都不能对中国有约束力。”事后新华社转发了康生宣读的这篇声明（即讲话）。后来，赫鲁晓夫大做文章，说我们泄密了。

同日晚，在苏联政府举行的宴会上，赫鲁晓夫不指名地攻击中共，说有人主张以苏联为首是假的，有人对人民不负责任、好战，影射攻击毛主席“老套鞋”等等。2 月 4 日，苏共中央波斯别洛夫、葛罗米柯向康生、伍修权、刘晓宣读了口头声明，给中共戴了许多帽子，攻击中国政府在中印边界问题上的立场是什么狭隘民族主义、制造国际紧张局势、冒险主义等等。

1960 年 2 月中旬，毛主席、周总理、邓小平总书记听取了康生、伍修权的汇报，分析了当前的中苏分歧，指出同赫鲁晓夫的分歧涉及到重要原则性的问题，但从世界斗争的全局来说，从整个中苏两党关系来

1960年，刘少奇（前排右五）会见在北京举行的世界工联理事会第十一次会议代表。

说，仍然是部分分歧的性质，仍属于人民内部的矛盾。决定我们党的对策是：要坚持从团结出发，经过批评、斗争，在新的基础上达到团结的目的，在斗争中坚持原则，坚持团结，要有理、有利（利于共产主义事业）、有节（留有余地）；要主动讲明真相，说清是非，坚持团结。

根据这一方针，1960年4月，在纪念列宁90周年诞辰之时，《人民日报》等发表了《列宁主义万岁》等三篇文章，阐明了我党对国际共运一系列理论问题的观点，不指名地批评苏共的“不正确想法”。

6月初，刘少奇、朱德、周恩来、邓小平等领导人向阿尔巴尼亚国家主席列希，阿党中央政治局委员、文化部长贝利绍娃等介绍中苏两党间存在的意见分歧，以及我党坚持原则、坚持团结的方针。贝利绍娃随后即到苏联驻华大使馆通报了这次谈话的内容。

6月5—9日，世界工联理事会第十一次会议在北京举行。会前6月2日，中华全国总工会主席刘宁一同来京参加会议的苏联总工会主席格里申举行会谈，就理事会工作报告中的一些问题和苏联工会代表在世界工联中强行推行苏联的外交政策提出了批评，进而抨击了苏共的一些观点和政策。

由于刘宁一、格里申的会谈未能解决分歧，6 月 5 日，刘少奇、周恩来、邓小平、彭真等中央领导人会见参加会议的 17 个国家的工会代表团中的共产党员代表共 40 余人。邓小平向代表们阐述了中苏两党在一些重大理论问题上的不同看法，论述了中共在重大国际问题上的观点。小平同志因为身体不适，没有讲完就离开会场。苏联格里申站起来声明他不能参加这样的会，东欧国家的代表也纷纷跟着站起来，退出会场。这样，座谈会不欢而散。

这件事被赫鲁晓夫认为是我党在挑拨苏共和其他共产党的关系，在进行派别活动，说这是一个事件。赫想利用罗马尼亚共产党举行党代会的机会召开各国共产党、工人党的会议，对我们进行攻击和清算。当然，这是后来才弄清的事情。

在此之前，6 月 2 日，苏共中央给中共中央来信，建议利用大家都出席罗马尼亚工人党第三次党代表大会的机会，在布加勒斯特召开社会主义国家兄弟党会议，对当前国际问题交换意见。对此，中共中央表示同意召开会议，并主张扩大会议成员，但因时间仓促，建议延期举行。6 月 7 日，苏共中央来信同意会议延期，同时表示在会上各党代表可交换意见，不作任何决定。

此时，党中央正在上海召开中央工作会议，毛主席、党中央决定由彭真同志率领中共代表团前往莫斯科和布加勒斯特，参加布加勒斯特会议，并出席罗马尼亚党的代表大会，改变了原定由柯庆施为团长的决定。后来事态表明，中央临阵易帅，改派彭真同志是完全正确的。彭真同志有丰富的斗争经验，深厚的理论根底，了解中苏分歧的来龙去脉，参与制定中央的方针政策，当然是最合适的人选。毛主席和彭真同志讲：现在看起来与赫鲁晓夫的一场面对面的争论是不可避免了。当时已经预见到在莫斯科的会见和布加勒斯特的会议会有一番尖锐的争论。

6月8日，中共中央在上海召开政治局扩大会议座谈会，周恩来同志介绍了中苏两党在“帝国主义本质和战争根源”、“裁军”、“和平共处”、“民族解放运动”等问题上存在的原则性的分歧。在此期间，周总理、邓小平、彭真同志研究了即将举行的中苏两党代表团会谈及对策。

这时距开会时间不到一个月。彭真同志根据中央的决定，回到北京后，着手组建代表团。成员有中央政治局候补委员康生，中央委员、中联部副部长伍修权，我国驻罗马尼亚大使许建国；还有一个顾问班子，成员有中央对外联络部秘书长、副部长熊复，外交部副部长助理乔冠华，中央对外联络部秘书长张香山，彭真同志政治秘书张彭。翻译有阎明复、赵仲元、陈道生、侯志通。彭真同志和代表团研究可能发生的问题和对策。

苏共通知书攻击中国共产党

6月16日，彭真和代表团出发，第一站直飞莫斯科。许建国已在布加勒斯特。

第二天（17日）下午3时，中共代表团彭真、康生、伍修权和驻苏大使刘晓等同苏共代表科兹洛夫、库西宁、波斯别洛夫（主席团候补委员）、波诺马廖夫（苏共中央资本主义国家国际部部长）、伊里切夫（苏共中央宣传部长）、安德罗波夫（苏共中央社会主义国家联络部长）等进行了会谈。一开始彭真就问布加勒斯特的兄弟党会议怎样开法、会前做哪些准备工作，科兹洛夫避不作答，推说这个问题需要到布加勒斯特去商议。接着科兹洛夫提出了一大堆指责，说什么中共“提出以苏联为首是不真诚的”，什么中共“修正了莫斯科宣言”、“脱离了马列主义”、

1960年彭真在布加勒斯特会议上。

“非创造性地对待列宁主义”，特别是指责我中央领导人同阿尔巴尼亚领导人的谈话以及同参加世界工联理事会代表的谈话是“把两党分歧公开化”、“企图寻找反对苏共的同盟军”、“背后分裂国际共运”。科兹洛夫还对我党的国内政策进行了抨击。

彭真同志根据中央关于向苏共中央、赫鲁晓夫说明我们的观点的指示，就一系列重大理论问题，如时代的性质、战争与和平问题、和平过渡和暴力革命、对苏共二十大的看法、和平共处、民族解放运动、团结问题等阐明了我党的观点，逐一指出了同苏共的分歧，并且说明，我们同参加世界工联理事会会议的共产党员代表交换意见，是针对世界工联内部的争论，表明我党中央的观点。至于苏方提出的我国内问题，彭真同志表示“我们是根据中国的条件来做的，并不把我们的观点强加于你们”。

会谈持续了8个多小时，一直进行到深夜11点20分。双方争论激烈。彭真同志始终采取摆事实、讲道理的办法，逐一地驳斥了苏方的指责，指出了中苏双方在这些重大问题上分歧之所在，最后呼吁“我们两党应该团结，而且可以团结”。

科兹洛夫表示“我一个人要想同你们争论，看起来是比较困难的”。他讲：到布加勒斯特，赫鲁晓夫将会见你们。

回到驻地，代表团把与科兹洛夫会谈的情况向国内汇报。

6月19日，中共代表团抵达布加勒斯特。

6月22日下午5时50分，彭真同赫鲁晓夫进行了长达6个多小时的会谈。参加会谈的中共代表团成员有康生、伍修权、许建国（我驻罗大使）和熊复。赫鲁晓夫则带了包括波德哥尔内（苏共中央主席团委员、乌克兰党中央第一书记）、波斯别洛夫、波诺马廖夫、安德罗波夫、伊利切夫、萨丘科夫（《真理报》总编辑）在内的庞大的代表团。

会谈一开始，赫鲁晓夫就攻击“中国单方面发表康生在华沙条约国会议上的讲话是不可思议的”、“中共提以苏联为首是不真诚的”、“在工会会议上进行反苏活动真是闻所未闻”，还对我党的关于国际问题的观点、内外政策进行了猛烈的抨击，扣了一大堆帽子，什么“对时代的看法是教条主义”、“抗拒和平共处”、“制造国际紧张局势”、“希望战争”、“左倾冒险主义”、“纯粹民族主义”、“争夺国际共运的领导”、“要充当教员”、“检察官、政委”、“企图利用斯大林问题改变苏共领导”、“进行托洛茨基式的分裂活动”等等，不一而足。赫鲁晓夫还对我党的内部事务进行了攻击，甚至威胁说：“如果你们紧紧踩着我们的脚跟，我们也将采取同样的办法来对付”，“如果你们认为我们脱离了马列主义，那就各走各的路吧。”

彭真同志根据中央的指示指出，中苏两党的分歧是十个指头中的一个指头，但这些分歧带有原则性，不是鸡毛蒜皮。接着彭真同志就当前国际形势和国际共运中同苏共有分歧的几个主要问题，即关于我们的时代、战争与和平的两种可能性和准备两手、和平共处、和平过渡和非和平过渡的两种可能性和准备两手、两党的团结等问题，阐明了我党的立场。彭真同志一方面阐述了我党的观点，另一方面指出赫鲁晓夫、苏共在这些问题上同我党的分歧，希望在莫斯科宣言的基础上消除分歧或取得接近。彭真同志还说明了我国国内情况，驳斥了赫鲁晓夫的种种指责。

赫鲁晓夫还纠缠着中国公开发表了康生在华沙条约国政治协商会议上的讲话一事，说中共暴露了中苏的分歧，又进而说成是我方偷听华约的机密，泄露给帝国主义。

康生说：这是由于我们信息慢了。彭真马上指着赫鲁晓夫的鼻子，义正辞严地反击："你讲这话无非是想拿联合舰队、长波电台控制我们，无非就是这样！"

会谈气氛太紧张了，双方都拍了桌子。

在晚饭前休息时，赫鲁晓夫对彭真讲，苏共中央就中苏分歧写了一份材料来阐述苏共的立场，准备发给社会主义国家的党中央，当然也要发给中共中央。彭真同志回答说，这是你们的事，中共中央看过后会答复你们。

晚饭后继续会谈。彭真同志问道，兄弟党的会谈怎样开，赫鲁晓夫有何打算？

赫鲁晓夫说，最好能通过一个简短的公报，肯定莫斯科宣言正确，还可以举一些事例加以证明。

彭真同志说，苏共中央6月7日给中共中央的信表示，各兄弟党可在布加勒斯特交换意见，不作任何决定，中共中央复信表示同意。中共中央派我们来是根据你们6月7日的信的，没有授权我们搞任何文件。发公报，我们必须请示中共中央。

彭真和赫鲁晓夫一直会谈到深夜12点才结束。

会谈后彭真同志和代表团到我驻罗使馆，给中央发了电报，汇报了会谈情况并就是否签署公报的问题请示中央。

6月23日下午3时，苏共代表团安德罗波夫把苏共中央给中共中央的通知书送给我代表团，并说这个通知书也分发给社会主义国家兄弟党作为会议的参考材料。后来事实表明来自资本主义国家的党的代表团也看到了这份材料。通知书附有中文译本，共84页，指责我党领导人在世界工联理事会北京会议期间公开号召反对苏共对国际问题的观点，接着为苏共在"目前时代的性质"、"战争与和平"、"和平共处"、"裁军"、"不同的过渡形式"等问题上的观点辩解，攻击中共在上述问题上背离莫斯科宣言。同时又指责中国代表团在国际群众组织中的言行，破坏这些组织的团结和行动统一。

同日晚上7时，苏共代表团安德罗波夫又送来会议公报草案，并对我代表团讲，内容很简单，你们签字没有困难。

当晚，彭真同志和代表团成员、顾问们在我使馆分析了形势，研究了对策。彭真同志指出，情况已经很清楚，这次会议的性质是谴责我们的，不论是什么性质的会议，我们都要参加，以免给苏方造成攻击我们的借口。赫鲁晓夫散发攻击中共的材料，蒙蔽事实真相，显然是为了煽动不明真相的各党代表谴责中共。违背“只交换意见，不做决定”的诺言，强行搞公报，如果我们不签字，就证明中共违反莫斯科宣言，分裂国际共运；如果签字，就是被“围攻”后屈服就范，证明赫鲁晓夫路线正确。这是国际共运中一个罕见的大阴谋，我们要根据中央的指示，坚持原则、坚持团结，揭露赫鲁晓夫的阴谋，说明事实，分清是非，通过批评、斗争，达到团结的目的。

代表团将苏共通知书的主要内容、对形势的分析及对策当即电报中央，并指示使馆即派人将通知书送回北京。

布加勒斯特会议的第一天

6月24日上午9时，举行了12个社会主义国家共产党和工人党代表会议，会议进行了11个小时，一直开到晚8时。

会议由罗党领导人乔治乌—德治主持，实际上是由赫鲁晓夫操纵，赫始终坐在乔治乌—德治身旁，交头接耳，不时加以指点，遇到乔治乌—德治难以应付的局面，赫即直接出面干预，他要讲话，站起来就讲，从不征求主席的同意，赫鲁晓夫做了20多次发言和插话。

会议开始，主席宣布会议发言将按俄文字母排列顺序进行。这时，阿尔巴尼亚代表团团长、阿党中央政治局委员卡博建议不按国家字母顺序发言，他以后发言。于是主席就请保加利亚代表发言。正在这个时候，彭真同志站起来说，我代表中国代表团想问问主席，今天开的是什么会议，它的性质如何？

乔治乌—德治没料到彭真同志提出这样的质问，说了半天也没说清楚，说：大家来交换意见么，难道你不清楚？

彭真同志说，不清楚，不了解。第一，昨天苏共中央交给我们一份指责我们党的文件，所以，我们想弄清楚，今天会议做什么？是指责我们党呢，还是交换意见？苏共的文件指责我们违背马列主义、莫斯科宣言，是冷战的支持者等等。如果是这种性质的会议，那么，这种会议我们准备参加，我们作为我们党的党员将发表意见和做必要说明。第二，根据6月7日苏共中央来信建议预先交换意见，不通过任何决定，并得到6月10日中共中央复信同意的会议，这种会议我们也参加。第三，昨晚7时许苏共安德罗波夫交给我们一份公报草案，这已经是另外一种性质的会议了。也许还会有另一种性质的会议？因此我请求主席清楚地回答我们，今天的会议具有什么性质？

乔治乌—德治无言以答。赫鲁晓夫站了起来，讲了很长时间，说这次会议就是要看看是谁脱离了莫斯科宣言，是谁坚持宣言。他说，毛泽东同志说服不了他，他也说服不了毛泽东同志，因此，问题只有拿到这样的会议上来解决，要大家“对对表”。

对此，彭真同志表示，我听了赫鲁晓夫同志的发言，理解了这次会议的性质就是指责中国共产党。我准备参加这种会并将作为我们党的党员就涉及的问题发表意见。他说，对苏共中央的书面指责，中共中央将做出答复，并像苏共一样，将答复发给所有兄弟党中央。彭真指出，违背莫斯科宣言的，根据我们党的意见，不是我们中国共产党，而是你们苏联共产党。谈到“对对表”，彭真说，我们同意在马列主义基础上对表。

彭真同志义正辞严的质问从会议一开始就打乱了赫鲁晓夫的部署，他不得不自己站出来辩解，双方交锋近一个小时。在彭真同志的追问下，赫鲁晓夫承认他说服不了毛泽东，所以要召开会议。彭真同志进而指出，赫鲁晓夫召开会议就是为了谴责中共。真相挑明了。这样，每一个党都不能不考虑自己的态度。

接着，保加利亚党的日夫科夫发言，对我党进行攻击，说什么中国是“假革命”等等。日夫科夫长达一个小时的发言后，彭真发言，对会议主席限制每人发言 20 分钟提出异议，并根据中央来电的指示建议将这次会议的时间延长两天或三天。对这个建议与会者又纷纷反对，争吵了半个多小时。在捷克斯洛伐克党的诺沃提尼发言后，彭真同志做了长篇发言。他首先指出，我们同苏联的分歧是十个指头和一个指头的问题，但这些分歧是重要的原则性问题。接着，彭真同志扼要地说明了我党对“我们时代的性质”、“和平和战争”、“和平过渡”、“争取和平”、“团结”等等问题的看法。针对赫鲁晓夫对我党的歪曲和诬蔑，对当前重大国际问题则从正面说明我党的观点，把我党同赫鲁晓夫的主要分歧摆在大家面前，用商量的态度请与会者考虑这些意见。为了集中精力对付赫鲁晓夫，避免伤人过多，他只对攻击我党最恶毒的保加利亚的日夫科夫进行了回击，没有涉及其他兄弟党。

在匈牙利、民主德国等党代表发言后，阿尔巴尼亚的卡博站起来发言，他先恭维苏共一番，并说他们认为中国同志在世界工联北京会议上的方法是错误的，但声称“我们认为苏共和中共能通过两党的讨论来解决他们之间的分歧，如不能解决也不要使它继续深化。而不应该提到这样的会议上来讨论”。这几句话可捅了马蜂窝，赫鲁晓夫的脸色马上变得红得发紫。

接着越南党和朝鲜党的代表在发言中不但没有参加对我党的围攻，反而呼吁苏中两党消除分歧，团结对敌。

被赫鲁晓夫一向认为是自己后院中最可靠的小小的阿尔巴尼亚党，居然敢唱反调，再加上越南、朝鲜党也不附和，于是赫鲁晓夫赶紧站起来发表了长篇攻击我党的讲话。一开始，赫鲁晓夫却先骂起了卡博。赫说，我听了阿代表的发言，感到很痛心，这是对苏共的侮辱，他的讲话不代表阿党中央，等等。

卡博面红耳赤地大声说，赫鲁晓夫同志你批评中共，为什么要扯到我呢？我讲的是代表我们中央的，本来就是你们和中共之间的分歧。我对苏共和中共是同样尊重的。

赫鲁晓夫气得语无伦次地说"我和中共之间没有分歧"。

卡博说，"今年 1 月，米高扬同志就对我们的霍查同志讲，中国同志违背莫斯科宣言，苏共和中共有很多分歧。米高扬还说，这些情况千万不要对别人讲"。这说明苏共早就在进行反对中共的背后活动。

卡博讲这句话时，赫鲁晓夫说同声传译听不清。就在 6 月 22 日同彭真同志的谈话中，赫鲁晓夫还得意洋洋地说，我们高兴的是小小的阿尔巴尼亚的女游击队员给了中国人坚决的反击，是你们抓住他们的耳朵叫他们反苏的（指 6 月 1 日中共领导人同阿党列希、贝利绍娃谈话涉及中苏分歧，后贝利绍娃到苏联驻华大使馆汇报了会见的情况）。今天卡博的讲话，无异于当着参加会议的 10 多个党的代表打了赫鲁晓夫一个响亮的耳光。赫鲁晓夫恼羞成怒，后来对阿尔巴尼亚采取了百般压制，欲置阿于死地而后快！但小小的阿尔巴尼亚始终没有屈服。这已经是后话了。

会议开到中午，大会主席乔治乌—德治提出建议，说会议要发表一个公报，对所谓的国际共产主义运动中的派别主义进行谴责，并提出 1960 年 10 月以利用参加苏联十月庆典的机会，再次召开第二次各国工人党和共产党的代表会议。

会议最后开始讨论公报。彭真同志多次发言，据理力争，揭露赫鲁晓夫违反了他自己在 6 月 7 日来信中的建议，说明我代表团没有被授权签署公报，坚持要会议给两天时间，以便得到中共中央对公报的意见；他说：希望给我们一些时间，我们把会议的公报草案报给国内，待国内有指示后，我们再谈意见。敌人对敌人发出的哀的美敦书还给48小时的期限，为什么兄弟党之间反而这样逼人太甚呢？

赫鲁晓夫听后蛮横地说：明天就要表态，不允许更多时间拖延。

彭真同志讲：我是中央委员，这样重大的问题，我一定要请示中央，这是最起码的道理。

就此问题，双方有很激烈的争吵。争吵激烈的程度是从未见过的。彭真同志针锋相对、理直气壮地对赫鲁晓夫说："我们中国共产党人只服从真理，绝对不会屈从于你的压力！我们宁可被压成粉末，也不会屈从于压力！你们可以把我们压成粉子，但是压不扁我们。"

赫鲁晓夫十分粗暴地拒绝彭真的要求，用点名的方法强使其他10国党代表通过公报，并宣称公报一个字不能改。赫鲁晓夫的蛮横无理暴露无遗。中共代表团没有参加表决。

这次会议上还通过了当年秋天在莫斯科召开世界共产党、工人党代表会议和成立文件起草委员会的决定。

布加勒斯特会议的第二天

6月25日上午10时，举行51国兄弟党会议。

在20个资本主义国家党的代表发言后，彭真同志作了发言。面对多数发言者不明真相、不得不按赫鲁晓夫定的调子指责中共的事实，彭真同志发言语气温和，态度诚恳，摆事实，讲道理，避开了赫鲁晓夫设置的把我代表团推到同其他党的代表直接争吵的陷阱。

彭真同志说，我们认真听取了大家的发言，看来大部分同志提出自己的意见不完全了解事情的真实情况；一些同志的指责是毫无根据的捏造和诬蔑。我们党的言论、主张和行动是在千百万人眼睛看着下进行的，因此请同志们在搜集并研究材料的基础上来鉴别我们党的活动的正确性或非正确性。彭真同志列举1954年中印提出和平共处五项原则，1955年万隆会议上提出和平共处十项原则，同缅甸、尼泊尔签订和平条约等大量事实，说明中国一贯主张和平共处，而有些同志在这里仍然提出我们反对和平共处，看来可能是因为这些同志不完全了解真相。

彭真同志还着重解释了世界工联理事会北京会议期间发生的事情。他说，向这次会议提出的文件中包含了干涉我国内政的内容，同时世界工联工作中也发生了一系列问题。在这些事实面前，我们中央力图同世界工联中兄弟党的领导人通过内部协商的办法来解决，但未能取得一致。

彭真同志同样耐心地说明了我党在战争与和平问题上、革命问题上主张估计两种可能性和准备两手的方针。

最后彭真同志请翻译宣读了赫鲁晓夫6月7日给我党中央信的俄文本，点出这次会议的召开是苏共违反原定协议；宣读了我党6月10日给苏共的复信的俄文本。重申我代表团不同意会议通过公报的原委，解释了为什么我们没有参加对公报的表决，指出赫剥夺了我们参加讨论和表决公报的权利。

彭真同志心平气和地谈完这三个问题后说“谢谢，我们的发言已经超过给每个代表团规定的时间”。这时会议主席却想方设法让彭真同志再讲下去，以便从发言中寻找漏洞，组织进攻。

彭真同志当即识破了他们的意图，提出：“昨天我们请求延长我们的发言时间，主席没有同意，今天我们不想发言，却强迫我们继续讲，这种方法在共运中是不能接受的，是一种很恶劣的方法。”

接到党中央的指示

布加勒斯特发生的一切，彭真同志都及时向中央发电汇报。中央每天都有电报来，完全赞同彭真同志采取的立场并给予指示。6月26日会议将闭幕，我们代表团将如何表态，彭真同志已发电请示中央。代表团的同志们都在焦急地等待北京的来电。

6月25日晚8时，罗马尼亚党中央举行宴会招待参加其三大的各国党的代表团。

赫鲁晓夫故伎重演，喝了几杯酒以后站起来致辞，蛮横无理地影射攻击中国党和毛泽东同志，说什么“有人讲只要帝国主义存在，战争就是不可避免的。这是不相信自己思想的力量，不相信工人阶级的力量，不相信社会主义的力量”，什么“有人说未来大战中将有一半人死去，另一半人可能活下来，这种人是疯子”，什么“我要告诉说我们有幻想的人，你们不相信自己的力量，是幼稚的儿童，他们对周围环境刚刚开始熟悉，还辨认不出冷热，在自己摸了实物以后才能分辨出来”。赫鲁晓夫越讲越激动，对中国党和毛泽东流露出按捺不住的仇恨。宴会上的气氛十分紧张。宴会上有许多资本主义国家的记者都看着彭真同志。

彭真同志神态镇静，为了顾全大局没有反驳赫鲁晓夫的胡言乱语。彭真同志站起来向乔治乌—德治敬酒，还同赫鲁晓夫碰杯。

宴会进行过半时，许建国大使走过来告诉彭真同志，国内有指示，请他回使馆接电话。彭真同志站起来走到乔治乌—德治身旁对他说，我有事去处理一下就回来。后来彭真同志对我讲，给乔打招呼，不让他们说我们是抗议赫鲁晓夫而退席。

电话是周恩来同志打来的。周总理对彭真同志说，他代表毛主席、代表党中央，完全支持彭真同志在会议上对赫鲁晓夫的无理攻击所进行的斗争。赫鲁晓夫对中共的突然袭击，在国际共运史上，在社会主义国家关系中，开了一个极其恶劣的先例，是大国沙文主义的典型表现。周总理说，中央对代表团下一步行动有一个书面指示，现正发给你们，请按中央指示办。

当时，在中国、苏联和其他社会主义国家党中央之间有一个热线电话网。所有电话对外界是保密的，但对苏联就不是秘密了。周总理就是用这条热线给彭真同志通话的，因此这番话是故意说给苏联听的。

大约当地时间晚11时，收到了中央的指示（密码电报）。中央要代表团约见乔治乌—德治，表示中共中央赞成会议发一公报，对公报有修改意见，建议召开12个社会主义国家党的代表会议，提出修改意见和中共代表团的声明。

接着，“指示”分析了乔治乌—德治对召开会议的建议可能有几种反应，并针对每一种可能出现的情况提出了明确的对策。如乔治乌—德治拒绝召开会议则请他去同赫鲁晓夫商量；如果乔拒绝同赫鲁晓夫商量或者商量后仍拒绝召开会议，则应指出这样对待中共代表团的建议是不公平的，要表示不满和遗憾，并声称代表团将在会外向社会主义国家的党的代表团散发对公报的修正案和中共代表团的声明。为了顾全大局，中央授权代表团在公报上签字。

“指示”要求代表团将修正案的声明译成俄文，打印好。在会议上一边宣读声明，一边散发修正案和声明，以防止他们听到批评赫鲁晓夫时而一哄而散。

“指示”接着指出，如果开不成会，则向社会主义国家党代表团散发修正案和声明，并附一短信，说明我们采取这一步骤的缘由。对于资本主义国家的党的代表，不要求再召开会议，也不发两个文件。如同他们谈及此事，可告以我党已决定在公报上签字，但保留我们的立场和观点。

“指示”要求代表团视具体情况执行其中各项要求。彭真同志读完中央来电，感慨地说，这是恩来亲自写的，明确、周全，各种情况和对策都替我们想到了。果然，在写这篇回忆录的时候我查看了中共中央文献研究室编写的《周恩来年谱》，其中写道："1960 年 6 月 25 日为中共中央起草给出席罗马尼亚布加勒斯特会议的彭真、康生、伍修权的信，提出散发我方声明和对公报修正意见的步骤和方法。"真是运筹帷幄于万里之外！

彭真同志和代表团成员、顾问们开会，仔细研究了中央指示，精心研究了贯彻的步骤。首先，请许建国大使派人立即约见乔治乌—德治，转告中共中央的意见；其次，具体研究怎样处理我们在会上要发表的声明，是宣读还是递交？因为以前发生过苏联代表在会上打断其他代表发言，破坏讨论的事情。代表团决定将声明连夜翻译成俄文，并打印好再装好信封，在会场上由我们的代表、工作人员交给每一个代表团的团长。

过了一个小时，接到通知，说乔治乌—德治在他的官邸等候彭真同志。

紧急会见乔治乌—德治

这时已是 26 日凌晨，年近花甲的彭真同志和伍修权同志不顾连日的疲劳，驱车前往罗党中央乔治乌—德治的官邸。我们走进一看，罗共政治局全体成员都在座，有：罗党中央第一书记乔治乌—德治，政治局委员、部长会议主席基优·斯托依卡，总工会主席阿波斯托尔，部长会议副主席波里勒，中央组织书记齐奥塞斯库，内务部长德勒吉奇，部长会议副主席莫吉奥罗希，主管宣传的政治局候补委员拉乌图，国防部副部长勒泽列斯库。也就是罗党和政府的主要领导人和有关人士都在深更半夜被叫起床，赶到德治住所等候在大厅里。会见由凌晨 2 时进行到 4

时30分。

彭真首先表示刚刚接到中央指示，故深夜还来打扰你们。乔治乌—德治回答得也好：我们像士兵一样，任何时候有需要就要立即出发。接着乔治乌—德治发表了一大篇热情颂扬中国人民伟大成就、深情回忆毛泽东接见他的往事的讲话。

彭真同志说，我们对德治同志、对罗党中央有深刻的认识，毛泽东同志常常讲到同德治同志有过一次较深刻的谈话。我们这次从北京出发时，毛主席就告诉我们一定要坚持团结，坚持原则。而在交换意见中，提出的批评也是为了团结。我们路过莫斯科时，同科兹洛夫等同志会谈了8小时。他们提出了一些意见，我们也作了答复；但是，是采取建议的形式。目的是在主要分歧问题上取得谅解，但未能达到目的。6月24日，我要求有两天时间请示中央，目的也是为了团结。赫鲁晓夫在你们三大讲话中批评我们，我再三考虑，还是决定不修改我的讲话，不给你们党增加麻烦。今晚赫鲁晓夫在宴会上，当着资本主义国家的记者骂我们。他讲完后，我走过去给你们敬酒，也同赫鲁晓夫碰了杯。

乔治乌—德治说，彭真同志，你做得好，是为了我们的大局。

彭真同志说，我们接到中共中央的指示，中央对公报提出了修改意见，我们要求召开12个社会主义国家党的会议，阐述我们的意见。在会上，我们将根据党中央的委托有所声明。希望12个国家的会议安排在将于明天上午10时继续召开的51个兄弟党会议之前。

德治说，我们可以同其他代表团商量一下，了解他们的意见，其他党的同志一定也关心北京的答复。德治又问，有哪些修改意见？

彭真同志说，修改案还在翻译中。我们向各兄弟党提出修改意见，采纳与否，采纳多少，由大家决定。根据中央的指示，为了团结，我们将在公报上签字。修改意见很快送给你们。

乔治乌—德治说，要冷静，各人脾气不同，水平不同。有的火烈，有的粗暴，但总得保持冷静。对整个局势我们都负有很多责任。德治说，苏联代表团发的材料，我们收到的时间和你们一样，我们也没有足够的时间研究，再加上我们还要忙于自己的代表大会。不要太重威信了。我们也不止一次地处于这种情况下。有一次，罗工人党和苏共会谈后，要签发一个苏罗关系的声明。这个声明本是两家的，但是签发之前未给我看，这是没有办法的事，他们是大国嘛。莫洛托夫、贝利亚、马林科夫、卡岗诺维奇那时候，苏联让我们签一个文件，竟连拿到手里仔细阅读的机会也没有，文件远远地摆在我面前，叫我签字。斯大林活着的时候我不止一次受到他当面的批评，有时拳头都举到我额头前，并且说："我不相信你。"

乔治乌—德治的这一席话实际告诉彭真同志，他们也是苏联大国沙文主义的受害者，他们在会议上的言行实属出于无奈。一直到 1964 年当赫鲁晓夫企图强行召开新的国际会议时，乔治乌—德治在身患绝症的情况下，作出了不参加会议的决定，实际上表示了支持我党的主张。

后来，苏联解体后，我们从有关资料得知，在布加勒斯特会议之前，罗马尼亚和苏联的关系就已经恶化，在一系列问题上，罗工人党都和苏共有不同看法。只不过当时在布加勒斯特会议上他不好表达。所以，只好对我们表示同情。

彭真同志最后对德治深夜会见表示感谢。

彭真、伍修权同志回到使馆时，天已拂晓。

接到中央发来的公报修改意见和声明后，我们立即开始翻译。我、赵仲元、陈道生、侯志通四个人各译一段。

布加勒斯特会议开始以来，白天在会议上我们要把彭真同志的发言当场译成俄文，又要把其他党代表的发言译成中文。晚上回来，还要整理整个会议的发言记录。每天晚上只睡上一两个小时。大家都很疲惫，都很紧张，全靠代表团张医生带来的兴奋剂提神。当时，西方记者报道说，中国使馆每天深夜都是灯火通明，工作到天亮，但中国代表白天还是精神抖擞，正常工作，不知道他们吃了什么样的中国神药。大家的确十分疲倦。我记得那天已是半夜三四点钟，我分给侯志通声明的最后一段，请他翻译。约莫半小时后，他拿了一张纸给我并说，译好了，你看看吧。我接过来一看，他是用中文抄了一遍。可见他已经困到什么地步了。6时左右我们完成了两个文件的翻译、打印，并分装在信封里，每份文件都有中文正本和俄文译文。

中共代表团的声明严厉谴责了赫鲁晓夫滥用苏共在国际共运中的威信，极端粗暴地把自己的意志强加于人。这种做法在国际共运中开了一个极端恶劣的先例，将会在国际共运中产生非常严重的后果。声明指出，中共历来忠于马列主义，中共同赫鲁晓夫在一系列原则问题上的分歧，应通过同志式的讨论取得一致结论。但是赫鲁晓夫却采取家长式的、武断的、专横的态度，把中苏两党的关系看成不是兄弟党的关系，而看成是父子党的关系，企图用压力要我们党向他的非马列主义观点屈服。我们严正声明，我们党只相信马列主义真理，而决不会向违反马列主义的错误观点屈服。真理是不怕争辩的。国际共运的命运，绝不取决于任何个人的指挥棒。声明重申中共坚持在原则的基础上达到团结的主张，重申我党同赫鲁晓夫之间的分歧意见，属部分的性质，两党为着共同事业的奋斗和团结仍占主要部分，通过平心静气的同志式的商谈可以解决分歧，达到团结。

6月26日上午7时，彭真同志把对公报的修改方案（中文本和俄文译文）交给了罗党中央派来的联络员罗明，请他转交给乔治乌—德治。

布加勒斯特会议的第三天

6月26日上午10时50分至11时50分，12个社会主义国家党的代表举行第二次会议。会议在一个长方形的大厅里举行。大厅的中央摆着

“口”字形的会议桌，靠近门口一侧是主席台。苏共代表团赫鲁晓夫、波德哥尔内等坐在右边，会议主席乔治乌—德治坐在中间，彭真、康生、伍修权、许建国坐在左边，其他国家的代表则坐在两旁和对面的席位上。我坐在彭真同志旁为他翻译。

会议开始，乔治乌—德治说，昨天晚上彭真同志到我家里来，告诉我们，他们得到北京的指示，对公报提出修改，他们说这些意见采纳与否，他们都要在公报上签字。今天早上他们送来了七页的修正草案，因为公报已经通过，他们的意见可在下次的兄弟党会议上提出，因此建议今天不讨论他们的修改意见。只要求中国同志同其他党的代表一起在公报上签字。

赫鲁晓夫接着说，他同意德治的意见，不讨论中国同志的修改方案。本来我们准备发表一个宣言性的公报，正是因为他们反对，才作罢，而现在他们又要求对已通过的公报做大的修改，这是没有道理的。如果他们在已通过的公报上签字，我们表示欢迎，这样做是英明的。

彭真同志发言说，我们党中央授权我们代表团在公报上签字。不管我们对这个公报同意还是不同意，为了我们的团结，为了对我们的敌人的共同斗争，为了我们共同的事业，我们考虑必须签字。昨晚根据我们党中央的指示，请求乔治乌—德治同志接见我们，向他说明这个问题，并请他召开这个会议。今天，我们已出席这个会议，对此，我表示深深的感谢。其次，我们党中央对公报提出几点修改意见，我们请求会议讨论这些意见。如果同志们认为不适于讨论，那我服从集体的决定。

彭真同志接着说，昨天同乔治乌—德治同志会见时，我说：第一，我们接到了对公报的修改草案；第二，我党中央委托我们有所声明。关于第一点，德治同志已经说了，修改草案已发给各位。我们请求的第二点德治同志没有讲。因此，我想提醒一下，声明已译成俄文，以中文本为准。现在请主席同志发给所有在座的兄弟党代表团。根据指示，修改草案和声明，只发给社会主义国家兄弟党。这是我们的打算。彭真同志亲手把 11 份装在信封中的声明中文本和俄文译文交给乔治乌—德治。

乔治乌—德治让会议工作人员把声明发给了各代表团团长。赫鲁晓夫接过来顺手就交给旁边的波德哥尔内，然后站起来说："中国同志是好样的。"话还没说完，波德哥尔内看了声明，就拉他坐下说："别夸中国人了，他们在骂你呢！"

彭真同志讲话后，阿党代表卡博说，我们很高兴中共中央同意在公报上签字。至于中共中央提出的修改意见，我以我党中央的名义声明，我们认为这些建议是很重要的。希望在下一次会议的文件中能予以考虑。卡博的发言，实际上表明阿尔巴尼亚党中央在中苏分歧中明确地站在中国共产党一边。

赫鲁晓夫看完中共代表的声明后重新站起来说，中国同志散发的声明是一个反对苏共、反对我个人的文件。中国同志做得很巧妙。我代表苏共中央声明，苏共保留权利对它研究后提出答复。

直到现在，赫鲁晓夫才弄明白，中共代表团要求再次召开 12 国党代表会议的目的，主要不是为了什么讨论公报修正草案，而是为了发布声明，当众揭露和谴责他的老子党行径，表明中国共产党只服从真理，而决不屈服于他的指挥棒。

最后涉及到宣言是否需要修改。赫鲁晓夫坚决不同意修改，而我们觉得我们的声明已散发，任务已完成。彭真同志说："不修改就不修改。"社会主义国家党的代表会议就这样结束了。

紧接着于中午 12 时至下午 7 时举行了 51 国党代表会议的第二次会议。没有发言的代表接着发言。

阿尔巴尼亚代表卡博发言说，对于这次会议讨论的问题，我们党会研究，并在适当的时机、适当的场合提出我们的看法。我们知道，这些分歧是苏中的分歧，应由苏中两党来解决，不应在各国党的会议上端出来用集体的方法来解决。现在由各国党来讨论、来解决是不适时的，是不对的。我们认为中共在世界工联的讨论是不对的，我们也认为在会前进行隐蔽的活动也是不对的。

在所有党的代表发完言后，赫鲁晓夫以作总结的姿态对我党进行了一次全面的攻击。赫鲁晓夫说，卡博同志讲，这只是苏中两党的争论。不，这是与大家有关的争论，这不是一个靠苏中双方解决的争论。卡博同志却认为这是中苏两党的分歧，使我们痛心的是，卡博同志不与我们站在一起。他又说，看来中国同志在准备斗争。我们都是政治家，我们的思想分歧将使阶级斗争复杂化。他说，分歧不是从布加勒斯特开始的，两年以前，甚至更早就产生了。中国人在签署莫斯科声明时就不完全同意这个宣言。他们经常在争取多数，违反莫斯科宣言。接着就攻击我党在工联会议上的立场，说中共“反对和平共处”，“说打起仗来一半人死亡，一半人留下，这是投降主义的说法”。说着说着又点到卡博的名字。

卡博站起来大声地说，我们没这样讲过，我不赞成中国同志在工联的行动；但是，我也不同意在这次会议上未经准备就匆匆忙忙地解决这些马列主义原则问题。

赫鲁晓夫说，打游击战的时候，我一定愿意和你卡博同志在一起，在战场上死亡了也愿意和你卡博同志埋在一个坑里。接着又大肆攻击我党对一系列国际国内问题的观点和政策。赫最后说，你们散发的声明，批评我是机会主义者，说我已经不是一个共产党员了，把我与苏共中央分开，不是苏共中央而是我，如果不是赫鲁晓夫就什么都好了。这是反对赫鲁晓夫有分量的文件。你们过去是隐蔽地反对我，把我的话当作是南斯拉夫人讲的。我是要回答你们的。

彭真同志再次发言，针锋相对地予以反击。

彭真同志说，我又一次听到了赫鲁晓夫对我们的批评、指责和非难。在某些问题上，我是同意他的意见的。例如，我们之间的争论，的确不是某个人之间的争论，而是两党之间的意见分歧；这种分歧的确与国际局势的发展有关系；这些分歧与非常重大的原则性问题有关系。

彭真同志指出，我们党同苏共之间的关系是兄弟党之间的关系，而不是父子党的关系。因而，我们要求以平等的兄弟党的关系原则来讨论问题。彭真同志说，苏共在通知书里给我们党戴了那么多帽子，赫鲁晓夫在会上又对我们党提出这么多诬蔑，我们请求把会议延长两天，你就说我们要当各国党的政委，难道这是以平等的态度来对待兄弟党吗?

彭真同志揭露赫鲁晓夫在前天宴会上，当着西方记者的面不指名道姓地攻击我们党和毛泽东同志：昨天你不指明讲的话，今天你明讲了，你公开攻击我们党，攻击毛泽东同志，难道我们不能起来保卫我们的党，保卫毛泽东同志吗？你公开地向全世界骂我们，在你看来，是符合布尔什维克纪律的要求的，而我们同世界工联17国工会党的领导人员会见，在你看来，是犯罪行为，是分裂活动。我们知道，你是苏共中央第一书记和苏联部长会议主席，你当然代表苏联。在你看来，你可以放火，而我们甚至不能够点灯。

彭真同志揭穿赫鲁晓夫违反原来的协议，召集这次会议进行反对我党和毛泽东的阴谋，用事实来说明正是他在非法地进行争取多数的活动。

彭真同志列举事实说明我党一贯遵循和平共处政策，驳斥赫诬蔑我们“不要和平共处”，说明我们是遵守莫斯科宣言的，违背宣言的不是我们，而是赫鲁晓夫。

彭真同志针对赫鲁晓夫发言和插话中对我国的造谣，如长波电台等问题，根据事实予以驳斥，使他无言可对。同时，严正表示，在中苏争论问题上，我们是遵守原则界限的。“你不扯出来，我不扯出来；你扯到哪里我就跟到哪里。”

至此，赫鲁晓夫又一次指责中国公开发表康生在华沙条约国会议的讲话，是泄露了军事机密。

康生发言谈了当时会议的情况。当时，中国观察员根本没有参加讨论军事的会议，只参加了政治协商会议。中国代表的发言，没有超出会议宣言的内容。我国根据过去华沙条约国会议上的讲话都发表的惯例，也发表了中国代表的发言。这是一个技术问题。赫鲁晓夫一而再、再而三地提出这个问题，是为了反对中国党和毛泽东同志的。

彭真同志一针见血地指出，实际上康生讲话中关于“没有中国代表参加谈判和签字，任何国际裁军协议对中国都没有任何约束力”这句话，你们认为是反对苏联和针对苏共的。帝国主义不承认我国，企图强迫我们接受我国没有参加的裁军决定，我们反对这一点，有什么不对呢?

伍修权也发言。最后，中国代表团指出，这三天来，会议只指责我们党，而没有讨论任何其他问题。赫鲁晓夫所有的讲话从头到尾都是反对我们党的。这一切目的何在? 就是在全世界共产党和工人党中间进行反对我们党和破坏我们党的工作。三天来会议的整个进程不符合莫斯科宣言精神，不利加强我们的团结，而相反破坏我们的团结。

这样，51 国党代表的会议就结束了。

6 月 27 日下午 1 时，中共代表团乘专机从布加勒斯特起飞返京。到达首都机场时，受到邓小平、李富春、李先念、谭震林、薄一波、杨尚昆、刘澜涛、蔡畅等中央领导同志的热烈迎接。

赫鲁晓夫策划布加勒斯特会议的目的是谴责中共。表面上看，30 多个党的代表发了言，其中保加利亚、东德、捷克斯洛伐克、匈牙利的代表最为卖劲；赫鲁晓夫本人也作了几次通篇攻击中共的发言，总算是一次“围攻”。但是，赫鲁晓夫对中共的指责，都遭到彭真同志有力的反驳。他不得不多次回答彭真同志的质问和指名道姓的批评。最后，又受到中共代表团散发的声明的严厉谴责。阿尔巴尼亚党的代表卡博公开反对赫鲁晓夫，鲜明地站在中共一边。越南、朝鲜、日本、印尼等党的代表呼吁克服分歧，加强团结，没有参加“围攻”。就连指责中共的一些党的代表，他们发言的调子也大不相同。罗党领导人则在会下对彭真同志表示，他们处境为难，希望我们能理解他们。总之，会议没有完全按照赫鲁晓夫的打算开成一个“一致谴责中共的会议”。中国党代表团没有被压服，而且彭真同志所表达的中共反对赫鲁晓夫大国沙文主义的坚定立场，反而引起了备受苏联大国沙文主义之害的东欧国家的分化，迫使赫鲁晓夫在同彭真同志交锋的时候，不得不敲打自己“后院”中的“不同政见者”，以防星星之火燃成燎原之势。堂堂苏联共产党的领袖，在他亲自安排的国际会议上竟陷入如此狼狈的境地，这在苏共和国际共运的历史上当属空前。

恼羞成怒的赫鲁晓夫，在布加勒斯特会后不到20天的时间里，就单方面悍然决定在一个月内从中国撤回全部苏联专家，并接着采取了其他破坏苏中关系的步骤，单方面撕毁了中苏两国政府签订的几百个协议和合同，中断了援建项目，把两党在意识形态的分歧扩大到国家责任上，把苏中关系推到破裂的边缘。

四十多年过去了，许多情节都从记忆中消失了。但是，当年彭真同志在赫鲁晓夫组织的突然袭击中，犹如中流砥柱，其巍然屹立的形象已经永远铭刻在我的脑海中。他讲的那句名言：“我们中国共产党人只服从真理，绝对不会屈从于你的压力，我们宁可被压成粉末，也不会屈从于压力。”永远铭刻在我的脑海中。

邓小平、彭真赴莫斯科参加起草委员会

这时，越南党胡志明主席出来调解，他先到中国后去莫斯科，建议中苏两党通过谈判解决存在的分歧。9月份中苏两党代表在莫斯科举行会谈，没解决任何问题。紧接着，小平同志、彭真同志率代表团参加莫斯科会议前的文件起草委员会工作，吵了20多天。

根据6月布加勒斯特会议作出的召开各国共产党、工人党代表会议

的决定，于1960年10月1日至22日在莫斯科召开了文件起草委员会会议，有12个社会主义国家和14个资本主义国家的党的代表参加。中国代表团由邓小平率领，副团长是彭真，团员有中央政治局委员李井泉，中央政治局候补委员、中宣部部长陆定一，中央政治局候补委员、《红旗》总编辑陈伯达、康生，中央办公厅主任杨尚昆，中宣部副部长胡乔木，国务院外事办公室副主任廖承志和刘宁一。代表团顾问有：《红旗》副主编胡绳、熊复，中联部副部长张香山，中联部副部长王力，中宣部副部长姚臻，中央党校副校长范若愚、朱庭光等。

起草委员会从10月1日至10日，举行了七次会议，各党代表作了一般性发言。在第一次全体会议上，苏共代表提出了这次会议的文件——莫斯科会议声明的草案，与会各党代表同意以此草案作为讨论的文本。起草委员会成立了秘书处，与会各党派两人参加，负责修改文件草案。中共代表团由康生和胡乔木参加。我代表团对苏共提出的草案提出了修改方案，提交秘书处。小平同志在10月5日的第三次全体会议上作了发言，针对国际共运的分歧问题和苏共草案中影射攻击中共的提法，阐明了我党的观点。

起草委员会的秘书处从10月10日至21日举行了十一次会议。会议上争论十分激烈，涉及的问题十分广泛，诸如当前时代的性质，资本主义总危机，战争与和平，裁军，和平共处，资本主义国家的形势和共产党，工人党的任务，和平过渡，社会主义国家建设的规律，民族解放运动，反对修正主义和教条主义，对苏共二十大和二十一大的评价，个人迷信，兄弟党和社会主义国家关系准则，协商一致原则，反对大国沙文主义、老子党。围绕苏共草案影射攻击中共的提法，如“民族主义”、“单干”、“集团派别活动”、“分裂活动”等也展开了激烈的争论。

我代表团康生、胡乔木在会议上逐章逐段地提出修改意见。

苏共代表、会议主持人波诺马廖夫（苏共中央资本主义国家国际部长）和支持苏共观点的一些与会党的代表对我们的意见提出反驳。

而阿尔巴尼亚、越南、朝鲜、日本、印尼、澳大利亚等党的代表除阐明他们党的观点外，对我代表团提出的重大修改意见都表示支持。

与会的各党代表团也对文件草案提出许多修改意见，他们的观点不尽一致，争论也激烈。会议上多次成立小组委员会，就某一分歧问题在会场外进行磋商。这样，大会套小会，每次都开上七八个小时，甚至十多个小时。

10 月 22 日，在起草委员会全体会议上，小平同志发言，肯定了经过与会者参与修改的草案比原来的有所改善，但是有三个重大问题没有解决：1. 团结问题，没有重申各国共产党协商一致的原则；2. 全面肯定苏共二十大、二十一大的做法，我们不同意；3. 关于战争与和平问题，我们还有保留意见。

这样，起草委员会的工作就结束了。

刘少奇、邓小平率团赴苏

10 月 24 日，邓小平、彭真返京后向毛泽东、刘少奇、周恩来等汇报了起草委员会会议经过。

10 月 27 日，中共中央政治局召开会议，听取了邓小平关于中共代表团参加起草委员会的工作报告，批准了代表团在起草文件期间的工作。会议决定，由刘少奇率团出席 11 月的各国共产党和工人党代表会议，正面宣传我党的观点，继续做争取中苏两党团结的工作。会议通过了中共代表团名单：团长刘少奇，副团长邓小平，团员彭真、陆定一、李井泉、陈伯达、康生、杨尚昆、胡乔木、廖承志、刘宁一和刘晓。代表团名单基本同前，只是增加驻苏大使刘晓。会议决定，如果这次会议基本上能达到目的，刘少奇就以国家主席的身份对苏联进行国事访问。

1960年，刘少奇（前排中）、邓小平（前右一）在莫斯科红场列宁墓前。

11月2日，中央政治局常委召开扩大会议，研究有关参加莫斯科会议的问题。11月4日，在我代表团出发前夕，毛主席又找刘少奇、周恩来、邓小平、康生谈去莫斯科参加会议问题。毛主席指出，在这次莫斯科会议上，斗争可能非常激烈，可能濒临破裂边缘，要有破裂的思想准备。我们的斗争方针是坚持原则，坚持团结，放手斗争，不怕破裂，以斗争求团结，力争达成一定的协议。斗争要讲策略，少奇一般不要出面争论，让邓小平、彭真站在第一线，便于转弯。

11月5日，中共代表团离京赴莫斯科。除代表团成员外，同行的还有以胡绳为首的顾问班子，其中有：乔冠华、熊复、《人民日报》社社长兼新华社社长吴冷西、张香山、王力、姚臻、俞沛文、康一民、范若愚、朱庭光、张尚明、张毅、贾一学等。

针对苏共攻击，小平同志宣布：中共永远不接受“父子党”、“父子国”的关系

11月6日、7日，中共代表团在莫斯科参加了十月革命四十三周年纪念活动。

11月7日，苏方交来了中共中央9月10日对苏共中央6月21日的通知的答复的答复，粗暴地攻击中共。在莫斯科会议前夕，苏共中央散发了这份答复，造成极不正常的气氛。

11月9日下午5时，苏共中央苏斯洛夫、柯兹洛夫、米高扬等到少奇同志住处会见中共代表团。他们说，受苏共中央委托，要把他们在这次会议的立场告诉我们，就是要消除分歧，加强团结。因此，赫鲁晓夫的讲话是建议性的，没有争论的语言，不涉及答复的问题。两党的分歧今后还可以讨论，不要提到这次会议上了。米高扬说，希望两党争论就此结束，不再提出。苏联一定会继续援助中国，专家也可以再派去。对此，少奇同志表示，我们这次是抱着团结的目的来的，原来决定在会议上讲一篇热情团结的话，稿子都准备好了，现在是你们11月5日的答复破坏了这种可能，原来的想法已经不能不改变了。你们一方面说要团结，不争论，一方面发出100多页的答复。你们讲团结是不真实的。对你们的来信，我们研究后将决定我们的立场，看来是需要在会上答复你们。争论是你们挑起的。很明显，苏共中央的目的，是企图要我们在会上不提争论的问题，把他们的攻击吞下去。表面看是他们照顾团结，而实际上是用散发答复的办法谴责我们。

整个会议期间，为了防止窃听，代表团每天都到我驻苏大使馆去。在少奇、小平的主持下研究会议上的情况，确定我们的对策。每天都向中央汇报和请示，重大的决策都得到中央的指示和批复。

11月7日，苏共中央在答复书中，对中共的内外政策，毛主席的论

点，如东风压倒西风、帝国主义是纸老虎等进行攻击。我代表团在会议上必须答复。为了便于把话说透，又留有余地，代表团建议小平同志作第一次发言，这一意见电告中央并得到批准。

1960 年的苏联莫斯科会议会场。

会议从 11 月 10 日开始，在第一次会议上，赫鲁晓夫就在发言中多处影射攻击中国共产党。赫讲话结束时，全场起立鼓掌。我代表团全体人员没有鼓掌，也没有起立，表明了自己的态度。

11 月 14 日，小平同志在全体会议上作了长篇发言，就“时代的性质”、“反对帝国主义侵略政策，防止世界大战，争取世界和平”、“社会主义国家和资本主义国家和平共处”、“资本主义国家共产党的任务和和平过渡”、“民族解放事业对世界和平和进步事业的意义”、“社会主义国家关系准则、相互援助和自力更生”、“马列主义普遍真理与各国革命和建设相结合”、“反对修正主义和教条主义”等重大问题，阐明了我党的观点，并驳斥了苏共草案在这些问题上的我们不能接受的论点和对我们党的攻击。在发言中，小平同志列举大量事实说明赫鲁晓夫坚持大国沙文主义、“老子党”的错误，首先挑起中苏两党分歧，并且把意识形态的分歧扩大到国家关系，破坏了中苏关系。小平同志的通篇讲话都贯穿着摆事实讲道理的精神，坚持原则，语气平和，从团结的愿望出发，规劝苏共“不怕同自己党内的大国沙文主义倾向做斗争”，希望他们“有勇气允许和接受兄弟党提出的正确和善意的批评”，不要总以为这种批评就是向他们“丢石头，就是反苏，就是派别活动，就要处罚”。小平同志严正宣布，“中国共产党是永远不会接受‘父子党’、‘父子国’的关系的”。他呼吁，让我们迅速采取步骤缩小分歧，立即停止一切公开的攻击，不要“明骂”，也不要“暗骂”。小平同志最后说，如果社会主义阵营的分裂既然代替团结，那么世界形势必然发生巨大的逆转。这对于社会主义国家的人民，对于世界和平进步事业都将是一场灾难。后来的事态发展表明，小平同志的话真的言中了。

中共做了不签字的准备

阿尔巴尼亚劳动党中央领导人恩维尔·霍查（右）和赫鲁晓夫（中）在莫斯科机场。

从 11 月 10 日会议开始，特别是 11 月 14 日小平同志发言后，苏共组织了一大批与会的代表发言，对我党进行猛烈攻击，为苏共辩护，而阿尔巴尼亚、朝鲜、越南、日本、印尼、澳大利亚等党的代表在发言中，从各自的角度批评了苏共的观点和做法，支持中共的观点。阿尔巴尼亚党的领袖霍查直接指名批评赫鲁晓夫，指出布加勒斯特会议是错误的，列举了许多事实，证明因为他们不同意布加勒斯特会议，苏联就向阿尔巴尼亚施加压力，拒绝援助，分裂阿党，又指出正是苏共在搞派别活动。霍查的发言，引起了会场很大的震动，不少代表对阿尔巴尼亚党进行了恶毒的谩骂。

事态表明，苏共中央操纵多数，把自己的观点强加给会议的意图已十分明显。少奇同小平、彭真等代表团成员研究决定，如果苏共中央坚持在草案中保留“苏共二十大、二十一大”、“派别集团活动”，拒绝写上“协商一致”原则，我们就不签字。要准备会议破裂，并发表声明，谴责苏共破坏国际共运团结，破坏苏中两党两国关系。少奇同志说，代表团要把一切活动放在不怕分裂的基础上进行斗争，要置之死地而后生，背水一战，不怕破裂。11 月 15 日，代表团将此意见报告了中央。

11 月 16 日晚，毛主席召开会议，研究代表团的请示，周恩来、李富春、陈伯达、陈毅出席了会议。会后，周恩来打电话给邓小平，说中央常委同意代表团请示中央的报告，一切应作最坏的打算。并告第二天，即 11 月 17 日将召开政治局扩大会议，讨论对公报签字问题。次日，周恩来主持召开了中央政治局扩大会议，提出要坚持三条原则：第一，坚持我党对战争问题的一贯观点；第二，反对在文件中写上苏共二十大和二十一大；第三，反对指责我党进行“派别活动”的提法。如这三条不接受，则我们不同意签字。当天，中共中央给代表团发去回电，表示完全同意代表团关于不签字的意见，并提出一切要从最坏情况出发，不签字不等于分裂。

代表团收到中央指示后，通过各种途径把这一决定通知了参加会议的一些党的代表。11 月 17 日晚，刘少奇同志亲自分别会见了越南劳动党的胡志明主席和古巴党的不列斯特斯，说明了我代表团的态度。邓小平约见了阿尔巴尼亚的阿里亚，说明了我党的决定。我代表团的随员中有中共中央对外联络部的工作人员，负责同与会党的代表团进行联络，并将我代表团的态度通知了有关党的代表团。

11 月 18 日晚，阿尔巴尼亚党代表团全体成员到刘少奇同志住处拜会我代表团，表示完全支持我党的立场。11 月 19 日下午，少奇和我代表团其他成员去阿尔巴尼亚大使馆，回拜阿党代表团。同日，少奇、小平同志指示胡乔木和代表团顾问组开始起草小平同志的第二次发言稿，以便进一步阐明我党的观点和回答苏共和其他党的代表在会议上对我党的攻击。11 月 19 日，代表团收到中共中央同意代表团关于不坚持提“以苏联为首”的提法的答复建议。

少奇同志与哥穆尔卡会谈

21 日会议上，匈牙利党代表团提出所谓关于兄弟党关系的内部决议草案，要求在大会上通过。草案规定国际会议要少数服从多数；两党意见分歧不能解决时，要请第三党来仲裁，仲裁仍不能解决时，就提交国际会议按少数服从多数的原则表决。

当晚，我代表团研究匈党提案，认为这显然是苏共策划的，企图把少数服从多数作为各国党的关系准则，是违反兄弟党独立、平等、协商一致原则的，我们坚决反对。如果会议要讨论，我们决不参加。代表团向中央报告了这一情况和我们的对策。22 日，代表团收到中央复电，同意代表团坚决打掉匈党提案。于是我代表团将我态度通知各党代表团，引起强烈反响。

11 月 21 日下午，少奇、彭真、李井泉、陆定一、杨尚昆在刘少奇住所同波兰党代表团哥穆尔卡、西伦凯维奇、奥哈布进行了会谈。

哥穆尔卡谈了一大篇必须团结的话，然后对声明草案提出修改的两点意见：1. 只写二十大，不写二十一大，在文字上完全可以照 1957 年宣言抄下来，不另写；2. 派别集团要写上，写法可以改，力求使人不能理解是指中国的。

少奇同志表示：1956 年苏、波关系不好时，我们曾经努力使分歧缩小，加强团结，现在你们关系好了我们很高兴。当此中苏关系发生争执时，也还希望波兰同志能本此精神工作，而不增加困难。在起草委员会工作中，波兰代表团做了一件很坏的事，提议在文件中写二十大、二十一大，设置了一个不可逾越的障碍，这对中苏的团结不利。哥穆尔卡在大会发言中，对霍查同志的态度是不能容忍的、非马克思主义的。对阿尔巴尼亚只能是同情，不能指责！对哥穆尔卡的两点提议，少奇同志表示坚决不能同意。1. 关于二十大、二十一大，不能写上。主要的理由是在国际文件中，不能把哪一个党的代表大会全面肯定，奉为共同的准则，何况我们对这两次会议都有意见；只写二十大也不能同意，其性质是一样的。在1957年宣言起草时，我代表团就提出异议，后来让步了，同意写上，现在看来是犯了错误，不能再写，我们要纠正我们过去的错误。2. 派别集团活动的提法，如果写上，后患无穷。这明明白白是指责我们的，不能让这种反中共的运动合法化。写了你们取得合法，反华更凶，不写你们无非也是反华，但不是合法的，也许可能反得少一些。因此，我们绝对不同意写上去。如果写上，我们代表团绝对不能签字。这种态度已经取得了我党中央的批准。

然后，哥穆尔卡又说了一些希望团结的话，并说波兰代表团根本未与苏共方面谈过话，今天来谈也是自己的意见，别的代表团的意见如何，他们不知道。他以非常愤怒和憎恨的口气说，阿尔巴尼亚党的行动是绝对不能忍受的，这已经不是政治问题，而是军事问题。因为阿尔巴尼亚是华沙条约国的成员，不能有自己的单独行动，所以只能服从，不能闹独立性。

少奇同志对此又作了严正的批评，指出他对阿党的态度是错误的，说霍查的发言是“肮脏、流氓、无耻”，是流氓性的不能忍耐等话，这无助于团结。应该同情阿尔巴尼亚，支持阿尔巴尼亚，拿阿尔巴尼亚这样的小国小党来说，它不可能欺侮别人，只能是受别人欺侮！不同情它，反而无理由地完全支持苏联，一起对阿尔巴尼亚施加压力，这不是马列主义的立场。请你们设想，在1956年时，如果我们不批评苏联对波兰的大国沙文主义，而无条件地支持苏联对波兰的压力，那将有什么结果！少奇同志说了以后，哥穆尔卡无言以对，只好说今天来的目的，是想只就声明草案达成协议，交换意见；他们已经弄清了中国同志的立场，但未取得任何协商的可能，那就只好这样结束今天的“会谈”。随即告辞。

小平同志反驳赫鲁晓夫

11月22日，在第十一次全体会议结束前，大会执行主席宣布，报名发言的76个党的代表都已讲了话，一般性讨论即结束。明天，11月23日上午继续开会，苏共代表团赫鲁晓夫将发言。我代表团当即报名要求作第二次发言。11月23日，在第十二次全体会议上，赫鲁晓夫作了第二次发言。赫鲁晓夫的讲话有意放低语调，力图抓住团结的旗帜，以争取大多数。但对中共、对毛泽东，赫鲁晓夫则是针锋相对，既有公开指责，又有影射攻击。在涉及文件中已达成共识的时代问题、战争与和平、裁军、和平共处、由资本主义向社会主义的过渡形式、民族解放运动、社会主义建设的意义等，赫鲁晓夫都指责中共党的观点是错误的。赫鲁晓夫竭力为苏共二十大辩解，说斯大林有罪过，应该反对，当时苏共党内没有决定，不能同其他党商量。接着赫鲁晓夫离开讲稿，大讲什么有的人一个人关在房子里，脱离实际，却认为他说的每个字都是正确的等，影射攻击毛主席搞个人迷信。赫鲁晓夫在发言中坚持要在文件中写上“反对集团派别活动”。赫鲁晓夫公开宣称，中国党的许多意见是不对的，中国的立场是错误的。

赫鲁晓夫讲完后，大会执行主席宣布发言已经结束。我代表团当即声明要求讲话，但大会执行主席说今天不行。最后赫鲁晓夫表示是否可以明天讲？小平同志表示同意。

会后，我代表团回到使馆，讨论修改小平同志的第二次发言，一直到次日凌晨2时。翻译组的同志通宵未眠，把小平同志的发言稿全部译成俄文。

11月24日，在第十三次全体会议上，小平同志作了第二次发言。小平同志列举了大量事实说明我党一贯坚持1957年的莫斯科宣言，一贯维护国际共运和社会主义国家的团结。小平同志驳斥了赫鲁晓夫对毛主席的影射攻击，并说："我们更了解毛泽东同志。"针对匈牙利党提出的决议草案，小平同志说，中国党根本反对这个决议草案，绝不参加这个草案的讨论，我们要为反对这个草案斗争到底。小平同志最后指出，现在事实已经非常清楚，苏共和其他一些党的代表在会议上企图用多数压制少数的办法，彻底破坏协商一致的原则，并且在文件里保留影射中共的措词，作为进一步攻击中国共产党的法律依据。这是我们绝对不能同意的。小平同志强调，社会主义各国和世界各党既必须联合，又必须保持各自的独立，为了解决意见分歧，求得一致意见，严格遵守协商一致的原则，是维护团结的唯一道路。

小平同志发言后，法国、罗马尼亚、保加利亚、意大利、巴西等党代表先后报名要求发言，于是主席宣布休息。休息时间，在会场内外，苏方联络人员全体出动，组织与会代表发言表态，一时间会场气氛十分紧张。休息后，印度党高士等8个党的代表要求不再进行讨论，引起争论。最后赫鲁晓夫站起来表示应该让大家发言，说苏共代表团愿意听下去。于是开始了新的一轮的发言，一共有25人讲话，其中有24人在发言中指责我党。印尼党代表鲁克曼力排众议，明确表示反对用多数压服少数的不正确的倾向。他说，印尼共认为，危险不在于有分歧，而在于用不正确的方法解决分歧。希望拥有多数的代表团严肃考虑，如果采用多数作决定，将产生何等严重的后果。因此他建议，通过一个一致同意的文件，未达成协议的问题不写进文件，待以后再继续讨论解决。鲁克曼的发言震动了会议，顿时议论纷纷。

当天晚上，代表团在使馆开会，对会议前途作了分析和估计，并发电报给中央报告会议情况，再次就是否在文件上签字问题提出请示。

11 月 24 日和 26 日，会议文件起草委员会举行了第一、二次会议。会议由苏共苏斯洛夫主持。中共代表团由彭真、康生、胡乔木和刘宁一出席。在 10 月的起草委员会上就已取得一致意见的章节，很快就通过了，但在有分歧的问题上，争论激烈。苏共代表毫不让步，不同意对声明草案做任何修改。针对会议上讨论的“以苏联为首”的提法，我代表声明，我们认为“以苏联为首”的提法是正确的，多数代表同意在文件中不写，我们不坚持。

11 月 25 日，越南劳动党胡志明同志再次出面调停，邀请日本、印度、朝鲜、印尼、澳大利亚、英国、古巴等党代表团共同呼吁苏中两党团结一致，要求赫鲁晓夫和刘少奇分别接见他们，听取意见，并要求赫鲁晓夫和刘少奇直接见面以求团结对敌。

当天中午，周恩来打电话给杨尚昆，通告中央已决定请各中央局书记来京参加政治局扩大会议，讨论签字问题。

少奇同志与米高扬等会谈

当天下午和晚上，代表团在刘少奇同志主持下研究了会议的形势，认为现在全部关键问题是提不提苏共二十大，我党反对写上“二十大”是完全有理由的，对其他党来说，这就没有反对写上“集团派别活动”那样能够获得支持。代表团致电中央，提出在保留“二十大”、打掉其他钉子的情况下签字的建议。

11月26日下午，米高扬、科兹洛夫来少奇同志住所看望少奇同志，小平、彭真、尚昆参加了会见。米高扬重申对少奇同志访苏的邀请仍然有效，希望会议结束后即能访问。少奇同志趁此机会明确表明了对会议和声明草案的看法。少奇同志说：1. 访苏的事我原有此计划。现在你们重申邀请，可以考虑。但这与会议结果有关，应该在良好气氛下进行访问。2. 我们是本着团结态度来的。在我们抵达机场时已有表示。但苏共11月5日的信散发之后，情况就变了。3. 这次会议有表面的和实质的两面。表面讲团结，搞声明，赫鲁晓夫两次讲话，散布11月5日的信，实际上则组织对中共的攻击和谴责，大会实质上就是在苏共的领导下进行的；而苏共在会内会外都进行了大规模的组织工作来反对中共。所以会议是在错误的方针指导下进行的。现在已走到边缘。希望苏共严肃考虑，改变这一方针，不致错误到底，免受历史的谴责！4. 大会气氛极不正常，不讲理，企图以多数压倒少数。我们提出的任何一个论点，你们都没有据理驳倒，而只是一口咬定中共立场、路线是错误的。这样如何能解决问题呢？5. 声明草案本已基本上取得了协议，而你们硬坚持要写上几点，设置障碍，有使会议得不到结果的可能。6. 如果一定要在声明上写上“民族共产主义”、“集团派别活动”、“二十大、二十一大”，另外还搞一个内部决议来谴责中共，那么，我们代表团不能签字。小平同志对少奇同志的讲话作了补充。

米高扬、科兹洛夫表示，苏中两国两党一定要团结，否则对敌人有利，但他们不能同意少奇同志对会议的看法，否认苏共有什么组织活动，完全是大家自由地发表意见，有些党在平时与苏共毫无关系。过去的争论希望过去，不要再提。至于少奇同志提出的几点具体意见，都可以商量，但最好不用“最后通牒”的形式。协商是有让步的，可以求得解决的办法。米高扬、科兹洛夫表示，文件中“民族共产主义”可以删去或另改其他提法；派别活动可以改写或作一内部决定；但苏共二十大非提不可，不提将意味着“二十大”受到了谴责。

会见后回到我使馆，少奇同志指出，二十大是他们的命根子，他们一定要坚持写上这一条，其他的看来他们可能不坚持。这时，收到中央来电，指示在文件中一定要强调协商一致的原则。

中共力争达成协议

随后，胡志明告知他们下午会见了赫鲁晓夫。赫说“二十大”一段是别的党提出的，当然他们也赞成。对于“宗派集团活动”可以不写，但可以搞个内部决议。对“民族共产主义”没有涉及。

11 月 27 日下午，少奇、小平、彭真在大使馆会见了越南党的胡志明、黎笋，印度党的高士，澳大利亚党的夏基，朝鲜党的金昌满、金一，印尼党的鲁克曼，日本党的袴田等 6 个党的代表。胡志明等先后讲话，表示希望团结，希望中苏两党指出道路，使会议能达成一致的决议，避免分裂，并希望赫鲁晓夫、少奇直接见面。

少奇同志向他们说明了我们的意见，说明了我代表团对没达成协议的几个问题的态度。

当时莫斯科会议未取得一致意见的问题主要有以下几点：

1. 在文件中是否要重申苏共二十大、二十一大对世界共产主义运动的意义？

2. 在文件里是否保留影射攻击中共的所谓民族共产主义、宗派主义、分裂主义的提法？

3. 在文件里是否坚持“协商一致”的原则？

越南等 8 个党，组成劝说团，一会儿找我们谈，一会儿找赫鲁晓夫谈。据现在看到的材料，一直到最后一刻，赫鲁晓夫也认为我们不会签字，要和他分裂到底了。通过和其他党的接触，我们了解到，苏共千方百计要保的是关于苏共二十大的意义的提法，只要在文件中保住二十大，赫鲁晓夫的地位就保住了，苏共的面子就保住了。

11 月 28 日早上，胡志明来到少奇同志住所，约少奇同他一起去见赫鲁晓夫。因事出突然，事先没约好，被少奇同志拒绝。

11 月 28 日上午，起草委员会举行了第三次会议，讨论存在争议的问题，对“民族共产主义”的提法，大家同意删去，其他问题都未达成一致。会议主席苏共苏斯洛夫称，这些问题将由各国代表团团长讨论，起草委员会会议何时闭幕，另行通知。

中共中央对是否签字十分慎重。11 月 26 日，毛主席亲自主持中共中央政治局会议，讨论中共代表团来电请示的对签字问题的方针。会议讨论两天，28 日晚，政治局会议通过中央给刘少奇、邓小平、彭真的复电。复电对当前形势作了分析：“站在马列主义立场上的兄弟党的队伍还不巩固；一些采取中立态度的党摇摆很大；看来全世界大多数党还没有要跟赫鲁晓夫决裂的思想准备。相反，在全世界所有要求革命的人，都希望这个会议能够成功。所有进步力量都不愿这个会议失败，不愿意破裂，我们党也不例外。”中央指出：“因此代表团现在的方针应该是力争达成协议，发表一个经过共同协商达到一致的共同声明。”接着，中央指出会议上可能出现的四种情况及代表团应采取的决策：

第一，声明草案中三个“钉子”（苏共二十大、派别活动、民族共产主义）全部删掉，也不搞内部决议。这是最好的情况，我们当然签字。

第二，三个“钉子”全不删，又要搞内部决议，做谴责中共的或搞少数服从多数的决议。如果出现这种情况，那我们坚决不签字。

第三，删掉三个“钉子”，但又搞内部决议。在这种情况下，我们可在声明上签字，同时发表声明反对内部决议。

第四，删去草案中关于派别活动和民族共产主义的提法，但保留关于苏共二十大的提法，又搞内部决议。中央指出，这种可能性最大，如果出现这种情况，代表团应对草案中关于苏共二十大的措词作适当修改后签字。对于内部决议，代表团则应发表声明坚决反对。

中央复电中还批示，代表团要建议起草一个类似1957年莫斯科会议的“呼吁书”，呼吁全世界人民维护世界和平。

代表团连夜讨论了中央的复电，做了四项安排：

1. 起草对声明草案中关于苏共二十大措词的修改方案；

2. 起草我代表团的几种声明；

3. 起草少奇同志在大会上的发言；

4. 代表团向苏共中央提出举行两党直接谈判。

11月29日上午，尚昆同志会见胡志明，告知少奇同志随时准备与赫鲁晓夫见面，只要赫鲁晓夫采取主动，在什么地方都可以。胡志明说他马上转告苏方。当天中午，胡志明打电话给尚昆同志，告诉他已将此意见转告苏方。苏方直到彭真向苏斯洛夫提出新的方案后，他们才安排刘少奇与赫鲁晓夫见面的时间。

彭真将苏斯洛夫叫到列宁像下

11月29日下午，起草委员会举行第四次会议。波兰党代表提出，声明草案中关于苏共二十一大可以删掉。

接着讨论起草《呼吁书》的小组委员会成员名单。苏共代表提出了一个名单，亚洲只有中国一家可参加。彭真同志听此话大怒，拍着桌子说：“你们老子党的气息到今天没有改，我们坚决不参加这种起草委员会，我们希望多一两个亚洲国家参加起草委员会，你们都不干。你们横行霸道到如此地步！”这样一来大家就很紧张了。彭真同志说：“休息休息，以后再说！”

会议主席、苏方的苏斯洛夫宣布休会。彭真同志拉着苏斯洛夫说："我们到外边谈一谈。"二人走到苏共代表大会的大厅，大厅主席台后面立了一个高大的列宁雕像，彭真同志拉着苏斯洛夫到列宁像下，说："你说怎么办吧？"

苏斯洛夫表示：1. 二十大需要写进，二十一大可以不提，文字或抄 1957 年宣言，或另行商定；2. 集团派别活动可以不写，虽然这是正确的，但为了迎合中国同志的意见，可以删去；3. 关于个人迷信问题可以考虑写上；4. 可以考虑写上协商一致的话；5. 内部决定可以不搞。

当时中共中央政治局给代表团的指示里已经提到，可以同意保留文件里提到的有关苏共二十大的提法，但是要打掉那几个钉子。所以，当彭真同志听苏斯洛夫说对二十大的提法要保留，并说这是所有参加会议的兄弟党的要求，而且说到不保留这个提法，我们苏共无法交代时，彭真同志表示，我们可以同意保留这个提法，但要加上协商一致的原则，而且其他那些钉子，什么民族主义呀、宗派主义呀等都要撤掉。苏斯洛夫表示同意。

彭说，你说话算话不算话？

苏斯洛夫说，当然算话。

彭说，我们各自回去和我们的领导汇报，双方达成协议后，建议中共刘少奇同志和苏联赫鲁晓夫见面，最后敲定。

彭真同志回到驻地向少奇、小平和其他同志汇报后，代表团同意按此方案处理，并决定立即通报越、朝、印度、澳大利亚、日本、阿尔巴尼亚党代表团。我代表团的联络人员还向其他一些与会党的代表团通报了中苏双方达成的协议。大家都同意这一方案。

起草委员会本身斗了二十多天，莫斯科会议又斗了二十多天，经过四十多天的努力，得到这样的结果。这一切说明，彭真同志很会掌握斗争的时机。在关键时刻，把苏斯洛夫约出去谈了关键的几点。其实，苏方也不希望破裂。对他们来讲，命根子就是二十大，如果二十大在文件里可以保留，他们就大功告成。后来他们通过苏共中央联络部的人告诉我们，彭真同志与他们达成的协议苏共同意，并提出赫鲁晓夫同刘少奇11月30日上午11时见面。

少奇、小平等与赫鲁晓夫等会谈

次日，少奇、小平、彭真同志如约同赫鲁晓夫、科兹洛夫、苏斯洛夫会谈，持续了近三个小时。对于有争论的问题的文字修改，双方约定下午3时见面，作最后的商定，明天上午召开最后一次会议，通过声明并签字。双方还商定，会议结束后，少奇同志以国家元首的身份对苏联进行为期一周的访问。

会谈中，少奇同志说，苏共二十大批斯大林的错误，我们是赞成的，但是不赞成你们全盘否定斯大林，不赞成你们不跟兄弟党商量就作出这样重大的决定。我们历来反对个人迷信。针对赫鲁晓夫大肆攻击阿尔巴尼亚，少奇同志说，你们是大党、大国，对阿尔巴尼亚这么一个小国、小党，你们应该有大党、大国的度量，不计较小兄弟的缺点，而且你们也不是没有过错。希望你们以大局为重，不要整阿尔巴尼亚。

会议中，少奇同志着重谈了团结问题，强调中苏团结。少奇同志说，我们还是应该团结，不管有多大分歧，我们还是要搞社会主义、共产主义。有分歧是自然的、难免的，因为会不断出现新的问题。只有不断交换意见，出现问题就内部协商，不要搞公开论战，不要搞指名的或不指名的指桑骂槐的论战。少奇同志特别强调，“这一点希望赫鲁晓夫同志本人特别注意”。少奇同志指出，希望他以后少说一点话，不要站在第一线亲自出来争论，“言多必失”。今后有不同意见，我们两党先商量，先协商达成一致，然后再提到国际会议上去。赫鲁晓夫表示同意结束争论，苏中关系恢复到1957年的良好关系。

彭真再次将苏斯洛夫拉到列宁像下

当天下午3时，小平、彭真同志和几位助手同苏斯洛夫、科兹洛夫等就声明草案中关于苏共二十大和“个人迷信”的提法进行了最后协商和修改。双方同意维持1957年莫斯科宣言中关于苏共二十大的措词；关于“个人迷信”也基本照抄1957年莫斯科宣言的提法，加了“一些兄弟党在反对个人迷信方面取得了成就”一句。

同天下午起草委员会最后一次会议，宣读双方都同意的文本时，我一句一句地翻译，彭真同志说：“你不要一句一句翻，你看看有没有协商一致的问题。”毛主席提出的一定要协商一致，不能少数服从多数，在国际共产主义会议上不能采取少数服从多数的党内表决原则，多数人意见强加于少数人是不对的。彭真同志还让我看看那些钉子拔掉了没有。

我一看，钉子都没有了，什么民族共产主义呀，宗派主义呀，分裂主义呀，都没了。

彭真同志又说：“你再看看有没有‘协商一致’这个词？”我找了半天还真没有“协商一致”这个词。

彭真同志说：“来，来，小阎，跟我走！”绕了半天，找到苏斯洛夫，又把他拉到列宁像下，彭真说：“你说说为什么没有‘协商一致’这句话？”

苏说：“怎么会没有？我让他们写了！”后来果然就补上了。

彭真同志就是这样抓实质问题的。

在这四十多天中，彭真同志一直在一线。从布加勒斯特会议开始，到中苏两党谈判，到起草委员会，到莫斯科会议，彭真同志参加了所有的会议和争论，是中共代表团参加起草委员会的主要负责人。

通过“声明”与“呼吁书”

当晚，少奇同志在李井泉、杨尚昆陪同下，回访了波兰代表团哥穆尔卡、西伦凯维奇、奥哈布等。少奇同志说，这次会议最后达成协议，现在我们还是要讲团结，中苏当然要加强团结，中波也要加强团结。针对哥穆尔卡在大会发言中攻击中共、攻击毛主席，少奇同志指出，1956年我们党曾促成你们同苏共友好，支持了你们党的正确意见，但你们在这次会议上对促进中苏团结没有起应有的作用，没有起好作用。少奇同志还批评波兰党对阿尔巴尼亚的态度不公道。少奇同志说，阿党是小党，你们是大党。对苏联大党主义，蛮不讲理欺侮一个小党，你们一点也不说话，反而骂阿尔巴尼亚。你们这样做很不公道，我们很不满意。哥穆尔卡仍攻击阿尔巴尼亚，替自己辩护，最后表示，我们还是讲团结，对中国党对波兰的支持我们永不忘记。

12月1日，在克里姆林宫圣·乔治厅举行全体会议，苏共代表苏斯洛夫代表起草委员会简要报告了“声明”起草经过，并提交大会通过，接着又通过了“呼吁书”。各党代表团长在声明和呼吁书上签字。

签字仪式结束后，少奇同志站起来发言，说中国代表团对这次会议取得成功表示祝贺，经过大家的共同努力，制定了一致同意的“声明”和“呼吁书”。我们想大家是高兴的、全世界人民是高兴的。少奇同志说，会议表明，尽管我们之间有分歧，但我们是能够在马列主义基础上，根据协商一致的原则，达成协议。通过协商取得一致，这是我们解决共同问题的唯一正确的道路。少奇同志说，我们会议过程中，有曲折、有困难、有障碍，也有斗争，但事实证明，我们是能够最终克服困难，能够取得积极成果的。中国共产党希望今后要加强团结，消除分歧，停止攻击，集中力量反对我们的共同的敌人，发展我们共同的共产主义事业。少奇同志特别强调，中苏之间的团结具有特别重大的意义，中国共产党一定要跟苏联共产党一起，为这个团结尽一切努力。

少奇同志呼吁加强团结、愿为团结而尽力的讲话，多次得到了大家的热烈反应。在赫鲁晓夫等苏共代表带头下，全场起立，响起了经久不息的掌声。

历经三个星期的 81 国共产党、工人党代表的莫斯科会议到此结束。

刘少奇在莫斯科出席苏中友好群众大会。

前中起：毛泽东、周恩来、朱德、邓小平等领导人欢迎刘少奇访苏归来。

大会结束后，苏共中央举行了盛大宴会，招待各国党的代表团，气氛热烈。少奇同志坐在赫鲁晓夫和勃列日涅夫之间，互相交谈，频频举杯，庆祝会议成功。

12月2日到9日，少奇同志在勃列日涅夫陪同下进行了正式的国事访问，先后访问了列宁格勒、明斯克，回到莫斯科后参加了苏中友好群众大会，然后在回国途中又访问了伊尔库斯克。赫鲁晓夫因病没有出席莫斯科的群众大会，少奇同志在离开莫斯科前专程去赫鲁晓夫住所看望，并一再表示中苏双方要加强团结，希望赫鲁晓夫自重，不要站在争论第一线。

12月9日晚，少奇同志乘专机抵达北京。毛主席、周总理、小平、彭真和政治局全体同志、全国人大委员长、副委员长、各民主党派领导人都到机场迎接少奇同志胜利归来。

1960年，布加勒斯特会议、莫斯科会议已成为历史的过去。四十年来全世界发生了巨大的变化。我们党在同苏共论战中坚持的观点，许多已被实践证明是不合时宜的、是错误的。但是反对苏联的大国沙文主义，捍卫国家的主权，坚持党的关系独立平等，是无可非议的、是必要的，这也为历史事实所证实。少奇同志作为我们党和国家的主要领导人，始终站在这场斗争的前列，同小平同志、彭真同志一起，坚决贯彻毛主席、党中央的决策，表现出坚决的原则性和高度的灵活性，圆满地完成了中央的委托。

王效挺，1925年生，河南洛阳孟津人。1940年在洛阳复旦中学加入中国共产党，1944年后在陕西省师专英文科、南京中央大学英文系、北京大学法律系学习，从事党的地下工作。1948年到解放区汇报工作，调查访问，写了《大江流日夜》。1949年初起，历任北京大学盟（党的外围组织）总支宣传委员、团委副书记，北大党委常委、宣传部长、化学系总支书记。粉碎“四人帮”后任北大宣传部长，党委副书记，北大党史校史研究室副主任、研究员，北大校务委员会副主任。和黄文一合著《战斗在北大的共产党人》等书8本。

王效挺（左）和陆平。

黄文一（女），1930年生，河北荣成人。1948年在北平第一女子中学学习时加入民主青年联盟，1949年加入中国共产党，1952年于北京大学毕业后留校在组织部工作。历任北大附设工农速成中学团总支书记、化学系总支副书记等职。粉碎“四人帮”后曾任北大校长办公室副主任、北大党史校史研究室研究员。

作者简介

康生、曹轶欧与“第一张大字报”[①]

□王效挺　黄文一

1966年5月25日，在北大贴出了聂元梓牵头的“第一张大字报”，

① 原载《北京大学校友通讯》2001年第31期，此次发表作者做了少许修改。

题目是：“宋硕、陆平、彭珮云在文化革命中究竟干些什么？”这张大字报是怎样炮制的？粉碎“四人帮”后，北大党委作了调查，把康生插手北大的几件大事（包括他插手这张大字报的事），向中央政治局常委写了报告，要求在北大揭批康生的罪行（当时康生的反革命面貌还未公开）。经中央政治局常委批准，党委书记周林于 1978 年 12 月 9 日召开全校师生员工大会，传达党中央指示，揭露康生、曹轶欧的罪行。12 月 19 日（十一届三中全会开幕的第二天），党委再次召开全校大会揭露批判康、曹策划“第一张大字报”等罪行。随后，党委又配合上级部门继续深入调查康生、曹轶欧策划“第一张大字报”的罪行。在 1980 年 10 月 16 日中央批转中纪委关于康生问题的审查报告中作出了明确的结论：康生政治品质恶劣，在“文化大革命”期间直接参与林彪、江青等人篡党夺权的反革命阴谋活动，犯下严重罪行。中共中央决定开除康生的党籍，撤销对康生的悼词，并向全党公布康生的反革命罪行。康生的反革命罪行之一就是在他的幕后策划下、在他和其妻曹轶欧的指使下炮制了“第一张大字报”。

但是有人发表文章提出了新的说法。有的说：“大字报是他们自己发起的，没有人指使。”又有人说：“康生事先没有插手这张大字报”，“过去有些著作和文章中讲是在康生和曹轶欧指使下炮制出来的，笔者也曾根据当时的传闻，在所写的文章中说过类似的话。然而这不符合实际情况。”那么实际情况到底如何呢？许多知道实际情况的老校友、老同志和教师们，认为该两文违背事实、混淆是非……应该据实予以澄清。

1964 年 11 月开始的北大社教运动（前期），把北大当作烂掉的单位，党委书记和大多数总支书记及许多中层以上干部遭到批判、斗争，严重分裂了北大党的干部队伍，实际上是北大“文革”的前奏。陈伯达、康生、曹轶欧对北大社教（后期）进行了许多污蔑攻击，至今对一些人仍有影响。我们另写了一篇《北大社教运动的事实经过》，以澄清事实，分清是非。此处恕不细述。

一、“第一张大字报”是在康生、曹轶欧策划、授意下炮制的

1966年的春夏之交，全国处在大风暴、大灾难的前夕，许多中央领导人和广大忠诚的共产党员，都在勤勤恳恳、孜孜不倦地照常工作。但是一些心怀鬼胎的阴谋家，却在利用中央主要领导人的错误，窥测方向，兴风作浪，制造混乱，乱中夺权。林彪、江青、陈伯达是这类人，康生及其妻子曹轶欧也是这类人。

1966年5月25日，北京大学哲学系聂元梓等7人在康生、曹轶欧的授意下，在校园里贴出了一张攻击中共北京市委和北大党委的大字报。图为当时群众在看这张大字报的情景。

1966年5月4日至26日，中共中央政治局扩大会议在北京举行。毛泽东在外地未出席会议。会上，首先由康生传达毛泽东关于批判彭真和陆定一、要解散中央宣传部和北京市委的一系列意见，介绍中共中央通知的起草情况。6日，张春桥作系统发言，攻击彭真、陆定一等“对抗文化革命路线”。16日，通过了发动“文化大革命”的“纲领性”文件——《中共中央通知》即《五·一六通知》。18日，林彪发表长篇讲话，渲染古今中外各种政变，诬陷彭真、罗瑞卿、陆定一等人要“搞政变”、“搞颠覆”。会议对彭真、罗瑞卿、陆定一、杨尚昆等进行了错误

的批判，给他们加上“反党反社会主义反毛泽东思想”等罪名。并决定停止彭真、罗瑞卿、陆定一的中央书记处书记职务；停止杨尚昆的中央书记处候补书记职务；撤销彭真的北京市委第一书记和市长职务，由华北局书记李雪峰兼任北京市委第一书记；撤销陆定一的中央宣传部长职务。22 和 23 日，会议批判朱德，把朱德不同意说“毛泽东思想是马列主义顶峰”的意见，指责为反毛泽东思想。会议最后一天，刘少奇作了自我批评。这次会议及其通过的《五·一六通知》，标志着“左”倾指导方针在党中央占据了统治地位。林彪、康生、张春桥之流的阴谋家，成了中国政坛上最活跃的人物。

康生派曹轶欧率调查组到北大要“从搞北大开始”“往上揭”

还在《五·一六通知》通过的前几天，担任中央理论小组组长的康生就急急忙忙地组织了一个调查组，由其妻子曹轶欧（理论小组办公室主任，即康办主任）为组长，高教部副部长刘仰峤为副组长或“负责人之一”，组员还有马列主义研究院的张恩慈[①]、红旗杂志社二人、中国科学院哲学社会科学学部哲学研究所一人、光明日报社一人。这个调查组的任务是什么？在调查组人员基本到齐后，康生召集他们到钓鱼台开会，向他们透露了《中共中央通知》内容，让他们“在调查中分辨真批判或假批判”，说“按《二月提纲》批判就是假批判”。据刘仰峤 1978 年 11 月回忆：“康生讲了北大问题，北京市委大学部宋硕的问题，北京市委的问题。”另一次在康生家中，曹轶欧向刘仰峤讲：“调查组是在康生直接领导下进行工作的。”这次调查“重点是北京大学”，“这和北大党委及市委大学部的指导思想有关”，要“从搞北大开始”“往上揭”，“揭发陆平、宋硕、市委”。1967 年 1 月 22 日，康生在一次讲话中曾明确

① 张恩慈原是北大哲学系讲师，是社教前期的“左派”即积极分子，并被吸收为工作队员。1965 年 7 月调到马列主义研究院工作，后又回校参加北大党员干部整风学习会，即国际饭店会议。

说：派这个调查组的目的是“调查彭真在学校搞了哪些阴谋……”

调查小组于5月14日到北大，当天中午曹轶欧由张恩慈陪同接见北大党委书记、校长陆平。曹称到北大是了解学术批判情况的，伪称只作调查，不干预北大党委的工作。陆平提出校党委向他们作一次汇报，她拒绝了。学校为调查组准备了住处。曹等未住，却住在西颐宾馆（马列主义研究院所在地），背着北大党委，大搞反对陆平、反对北大党委和北京市委的秘密活动。

据调查组一些成员谈，他们大体是这样分工的：曹轶欧“指挥”全组，“独来独往”于西颐宾馆与钓鱼台（康生办公室）之间，她主要找北大干部到西颐宾馆个别谈话。刘仰峤“不常去，也很少说话”，有时陪曹轶欧听听北大干部汇报。一人搞内勤，分管内部文件资料，张恩慈等四人跑外勤。一开始“曹轶欧几次问到彭珮云在不在北大，在干什么?”当时听说彭在北大十三陵分校历史系蹲点，于是马上派张恩慈“率领”两个组员到分校。但彭珮云不在那里。他们作了些“调查”，写了调查材料（主要谈“彭珮云在北大与陆平、宋硕、北京市委等上下联系的情况”）汇报给曹轶欧并转康生。几天后，除张恩慈外，其他两三人每天到市委大楼摘抄内部大字报，“回来后抄清楚交曹轶欧，曹说是为了给康生看的”。康生很重视每天摘抄的大字报，曾说：“你们到北京市委抄的大字报很有用处，帮助中央，很有好处。”“张恩慈是曹轶欧的助手，负责对外的联系”。因为他原是北大哲学系的，北大的主要活动都由他联络。这就是说，调查组“从搞北大开始”“往上揭”的任务中，被称为“哲学系左派联系的中心”的张恩慈，扮演了重要角色。

曹轶欧要陈守一“领头和聂元梓等共同来搞”，被陈严词拒绝

据1978年11月刘仰峤讲：曹轶欧找过聂元梓、孟×、白××、陈××、张×、崔××等人到西颐宾馆个别谈话，“动员他们往上揭，明确要他们揭发陆平、宋硕、市委”。据崔××（北大党委常委）讲：曹铁欧找他谈：“要揭陆平的盖子”，“要连锅端”。在这里我们举出曹轶欧两次找陈守一谈话的情况，可以看出她谈话的目的和她的手段之恶劣。第一次是曹轶欧直接和陈相约，由张恩慈陪曹登门拜访。据陈讲：曹说：“北大学术批判方向错了，是宋硕、陆平、彭珮云他们搞的，需要揭发。”我说“如有问题，陆平虽有责任，但我是直接负责”，“北大的学术批判党委常委分工由我管”。曹说：“这不是你的问题！你应该勇于出来揭发陆平和市委领导”，“只要揭发，你什么责任也没有的”。我说：我不能这样看问题。她让我想想，下次再谈。过了三四天，也就是5月15日左右，曹轶欧又来电话，约我到西颐宾馆谈话，刘仰峤副部长在场。曹问我考虑得怎么样了。我请她指出北大错在什么地方，她说：“学术批判不得力，你不负责，如果你能出来揭发，你更是什么责任都没有的。”接着，她问我：“聂元梓怎么样？你（对聂）印象如何？”我讲了看法后，曹轶欧说：“你们应该揭发陆平、宋硕。最好你领头，你可以和聂元梓等人共同来搞。”我说：“学术批判如有错误，首先应是我负责，我不能诿之别人，如果我揭发陆平，我算啥?!”曹说：“你没有责任，是陆平搞的鬼。”我说：“我怎能这样看问题与处理问题呢?”见我始终没有同意，她表示算了。但又很神秘地告诉我：“这事不能对任何人提起，应该绝对保密。”①

大字报主谋是康生、曹轶欧，是曹轶欧授意张恩慈串联人写的

据1979年7月16日刘仰峤讲：“一次张恩慈同志提到宋硕同志在北大谈有关开展大批判的精神（即5月14日陆平传达宋硕讲话），就认为抓到东西了。她（曹轶欧）说这就是要捂盖子。要从学校往上搞。从此开始，一直到聂元梓等第一张大字报贴出，都围绕宋的讲话进行调

① 见陈守一签字的1978年7月的谈话记录、10月写的揭发材料及陈发表的一篇文章《历史是公正的》。

查。”“大字报出来后，张恩慈同志告诉我：大字报是在曹轶欧授意下由他出面和杨克明商量后杨克明写的。”“调查组的工作是按曹讲的方针干的，都是在曹具体指使下进行的。”刘的结论是：“大字报主谋是康生、曹轶欧，串联是张恩慈，执笔是杨克明，聂元梓搞成第一名是因为聂是总支书记。”

再看一下北大人事处白××副处长1979年7月16日写给党委的材料：“（1966年）5月20日，张恩慈打电话要我去西颐宾馆汇报情况，听我汇报的有曹轶欧、刘仰峤、张恩慈，汇报内容主要是社教之后北大的干部情况以及学校的政治情况。”“汇报整整一天。”“第二天我到西颐宾馆找张恩慈，张恩慈告诉我：他正在组织人写大字报，贴出来之后，要我从一总支角度上支持一下（注：人事处党支部当时属机关一总支）。这时我才知道他正在组织写这张大字报。”

曹轶欧指示张恩慈：暗里支持，有所回避

在“第一张大字报”的影响下，北京各高校的学生也都纷纷写出大字报。

张恩慈曾和杨克明及大字报的另三位作者分别谈话，要他们“串联左派”，但文科教师都在农村参加“四清”。因此，他们提出要张恩慈调一些“左派”回来。据张恩慈讲：“调查组进入北大后，曹轶欧很明显支持在国际饭店会议受压的人，当时有些人在乡下。调查组提出要调回一些人，我提供名

单，曹轶欧同意后交给校党委。”下面是张恩慈代表调查组向党委提出调回名单中的一个党员1980年2月11日写的材料：“1966年5月31日，我由农村参加四清回到北大，第二天广播了聂元梓等七人大字报。大字报由聂元梓签第一名，因聂的名声不好，大字报广播后便听到一些非议。当时张恩慈表示对聂元梓签第一名有些懊悔。他告诉我，曹轶欧曾嘱咐他：支持哲学系一些活动时，注意不要太明显了，有些场合要有所回避，因为他们是以调查组的名义，宣称只作调查，不干预北大党委的工作。因此和一些人接触，如果不注意，被陆平觉察会造成被动。张恩慈听了曹轶欧的话，在七人大字报抄写张贴时便回避了。张恩慈说，当时他如果在场，便不会叫聂元梓签第一名。”“我又听杨克明说，他们开始时打算写材料通过曹轶欧向上面反映北大问题，因为形势发展很快，张恩慈对他们说，你们为什么不写大字报，于是他们便改为写大字报。”

杨克明在1978年12月写的情况是这样：“我听到《五·一六通知》传达后，回到北大与赵××、高××交谈。由于我们都是所谓社教积极分子，对国际饭店会议当时心里有气。……他们告诉我聂元梓想写材料上告。后来我到马列研究院找张恩慈说：我们也要向中央反映才好。张说：现在中央通知已下达，向上反映情况的材料还少得了，上面哪里看得过来那么多。他又说：现在北京市委机关里已经有人贴了大字报了。还是这样来得快。我当时觉得他的话有道理，就要求他和我们几个人一起来搞。他说他已被抽调参加到北大的一个调查组，参加北大的事不方便，你们几个人搞就行了。”“回到北大，我找了赵××、高××，谈了张恩慈的想法，他们也表示赞同，并说宋××在，可找他一起搞。宋来后也赞成写大字报，我们就商量怎么写。赵××拿出了他的记录（宋硕讲话传达）给我们看，我们都认为就从这个问题着手写大字报很好。”杨克明在1978年6月写的材料中还讲：“张恩慈的话对我确实起了启发作用，又可说是暗示作用。我和赵××、高××都认为张的话有道理，写上告材料不如干脆写大字报，从现实问题抓起。”赵××1978年后写的两次材料讲：“关于串联写大字报，由于社教时的串联恶习，这次是串联起来了。”“串联开会写大字报的是杨克明。”“我是杨克明串联的，我又约了宋××，晚上到杨克明宿舍，参加的还有高××、夏××，聂元梓是后来的。大家商量文化大革命怎么搞。有的提出应开会声讨‘三家村’，有的说可串联、写大字报，有人说：张恩慈说可以写大字报，后来就决定写大字报。”1978年12月，张恩慈讲：在他（杨克明）说写完大字报后，要我给看一看，我怕担嫌疑，我说我不看了。张恩慈还讲：“我们进入北大之后，在校的哲学系一些同志（有杨克明等）向我打听情况，我曾向他们说：彭真有了问题，这回可以翻过来了。”

聂元梓说：“大字报并不是我们自己要搞的，是曹轶欧叫我们搞的”

至于聂元梓，她和曹轶欧密谈不止一次。聂说：“《五·一六》通知发出前，我和曹谈学校问题。”“我只想再给毛（泽东）、刘（少奇）写个报告。”后来“曹轶欧说可以写大字报”。“我们回到学校就吹风，酝酿写大字报。”大字报贴出的当天夜里，华北局来人找她谈话，她直截了当地说：“大字报并不是我们自己（要）搞的，是曹轶欧叫我们搞的。”当时的北大党委第一副书记（也是社教中的积极分子）很不满地说：聂元梓“这是泄密行为，是出卖了曹轶欧同志”。

参加酝酿的另外三人都说：三次酝酿讨论的会，聂元梓都参加了，就是第一次会“刚讨论不久，聂元梓也进来了”，以后都参加了讨论。其中一人还说：25日上午的讨论“由聂元梓执笔，边念边改”。

“文革”初期大字报主要作者杨克明给戚本禹、江青写信称：大字报是康生、曹轶欧通过张恩慈指示我们写的

我们还可看看“文革”初期，1967年8月，大字报主要作者杨克明写给戚本禹和江青的信，其中有7月写的《北京大学的全国第一张马列主义大字报的产生经过》的专题报告，报告称：“哲学系左派联系的中心是张恩慈，在他那里，保存了一些必要的资料，随时准备斗争。××等同志有时回城，到张恩慈处谈过。在2—5月整个时期内，杨克明和张恩慈保持了经常的联系，留校的同志也和张恩慈有过联系。”“张恩慈首先杀了出来，他在五·二五前，向中央系统地报告了北大的问题，主席看到了这个材料，并批发到政治局会议。”“就在这个时候，中央文革[1]的曹轶欧同志带领了调查组来到北大！张恩慈也跟着曹大姐来了，这对我们是特大喜讯。”“就在这关键时刻，康生同志、曹轶欧同志通过张恩慈指示我们：可以写大字报，这样作影响大，作用大，能解决问题。”请注意：这里用的不是什么“暗示”、“启发”、“鼓舞”之类的遮掩词，而是比“指使”、“授意”更明确的“指示”。

北京大学的全国第一张马列主义大字报的产生经过

北大的全国第一张马列主义大字报是怎样产生的？这是一个很大的政治问题。是一个关系到能不能高举毛泽东思想伟大红旗，大树特树毛泽东思想绝对权威的问题，是一个关系到无产阶级大革命全局利益，特别是关系到北大的文化大革命的命运的大问题。

就在这个时候，中央文革的曹轶欧同志带领了调查组来到北大！张恩慈也跟着曹大姐来了，这使陆平黑帮大为恐慌，对我们则是特大喜讯。

就在这关键时刻，康生同志曹轶欧同志通过张恩慈指示我们，可以写大字报，这样做影响大，作用大，能解决问题。这是中央文革对北大革命派的最大支持和亲切领导，是我们不能忘记的。

第一张大字报主要作者杨克明1967年给戚本禹、江青的信。

康生自白：大字报是在我爱人他们促动下写的，聂元梓“是混账王八蛋也要支持”

① 中央文革（全称是“中央文化革命小组”。）是1966年5月28日成立的。曹轶欧此前只是康生办公室主任，调查组组长。中央文革成立后曹作了该机构办公室副主任。

1966年8月4日，康生在北大全校万人大会上作了这样的自白："6月1日下午4点，我接到通知（指要广播大字报的通知），我感到聂元梓同志解放了，我与曹轶欧、张恩慈、杨克明也感到解放了，因为我们当时也支持这张大字报，我们也受到压力。"（康生所讲的"压力"，使我们想起中央批转国务院外办的文件，特别是5月25日夜张彦在北大党员干部会上传达的周总理补充指示，批评聂元梓大字报违反党和国家纪律。在另一次会上，康生当着周总理、江青、陈伯达及红卫兵的面说："如何对待这张大字报，当时我在北京中央是孤立的。"康生这些话的矛头不是明显地对着周总理吗?!）

1967年1月22日和29日，康生在两个场合进一步自白。他说，1966年5月他派了一个调查组到北大，"聂元梓同志的大字报就是在我爱人他们的促动下写的"。"这张大字报的矛头是针对彭真和北京市委的"。

还要说一点，张恩慈讲：聂元梓上台后专横跋扈，胡作非为，我曾为此向曹轶欧反映过聂元梓做的坏事。康生知道后，有一次当着我们的面说："聂元梓这个人不太好。在延安时我就知道。可是现在，就是混账王八蛋，也要支持。"另据××讲：1966年7月份，我到中央文革调查组。有关聂元梓名声不好的舆论，继续反映到中央文革。有一次康生听了发火说："我开始就说过：聂元梓是个混账王八蛋，我也支持她。"

二、5月25日大字报出笼后康生、曹轶欧继续活动

5月25日，大字报贴出后，受到许多师生的批评。杨克明在1978年12月写的材料中说："这时，我打电话给张恩慈，说我们已经贴出了大字报，现在争论很激烈，你是否来看看？张说，那有什么了不起的，我不去，你把大字报底稿拿来给我看看。"可是，不一会张恩慈就和另

一位同志来到杨克明处（按：据同来的这位同志讲是曹轶欧让他们来的）。简单谈后，张就去找崔××（党委常委），让他在党委常委会上明确表态，支持我们，然后又来杨处。这时赵××、高××、聂元梓等也都来到。张恩慈说：“大家要继续出大字报，不管是怎样围攻都要顶住，不能作检讨。这实际上是传达了康生、曹轶欧的指示。”这时，杨把大字报底稿交给了张恩慈。关于这一情节张恩慈在1978年12月写的材料是这样说的：“第一张大字报贴出后，遭到一些人反对……杨克明打电话给我，并且很急，说他们被围攻怎么办，你们调查组管不管?!我说你怕什么？有《五·一六通知》怕什么？并说上边领导是支持这张大字报的。**我说的上边领导，就是康生、曹轶欧。**”

（三）北京大学聂元梓等人第一张大字报，是在康生幕后策划下炮制的。

1. 陆平同志揭发

中央文件中关于康生罪证附件，陆平的证词。

在“第一张大字报”贴出的前一天，即5月24日，党委召开干部会，传达了中央批转国务院外办关于文化革命对外宣传的五条意见，其中第五条关于大字报明确规定：涉及机关、学校、企业内部的政治运动或超出现在公开批判范围以外的大字报，应该选择适当地点张贴，对外保密。要注意内外有别。聂元梓等是听了传达的。“第一张大字报”贴出后，当晚，华北局书记（同时也是北京市委负责人）李雪峰、国务院外办负责人张彦及高教部等领导来到北大，先开了常委会了解情况，当夜12时召开党员干部会。当李雪峰说道：是党中央让我们来的，是总理让我们来的，全场热烈地长时间地鼓掌。他委婉地但是明确地批评大字报“内容有点泄露党的机密”。他说：大字报中央只要求一条：党有党纪、国有国法。总理代表国家，总理公布的，我们不听，那也不太好呀！张彦重新传达了中央批转国务院外办的文件，又传达了总理交代他补充的四点通知，并说“总理特别强调：作为党和国家的纪律，就是要严格执行内外有别。”此后，大字报都移到了指定的食堂内。

5月26日晚，曹轶欧将调查小组成员带到钓鱼台康生住处。康生充分肯定了聂元梓等人的大字报，放肆攻击彭真、宋硕和北大党委。说北大这个形势是最好的形势，（围攻大字报）是他们给自己准备垮台条件，是对抗中央。他说：是做保皇党呢还是做革命派？是做黑帮的喽啰呢还是跟中央走？是红帮还是黑帮？这是北大党委面临的问题。

接着，曹轶欧在西颐宾馆接见了大字报作者聂元梓、杨克明和赵××，“热情地肯定了这张大字报”。

康生背着当时在中央一线主持工作的刘少奇主席、周恩来总理和邓小平总书记，把大字报稿报给在外地的毛泽东主席。

6月1日晚饭后，康生把调查组成员找去，告诉他们晚上中央人民广播电台要广播这张大字报，要他们到北大搜集反映。张恩慈也告诉了大字报作者们。

康生在广播事业局给中央文革小组信件上的批示。

当晚8点30分，中央人民广播电台广播了这张大字报后，北大即广播紧急通知，要党委委员马上到临湖轩集合。到会的有华北局的负责人和曹轶欧。华北局负责人当场宣布从现在起，北大党委停止工作，派工作组进驻北大，领导北大工作。曹轶欧对党委、特别冲着陆平、彭珮云大肆攻击。

大字报广播后，许多师生不理解甚至气愤。当晚到23时45分止，仅中央人民广播电台新闻部就接到询问和质问的电话59次。广播事业局总编室连夜给穆欣（中央文革小组成员）写了个简报。康生在上面批示：“这就是北京市委、大学部宋硕、陆平、彭珮云、北大党委长期欺骗学生群众的反映。当前最主要的是揭破黑帮（宋、陆、彭等）的阴谋欺骗，使广大群众在长期被蒙蔽被欺骗的状态中清醒过来……”

同样是当天夜里，王力、关锋、曹轶欧三人为配合这张大字报的发表，赶写了一篇《人民日报》评论员文章《欢呼北大的一张大字报》。据王力讲：“材料来自曹轶欧，反映了康生的观点，最后是由陈伯达定稿签发的。”这篇文章说，“你们的‘党’不是真共产党，而是假共产党，是修正主义的‘党’”，“你们的组织就是反党集团。”这和北大社教中聂元梓、阮铭的话，何其相似！《人民日报》头版通栏大标题上把宋硕、陆平、彭珮云戴上了“黑帮分子”的帽子，把传达华北局指示污蔑为“三家村黑帮的一个大阴谋”。真是贼喊捉贼！到底谁在搞阴谋?！反革命阴谋家康生一伙早已被钉在历史的耻辱柱上。

三、“三部曲”和“自发论”是站不住脚的，许多著作对“第一张大字报”的提法是尊重事实的

有人说：“七人大字报是他们自发的举动。”又有人说出笼“三部曲”的第一部是：“大字报是他们（六人）自己发起的、没有人指使。”

北京市高级人民法院

刑事终审裁定书

(83) 高刑终字第48号

上诉人（原审被告人）：聂元梓，女，六十二岁，河南省滑县人，原任北京大学哲学系党总支书记，"文化大革命"中为北京大学文化革命委员会主任，北京大学革命委员会副主任，北京市革命委员会副主任，现在押。

上诉人聂元梓反革命一案，经北京市中级人民法院一九八三年三月十六日（82）中刑字第1436号刑事判决书，以反革命宣传煽动罪、诬告陷害罪，判处聂元梓有期徒刑十七年，剥夺政治权利四年。聂元梓不服原判，以其行为不构成犯罪为理由，向本院提出上诉。

本院依法组成合议庭，对一审判决认定事实和适用法律进行了全面审查，查明：江青、陈伯达、姚文元、王力、关锋、戚本禹等人密谋决定，派聂元梓去上海"造反"，聂元梓按照江青的授意，于一九六六年十一月十九日带领孙蓬一等人到上海。聂元梓到上海后，单独与张春桥密谈；纠合在上海的北京大学学生组成"战斗团"；伙同孙蓬一制定了"以打倒常溪萍为突破口"，进而夺取上海市领导权的策略。聂元梓煽动中共上海市委机关干部起来"造反"；煽动华东师范大学的学生"打进市委机关去，让市委后院起

一九六六年七月，上诉人聂元梓等人写大字报诬陷曾任北京大学"社教"工作队党委副书记的常溪萍是"暗藏的反革命黑帮"，大字报由聂元梓交给江青转到上海，在华东师大等处张贴。同年九月，聂元梓等人又一次张贴大字报对常溪萍进行诬陷。一九六六年十一月，聂元梓在上海继续煽动打倒常溪萍，伙同华东师大的一些人多次对常溪萍批斗，致使常溪萍受到极其残酷的折磨，于一九六八年五月二十五日含冤去世。常的爱人陈波浪也受到株连，被迫害致残。

驳回上诉，维持原判。

本裁定为终审裁定。

北京市高级人民法院刑事审判庭

北京市高级人民法院对聂元梓的判决书。

从上面披露的大量事实，可以看出这种说法是完全站不住脚的。

我们粗略地翻阅了过去出版物中有关此问题的提法，现引出几个：1985 年 9 月《北京大学整党文件选编》中讲："第一张大字报"是"康生派他的妻子曹轶欧来北大点火，在曹轶欧授意下，聂元梓、杨克明等人写的"。这是一张"攻击、诬陷北大党委和北京市委的大字报"。1987 年 4 月中共中央党史研究室编著、人民出版社出版的《中共党史大事年表》中讲："康生授意北京大学聂元梓等人写的诬陷、攻击北京大学党委和北京市委的一张大字报。"1989 年 8 月马齐斌等人编著、中共党史出版社出版的《中国共产党执政四十年》中讲："这张大字报是在康生策划下，由当时在北大的'中央理论调查组'负责人曹轶欧（康生之妻）怂恿和支持写的。"1996 年 7 月，中共党史出版社出版，席宣、金春明著的《"文化大革命"简史》中讲：这张诬陷、攻击北京大学党委和北京市委的大字报"是由康生派人授意写成的"。2000 年 6 月，中央文献出版社出版，毛毛著的《邓小平在"文革"岁月》中讲："北京大学聂元梓等七人在康生的授意和策划下，贴出一张大字报，攻

击北大党委和北京市委。这就是那张臭名昭著的‘文化大革命’的‘第一张马列主义大字报’。”以上这些关于康生与“第一张大字报”关系的提法，都是根据中央关于康生罪证材料中的提法的精神，作了大同小异的表述，绝不是“道听途说”的“传闻”。而中央的结论是以大量事实为依据的，绝不是“主观臆测下定论”的。

四、“第一张大字报”肆意攻击诬陷北大党委和北京市委，对北大、北京市以至全国起了恶劣影响

聂元梓在2000年末的一次“反思”中承认“文革真是一场浩劫”。“文革开始，我带头写了第一张大字报，对文革起了推波助澜的作用。现在想来，这张大字报的内容是完全错误的”。她未具体说错在什么地方。现在让我们来看看它是怎样不顾事实地攻击诬陷宋硕、陆平、彭珮云和北大党委、北京市委的：

“宋硕讲话”和“大字报”对它的诬陷、攻击

1.“宋硕讲话”是怎么来的

1966年5月11日，中央决定派华北局第一书记李雪峰为进驻北京市委的工作组长、代理市委第一书记（6月3日正式兼任市委第一书记），北京市委原来的主要领导人被错误地批判为“反党集团”。原来市委主管文教工作的书记邓拓，早已被江青、姚文元污蔑为“三家村反党集团的头目”，受到残酷迫害，5月18日含冤去世。北京市各部门的工作都已在华北局的领导之下。宋硕在5月14日召开各校党委书记紧急会议上的讲话，正是传达华北局的指示。宋硕在讲话中已说明此点，陆平在北大党委扩大会上传达宋硕讲话时，也明确讲了是华北局的指示。党委记录也是这样明确记载的，不但讲话开头说明了这一点，而且在讲

话中间还有“华北局要求学校党组织……”等话。聂元梓听陆平传达的笔记本上，也是这样记录的。华北局这个指示已传达到北大全体党员。可是聂元梓及某些人完全不顾事实，根本不提华北局指示，硬说这是宋硕、陆平、彭珮云的“阴谋诡计”[①]。这是一种欺骗舆论、欺骗群众、欺骗中央的恶劣做法。

2. “大字报”逐段攻击华北局指示，却把大帽子扣在宋硕、陆平、彭珮云头上

大字报集中攻击的是“宋硕讲话”中的“加强领导，坚守岗位”，而且三番五次地批这句话。这句话的原话是：“华北局要求学校党组织加强领导，坚守岗位。”大字报去掉了“华北局”三字，直接攻击宋硕、陆平、彭珮云。怎么攻击呢？大字报蛮横无理地说：“你们坚守的是什么‘岗位’？为谁坚守‘岗位’”？“你们还要负隅顽抗”，“你们还想‘坚守岗位’来破坏文化革命”，“这是白日做梦！”对讲话其他内容的攻击也同样是这种腔调：什么“想把革命的群众运动纳入你们的修正主义轨道”、“这是十足的反对党中央反对毛泽东思想的修正主义路线”等。聂元梓还在大字报最后一段中加上了：“打破修正主义的种种控制和一切阴谋诡计，坚决、彻底、干净、全部地消灭一切牛鬼蛇神，一切赫鲁晓夫式的反革命的修正主义分子。”大字报明明是在逐段地攻击华北局的指示，却把许多大帽子直接扣到宋硕、陆平、彭珮云的头上。真是“张冠李戴”、借题发挥，攻击诬陷北大党委和北京市委。

“第一张大字报”的恶劣影响

在“第一张大字报”出笼的前一天，即5月24日，北大党委已在

---

① 6月1日大字报广播后，天津大学一同学就给北大写信说：“我们党委书记苏×的所谓指示，与宋硕的讲话一模一样，苏×刚到北京开会回来，不知受了什么人的指示……”信中说：他们已给天大党委贴了大字报，“从宿舍到饭厅、到党委办公室，里里外外到处都是……”北大工作组立即将此信印送陈伯达、康生。天大党委书记讲话为什么会和宋硕讲话“一模一样”？这也可证明他们传达的都是华北局的指示。

干部会上传达了中共中央批转国务院外办关于文化革命宣传的请示报告，规定了内外有别的原则，涉及内部政治运动，要对外保密。在这张所谓“第一张大字报”之前，在市委大楼贴的大字报，都遵守了内外有别、对外保密的原则。而聂元梓等人写的这张大字报却完全不顾中央指示和组织纪律，因此它是一张公开破坏党的纪律的大字报。

“文化大革命推翻了党的一系列基本原则”①，“是一场由领导者错误发动，被反革命集团利用，给党、国家和各族人民带来严重灾难的内乱”②。在这场严重灾难中，北大是个重灾区。“文革”初期流行、泛滥的“踢开党委闹革命”，使许许多多的党组织陷于瘫痪，北大党委是高等学校中最早被冲垮的党组织。可以这么说：在“推翻党的一系列基本原则”、“踢开党委”方面，“第一张大字报”起了极坏的作用。

这张大字报的恶劣影响是人所共知的，不必再多去谈它。可是聂元梓在“反思”中只说了一点：“对陆平、宋硕、彭珮云造成很坏影响”。当然，承认这张大字报“完全错误”，承认对大字报直接攻击、诬陷的三位领导人有“很坏影响”，总比不承认好，总算是有了一点认识。但是，对宋硕带来的绝不仅是影响不好，而是和许多人一样的家破人亡。宋硕在被关押中多次说过的一番话，令人感受极深：“说陆平是反革命，而聂元梓是革命的，刀架在我脖子上，我也不承认！我能再活 10 年，我一定能看个水落石出！”可惜，他没有能看到“水落石出”，他没有看到聂元梓成了被判刑 17 年的反革命分子，也没有看到粉碎“四人帮”和林彪折戟沉沙。宋硕在无休止的批斗、频繁毒打、七次抄家的残酷迫害下，身心受到严重折磨，1969 年夏开始吐血，仍继续被劳改、批斗。他被确诊为癌症以后，仍不准住院。有人并扬言“宋硕是反党分子，死了怕什么”！林彪的“一号命令”下来，还要让他“疏散”到外地。难友们看他瘦骨嶙峋，面色蜡黄，连续吐血，生命垂危，再三请求把他留

① 《中国共产党中央委员会关于建国以来党的若干历史问题的决议》。

② 同上。

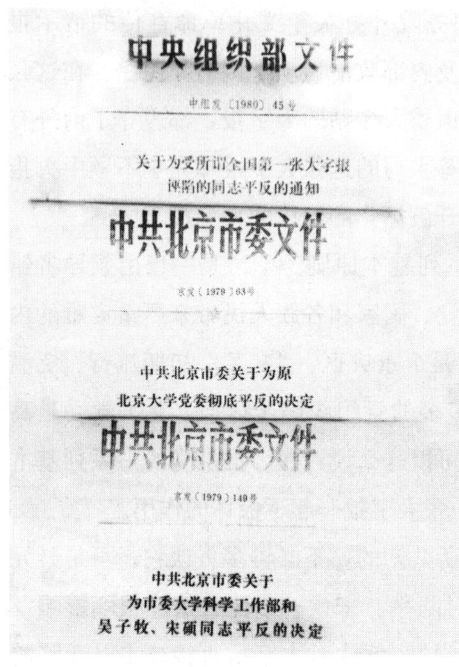

中央组织部文件

中组发〔1980〕45号

关于为受所谓全国第一张大字报
诬陷的同志平反的通知

中共北京市委文件

京发〔1979〕63号

中共北京市委关于为原
北京大学党委彻底平反的决定

中共北京市委文件

京发〔1979〕149号

中共北京市委关于
为市委大学科学工作部和
吴子牧、宋硕同志平反的决定

中共中央组织部、中共北京市委为受所谓全国第一张大字报诬陷的同志平反的文件。

下住院治疗。他在医院里仅仅住了15个小时，就怀着无限忧愤、带着满身伤痛、望着匆匆赶来的妻子的泪眼，于1969年10月30日凌晨2时停止了微弱的呼吸。这位优秀的党员干部当时才46岁！2000年一个刊物登了一篇文章，题目是“北大灾星聂元梓的晚年”。称她为“北大灾星”，并不为过。被她迫害死的何止宋硕一人?！北大在“文革”中被迫害致死的人数居全国高校之冠，这不能说与“第一张大字报”没有关系吧?！

1979年2月22日，中共北京市委作出《关于为原北京大学党委彻底平反的决定》。决定说：聂元梓等人的所谓“第一张大字报”和评论员文章，“诬蔑北大党组织是‘假共产党，是修正主义的党’，诬蔑北大党委书记陆平同志、副书记彭珮云同志是‘三家村黑帮分子”，“这些纯属诬陷不实之词，应予全部推倒”。

3月21日，北京市委为宋硕同志作出“彻底平反、恢复名誉”的决定。对“第一张大字报”及《人民日报》评论员文章、《人民日报》1966年6月5日社论的“一切诬陷不实之词，全部推倒”。

1980年8月21日，中央组织部发出《关于为受所谓全国第一张大字报诬陷的同志平反的通知》。通知指出：“文化大革命一开始，林彪、江青、康生、陈伯达一伙，出于篡党夺权的需要，抛出聂元梓等人的所谓‘第一张大字报’，并组织人炮制《人民日报》评论员文章，诬陷北京大学党委和陆平、宋硕、彭珮云同志，这是一起冤案。”并转发了北京市委的两个决定，要求各省、市、自治区、中央各部委党组、各人民团体党组、解放军总政治部，将决定“转发到县团级党委，以消除不良影响”。

人民日报

RENMIN RIBAO

党中央决定开除康生谢富治党籍

鉴于康生、谢富治直接参与林彪、江青等人篡党夺权阴谋活动，党中央决定向全党公布他们的反革命罪行

向阳公社农工商联合公司增产增收

《人民日报》关于开除康生、谢富治党籍决定的报道。

臭名昭著的“第一张大字报”，连十分顽固的聂元梓也承认它是“完全错误的”。可是，×××先生在他的文章中不但说聂元梓在北大社教中“起过重要作用”，而且还要人们“弄清”聂元梓“在大字报起草过程中有过多少贡献”。××先生文中引了陈伯达一伙炮制的《人民日报》1966年6月5日社论中一大段集中攻击、污蔑国际饭店会议的话，却说这是对国际饭店会议的“抨击”。这些说法使人想起“文革”中的语言，令人诧异难解。

一个权倾朝野、一言九鼎甚至握有生杀予夺之权的康生，粉碎“四人帮”后被揭露出来，是林彪、江青反革命集团16名主犯中的第三名主犯（仅次于林、江），而曹轶欧也被列入林、江反革命集团60名同伙之一，因而与“第一张大字报”有关的个别当事人可能想掩盖与康、曹的关系。但是事实是掩盖不了的。×××、××两先生的文章提出的新说法，只能起到混淆是非，为康生、曹轶欧开脱罪责的不良影响。

时间已经过去30多年了。一般人都不愿再多谈这些事了，由于有人提出了新的说法，我们出于对历史负责，对受迫害的陆平、彭珮云等大批干部、教师负责，对宋硕、常溪萍等大批被迫害致死的冤魂负责，故写此文，以澄清事实。不足之处，欢迎大家提出批评和补充。

汤聿文，1927年生于江苏如东县，1940年参加新四军，1943年加入中国共产党，历任报务员、股长、科长、处长、师政委等职。

作者简介

周恩来保护老干部的一着棋[①]

□汤聿文

1971年1月至1974年2月，我奉命由解放军总参谋部某部到北京中国医学科学院阜外心血管病医院“支左”，任该院军代表组组长、革委会主任、党的核心组组长（后任党委书记）。在此期间，我接受了由周恩来总理亲自安排的一项特殊任务：将一些老干部接到阜外医院就医，实际是把他们保护起来。此事虽已过去了20多年，但至今回想起来，仍然历历在目。

1971年8月的一天，卫生部军管会副主任谢华（原总后卫生部副部长）来到阜外医院找我谈话。他先询问了一下我的经历和当时医院的情况，然后话锋一转说：“经周总理批准，准备将一部分正在受审查的老人秘密送来阜外医院治疗。这个工作由你单独负责。你要亲自选定医

① 原载《百年潮》1998年第2期。

生、护士，不要把任务随便交给别人。要做到院内无关人员不得与来住院的人接触。要注意保密，严禁将此事向外泄露。根据病人的病情，需要院内会诊者，人选必须由你确定。院外会诊由我批准。不要找×××医院。”

他顿了顿，接着说：“你要布置和督促有关医生，千方百计提高疗效，该用的药都要用。如医院没有，也要想方设法搞到手。工作中如有难题不好解决，可找我或直接找中央办公厅杨德中同志。”

最后，他问我还有什么问题。我想了想，提出两点要求：一是每送来一个这样的病人，都要有中央的正式批件，否则不收；二是老同志来了都得改名换姓，不然各种登记、处方、化验报告等表单接触的人很多，保密就很困难。

谢华当即表示同意，说“就按你说的办吧”。

12月初，北京卫戍区送来了周总理对黄克诚、吕正操、刘澜波来此住院的三个亲笔批件。12日，黄克诚首先被专案组送来了。我们随即把他安排在一病房，改名“王宣”，指定王诗恒、汪琪两位大夫负责治疗。20日，卫戍区和专案组又分别送来吕正操和刘澜波，我们把他们安排在八病房和六病房，改名“李雷”和“刘菲”，指定陈宝田、王嘉明两位大夫负责治疗。

这几个病人来到医院后，人们见到卫戍区派来的战士日夜看守着他们，医护人员都是由院里指定的，就纷纷打听病人的姓名。有的甚至送人情，拉关系，想方设法套出我们的真话。鉴于这些情况，我在1972年1月10日召集执行“特殊任务”的同志们开了个会，向大家提出四点要求：

1. 必须克服一切困难，坚决执行中央批准（未说是周总理亲自批准）的这项政治任务，绝不能辜负领导对我们的信任。

2. 对内对外都要绝对保密。无关人员一律不准接触病人。病历必须由专人保管。与病人接触时只谈有关治疗的事，不要询问和谈论其他问题。

3. 要尽力做好诊断、治疗工作。必须会诊者，院内由我批，院外报卫生部谢主任批，但要立足于自己解决。

4. 一定要让病人吃好、住好、休养好。有什么特殊情况，要随时请示报告。病人用药、打针、输液、输氧以及饮食等情况，都要认真记录，不得遗漏。

此后，我们就一直是这样做的，因此没有出现过什么问题。

在我的记忆和记录中，从1972年到1974年初，经周总理批准住院的老同志先后有：李井泉、罗瑞卿、林枫、黄新廷、徐冰、周荣鑫、伍修权、张爱萍、江一真、吕东、李维汉、叶飞、熊复、刘志坚、孔祥桢、王尚荣、雷英夫、胡痴、曾宪植、徐介沈、孔原等。班禅额尔德尼患胆囊炎时，经总理批准也于1972年1月4日住进了阜外医院，当时给他改名为“李云”。

这些老同志住进医院后，都要先做一次全面检查。从检查结果来看，有的确有心血管方面的疾病，如冠心病、高血压等，需要到阜外这个专科医院来治疗。但有的并没有心血管病，甚至身体还不错，我想总理就是要把他们保护起来，以免再受迫害。

记得这三年里，我见到批转下来的北京卫戍区和各专案组为送老同志住院而上呈中央首长的书面报告，有的还附有病人家属给总理的信。在“报首长呈阅”一栏中，当出现总理、剑英、江青、德生、登奎、国锋等名字时，周总理除了在“总理”两字上画圈表示同意外，总要在江青的名字上也画一个圈，写上“不送江青同志”或“暂不送江青同志”。在“送往医院”一栏中，总理都要批上“送阜外医院”。

看到这些批件后，我一直在想：江青是毛主席的夫人、中央政治局委员、中央文革小组顾问，总理为什么不让把报告送给她看呢？……当时只能把这个疑团闷在自己心里。后来当然知道了，送老同志来住院，这正是周总理为了尽可能地保护他们不再遭受江青等人的迫害而采取的办法，怎么能让江青知道呢？

下面就是我永远难忘的总理保护几位老同志的事。

1972 年 3 月 14 日，周总理得知徐冰的病情恶化，立即批准将他送阜外医院治疗。

此前两天，我院陈在嘉主任和于秀章大夫已应邀去徐冰住处会诊。诊断结果为：肺气肿、肺心病、心力衰竭、下肢浮肿、血栓性静脉炎、蛛网膜下腔出血、空洞性肺结核，周身褥疮，嗜睡，体温下降，几天不进食，生命垂危。可是徐冰的医疗护理和居住条件很差，连床也没有，睡在稻草上……

14 日下午 2 时许，徐冰被抬进我院急诊室。我看到他面黄肌瘦，双眼紧闭，非常吃力地呼吸着，显然已处在病危之中。我们立即进行抢救。当晚 10 点半钟，谢主任来电话说："总理指示，徐冰住院后要全力抢救。"接着总理办公室也来电话："徐冰的病情要及时报告总理。"一天之内，大夫、护士日夜守候在徐冰身旁，精心治疗，全力抢救。病情稍有好转，我们就火速报告总理。但是他的病太多太重了，又拖了太长时间，终于在两天后去世。我们沉痛地给总理写了关于徐冰的治疗和临终情况的报告。

周荣鑫患心肌梗塞，从江西机场接回北京，一下火车就送来阜外医院。总理办公室随即来了电话："周荣鑫的病情要每周汇报一次。"由于治疗及时，身体恢复较快，不到两个月就出院了。出院的前一天，我去病房探望他，这位国务院老秘书长得知我们及时把他的病情和治疗情况都报告了总理，激动地紧紧握住我的手说："感谢总理的关怀！你们遵照总理的批示治好了我的病，真太谢谢你们了！"

10 月 28 日，中央办公厅副主任王良恩来电话说："熊复同志的爱人给中央办公厅来信反映熊复的身体情况，总理批示'要阜外医院想办法治疗好'。"两天后，熊复住进了医院。他是从宁夏五七干校接回来的，那里生活、医疗条件都比较差，他年年犯病。住院后，心情比较愉快，经过两个月的精心治疗，恢复了健康。他满怀着对总理和医护人员的感激，告别了医院。

曾经担任过周总理和叶剑英元帅军事秘书的总参作战部副部长雷英夫，“文革”初期就被关进了北京卫戍区。1973年3月，总理接到卫戍区的报告，得知他身体不好，立即批准送他来阜外治病。一次我在病区内巡视时，轻声对他说：“雷部长，上级很关心你，好好治病吧！”他听了一怔，似乎想问什么，但见我身着军装，又没停步，终未开口。20多年后，1996年8月22日，我与中央文献研究室周恩来组的李海文去看望雷英夫同志。当他知道我就是那个在医院跟他打招呼的军人，又听说是周总理安排他住院的，心情十分激动。他说：“我的处境就是从住院后才开始改善的。我一直在想，批准我住院的只能有两个人：总理和叶帅。今天，你们终于给我证实了。周总理真是人民的好总理呀！”

伍修权来阜外住院的情况，已写在他1991年出版的《回忆与怀念》一书中。他写道：“……我的孩子们了解我的病情后，联名给总理写信，要求及时治疗我的疾病。他们的信，不久就有了反应。1973年春，我被送到阜外医院住院治疗。这家医院在治疗冠心病上很有名。我能到那里治疗心脏病，当然是很满意的。只是住院时仍有值班战士日夜守着。不准与别人接触，连自己的名字都不准使用。临时给我起了一个假名字，我早已把它忘记了。医院方面还是知道我的身份的，他们对我的态度还比较和善，治疗也十分细致认真。”

江一真同志是老红军，曾任卫生部和福建省的领导，“文革”中被打成“反革命”，遭到批斗。周总理设法让他住进了阜外医院。在医院里，江老非常乐观，非常坚定，曾对我说：“什么‘永远健康’？呼喊就健康了，不呼喊就不健康？这不是党的光荣传统，也不是党的什么作风，这是形而上学。”他还说：“他们批斗我，给我戴了很多帽子，但我平生没有做过对不起党和人民的事情。总理了解我，我对共产主义的信念坚定不移！”

原中共中央党校校长林枫，住院时给我留下了最深刻的印象。

他是1972年8月11日被专案组送来的。进入病房时，他仍穿着有标号的囚服。专案组人员几次令其脱下，他坚决不肯，说“要留个纪念”。

经过医生们反复检查，诊断他的病是肝炎、空洞性肺结核和下肢浮肿。由于入院前一直没有得到有效的治疗，营养又严重不足，他的病情还在加重。但是，专案组的人员还不断来病房纠缠，要他“交待问题”。林老总是严词拒绝：“我的问题早就说清楚了。党中央也都知道!”

有一次，专案组的人在病房里跟林老争执起来。我听到后赶紧跑到现场，把专案组一个姓区的负责人叫到一边，严肃地说：“我们医院病人多，又几乎全是患高血压、心脏病的，需要一个安静的环境。你们不能妨碍病人休息和医生工作，要遵守院规。”

那人还不买账，说：“我们是奉上级指示来审查林枫的!”

我针锋相对地说：“我们为林枫治病，是根据党中央的指示。他必须好好休息。要审查，那是院外的事。院里由我负责。”

他见我口气严厉，又身着军装，才不再强辩，涨红着脸，带着其他人走了。

1996年8月24日，我去探望林枫的夫人郭明秋。这位1935年投身革命、参加过一二·九运动的八旬老人，因脑中风，身体很不好，可是一见到我，就激动地拉住我的手，颤抖着说：“阜外医院执行了总理的指示，保护和照顾了大批老干部，有功呀！我们全家都很感激你们。”

那三年我主持这项工作，深感责任重大，丝毫不敢松懈。为了及时接受总理交待的任务，保护老同志的安全，我一直住在办公室里，也几乎不参加任何娱乐活动。必须外出开会、办事时，也要把地址和电话留给总值班室，常年处于“战备”状态。

由于长期紧张，我的体力逐渐下降，有时心发闷、心绞痛，医生让我也住院休养治疗，可是想到总理赋予的任务，我一直坚守岗位，犯病时吃几粒药就是了。

这段时期，中央领导同志曾多次对我们的工作给予肯定和赞扬。1973年3月4日夜11时，李先念同志来院检查身体，我们向他汇报了院里的情况。他做了一些具体指示，最后说："你们这儿很安静，说明这里没有派性。你们工作做得好，我们就很放心。"

1972年秋，阜外医院新的一届党委诞生。我根据中央文件中关于"党委建立后，军管即可撤销"的规定，多次提出回部队的要求。但直到1974年2月上旬，上级才正式批准我归队。谢华同志在通知我时还再三叮嘱说，离院之前一定要将总理交给的任务移交好，还要严格保密。我在办妥了一切移交后，终于离开了这永远留在我的记忆里的阜外医院。

作者简介

李文普 1969 年在井冈山。

李文普，1928 年生，黑龙江林甸县人，1948 年参加中国人民解放军，1949 年加入中国共产党，历任战士、班长、排长、连副指导员。1954 年任林彪住地警卫班长、警卫副官，1956 年 2 月任军委办公厅警卫处二科参谋，1960 年后到林彪住地临时执行随身警卫任务，1962 年 8 月回警卫处二科任参谋，1964 年 5 月到林彪住地担任随身警卫、秘书兼警卫工作，同时兼任三科副科长、副处长。1971 年“九·一三”事件后在中央专案组学习班学习，1975 年任安徽省太平县人武部副部长，1978 年转业任吕梁地区方山县石棉矿革委会副主任、矿长。1984 年离休。

林彪的卫士长不得不说[①]

□李文普

一、我是怎样成为林彪贴身警卫的

我在林彪身边做警卫和生活服务工作，多年的总参办公厅警卫处副处长，是“九·一三”事件和林彪、叶群、林立果出逃时被林立果开枪打伤的受害者和主要见证人。

---

① 原载《中华儿女》1999 年第 2 期，本次发表做了增补。

事件发生之后，我和“林办”工作人员一起接受审查并成为“重点人”。1975年5月结束几年的监护审查，被总政干部部分配到安徽太平县任武装部副部长。

1978年10月，南京军区决定我转业分配到山西穷困的吕梁地区方山县石棉矿任“革委会”副主任。老婆孩子留在北京，单身一人在那里干了6年，身体因粉尘污染受到损害。六年调了两次级别，工资只增加了1元5角（原保留工资114元，调到115.5元）。1984年离休回北京和家人团聚。那时规定退休的年龄是60岁，我只有56岁，供应关系、医疗报销仍由山西原单位负责。我是1948年参加革命工作的，今年正好70岁。有人不断出书、写文章造谣，说我是林彪的“亲信”、“林家的总管”、“林彪身边事无巨细都经过他过‘筛子’”、“没有他不知道的事”、“林办和林立果的所有电话都被他‘监控’”、“他是北京方面安在‘九十六楼里的内线’，是‘中央警卫局’派到林彪身边‘窝点’的人”，还说打的那一枪是“自伤”。特别是被林立果看中的未婚对象、现已和美籍华人结婚定居美国的张宁，在国内外多次出版的著作中，迎合某些人的政治需要和好奇者的口味，在散布种种谎言、渲染自己的同时，却别有用心地对我进行恶意中伤，大泼污水。说老实话，过去我对“九·一三”事件采取别人爱说什么都随它去的态度，保持沉默，不接受任何人的采访，求得心理上的宁静，度过自己的余生。我是个大老粗，不会说，不会写，一切交给组织，受的苦痛自己忍受，认为那些不负责任的胡说，有关部门会出面澄清的。可是日子越久，胡说的东西越来越多，新的领导不了解，无人出面说话。不少人相信那些假材料，人云亦云。子女们受影响，问我究竟是怎么回事。我本不想说，现在又不得不说。是真是假，让世人去分辨，信还是不信，我也算对社会尽到一份责任，给后人一个交代。

我是黑龙江省林甸县人，家里很穷，曾到富裕县开荒谋生。日本投降后，全家回林甸务农。父亲病故后，1948年，我20岁，参军到四野警卫团当战士。当时的团长就是后来广州军区空军司令王璞。我们团一连负责警卫林彪；二连负责警卫参谋长刘亚楼和司令部机关；我在三连，主要是负责谭政、陶铸等政治部机关首长的安全警卫工作。1954年，我在广州军区警卫团三连当副指导员时，被选到林彪住地当警卫班班长。那时林彪身体不好，到广州休息养病，住军区老一号小楼和小岛招待所。叶群那时是个秘书，没有什么特权。我到老一号不久，就得罪了她的公子小姐。林立果、林立衡在一起玩火，我从安全职责出发，批评了他们。林立衡不吭声走了，林立果还是不听，我发了火，指着放清扫工具的小储藏室说："你再不听，我关你禁闭。"林立果跑去向叶群告状。叶群去找林彪，林彪说："李文普是工农干部，不让'老虎'玩火是对的。他也没有真的关'老虎'的禁闭嘛。"为此，我受到叶群的记恨，于1956年初被调离，安置在国防部警卫处任参谋。在此期间，我多次被派去林彪的住地替班，如林彪的警卫副官张小军、陈树棠、邹常健调离时，都是由我去代替他们，三进三出。1964年5月，邹常健随林彪转车，因没有关好车窗，怕风的林彪大发脾气，马上把邹副官调走。那时，我在军委办公厅警卫处二科当参谋，林彪指名要我去，说："不把李文普找来，今天我就不睡觉。"当夜我去毛家湾见了林彪顶替了邹常健的工作。几天后我想走，叶群找我谈话，问我身体情况，我说有胃病。叶群说："首长就是要你，你就不要走了。"从此，就让我把一切关系转到林办，一直在林彪身边工作到"九·一三"事件发生。张宁说我是中央警卫局（汪东兴负责）派到林彪身边"窝点"的一个人，实际我属总参警卫处。如果是汪东兴的人，"九·一三"事件发生后，我怎么会同林办其他工作人员一样成为重点审查对象被关押了四五年呢？

二、在林办同林彪是工作关系

在林办，工作人员确实换了一批又一批。如秘书关光烈、郭连凯、张云生都弄走了，而我没有走，主要是林彪看我这个人老实肯干，信任我。在这一点上，说我是他的“亲信”也未尝不可。但我只是一心一意为他的安全和生活服务，从不干预他和叶群政治上和工作上的事情。我同林彪是首长和下属的关系。叶群是林办的主任，也是我的上级，她交代我办的事我也得去办。林立果是我看着他长大的。我按首长子女看待，没有什么特别的地方。以后他到了空军，干的事我不清楚，也不过问。林办工作人员看不惯叶群的思想作风，几乎是清一色的反叶群派，我也不例外。

在林彪身边工作是很辛苦的，不论白天、黑夜，林彪、叶群叫干什么，我都是随叫随到，生怕出什么差错。累得要死，不敢叫一声苦，我身高一米六八，瘦得体重还不到一百斤。林彪是党中央和中央军委副主席、副总理兼国防部长，管的事越来越多，林办人员不够时还要我兼做秘书工作。以后林办工作人员不断增加，人员换来换去，我也想离开，但林彪始终不放我走。叶群是林办主任，有时对我不满意，但林彪不让我走，她也没有办法。在林办我主要是管安全和衣、食、住、行（林彪的饮食起居、参加会议、上天安门、外出活动及疗养治病等事项）。有时，林彪和叶群吵嘴打架（几乎年年都有），林彪生气，不愿见到叶群，就让我转告叶群，不叫她，不准过去进他的房间。我也只好对叶群注意观察，提前通报。林彪气消了，叶群去和林彪谈事，我自然不敢参与。林立果、林立衡去林彪房间看望谈话都是自由随意的。不管在苏州、在北戴河，林彪一家的见面活动，我从不施加影响，也不去打听。电话都是军委总参通讯部门设置管理的，根本不存在由我“监控”的问题。我只是个普通警卫干部，林彪是党中央副主席，叶群是中央政治局委员，谁敢布置我监控林彪的电话？我不敢也无这个需要这样做。电话守机员对首长打长途电话有登记，那是通讯部门规定的制度，但根本不敢偷听通话内容。

平型关战役之后，林彪在大雾中，穿了缴获的日本军官的黄呢子大衣，被国民党阎锡山军队的士兵错当成日本人开枪误伤肺部，在苏联治疗过程中，医生使用药物过量，损伤了神经机能，形成了怕水、怕风、怕感冒、容易拉肚子、出汗等一些后遗症。他又不大相信医生，喜欢自己翻看《本草纲目》等医药书籍，从中选药吃。有时他很固执，要某种药，而医生又认为不合适或吃多了对他的健康不利，就想办法用代用品骗他哄他使用。如钙片他认为好，但医生又认为按他的身体状况服多了并不好。没有办法，叶群、我和医生商量，在上海用淀粉加适当的黏合剂仿制成同样大小的“钙片”给他服用。在林办，有两位保健医生，一位是北京医院的蒋保生，一位是总后卫生部的王之敬。林彪不愿意找他们看病，他们都很难见到林彪。遇到服药或定期大体检，他们向叶群提出建议，因为林彪在生活上只相信我，所以叶群便叫我去劝说林彪采纳。一般，我讲出来，他都不加拒绝。在林彪不断得势、地位上升的时候，叶群都说林彪的身体很健康。老秘书关光烈因为向萧向荣汇报林彪怕水、拉稀，连山水画都不想看的事，就被认为泄密狠狠批了一顿。林彪的心脏、肝、肺等主要器官都没有毛病，只是容易出汗、拉肚子。夜间穿衬衣睡觉，早晨起床我给他穿衣服，他说又出汗了，我用手摸，果然衬衣汗湿了。出汗就容易感冒，我们和医生、专家商量，注意控制室内温度，及时增减衣服。夏天温度高些，冬天温度低些，他并没有规定一年到头室温非保持21℃不可。他没有盖过棉被，只盖毛巾被。北京医院院长经研究告诉我们：盖一床毛巾被可以增加4℃，穿一件华达呢中山服也可增加4℃。我们大体上按这个要求掌握。1966年冬天林彪陪毛主席接见红卫兵，给林穿了棉大衣，有时在天安门，有时坐敞篷车到西郊机场沿途检阅，一次活动好几个小时，他也没有犯病。他有时患便秘，拉不出屎，几乎到了我们要用手给他抠出来的程度。有时大便略软细一点，他就认为是拉稀，找药吃。为了查清他肠胃的毛病，医生建议做钡餐造影，可是他不去医院，也不听叶群的意见，叶群要我去做工作。林彪听了我的话，同意体检。我和 301 总医院和北京医院专家一起，把机器搬进林彪卧室，趁林彪起床后，我把钡餐粉调好，一勺勺喂到他的口里，使肠胃达到体检造影的要求。那次检查效果很好，搞清楚他的胃没有病，肠有一点功能紊乱的毛病。

张宁在《自己写自己》一书第 15 页中，说林彪“实际上是个生命烛光摇曳暗淡的老人”，说“毛泽东数次上天安门接见红卫兵要林彪陪同接见，叶群为应付局面下令医生给林彪服食‘兴奋剂’，骗林彪说是‘进口药’，服后可以‘提精神’，林彪食后药性发作，厉害时竟然手舞足蹈语无伦次，等到药性稍缓，立即发车上天安门，人们所见他的‘红光满面’是他‘药潮’未退。人们可能还记得他每次上天安门讲话的腔调拖得又长又亢奋，却没底气，因为那根本不是他自己的力气，每次下了天安门回到毛家湾便大病一场，数次连番用药，险折林彪性命，叶群曾为此嚎啕大哭过，自责道：首长这么受罪，不如死了的好，我真作孽啊！”

张宁见林彪没有几次，更没有照管过他的生活，这样写完全是胡编乱造，显然是别人有意叫她这样写的。我在林办的主要工作是保证林彪的安全和健康，实际上在他的健康方面我操的心、做的工作最多。林彪不相信保健医生，也不听叶群的话，每天吃什么、穿什么、服什么药，都是由我主管。他相信我忠厚老实靠得住，从不叫我为难。我也从不乱出主意，引起他的疑忌。

关于外界传的林彪吸毒问题，言过其实。在我到林办工作之前，听说他在广州偶尔打过杜冷丁的针药，那是为吃狗肉拉肚止泻才使用的。从 1964 年我回到他身边，七年多从没有见他吸食毒品或打杜冷丁、兴奋剂之类的药针。有时打针是注射丙种球蛋白。他睡眠不好，常吃安眠药片，有时一夜连吃三次。那次在天安门出席欢迎西哈努克大会上讲了错话，是因为服了三次安眠药，头脑未完全清醒所致，属于少有的差错。他在生活上对我们并无苛求，容易伺候。吃的饭菜很简单，专门有一个厨师给他做饭。他确实有点偏食，吃的肉菜如感觉肚子不舒服拉稀，以后他就不吃。平时主要就是吃点肉饼、青菜、馒头。他身体弱，脸色发白，但绝没有像张宁等一些人所描绘的那样“三分像人、七分像鬼”到了“一阵风就能吹倒”的可怕程度。我们在他身边只是觉得在九届二中全会之后他情绪不好，身体比以前更差些，但天天见面，也不感到有多大异常。他的身体状况有病历可查，服药都由保健医生记录。301 医院、北京医院专家、医生给林彪看过病、检查过身体的人很多，几届保健医生现仍住在北京。“九・一三”事件发生前，北京医院的蒋保生医生也在北戴河做林彪的保健工作。叶群说自己的乳房发现有一个肿块，8 月初到北京 301 医院做了一次检查，说不是癌症。回到北戴河后，仍不放心，9 月初，也就是林立衡、张宁到达北戴河的前几天，蒋保生又请北京医院、解放军 301 总医院的专家、医生到北戴河来作进一步检查会诊。同时也对林彪的身体状况作了详细检查，认为同过去一样正常，没有发现新的问题。这些专家、医生当时就住在张宁后来住的 56 号楼，现在还在北京医院，可以向他们调查。

李文普 1969 年 10 月 1 日在天安门。左为林办工作人员郭连凯。

有人说他“有精神病”、“行动失去控制能力”、“听任叶群摆布”是不真实的。夸大他的病情，一部分人是加油添醋，迎合读者好奇的趣味，人云亦云。少数人则是为了说明林彪是一个病体垂危的“重病号”，对叶群、林立果的反革命活动“不可能知道”、“没有责任”，他是被“劫持”去苏联的。

在林办工作的人都知道，林彪常为小事训斥叶群，写条子警告叶群“说话莫啰唆，做事莫越权”。林彪的脑子很好，思维能力很强，讲话从来不喜欢秘书代笔照念讲稿。1961 年中央召开七千人大会，毛泽东在会上讲话承认自己有错误，要承担主要责任。林彪要在会上讲话。军委办公厅萧向荣主任为他准备了一份很厚的讲话稿，嘱我送给林彪，林彪对我说“不用”，自己到会上即席讲话，说三年困难是主席思想受干扰的结果，吹捧毛泽东如何“实事求是”、如何正确英明，使毛泽东大为高兴。

有人把一切坏事都归罪于叶群，叶群的思想作风确实很坏，经常说假话哄骗林彪。但是，她也最害怕林彪，大的事还是由林彪拍板决定。林立果也是不听叶群而是听林彪的。林彪不点头，叶群是闹腾不起来的。在林彪、叶群身边工作、对他们比较了解的人都会有这样的看法。

“批林批孔”中，说林彪一贯反对毛主席，不看书，不看报，在庐山抢班夺权，自己要当国家主席。许多说法不能令人信服。在林办工作的人员认为那是“‘四人帮’的说法”，大多不信。在九届二中全会之前，林彪曾多次对身边工作人员说“要紧跟主席”。他还是一个爱学习爱看书的人。我随他到上海、大连、广州，他经常上街逛书市，看到喜欢的书就买，由我给他算账付钱。有时新华书店印行的单行本，他一次就买三四本。回来以后他认为重要的片段或警句，就用笔画上道道，让内勤剪下来贴在大本上或制成卡片（叶群也注意积累资料卡片，为林彪讲话的需要服务）。1966 年 7 月林彪住在大连，是汪东兴奉毛主席之命打电话到大连叫林彪马上回北京参加中共八届十一中全会的。由于天气热，汪东兴安排他住进有空调设施的人民大会堂浙江厅。他一到人大会堂，毛主席就赶来看望，和他谈事。会后，林彪取代刘少奇，成为党中央唯一的副主席。他曾几次流露不想干这种角色。他身体不好，不愿陪同毛泽东接见红卫兵，不陪又不行，有时也到了难以支撑的程度。有一次在天安门陪毛主席走到下面金水桥与红卫兵见面，几乎走不回来。他除了毛主席、周总理打电话亲自接谈之外，一般不接其他人的电话。有时中央开会他请假，是毛主席、周总理让叶群去代表林彪列席、旁听。“文革”前期，叶群与江青勾结，经常跑钓鱼台干坏事。林彪讨厌江青，不让叶群去钓鱼台，叶群就编造假话，让林办工作人员哄骗林彪。林彪对“四人帮”的印象一直不好。在九届二中全会之前，张春桥到过苏州，到过毛家湾，趾高气扬，不把林彪放在眼里，我们是亲眼所见。林彪对张春桥很不满意是真的。在庐山开会讲不讲那番话，他曾表现出犹豫不定的样子。上车前，我在旁边，曾听林彪问叶群：“这话我今天讲还是不讲?”叶群鼓动说：“要讲。”林立果在庐山单独住了一座大房子，有专线电话，是程世清安排的。叶群、吴法宪、林立果各有什么打算，他们私下说过什么话，我们不清楚。如“不设国家主席，林彪往哪摆?”我们没有听到叶群讲过。从林彪的口中，我们倒听到他说过连副主席也不愿当。毛泽东不愿接受礼仪往来属于国家主席职责范围的活动，林彪更不愿意出头露

1970 年庐山会议期间在庐山仙人洞前合影。左起：吴小华、蒋保生、李文普、李春生。

面接见外宾。林彪曾说过，“跟外国人说话要特别注意，不管你说什么，他们都会给你登报发表的”。毛泽东曾让林彪接见斯诺，他拒不接见。九届二中全会之后，林立果在庐山打电话给留在毛家湾的秘书张云生骂叶群“瞎指挥”是真实的。林彪对毛泽东政治态度的变化，九届二中全会是一个转折点。

三、林彪自己出走，并非劫持

九届二中全会以后，林彪心情不好，曾要求面见主席谈话，长时间毛主席不作答复。林彪个性很强，从不服软。两人之间的关系发生了急剧的变化。叶群和江青表面上仍经常通话问候送点东西，实际上是虚与应付。林彪不愿住在北京，经常住在苏州、北戴河。在此期间，林彪说话很少，我也从不打听，在他周围，只有叶群、林立果和黄、吴、李、邱几个人。

张宁在《自己写自己》一书中，详细描述了她被林立果选美到毛家湾的前后经过和“九·一三”前那几天在北戴河的所见所闻，有些是真情实事，有些则作了很多的渲染加工。在她的笔下，林彪成了受叶群控制摆布的一个傀儡，林立果也是受制于叶群没有自由勉强回北京进行反革命活动的一个人。我所看到和知道的实际情况不是这样的。

张宁书中第 90 页到 93 页说邱会作夫人胡敏领着张宁到毛家湾，“林彪隐在门口的黑影里”看张宁的长相是事实。说胡敏让张宁和她女儿在乒乓球室打球，见到一个瘦军人拿着台灯照亮，“以后知道瘦军人就是内勤警卫处长兼林彪贴身警卫秘书老李”。林彪看过后连说“不错、不错”，“他一表态，我便成了林家内定的对象”。

这一段基本属实，林彪、叶群从 1967 年起就多方为儿子选美女、为女儿选美男。林办的张云生秘书就曾被派到长春、锦州、广州、福州、武汉等地给林立果选美女。选的对象不少，叶群看中的不多，领进毛家湾给林彪亲自相面的就更少。张宁是南京军区歌舞团舞蹈队的演员，年龄21岁，长相俊美，气质比较文静，林彪认为可以。叶群要我拿个台灯照亮，并不是房间阴暗，而是她要在房外门帘处偷偷给张宁照相。从此以后，张宁即被安在301医院医训班学习，经常到毛家湾看电影，受到林彪的关心和接见。张宁叙说她在叶群和林立果的“夹缝”之中的种种描述我不了解，难以评说。但在书中第168页至172页中说林彪“声息全无，像一副衣架”，说“林彪在叶群手上有时就像线牵的木偶”，是不真实的。

9月6日，周宇驰带着毛泽东巡视南方接见湖南、广东、广西等地党政领导批评林彪的讲话材料来到北戴河，见了林彪、叶群、林立果，谈话内容，我不清楚。

随后，叶群亲自打电话到北京要林立衡带着正谈恋爱的张清林和张宁马上到北戴河来，说“陪首长去大连住几天，国庆节回北京”。

7日上午11点多钟，林立衡和张清林、张宁加上空政保卫部专做林立衡警卫工作的处长杨森到了北戴河，住进56号楼。到达不久，林立果就把林立衡接到57号楼他的住处密谈。这时，林彪、叶群告诉我要见林立衡，我去57号楼，周宇驰挡在门口，不让我进。我告诉他“是首长要见豆豆”，周宇驰才让我进去通报。

当时，林办工作人员一部分留在北京毛家湾，在北戴河的有秘书宋德金、李春生，总参二部的参谋倪煜，总政保卫部调来在8341部队挂名为警卫科副科长的刘吉纯，林彪的保健医生蒋保生和内勤公务员陈占照、张恒昌，林彪的司机杨振刚，叶群的司机小慕，从北戴河空军疗养院调来的护士小王。张宁所说的叶群的公务员中根本没有叫“小克”的这个人。

林彪看到张宁、张清林，很高兴。当叶群问他满意不满意时，他表示“满意，很满意，一个老红军的女儿，一个劳动人民的儿子，很好”。

8日，林立果突然去了北京，说是去治牙，叶群叫我瞒住林彪。这一天，林彪一切正常，96号楼很平静，林彪也没有问我林立果到哪里去了。到了晚上，林立果从北京打来电话，说已安全到达北京，要我报告首长，我马上报告林彪、叶群，林彪点头说：“好。”当时我就感到林彪是知道林立果去北京的，叶群有意说假话骗我。在林办，叶群经常说些谎话骗人，但对林彪则看得不十分清楚。

张宁在对这一天的描述中，说到林立果动身去北京之前向她透露了高层斗争激烈，叶群“地位要下降”、“北京被占领”等话语，并说“万一……出了事……我不连累你……你什么都不要说，听我的话”。这也许是真事。但说林立果是在叶群的逼迫之下去了北京，这不符合事实。林立果到北京看牙是假话，同周宇驰、江腾蛟、王飞和他的“联合舰队”连夜布置谋害毛泽东是真。张宁留在北戴河本不了解实情，却在书中第205页有意为林立果开脱打掩护，说“林立果当晚九点半以后就到了毛家湾”，“当晚睡得很早，第二天确实去看牙齿，检查、拍片、验血，等检查报告出来还得要两天”。

张宁对9月8日一天的描述（第189页）还特意写了这样一段话：“所有‘林办’的人都知道林彪有三个习惯：他只坐保险防弹红旗车；司机不是杨振刚，他不上车；内勤警卫李处长不先上车，他不上车。”“李处长组织关系隶属中央警卫局，解放后林彪曾换过多批警卫干部，自李处长来后，甚得林彪赏识。李处长工作上精明能干，无人能替代他。”“他的组织关系一直没有调来‘林办’，李处长的地位很特殊，因他是中央警卫局派在林彪身边的人，叶群也敬让他几分。”

我前面已经说过，我不是毛泽东、汪东兴派在林彪身边的警卫，而是林彪非要我不可，不放我走。组织关系在1964年就已调到林办。稍有常识的人都会知道，首长不上车，警卫人员不可能先坐到车上去。林立衡早就说过我是个“特务”。张宁这样写是别有用心，是按林立衡的调子对我污蔑攻击造舆论、埋伏笔。

9 日，北戴河 96 号楼比较平静。

10 日中午，刘沛丰带着材料坐飞机来到北戴河。见了叶群，密谈了约二十分钟，谈什么我不清楚；又带了什么东西走，我也不知道。我叫食堂给他准备午饭，不知什么原因，他没有吃饭，又急急忙忙坐飞机走了。

当天下午，林立衡带张清林、张宁、杨森去山海关游玩，买了一些送给林彪、叶群的小礼品，叶群叫我给他们照了相。

11 日上午 11 点左右，叶群叫我给毛家湾打电话要家里把副军以上干部名册和全军部队部署情况登记表拿来，说："首长要准备研究一下战备问题。"这一天，叶群试探性地向我讲了一下想去广州。我当时回答说："现在天气这样热，去广州干什么?"叶群没有深说，现在看来，她是为南逃广州分裂中央作准备。

那时，我的女儿和刘吉纯的女儿想当兵，叶群突然关心起来。她问我："你的女儿多大啦?"我告诉她在上中学，她又问了刘吉纯女儿的情况。她说："明天有飞机来，让你和刘吉纯的女儿来北戴河，让她俩去空疗学护士吧!"我向刘吉纯说了叶群的想法，并向北京打电话，请于运深秘书帮忙安排小孩来北戴河。于秘书马上帮助办了此事，两个孩子很快坐飞机来到北戴河。

"九·一三"事件发生的前一天——9 月 12 日，是我一生中最紧张、思想斗争最激烈的一天。我两次去空军疗养院找院长、政委办孩子当兵的事，向他们说明叶群的意见，傍晚又送孩子入院。

上午，林彪叫我收拾一下东西，准备去大连。大连是林彪常去的地方，中央首长一般都住棒槌岛宾馆。棒槌岛靠海边，林彪怕见水，不愿住，住过黑石礁铁路招待所，那里房间小，空气不好。后来看中一座原大连市副市长住过的二层小楼，经过改建成了林彪去大连居住的寓所。我以为林彪真是去大连，按惯例给大连市府交际处打电话，要他们检查一下房间，调控好林彪住房的温度，并对其他注意事项提出了要求。我又收拾了林彪随身带的东西。就在这天下午，我在平台上乘凉，林立衡对我说："林立果尽干坏事，要害毛主席，他们还要去广州。万一不行就让首长去香港，你不能让首长上飞机走。"我当时以为林彪说了去大连，叶群说过去广州，没有谈要害毛主席的事，林立果在北京干什么我不知道，也没有回来。林立衡说这番话，我感到突然，不相信。她和叶群感情不好，"文革"以后，叶群为她选美，选了一个又一个，她不要，自己选中了空政保卫部的×干事，叶群知道后大发脾气，林立衡以死抗争，服了一大瓶安眠药自杀，幸好被她的公务员王淑媛及时发现，送301医院抢救才免于一死。林立衡既然知道林立果要害毛主席、搞反革命活动，这样大的事，为什么自己不去向林彪报告，加以制止，却要我不让首长上飞机？我从来没有干过这样的事，负不起这个责任。我对她说："你有什么证据？我有什么理由不让首长上飞机？如果他要上，我强行阻止，不让他上，能行吗？"林立衡见我这样，就没有往下说，我就到空军疗养院办事去了。可能林立衡又去找林办其他工作人员说了此事，叫他们注意观察叶群的动向，所以气氛就紧张起来。我从空疗回到96号楼，几个人问我："你到哪里去了？我们以为有人把你害了呢！"这时林立衡把我叫到小厕所里，对我讲了不能让林彪上飞机的事，我心中没有底，还是问她："有什么证据？我怎好不让首长上飞机？"

张宁在书的第234—257页用大量篇幅编造了许多毫无根据的假话，简直到了骇人听闻连起码常识都不顾的程度。

第234页说林彪专车司机杨振刚，"自从9月10日、11日两天，李处长找他谈话以后，大杨的情绪陡然变化"，"从不喝酒的他，却喝得醉醺醺，不论谁问他原因，他都不理睬，情绪显得烦躁暴怒"。大杨"工作隶属李处长直线领导，其他人管不了他"，"大杨连续躲避大家三天，直到12日深夜开车载着林彪等人冲过警卫部队的防线，进机场并协助林彪上飞机，一同死在外蒙，整个过程非常沉默，始终没说一句话。没有大杨，林彪走不成，林彪有‘三不’，其中之一就是‘不是大杨开的车他不坐’”，“这个关键人物的工作是谁做的？因为只有李处长接触过他，所有‘林办’的人都怀疑李处长”。

张宁说的这一段的含意就是我早在三天前就知道叶群、林立果要把林彪劫持到苏联去，就找杨振刚谈话，强迫他开车载着林彪等人上飞机逃跑。杨振刚是个司机，林彪经常用“转车”外出活动的办法代替运动。首长要上车，司机自然给他开车，用不着别人“做工作”。三天前林立果还在北京策划布置谋害毛泽东，毛泽东还未回到北京，成败还不知道。叶群在北戴河也不可能知道全盘计划会落空，怎么可能让我去给司机连续两天“做工作”，强逼杨振刚送林彪上飞机呢？说什么“没有大杨，林彪走不成”，没有我给杨振刚“做工作”，似乎他们就不会上飞机在外蒙摔死，这哪里有一点起码的警卫工作常识？杨振刚为人忠厚老实，过去在西直门专家招待所当司机，表现好，由总参管理处调来给林彪开车。他从不喝酒，我们关系很好。事件发生前他还是每天准备好红旗车，随时听林彪吩咐外出“转车”。我没有发现他“喝闷酒”、“情绪不高”，更没有为什么事同他谈话“做思想工作”。把杨振刚说成是林彪逃跑死亡的“关键人物”，把我说成是知道林彪、叶群、林立果阴谋的帮凶，这完全是对杨振刚、对我的极大污蔑。

张宁在书中第235页说“林立衡和张青霖得知林立果晚上回北戴河”，“张青霖提出四条防卫措施：

一、调动警卫部队砍树拦车，防备叶群突然出走；

二、派人去机场破坏飞机；

三、林立果一回来，借谈话之机先绑架林立果；

四、等林彪清晨出来转车，把林彪救走。”

这四条完全是胡说八道。张清林（当时不是张宁书中用的“张青霖”）只是林立衡的未婚对象，初到北戴河，什么情况都不了解，怎么可能提出这样的“四条措施”？

张宁接着又说：“张青霖急得在屋内踱步，空有办法却施行不了，他叹口气对林立衡说道：‘现在的形势，立果最危险，叶群最荒唐，首长最痛苦，你最难办。’”

张宁煞有介事地说林立衡在当天下午找林办主要工作人员秘密开会打招呼“保护林彪”，“被召来谈话的人有林彪的马列秘书老李，值班秘书老宋，内勤警卫处长老李，还有外勤警卫处长老刘”，“众人疑惑地看林立衡，又望望李处长，好像要找出谁是说谎者”，“林立衡当机立断，向四个人具体交代任务，尤其盯紧李处长：‘首长的安全你负主要责任，你要把住关。主任和立果要带首长走，你一定不能上车，你不上车，首长就不会上车，你一定不能让他们带走首长。如果首长出了事，唯你是问。’众人齐声附和林立衡的意见，认为李处长这一关卡住，林彪就不会出问题。”

这一段根本不真实。林立衡明知林立果的阴谋是要谋害毛主席，不行就去广州另立中央，再不行就去苏联（这三条是南京军区搞党史研究的王年一说的，王年一的文章载于经济日报出版社 1998 年出版的《共和国重大事件和决策内幕》第四卷上册中。王年一的文章注明是根据林立衡的“披露”和张宁的材料）。她为什么不去向她父亲报告？只要林彪说句话，林办工作人员都会听林彪指挥。她不敢去向林彪查问，却把责任推给我们这些不知底细的工作人员。究竟她心中是怎么想的？当天下午，我根本没有参加她召集的所谓“保卫林彪”的会议。在叶群眼皮底下，她敢召集林办工作人员开那样的会吗？

晚饭前，林彪也没有说要走，而是和叶群一起为林立衡、张清林举办婚礼，要我准备照相。叶群领着林立衡、张清林到林彪面前，说，“张清林求婚，豆豆同意了，今天晚上就举办一个‘订婚仪式’。”林彪说：“很好么，祝贺你们订婚啦！”叶群把我叫到客厅，给林彪、叶群、林立衡、张清林照了合照；又强拉着林立衡、张清林接吻，拍了照；又让女儿女婿出去同工作人员一起合影留念。晚饭后在 96 号楼走廊里放映香港电影《甜甜蜜蜜》。这时林立果正从北京乘飞机返回山海关机场。机场打电话问是谁来，秘书们都不知道。叶群告诉我：“豆豆今晚订婚，立果听说后很高兴，坐飞机赶回来祝贺。”她要刘吉纯坐车去接。林立果是坐机场的吉普车在半路上换乘刘吉纯的车回到北戴河的。这时，已经到了晚上8点以后，过去负责照顾林彪生活的内勤公务员是不能离开内勤值班室看电影的，叶群却把他们赶出来看电影，自己躲进林彪房间关上门长时间地与林彪密谈。林立衡听说林立果快要回来，便去林彪房门口偷听，里边说话声音很低，听不清。21点左右，林立果回到96号楼，马上和叶群钻进林彪卧室，三人一起密谈。林立衡叫内勤公务员张恒昌、陈占照去门外偷听。张恒昌来告诉她：“刚才，在卫生间里，隔着门隐约听到里边两句谈话，一句是叶群说的：‘就是到香港也行嘛。’一句是林立果说的：‘到这时候，你还不把黄、吴、李、邱都交给我?’”林立衡听后决定去8341警卫部队报告。

张宁在《自己写自己》书中第243页写了这样一段话：“不一会儿，小陈端着茶盘从林彪那边走廊上的小侧门里冒出来，急步走向林立衡：我悄悄进去，刚走到沙发后面就被林立果发现了，凶巴巴地推我出来，差点把我推倒，吓坏我了。”

立衡和众人急问：“听到什么呀?”

小陈说：“我刚进去的时候，听到首长哭（呜咽）着说：‘我至死是民族主义者’，听到这句，就被立果发现我了，立果推我的时候，首长回头望了一眼，我看见首长正淌着眼泪。”

张宁书中还说：小陈和小张在叶群母子走后，一起进去服侍林彪吃安眠药，替他脱衣服，扶他上床睡觉，时间约11点左右。

这一段编得荒唐。林彪是久经沙场统帅过百万大军的党中央副主席，不是呜咽哭泣求儿子老婆放过他的那种人。他从不喝茶。他不打铃，内勤公务员根本不敢进屋偷看偷听他和老婆儿子的谈话。真实情况是：林立果谋害毛主席的计划落空后，准备和林彪、叶群带着林立衡、张清林、张宁及林办工作人员于13日晨6时去广州。叶群在10点多钟向张恒昌说“明天早上6点去大连”。林立衡把我叫到小厕所，还是要我阻止他们上飞机，我还是说没有什么理由，不好说。她要我注意林立果的动向，自己带着杨森去8341部队第二次打电话向中央报告。张清林继续留在96号楼看电影。林立衡的报告引起中央的注意，周恩来总理找吴法宪查问林立果私调飞机的情况，并派中央警卫局副局长杨德中随同吴法宪一起到西郊机场查问，原已做好去广州准备的周宇驰紧急打电话报告已回到北戴河的林立果，林彪、叶群这才决定马上就走。

大约11点多钟，叶群拉我到林彪卧室门外叫我等着，她先进去和林彪说了几句话，然后叫我进去。这时，林彪早已从床上起来穿好衣服。林彪对我说：“今晚反正睡不着了，你准备一下，现在就走。”我说“等要了飞机再走”，叶群用话骗我说：“一会儿吴法宪坐飞机来，我们就用那架飞机。”我当时怀疑为什么不让我调飞机，有些反常，心里没有底。我从林彪那里出来，叶群也跟着出来，叫我快点调车，并说：“快点吧，什么东西也别带啦，有人要来抓首长，再不走就走不了了。”

究竟往哪里走？我越发怀疑，就到值班室给北京打电话，找到空军主管专机工作的副参谋长胡萍。我说：“首长要马上走，什么也不带，我觉得方向不明确，你知道去哪里吗？”胡萍在电话中很不耐烦地说：“你不要问了，不要问了，你不要再往北京打电话了。”不容我再说，他就把电话挂断了。

这时，林立果把我叫到叶群的办公室，给在北京的周宇驰打电话，叫我在门外看着。我听到林立果说：“首长马上就走，你们越快越好。”他放下电话出来，催我快去调车，我回到秘书值班室给58楼8341部队张宏副团长打电话，告诉他“首长马上就走”。张副团长问我“怎么回事？”林立果又走了进来，问是谁来的电话，我说“是张副团长”。林立果立即伸手把电话压了。我拿了林彪常用的两个皮包走到外边。杨振刚把车开上来，刚到车库门口停下，林彪光着头出来和叶群、林立果、刘沛丰走到车旁。这是一辆三排座大红旗防弹车，林彪第一个走进汽车坐在后排，叶群第二个走进汽车，坐在林彪身边。他们坐定了，中间第二排座才能放好。第三个上车的是林立果，坐在第二排林彪前面。第四个上车的是刘沛丰，坐在叶群的前面，我最后上车，坐在前排司机杨振刚旁边。身后就是林立果坐的位置。当时已是深夜，天很黑，车开动了。叶群对林彪说："李文普和老杨对首长的阶级感情很深。"我和杨振刚都没有说话。车到 56 号楼时，林彪问林立果："到伊尔库茨克多远？要飞多长时间？"林立果说："不远，很快就到。"汽车到 58 号楼时，姜作寿大队长站在路边扬手示意停车。叶群说："8341 部队对首长不忠，冲！"杨振刚加快车速，冲过了 58 号楼。听林彪说要去伊尔库茨克，我才知道不是去大连，是要叛逃到苏联去，思想上产生了激烈的斗争。跟着跑，这不是当叛徒了吗？自己的老婆孩子不成了叛徒的家属了吗？便决心下车，我喊了一声"停车"，杨振刚把车停下来，我立即开门下车，叶群气冲冲地说："李文普！你想干什么？"我说："你们究竟要到哪里去？当叛徒我不去。"我转身朝 58 号楼喊了一声"来人哪！"林立果就向我开枪，当时距离很近，只一米左右，我侧着身，子弹从前胸擦向左臂，是 8341 部队二大队的卢医生给我包扎的。他们要送我去空军疗养院。我想女儿刚去那里，不好说话。我说去军区疗养院。到那里检查，子弹穿透手臂，造成粉碎性骨折。医生问我是怎么受的伤，我不好说林彪父子如何如何，只说是自己"枪走火"。

林彪怎样上的飞机，我没有看见。张宁那时还在 56 号楼睡大觉，什么都不知道，可是她在书中却别有用心地任意涂抹编造。如说：林立果逃跑时对她的旧情难舍，跑到 56 号楼看望她："门外透进微弱月光映出林立果高大的身影，左手握门把，右手提枪，向黑暗的屋内张望。我静静地躺在黑暗中，鬼使神差地竟没有发出一点声音……我正琢磨他这副怪模样，他突然转身快步跑出屋子，发动车子，冲出院中。慌乱中，他绝想不到我独自一个睡在床上。"(见第 248 页)

张宁从前在南京由胡存廉、邢杰、张建宁帮助整理、在《东方纪事》上刊载的《扭曲的虹——张宁自述》一文中，也编造了类似的荒诞情节，说："我梦幻般地听见一辆汽车在院内紧急停住，接着，一阵急促的脚步声，经过起居间直奔我的卧室，一个熟悉的身影闯了进来"，"他是林立果。屋内一片漆黑，鬼使神差我竟然毫无声息，没有吭声。林立果匆匆推门一看，立刻又跑出卧室，随着引擎声响，汽车又飓风般开走了。8341 警卫部队的奔跑声，口令声，汽车的奔驰声，像梦幻一样飘飘忽忽地过去了，我迷迷糊糊地想，林彪动一下身，保卫工作也这么大动干戈呀！"

张宁的自述是后来拍电影的脚本，可以虚构。可是南京那位研究党史的×××居然也把这个情节写进文章编在经济日报出版社汇编的《共和国重大事件和决策内幕》之中。

实际情况是：林彪、叶群南飞不成，仓促改为北逃。叶群、林立果心急如火，和林彪同乘一辆红旗防弹车，快速跑向机场。这时，叶群的车就停在边上，司机小慕已作出待命开车的准备，叶群不用。林立果逃命要紧，哪有心思在 56 号楼下车去看望张宁?!

张宁在《自己写自己》一书第 248 页还编造说："林立衡和张青霖安置好我以后，跑回警卫部队值班室，周恩来依然没有接电话，林立衡急得嚎啕大哭，对张耀祠说：'你们再不采取措施，叶主任就要把首长带走了啊！'张青霖抢过电话，擂着桌子大骂：'你们都是混蛋！早向你们报告了情况，为什么迟迟不采取行动，你们要负责……'""张青霖当机立断，命令战士排人墙拦车。"

第 215 页中写道："96 号楼直通莲花峰山外的林间小路上，黑压压堵满武装士兵。……当时中央根本没有下达拦截车辆的明确指示，而是张青霖等人自作主张临时采取的措施。当战士看清迎头冲下来的竟是林彪的座驾，都吓傻了，不及细想，自动向两边分开，让出通道，行注目礼让它过去。"

这些说法完全是在虚构电影故事。林立衡只是林彪的女儿，凭什么非要周总理接她的电话？林彪是党中央副主席，未经毛主席批准，周恩来怎么能轻易采取措施？张耀祠是中央警卫局和8341部队的负责人，张清林是一个普通军医，还没有同林立衡结婚，他敢抢过电话骂张耀祠是“混蛋”吗？更不可能“命令战士排人墙拦车”。那时，我在林彪乘坐的车上，从96号楼下来，经过56号楼、57号楼到58号楼，根本没有看到“黑压压堵满武装士兵”的“人墙”。天那样黑，车速那样快，路边的人能看清紧闭车窗的车里面坐的是林彪，“行注目礼让它过去”吗？

张宁在书的252页中说：“李处长枪伤在胳膊上，由张青霖和八三四一部队的医生共同急救包扎。张青霖是外科手术医生，检查伤口时发现枪伤是自伤。外勤警卫处长老刘会同八三四一姜队长，以及其他保卫干部再次验伤，确定张青霖诊断。”

事实是：林立果开枪把我打伤之后，叫杨振刚加快速度驶向机场，刘吉纯和8341部队2大队的干部战士分乘几辆车在后面追赶。我提着枪流着血走回到58号楼2大队队部，卢医生马上找了一个急救包给我包扎，十几分钟后就送我去军区疗养院作检查治疗。在大队部里的人有姜作寿大队长，林立衡、杨森和张清林，姜大队长、杨森处长都能证明不是张清林给我包扎的。刘吉纯不在，也没有什么“其他保卫干部”，林立衡关心的是林彪的行动，哪有什么人给我检查伤口？张清林有什么资格给我做“自伤”的诊断？我已从林彪汽车上跳下来，干吗还要打自己一枪？中央1971年下发的第57号文件，1972年下发的4号文件，都明确说明林彪是打伤了跟随他多年的警卫人员逃往机场强行起飞的。我在几年监护审查期间，组织上从来没有人问过这一枪是不是自伤。只是在近几年林立衡才私下对人散布说“那一枪是他自己打的”。

张宁在书中无中生有地提出了一系列问题：

“李处长为什么命令大杨备车？

林彪乘坐的256号专机坠毁现场。

李处长为什么自伤？

李处长以谁的名义做大杨的工作？

周恩来的电话是李处长报给叶群的，为什么要隐瞒说话时间？

‘林办’和林立果的所有电话事后得知都被李处长监控。

当夜，叶群的情绪变化，北京方面掌握得十分清楚，‘适时添火加柴’，96号楼里的‘内线’是谁？”

张宁书中的这一段明白无误地指明我李文普是向毛泽东、周恩来报告林彪、叶群情况的“内线”，如果真是这样，我应当立头功，为什么“九·一三”事件发生后，我却成为监护审查对象被关押四年之久呢？

张宁还无中生有地说：“8341部队两个排的战士才赶到机场不久，围住飞机形成一个包围圈。他们见林彪专车驶到，从车内走下被叶群和林立果搀扶着的林彪，战士们不知所措，抱着枪瞧着他们上飞机，没一人敢上前阻拦。”实际情况是：追车的8341部队干部战士途中被一节火车挡住延误了时间，到达机场时，256号三叉戟飞机已经强行起飞升空了。

可笑的是书中第256页说道：飞机起飞后二十多分钟，留在96号楼林办人员又听到飞机走后返回的声音。“96号楼的人都聚在坡顶向机场方向遥望，只听得飞机在机场上空轰鸣盘旋，大家都认为飞机回来了一定是想降落。当时‘林办’的人已离开机场，谁都料想不到中央在飞机起飞之后下了封锁机场的命令，地面所有灯火熄灭，飞机无法降落”，“飞机向莲花峰山飞来，在96号楼上空盘旋，久久不离去，大家仰望着它，最后见它在空中划出一个形似问号的线路，然后向北方飞去，再也没有回来。”

编造这一段假话的用意是说林彪在空中仍不想北逃去苏联，下令返回山海关机场，是周恩来下令关闭机场才无法降落不得不向北方飞去的。稍有常识的人都会知道，三叉戟客机时速超过900公里，二十多分钟已飞出二三百公里，怎么可能像小飞机那样在96号楼上空盘旋“久久不离去”呢？机长潘景寅对山海关机场十分熟悉，天空并没有关着的大门，飞机上有雷达、着陆灯等先进设备，机场无线电都处于开通状态。如果飞机真的返回山海关机场，降落是不会有困难的。这架飞机是违反禁航措施起飞的。机组成员中，副驾驶员、领航员、空中通讯员、随机服务员，被林立果从北京带到山海关机场准备上飞机的“联合舰队”重要成员程洪珍，为林立果服务并发了手枪的两名女青年张××、袁××接到通知都在跑向飞机，因林立果怕后面的追兵迫不及待下令强行起飞才没有来得及上飞机。这一切，山海关机场的许多工作人员都亲眼所见。林彪是跟在叶群身后从飞机前舱的软梯子自己爬上飞机的。如果他不想走，在登机前说一句话，机场上的工作人员、飞机驾驶员和随机工作人员都会上前保护林彪，制止飞机起飞。我多次随同林彪乘坐飞机，飞机驾驶员只会听林彪的指示飞向哪里。这架飞机的航迹有地面雷达航图为证，根本没有返回降落的事，我还听说周恩来曾向机长潘景寅喊话，劝他们回来，“不管在哪个机场降落，我周恩来都将前去迎接”。

张宁的书谎话连篇，不能一一列举批驳。可惜的是许多不解情况的人听了就信，当真事传播害人。这到底是为什么呢？

四、尊重历史　摇实事求是

说实话，我跟随林彪多年，他信任我，我对他还是有一定感情的。林立果在中学、大学读书时表现并不坏，吃穿都没有什么特殊。身材长

林彪尸体。

高了，买布把旧裤脚接长一段继续穿。他变坏是到空军之后，特别是当了副部长被吹捧为“超天才”、“接班人”，野心膨胀，一步步演变成了一名犯罪分子。我根本没有想到他们最后会叛党叛国逃跑到苏联去。

由于自己的文化不高，头脑简单，对高层斗争不大关心，整天为林彪的衣食住行服务，所以对林彪政治上的发展变化看不清。叶群思想作风很坏，林彪常和她发生争吵。林办秘书

叶群尸体。

林立果尸体。

张云生写的、由春秋出版社出版的《毛家湾纪实》，如实写了叶群和林彪之间、叶群和林立果之间的关系。为选张宁的事，叶群不喜欢，林立果想要并得到林彪的同意，叶群与林彪发生争吵，林彪生气，动手打了叶群一个耳光，并说“我要同你离婚”。叶群害怕，不敢再对林立果和张宁之间的关系随意干涉。叶群离不开林彪，虽然她在林彪面前出了不少坏主意，但大事还得和林彪商议，由林彪拍板。例如1965年整倒总参谋长罗瑞卿之前，林彪住在上海岳阳路，空军司令员刘亚楼患肝癌已到晚期，病情严重。林彪要搜集制造向毛泽东告状诬陷罗瑞卿的材料，

叫我带车去把刘亚楼接到他的住处谈话，医生护士不放心要陪同护理，刘亚楼不让，一个人跟我坐车到岳阳路来。罗瑞卿在北京跳楼，林彪在杭州毛泽东住处汪庄开会，我接到北京的电话，写了一张条子报告他。我不能进会场，会议工作人员把条子递给了也在那里开会的彭真，彭真在会上念了这个条子。林彪为此很不高兴。平时林彪只接毛泽东、周恩来打来的电话，其他人的电话都由叶群或秘书接转报告。九届二中全会以后，给他打电话报告、联系的人多是黄、吴、李、邱这几个人。林豆豆说林彪最喜欢她最愿意听她讲真话，实际上林彪最喜欢最重视培养的还是他的儿子——“老虎”林立果。林立果在庐山会议之后肯定也向林彪说假话，吹嘘自己，谎报情况，出了不少坏点子，但大的事还得由林彪说话。林立果在庐山骂叶群“瞎指挥”是真事，不是张云生编造的。据我长期观察，林彪和叶群之间虽然有矛盾，但为了各自的利益和欲望，在政治上又是一致的。如果没有林彪的指使或点头，叶群是指挥不动林立果的。林立衡、张宁的所谓“自述”或“披露”，把一切坏事都归罪叶群，蓄意为林彪父子开脱翻案，是没有根据的欺人之谈。她们为什么要这样写自然是有她们的用意。1971 年“九・一三”事件发生之后，林立衡、张清林被中央接到北京玉泉山高级首长住处写回忆及揭发材料。我和张宁及林办部分工作人员被押送到北京亚洲青年疗养院接受审查。我对知道的情况如实作了交待。因为我没有像林立衡那样及时向中央报告林彪、叶群要从北戴河逃跑的情况，被认为是“参与了阴谋活动犯有严重政治错误的干部”。

1975 年解除监护被分配工作之后，也就是在审判林彪、“四人帮”之前，张清林从郑州来到北京，专门找我谈林彪出逃之事，说他们要写材料上送人大彭真委员长，问我林彪是否有精神病。我告诉他，“林彪没有精神病，林彪的身体情况，医院和保健医生都能证明，用什么药，病历上都有记载。”我告诉他：“说话、写材料要有根据，要经得起历史的考验。林彪身体不好，主要是怕水、易拉肚子、容易出汗，没有其他

李文普与林彪长女林小林合影。

大的毛病。”我说，“是他自己第一个上车的，不是叶群、林立果把他架上车的”。

林彪的大女儿（和前妻张梅所生）林小林去郑州看望林立衡，林立衡告诉姐姐说林彪是被叶群、林立果劫持走的。林小林一度信以为真，特来问我。我实事求是地向她说了“九·一三”事件发生前后的情况，她改变了看法，认为林立衡的说法有假，应该实事求是，不说假话。

林立衡回到北京分配在中国社会科学院现代史研究所工作之后，很少上班，四处活动，说“今后一生干的一件大事”就是替她父亲“翻案”。张宁书中第 360 页写道，张青霖说：“我们这一生不会有孩子了。我们将尽毕生精力去完成一项既定的艰苦工作，历史需要我们作出这样的牺牲，这不是我们个人的事。所以，为了今后无后顾之忧，我和你姐姐决定不要孩子。”

由于我在监护审查期间如实说了我从林彪车上跳下来的原因是听到林彪讲“去伊尔库茨克有多远”，不愿跟他叛逃去苏联才决心下车。这个事实说明林彪是自己要走，不是被叶群、林立果劫持，所以我就被林立衡一伙看成是为林彪开脱翻案的最大障碍。于是对我恨之入骨，各种各样的造谣诽谤接踵而来。如说我受伤的“那一枪是自己打的”，我是中央警卫局派在林彪身边“卧底”的特务。主要是逼我改口，不成就把我搞臭。

张宁于 1991 年 1 月随同她的丈夫林赛圃一同到北京，由于运深陪同到我家来，名义上是说多年不见，探望探望，实际上是劝我不要在林立衡和林小林之间制造矛盾，劝她们姐妹和好，要团结。我告诉他们夫妇，林立衡不像她姐姐那样性格直爽，她不好沟通，不是有什么话实实在在地当面说出来，而是绕着圈子讲话。不是我要她们姐妹闹矛盾，而是她们之间在思想上的不同发生的。当时我们的谈话表面上还是融洽的，张宁、林赛圃还同我合影留念。时隔几年，张宁的变化很大，我成了她们集中攻击的对象。

林立衡当过报社副总编辑，很懂得宣传舆论的重要，假话说一次别人不信，说了许多次，就变成“真理”。特别是那些作家名人不断出书宣传，人们就容易相信。例如“首长好像说什么是民族主义者”，就是在张宁《扭曲的虹——张宁自述》一文中最早出现的。以后多处传播，“好像”、“起码”，又变成了“我至死是个民族主义者”。我没有听到内勤公务员陈占照说过他偷听到了这句话。林彪、叶群、林立果三个人秘密商量的谈话内容谁都说不清楚。在偷听来的一两句话上大做文章并不能否定林彪是自己走上飞机逃往苏联的事实。

林彪爱动脑筋，很能打仗，在中国革命历史上是有很大功劳的。“四人帮”发动的批林批孔运动，把林彪说得一无是处，人心自然不服。但是，他在大批彭德怀的庐山会议之后，当了国防部长，一个劲儿“高举”、“紧跟”吹捧毛泽东，在军队中整倒不少人，扶持黄、吴、李、邱几个亲信，不能说都是叶群的问题。林立衡作为林彪心爱的女儿，对父亲有很深的感情，为父亲的最后结局悲伤痛惜，是人之常情，但不应该编造假话，指黑为白，伤害他人。

张宁从小参军，是一位老红军的后代，被林家看中弄到北戴河，历经坎坷，是个受害者，令人同情。但后来受林立衡影响，写书为林彪甚至为林立果开脱翻案，攻击我这个比她受的害更多、更大的老人，确实太不应该。她 10 岁参军，是个舞蹈演员，文化不高，写不了大部头的作品，是有那么几个同样受林立衡影响的作家文人帮助才写成了那样的畅销书。

林彪是一个功过都很大的历史人物，对他有各种各样的议论和看法是各人的自由，但对历史事实不能随意歪曲捏造。“九·一三”事件的档案迟早都要解密公之于世。假的真不了，真的假不了。刘少奇、彭德怀的冤案现在终于大白于天下，受到党和人民的纪念。林彪曾经最早说彭德怀是“野心家、伪君子”，给他定性。1968 年 9 月 29 日林彪在“刘少奇专案组”送给他的“审查报告”上亲笔批了这样的字句：“刘贼少奇，五毒俱全，铁证如山，罪大恶极，令人发指，是特大坏蛋，最大隐患。把他挖出来，要向出色指导专案工作并取得巨大成就的江青同志致敬！”这些都是无可更改的事实。

有人说中央公布的林彪写的“九八手令”和给黄永胜“有事和王飞联系”的亲笔信不可靠，“林办有人专门模仿林彪笔迹代林彪在中央文件上签字，一模一样”。实际情况是：那时传到林办的文件很多，由秘书筛选重要的给林彪讲。我在林办工作人员少时，也被任命为秘书给林彪讲过外事方面的文件。我从警卫二师选来的打字员李根清字写得好，给林彪、叶群抄卡片，模仿林彪签字很像，有时一般划圈签字的文件就让他代签退回，但主要文件是不让他代签的。秘书讲的重要文件，林彪在听讲后有时也叫留下给他自己看，并不是像现在传说的那样根本不看文件。李根清当时留在毛家湾，没有到北戴河来。叶群、林立果都不会模仿林彪的笔迹，别人更不敢胆大妄为代表林彪下手令了。

李文普（右）在毛家湾和保密员李根清的合影。

张宁《自己写自己》这本书是国内某出版社出版的。1987年7月1日起施行的《中华人民共和国民法通则》中规定：公民的生命健康权、姓名权、肖像权、名誉权等权利受法律保护。张宁等人任意捏造事实，诽谤攻击，损害别人的名誉是违法的。出版社对自己出版的作品应该严格审查，只图经济效益、不严格审查把关损害无辜者的名誉，同样应负法律责任。我已是一个年过70的离休干部和普通公民，享有受法律保护的权利。希望那些作家、出版社不要忽视法律的尊严。希望广大读者对市场上的那些不负责任的书刊小报应有所鉴别，不要迷信这些作家“名人”才好。

高振普，1938年生于山东省微山县，1954年入山东省公安干部学校，结业后留山东省公安厅工作，1956年调中央警卫局，1961年任周恩来卫士，1983年任邓颖超警卫秘书。1991年被授予少将军衔，曾任中央警卫局副局长，1998年退休。

高振普（右一）1997年在西花厅周总理办公室。

作者简介

周总理在接到张耀祠报告之后[①]

□高振普

1971年9月12日下午，周总理5时左右起床，他是工作到上午11时才睡的。白天睡觉是他战争年代养成的习惯。今天睡够6个小时，总理显得特别精神。早已等候的杨德中（中办警卫局副局长兼中央警卫团政委，主管总理的警卫工作）跟着总理进了卫生间，向总理报告：毛主席的专列已停在丰台，到丰台后就把李德生、纪登奎、吴德、吴忠叫上车。总理听后问了一句：怎么这么快就到了丰台？杨德中说是专列中途除必要的加水以外基本没有停就直奔北京。总理又问专列什么时候进北

① 原载《中华儿女》2000年第3期。

京，杨德中说还不清楚。

周总理和往常一样，喝了一杯豆浆冲鸡蛋，尔后带上他那厚厚的文件包，去人民大会堂，准备晚上开会。会议是晚 8 时开始，地点在福建厅，参加会的人员是部分政治局委员和有关的部长们，内容是讨论即将在四届人大会议上作的《政府工作报告》。当会议进行到 10 时 40 分左右，张耀祠（中央办公厅副主任、中办警卫局副局长兼中央警卫团团长，分管毛主席的警卫工作）来电话，说有紧急事情向总理报告。周总理离开会场，接通了电话，张耀祠向总理报告说，接张宏同志（中办警卫局副局长兼中央警卫团副团长）从北戴河打来的电话：林豆豆来部队报告说，叶群和林立果要挟持林彪出逃，先去广州，再去香港，晚 8 时已调来了林彪的专机“256”号。周总理紧皱眉头对张耀祠说：请告张宏同志，派人密切注意动向，及时报告。并问张耀祠现在什么地方，回答说是在中南海游泳池。其实，周总理是在询问毛主席在哪里。放下电话，总理进入会场，向开会的同志宣布，今天的会议结束，政治局的同志留下，其他人员请回。

周总理向吴法宪（空军司令）查问空军一架三叉戟飞机去山海关机场的情况，吴法宪支吾着说不清楚。总理让他马上查。吴法宪就用胡萍（空军副参谋长）编造的假话向总理报告，说是一架改装的飞机，试飞中发生故障，降在山海关机场。总理听后，叫吴法宪下令这架飞机停在原地，不准起飞。

周总理预感到事情的严重，他在思考着应付的办法……

11 时 20 分，叶群来电话，对总理说：“首长（指林彪）想动一动。”

“是天上动，还是地上动?”总理仍沿用他多年的习惯。凡关系到领导人的重要活动，他都用对方可理解的语言讲话，这是他多年养成的保密习惯。

叶群答：“是天上动。”

“你那里有飞机吗?”

"没有。"

周总理知道停在山海关机场的飞机是当天晚上调去的，她却说没有飞机，纯属假话。总理看透了她来电话的目的，也想到了这严重的事情仍在继续发展。

周总理马上请李德生、纪登奎二同志到北小厅，交代了任务。随后，李德生去了空军作战部，纪登奎去了北京军区。

总理叫吴法宪马上去西郊机场随时掌握机场的情况，并派杨德中"协助"吴法宪工作。杨德中凭他多年在总理身边工作的经验，理解总理派他去的用意，随吴法宪去了西郊空军机场。

总理指示李作鹏（海军司令）下令山海关机场，不准那里的任何飞机起飞。又让通知其他政治局委员到福建厅。汪东兴仍留在毛主席那里没有到会。稍后，周总理又把开会的会场由福建厅改在了新疆厅。总理对到会的同志说，有件事先去处理一下，请同志们等一等。

周总理驱车到了中南海游泳池，亲自向毛主席报告今天发生的一切，最后建议毛主席转移去人民大会堂118厅。这里是毛主席召开会议、会见外宾和休息的地方。

9月的北戴河，秋高气爽，海水是那样的平静，可林彪的住地96号楼内却一片混乱。叶群发现林豆豆已不在楼内，又得到胡萍报告总理查询飞机的消息后，本想要通周总理的电话探听虚实，为其阴谋放个烟雾，不料露了马脚。她虚假的心理，加速了思维的混乱，只见她大声疾呼地指挥着人们加快做好外逃的准备，急急忙忙把文件、物品塞进林彪的红旗车内。林彪、叶群、林立果、李文普（林彪的贴身警卫）挤进一辆车内，由司机杨振刚开车，离开96号楼。大杨原为叶群的专车司机，后为林彪开车。车出门不远，就遭到驻地部队的拦阻，随着一声尖叫的喇叭声，汽车冲向部队，战士们急忙闪开，险些被这夺命的汽车撞上。中队长肖奇明见此情景，举枪向汽车尾部连开两枪，此刻他已忘记这是红旗防弹车，别说是手枪，就是两颗手榴弹投到车上也无济于事。事后验证，他那两枪都打在汽车的后挡风玻璃上，只在玻璃上留下两个白点。后来，周总理对这两枪提出批评，说是没有明确指示，怎么能开枪呢？汽车取道海滨路，奔向山海关机场。中央警卫团的战士们在中队长肖奇明、大队长姜作寿和副团长张宏的带领下，先后乘吉普车、卡车和吉姆车以最快的速度紧追。

周总理从中南海回到大会堂新疆厅，我们按规定留在厅外。晚 12 点多，即 13 日晨，周总理又接到张耀祠报告，林彪已离开住地，向山海关机场跑去。周总理询问先派出去的部队能否先到机场，张耀祠不能作出肯定的答复。总理又一次叫李作鹏下令山海关机场，不准停在机场的任何飞机起飞，要设法阻拦。但李作鹏并没有遵照总理的指示下达命令。

不到一个小时，张宏把林彪一伙乘机起飞的消息经张耀祠向总理报告。周总理拿起电话命令空军司令部调度室向“256”飞机喊话，希望他们回到北京，不论在哪个机场降落，周总理都亲自去接。调度室照总理的指示办了，可“256”飞机没有答话。

周总理自得知林彪、叶群的行动后，一直采取着一切可采取的措施，但都没能挽回这必然的结果。飞机飞出国境，在荧光屏上消失。大会堂内的空气变得更加紧张，人们互相看着，会有什么事情发生？怎么办？周总理向毛主席详细报告了这一切，同时也把自己的设想、部署报请毛主席批准。毛主席说：“天要下雨，娘要嫁人，由他去吧。”

周总理回到新疆厅，宣布了林彪北飞的消息，场内哗然。人们互相看着，谁也没有讲话，也不知道该讲什么，无言、沉默，沉默得使人诱不过气来……

周总理看看大家，声音不太高地说：“请你们待在这里，都不要离开新疆厅。”说真话，在座的领导们谁都不想也不敢离开。

周总理走出新疆厅，对厅外的环境作了进一步的安排，指定专人看守厅门，无关人员不准进入，所有随领导们来的人员，一律原地休息，谁也不准靠近新疆厅。

西大厅内的北小厅，厅内有办公桌，装有军用和各种电话，还有一张床，周总理往常在这里办公和休息。总理走进来示意关上门后，拿起电话，向全国下达了净空命令，即：没有周恩来、黄永胜、李作鹏、邱会作、吴法宪共同签发的命令，飞机不准起飞。总理还直接向各大军区下达命令，派陆军进驻空军、海军机场，与原守卫部队共管，严格遵守净空命令。

这时，刘贤权来了，他是铁道兵司令。我们事先不知道他要来，把他挡在门外，刘司令火了，冲着我们说："总理叫我来，你们不叫我进，什么意思?"我们把他引进西大厅，马上向周总理报告，周总理请他进了北小厅。二十多分钟后，刘司令出来了，我们向他道歉，他严肃的脸上露出一点笑意，对我们说："不怪你们，你们做得对。"我们送他出去，他坚定地说，我照总理的指示去办。

周总理指示外交部，密切注意外电报道，并研究和提出各种情况下的交涉和应付方案。

李德生坐镇空军作战部，掌握全国空军的动向，更注视着首都各机场的情况。9月13日凌晨3点15分，北京沙河机场报告起飞了一架直升飞机，向张家口方向飞去。李德生立即将这一突如其来的事件报告总理，总理果断地指示："迫它降落，不听就打下来，决不能让它飞出去。"于是空军先后派出八架（次）飞机拦截，因天黑没有找到这架直升机。空军调度室一片紧张，大会堂内所有人都在静静等待着。这架周宇驰、于新野、李伟信劫持的直－5飞机，携带大量文件向北飞，企图追随林彪逃往国外。驾驶员陈修文是一位智勇双全、具有高度觉悟的同志，他识破了他们的企图，机智地骗过他们，把飞机飞回北京，曾接近西郊机场。杨德中后来说，在西郊机场曾听到这架飞机的声音。周宇驰等发现被骗，用枪逼迫陈修文北飞，陈修文以没油为理由，将飞机降落在怀柔境内。接近地面时，陈修文与周宇驰等搏斗，被周宇驰枪杀。周宇驰等爬出飞机，狼狈奔逃，被我赶来的部队、民兵、社员群众追进庄稼地里，团团围住。周宇驰、于新野、李伟信料难脱逃，周宇驰提出，由他先开枪把于新野、李伟信打死，然后自杀。于、李不同意，约定一起自杀。周宇驰、于新野当场毙命，李伟信朝天空放一枪，保住性命，被战士、民兵捕获，留下这一活的口供。

已连续忙碌了四十多个小时的总理仍无睡意，在我们一再劝说下，他服了安眠药才算睡着。听总理发出轻微的鼾声，我忙退出小厅，把被褥铺在门外的地毯上和衣而卧，这回却轮到我睡不着了

天已大亮，关掉了大会堂内的部分灯光。隔窗外望，长安街上人来人往，上班的、上学的、散步的，他们与往常没有什么不同，他们是那样的平静；天安门广场，首都民兵师的队伍在演练队形，他们练得那样认真，走得那样整齐，为的是接受国庆22周年的检阅。他们哪里知道此刻所发生的这一切。明天会怎样，谁又能预测？

周总理没有问时间，没有顾及天亮，就连我们关灯、拉开窗帘都没有抬头看一下，他陷入了深深的思考……

后来，周总理走出小厅，向毛主席所在的118厅走去，他没有像往常那样，先问一下主席是否休息。我们紧跟他，靠近他。总理从12日晚7时30分吃过一餐饭后，到现在十多个小时没吃东西，又处在这样非常紧张的状态，我们都在担心他的身体。他回过头来看了看说：“不要都去，留下人听电话。”张树迎示意我留下。约半个小时后，总理又回到了新疆厅。

电话铃响了，是南京军区许世友司令员打来的，找总理亲自听电话。他的声音很大，在我把话筒递给总理的瞬间，听他说出了关键的一句话：“报告总理，我已派参谋长带部队占领了南京的全部机场，辖区内的其他机场也已同时出动部队全部占领，请总理放心，请毛主席放心。”总理微微一笑，放下话机。

上午9时，我们几个人商量总理吃饭的事。这中间虽说送过葡萄糖水、花生米和玉米面粥，但这些不能顶饭吃。据我们的经验，已到了可以劝他吃饭的时候了。于是先请厨师做好了一碗热汤面、几个小包子、一盘小菜。送进去后，总理接受了，吃了一碗面、一个包子。看着他吃剩的包子，看着他吃空的面碗，我一阵心酸，眼睛湿了。如果是以往，我会觉得轻松许多，因为总理忙起来，不睡觉不吃饭是常有的事。可今天我轻松不起来，只是深深地吁了一口气。

总理约来了军委的同志和总参作战部的同志，在大会堂东大厅开会。作战部的同志铺开地图，总理与到会的同志们共同分析由于林彪外逃可能发生的情况，研究制定了应急方案，调整部队部署，重点是应付国外势力的入侵。

邓大姐打来电话，这已是第三次了，她不知道这一夜发生了什么事情，也没有人向她报告，我们只对她说是开会。邓大姐关心着总理的身体，总理自1967年患上冠心病以来，过度劳累会出现什么结果，邓大姐比谁都清楚，可她又有什么办法？“文革”以来，总理的工作量是超负荷的，邓大姐盼着这没完没了的事情早点结束，总理的担子也可减轻一些，可事与愿违，事情多得像一团麻，越揪越乱。多年的经验告诉她，今天发生的事情不同一般，她从总理近20个小时不回家，我们又在电话里支支吾吾，断定有大事情发生。她也不像往常那样催总理散会，也不催总理回家，而是一再叮咛我们给总理按时吃药，不要饿得时间过长，掌握时间送点吃的，提醒休息。我们如实把邓大姐的话向总理作了报告，总理让我们转告邓大姐，请她放心，事情完了，就回去。

钱嘉东、纪东两位秘书在家值班，这段时间，我们之间也没了联系。他们接到丁盛（广州军区司令）这样一个电话：请报告总理，他忠于毛主席，听毛主席的；听周总理的，周总理怎么说，他怎么办。他已遵照总理的指示去办了。纪东同志接电话后，叫我向周总理报告。总理听后让我通知纪东到大会堂来，纪东到了大会堂，总理让他留在大会

20世纪70年代，周总理、邓大姐与身边工作人员合影。第二排右一为高振普。

堂，帮助处理事情，没再回办公室。

新疆厅内的领导人已按照总理分配的房间，到各自厅室去休息，他们也是很长时间坐在那里，虽然偶尔走出厅室散散步，可谁也没有离开大会堂。

我们劝总理休息一会，总理答应了，就在北小厅，他坐在沙发上，闭上眼睛，我们轻轻地关上门，退出来。十几分钟后，总理叫我们进去，说是睡不着，于是又继续翻阅着他那些文件，不时接着各方面来的电话，却一直没有林彪飞机的消息。

14日上午11时，已连续忙碌了40多个小时的周总理，显得格外疲倦，在我们的一再劝说下，才服了安眠药，上床休息。

总理躺下后，很快便发出了轻微的鼾声。我们终于松了一口气，退出小厅，我把褥子铺在他门外的地毯上，和衣而卧。不知是因为紧张，还是想到自己责任重大，我盯着天花板，怎么也合不上眼，索性不睡了，想着发生的一切。林彪是副统帅，怎么能这样干呢？庐山会议后的批陈（陈伯达）整风，虽说林彪有错误，没点他的名，是有意保护了他，当然也是警告他。怎么能跑呢？在我们党的历史上出了个张国焘，在新中国成立20多年后的今天又出了个林彪！局面会怎么样呢？能乱吗？除去已跟林彪跑的，还有谁呢？……

当听到“256号飞机失事”报告后，总理两肩一张，满脸带笑，说了一声“摔死了”，随后他拿过电报，穿着睡衣拖鞋急步走向毛主席所在的118厅

14日下午2时，服务员叫我们接电话，纪东接电话回来说是王海容问总理在什么地方，她有重要情况要向总理报告。我们叫醒总理，报告了王海容电话的内容，总理叫她马上来大会堂，并让我到门口等王海容。王海容手持密封信，边走边着急地问我：“总理在哪里?”我说先进去吧，总理已在卫生间漱口。纪东接过王海容手中的信，总理催他快念，当听到“一架军用飞机在外蒙古失事，机上9人全部遇难，其中有一妇女，机号：256”，总理两肩一张，满脸带笑，说了一声：“摔死了。”拿过电报，穿着睡衣拖鞋急步走向毛主席所在的118厅。他们俩谈得很久，约4点钟，总理才离开。政治局的全体同志已转到福建厅，总理向他们宣布了林彪摔死的消息，会场马上变得一片轻松，高兴的气氛笼罩着福建厅。总理叫准备饭，说他们要好好吃一顿饭了，还破例喝了茅台酒。

周总理指示外交部，电告蒙古使馆。请许文益大使亲自带人到出事现场，查清飞机型号、遇难九人的身份，要从各个角度拍摄下飞机、现场和九个人的照片，特别是遇难人的照片分角度、拍特写等。并向蒙方交涉，把死难的九人遗体运回国内。

14日午夜，周总理开始分批向中央机关、国务院各部委和军队系统的主要领导人通报林彪外逃事件，比较详细地讲述了事件的经过。嘱咐各单位各系统的领导要把握住本单位，紧紧地团结在毛主席周围，制

林彪反革命集团策划武装政变阴谋败露后，林彪等人仓皇出逃，在蒙古温都尔汗机毁人亡。

定防范措施，以应付可能发生的事情。这分批的通报会持续到 15 日下午 4 时才结束。总理很疲劳了，该回家了，我抢先一步收拾好他的文件包，随他走出会场。总理与大会堂的工作人员握手，道谢，才总算离开了大会堂，回到了西花厅。整整三天三夜，73 岁的周总理只睡了三个小时加上沙发上的几次小憩。

邓大姐迎在门前，对总理说："老伴呀，看你的两条腿已抬不起来了。"总理微笑一下说："这很自然了。"邓大姐已知事件的经过，这是在向各单位通报时，周总理派杨德中向大姐报告的。邓大姐随总理走进办公室，跟他谈了一会儿话，劝总理好好睡一觉，总理接受了大姐的建议。在我印象中，总理这样痛快地接受休息的劝告并不多见。

时间一天天地过去，外交部向总理报告，我驻蒙使馆派孙一先同志携带材料于 9 月 19 日乘火车回国，于 21 日下午到京。周总理于 21 日当晚听取了孙一先同志的报告，仔细地看了他带来的现场照片。在座的，除政治局的同志外，还请来了外交部的姬鹏飞、韩念龙、符浩，公安部长李震，北京空军司令李际泰，警卫局杨德中等同志。分析了飞机坠毁的原因：飞机因燃料将要耗尽，被迫紧急降落，驾驶员不熟悉该地区的地面情况，冒险以飞机肚皮擦地降落，飞机降落后，失去平衡，与地面冲撞，起火爆炸。从死者的遗体上看，都取下了手表等易于擦伤的物品，说明事先都作了迫降的准备。

为了确定原因，周总理后来还亲自到西郊机场，查看了同样的三叉戟飞机，分析迫降时引起毁机的原因。据专家确认，这种飞机两翼下部与机肚底部几乎平行，虽然驾驶员技术很高，但在沙地上很难掌握平衡，稍有偏差，就会导致机毁人亡，“256”号飞机出事是必然的。

送走李先念之后，在从机场返回的路上，总理对杨德中说：“咱们把车开快一点，先一步到大会堂，再与邱会作谈一谈，争取他多交代一些问题。”可惜后面邱会作的车也跟得很紧，一到大会堂北门，杨德中虽然抢先一步下车，也来不及了，执行人员已对邱会作实施隔离

9月23日，已是林彪等葬身于温都尔汗的第10天。林彪的干将、他的“四大金刚”——黄永胜、吴法宪、李作鹏、邱会作已是六神无主了，他们没有主动向中央坦白交代，而是私下活动，销毁证据，对抗中央。对他们的活动中央早已察觉，已经到了对这四人采取行动的时候了，毛主席决定把他们四人抓起来。这项决定由周总理执行。

就在这一天，9月23日晚，总理驱车到人民大会堂，先是在新疆厅开了会。会后，总理约来杨德中，向他交代了任务，杨德中受命去部署对“四大金刚”的进一步监视。走前，杨德中对我说：“今晚有重要行动，你要提高警惕，多个心眼，再从警卫处调两个人协助你。”他没对我说是什么行动，说完就走了。总理仍然坐在那里看文件，我和警卫处的两位同志守在门外。因为不知道这行动什么时候开始，我心里没底，坐立不安，推开房门看看总理，他却像没事似地批阅着文件。

晚11时左右，杨德中回来了，我急忙上前问他一句：“怎么样？”他说一切就绪，就去向总理报告。几分钟后，总理把我叫进去说：“咱们回家。”我答应后接过文件包跟在总理身后。我在想，都安排好了，怎么又要回家？不会出了什么事吧？

周总理回到家后并没有休息，仍坐在那里看文件。杨德中告诉我，今晚的行动改在明天上午进行，仍在大会堂，原因是9月24日上午8时，李先念同志率团去越南访问，去机场送行的有邱会作。逮捕他们四人的行动需秘密进行，为不引起外界反应，便改在送走李先念同志以后。这个晚上，总理又是一夜没有合眼。24日早晨7点50分，总理到了首都机场，纪登奎等已到候机室，邱会作也坐在那里。和往常一样，总理与他们相互握手就座。李先念同志到后，他们一同步入机场，气氛平静。我紧随在周总理的身边警惕着周围的动向。李先念同志登上飞机，向送行的人们挥手告别，飞机滑动了，周总理转身对纪登奎、邱会作说："9点钟在大会堂福建厅开会。"其实纪登奎知道开会的内容，邱会作也接到开会的通知，但他却不知道今天的会对他意味着什么。

由机场返回的路上，杨德中坐在总理的车上，总理问："邱会作的车来了吗?"我从反光镜中看到邱会作的车紧跟在后，就说："在后边。"途中，周总理对杨德中说："咱们把车开快一点，先一步到大会堂，再与邱会作谈一谈，争取他多交代一些问题。"杨德中说："大会堂已作了布置，邱会作一到就会被隔离起来。"总理叫再把车开快一点，我们的车加快了，后边的车速也跟着加快，因为都是红旗车，性能一样，不可能甩掉它。而车上原有的通讯设备，也因反窃听，全部撤掉了。今天是干着急，只好到大会堂再说了。到大会堂北门，杨德中虽是抢先一步下车，但也已来不及了，执行人员已对邱会作实施隔离。

周总理、叶帅和纪登奎在东大厅等待着黄永胜、吴法宪、李作鹏的到来。9点钟，黄永胜、李作鹏先后到会，与邱会作一块坐在福建厅，只有吴法宪没有到。是什么原因没有到呢?是走漏了消息吗?不可能。我们也很着急。总理、叶帅和纪登奎在东大厅内走来走去。9时10分左右，吴法宪到了。周总理、叶帅、纪登奎走进福建厅，我们被允许守在厅内。虽然厅内的布置没什么变化，还是开会的老样子，但总显得气象不同，与往常不大一样。

就座后，周总理代表毛主席、党中央宣布："中央决定对你们四人隔离审查，希望你们与林彪划清界限，交代你们的错误。”周总理从庐山会议说到这次林彪叛逃，指出他们四人在这期间的所作所为。总理并没有用“罪行”二字，大概也是个策略。总理接着说：“林彪叛逃后，根据多方查证，证明你们四人是站在林彪的一边的，反对毛主席、反对党中央、搞分裂活动。毛主席等了你们 10 天，希望你们觉悟，主动向中央交代问题，你们不仅没有交代，反而相互串联，销毁证据，完全站在党中央的对立面。所以，中央不能不采取断然措施，把你们分别隔离起来，这便于你们交代问题，也便于中央对你们进一步审查。”总理接着说：“你们放心，你们的问题是你们的事，你们的家属、孩子不会受到牵连，这是我们党的一贯政策。不会像你们当年对待叶帅那样，叶帅的孩子你们都不放过。今天叶帅在座，他不会那样的。”叶帅会意地点点头。

总理问他们四人还有什么要说的，他们四个人都低着脑袋坐在那里，一声不吭。周总理看着他们的样子，知道要他们在这里马上说些什么，也很困难，于是下令将他们带走。

就这样，林彪的四员干将被顺利地抓了起来，消除了一大内患。这也是林彪事件后，中央采取的一大行动。

张　化（女），1952年生。中共中央党史研究室第二研究部副主任、研究员。主要从事社会主义时期中共党史研究，重点是"文化大革命"史的研究。参加过《中国共产党简史》等著作有关部分的编写。个人曾承担国家社会科学基金资助项目《邓小平主持的1975年整顿》的研究工作，出版专著《邓小平与1975年的中国》。发表过《李大钊与"少年中国"的理想》、《试论知识青年上山下乡运动》、《九一三事件后毛泽东的思想矛盾及其变化》、《刘少奇的悲剧和悲剧中的刘少奇》等论文、文章数十篇。

作者简介

邓小平政治生涯的第三次低谷的症结何在[①]

□张　化

1975年10月，整顿形成全方位的发展态势。1975年整顿工作的成效是明显的。整顿开始后，一些地区武斗逐步减少，大部分地区社会秩序趋于稳定，国民经济由停滞、下降迅速转向回升。

邓小平进行整顿，本来是按照毛泽东说的"军队要整顿"、"地方要整顿"、"文艺要调整"等指示办的，有些领域的整顿，如文艺调整，还是在毛泽东的亲自批示下启动的。但是，整顿的深入，不能不触及到

① 原载《百年潮》2004年第1期，此次发表做了一些删改。

“文化大革命”的“左”倾错误和政策，逐渐发展到对这些错误进行系统的纠正。这种发展趋势，既遭到“四人帮”的猖狂反对，也为毛泽东所不能容忍。这种深刻的矛盾终于在1975年11月爆发了。

形势的逆转

整顿中，不仅出现了中央“五七”艺术大学音乐学院教师李春光的大字报、诗人郭小川的万言书，而且还在8月出现了来自四川雅安地区一位“小人物”的《献国策》。

这份《献国策》出自一位叫李天德的知识分子。李天德1956年考入重庆大学，1957年被打成右派。下放农村劳动期间，又被打成“反革命小集团骨干”，被捕入狱，判处五年徒刑。“文化大革命”开始后，他再次受到冲击，1967年被以“反革命”罪判处六年徒刑。1975年5月，他用22页方格稿纸写下《献国策》一文，表述自己“担负国家之重任”的想法。8月，他卖去蚊帐、箱子和铝锅，凑足路费前往北京。到京后，他给中共中央、朱德委员长各寄出一份《献国策》，又闯新华门想见邓小平面呈《献国策》，被北京市公安局以现行反革命罪逮捕。

李天德《献国策》的主要内容有：节制生育，控制人口；缩小工农和城乡差别；取消开卷考试制度，一律实行闭卷考试；凡对国家领导人、党的方针政策提出批评者，一律不打成反革命或反革命集团；领袖的任期与功过等10多个问题。他在《献国策》中说：“三面红旗、文化大革命、知青下放、教育革命等的提出，究竟是历史发展的必然产物，还是中央里的少数人、甚至是主席一人提出来的?”他认为，“文化大革命”是“完全不必要的，坏处大大超过好处”。他认为“文化大革命”的“坏处”是：许多好干部受到林彪一伙的迫害；人民遭到前所未有的愚弄，受了坏人的唆使，像仇人一般相互厮杀；林彪一类大小坏蛋捞了便宜，小坏蛋搞打、砸、抢、抄、抓、奸淫、烧杀，大坏蛋搞阴谋诡计、篡党、夺权，搞法西斯主义。国民经济遭到新中国成立以来的空前大破坏。由于林彪搞宗教迷信、集权崇拜，使人们变得不诚实、伪善、奸猾。

这篇鞭辟入里、不掩锋芒的《献国策》，是一篇以生命为代价，批判“左”倾错误，声讨林彪和江青一伙野心家、阴谋家的战斗檄文。今天读来，仍然可以感到这位当年只有36岁、却有11年狱中经历的知识分子，为了“建设一个强盛的社会主义祖国”而冒死上谏、无所畏惧的浩然正气！

1975年夏天，这些并无政治背景的大字报、万言书、《献国策》等相继出现，反映出在全面整顿的影响下，要求纠正“文化大革命”“左”倾错误，批判“四人帮”为代表的极左思潮，已经在一定范围成为比较强烈的社会呼声。

就在这时，在党的高级领导干部中也出现了具有相当冲击力的上书。这是由清华大学党委副书记刘冰、惠宪钧、柳一安和党委常委、政治部主任吕方正四人联名写给毛泽东的两封信，信的内容都是反映迟群在清华大学的问题。这两封信，都是其他人交给邓小平，再经邓转给毛泽东的。

没想到这件事很快成为党内矛盾的爆发点。出乎意料的事情发生了。11月，“反击右倾翻案风”运动由清华、北大逐步推向全国，邓小平主持的全面整顿至此中断。

整顿的中断

整顿所以受挫，原因在哪里？在于毛泽东对整顿的看法发生了变化。这一点，邓小平等人是在10月中下旬才感觉到的。

1975年1月四届全国人大会议后，周恩来病重，在毛泽东支持下邓小平开始主持中央日常工作。图为毛泽东和邓小平在一起。

11月10日，邓小平和胡乔木有过一段对话。胡乔木说：转信的事恐怕不是主席批评的根本原因，根本原因一定是主席对你早就有了不满。邓小平回答：过去把形势看得太简单了。联系到8月15日和9月底，胡乔木两次提醒邓小平：评论《水浒》是不是有所指？报刊上评论《水浒》的文章影射攻击你架空毛主席。那时，邓小平并不以为然。而从毛泽东对刘冰等人的信的断语开始，他真正意识到了形势的复杂和问题的严重。家人也发现邓小平有了变化。“常常见他一个人坐在走廊的椅子上，闭着眼睛，紧紧地皱着眉头”；一个人“坐在灯下，常常一坐就是很久、很久”。

各种材料表明，毛泽东对刘冰等人的信的断语，不仅反映了他内心对整顿深入产生的不满，而且蕴含着复杂的政治斗争和社会背景，实际上涉及到如何对待“文化大革命”的问题。这是整顿中断的真正原因。

1975年，是整顿成效显著的一年，也是“文化大革命”发动以来党内矛盾进一步深化、几种政治力量激烈斗争的一年。斗争围绕着要不要安定团结、要不要落实党的政策、要不要发展国民经济而展开。斗争的焦点，是继续维护“文化大革命”的错误，还是全面整顿，使党和国家的工作有所转变、有所前进？其中，涉及的实质性问题是，“文化大革命”的做法到底对不对？这是从1967年2月老一辈革命家激烈抗争时，就尖锐提出的问题，也是到1972年周恩来领导批判极左思潮时，又一次触及到的问题。

1975年前后，在毛泽东的思想上交织存在着两种思想倾向是非常明显的。一方面，他想纠正“文化大革命”的一些具体错误，抑制极左思潮，实现安定团结，保持经济正常发展。这一年，他在抑制社会混乱、解放干部、调整文艺政策等方面作过指示。另一方面，毛泽东又在总体上坚持维护“文化大革命”。他把发动“文化大革命”看作是他一生中所做的两件大事之一。他支持邓小平主持党和国家的工作，是希望邓小平在肯定“文化大革命”的前提下，通过实现安定团结和经济发展，来证明“文化大革命”的正确，体现他发动这场运动时“由天下大乱达到天下大治”的设想。一旦他感到整顿将出现否定“文化大革命”的可能性时，就绝对不能容忍整顿进行下去了。

出现整顿的中断，还有更为深刻和错综的社会原因。1975年下半年以后，毛泽东的病情逐渐加重，讲话、行动都已很困难。但是，他始终担负着决定党和国家大事的重任。根据毛泽东的意见，1975年9月下旬，毛泽东的侄子毛远新担任了他的联络员，列席政治局会议。从此，毛远新成了毛泽东和中央政治局之间的联系渠道，成为毛泽东了解外界，并对外界发生之事作出决断的主要途径。毛泽东的意见由毛远新传达，政治局开会也由毛远新向毛泽东汇报。这种状况，不仅使当时的党中央副主席更加难于直接见到毛泽东，而且使毛泽东同中央政治局成员之间原本就不多的联系变得更加单一。从这时起，同江青等人关系密切的毛远新，对毛泽东的思想变化起了很大作用。从9月底开始，毛远新不断向毛泽东作的汇报，动摇了毛泽东对邓小平的信任。

“文化大革命”结束后，一些文章谈到毛远新的这些汇报时，说这是“诽谤”、“诬陷”、“谗言”，不少书籍也援引了这种说法。这种说法似乎带有“文化大革命”刚结束时批判“四人帮”的痕迹。今天，我们再来看那些汇报的内容，并未感到是“诽谤”、“诬陷”等，倒是从中看到了深刻的政治矛盾和思想对立。

9月27日，毛远新向毛泽东作了一次重要汇报。毛远新说：“对文化大革命，有股风，似乎比1972年批极左还凶一些。对文化大革命怎么看？成绩是七还是错误是七，有分歧。刘少奇还要不要批了？”“现在不大提了，一讲就是三项指示为纲，我不同意。阶级斗争、路线斗争是纲。”“讲三项指示，其实只剩下一项指示，即生产搞上去了”。他表示：“担心中央，出现反复。”

10月中旬，当毛泽东把邓小平转呈的刘冰等人的信给毛远新看时，毛远新当即为迟群辩护，理由是迟群“在执行主席的教育革命路线上是比较坚决的，十个指头七个还是好的”。没隔几天，清华大学人事处负责人就在迟群指使下，于10月25日给毛泽东写信，状告周荣鑫“千方百计地要否定科教组几年来的工作”，“已在全国特别是教育战线产生了很坏的影响”，还想把迟群“从政治上搞臭，组织上搞倒，把他从教育部门领导班子中赶出去”。也在10月，王洪文与上海市革委会负责人和文化部刘庆棠等人密谈说：“要密切注意清华、北大动向，那里有大事。”要“振奋精神，准备斗争”。同月，王洪文还授意上海市民兵指挥部炮制了一个将人武部、民兵指挥部、人防办公室、复员退伍军人办公室“四合并”的方案。

11月2日，毛远新又向毛泽东作了一次很有分量的汇报。他说：今年以来，在省里工作感觉到一股风，主要是对“文化大革命”。“文化大革命”怎么看？主流，支流，十个指头，三七还是倒三七，肯定还是否定？刘少奇的路线还需不需要继续批，似乎不大提了。工业现在主要强调加强企业管理、规章制度，但工交战线主要矛盾是什么？担心弄不好又回到“文化大革命”以前。似乎主要矛盾是不敢抓生产，所以唯生产力论也不能批判了。农业、财贸战线也有类似问题。教育革命主流、成绩是什么？主席关于教育革命的一系列指示现在还对不对？朝阳农学院的路子对不对？工人阶级永远占领上层建筑领域对不对？文艺革命，主流、支流是什么？“文化大革命”批判了17年中各条战线的修正主义路线，还应不应该坚持下去？“文化大革命”以来的一些社会主义新生事物还应不应该热情支持？强调要选有经验的、敢管的、不怕被打倒的人担负重要工作，提法是否全面？主席讲的三条还讲不讲，第一条就是搞马列还是搞修正主义，还应不应强调？他还说：“一些同志到一起总是议论文化大革命的阴暗面，发牢骚，有的把文化大革命看成一场灾难似的”；“我很注意小平同志的讲话，我感到一个问题，他很少讲文化大革命的成绩，很少提批刘少奇的修正主义路线，不提文化大革命以来一些社会主义新生事物，比如教育革命、文艺革命、老中青三结合。今年以来，没有听他讲过怎样学习理论，怎样批《水浒》，怎样批修正主义”。

毛远新在汇报中抓住的这些特点，恰恰反映了全面整顿在特定历史环境中迂回曲折的表现特点，真的是“点”到了要害，触到了毛泽东内心的敏感点。比如：对“文化大革命”的看法，“三项指示为纲”的提法与实际上的做法，各个领域整顿的特点，邓小平和一些领导人对“文化大革命”阴暗面讲得多，成绩讲得少，很少提批刘少奇的修正主义路线和学习“无产阶级专政理论”等。毛远新的汇报对一直坚持“文化大革命”、担心“文化大革命”被否定的毛泽东产生了很大影响。

毛泽东逐渐动摇了对邓小平的信任。11月2日，他听取毛远新汇报时说：“有两种态度：一是对文化大革命不满意。二是要算账，算文化大革命的账。”毛泽东的话表明，此时他已经从对“文化大革命”的态度出发，重新估价邓小平的整顿工作。而具有这两种态度的不只是邓小平一个人，还涉及许多老干部对这场运动的态度。

现在回顾，1975年9月底至11月初，对整顿能否进行下去是非常关键的一个阶段，也是毛泽东静观、权衡、态度微妙的阶段。在以邓小平为代表的一方与以“四人帮”为代表的另一方之间，何者能胜？最终取决于毛泽东的裁决。而毛泽东的裁决倒向哪一方，则取决于对“文化大革命”的态度。从政治斗争的全局来看，整顿受挫的结局，在9月底至11月初已经孕育。刘冰等人写于10月13日的信，不过是一个引爆的导火线而已。

当然，最能说明整顿之所以中断的原因的，还是毛泽东在1975年10月下旬到年底的几次谈话。11月2日，当毛远新向他汇报情况时，他说，什么“三项指示为纲”，安定团结不是不要阶级斗争，阶级斗争是纲，其余都是目。并说：“文化大革命是干什么的？是阶级斗争嘛。旧的资产阶级不是还存在吗？大量的小资产阶级不是大家都看见了吗？大量未改造好的知识分子不是都在么？小生产的影响，贪污腐化、投机倒把不是到处都有吗？刘、林等反党集团不是令人惊心动魄吗？”他说邓小平这个人是不抓阶级斗争的，历来不提这个纲。还是“白猫、黑猫”啊。毛泽东的这些话，清楚地表明了他发动“反击右倾翻案风”运动的根本原因。

与毛泽东发动“文化大革命”时的认识相比较，此时，他把产生修正主义的根源进一步延伸、扩大了。他认为，一些老同志对“文化大革命”不满，是因为“思想还停止在资产阶级民主革命阶段，对社会主义不理解，有抵触，甚至反对”，“做了大官了，要保护大官们的利益。他们有了好房子，有汽车，薪水高，还有服务员，比资本家还厉害”，“搞社会主义革命，不知道资产阶级在哪里，就在共产党内，党内走资本主义道路的当权派。走资派还在走。”毛泽东到晚年，对干部队伍中存在的官僚主义作风可谓深恶痛绝。但是，他将一些干部参加过民主革命与必然反对社会主义相联系；把做了大官，要保护大官们的利益，同比资本家还厉害相提并论；把党内走资本主义道路的当权派上升到资产阶级就在共产党内，这显然是不合逻辑的。他把这些缺少必然联系的概念联系到一起，归根到底，是要强调一点：社会主义社会存在“资产阶级法权”，就会产生资产阶级。

1975 年岁末最后一天，12 月 31 日，毛泽东会见美国前总统尼克松的女儿朱莉和女婿戴维·艾森豪威尔。谈到中国的变化时，毛泽东说：我们这里有阶级斗争，在人民内部也有斗争，共产党内部也有斗争。不斗争就不能进步，就不能和平。八亿人口，不斗行吗？这是毛泽东晚年把阶级斗争扩大化、绝对化的一次有代表性的谈话。虽然，把阶级斗争当作社会进步的动力，这一认识在毛泽东的思想上存在已久，但在经历了 1975 的整顿后，发展得似乎更加极端。在一个八亿人口的大国，在共产党已经执政 20 多年的情况下，还把“斗”当作解决八亿人口基本问题的有效方式，这就从根本上否定了新中国建立后党和人民艰苦奋斗，奋发图强，取得巨大建设成就的民族精神，反映出共产党执政 20 多年后仍在延续的“革命党”的思维方式。

谈到整顿的中断时，还有一种看法，就是认为邓小平“没有看出毛泽东在政治上对他的戒心，主政后不知道戒急用忍，而是急于事功，结果导致了政治上的‘大翻车’”。从现有的材料看，邓小平在当年对形势的估计的确比较乐观，没有料到毛泽东的思想会出现反复，形势很快会发生逆转。不过，值得探讨的是，导致 1975 年邓小平再一次被打倒的根本原因是什么？是邓小平的“急于事功”，还是其他原因？从邓小平领导整顿的过程来看，有一点应该注意，这就是既然整顿已经从经济、军队、科技、文教等领域开展起来，饱受动乱之苦的广大干部群众已经投入到整顿之中，要想放缓、刹车，恐怕不大容易，这不是个人“戒急用忍”所能完全控制得住的。这一点与 1972 年周恩来领导批判极左思潮的发展过程，具有同样特点。

从总体上看，导致 1975 年邓小平再一次被打倒的原因，既不在于刘冰等人写了一封反映问题的信，也不在于邓小平没有“戒急用忍”，根本的原因在于 1975 年的历史环境。1975 年，持续 9 年的“文化大革命”已经使党内的“左”倾错误发展到极端，中国社会看不到光明的前景和希望。邓小平进行整顿，是想改弦易辙，把党和国家的工作转入经济建设轨道。而这样的努力，根本无法在1975年的历史环境中进行下去。仍在党内占据主导地位的“左”倾错误，高度集中的领导体制，个人崇拜和个人专断的影响，以“四人帮”为代表的极左势力的存在……具有这些历史特征的社会环境，将邓小平领导的整顿压缩到有限的范围之内，整顿很难最终扭转局面，取得成功。在这种历史环境中，试图通过整顿，把党和国家工作转入经济建设轨道的努力，是注定要中断的。

当然，在整顿中断的过程中，在毛泽东逐渐对邓小平失去信任时，他对邓小平这位得力的党和国家领导人，在处理上还是留有余地的。一开始，他并不想立即批判邓小平，而是采取帮助的态度。11月2日，他指示毛远新：找邓小平、汪东兴、陈锡联谈一下，你当面讲，不要吞吞吐吐，开门见山，把意见全讲出来。毛泽东想让邓小平接受毛远新的意见，作个自我批评。他不想让跟邓小平冰炭不容的“四人帮”插手此事，不安排他们参加政治局会议，并叮嘱毛远新不要把政治局内部正在发生的事情告诉江青。他真心希望邓小平接受意见，作个自我批评，把目前的政治格局维持下去。毛泽东当时的身体状况，已使他不愿意立刻打破精心安排好的政治格局，再进行一次重组了。

但是，邓小平在政治局会议上与毛远新发生的“争论”却表明，邓小平与“四人帮”之间的矛盾是不可调和的。在11月2日晚的政治局会议上，当毛远新按照毛泽东指示作了“开门见山”的发言后，邓小平驳斥了毛远新对当前形势的描述。他说：按你的描述，中央整个是执行了修正主义路线，而且是在所有领域里都没有执行毛主席的路线，这个问题可要再考虑考虑，说以毛主席为首的中央搞了个修正主义路线，这个话不好说。他对自己的主要工作作了简略回顾，说：我是从今年3月九号文件后开始抓工作的（这是邓小平当时的说法。现在看，整顿实际上开始于1975年1月。——作者注），主持中央工作是7月。从九号文件以后是什么路线，我主持中央工作三个多月是什么路线，可以考虑嘛，算我的账，要从九号文件开始算起。从九号文件以后，全国的形势是好一点，还是坏一点，这可以想想嘛。对九号文件以后的评价，远新同志的看法是不同的。是好是坏实践可以证明。最后，他申明："昨天（1 日）晚上，我问了主席，这一段工作的方针政策是怎样？主席说对。"邓小平表现出的强硬态度，最终打破了毛泽东的希望，使他精心安排的政治格局难于实现。

怎样认识邓小平此时表现的强硬态度？有人将之归于"邓小平耿介的个性"。个性耿介，固然是邓小平的特点，但是，作为具有几十年丰富经验的政治家，邓小平并非遇事缺乏灵活性、凡事拒绝妥协或没有过妥协，关键要看，向谁妥协？在哪些问题上妥协？作为追随毛泽东革命几十年的老部下，邓小平以及他们那一代人对毛泽东的折服和敬重，是与几十年革命生涯的理想和对党的信念联系在一起的。"文化大革命"发动后，他们虽然对毛泽东的做法持有异议，但对毛泽东的敬重并未改变。基于这种几十年形成的发自内心的情感，要邓小平接受毛泽东的意见，在 1972 年检查"错误"，甚至在 1973 年 11 月批判周恩来的政治局会议上作批评发言，都是可以理解的。但是，要邓小平接受毛远新的意见，与江青、张春桥、姚文元、王洪文这些"踩着别人的肩膀上台"的人冰释前嫌、"团结合作"，却是难以做到的。

不应忽视的还有，11 月 2 日晚，邓小平在政治局会议上说的那一番充满自信的话——是好是坏实践可以证明。话极简练，但邓小平在整顿中已经看到的国家发展的希望，以及对此具有的坚定信念，却表达得再明确不过了。自"文化大革命"造成"天下大乱"的局面后，几次纠"左"，几经反复，每一次反击"右倾回潮"、反对"复辟"的运动，都引起更加严重的社会动乱，这场运动已经走到了尽头，除了改弦更张，再无路可走。在中国政治舞台上有过"两落两起"经历的邓小平，已经洞悉"文化大革命"的发展前景。他在江西三年下放实践中的思考，他大刀阔斧进行整顿的措施，以及要"横下一条心，不怕被打倒"的信念，此时已坚定而不可动摇。这与"文化大革命"发动时，处于被动状态的邓小平，想紧跟又跟不上，不得不一次次作检讨的状况相比较，与几年前对于许多问题有所认识，但认识还不深透，因而保证“永不翻案”的状况相比较，已经有了很大的不同。

因此，整顿受挫后，邓小平的不让步，原因恐怕不止于个性。

邓小平的这种态度，在形势逆转后愈加充分地表现出来。11月10日，胡乔木在形势紧张、压力加大的情况下，向邓小平提议，政研室今后要吸收“革命造反派”参加领导。邓小平摇头说：不要！只要吸收年轻一点的就行了。

11月15日，邓小平在王洪文回京后，给毛泽东写信说：“现洪文同志已回，按例，从即日起，中央日常工作仍请洪文同志主持。近日召开的十七人会议，亦应请洪文同志主持。”

11月20日，政治局根据毛泽东的意见开会，专门讨论对“文化大革命”的评价。会前，毛泽东提出由邓小平主持这次会议，希望中央作一个肯定“文化大革命”的决议，总的评价是“三七开，七分成绩，三分错误”，把思想统一到对“文化大革命”的认识上来。这一次，邓小平还是没有顺从毛泽东的心愿。他接过毛远新传达的毛泽东曾将重新工作的老干部比作“桃花源中人”的话茬，回答：由我主持写这个决议不适宜，我是桃花源中人，“不知有汉，无论魏晋”（此前，毛泽东讲过“有些老同志七八年没管事了，许多事情不知道，桃花源中人，不知有汉，无论魏晋”。——作者注）。

一个月后，邓小平承认：最主要、最根本的，是对“文化大革命”的态度。“桃花源中人”，八年未工作，不是主要原因，主要原因是思想认识问题。邓小平坦率承认的思想认识分歧，使他最终不得不与自己多年敬重、追随的领袖决裂了。这不是一般领袖与部下、多年战友的分手，而是在国家前途问题上两种政见的分道扬镳。

在形势逆转的过程中，邓小平的不让步、不妥协，最终使毛泽东原想对他留有的余地也失去了。邓小平的态度使对他的批判逐步升级。

1976年清明节前后，全国形成以天安门广场为中心的悼念周恩来、拥护邓小平、声讨“四人帮”的强大抗议运动。图为当时的天安门广场。

1975年11月24日，中共中央在北京召开“打招呼”会议。参加会议的有一百三十多位在党政军机关负责工作的老干部。会上宣读了毛泽东审阅批准的《打招呼的讲话要点》，正式提出“反击右倾翻案风”问题。文件在谈到刘冰等人的信后，又说：“清华大学出现的问题绝不是孤立的，是当前两个阶级、两条道路、两条路线斗争的反映。这是一股右倾翻案风”；“有些人总是对这次文化大革命不满意，总是要算文化大革命的账，总是要翻案”。11月26日，中共中央发出通知，将《打招呼的讲话要点》扩大传达到党政军各大单位负责人，要求在党委常委中传达讨论，正式向全国提出“反击右倾翻案风”的问题。

1976年1月20日邓小平再次致信毛泽东，提请“解除我担负的主持中央日常工作的责任”。此后，邓小平不再主持中央日常工作，毛泽东让他“专管外事”。同年3月，“批邓、反击右倾翻案风”运动在全国展开。4月7日，毛泽东听信了“四人帮”关于天安门事件的汇报，决定撤销邓小平党内外一切职务，但在同时也保留了他的党籍。“批邓、反击右倾翻案风”运动以更大的规模和声势在全国展开。邓小平再一次受到公开批判，他的政治生涯又一次跌到低谷。这是他投身革命后第三次被错误地打倒。

刘　冰，1921年生，河南伊川县人。1938年6月加入中国共产党，到延安抗大学习，后在八路军一二九师随营学校、抗大六分校、太岳豫西工作。新中国成立后在河南和团中央工作。1956年调清华大学任党委第一副书记。1978年调任兰州大学党委书记、校长。1979年任甘肃省副省长、甘肃省委副书记兼秘书长、党委副书记、人大常委主任、党组书记。1988年任七届全国人大教科文卫委员会副主任委员，1993年任八届全国人大教科文卫委员会顾问。

作者简介

冒险上书——向毛泽东揭发迟群的前前后后[①]

□刘　冰

编者按："文化大革命"中清华处于风口浪尖，清华大学附中是红卫兵的诞生地，1968年7月27日毛泽东派工人、解放军毛泽东思想宣传队进驻清华，标志红卫兵运动的结束。清华成为毛泽东亲自抓的"六厂二校"典型之一。1973年的所谓"反击右倾回潮"运动，1974年的"批林批孔"运动，1975年"反击右倾翻案风"运动都是从清华开始

① 选自刘冰：《风雨岁月——清华大学"文化大革命"忆实》，清华大学出版社1998年版（内部发行）。

的。特别是1975年的运动起源于毛泽东对刘冰等人上书的批示，此文详细记述了他上书的始末。

一、初识迟群

1966年6月28日北京饭店会议结束，我和胡健从北京饭店一回到清华马上被批斗。1969年6月1日我被解放，仍在铸工车间劳动。1970年初忽然接到宣传队通知：1970年1月10日学校党员大会选我为校党委委员，要我第二天到“工字厅”参加党委全体委员会议。在会上我被选为党委副书记。党委书记由中办副主任、8341部队政委杨德中同志兼任，副书记还有：校革委会主任、8341部队副指挥张荣温同志，海军后勤部副参谋长、校革委会副主任刘承能同志和校革委会副主任、8341部队政治部宣传科副科长迟群。我的名次排在迟群之后。十天后，革委会主任、宣传队主要负责人张荣温同志同我谈话，他说：“你现在可以工作了，党委领导商量，你分工负责组织工作，上班就到党委组织组去。上了班就要大胆干工作，你犯错误也是难免的。‘文化大革命’刚开始时，我们部队的几位领导同志在一起说，幸亏我们是在部队上，如果在地方上，也同样要犯错误。我们都是老同志，不说假话，我说的都是实话。”这次谈话，张荣温同志给我留下了深刻的印象。隔了几天，杨德中同志来学校看望大家，并和党委常委的同志一起谈了工作。他对我说：“你是抗大的学生，可以抽时间给大家讲讲抗大的校风和传统。”从接触中，我得知德中同志是一位年纪较轻的老同志，并且和蔼可亲、平易近人，但时隔不久，张荣温同志调回部队，杨德中同志因为是兼职，加之在中办的工作繁重，不能常来学校，也于1971年下半年被免职。这时迟群在学校身兼党委书记和革委会主任，又是国务院科教组的副组长；谢静宜由党委常委提为党委副书记、革委会副主任，后来又担任了北京市委书记。从此，学校的一切大权便操纵在迟群、谢静宜二人手中。

1970 年 2 月间，我来到了党委组织组。在组里工作的有两位同志，一位是北京市建筑公司的工人师傅，一位是 8341 部队的连指导员李国栋。按照组织原则，党委分管全局工作的副书记是迟群，有关组织工作的事应当找我，但他不这样做，而是找李国栋和工人师傅，再由他们传达给我，这在组织原则上讲是不合适的。我自知迟群是有意甩开“旧党委”的人，我也就淡然处之了。这样我就和组织组的同志一起集中精力抓党的发展工作，每天下到系、教研室、车间、班组，参加党支部、党小组发展新党员的会议。

1970 年麦收时节，清华师生员工到昌平县阳坊镇帮助群众麦收，我和党委常委、北京市卫戍区军代表惠宪钧同志带队。我背个大背包和惠宪钧同志走在队伍的前头，当时我已 49 岁，老惠比我小 12 岁，迟群坐着吉普车来了。当时他只有 35 岁，为什么不实践自己讲的“身教重于言教”呢？

这一年的冬天，学校组织“拉练”，迟群带队。“拉练”队伍从学校刚出发，他就坐上了吉普车。

从 1969 年夏到 1971 年夏，清华几千名教职工经过艰苦劳动，在江西鲤鱼洲盖起了房子，开垦了荒地，取得了农作物的收成。但这里是江西血吸虫病的重疫区，当地群众因此都迁走了。可是迟群、谢静宜不听江西有关部门的意见，坚持要在这里办农场，致使教职工们付出了血的代价，许多人感染上了血吸虫病，引起了教职工的恐慌和不安。有人写信给党中央、毛主席、周总理，反映了这一严重情况，得到毛主席、周总理的指示，要清华的教职工从江西立即撤回来。1971 年 7 月的一个晚上，杨德中同志根据中央的意见，在 8341 部队司令部召开会议，传达毛主席、周总理的指示。学校是刘承能、惠宪钧和我去参加会议的，迟群、谢静宜没有到会，后来听说，他们不到会的原因是不赞成农场撤回。但是，中央的决定，他们不敢不执行，拖到8月才被迫决定教职工撤回北京。8月初的一天，迟群带着我和他的秘书，从北京乘飞机飞往南昌。途经上海，飞机在虹桥机场加油时，因南昌天气不好，要在上海等候。我随迟群被接到了市委招待所。一进门，王洪文、徐景贤等候在那里，迎接迟群。他们见面后，握手、拍肩、拥抱，非常亲热。我和他们本来不认识，此时站在一旁，更感到陌生。王洪文对迟群说："今天中午，我用上海的特产名酒，请你吃饭。于会泳现在在上海，过一会儿，他就来，你们先休息一下。"迟群喜形于色，高谈阔论，手舞足蹈，可以看出，他是分外高兴。我到房间稍事休息，有人通知吃饭，我们被请到一个大房间里，除了王洪文、徐景贤和那位警备区政委外，国务院文化组组长于会泳也来了。房子中间一个大桌子上，摆满了上海的各种名菜名酒，相当丰盛，可谓奢侈。我曾参加过人民大会堂的国宴，与此相比，也显得"寒酸"了。王洪文说：现在吃饭，先喝酒。于是，他们和迟群，频频举杯，互相敬酒，然后是猜拳划掌，好不热闹。对我来说，公事交往中还是第一次看到这样大声划拳喝酒的场面。

在飞机上，我想这些人就是"文化大革命"中杀出来的"领袖人物"?

1972年春天，海军的刘承能同志也走了，听说是被迟群、谢静宜排挤走的。刘承能走后校党委的日常工作由谁来负责？迟群、谢静宜经常在校外活动，要办理他们"首长"（江青）交付的许多任务。虽然他们把学校日常工作看作是事务性的小事，然而又担心事务性的小事做不好会影响他们的"大事"，因此，他们重视设立常务副手。但又怕常务副手篡权，后院起火，便在办公室负责人中安插亲信，跟踪监视。

我自从戴上"常务副书记"的桂冠，便被置于了困难的境地。在迟群、谢静宜和某些人的眼里，我是犯了"走资派错误"的"旧党委"的一个代表人物，所以只有事事请示迟群、谢静宜。更令人惊奇的是，每次我找他们汇报常委会开会的情况，他们对会议情况都已经完全清楚。这使我觉察到，他们在办公室的亲信都是先于我向他们作了汇报，我的工作是受他们监视的。

迟群、谢静宜一般都是下午和晚上在校外活动，夜里12点钟以前回到学校。对学校的事情，或开会，或找人谈话，多数都是在凌晨进行，白天他们要休息到上午10或11时起床。这样我和学校的干部不得不迁就他们的生活规律，除了白天按时上班，晚上上夜班，党委和校行政部门负责人员还要陪同他们上凌晨班，每天工作几乎十六七个小时以上。有时常委会开了半截，迟群来了，不问我们开会的情况，即使我向他介绍，他也不听，就大讲一通，然后扬长而去。有时他没讲完，又去接电话，大家就长时间坐等。他讲的内容，有时与会议有关，有时毫不相干。有时他让秘书要我把会议停下来，带几位副书记一同和他去中央文化部电影放映厅看电影。常常凌晨两三点钟才返回学校。为了赶早晨8点钟上班，最多也只能睡三四个小时。

1972年10月，迟群提出要我到四川绵阳分校，用三个月时间，解决那里的人心不稳问题。在分校的三个月，由于我比较清醒，所以工作还比较顺利，在后半段就有心思考虑其他问题了，就是关于教育质量的问题。大学招生大部分是初中毕业文化程度，而清华的学制当时规定只有三年，这三年中还要搞许多什么劳动、开门办学、军事拉练等，真正用在教学上没有多少学时，基础理论课被削得几乎没有了，技术基础课、专业课也削减了许多，这样培养学生能保证质量吗？我进行调查。

回到北京在汇报完了之后，我提出了教育质量问题以及我的建议。迟群没有直接回答我的问题，突然说吕应中出国回来后，大肆宣传外国，有人很欣赏，好像外国的月亮比中国的圆，问我知道不知道。过了几天，迟群见到我说，你在分校关于教育质量和学制问题都是征求了谁的意见？迟群断然表示：学制还是三年好，你那个四年、四年半不行，那就又回到过去了。全盘否定了我的建议。

二、“三个月运动”对何东昌发动突然袭击

1972年7月，周恩来总理会见美籍华裔著名物理学家杨振宁博士，称赞他提出的希望我们“倡导一下基础理论的学习和研究”的意见，并要陪同会见的物理学家、北京大学副校长周培源同志回去把北大理科办好，把基础理论水平提高。为完成总理交代的任务，周培源同志回校后给总理写信提出：“要使我国基础科学赶上去，关键在于领导。”建议“由中国科学院统一领导全国基础科学的研究工作，包括综合性大学的研究工作”。总理立即将周培源的信批给郭沫若、刘西尧、丁国钰、秦力生、迟群、谢静宜。批示说：“把周培源同志来信和我的批件及你们批注的意见都退给你们好作根据，在科教组和科学院好好议一下，并要认真实施，不要浅尝辄止，如浮云一样，过了就忘了。”以后，总理又多次指示要加强基础科学理论研究，指出：“这事不能再拖了”，“现在强调实践，对理论强调不够，学校的基本理论课也少了”，“对社会科学理论和自然科学理论有发展前途的，中学毕业后不需要专门劳动两年，可以边学习边劳动”，“大、中学毕业生，不一定百分之百的到原单位，有些人可以留下来深造，从理论上提高”。何东昌同志是清华分管教学科研工作的党委副书记，在迟群召集研究教学、科研的会议上，他依据总理的指示，结合清华当时的情况，主张学制要延长，招生工作中文化课应当考试，基础理论课、技术基础课要增多、加强等，并就此陈述意见。迟群迫于总理的指示，加之他自己对教育茫然无知，这一时期对何东昌表现了特有的热情，他那能言善辩的嘴巴，挂上了何东昌的名字。从迟群那里传出议论教学、科研的话题，一时间，沸沸扬扬，加强基础理论的空气像缕缕炊烟在清华园飘起。

1973年4月，国务院科教组发出通知，高校招生在注重政治条件的基础上，文化课实行考试录取，这无疑是在总理指示督促下才会有的改

进。1973年7月19日，《辽宁日报》按照省委书记毛远新的指示，以“一份发人深省的答卷”为题，发表了张铁生的一封信，并加了编者按语。8月10日《人民日报》全文转载了《辽宁日报》这篇报道和编者按语，并加了《人民日报》的编者按。《红旗》杂志和《教育革命通讯》发表署名文章和评论，指责高校招生实行文化考查是“旧高考制度的复辟，是对教育革命的反动”，“是资产阶级向无产阶级的反扑”。《教育革命通讯》是国务院科教组主办的，是迟群、谢静宜掌握的，这个刊物的重要言论无疑是代表他们的。随后迟群、谢静宜们叫喊：“张铁生是反潮流的英雄”。他们设在清华“工字厅”办公室和毛远新相联系的热线电话也忙碌起来。张铁生不仅上了大学，还担任了辽宁铁岭农学院的革委会副主任。高考实行文化考查被迟群、谢静宜、毛远新推翻了，并且在全国掀起了一阵风浪。

10月间迟群、谢静宜对何东昌同志发动突然袭击，进行批判。1973年10月上旬的一天晚上，阳品同志正在常委会上传达北京市委关于结合批孔深入“批林整风”的工作布置，迟群从东厅东面的小门突然来到会场，嘴里叼着纸烟，在会场里边走边看，围着会议桌转悠了一圈，扭头走了。大约半小时后，他派秘书把我叫到他的办公室，问何东昌为什么没参加常委会，干什么去了？我说：何东昌向我请了假。迟群说：“你怎么知道他去作毕业实践动员报告呢？他去搞活动了，这你清楚了吧！你早点把常委会结束，打电话叫何东昌回东厅开书记会。”

我刚到东厅会议室，东昌也来了。迟群、谢静宜围攻了上来，什么“搞活动去了”、“对工人阶级领导不服气”、“最近出现的怪现象，某些小字报对宣传队的攻击，都与你何东昌有关”等，种种莫须有的东西信口喷出。

从这天晚上的书记会开始，这年的10月到来年的1月，连续三个月采取大会、小会，面对面、背靠背各种形式批判何东昌同志，此即所谓“三个月运动”。东昌被扣上了“反对工人阶级领导”、“反对教育革命”、“反对七·二一指示”的罪名，总帽子是“右倾复辟势力代表人物”。同时受到批判的还有艾知生和滕藤同志。迟群、谢静宜说，报告了主席老人家，主席支持他们。这更使我感到“圣命难违”，思想被紧紧地捆住，不敢越雷池一步。

在批判何东昌的过程中，不知从什么时候开始，迟群、谢静宜带着一帮人在他们首长①的指挥下，钻到毛家湾林彪的住宅里搜集什么材料，据说整天翻箱倒柜，忙个没完。即使这样，他们对清华乃至整个教育界也并未放松，经常夜里回校打听动静，发号施令，“除旧布新”。

1973年12月上旬，迟群、谢静宜说：他们在《北京日报》内部材料上看到中关村第一小学五年级学生黄帅的一封“反潮流的信”，“一个12岁的孩子，敢于反对旧的教育制度，是了不起的”。于是他们利用这封信大做文章。12月12日《北京日报》刊登了《一个小学生的来信和日记摘抄》，并加了很长的编者按语说：“这个12岁的小学生，以反潮流的精神，提出了教育革命中一个大问题，就是在教育战线上，修正主义路线的流毒，还远没有肃清”，“我们千万不能忘记教育战线上两条路线、两种思想斗争的长期性和复杂性”，“黄帅同学提出的问题，虽然直接涉及到主要是‘师道尊严’的问题，但在教育战线上修正主义的流毒远不止于此”，“要警惕修正主义的回潮”。国务院科教组在迟群的授意下，用电话通知各省、市、自治区教育厅局，组织学校师生学习《北京日报》和《人民日报》刊登的《摘抄》和编者按语，这样就把“批判修正主义教育路线复辟回潮”、批判“师道尊严”推向了全国。其实，黄帅只不过是和班主任有些矛盾，家长让她写信向上级反映情况而已，他们哪里料到会被人利用来当“枪”使呢！

一天深夜，迟群、谢静宜召集北大、清华党委主要负责人，鬼鬼祟祟地宣布说：根据首长指示，为了加强“革命”大批判，两校要成立一

① 首长，在当时是他们指江青的代名词，下同。

个写作班子。人员以北大为主，清华也要从政治课教师中抽出一些思想、文字水平比较好的人参加。地址设在北大，由两校党委领导。

时隔不久，麻烦来了。大约是1973年12月下旬或者1974年1月初的一个夜晚，迟群交给我一份铅印的《林彪与孔孟之道》，没有说明材料的用途，要我第二天召集干部和一些有代表性的人物举行小型座谈会，宣读材料，征求意见，然后把座谈会记录交给他。第二天上午，座谈会一开始，迟群出奇地10点钟也来了，大家发表意见时，他不时插话，看起来很得意。12点前他要会议结束，把材料和记录一块收起来拿走了。听说这个材料送给了他们的首长，后来成了中共中央1974年1号文件《林彪与孔孟之道》（材料之一）。全国开展大规模的“批林批孔”政治运动，就是从这个材料发出开始的。

这次座谈会后不久，1974年1月13日或14日，迟群告知几位副书记，他和谢静宜受首长委托，外出办事，要离校一周左右，学校的工作要我负责，不好定的事，要等他们回来。外出干什么，他们不说，也没人敢问。大约23日左右迟、谢回到学校后，说是他们到了浙江二十军防化连，去送首长的信和“批林批孔”材料，并说首长很关心那里的“批林批孔”运动。随后他们又到了河南南阳地区唐河县马振扶公社，调查初中二年级学生张玉勤“被修正主义教育路线迫害致死”的事件。迟群说：这个女孩有觉悟，对修正主义教育路线敢于反抗，她在英语试卷背面写了“我是中国人，何必学外文，不学A、B、C，也能当接班人，接好革命班，埋葬帝修反”。这样好的学生被学校逼得跳了水库，是修正主义教育路线复辟的一个典型。并说他们还要写报告，通报全国。我边听边想，这不是又一个张铁生嘛！他们又有“文章”好做了！

从校外传来信息：1月24日、25日，驻京部队与中央及国务院直属机关分别召开了“批林批孔”动员大会，两个大会江青和迟群、谢静宜不但参加了，而且都是他们作重要讲话。听说中央机关和国务院机关的会是周总理主持的，他们对总理很不尊重，在江青支持下迟群、谢静宜在讲话中点了外交部和总政治部的名。我听到这些消息后很气愤，对江青、迟群、谢静宜极为反感，觉得他们太狂妄，简直是飞扬跋扈了！大约是1月27日或28日的下午，迟群、谢静宜突然找我到他们办公室，胡宝清、惠宪钧同志也来了。迟群大讲“反走后门”问题，说现在“走后门”的事很多，这种行为是对马克思主义的背叛，要在清华的干部中查这个问题。然后他话锋一转说：“艾知生的小孩‘走后门’上了第一外国语学院，你知道吗？老刘！他是通过杨伯箴进去的，你和杨伯箴熟悉吗？这件事要严肃处理。要艾知生老实交代和杨伯箴的关系，如果他不交代，就开除他的党籍。”迟群说：“现在决定由老刘负责，你俩（指胡宝清、惠宪钧）参加，找艾知生谈话。你（指我）要告诉他，不老实交代就开除他的党籍，‘走后门’是对马克思主义的背叛，这样的人不能留在党内。”在“三个月运动”中艾知生同志已经被批判了，现在又要找他的“错”，不是雪上加霜、置人于死地吗？后来我才知道，迟群们制造的艾知生通过杨伯箴“走后门”，纯属诬陷。迟群在1月25日中央和国务院机关大会上的讲话中说到“走后门”时，就点了外交部、第一外国语学院，这证明迟群是拿他制造的艾知生“走后门”作为“炮弹”，为他们的政治目的服务的。

三、迟群、谢静宜施展阴谋

1974年春天，“批林批孔”的锣鼓敲得整天价响。自从中央、国务院直属机关召开“批林批孔”动员大会和中央“批林批孔”1号文件下发后，迟群、谢静宜回到清华好像凯旋的英雄，更神气了，俨然以“批林批孔”理论权威、这场运动的领导人自居。学校的书记会他抓得更紧了，他问得多，说得也多，“吹”得更多，都是在夜里10点至凌晨1点之间召开。

5月中旬的一天晚上，那天是星期六，难得睡个早觉，刚刚入睡，就被电话铃声吵醒了，一听是迟群的声音。他说："今天，我和小谢离开学校，已是晚上8点多钟了，我俩坐在一辆车上，我们商量，想让你当北京市委书记，怎么样?"这莫名其妙、突如其来的问题，使我感到震惊，断然回答："我怎么能行呢？既没水平又没资格。"迟群慢条斯理地说："像你这样的老同志，年纪不算大，又有经验，别人能当市委书记，我们刘冰同志就不能当吗?"我回答说："你安眠药吃多了吧？话这么多！别说了，该睡觉了!"就把电话挂了。看看手表已过了12点钟，迟群的电话把我的睡意一扫而光。觉得这个电话非同一般，已超出了迟群、谢静宜的身份和职权，完全违背了党的原则，是明显的封官许愿，非组织活动。我对迟群、谢静宜面目的真正认识，可以说这是一个转折点，从此我产生了不能与他们同流合污、要摆脱他们的思想。想要摆脱，就只有斗争。

原先我曾经相信他们自己说的，他们是"毛主席的两个兵"，他们是在贯彻执行毛主席指示。而且确有一些最高指示是谢静宜先传达下来，后来才见诸中央文件。现在这"两个兵"同毛主席的"三要三不要"唱起了反调。但如何斗争，茫然不知所措，从此我的思想陷入了艰难的探索之中。

四、迟群的闹剧

迟群、谢静宜在校外的活动越来越频繁。1974年6月12日、14日，他们带着写作班子的人员参加江青在人民大会堂召开的"批林批孔"座谈会和"战士批林批孔汇报会"。6月18日又带着写作班子，并从清华找了一位女“工农兵学员”，一起随江青到天津参加“儒法斗争史报告会”。尔后，6月23日，窜到天津市宝坻县的小靳庄，帮助江青“创造”农民“批林批孔”的典型。7月、8月，迟群、谢静宜对两校写作班子有关“批林批孔”、“儒法斗争”文章的炮制抓得更紧了。以梁效（北京大学、清华大学两校谐音）署名的《有作为的女政治家武则天》一文就是这时出笼的。为什么在1974年“批林批孔”运动中这样突出地去歌颂已经死去1200年的武则天呢？目的是在吹捧他们自己的首长（江青）。但他们“联系实际”批判的矛头真的是指向林彪吗？很像是对着现在中央的领导人周恩来和邓小平同志。

这期间，迟群、谢静宜与毛远新的联系也更加密切了。迟群在我们开书记会时，常常离开会场去接毛远新的电话，他们商定召开学“朝农”（辽宁朝阳农学院）的现场会。这年的12月，迟群专程到辽宁和毛远新一起主持了这次会议。会上，他们炮制了一个“和17年对着干”的口号。毛远新明明知道北京农业大学从延安搬回北京，是周恩来总理同意的，但他却狂妄地号叫：“那个学校从延安搬回来，这本身就是对文化大革命的反攻倒算，不管是谁批的，这笔账都要清算，就是要拿‘朝农’这块石头，抛出去打他们!”好家伙！要打人了，并且是向着全国人民爱戴的周总理打来了。迟群回到北京，要清华、全国的高校都来学“朝农”，说：“‘朝农’是‘社来社去’，‘厂来厂去’，‘哪来哪去’，越办越大，越办越向下，使广大群众都有受高等教育的机会，是真正培养普通劳动者的社会主义大学，是限制资产阶级法权，深入教育革命，把学校办成无产阶级专政工具的典型。”为了学“朝农”，迟群召集专门会议提出“基础课教师下连队”，说：“这样既可以加强连队的教学工作，又可以使基础课教师受到群众监督，得到实际锻炼。”进而他建议撤销基础课各教研组的建制，校一级不要公共基础课教研室的编制，教师分散，编在各连队。对于他的这些主张，我和惠宪钧同志提出了反对意见。我们认为，高等学校特别是工科大学，基础理论课教研组不能取消，如果取消，势必削弱基础理论教学。我们建议，教师可以定期下连队辅导学生，但必须经常集中在学校公共基础课教研组，以便交流教学经验，共同提高，统一安排全校基础课教学工作。迟群蛮横地拒绝了我们的意见，作出了撤销基础课教研组的决定。这样，迟群就完全背离了周总理1972年以来有关加强基础理论研究和基础理论教学的指示，和毛远新相互勾结，一起反对我们敬爱的周总理了。与此同时，迟群表现出了对江青的特殊感情。1974年11月江青曾经写信给毛主席，推荐迟群当教育部长，谢静宜当人大副委员长，并列席政治局会议，但被主席给否决了。

1975年1月13日至14日，四届人大一次会议在北京举行，迟群、谢静宜都参加了会议。谢静宜在党的十大已当选为中央委员，这次会上又当选为人大常委；而迟群则既未当上中央委员，也未当选人大常委，只是作为一名“代表”出席了会议。迟群先是躺倒不工作，钻在房里睡大觉，经常大剂量地吃安眠药，一次服五六片安眠酮。吃完药他不马上睡，而是躺在床上抽烟，或是到院子里转悠。由于吃过安眠药后躺在床上抽烟，烧毁了学校的两床被褥；吃过安眠药后到院子里转悠，摔倒在地上，把肋骨摔裂了，送到部队医院治疗；另一次撞在走廊的柱子上，碰伤了眼睛，碰破了额头，医生给缝了好几针。有一次，夜里12点钟以后，他吃了安眠药，独自一人转悠到校外，因在校内找不到他，工作人员只好报告保卫部门，结果北大、清华出动20多人，凌晨1点多钟才在通往北大的公路旁找到他。他在城里占有三座院落，在学校睡不好觉，钻在房子里“憋得慌”，于是他回到城里的四合院，在那里，仍然“憋气”，便发怒、发火，把公家的几套茶具摔碎，把写字台的玻璃打碎，然后又窜回学校，钻在房子里骂娘。他说：“主席身边的人都有职位，为什么不给我安排？中央不信任我”，“总理老是给我出难题，难的地方都叫我去做”，“老子辛辛苦苦干了这些年，落了这个下场”，“主席的‘两个兵’——屁！什么‘两个兵’？”我和惠宪钧、柳一安以党委领导成员的身份劝说他，批评他，希望他能端正态度正确对待，但他拒绝接受，继续闹腾。白天他在房子里不敢出来，夜里他把院子里工作人员种的蔬菜统统拔掉，发泄他的不满。

迟群和谢静宜的矛盾也尖锐起来。他在谢静宜面前讽刺、挖苦："当中央委员有什么了不起"，"人大常委有什么了不起"，"人大也有右派参加"。在背后谩骂："一个臭机要员！"谢静宜向他乞求说好话，他不听，两人多次吵闹不休。迟群说："我在这里，你就别在，你在这里，我就走。"谢静宜跑到北京市委给我打电话说："迟群闹腾得我不能在清华呆了，只好回市委办公。"谢静宜在市委呆了两天，刚回到清华，在迟群的办公室两人又吵了起来，我和惠宪钧、柳一安三人只好去劝架。迟群与谢静宜的矛盾是他们内部权力分配不均的矛盾。谢静宜乞求迟群，明显的是害怕他们一帮人的内幕会被迟群暴露。迟群没捞到他所想得到的，一肚子怒气，没处发泄，这就闹出了装疯卖傻，半夜三更去踢撞谢静宜房门的丑剧。迟群还多次叫嚷："你们给我召集党委扩大会，我要讲话，把所有问题都端出来，我不当党委书记了。"在一次传达布置工作的支部书记会上，迟群突然闯进会场，狂呼大叫："我是反革命！我是反革命修正主义分子！……我讲这些话，你们回去都给我传达。"这突如其来的反常讲话，使全体与会者为之震惊，个个目瞪口呆，不知发生了什么事情，骤然间，会议停了下来。

五、筹划上书毛主席

8月中旬，学校教改处的负责同志在市委听了邓小平同志8月3日在国防工业重点企业会议上讲话的传达，回校向我作了汇报。在这次讲话中，邓小平同志讲了对科技人员的政策，他说："要发挥科技人员的

一同上书毛主席的四同志。前排左起：
刘冰、柳一安。后排左起：吕方正、惠宪钧。

积极性，要搞‘三结合’，科技人员不要灰溜溜的。不是把科技人员叫‘老九’吗？毛主席说‘老九不能走’。这就是说，科技人员应当受到重视。他们有缺点，要帮助他们，鼓励他们。要给他们创造条件，使他们能够专心地研究一些东西。这对于我们事业的发展将会是很有意义的。”听了汇报，我认为小平同志的讲话，特别是对科技人员的政策，对学校工作，尤其对知识分子工作，具有重要指导意义，因此我决定按市委规定，于当天下午召开了党委常委扩大会议作传达。我在会上强调大家要认真学习，领会精神，结合实际，贯彻执行。夜里迟群、谢静宜回到学校，他们安在党委办公室的“钉子”向他们报告了下午召开常委扩大会传达邓小平同志 8 月 3 日讲话的事。第二天上午，谢静宜来到我的办公室，大嚷大叫：“你昨天下午开会传达了邓小平的讲话，为什么不告诉我们一声？我和迟群都告诉过你，凡是中央领导人的讲话，向下传达时要经过我们，而你为什么不先告诉我们就传达呢？”她满脸怒气，脖子上的青筋鼓了起来，活像一尊凶神站在我办公室的中央，盛气凌人地重复着：“我们不是没有告诉过你，为什么你急着传达？”我压着怒火，先请她坐下，然后说：“邓小平同志是党中央的副主席，他的讲话为什么不能传达？而且这个讲话是北京市委在专门会议上布置让传达到各单位党委的，你是市委书记，你应该遵守市委的纪律，市委规定要传达，为什么我不可以传达？为什么要经过你们才能传达？难道对党中央副主席的讲话，我这个主持党委常务工作的副书记没有权进行传达吗？”在我强烈的反驳下，谢静宜语无伦次喃喃地说：“不是说你不可以传达，而是说你应当先告诉我们一声。”我回敬说：“传达后再告诉你们也可以吧？你为什么对‘传达’这样恼火呢？难道就因为没有事先告诉你们吗？”我的尖锐反问使谢静宜无言以对，气呼呼地甩了甩头发，站起来扭头走了。

当天晚上，我向惠宪钧、柳一安、吕方正三位同志通报了上午我和谢静宜干仗的情况。当时我们正在紧张地研究草拟向毛主席告发迟群的信稿，我和谢静宜的正面冲突自然得到了他们的全力支持。柳一安说：“干脆这封信把谢静宜也挂上。”我说：“咱们还是按原先商定的，把她和迟群有所区别，集中反映迟群的问题。”最后我们商定还是维持原议，对两人有所区别。

关于给毛主席写信的问题，还得从头说起。写信的最早发起人是清华党委副书记柳一安同志。柳一安“文革”从部队转业到城建局，是一名处级干部，工人宣传队的负责人。当时，受上级指派，进驻中国哲学社会科学学部（后来改称中国社会科学院）担任工人、解放军毛泽东思想宣传队的主要负责人，学部领导小组组长。他对迟群政治上、思想上的恶劣品质和作风早就不满。1975 年，邓小平同志在主持中央和国务院工作期间，提出要以毛主席的“三项指示为纲”（要学习理论，反修防修；要安定团结；要把国民经济搞上去），各行各业都要进行整顿。对这些精神，迟群非常抵触，背道而驰。那时候，无论是学部还是清华大学的工作，都是在迟群的直接领导下，柳一安同志在迟群手下工作，要贯彻中央精神感到非常难办，思想上很苦闷。1975 年 6 月之后，老柳患严重失眠症，经常在深夜吃了安眠药后仍然睡不着觉，就把在学部办公室工作的李兆汉（当时是国务院科教组的干部，后曾任中国教育报社社长兼党委书记）、任彦申（当时是清华大学政治部干部，现任北京大学党委书记）找来，诉说心中的矛盾和苦闷，分析政治形势，议论对迟群的看法，商量采取何种对策。在日复一日长时间的议论中，逐渐地明确了这样几个问题：

第一个问题是对迟群怎么看。觉得迟群人很聪明，但心术不正，政治上越来越“左”，是个野心家。为了实现他的政治野心，什么事都干得出来。在当前两种思想、两种政治倾向的斗争中，迟群是站在江青一边，反对周总理和邓小平同志的。

第二个问题是该怎么处理同迟群的关系。柳一安同志去学部之前，是政治局委员纪登奎同志亲自同他谈的话，他作为中央指派的学部领导小组组长，又是清华大学的党委副书记、革委会副主任，想抽身不干，没有足够的理由，没有退路可走。如果跟迟群保持距离，进行决裂，可能被打倒。但宁可选择后者，也不能跟着迟群干下去。

第三个问题是采取何种行动。柳一安同志曾经提出要找迟群当面谈话，把社会上和党内对迟群的意见统统端给他，用压力加规劝的办法迫使迟群改弦更张。李兆汉同志认为老柳的办法不可用，他说：“要看透迟群的本质，这个人心狠手毒，他如果知道你有二心，必然把你置于死地。在清华大学迟群是一手遮天，称王称霸，单枪匹马地同他斗争，肯定不行。在清华领导班子内部，反对迟群的人是多数，但敢怒不敢言，没有上级领导的介入解决不了迟群的问题，唯一可行的是向毛主席、党中央写信反映迟群的问题。”他认为：要在中央直接过问下，解决问题。

第四个问题是如何反映迟群的问题。当时清华大学是毛主席抓的点，是“斗、批、改”的样板。向中央写信要避开“方向”“路线”问题，以毛主席提出的“三要三不要”（要搞马克思主义，不要搞修正主义；要团结，不要分裂；要光明正大，不要搞阴谋诡计）为线索，集中反映迟群有野心、骄横、搞阴谋诡计、破坏民主集中制和党的优良传统等个人品质和作风上的问题。

就这样，1975 年 7 月，在哲学社会科学学部，柳一安同志向毛主席、党中央写信告发迟群问题的构思形成了。对此，李兆汉、任彦申同志起了重要作用。随后，柳一安同党委副书记惠宪钧、常委吕方正同志商议，意见完全一致，并决定联合上书。惠宪钧 15 岁参军，是北京卫戍区第一师作战科科长，吕方正是防化兵总部的处长，都于 1968 年 7 月起担任工人、解放军毛泽东思想宣传队的负责人之一。

这三位同志意见如此一致，断然作出这一抉择，绝非偶然。他们三人都是十几岁参加解放军，长期受到我党、我军优良传统的教育影响。对迟、谢对同志搞突然袭击，排挤张荣温、刘承能同志，打倒何东昌同志，他们三位都很反感。党的十大和四届人大之后，迟群的政治野心和权力欲未能满足，因而躺倒不干，大闹起来，投靠江青反对周总理和邓小平同志。他们三位同志再也忍耐不下去了。

7 月下旬，北京市委在全国政协礼堂召集各单位负责干部会议，会间休息时，惠宪钧、柳一安、吕方正三位同志把我拉到休息厅一旁的座椅上，告诉我他们三人经过慎重考虑，决定要给毛主席写信反映迟群的问题。迟的问题很严重，如果不反映，我们就要犯错误，也对不起主席，对不起共产党员的称号。因为我是位老同志，信得过，因此把他们的决定告诉我，征求我的意见。我虽然早就考虑同迟群、谢静宜要进行斗争，但一直没想好斗争的方法，此时三位宣传队的负责人“杀”了出来，真是太好了。我当即表示完全同意、全力支持他们三位的主张，并自告奋勇，由我来牵头。

当天晚上在惠宪钧同志的办公室，柳一安、吕方正我们四人，就给毛主席写信问题进行了讨论。议定：迟群、谢静宜的问题，要以迟群为重点。不要涉及教育问题，以免牵涉到主席的教育路线，在某些问题上我们虽然有看法，如基础理论教学被削弱等问题，但信上很难说清楚。要抓主要问题，要实事求是，要经得起历史的考验。为了保密，草拟信稿要在晚上 8 点钟以后，在主楼接待厅进行。关于信的内容，我们商定，反映迟群五个方面的问题：他的政治野心；他毫无党的观念；他破坏党的民主集中制；他任人唯亲，违反党的干部政策；他的资产阶级生活作风。这些问题都要注意分寸，留有余地，用事实说话。稿子写好后，标题再斟酌。信稿由吕方正同志执笔，拟就后集体推敲修改，最后由我修改定稿。为了尽快拟就信稿，利用吕方正同志将要调回部队的机会，我们让他回到家里集中时间赶写。老吕抓得很紧，三天就写出来了。然后我们用了两个晚上，集体研究，逐条推敲，着重把事实说清、说准，不说虚话、大话。我又用了一个晚上改了一遍。第二天，我们到卫戍区一师招待所，四个人字斟句酌地又改了一遍。我们的宗旨是：一定要实事求是，给主席反映问题决不能有丝毫粗心或不实。

当时所以去这个招待所，是因为在校内我们的行动受到迟群亲信的跟踪监视，校外也想不出适当的地方。惠宪钧受我们之托向他们的师长田占魁、副参谋长马清沅说明情况请求帮助。这两位同志非常痛快地表示：向毛主席反映江青的这两位横行无忌的干将是大好事，我们支持。他们立刻嘱咐招待所腾出专门房间，派出专门人员，准备午餐，热情接待。这一难得的支持，在当时不仅对我们的行动计划很重要，而且在精神上也是莫大的鼓舞。至今我忘不了这两位爱憎分明、嫉恶如仇的好同志。

信稿审定之后，决定由惠宪钧把稿子交给军代表安恩奎同志，嘱咐他尽快复写几份，争取尽早发出。鉴于过去寄给主席和中央领导的信件常常被扣压的教训，我们又议论了如何保证信能让主席看到的方法。经过研究，认为信不能直寄主席，因为那样容易落入谢静宜、毛远新、江青之手，信应经主持中央工作的邓小平副主席转呈主席，只要小平同志能在我们的信上批写“送主席”几个字，即使谢静宜、江青、毛远新们看见也不敢扣留，如果扣留，他们就是扣压了党中央副主席报送主席的批件。同时凭着我们对小平同志的信赖，一致认为只要小平同志能看见我们的信，定会转送主席的。接着又研究信如何能送到小平同志手里？

我们想到了胡耀邦同志。1974 年我去看耀邦同志，他曾问到过迟群、谢静宜的情况，他表示这两人年纪轻是优势，但太骄傲，狂得很。我想只有找耀邦，请他把信转给小平同志比较可靠。他们三位完全赞成。我们还认为，按组织关系，北京市委是我们的直接领导，迟、谢的问题也应该报告吴德和市委科教组，但考虑到谢静宜是市委书记，向市委的报告应放在给主席的信发出一周之后，估计主席已经看到信时再报告市委，这样既保了密又不失组织原则。经过商量，就这样决定了。

六、艰难的投书，焦急的等待

信复写了几份。一切准备妥当之后，我给耀邦家里打电话，第二天，我准时去了富强胡同。耀邦看了信后说："只要符合实际就行，切记不要说空话。"他接着说："我支持你，能帮助就帮你。我现在是科学院的负责人，你是清华大学的，和咱们在团中央时不一样，不属于一个组织系统，从这一点上说，我帮你转信不合适。我告诉你小平同志家的地址，你可以自己直接送去，这样更好。"

在老惠办公室，我把见到耀邦和给小平同志秘书王瑞林同志打电话的情况作了通报。听后，他们三人对耀邦同志的支持感到鼓舞，并表示赞成我提出的通过警卫部队送信的办法。接着老惠给马清沅副参谋长拨了电话，当参谋长得知是送信的事，他热情地告诉老惠，是他们师负责警卫。

按照副参谋长的嘱咐，第二天，老惠衣帽整齐，格外精神，驱车从清华园出发，准时赶到邓副主席住宅门前。老惠下车后，警卫人员礼貌地问了他姓名，引他到接待室。一位排长同志热情地接待了他，并说副参谋长昨晚打过电话。老惠对排长同志的支持表示感谢，把信交给了他。排长请老惠休息，他进院里送信去了。过了不久，他满面笑容地回到接待室，对老惠说，因王秘书正在忙，让他转告清华的同志，信收到了，邓副主席在中央开会，中午回来就把信交给他。我们四人真是高兴得没说的了。

信送出已经一个星期了，按原定计划该去北京市委了，但主席是否看到了信呢？还是慎重为好，第九天我和惠宪钧去了市委。那天下午两点半钟，市委科教组组长肖英和军代表接待了我们。因为迟群、谢静宜一向就不尊重市委科教组，在工作上常给他们出难题，相互之间有着较深的隔阂和矛盾，所以当他们知道我们是揭发迟群、谢静宜的问题，显露出格外高兴的面容。肖英同志说："我们也听到了一些对迟群的传说，那是从别的学校传来的，好像大家对这个人都有意见。"

在肖英同志主持下，汇报了两个小时，我们主要讲了信中写的那些问题，所不同的是，口头讲的比文字更详细。汇报完了之后，肖英表示，要把记录整理一下，向市委作汇报，有什么意见和指示，他一定及时转告我们。我们当然对肖英和军代表耐心听取我们的汇报表示感谢。因为这件事对清华来说关系重大，因此我又作了如下的说明：第一，反映清华领导班子中的问题，我们是按组织原则办事的，先给科教组汇报，并请你们也向市委汇报，肖英同志刚才说的，正是我们所希望的。第二，因为关系重大，除口头汇报外，我们还给吴德同志写了信，请你们二位务必把信转给他。第三，黄作珍同志是分管高等学校工作的书记，请你们二位将我们的汇报也报告给他。第四，我们要求吴德同志接见我们，随叫随到，我们静候通知，如果他没空，委托黄作珍同志也行。第五，请肖英同志和军代表给我们保密。肖英对我说的几点，表示凡属科教组的，他们都可办到，至于吴德接见的事，他们只能转告。

我们同迟群、谢静宜的斗争越来越公开化了。总参防化兵部政治部通知吕方正同志 8 月 14 日回部队报到。老吕从 1968 年 7 月到 1975 年 8 月在学校工作了七年，现在要走了，学校党组织理应对该同志作一个全面的评价和鉴定。这件事迟群并不关心，在我们多次催促下，他才召开书记会讨论老吕的鉴定。在书记会上，对这个稿子作了详细认真的讨论，最后通过。会后，迟群找吕方正谈了一次话，老吕对迟群的错误含蓄地提出了点批评意见，引起了他的不满，就在吕方正临走前两个小时，迟群索去鉴定书，背着其他书记擅自修改了书记会议集体讨论通过的鉴定书，遭到我们的反对，这才使他的图谋未能得逞。

8 月 13 日，柳一安同志在哲学社会科学学部完成任务回到学校。迟群通知老柳回北京建工局等待分配工作，如果不愿回局里，在学校等待也可以。另外，他给办公室的亲信下令，学校各种会议不准通知柳一安参加。老柳是当时清华大学党委副书记、工人宣传队的主要负责人之一，迟群作为党委书记个人有什么权力可以解除党委副书记的工作职务和工人宣传队负责人的职务？在柳一安、我和惠宪钧的斗争下直到 9 月才召开书记会议，恢复了柳一安的工作。

自 8 月份以来，迟群很少同我们研究工作，连正常的书记例行办公会也不开了。与此同时，他连续两次甩开其他书记和宣传队负责人，私自召开宣传队会议，煽动攻击校党委其他领导人。又是一个星期天，纪登奎同志的女儿纪南来看我。因为我在河南省委任青委书记时，纪登奎在许昌任地委书记，我们相互来往较多，现在他女儿在清华学习，常来看我。纪南今天来，似乎有点神秘，她小声说："刘叔叔，我爸爸让我告诉你一件事，迟群、谢静宜并不代表毛主席。爸爸还问候刘叔叔好。"登奎女儿传递的信息，无疑对我是重大的鼓舞和支持。我向惠、柳、吕三位同志通报了这件事，他们同我一样受到鼓舞。

几个月来，从外校不断传来教育部长周荣鑫同志在干部会、教师会、汇报会、座谈会各种场合有关教育工作的讲话，由于受到迟群、谢静宜的封锁和反对，在清华公开场合看不到也听不到教育部长的这些言论。他指出："到底上层建筑对资产阶级全面专政怎么专法？专对了没有？为什么提出这个问题？""教育与经济基础，哪些相适应？哪些不相适应？现在一讲教育，好像一文不值，成不成？”“一讲就讲‘两个’，一个是17年，一个是1972年回潮，就是不讲林彪的干扰。”“不能一提知识分子就骂一通，这样符合不符合主席的方针？”“工农兵学员上了大学，就不能当技术员，不能当干部，只能回去当工人、农民，这样成不成？不培养干部、科技人员，办大学干什么？”“大学生上大学还要不要改造？上、管、改捧那么高，还要不要讲世界观改造？”“总理的讲话（指加强基础理论），他们为什么不贯彻？”周荣鑫的这些观点很显然是同迟群、谢静宜尖锐对立的。他的这些重要讲话在外校广为传播、受到教育界广大人士欢迎的时候，清华正是大学特学“朝农”经验的时候。最可惋惜的是周荣鑫同志的讲话没有正式文件，这就使我们这些赞成和支持他的同志想传达、宣传而没有合法的依据。

9月下旬，柳一安同志得到一份9月15日邓小平同志在山西昔阳全国农业学大寨会议开幕式上的讲话记录稿。小平同志说：“毛主席讲过，军队要整顿，地方要整顿，工业要整顿，农业要整顿，商业也要整顿，我们的文化教育也要整顿，科学技术队伍也要整顿。文艺，毛主席叫调整，实际上也就是整顿。”要整顿，在清华首先就要整顿领导班子，解决迟群、谢静宜的问题。

七、再次上书

10月5日上午，迟群突然通知开书记会，奇怪的是，不是书记会议成员的几个迟群的亲信也参加了。迟群宣布开会后，他的一个亲信首先说：“应研究一下形势。”迟群说：“就是要研究一下形势，根据形势研究工作。我看先从学校说起。现在阶级斗争很复杂，很尖锐，党委的领导班子就有问题，有走资派。这种人表面上装着革命，背后在搞鬼，并且越来越不像话，大家要提高警惕。”这位亲信显然是对着我和惠宪钧、柳一安来的。

我说：“刚才有人说阶级斗争很尖锐，很复杂，我们领导班子里有走资派，确实如此，这是客观存在。因此，我提醒一切革命的同志要用阶级分析的观点研究新的情况。现在我们班子里的走资派有新的特点：第一，这种走资派是‘文化大革命’中浑水摸鱼爬上来的；第二，这种走资派用革命的辞藻唱高调，讲大话，台上一套，台下一套，人前一套，人后一套，把自己伪装起来；第三，这种走资派，用封官许愿拉拉扯扯，笼络人心；第四，这种走资派，政治上野心勃勃，想掌握大权；第五，这种走资派，一直在搞欺骗党的活动。这表明在新的情况下产生了具有新特点的走资派！我们必须擦亮眼睛，识破他们，揭露他们！”我理直气壮，义正词严，迟群坐不住了，面红耳赤，用苦笑来强装镇静。

我们发出的信没有回音，小平同志在农业学大寨开幕式的讲话正式文件还没有发下来，迟群已公开叫阵了，该怎么办？再写第二封信，继续揭发！我们经过研究作出了这个决定。这封信该怎么写？我们商定：上封信遗漏的要详细补上；这封信要比上一封更具体，要把迟群这两个月来的丑恶表演，一件件一桩桩，包括时间、地点都写上；要把谢静宜也挂上，适度地揭发她支持迟群、包庇迟群，但仍然不要把她同迟群等同，要有区别，要使主席和中央知道谢静宜也有问题。这封信是我起草的，10 月 13 日第二封信完稿并复写完毕。我们仍采取上次送信的办法，送到邓副主席住处，请警卫人员送交王秘书。但那位排长同志向惠宪钧转达王秘书的话说：“这里不收信了，信可送国务院。”老惠从城里回来说了这个情况之后，我们的心情很沉重。我想到了教育部副部长李琦同志。他曾经担任过总理办公室副主任，接触中央领导人较多。抗战时期在太行山我们就熟悉。10 月中旬的一个星期天，我来到他的家——红霞公寓，说明了我的来意，请求李琦同志支持我们，设法把第二封信送到小平同志家里。他听完之后，非常高兴，他说：“这出我预料，我没想到清华内部几位领导同志起来揭发迟群、谢静宜了！这件事太好了，你们做了件好事啊！我完全支持你们。”他说：“给你们保密，并且一定向荣鑫同志报告。”后来我得知李琦同志把我们的信交给了当时担任国务院研究室主任的胡乔木同志，是乔木把第二封信送给小平同志的。一直到粉碎“四人帮”后，乔木同志到甘肃视察工作，我才有机会向他当面表示了感谢。

第二封信发出两天后，北京市委杜春永同志来到我家里说：“昨天上午在人民大会堂，李先念同志和纪登奎同志召开了一个小会，听取北京城市建设工作汇报，市里去了几位同志，我也参加了。休息时纪登奎说给吴德的信交给他了，就装在他兜里。我觉得登奎的意思是要我转告你，你反映的问题他已经知道了。这说明他是支持你的，起码他是不赞成迟群、谢静宜的。”又过了两三天，我和惠宪钧到了市委，和送上封信的顺序一样，先向科教组肖英和军代表口头汇报后，把给吴德的第二封信交给了他们，请他们转给吴德，并请求接见，我们在学校随时等候通知。10月下旬的一天下午，万里同志热情地接待了我。我向他详细地讲了迟群、谢静宜的问题，以及我们两次给毛主席写信的情况。他说：“你们给主席的信，我听说了，主席有什么指示，不知道。迟群、谢静宜的问题我知道一点，这两个人打着主席的旗号招摇过市，真真假假，什么主席的‘两个兵’，我看是自封的。我对这两个人从来都是敬而远之。他们是搞阴谋诡计的，你跟他们斗，你可要提高警惕，要谨慎。你要按毛主席的‘三要三不要’严格要求自己，不能让他们抓住你的把柄，他们整人是要往死里整的！”我说：“万里同志，我真想调离清华，你见到纪登奎同志跟他说说，把我调出这个是非之地吧。”他说：“刘冰！你现在可不能走！你应留下跟他们斗。你一走，谁跟他们斗啊！”我说：“我走了还有别人啊！”他说：“老同志差不多都被他们打倒了。你不能走，尤其现在不能走，要从整个清华考虑。”万里同志的嘱咐，在那些日子里一直激励着我去斗争！

八、被告审原告

我们在发出第二封信的同时，分别找了系党委书记以上的几位同志，说明迟群的问题，提醒他们保持警惕。

1975年11月18日，迟群、谢静宜召开全校批斗刘冰等人大会，吴德在会上传达毛主席对刘冰等人信件的批示。

11月3日，下午2点25分，迟群办公室一位工作人员到我的住宅叩门，说："下午3点钟在第二教室楼召开常委会，迟群让我告诉你。"此刻，他面色沉重而又有些为难，表情很不自然地站在门口。从他的神态和吞吞吐吐的话语中，我判断是有关我们信的问题，请惠宪钧通知老柳迅速到我办公室商量对策。惠、柳二人的判断和我一样。我们分析，既然常委会的召开是关于我们信的事，开会不和我们商量，搞突然袭击，证明毛主席支持迟群，而不支持我们。怎么办？

满屋子都是人，黑压压一片。我们径直地走到按惯例常委会开会时书记们的席位就座。这时我才注意到，除了常委、各系党委书记、校级各部处负责人外，还有很多生面孔。今天的会非同一般，是两校常委联合批斗我们。批斗怎么办？照常规办！运用我多年挨斗的经验应付就是了。3点15分，吴德同志在迟群、谢静宜的簇拥下进入会场。吴德说："这一个时期，清华发生了一件事，就是刘冰、惠宪钧、柳一安三位副书记和常委吕方正四人给我们伟大领袖毛主席写信，告了清华大学党委书记迟群同志和我们的市委书记谢静宜同志。伟大领袖毛主席对于他们的信作了批示，现在我把批示的主要精神给大家传达一下。"然后，他对主席的指示，隐而不露，用他自己的话说了一大篇。这些话哪些是主席的，哪些是他自己的，谁也分不清楚，但给人的印象是：刘冰等人是反对毛主席的。他提示说："这个问题是什么性质？这个是非要弄清楚的。要按毛主席的指示进行讨论，辩论认清问题的性质。"然后，他宣布："这个会请清华大学党委书记迟群同志主持。"

这时，迟群仰起头，神气十足地站起来说："现在开会，先请刘冰他们把他们的信在这里念一念。"我站了起来，拉过话筒，开始念信。我想这是难得的好机会，要利用这个讲台揭露、控诉迟群、谢静宜的罪行。我放开嗓子，大声朗读，心想要让到会的每一个人，要让全清华所有的人都能听到迟群、谢静宜的条条罪状。迟群事先布置的喽啰们不断对我围攻，搞得没法念下去，我几次提出不念了，他们才不得不暂停围攻，让我把信念下去。

念完了信，接着是对我们的批判，发言者不用说都是迟群、谢静宜事先布置的。帽子、棍子一齐向我们打来。骂我们是"诬告"，是"恶人先告状"，是"欺骗毛主席"，是"用写信的办法反对毛主席"，等等。我申辩说："我们给毛主席写信反映问题，正是对毛主席、对党中央的忠诚。信里反映的问题都是事实。"迟群的一个亲信说："我可以证明，他们信中说的什么烧被窝、摔杯子等等都是编造的，我天天在迟群同志那里，我怎么没见到。”这时，吴德同志火上浇油，插话说：“刘冰！你应该老老实实，把你们的活动拿到桌面上，不要在桌子底下活动。”也许吴德同志有什么难处，但这种时候，说出这样违背事实的话，迫使我们不得不说：“我们没有搞桌子底下活动，我们完全是按照组织原则办的，给市委科教组汇报过，给吴德同志报告过。”吴德说：“你没有给我报告，你那是信。”我说：“信也是算数吧！我们还两次请求你接见，要向你汇报，这是在桌子底下活动吗?”他哑口无言了。

已是6点钟了，迟群宣布散会，并要我和惠宪钧、柳一安留下，给我们宣布纪律：“不准相互串联，不准到校外，不准请假，要按时上下班，不准迟到早退。”从此，实际上我们已被专政，失去了自由。我慢步走出第二教室楼，和老惠、老柳相互握手示意，我目送他们两人并肩朝“工字厅”方向走去。11月初的北京，6点多钟太阳就落山了，清华园的天空灰蒙蒙一片，北风阵阵，寒气袭人。我独自沿着二教楼到甲所的小路，翻过土丘，朝十公寓方向走去。沿途一些教师和职工或站在路旁默默地看着我，或向我点头示意。一位穿着工作服的同志问：“你推着车为什么不骑呢？天气冷，赶快骑上回家吃饭吧!”同志的关怀温暖了我冷却的心，我说：“谢谢你，我想这样走走。”这位同志陪我走了一段，他要到公寓食堂吃饭，向我握手告别了。多好的同志啊！遗憾的是因为天黑，他的模样我没有看清，也不便问他的姓名，至今我不知他是谁。

回到家里，苗既英同志第一句话就说：“一切我都清楚了，你先吃饭，吃完饭再说。”端起饭碗，看着满面愁容的妻子，我一边吃，一边在想：我们是患难夫妻啊！远在千里之外的儿女们不会想到他们的父母又要遭殃了。饭后，我们来到我的卧室兼办公室的小房间。她让我躺下，盖上棉被，她坐在床边的椅子上，听我详细讲述下午会议的情况。她毕竟是经过风雨、受过磨炼的女同志，没有流泪，也没有惊慌，镇静地说：“给你扣的帽子，真的都是主席的意思，那也没办法，说明主席也会有错误，起码是主席听了谢静宜一伙的片面之词；要不就是你们错了，但错在哪里呢？难道对错误的东西向主席报告也错了吗？我看我们于心无愧。我们对党、对主席是忠诚的，不然为什么写信呢？我们挨了那么多斗，吃了那么多苦，对主席的忠诚坚定不移。我们冒着风险给主席写信，不是表明了这一点吗？现在主席不相信我们，但事实总归是事实，总有一天主席和党中央会弄清谁忠谁奸！”就这样你一言我一语，一直讨论到12点钟。

第二天，二教楼会议室贴满了大字报。其中最为显眼的是《走资派还在走》和《投降派确实有》这两张大字报。前者是针对我的，后者是针对惠宪钧、柳一安、吕方正同志的。这两张大字报的内容是一样的，但为什么冠以不同的标题呢？似乎表明了他们“区别”对待、进行“分化”的策略。

迟群宣布开会了，他说：“昨天吴德同志传达了我们主席的批示精神，刘冰宣读了他们的信，大家应根据吴德同志讲的精神展开辩论，对他们的信可以提问，可以批判，刘冰他们也可以申辩。”讲得冠冕堂皇，多动听啊！辩论、提问、申辩，都是鬼话，骗人的！会议全过程没有任何一点点民主。会场上不管是我还是老惠、老柳，只要一说话就遭围攻，就有人起哄。会议一层一层地扩大，到了11月12日，扩大到全校支部书记以上党内外干部一千三百余人，主会场是二教楼，分会场安上了有线广播。每天像学生上课、工人做工那样，八小时开会批判斗争……

九、列席政治局会议

11月15日，对我们的批斗进入第13天。这天下午5点半散了会，6点钟我回到家里，6点半钟接到谢静宜的电话，要我7点钟在西南门上车到人民大会堂去。我问干什么，她说："你到大会堂北门下车后，告诉哨兵，你是清华大学的刘冰，他会领你进去。"其他什么也没说，她挂了电话。这莫名其妙的通知，引起了我的疑虑和紧张。唯一的可能是要我到那里先谈话后逮捕，这是个骗局！苗既英哭了，泪水成串地流下来。她擦了擦眼泪说："我们也别太老实了，你现在立刻离开北京到老家去，这是他们逼的。我留在家里，一切由我顶着，要抓他们抓我，孩子都大了，我们没什么顾虑，总不能株连九族，抓孩子吧？"她已经没有眼泪，脸色镇静而坚定，从心里吐出的这铿锵话语深深地打动了我，我感到她是一名视死如归的战士。我说："我赞成你的精神，但是不能走，走了反而又多一条罪状，最终还是我们遭殃。我考虑还是一切按党的原则办，他们要我到哪里，就到哪里，就是死了，毛主席、党中央还得把我们这一案搞清楚，几十年后还得平反。现在我就按他们的通知到人民大会堂去，你做好一切准备，如果我被抓起来，你要给孩子们通个信。"我看看手表，时间已到，拿上大衣，准备下楼。她从口袋里拿出些钱交给我说："你带上，我下楼给你煮几个鸡蛋，晚去几分钟他们能怎么样，你晚饭还没有吃呀！"我找了个本子，把钢笔灌满墨水，口袋里装了两个煮鸡蛋，7 点零 5 分离开家。她送我上了车，在握手分别时，她的泪水滴在我的手背上。

开车的司机很严肃，我拿定主意，服从党的决定，在组织原则上让他们挑不出毛病。如果把我关了起来，那就做长期斗争的准备，让时间为我讨回公道，换来胜利。车子突然停了下来，我发现已经到了人民大会堂北门的台阶上。下了车，我向门内走去，哨兵拦住问："你哪个单位的？干什么？"我答："我是清华大学的，我叫刘冰。"哨兵说："你跟我来。"刚进门内，一位穿军服、干部模样的人说："你是清华的刘冰？"我说："是！"他说："好，你随我到这边来。"我随他走进了东大厅。厅内有几个女服务员在摆放沙发和茶几。汪东兴同志来了，他问："你哪个单位的？叫什么名字？"我答："我是清华大学的，叫刘冰。"他说：

“啊！你就是刘冰！过去没见过面。”这时谢静宜来了，她看着我恶狠狠地说：“你来了。”然后她和汪东兴一边走，一边小声说话。我怕影响人家保密，赶快走到一个较远的沙发坐下，等待着。差5分8点，这时陆续进来了一些人，先是政治局委员们，接着是胡耀邦、胡乔木、周荣鑫、李昌同志来了。大家都在摆成圆圈形的两排沙发前入座，政治局委员在前排，其他人都坐第二排。邓小平和叶剑英两位副主席靠近坐在一起。我看到这种情况，肯定这是政治局会议，原来我想的那些纯属主观臆断。于是我离开墙边的沙发走到会场内第二排座位挨着胡耀邦同志坐下。我的前面是纪登奎同志，他转过身子同我握手，我向他问好致谢。

8时整，邓副主席宣布开会，说：“昨天主席接见外宾完了之后，把我留下，在场的还有张春桥。主席要胡耀邦、胡乔木、周荣鑫、李昌、刘冰同志参加政治局会议，主席说参加会议也是一种帮助。”邓副主席接着又传达了主席的其他一些指示后，走到张春桥面前说：“我耳朵背，记不详细，请你把主席讲的整理一下。”然后把记的两页纸放在张春桥面前的茶几上。张春桥狂妄地说：“我不整理，我没有记。”这种蛮横的态度，对于中央副主席甚至主席都是不尊重的，我感到厌恶。邓副主席刚回到座位上，姚文元插话说：“今天列席会议的他们几位，恐怕还不知道主席对清华的批示吧？是否给他们传达一下？”邓副主席没有理睬他，他却大声嚷嚷重复着刚才的话，并指着我们问：“你们听过没有？”我说：“我听了，吴德同志传达过。”吴德立刻声明说：“我没有传达，我只是说了主席批示的精神。”邓副主席说：“那好吧！请毛远新给传达一下，远新你讲吧！”于是毛远新慢慢腾腾翻开笔记本念了毛主席的批示：“清华大学刘冰等人来信告迟群和小谢。我看信的动机不纯，想打倒迟群和小谢。他们信中的矛头是对着我的。我在北京，写信为什么不直接写给我，还要经小平转，小平偏袒刘冰。清华大学所涉及的问题不是孤立的，是当前两条路线斗争的反映。”这个传达，真如晴天霹雳！我靠在沙发上，脑袋昏昏的，耳朵嗡嗡的，心率加快，连呼吸都感到困难。会场上什么人再说什么，我全没听到，满脑子都是主席的批示。说我矛头对着他老人家，从何说起！真是天大的冤枉！我正是抱着对党、对领袖的忠诚，才向老人家报告迟群、谢静宜的胡作非为，怎么能得出这样的结论，说矛头是对着他的！我想不通，我怀疑。但这是毛远新传达的，白纸黑字，明白无误。现实是多么残酷！

毛远新还在讲一些别的，我已不能分辨他讲的内容。但我必须强迫自己冷静下来，只听到邓副主席说："讨论吧！"王洪文说话了，他说他到上海去了一趟，听到"下面"许多反映，对胡耀邦、周荣鑫意见很大。他列举了一些只言片语后说："你们和无产阶级专政下继续革命背道而驰，教育部不搞教育革命，专讲一些旧观点、旧思想，搞旧的一套。"张春桥插话说："都是右的东西，周荣鑫不听我们的。"姚文元跟着说："报纸的记者也有反映，群众对你们有意见。"你一言，我一语，讲个不停，时间几乎全被他们占了。江青时而坐在沙发上，时而离开座位在会场旁边走动，嘴里嘟囔着，有时猛然提高嗓门，阴阳怪气地说几句什么，我听不清楚，但可以看出她是给王、张、姚打气的。其他政治局委员很少说话。叶剑英副主席除了偶尔喝点水或偶尔用毛巾擦擦脸，一直在默默地记笔记，什么话都没说。大约 11 点钟左右，邓副主席说："今天的会到此为止，明晚 8 点钟继续开会。"政治局委员陆续退席，邓副主席和叶副主席走在后面，步伐缓慢而坚定。

走出大会堂，等人们都上车走了，我才从台阶上走下来，找到清华的车子。一路上我在想主席说的"参加会议也是一种帮助"含义是什么？想来想去觉得主席的意思就是要我们在会议上作检查，在会议上接受批判。既然是这样，在明晚的政治局会议上，我就该作检查了。主席批示中说信的矛头是对着他的，又点名要我参加政治局会议，毫无疑问，我对主席批示持何种态度，主席定会注意的。但如何检查呢？

午夜 12 点整回到家里，苗既英惊喜我能回来，脸颊上滚淌着热泪。她问："怎么回来了？"我说："主席指名要我去参加政治局会议。"然后我把主席批示和指名我们参加会议的详细情况讲了一遍。“这真是冤枉呀！”她说出这句话后久久不语，一直用手绢擦眼泪。过了一会，她抬起头，镇静地说：“给他老人家写信反映情况是矛头对着他的，中央副主席给转个信也成了偏袒，怎么能得出这个结论？还有真理没有？还往哪里去讲理？”停了一会，她用怀疑的口气说：“老人家是不是真的糊涂了？他80多岁了，人老了容易糊涂，这个批语不是颠三倒四吗？”我说：“不全是糊涂，而是听了毛远新、谢静宜一面之词。”她说：“按这个批示，就会给你定成反对毛主席，反对毛主席就是反革命呀！批示如果编在毛选里，那我们就永世冤枉吗？我看不能。我们要活下去，在世时不能翻案，也要告诉我们的孩子为你翻案。”我说：“是呀，现在已经到头了，没地方说理。小平同志转个信是偏袒我，这不正常啊！现在只有检讨，争取留在党内，只要活着，过几年再说。反对毛主席的帽子现在已经给戴上了，我怕开除党籍，一旦开除党籍就不好办了。明天晚上政治局会议上，恐怕我们五个人要检查了，现在要想想如何检查。”她说：“一个是检查，一个是不检查。我们没错检查什么？”我说：“主席说矛头是对着他的，不检查行吗？不行！因为那样会给再戴上一顶对抗主席的帽子，岂不更冤枉！几十年来我们在亲身实践中看着主席领导我们取得了胜利，我们自己的成长也是他的思想哺育的，在这一件事上即使是主席错了，从良心上讲，也不能对抗，让主席为难。毛远新是要给主席汇报的，不戴帽子，主席通不过。”她坚决地说：“不能过细，不能戴帽子，要给自己留个余地，将来好翻案。”我说：“戴顶帽子，将来也要翻案。”她说：“现在该休息了，已是3点钟了。”我们都吃了安眠药，也睡不着，仍然商量着政治局会议上如何检查的问题，直到东方发亮。

苗既英这年夏天进城开会，下车时摔成脑震荡，好几个月不能工作，从10月下旬才开始半日工作。昨晚彻夜未眠，头痛加剧，只好请假。她用长布条勒住脑袋，躺在床上，考虑我的检查。我自己一整天呆在办公室准备晚上的检查。我的思想从来没有这样紊乱过，矛盾重重理不出头绪。翻来覆去想呀，想呀，最后无可奈何地下了决心：做违心的检查，争取过关，将来再说。

晚7点，我离家时，苗既英一再交代我“要冷静”，说话要留余地，尽量不要给自己戴帽子。我7点50分到了人民大会堂东大厅，政治局委员们也陆续到来。邓副主席和叶副主席仍然挨近坐在会场的东边。

晚8点整，邓副主席宣布开会，他说：“现在开会，先请毛远新同志传达主席指示。”他接着说：“远新，昨晚的会你向主席汇报后，主席有什么指示，你讲吧。”毛远新从他的衣兜里掏出了一个本子，一边翻着，一边说：“昨晚的会，我向主席作了汇报。”随后他念着本子上的记录，他给主席说了什么，主席听后讲了些什么，一段一段地念了大约40分钟。我一边听，一边感到毛远新的汇报有明显的倾向性，实际上等于他出题目，主席来回答，包括主席对张铁生的肯定，都表达了毛远新的意愿。

毛远新传达完毕，邓副主席说：“你们五位同志，主席要你们参加会，你们有什么要说的吧？”胡耀邦同志站起来，大声说：“我讲些意见。主席要我们五位同志来参加会，是对我们的关怀，我在这里对主席表示衷心的感谢。昨天晚上，王洪文副主席对我讲了许多话，我在这里声明，他说的那些问题，说我说了什么话，我都郑重表示，我没有那些问题，也没说过那些话，请求中央查证。我与刘冰在团中央一块共过事，他找到我要我给他转信，我对他说过我支持你，但信要由你自己送，因为我们不是一个组织系统，我是科学院，你是清华大学，所以我不能帮你转信。”耀邦洪亮的声音在会场回荡。他发言后，好久没人说话，王洪文也无言以对。

过了一会儿，邓副主席说：“你们谁还说话呀？”我看看周围没人回应，待不住了，我说：“我发言。”我刚说话，邓副主席说：“刘冰同志，我耳朵背，你坐在我旁边讲，好不好？”我赶快走过去，坐在他老人家左边的座位上。我说：“主席对我作了严厉的批评，我在这里向主席、向中央作检查。”然后，我概括地讲了五个意思：第一，主席严厉地批评了我，又要我列席政治局会议来帮助我，这是对我的关怀，我在这里对主席表示深深的感谢；第二，我是只见树木，不见森林，抓了一些鸡毛蒜皮，罗织罪状，错告了主席派往清华的干部，我犯了诬告的错误；第三，我在送信过程中，涉及到一些同志，在中央政治局会议上，我对党、对主席应忠诚老实，不能隐瞒；第四，我请求党中央和主席给我以处分；第五，我向主席和党中央保证在我的后半生，我将以最大的努力为党的事业鞠躬尽瘁，死而后已。我刚讲完，谢静宜莫名其妙地说：“1968 年我们刚进清华时，你刘冰被蒯大富关在地下室，我有一天夜里 12 点钟去看你，你正在吃窝窝头，是不是?”接着发言的是胡乔木、李昌、周荣鑫三同志。

乔木同志发言中讲到我的问题时，他说：“刘冰同志的第二封信是我送给小平同志的。”这时猛然从背后响起尖厉而有点沙哑的声音：“乔木！你反对毛主席呀！我现在才知道。”我扭头，看到是江青在说话，她坐在一张铺着白布的桌子前，上面还摆着饭菜，据说她才吃晚饭。她猛然站起来追问：“你为什么给刘冰送信?”乔木说：“我不认识刘冰，也不认识迟群，只是听说过他们，我对刘冰印象好一些。”江青怒冲冲地用她那颤抖的声音说：“乔木呀！你反对毛主席呀!”“你是主席的秘书，你反对主席我没料到。”她歇斯底里的棍子加帽子的发言，使我感到厌恶。

周荣鑫同志因为有外事活动来晚了，他最后发言。在他发言过程中，张春桥、姚文元、王洪文、江青这四人不断插话，实际上形成了对他的围攻。什么“否定教育革命”、“搞资产阶级教育”、“搞修正主义”、“复辟、倒退”，棍子、帽子一齐打来。而从会上另一些政治局委员的表情，可以看出对他们这样霸道是不满意的。

时间已经 11 点多了，邓副主席宣布：“今天的会就到这里，下次会议什么时候开，另行通知。散会。”这天的政治局会议就这样结束了。

十、"大辩论"招牌下的"反击右倾翻案风"

政治局会议之后，迟群、谢静宜更来劲了。11月18日，在迟群主持下召开了全校师生员工万人大会。在此之前，党委扩大会议已连续开了17次，都是以"大辩论"之名行批判围攻之实。这次万人大会，按迟群他们的说法是"在全校范围开展'大辩论'"。会上先由吴德同志传达了毛主席对刘冰等人来信的批示全文，随后是对两封信的批判。对于两封信如何批判，看来他们是动了一番脑筋的。只传达批示、不宣读信文说不过去，宣读信文又怕他们的丑事传出去，于是想出了"读一段，批一阵"的办法，妄图使人不能得到连贯、完整的印象，并以批判淹没事实。同时他们又想出了布置人作伪证的"高招"，以颠倒是非。这次会上准备了15个作伪证兼批判的发言人。虽然这些人经过训练预演，但会上的表演仍漏洞百出。大学生们就一小段、一小段地记录下来。他们批判了一整天，学生们记录、核对了一整天。刘冰等人两封信的全文一字不漏地被记了下来，传了出去，散发到全国。至于那15个作伪证兼批判者的发言，则很少有人记，也很少有人传。

迟群说他们是搞"大辩论"。吴德同志讲话中说："十几天来，清华根据主席的指示，'大辩论'搞得很好。"是这样吗？十几天来，哪一次会允许辩论过？开万人大会的这一天，我是被人拉到"工字厅"，坐在校政治部办公室的一个角落里，对面墙壁上张贴着"坦白从宽，抗拒从严"的大标语，看管我的人只准我面对这条标语，不准我改变坐向，当然更不准许到大会上发言。12月10日，迟群、谢静宜以清华大学党委名义向中央所作的《清华大学关于教育革命大辩论情况的报告》欺骗中央说："我们在大辩论中，始终坚持摆事实、讲道理"，"对刘冰等人我们给以充分的发言机会"。

我从广播喇叭中仔细地收听了大会上每位伪证者兼批判者的证词和

发言，实在感到惊讶和愤怒。迟的一位亲信说他们的迟群同志“艰苦朴素，公私分明”，“因为工作太忙，睡得太晚，有一次抽烟不慎把公家的被子烧了个洞，但立刻作了赔偿”，并出示了总务部门的赔偿收据。惠宪钧同志是管后勤的，他最清楚，迟群没有赔偿一分一厘，会场上拿出的所谓“收据”，是他们临时制作的。这位亲信说他们的“迟群同志从来没闹过名誉地位”，攻击信中揭露的事实是“造谣诬蔑”。然而，正是这位亲信，每一次迟群闹起来，都是他跑着来叫：“刘冰，快去，迟群闹起来了”，或“快去，迟群又闹起来了”。

1975 年 12 月清华大学“同方部”院内的“反击右倾翻案风”大字报区。

全校大会后，从 19 日开始，我和惠、柳、吕四人实际上被专了政。从 19 日开始，我和惠、柳、吕三位同志被拉到各系轮流批斗。给我们戴上的帽子是：“正在走的走资派”，“投降派”，“右倾翻案风的急先锋”；罗列的罪状是：“否定教育革命，翻教育革命的案，算教育革命的账”，“否定文化大革命，翻文化大革命的案，算文化大革命的账”，“反党、反毛主席”。就在发动各系轮流批斗我们四人的同时，开始点名批判教育部长周荣鑫。在数力系馆前和“同方部”院子里开辟了大字报区，并逐渐扩展到新水利馆院子里。迟、谢们通过北京市的领导命令各单位来清华看大字报，并在各单位逐渐展开了“反击右倾翻案风”的运动。“文化大革命”中一个新的“高潮”又来了。每天大批人马、人山人海涌向清华园。常常像耍猴一样，把我们拉到大字报区，名曰“看大字报”，实则让人们问长问短，进行围攻。

这些天，由于拉我到系里批斗，我呆在家里的时间较前些天多了些。11 月底的一天下午 3 点钟左右，听到有人叩门，我开了门，进来的是项南同志的女儿项小米。我感到惊奇和高兴。她说：“我爸爸问候你并要你注意身体。刘叔叔，你要特别提高警惕，江青、迟群他们会用各种办法整你的，他们会搞人监听你的电话，你不要再打电话了，他们抓住一点鸡毛蒜皮会大做文章来整你。”小米的一番话，使我感到我们这些老同志的后代，经过“文化大革命”的磨炼成熟起来了，顿时我脑海里燃起了希望之光。

这天晚上快 11 点钟了，有人来叩门，声音很小，断断续续的。我有点奇怪，根据“文化大革命”以来被斗的经验，我机警地穿好衣服，还拿上了大衣，下楼去开门，准备着被带走。开门一看，是我的小老乡、工程物理系学生宋章元。他说：“我今天夜里专门来看看你。你们四个人的信几乎所有的同学都抄下来了，许多人把你们的信用复写纸复写多份邮寄到外地。大会上批判者说信的内容都是假的，同学们根本不信。同学们说，既然是大辩论，怎么看不到刘冰他们出来辩论呢？有的同学说，大概是不敢让他们出来吧。迟群、谢静宜在学校里不得人心，同学们表面上不敢说，实际上都同情你。你们并不孤立。你要保重身体，想开一些。”说完他就走了。一叶知秋，人心的向背是很清楚的。

在各系轮流批斗我们的同时，迟、谢等人组织人对我进行所谓提审。提审者人数很少，追问很多，他们是要我供认邓小平、胡耀邦是我的后台，每次都以骂我不老实而告终。批斗加提审和蒯大富的办法差不多，唯一不同的是，迟、谢他们不打人，这比蒯大富要高明一些。

在迟、谢加紧对我们批斗的时候，11 月下旬，中央根据毛主席的指示，在北京召开了高级领导干部一百三十多人参加的“打招呼会”。接着经毛主席批准，中央向全国党、政、军领导机关转发了打招呼会的《讲话要点》，要求在中央及国家机关各部委党组，各省、市、区党委，部队军以上党委常委中进行讨论。《讲话要点》传达了毛主席对刘冰等人来信的批示，并且说：“中央认为，毛主席的指示非常重要。清华大学出现的问题绝不是孤立的，是当前两个阶级、两条道路、两条路线斗争的反映。这是一股右倾翻案风。尽管党的九大、十大对无产阶级文化大革命已经作了总结，有些人总是对这次文化大革命不满意，总是要算文化大革命的账，总是要翻案。”《讲话要点》要大家认识，对此开展辩论“是完全必要的”。《讲话要点》还说“清华大学的这场大辩论必然影响全国”。这就在更大的范围提出了“反击右倾翻案风”的问题。迟群、谢静宜早就在清华说：“抓住了刘冰等人的两封信就抓住了‘反击右倾翻案风’的突破口。”

12 月 1 日《红旗》杂志发表北大、清华大批判组的文章《教育革命的方向不容篡改》，《人民日报》12 月 4 日予以转载。文章显然是出自迟、谢乃至江青一伙的策划，是清华正在进行的大批判的扩展。11 日19 日起对教育部长周荣鑫开始了批判。给我们扣上了“翻教育革命的案”、“翻文化大革命的案”的帽子，说我们“要搞修正主义”、“要颠覆无产阶级专政”、“要复辟资产阶级知识分子统治学校”，并把我同周荣鑫连在一起，说“刘冰和周荣鑫坚持资产阶级教育路线，和毛主席的教育革命路线相对抗”。这预示着“四人帮”和迟、谢要把清华的大批判引向整个教育战线。

自从开辟大字报区以来，迟、谢们加紧组织力量书写大字报，不断扩大大字报区，一排一排张贴大字报的新席棚扎起来。除了通过北京市继续组织市区各单位人员来校参观外，他们强令各地方的领导来清华参观。迟群等亲自出面介绍清华大学教育革命大辩论的基本情况，12 月 14 日中共中央批转了《清华大学关于教育革命大辩论的情况报告》。报告说："今年 7、8、9 三个月，社会上政治谣言四起，攻击和分裂以毛主席为首的党中央，否定无产阶级文化大革命，翻文化大革命的案，算文化大革命的账，这是一股右倾翻案风。"说："刘冰等人的信的出现是有深刻的政治背景的。"报告为开展"反击右倾翻案风"制造论据，迫不及待地要把这场狂风恶浪推向全国。

12 月下旬我终于病倒了，经过交涉，迟、谢才批准，允许我去医院看病。当即诊断为"急性肾盂肾炎"。三院内科主任不畏权势，亲自把我带到干部病房，安排我和他们的党委副书记住在一起。每天上午查看病房时总是劝我安心治病。

1976 年 1 月 8 日周总理逝世，1 月 23 日，迟、谢邀请北京地区一百多个部门、厂矿负责人来校听取他们的情况介绍，煽动批判邓小平同志。1 月底迟群指使一些人编写供批判用的《邓小平同志言论摘录》。3 月 26 日政治局扩大会议批判邓小平同志，迟、谢在清华物色了七个人参加汇报，实则参加批判，回校后召开万人大会，汇报他们大闹政治局的情况。

"天安门事件"后，5 月我到团河农场劳动，不断被批斗。

粉碎"四人帮"后，10 月 16 日北京市委派出联络组进驻清华，宣布六条意见，刘冰、何东昌不能翻案。一直到刘达到清华任书记，1978 年 6 月 23 日，刘达向邓小平汇报了我的情况。邓小平说："请市委给刘冰同志安排工作。"

11 月下旬，清华党委为我召开了平反大会，12 月新华社发布我平反的消息。12 月 6 日我离开工作过 25 年的北京，到兰州赴任。这时我已是雪染双鬓，57 岁了。

武健华，1927年生，山东荣成人。1944年参加八路军，1945年加入中国共产党，历任胶东军区中海军分区锄奸科干事、西海军分区昌潍支队参谋、手枪队长，华东军区直属昌潍保安司令部参谋，济南特别市军事管制委员会公安局股长，上海市军事管制委员会公安部科长，中央办公厅警卫局办公室主任，8341部队政委，中央警卫局副局长，中共中央毛泽东著作编辑出版委员会办公室副主任。

作者简介

粉碎“四人帮”的实施过程[①]

□武健华

1976年10月6日，是中共中央采取果断措施，一举粉碎江青、张春桥、王洪文、姚文元“四人帮”反革命集团及其帮派的日子。

粉碎“四人帮”的胜利，是全党、全军、全国各族人民长期斗争的结果。它是党和人民的伟大胜利，是马克思列宁主义、毛泽东思想的伟大胜利，它将永远铭刻在我党历史发展的里程碑上。

我作为当时参与这场斗争并参与组织实施一些具体工作的见证人之一，现在把这一重大历史事件的过程，就我所知，照实地写出来，如能为党史工作者及广大读者提供些参考，我将会感到极大的宽慰！

---

① 原载《中华儿女》2001年第10、11期。

毛主席逝世，举国悲痛。“四人帮”则开始了全方位的抢班夺权活动，在治丧期间频频出难题。在此期间，叶帅屡屡找汪东兴谈话

1976年6月，毛主席病情加重，中央政治局决定，由华国锋、王洪文、张春桥、汪东兴四人在毛主席住地值班，直到1976年9月18日，开过毛主席的追悼大会后，值班的任务才撤销。在值班的过程中，就毛主席的医疗问题，华国锋、汪东兴就与张春桥、王洪文发生过分歧。9月9日凌晨毛主席逝世后，在处理丧事期间，“四人帮”又在处心积虑地干扰、破坏，无端生事。

1976年9月9日，凌晨2时许，中央政治局在毛主席住地召开紧急会议，讨论治丧问题。江青在会上大哭大闹，说毛主席是被邓小平气死的，要求政治局继续批斗邓并立即作出开除邓小平党籍的决定。江青闹得很厉害，致使会议没法继续讨论问题。后经与会大多数政治局同志的抵制，一致认为治丧问题是当务之急，会议才没有讨论江青提出的问题。

会议接着研究，如何解决毛主席的遗体保留问题。“四人帮”这时躲开了，他们不参与这件事情是存心找茬。如果不保留毛主席的遗体，“四人帮”就会将它作为指责中央和华国锋的一条罪状；保存遗体的技术要求很高，难度很大，如果要保留，一旦遗体出现了意外的情况，那就更是逃不掉的一条罪状。“四人帮”居心叵测，因为这件事，华国锋还同江青吵过。

1976年9月10日，王洪文背着中央政治局和华国锋，在中南海紫光阁擅自开设“中央办公厅值班室”，并以中央办公厅的名义通知各省、市、自治区党委，在吊唁毛主席期间，各省市发生的重大问题，要及时报告；有些解决不了的、需要请示的问题，要及时请示。各省、市、自治区的报告和请示，要直接找被指定的值班人员（他的秘书）。湖南省委书记张平化认为情节可疑，便立即打电话报告了华国锋。经汪东兴查明情况上报中央后，华国锋、叶剑英两位副主席同中央政治局多数同志

中南海紫光阁。

通了气，大家极为震惊，并立即采取两点紧急措施：

一是，以中央政治局的名义通知王洪文，立即关闭未经中央同意开设的“中央办公厅值班室”。

二是，以中共中央的名义打电话通知各省、市、自治区党委和军队系统，凡重大问题，均应向以华国锋同志为首的党中央请示报告。

被“四人帮”控制的首都几所高等院校都有活动，姚文元他们还动员不少人向江青表忠心，写劝进信。当时传出风声，说有些地方在准备庆祝，会有特大喜讯等。

种种迹象表明，“四人帮”篡党夺权的行动，已经是箭在弦上了。只有采取果断措施，才能挽救危机。

毛主席逝世以后，在人民大会堂举行隆重吊唁仪式期间，汪东兴日夜在人民大会堂值班和休息。我作为工作人员，也同他一起在人民大会堂值班。

毛主席吊唁仪式的第二天，党和国家领导人继续参加吊唁和守灵。

中间休息的时候，叶剑英副主席到了福建厅，他一见到汪东兴就说：“一方面我来看看你，另一方面来听听你对形势的看法。”又说：“自9月9日以来，你是日夜操劳，没有很好地休息过，可不能把身体搞垮哟！很多事情还等着我们去做呢！”

汪东兴对叶剑英说：“事情的确多得很，瞻仰毛主席遗容还在进行。全国要求来京参加吊唁治丧的人民来信来电像雪片一样。追悼大会正在抓紧准备。遗体保护问题专家们正在研究，去越南取经的专家尚未回来，预计遗体保存的问题可以解决，请叶帅放心。”

叶帅说：“毛主席逝世是一件很不幸的大事，我们都很悲痛！可是还有人不顾大局多方干扰。江青在讨论毛主席丧事的会议上，闹着要开除邓小平同志的党籍。姚文元跟着起哄，不必去说他了。而政治局中竟有人毫无根据地说主席脸色发紫，怀疑是医生害死的，弄得医生们很紧张。好在王洪文、张春桥都参加值班，不然又要颠倒是非了。”

汪东兴说：“毛主席逝世时，正好是华国锋同志和张春桥值班。我们在毛主席那里值了几个月的班，亲眼看到医生、护士高度负责，全力投入治疗和抢救，怎么可以无根据地怀疑他们呢？”

叶帅说：“我们都能理解。我想你能顶得住一切压力！”

汪东兴说：“叶帅，压力我是不怕的。你知道，他们早就想把我搞垮。1967年1月，江青一伙就在幕后策划，在中南海内掀起‘火烧’、‘油炸’汪东兴，在国务院小礼堂几次召开大会批斗我。主席知道后说话了：烧烧炸炸都可以，但不要烧焦了！这才把他们的气焰压下去了。后来，江青一伙又给我戴上‘特务头子’的帽子，在政治局会议上提出调离我在毛主席身边的工作，撤掉我办公厅主任的职务等等。所有这些都被主席识破并制止了。我从来没有怕过他们。”

叶帅听完这番话后对汪东兴说：“你在主席身边工作多年，经历了不少难办的事情，这也是不可多得的一种锻炼。我虽然老了，但锐气还是有的，看来，我们与他们的这一仗，已是不可避免的了！”

叶帅接着问：“现在江青他们还在中南海活动吗?”

汪东兴回答：“江青这两天在中南海跑到毛主席住地，要看主席那里的文件，被拒绝后江青大为不满。她又要闹事了。主席逝世后，他们的活动更加频繁，更加明目张胆了。”

叶帅说：“对于这一点，我们的看法是一致的。现在双方都在搞火力侦察，选择突破口，寻找时机。好，我们隔天再谈。”

9月15日，在京的外国友人以及外国专家，同首都群众一起瞻仰毛主席遗容。党和国家领导人也在毛主席遗体旁守灵，并在吊唁大厅分别接见前来吊唁的各国朋友。会见外宾后，叶剑英和汪东兴由吊唁的北大厅，来到东大厅南侧的一间办公室里，又开始了交谈。

汪东兴把近日江青要华国锋召开中央政治局常委会、讨论毛主席处文件处理的问题，并且提出她、姚文元、毛远新和汪东兴都要参加常委会的事情向叶帅作了汇报。

叶帅听后说：“他们气势逼人，向华国锋出难题，逼他表态。”

汪东兴说：“那天因为夜已深，没有打扰你。国锋同志同我商量后决定改为，中央常委会听取江青、姚文元和汪东兴对毛主席处文件处理意见的汇报。”

叶帅插话说：“好主意，我们不能上当。他们正在挖空心思向华国锋施加压力，向中央常委会要权力，想挤进中央常委会内。做不到！今年我们党先后有三位领导人与世长辞了，‘四人帮’乘机作乱，中国革命处于危难之中。”

汪东兴说：“江青一伙是一个反革命阴谋集团，党中央同他们的斗争是势不两立的。”

叶帅说：“他们背离党中央，背离马列主义、毛泽东思想，搞阴谋诡计，搞分裂，我们如果不采取紧急措施，中国革命就会遭受挫折，甚至倒退失败!”

汪东兴有点激动地说：“主席生前在政治局会议上，几次讲过周勃、陈平平吕氏乱，巩固汉室的这段历史，我看主席这话是有所指的。”

叶帅点头说：“‘四人帮’的罪恶比吕氏尤甚！他们迫害致死多少老同志啊！真是‘罄南山之竹，书罪无穷；决东海之波，流恶难尽’。”

当叶帅谈到批判刘、邓、陶的问题时，汪东兴特意将这个问题的来龙去脉告诉了叶帅：

1967 年 7 月 17 日晚 8 时许，毛主席在人民大会堂 118 厅，召集周总理等一些老同志和“中央文革小组”的人开了一个会。会上毛主席说他要离京外出一段时间，并谈了他离京后的工作问题。江青一伙不让我随主席外出，理由是我是办公厅主任，走了谁来抓这一摊工作？主席没有同意他们的意见。主席说办公厅主任可以找人代理嘛！又说可以叫戚本禹代理中央办公厅主任。主席说了话，就这样定下了。

主席对参加会议的同志说：“对刘、邓背靠背地批一批是可以的，不要搞面对面的批斗。”当时参加会议的人都听得清清楚楚。

因为当夜主席就要离京，会后我马上在人民大会堂召开了中央办公厅工作会议，传达了“118”会议有关的重大事项，并要求大家认真贯彻执行。

1967 年 7 月中旬，陈伯达在一件关于批判刘少奇的“请示报告”上圈阅同意，并将刘少奇三个字中的“少奇”两字勾掉，又在“刘”字后面加上“邓、陶夫妇”四字。7 月 18 日，北京的一些群众组织数万人，在中南海西门外召开批斗刘少奇的誓师大会，以后又有些群众组织在中南海周边“安营扎寨”，要求“刘少奇滚出中南海”。

当时毛主席住在上海。武健华同志得知戚本禹在组织大会批斗刘、邓、陶夫妇后，先后两次打电话报告了我。我当即报告了毛主席，主席让我马上给周总理打电话，请总理告诉他们，对刘、邓、陶等人不要搞面对面的批斗。总理说：“主席的指示我知道了，你最好再直接同戚本禹讲讲。”我又把主席的指示用电话通知了戚本禹。

戚本禹很不高兴地说："你说的事情我知道了。家里的事由我来办。"说完就气哼哼地把电话挂断。

据事后了解，江青一伙并没有遵照毛主席的指示办，他们还是阳奉阴违地组织人批斗了刘、邓、陶夫妇。

叶帅听完这些后说："他们无法无天！如果他们的阴谋得逞，灾难又要降临了！中国有句古话叫作'得国常于丧，失国常于丧'。眼下我们不得不防啊！"

江青带头急急忙忙要将毛主席处的文件据为己有，为此一再要挟华国锋。汪东兴带人查封了所有文件。江青气得大发雷霆

江青对毛主席的丧事不关心、不过问，连应该参加的吊唁活动也不到场，却忙于到中南海"202"毛主席原住地争夺文件。在此期间，汪东兴在人民大会堂，先后接到在毛主席住地管理文件的张玉凤打来的两次电话。第一次，张玉凤向汪东兴请示："江青几次提出，要看毛主席这里保存的文件，我不知怎么办好，是否可以给她看?"汪对张玉凤回答说："主席那里的文件、材料、书籍、遗物等，未经党中央批准，任何人都不得翻阅、索取和搬动。"第二次，张玉凤又报告说："汪主任，江青急于要看主席这里的文件，我不好办啊！你如果有时间最好来一趟，我有事向你当面报告。"

汪东兴放下电话，就驱车从人民大会堂赶到中南海"202"。张玉凤向汪东兴汇报说："主席逝世后，江青每天都要来毛主席住处找我，多次要看毛主席的九篇文章原稿及修改稿，还要看毛主席的手迹。我觉得不妥，不符合组织手续，我不好随便给，没给她。这两天，江青又来非看文件不可，我只好给她看了。结果江青把毛主席和杨得志、王六生同志的两次谈话记录稿给拿走了。"

汪东兴告诉张玉凤："立即将这两份材料追回来。中央准备把主席这里保存的文件、材料、手稿等封存起来。"几经周折，两份材料才被追了回来。

汪东兴将江青急于要看毛主席住处文件的事，分别报告了华国锋和叶剑英。

9 月 14 日凌晨，江青给华国锋打电话说：“我建议立即召开政治局常委会议。”

华国锋说：“讨论什么事情?”

江青没好气地说：“你还不知道吗？要讨论的大事多着呢!”

华国锋说：“这次要讨论什么?”

江青说：“主席那里的文件由谁清理？由谁保管？这些都要常委会定下来。”

华国锋说：“我要同常委们商量以后再定。”

江青不耐烦地说：“有什么可商量的，都是急需要办的事。”

华国锋坚定地说：“我们商量以后再说吧!”

江青又说：“开常委会，我、文元、远新，还有汪东兴都要参加。”

华国锋没有表态，把电话挂断了。

9 月 17 日下午，中央政治局常委扩大会议在人民大会堂新疆厅召开。会议一开始，江青抢先说：“主席处的文件清理保管工作，因汪主任忙于主席的丧事，无暇顾及，我提议把所有的文件、手迹、文稿及各种材料的清理保管工作统统交远新负责，远新有时间，又熟悉那里的情况。”

王洪文、张春桥、姚文元马上表示同意，并说这是最合适的人选。

他们讲完之后，汪东兴发言：“毛主席处的文件、手迹、文稿、材料以及各种信件，历来都是由中央办公厅负责收、发、保管、存档。从中央苏区长征出来一路上，直到延安，从西柏坡进城到如今都是这样做的。因为主席这里的文件、文稿、手迹、信件是我们党和国家的宝贵财富，只能由党的有关组织来保管，不应交任何个人来负责，毛主席生前确定的这些正确原则，现在仍应继续坚持。因此，毛主席处的文件、档案以及所有的材料，我认为仍应由中央办公厅负责处理。鉴于目前大家都在忙于主席的丧事，我建议现在暂不处理，先把它们封存起来，任何人不经中央批准，不得翻阅和取用。”

华国锋和叶剑英两位副主席相继明确表示：同意将毛主席处的文件、手迹、文稿以及各种材料，按惯例仍由中央办公厅负责清理和保管。目前汪东兴同志的确很忙，同意先把它们封存起来。华国锋同志最后又补充一句：“没有什么意见，就这样决定了。”

江青、王洪文、张春桥、姚文元见没有人再发表意见，只好默不作声了。

根据中央政治局常委扩大会的决定，9月17日晚上8点多钟，汪东兴和秘书高成堂一起，来到毛主席生前的住处，把毛主席卧室和书房的进出大门，贴上了加盖中国共产党中央委员会办公厅公章的封条。

加封的时候，汪东兴向张玉凤交代：“中央政治局常委会已经作出决定，把毛主席这里的文件全部封存，未经中央批准，任何人都不得违反规定。”张玉凤说：“这样我就好办了。”

当晚10时左右，江青由钓鱼台来到中南海“202”，看到主席的卧室和书房的大门已被封条封住，气得火冒三丈，大发雷霆。她质问张玉凤：“这是谁干的？”张玉凤回答说：“是汪主任带人来封的。”

江青咬牙切齿地说：“好呀！汪东兴，你搞突然袭击！”江青回去后，马上给华国锋打电话。

她气急败坏地说：“汪东兴搞突然袭击，把主席的卧室和书房都加封了。这种行动是对我们的不信任。”

华国锋说：“今天下午常委会不是已经作出决定，可以先封存起来。”

江青说：“为什么连个招呼也不打就加封？”

华国锋对她说：“汪主任执行常委会决定，不需要再打招呼。”

江青仍不肯罢休，又说：“我建议，明天开中央政治局会议，讨论这个问题。”

华国锋说：“我同意召开政治局会议，讨论两个问题：一个是毛主席处的文件处理问题，一个是毛远新回辽宁工作的问题。”

9月18日下午4时，毛泽东的追悼大会刚刚结束，中央政治局会议又在人民大会堂的东大厅召开。

尽管“四人帮”一再无理取闹，但参加会议的绝大多数政治局委员还是同意中央政治局常委会的意见：毛泽东处的文件、档案，由中央办公厅负责清理和保管。目前因工作繁忙无暇整理，可先封存起来。至于毛远新应同意他回辽宁工作。

以华国锋为首的党中央，坚持原则，使“四人帮”争夺毛泽东处文件的企图没有得逞。

“四人帮”在政治局会议上公开向华国锋“逼宫”。华国锋以沉默对抗。“吵”了四个多钟头，江青一无所获

9月16日，“四人帮”根据他们的需要，在《人民日报》、《红旗》杂志、《解放军报》社论《毛主席永远活在我们心中》这篇文章里，伪造了“按既定方针办”，他们篡改了毛泽东的原话，并大肆宣传。

10月2日，华国锋在审批乔冠华拟在联合国大会第31届会议上的发言稿时，批示：“稿件中引用毛主席的嘱咐，我查对了一下，与毛主席亲笔写的错了三个字。毛主席写的和我在政治局传达的都是‘照过去方针办’，为了避免再错传下去，我把它删去了。”

张春桥看到了华国锋的这个批示，怕他们的阴谋被戳穿，在这个文件上写下这样一段话：“国锋同志的批注，建议不下达，免得引起不必要的纠纷。”

10月4日，《光明日报》头版头条发表署名梁效的文章《永远按毛主席的既定方针办》，中称：“篡改毛主席的既定方针，就是背叛马克思主义，背叛社会主义，背叛无产阶级专政下继续革命的伟大学说”，“任何修正主义头子胆敢篡改毛主席的既定方针，是决然没有好下场的”。

矛头指向华国锋。

与此同时，中共中央办公厅信访部门，陆续收到大量在“四人帮”炮制下给江青的“劝进书”、“效忠信”，明确要求“由江青担任中共中央主席和军委主席，增加张春桥担任中共中央副主席和军委副主席，增加王洪文担任军委第一副主席”。与此同时，上海的民兵组织也有异常活动。

种种迹象表明，“四人帮”正利用各种渠道，为他们篡党夺权作舆论准备。

9 月 29 日夜 11 时，中央政治局会议在人民大会堂东大厅召开，会议由华国锋主持。主要讨论如何安排好毛主席逝世后第一个国庆节的各项活动。华国锋说：“初步考虑 30 日晚，以往在人民大会堂举行的国庆招待会今年不举行了，天安门城楼上下的文娱节目也不搞了。10 月 1 日群众游园活动照常，1 日下午在人民大会堂举办国庆招待会，请外宾参加。”

张春桥建议 30 日晚，在天安门城楼上举行有各界代表参加的毛泽东思想学习会。江青支持张春桥的提议，并说他们已组织了十几位演讲者发言，希望 8341 部队、北京卫戍区部队也能选出一些演讲者参加。

此时，叶帅离开座位到卫生间去。走到汪东兴面前，低声说：“非常时期，要防她一手！”汪东兴会意地点点头。

会议经过讨论决定，天安门城楼上的毛泽东思想学习会，由北京市吴德主持，华国锋代表中共中央讲话。

会议开到 9 月 30 日凌晨还没有结束，汪东兴惦念着国庆之夜天安门上的活动，还有许多事情要做，他决定出去安排一下。他先给张耀祠副主任通了信息，接着就告诉我 30 日晚天安门有新的任务，要我和李钊副局长把天安门楼上楼下的安全、服务两项任务部署好，要做到严密细致，确保安全，万无一失。然后他又通知中办秘书局周启才局长，要他把天安门上的会务工作准备好，特别是对参加会议的人数和名单要搞清楚，按名单放行。

同时，吴德也给北京市市委秘书长周家鼎通了电话，要他把北京市承担的各项任务组织好，并和中央办公厅紧密配合。

汪东兴、吴德打完电话回到会场，会议仍在进行。看样子短时间不会结束，叶剑英、李先念、徐向前因身体欠佳，请假提前告退。

正当会议正常进行中，江青突然从会场站了起来，尖声地叫嚷："散会了！散会了！"

江青只不过是一个政治局委员，有什么权力、有什么资格宣布散会。委员们都莫名其妙，东张西望，不知如何是好。

江青见大家依旧坐在那里不动，她又大声以命令的口气说："春桥、洪文、文元留下，我们要同国锋同志谈话。"其他委员这才缓缓离开会场。

汪东兴没有动，仍坐在离华国锋不远的位置上。

华国锋对江青一伙的恶劣行径极为愤慨，但是为了大局，稳住阵脚，他不动声色端坐不语，待蛇出洞。

周边空气凝固了一般，空荡荡的大会场只剩下六个人，江青、张春桥、王洪文、姚文元一字摆开坐在华国锋、汪东兴对面。

又是江青打"头炮"，她无视党的纪律，不顾中央政治局的决定，又以毛主席处文件、档案应交毛远新清理、保管，作为她"逼宫"抢权的突破口，以无赖的丑态，继续纠缠华国锋表态；并且她还要华国锋同意，将中央办公厅办理的群众来信来访工作和材料，交由他们在北大组织的人去处理，妄图假"人民群众"的名义，做她"女皇美梦"的文章。

"军师"张春桥想拿毛远新这样一个有着特殊身份的人物，继续给华国锋出难题。

王洪文也鹦鹉学舌，姚文元抢着帮腔。

然而，四个多钟头过去了，"四人帮"一无所获地吵得有气无力，会场陷入长时间的沉默。华国锋依旧微闭双眼，斜倚在高脚扶手椅上，“稳坐钓鱼舟，任凭风浪起”，最后，不屑一顾地由汪东兴陪同走出会场。

叶帅和华国锋指示汪东兴拿出一个“方案”。我与张耀祠等人参与具体策划。一直到10月3日凌晨4时，一个完整的“行动方案”形成

10月2日下午3时许，叶剑英来到汪东兴在中南海南楼的办公室。叶帅是第一次到这里来。进门时，他把身边随员留在大门外，自己一个人上了楼。

汪东兴给叶帅冲了一杯龙井茶，对叶帅说：“请坐下来谈吧。”

叶帅坐下来说：“最近形势很紧张，这也是我们意料之中的。中国人常拿‘庆父不死，鲁难未已’，来比喻首恶不除，祸乱不止。我看‘四人帮’不除，我们的党和国家是没有出路的。”

汪东兴说：“为了继承毛主席的遗志挽救党的事业，我们有责任粉碎‘四人帮’这个反革命集团。”

叶帅探着身子、压低声音问汪东兴：“你考虑好了吗?”

汪东兴用肯定的语气说：“我认为形势逼人，不能再拖延，到了下决心的时候了!”

叶帅坚定地说：“对！他们的气势发展到如此地步，该摊牌了，不能失掉时机，兵贵神速，乘人之不及!”他停顿了一会儿又说：“至于斗争的结局是喜剧还是悲剧，待见分晓。”

汪东兴说：“叶帅，你是我们党内以深思熟虑、多谋善断而著称的领导人，由你和华国锋同志一起领导，团结政治局多数委员，我看优势会在我们方面。”

叶帅说：“9月29日的政治局会议，我同先念、向前请假先退席了。江青竟然擅自宣布散会，留下‘四人帮’围逼华国锋。你留下来陪同华国锋一起对付他们，做得对!”

汪东兴说：“当时我觉得他们这样做很反常，他们简直就是在质问华国锋同志。士可忍，孰不可忍！”

叶帅异常激动地说：“看来他们已经开始下手了！他们是在逼华国锋摊牌，交权！他们阴谋篡党夺权的野心由来已久，想把他们的帮派利益凌驾于党和人民的利益之上。妄想！我们要立即找华国锋同志谈，要加速采取果断措施！”

10月2日晚9时，汪东兴去了华国锋在东交民巷的住地。在华国锋办公室，汪东兴对他说：“今天下午叶帅到我的办公室来，我们谈了一个下午，主要讨论如何解决‘四人帮’的问题。”

华国锋回话说：“叶帅刚才来过。你们谈的意见原则上和我想的一致。现在的问题是如何具体化。刚才我和叶帅商议过，由你先提出一个执行办法来，我们再来议定，你看这样好吗？”

汪东兴说：“我回去考虑一下，拿出下一个方案，明天我再来汇报。”

1996年7月25日武健华（右）看望汪东兴。

实际上在此之前，汪东兴送走叶帅后，在办公室来回走动，盘算了一会儿，让值班的高成堂秘书通知中央办公厅副主任张耀祠、李鑫和时任中央警卫局副局长、8341部队政委的我到中南海南楼汪东兴办公室开会。到场之后，汪东兴就直截了当地对我们说：“中央已经下了决心，对‘四人帮’要采取行动。”他一面说，一面用手划了一个圈，五指并拢攥紧了拳头，示意要把“四人帮”一网打尽。他说：“你们先琢磨出一个行动方案，我要到华国锋那里去，等我回来后，咱们详细讨论行动方案。”他特别强调：“要严守机密，不能有丝毫疏忽。”

在讨论行动方案时，我们考虑到以下一些重要因素：

一是，把握“四人帮”的心理状态。在这段时间里，张春桥处心积虑想把出版毛选的权力抓到手。他曾经让李鑫向他汇报过关于出版毛选五卷的情况，并向李鑫索要过几份稿子去看。利用张春桥对出版毛选五卷工作的关注，如果把常委会议内容确定为研究毛选五卷出版问题，应该对张春桥是有极大吸引力的。

二是，按惯例行事。中央研究毛选的出版问题，特别是涉及稿子问题时，历来都是在怀仁堂正厅开会，因为中央曾有过规定：凡属毛选稿件，不得带出中南海以外的地方研究。对这些规定，张春桥、王洪文都是知道的。

三是，抓住研究涉及毛主席的重要问题，如研究建造毛主席纪念堂选址问题，作为常委是必须参加的，这样使张春桥、王洪文不能托词不到或因故请假。

四是，在怀仁堂这里采取行动，较为方便有利。

根据以上考虑，我们提出在中南海怀仁堂正厅召开中央政治局常委会议，内容为：一、《毛泽东选集》第五卷出版问题；二、建造毛主席纪念堂选址问题。

在这个方案中确定，解决“四人帮”的顺序是：在怀仁堂解决王洪文和张春桥两个人的问题之后，再依次分别处置江青和姚文元的问题。毛远新与“四人帮”区别对待，对他采取的处理方法是就地监护审查。

在这个行动方案中，还对行动时间、力量的组织、隔离地点、保密措施、战备预案以及同北京卫戍区的分工和配合问题，都提出了具体明确的实施细则。

我们对行动方案的研究和制订一直到10月3日凌晨4时许才结束。

10 月 3 日晚 9 时，按约定的时间，汪东兴和华国锋在华的办公室又见面了。汪东兴向他详细地汇报了具体行动部署和实施方案。

华国锋听完汇报后说：“听了你们制订的行动方案，我认为办法是可行的。我考虑时间是否再缩短一些，争取提前解决。”

汪东兴说：“我看这个主意好，免得夜长梦多。时间越长，保密越困难。还要提防他们铤而走险先动手的可能。”

华国锋沉吟了一会儿说：“这样吧，你再约叶帅谈谈，看他还有什么新的意见。如果叶帅先来我这里，我和他谈；如叶帅先去你那里，你就同他谈。”

汪东兴说：“那好，我再向叶副主席去汇报。”

10 月 4 日下午，叶帅如约来到中南海南楼汪东兴办公室。

叶帅坐在沙发上，一边喝茶，一边听汪东兴汇报。汪东兴把行动部署和实施方案，一一作了详细汇报。叶帅听得很仔细。听完之后，他沉思片刻说：“兵法上有这样的话，‘计熟事定，举必有功’，‘凡谋之道，周密为宝’。我看这个计划比较成熟，安排也相当周全了。照这个实施方案执行，必会成功。”叶帅接着又说：“当然，还要特别注意保密啊！因泄密导致失败的历史事件太多了。同时警戒要严密，无关人员不得进入现场，一定要把紧这一关。”

汪东兴很赞成叶帅的意见，他强调说：“我们将要求所有行动人员务必切实做到。”停顿了一会儿又说：“按照部署，到时还请叶帅和国锋同志到场坐镇。”

叶帅幽默地说：“用兵之要，先择于将臣。中央已经决定由你指挥，国锋和我听你调遣，遵命行事嘛！”

汪东兴急忙说：“叶帅戏言了，我才是奉命行事呀！”

叶帅说：“基本上准备好了，应抓紧睡个好觉，保持精力充沛、士气旺盛，保证打好这一仗！”

汪东兴说：“请叶帅放心。”

10月4日上午，汪东兴同我及中央警卫局副局长毛维忠、人民大会堂管理局长刘剑一行四人，以一级战备的名义，检查地下工程内各个隔离点，并对地下工程的安全措施、家具用品、盥洗器具、机电设备等进行了全面检查。检查后责成8341部队副参谋长黄昌泰、工程管理中队教导员廉洁，在绝对保密的原则下，紧急动员最必需的部队，按使用状态做好一切准备。

为了做到心中有数，确保各项工作落实，10月5日下午，华国锋在汪东兴陪同下，亲自到地下工程视察，重点检查了几个隔离点的准备情况。那时一切已基本就绪。

10月4、5两日，汪东兴和我又对怀仁堂会场及其大小门出入口、停车场进行了细致的检查；对有关的武器弹药、车辆装备、通讯联络、后勤保障等工作进行了详细的布置和检查。同时，还制订了非正常情况时几种应急的预备方案。

我们从政治素质、军事技术、身体条件以及对情况是否熟悉等几个方面考虑，经过再三斟酌、反复挑选，从警卫局机关的局、处、科级干部中，从8341部队的师、团、营级干部中，选出了行动小分队和参加此项任务的人员，并对他们进行编组。

10月5日凌晨2时，汪东兴再次来到华国锋的住地，向他汇报行动前的准备工作落实情况，同时请示在处置姚文元时，要解决同北京卫戍区协同动作问题。汪东兴说："姚文元家住西城按院胡同，那里的住地警卫由北京卫戍区担任，不属于8341部队管辖。如果姚文元接电话后按计划来到中南海，问题就解决了；如果他借故不到，我们马上要去他家行动。为防止发生误会，我们建议北京卫戍区司令员吴忠同志，能到中南海来同我们一起组织这次行动。"

华国锋把刚刚离开他家的吴德同志，请回来一道商量。

汪东兴对吴德说："我们两家协同行动有三个方面：一是首都的安全，北京卫戍区负责，8341部队仍负责其原有的防务；二是如果需要到姚文元住地采取行动，需要一位卫戍区的领导配合我们行动；三是我们负责的对象是‘四人帮’和毛远新，其他的人由你们负责解决。”

吴德说：“我们负责解决的对象住得比较分散，这些人不能就地监护，要找地方安排，行动时可能惊动周围的人，这个问题我们正在设法解决。首都的安全问题我们已经作了全面部署，配合你们解决姚文元那里的问题，我们已决定请吴忠司令员去中南海。”

华国锋最后说：“那好，分工和配合的问题就这样定了。我们与叶帅都谈过，就照这个行动方案办。现在看起来，经过五天的准备，如果不出意外，成功是会有把握的！”

1976 年 10 月 6 日，星期三，农历丙辰年闰八月十三日。据气象预报：北京地区，白天阴转多云，风力二三级。夜间，多云转阴，风力一二级。最高气温 18℃，最低气温 10℃。是个有利于行动的好天气。

这一天是普通的一天，也是难忘的一天。

整个上午都很平静。快近中午时，我经汪东兴同意，到中南海内外观察动静。汪东兴宣布两条纪律

上午 8 时许，汪东兴同往常一样，让秘书告知中央办公厅秘书局，请他们通知政治局常委：华国锋副主席今晚 8 时，在怀仁堂正厅召开中央政治局常委会。内容有两个：1. 研究《毛泽东选集》第五卷的出版问题；2. 研究建造毛主席纪念堂的选址问题。

整个上午一切都那么平常。快近中午时，我经汪东兴同意，到中南海内外去看看动静，观察一下有无可疑征候。我先从南海走到中海，着重看了中南海大西门到怀仁堂一带；又骑上自行车环绕中南海外围转了一圈，特别对中南海周围的几个制高点：电报大楼、景山、白塔处进行了观察，一切照常。回来后，我报告汪东兴：“没有发现异常情况。”

汪东兴说，按照计划进行。

10 月 6 日下午 3 时，张耀祠和我到了汪东兴南楼办公室，他要同我们商定当晚处置江青和毛远新的实施办法。汪东兴对张耀祠说："今晚8点钟，由你带上李连庆那个行动小组的四个人，先去把毛远新监护起来。你现在回去后，先找李连庆研究布置具体执行方法。处理完毛远新的问题后，你在丰泽园值班室等武健华带人来，然后你们一起去春藕斋拘押江青，由你向江青宣布中央的决定，对她进行隔离审查。你看这样可以吗？"张耀祠说没有问题，领受任务而去。

10月6日下午3点30分，我通知四个行动小组的全体同志，集中在南楼汪东兴办公室外面的几间屋子里，等待接受任务。

汪东兴分别对每一个行动小组，进行动员，下达任务。

第一个行动小组的任务是，负责解决王洪文的问题。组长李广银，队员：吴兴禄、霍际龙、王志民。

第二个行动小组的任务是，负责解决张春桥的问题。组长纪和富，队员：蒋廷贵、徐金升、任子超。

第三个行动小组的任务是，负责解决江青的问题。组长高云江，队员：黄介元、马盼秋、马晓先（女）。

第四个行动小组的任务是，负责解决姚文元的问题。组长滕和松，队员：康海群、张云生、高风利。

现场担任警戒的有：丁志友、东方、叶桂新、赵汝信。

汪东兴说："党中央已经作出决定，对'四人帮'今晚要采取紧急措施，进行隔离审查。'四人帮'结帮拉派，阴谋篡党夺权，对于这一点，同志们都是早有所闻，比较清楚的。现在情况发展到我们非动手不可的时候了。"

"这是关系到党和国家前途命运的你死我活的斗争，要求你们必须坚决果敢地去完成这次政治任务，决不能辜负党和人民对你们的重托！"

每个行动小组都坚决表示："保证完成任务！"

汪东兴向大家宣布了两条纪律：

第一，要绝对保守机密。万一失密，败坏了党的大业，那就非同小可，要给以最严厉的制裁！从现在起，以行动小组为单位活动，组长负责，随时做好战斗准备。

第二，要坚决服从命令，听从指挥。任何人不得擅自开枪！我们要争取不响枪，不流血，解决问题。这是上策。

今晚具体集结时间、集结地点、车辆配备以及如何相互协同的问题，由武健华同志分别向你们布置交代。

10 月 6 日下午 5 时，我又在中南海东八所小会议室，紧急召开今晚参加行动的其他一些同志的会议。他们是：

8341 部队副参谋长黄昌泰，工程管理中队教导员廉洁；

服务科长孙洪起，副科长孙振发；

交通科长曹志秀，副科长李合；

汽车驾驶员：史友令、俞桂兴、尚占良、王明臣、吴增彬、张中臣。

我按照汪东兴的讲话精神，向参加会议的同志作了政治动员，下达了具体任务，提出了保密要求。同时宣布，今晚 6 时 30 分，分别集结到指定位置，听候命令。

北京的 10 月，下午 6 时，暮色已徐徐降临，接受行动任务的同志们，都照常在中南海东八所食堂就餐。我在食堂转了一圈，看到大家都在进行战前的自我“补给”，沉着自然。我不及用饭，就到南楼汪东兴办公室，把东八所开会的情况，三言两语地报告于他。他一边听我讲，一边看看手表说：“你现在就到怀仁堂，先检查一下，不要有任何疏漏，我一会就到。”我随即驱车赶往怀仁堂，车停放在宝光门隐蔽处。当我跨进怀仁堂大门时，手表时针指向 10 月 6 日晚上 6 点 15 分。行动队员和会场工作人员正在向怀仁堂集结。

晚 6 时半，汪东兴乘车到达怀仁堂门前。五个行动小组准时集中于指定位置。临战前静穆浓重的气氛，缓缓袭入每一个参战者的心田

怀仁堂地处中海的西侧，距中南海大门不过 200 米。怀仁堂的内部结构主要由五大块组成。进入正南的大门，迎面有一幅精制的特大雕花屏风，这就是东西狭长的门厅。由前厅两头转弯向后，就是东西休息室。前厅和东西休息室中间是舞台和大礼堂。礼堂北头就是正厅。

在1959年国庆10周年之前，北京的人民大会堂等大型建筑物尚未建成时，怀仁堂是党中央、国务院各项大型活动的重要场所。载入光辉史册的中国人民政治协商会议筹备委员会就是在这里召开的。1959年以后，大型活动相对减少了，但好多中央政治局会议、政治局扩大会议，特别是研讨《毛泽东选集》稿件的所有会议，仍然在怀仁堂正厅召开。因为中央规定，毛泽东的手稿是不允许带出中南海的。

晚6点半，汪东兴乘车到达怀仁堂门前。下车后，他指示司机李合，把车子开到西楼大厅北侧与灰色院墙之间的夹道隐蔽。

在怀仁堂靠近正厅处，汪东兴听我简要地汇报了所有执勤的人员已经到位，行动小组也已准备就绪的情况。他未加可否，看样子还有些不大放心。

此时尽管诸事布置妥善，还是怕有什么事情被遗漏了，或者在意想不到的环节上出现差错。他神情严峻地说："我们再看看去。"

他从怀仁堂正厅、礼堂到东西大院，直至门前车场，对所有警戒哨、潜伏哨、机动分队及警卫值班室，一一亲自检查。再一次明确他们的任务，重述处置措施。对人员干练、行动快速、预备应急的机动分队，还点验了他们的武器和装备。

为了不暴露意图，怀仁堂大门前，公开可见处的警戒部署一律照常。形式上内紧外松。

停车场内，将工作用车及机动应急车辆，大部隐蔽在西门里北侧空场。怀仁堂大门口只停放与会者的几辆车子。做到宁静如常，整齐有序。场外警戒由副局长邬吉成、处长孙凤山、副大队长华方治负责。

随身警卫人员今晚一律不准进入怀仁堂，依照过去大型会议活动时的规矩，都安排在怀仁堂斜对过的"五间房"休息。汪东兴责成警卫处长丁志友在怀仁堂前厅警卫值班室处切实执行，严格把关。

五个行动小组，准时分别集中在指定位置待命。

执行拘押王洪文、张春桥的两个小组，此间正在怀仁堂大礼堂舞台帷幕后，从事临战前的演练动作。他们有的在进一步检查和擦拭随身携带的手枪和械具，以及放在车上应急使用的速射武器。有的在作类似运动员入场前的伸腰扭胯，活动腿脚，熟悉着擒拿解脱的动作。最后汪东兴鼓励即将出战的突击队员们说：“这是你死我活的战斗，只能取胜，不能失败。党中央的决心要靠你们去实现，千钧重担落在你们的肩上。”

大家立时收敛了笑容，意识到自己肩负的重任。个个斩钉截铁地回答：“决不辜负党和人民的重托。”

与此同时，其他三个行动小组，也已分别集结在怀仁堂以外指定的位置。汪东兴不及一一察看，他要我去看看他们的情况。

负责江青的行动组长高云江，同两名成员和三辆轿车，此刻正隐蔽在丰泽园后门西侧、便于去春藕斋的马路边。他们都坐在史友令驾驶的红旗保险车上。

担负姚文元的行动组长滕和松，同全组成员及三辆轿车，位于交通科以南小桥处待命。不同的是这里还有北京卫戍区司令员吴忠，以备在必要时配合行动。

准备软禁毛远新的行动组长李连庆，按照张耀祠下午的安排，在丰泽园内正待机而动。

我把汪东兴刚刚在怀仁堂讲的话，分别传达给了大家。

汪东兴在检查了警戒部署、行动小组之后，又回到了今晚“主阵地”——怀仁堂正厅。它是一个多功能的大厅。南向木门打开，可与大礼堂成为一体。北向木门敞开，又与后花园贯通。往日的正厅，独具风韵。高高的天花板，绘有精致的图案花纹。东西墙壁悬挂着气势非凡的名家书画。古色古香的八角吊灯，放射着柔和的光芒。宽大的玻璃窗，垂吊着雪白的抽纱绸。地板铺满淡黄色厚厚的羊毛毯。靠北窗的长形位

粉碎“四人帮”后，本文作者与华国锋合影。

置，摆着套有绿绒座面的单人沙发。大厅中间陈列着一排长长的会议桌，桌上铺着墨绿色的台垫，两侧等距离地备好适合于年长者落座的沙发扶手椅。简朴大方的陈设，使整个大厅显得格外古朴、庄重、典雅。

但今天这里的布置却与往常不同。汪东兴亲自指挥服务科孙洪起、孙振发两位科长，按照他的意图重新进行了调整。正厅的北侧原来就矗立着一副大屏风，为了便于隐蔽，利于行动，又在正厅的中门以东，由南而北，再增加几扇中小型轻便的屏风。沙发一律搬掉。这样，就把整体具有八百多平方米的正厅，减小到三分之一的空间。场内坐北面南摆了一张不大的长条会议桌，桌子后面为华国锋、叶剑英准备了两把扶手椅。桌子上原有的茶盒、茶杯、烟缸、文具等等，全部撤掉。两位科长在机动队员的协助下，熟练迅捷，在几分钟之内，就调整就绪，完成了“战场准备”。

临战前静穆浓重的气氛，缓缓袭入每一个参战者的心田，显现出严峻的面孔。汪东兴在正厅外，挺直身躯，凝视着前方端坐着。他在想霎时就要到来的那个不寻常的时刻，不由自主地时而抬手摸摸腰间那支“765”手枪。枪的各个部件，警卫参谋已经揩拭得滑润自如。平日这支枪他总是保存在办公室的保险柜里，只有跟随毛主席外出时他才带上。

今天，这里是殊死搏斗的战场，是少不了的。

此刻已是晚 7 时 20 分了，我快步到大门外去看看情况。刚迈出门槛，走下台阶，就看到中南海西门一辆大型红旗车，开着微灯，徐徐驶进，瞬间便停靠在怀仁堂门前。警卫参谋从车前绕过，在车的左侧，右手拉开车门，左手挡护在车门上方，车里的首长，慢慢移动着身子走下来。

他就是敬爱的叶剑英元帅。叶帅下车后，手搭车门，泛泛地扫视了停车场，精神矍铄、步履稳健地走向怀仁堂。

“叶帅到了。”我在大门前向叶帅饱含敬意地说了这么一句。

叶帅停步向我看看，像往常一样面露微笑：“东兴同志呢?”

“他在正厅外间。”叶帅一边听我回答，一边走上台阶，经怀仁堂前厅，沿东侧休息室走向正厅。

当叶帅走过前厅转弯处，在警卫值班室执行任务的丁志友同叶帅的警卫参谋马锡金耳语了几句，两人会意地笑笑。马转身出了怀仁堂，向“五间房”走去。

汪东兴见叶帅进来，紧走几步，在正厅与礼堂的结合部，同叶帅一边握手一边说：“叶帅请您放心。按照预案我又检查了一遍，一切都落实到位，一定会顺利完成计划。”

经历了数十年风云变幻、素有儒将之称的叶帅，在礼堂柔弱的灯光下，环顾着四周，一切井然有序，处之自然。他沉默片刻，若有所思地说：“这是背水一战呐！‘摧其坚，夺其魁，以解其体。’指望的就是顺利取胜哟!”

汪东兴点点头，语气亲切地答话：“是啊！古人留给我们的经验是：射人先射马，擒贼先擒王。打好这一仗我们是有把握的。”

叶帅笑吟吟风趣地说：“今晚的重头戏由你来唱呵!”

汪东兴：“我在执行中央的命令。”

晚 7 时 40 分，华国锋款款走近怀仁堂正厅。他见叶帅、汪东兴都在，没有寒暄，直截了当地问：“东兴同志，一切都就绪了吧?”

汪东兴痛快地回话：“可以说是万事俱备。”接着他又把刚才检查的情况简述了一遍。华、叶、汪三人站成一个品字形，时而挪动几步，时而停立相视，倾心攀谈。

粉碎“四人帮”这一壮举，从思想酝酿，到定下决心，直至策划行动方案，运筹的全过程，都是在高度警惕、绝对保密、铁的纪律等一系列的措施下进行的。就是最高决策者华国锋、叶剑英、汪东兴也是遵纪行事，独来独往，当面约见，个别交谈。在此期间，他们三个人，从未同时会面共同商讨过。

今晚——10月6日，华国锋、叶剑英、汪东兴三个人，在行动前，汇集怀仁堂，继承毛主席的遗愿，代表中央政治局执行党和人民的意志，实施对王洪文、张春桥、江青、姚文元及其在北京的帮派骨干的隔离审查。此刻他们镇静自如，只待时机到达，一场决战就在眼前。

晚7时55分，迅雷不及掩耳的“突击”，使王洪文一时晕了头脑。张春桥像坍了架。江青瞪着眼睛问：“中共中央是什么人决定的?”当完成拘押姚文元的任务时，正好是8时30分

稍事停顿，汪东兴面对华国锋、叶剑英说：“现在是7点45分了，请两位‘入席’就座吧!”三人一起走进正厅。华国锋居右，叶剑英在左，分别坐定后，华把手里准备宣布中央决定的一页纸，摆在眼前的桌子上，向叶、汪指点着字里行间，三人细语几句，华国锋借眼镜作“镇尺”把纸页压好。

时间已很紧迫。汪东兴向华、叶副主席指指正厅的东南小门，加重语气说：“王洪文、张春桥他们就从这里进来。”他又转身面西：“我的位置就在这排屏风后面。”接着汪东兴又看看我，指着场内和小门附近，对华、叶说：“武健华就在这里，他可以里外照应。”华、叶微微点点头。

汪东兴一一交代清楚后，走出正厅。我们在礼堂北端，并行无语，来回走动着。难耐的沉寂，静谧得能听见自己心脏的跳动。眼下的念头只有“时间”。我们又不约而同地停下脚步，再一次盯住手表。时针已指向 7 点 52 分。汪东兴示意我留在指定的岗位，他沉着地步入屏风后的指挥位置。秘书孙守明和警卫参谋赵汝信靠拢着同他站在一起。

晚 7 点 55 分，隐隐听到怀仁堂入口处不高的说话声和嚓嚓的脚步声。我顺着东休息室的长廊向南瞧去，王洪文刚转弯向北走来，我飞速地分别报告华、叶、汪。突击王洪文的队员，业已虎视眈眈，设伏于门内两侧，进入临战前的紧急状态。

王洪文仍是往常的着装习惯，上身穿一件“制式”军上衣便装，下身着一条藏青色笔挺的西装裤，皮鞋光亮。左手提着一只文件包，挺胸直背、趾高气扬地走向正厅。看上去毫无介意地走进了小门，向华国锋、叶剑英望了望，还没来得及吭声，便被两眼射光、威武雄猛的突击队员霍际龙、吴兴禄从左右两侧，饿虎下山地扑过去，两双强劲有力的大手，紧紧地钳住王洪文的两臂，一手压下他的肩胛，一手抓住他的手腕高高提举，形成了头低腰弯的“喷气式”。这迅雷不及掩耳的“突击”，使王洪文一时晕了头脑。他涨红着脖颈，转动着不太灵便的脑袋，急促地喊了两句：“你们干什么？你们干什么?”并拼命地扭动着双臂，蹦跶着两脚，竭力妄图挣脱。霍、吴由两侧加大力度，李广银、王志民从背后狠狠抓住他的腰带，使王洪文两脚踏空，无力可施，牢牢地被禁锢在离华国锋、叶剑英副主席五米左右的正面。华国锋、叶剑英端庄正坐，态度凛然，怒目冷视。华国锋两臂依托在桌了上，面对王洪文庄严地宣布：“王洪文，你不顾中央的一再警告，继续结帮拉派，进行非法活动，阴谋篡党夺权，对党和人民犯下了不可饶恕的罪行。中共中央决定，对你实行隔离审查，立即执行。”

王洪文惶恐万状中，还未及做出反应，就被行动小组继以“喷气式”的架势扭离现场。在正厅“东饮水处”，一副明晃晃的铐子，“喀嚓”一声，反背卡紧了他的双手。就在上铐的刹那间，他如梦初醒，无可奈何地道出了一句实在话：“想不到你们这样快!”由此也反证了中央提前处置“四人帮”的正确决断。

出“东饮水处”小门，把他押上早已准备在怀仁堂东院的红旗轿车。驾驶员是精明干练、善于处理复杂情况的尚占良。置王洪文于后座中间，左、右仍由霍、吴掐住他上了铐子的双臂，王志民坐在二排副座，将王洪文夹在当中。组长李广银坐在司机旁的指挥位置上。

汽车迅即启动，几分钟之内，王洪文就被拘押到隔离室内。

在擒拿处置王洪文的过程中，外界有一种传闻。说王洪文被擒拿后，曾一度挣脱，甚至渲染成拳打脚踢，直扑华国锋、叶剑英而去等等，凡此，均属谬误流传，并非事实。

晚 7 点 58 分，正当在场外隐蔽处为王洪文上铐子的时候，张春桥已跨入怀仁堂大门。他习惯地沿着礼堂东侧走廊，由南向北心事重重地缓步走来。他像往常一样，穿了一套半新不旧、看上去还合身的灰色中山装，脚踩普通的黑色皮鞋。左腋下夹着一只鼓鼓囊囊的文件包，右手不时地将文件包向上挪动着。他不苟言笑的面孔，绷得紧紧的。两只阴沉冰冷的眼睛，仍然流露出他那刚愎自用的神气。鼻梁高处挂着近视眼镜，凝视前方，他没有环顾左右，直蹬蹬地迈进了正厅。他迎面看到正襟危坐的华国锋、叶剑英，立即感受到寒峭袭人的气氛，这只诡谲的狐狸，紧锁眉尖，全身一怔，踯躅不前。

预伏在小门两侧的突击队员纪和富、徐金升，跟进在后的蒋廷贵、任子超，他们怀着除暴惩恶强烈的使命感，张臂曲腿，快速夹击，“三下五除二”，使不经一击的张春桥“泥塑”“木雕”般地呆立在华国锋、叶剑英的面前。

华国锋目光严峻地宣布了中共中央的决定。“决定”全文，除改换了名字“张春桥”，其他与对王洪文宣布的别无二致。

张春桥两眼微闭，脸面清冷，他像坍了架，丢了魂。曾经有过的五彩缤纷的“希望”，像肥皂泡一样瞬间破灭。他知道政治生涯的大门对他已经完全关闭。他自始至终一言不发，任凭行动小组摆布。

华国锋的话音刚落，张春桥立即被带出现场，像王洪文一样，戴上铐子，押解上车。

干净利索地解决王洪文、张春桥的问题，就在8时前最富戏剧性的5分钟之内。

汪东兴风趣幽默地对华、叶副主席说：“这两个人跟我们合作得不错啊！准时来，按时走，很听指挥嘛！”

华国锋说：“老人家说过，宜将剩勇追穷寇嘛！我们要打一个完全彻底的歼灭战！”叶剑英面露笑容，转动着身子，左手用力按着桌沿，右手搭在椅背，边起边说：“就势取利，刚决柔也。”

说话之间，服务科孙振发用茶盘托上碧绿清香的龙井茶，一一送到华国锋、叶剑英、汪东兴的面前。紧张的时刻，一杯浓茶，一块热毛巾，对消除疲劳、振奋精神极有帮助。

押送张春桥的车上路后，我转身回到正厅。按预案，下一步就是速去中南海春藕斋执行拘捕江青的任务。

我急促地对汪东兴说：“我和耀祠同志现在就到春藕斋去了！”

汪东兴说：“去吧！有什么问题随时同我们联系。看国锋同志、叶帅还有什么意见？”华、叶表示没有意见。

我一路小跑离开怀仁堂，直奔宝光门，跳上隐蔽在那里的汽车，不到一分钟，就在丰泽园后门停下。对付江青的行动小组，现正隐蔽在这条马路的一侧。我向他们打了个招呼，就进入丰泽园值班室。室内无人，我意识到毛远新的问题还没有处理完。急忙经过菊香书屋门前，径向颐合堂走去。只见毛远新两眼直视地坐在正厅的一把椅子上。张耀祠在宣布了中央的决定，并下掉了毛远新的手枪后，正在训示其必须老实服从管理规定。我从侧后轻声地对张耀祠说：“时间很紧了，我们走吧！”

他回头看到我，又向在一边的李连庆低声交代了几句，我俩就迅速出了丰泽园后门，并肩直奔春藕斋。行动小组的高云江、黄介元、马盼秋紧随其后。三辆轿车也徐徐开进春藕斋东侧广场。

我们直接进入春藕斋前厅。这里是秘书、警卫、医护、司机人员聚会和休息的地方。我们到来时，他们有的在聚精会神地看书，有的在弯腰捋袖洗衣，有的在前倾后仰地玩扑克。看到我们来此，虽然不明原委，但都是几乎天天见面的熟人，既不生疏，也不紧张，一一都咧嘴微笑。

张耀祠跟在场的工作人员笑嘻嘻地说："在吧（指江青）？"大家都会意地点点头。

与此同时，我把为江青开车的老申同志叫到一边，"请你把停在门前的车，马上开回交通科"。又对开保险红旗轿车的史友令说："你把车停靠在门前明廊上车处。"他们都一一立即照办了。接着我告诉原在江青处工作的警卫参谋周金铭："小周，你前面带路。"我确知，晚饭前汪东兴已给周金铭透了一点"风"，小周心里是有数的。回转头我又跟站在我们身后的女护士马晓先说："你也来！"室外应该准备的事情打点就绪后，张耀祠和我及行动小组，不动声色地推门进抵春藕斋正厅。

一进门就见江青面东背西坐在沙发上。身前摆着一张长方形不高的办公桌，桌上铺垫着白色的桌布，摆放着台灯、茶盆、茶杯、各类办公文具，还有几份文件。膝盖部位盖着一床小方毛巾被，脚底蹬着一块专门制作的脚垫板。地板上铺满厚厚的墨绿色羊毛地毯，房间周围停靠着几个书橱和铁皮文件柜。天花板正中吊着一盏形似花瓣屈伸的大型玻璃顶灯，放射着金黄色的灯光。

行动小组的成员进屋后，迅即从左右两侧和沙发背后把江青围拢在一个半圆形的中间。江青仍然坐在那里，一副愤怒、凶猛、铁青可憎的脸上，显现出忐忑不安的惊惧。瞬时又故作镇静，木然地抬起右手，扶了一下眼镜，侧着头面向张耀祠和我，"你们要干什么"？她首先发问。

武健华、汪东兴、张耀祠（左起）1977年4月12日合影。

张耀祠站在江青的左前方，他以习惯的军人姿态，威严地说：“江青，你不听中央的警告，继续结帮拉派，进行分裂党的活动，阴谋篡党夺权。中共中央决定，对你实行隔离审查，立即执行。”张耀祠又责令江青，“你到另外一个地方，要遵守纪律，你要老实向党坦白交代你的罪行”。

江青伸长了脖子，瞪着眼睛问道：“中共中央是什么人决定的？”

我不耐烦地叱责她：“中共中央是什么人，你难道会不明白？”

江青改口：“我是说是什么人指使你们来的？”

张耀祠立即明确正告于她：“我们是奉华国锋、叶剑英副主席的命令，来执行中央决定的。”我说：“快！马上离开这里。”

江青：“那我这里的文件呢？”

张耀祠：“我们会有人接管的，你把钥匙交出来。”

江青：“那不行，这里许多都是中央的机密，我要对党负责。钥匙，我只能交给华国锋。”张耀祠：“那好，你把它装在信封里由我转交。”

江青依然坐在原来的位置上，上身前倾，用铅笔在一张信笺上，给华国锋写了一封短信。信中说："国锋同志：来人称，他们奉你之命，宣布对我隔离审查。不知是否为中央决定？随信将我这里文件柜上的钥匙转交于你。江青十月六日。"接着她又在一只印有红框的大信封上，写上"华国锋同志亲启"几个字，下脚还注明"江青托"。她把钥匙用一张信纸包好，同信笺一起放进信封里，然后在信封两端，粘贴了"密封签"，并用手在"密封签"上用力地按压了几下，顺手把信交给了张耀祠。

我急得火燎燎的，再次督促她"走！快走！"

江青拿掉了膝盖上的小被子，整理一下衣服，两手按着沙发扶手慢慢地站起来。临出门之前，她又要上卫生间。江青尿急尿频的毛病，由来日久，不以为怪。为防不测，我叫女护士马晓先同她一起进去。本来她过去到卫生间，有时也要护士陪同。

离开春藕斋正门，穿过十几米的暗廊到达前厅。这里靠墙停立着一个多功能的衣架，江青取下一件深灰色的披风，马晓先帮她戴上帽子，系好带子，走向停车处。

江青固然是个为人奸狡刁猾、残忍刻薄、心毒手辣、则天武后之心不死的野心家，但在今天这些凛然、魁伟的军人面前，她又拿出了巧使顺风船的本领，虚伪地夹起了尾巴。既然她肯于俯首顺从，照指示行动，且无力反抗，也就没有加铐于她。

行动小组人员，把重重的保险车门打开，江青坐在后排中间，黄介元、马盼秋分坐两侧，护士马晓先坐在二排副座面对着江青，组长高云江就坐于司机旁。前后各有一辆警备车，我坐在后车的指挥位置上。我们都身带短枪。前后车上的警备人员，并备有速射武器和充足的弹药。三辆车迅速驶离原"居仁堂"广场。

带路车司机张中臣，是一位经常开先驱车的驾驶员，为紧随其后的两辆车开道。江青坐的是保险红旗轿车，驾驶员是沉着老练、技术娴熟的史友令。

北京主要街道的交通警察，个个目光犀利、精明机灵，他们知道保险红旗的“身份”，中央只有几位核心领导人才得乘坐。但他们哪里晓得，今天却是令局外人意想不到的例外，一路绿灯，车开得很快，只用了不到5分钟，就到达预定关押地点。

江青下了车，惶惑地打量着四周，想搜寻着记忆，看看这里到底是什么地方？自言自语地说：“这地方好像我来过。”可是，最终她都没有找出答案。行动小组没有让她停留，随即把她带进隔离室内。

江青被带进隔离室，我便告诉司机吴增彬掉转车头，飞快赶回怀仁堂。华国锋和叶帅坐在正厅外间，飘忽不定的思绪，看上去镇静中显得有些心焦。我急速地过去向他俩报告：“江青已顺利拘押。”正准备向站立在西边的汪东兴报告，这时他已走过来，我又照样复述一遍。

汪东兴带着戏谑的口气问我：“江青又张牙舞爪地表演了一番吧？”

我说：“她见风转舵，还算顺从听话。”

华国锋和叶帅听后，嘴角布满笑意。看得出，他们绷紧的一颗心，片刻显得舒展。三个人又从容地坐下，交谈处置“四人帮”中最后的一个人——姚文元。

处置姚文元的措施，在预定方案中就作了两手准备。姚文元并非政治局常委，当天根本没有通知他参加晚上8时的政治局常委会。预案议定，第一，在解决了王洪文、张春桥、江青的问题之后，单独通知他到怀仁堂来开会，如果他应声而到，那就是瓮中之鳖。第二，如果他借故拖延，行动小组就迅速往他住地按院胡同擒拿。但他的住地警卫由北京卫戍区某部担任，为避免行动时发生误会，汪东兴在华国锋处适逢吴德同志，特意请他转告北京卫戍区司令员吴忠，给予密切配合。因而，当晚在对王洪文、张春桥、江青分别采取行动时，对姚文元实施行动的人员和车辆就隐蔽在中南海交通科以南小桥处，吴忠司令员也在此待机配合。

鉴于王洪文、张春桥、江青已顺利拘押，汪东兴决断地说：“马上给姚文元打电话。”但电话由谁打，事先并未商定。他接着说：“国锋同志，电话还是请你来打吧，免得他多疑。”

华国锋同志稍加思索：“那就我来吧！”

华的秘书曹万贵，用正厅西侧红机子很快接通姚文元的电话。

华国锋同志从容不迫地说：“文元同志，我正和洪文、春桥同志在怀仁堂，商量出版毛选五卷的事，有些问题还想听听你的意见。是不是请你现在就来，一道研究一下？”

我随同汪东兴一起，也站在电话机旁，等待姚文元的回话。

“好的，我马上就到。”姚文元没有犹豫，讲完就挂上了电话。

“东兴同志，我去安排了。”我向汪东兴一面报告，一面拔腿欲走。马上又回头补充一句，“是不是请吴忠司令员回去？”

汪东兴说：“把情况告知吴忠同志，派车送他回去。”我快步走到“东饮水处”，用红机子通知等候在交通科值班室的康海群，按第一方案行动。全组人员立即乘红旗轿车，开到怀仁堂东院。同时，我向吴忠司令员说明情况，并派车送他回去。

吴忠同志说：“我要赶紧回去，我那里还有一摊子。”他是指北京卫戍区于当晚同时负责拘押的对象。

打完电话，我又回到坐在正厅外间的华、叶、汪那里。待我刚把安排的情况汇报完毕，华国锋向叶剑英、汪东兴说：“还要我们出面吗？”叶帅说：“免了吧！”

华、叶、汪当即决定由在场的我去宣布中央的决定。

我说：“要有尚方宝剑才行。”

汪东兴说：“那好办，请国锋同志写个条子吧。”

华国锋看着摆在前面不远处，那张通常是吃夜餐用的小桌，意欲起身。孙振发迅速跑过来，把桌子搬到华国锋身边。孙洪起匆匆拿来了往常开会时，经常准备着的纸和铅笔。

华国锋不假思索地很快就写好了。

我接过华国锋写的手令，回身走向正厅东南小门，恰好行动小组的四位同志，已从东八所赶来。我把刚才的变动，转达给滕和松、康海群、张云生和高风利，并商定在大礼堂的东休息室行动。

为了简便行事，东休息室没有改变原来的布置，周围一大圈皮沙发，沙发之间是长方形的小茶几，地上铺满厚厚的奶黄色的地毯。我坐在东边靠窗户的大沙发上。

晚上8点25分，康海群在怀仁堂大门口尾随姚文元进来，滕和松在东休息室门口，以手示意“请进”。张云生和高风利分别站立在休息室门内两侧。姚文元刚一进门，就被张、高从左右两侧，拽住他的两臂，下压他的双肩，使姚文元动弹不得，低头向我站着。姚文元不住地喊：“谁让你们干的？谁让你们这样做？”

我侧坐在沙发上，但自觉缺少气势，立时威武地站立起来，面对姚文元，高亢地宣布：“中共中央决定，对姚文元实行隔离审查，立即执行。华国锋。”我宣布完了以后，又着力喊了一句：“带走！”行动小组架着他向休息室北门走去。至此，姚文元还边走边喊：“我有话要说！我有话要说！”又喊他的随身警卫“小×，快来呀！”离开休息室北门，行动小组锒铛一声，给他戴上明晃锃亮的铐子，押上由俞桂兴驾驶的红旗轿车。姚在行车途中，还在高声嚷嚷：“你们是哪个部队的？”“谁指使你们干的？”行动小组几经制止，他仍嚷个不停。迫不得已，他们用事先准备好的毛巾塞住他的嘴巴，这才平静下来。汽车仍然沿着押送王、张那条路线，把他拘押在预定地点。

在我向华、叶、汪报告，奉命完成拘押姚文元的任务时，认真地看了看手表，一分不差，正好是10月6日晚8点30分。也就是说，解决“四人帮”的全部行动过程，只用了35分钟。

晚9点15分，华国锋、叶剑英、汪东兴离开坐镇指挥的怀仁堂，急赴玉泉山。会议在通过各项重大决议后，于凌晨3时胜利结束

对“四人帮”实施隔离审查后，中央立即召开政治局会议并处理善后工作。

华国锋对汪东兴说："你通知政治局开会，我找耿飚他们来作个交代。"

华国锋亲自打电话给耿飚和北京卫戍区副司令员邱巍高，请他们立即到怀仁堂，有事面谈。不多一会儿，耿飚、邱巍高奉命赶到。华国锋告知他们，我们对"四人帮"已经采取了行动，并取得了胜利，王、张、江、姚已被隔离审查。现在派你们带领精干的工作组，立即去中央广播事业局、中央人民广播电台等新闻单位。在那里掌握情况、把把关，不要在宣传这个口子出毛病。

叶帅特别嘱咐了两点：一要防止内部混乱，二要防止对外泄密。还要预防发生异常情况。

华国锋问他们，还有什么问题没有？

耿飚说，别的没有，请给一个手谕吧。

华国锋提笔写道："邓岗同志，为加强广播事业局的工作，特派耿飚、邱巍高来，有什么问题，你请示他们。华国锋"。

耿、邱受命而去。

汪东兴则打电话给在京的政治局委员、候补委员，通知他们当晚10时到玉泉山开政治局会议。

当通知到纪登奎时，总机回称："首长不在家。"

汪东兴："那就接先念同志吧。"接电话者不是李先念，汪东兴立时听出是纪登奎的声音。

随即说："登奎同志你在这里呀！我还叫总机到处找你呢。"

纪："有事吗？"

汪："请你今晚10点到玉泉山参加政治局会议。"

纪："哪里呀？"

汪："玉泉山。"

纪："研究什么问题呀？"

汪：“通报隔离审查‘四人帮’的事，还有几个有关问题一道研究。”

纪：“你要先念同志接电话吗？”

汪：“不要了，你转告先念同志就是了。”

汪东兴打完电话后，先是通知中办秘书局长周启才，马上到玉泉山9号楼，做好政治局会议的会务工作。同时要他马上布置秘书局收发室负责人，对“四人帮”的信件、文件、材料一律压下不送，并严加保密。

接着，汪东兴又同张耀祠和我，研究了加强对玉泉山中央首脑机关的警戒部署：增调兵力，加强火力配备，协同地面地下作战，做好各项后勤保障。采取一切严密措施，防卫“四人帮”余党的反扑。此项任务由副局长李钊和中央警卫团副参谋长唐伯瑞组织实施。

在汪东兴工作的间隙，我把对王洪文、张春桥、姚文元随身警卫人员、司机人员宣布的几条原则向他作了请示，他表示同意，并要我立即去办。

我马上到了警卫、司机人员休息的“五间房”，对沉闷坐在室内的几位同志讲了以下几点：同志们都是受组织的委派，分别到王洪文、张春桥、姚文元那里去工作的，这是组织赋予的任务；中央决定对“四人帮”实施隔离审查，这是他们罪有应得，与同志们无关；凡是对“四人帮”的罪行，知情的，要向组织揭发举报，帮助组织查清问题；你们的任务现已结束，可将武器、车辆交与组织。

话音刚落，大家就把随带的枪弹和汽车钥匙，一一端放在屋子中间的长方桌上。

在怀仁堂另一角，还有一个正在等待汪东兴安排“进点”清查文件的小型会议。“王、张、江、姚”每处去两三人不等，分别由中办秘书局、中央警卫局、8341部队等单位选调人员。汪东兴要求大家：会后马上进入住地，连夜开展工作，发现异常的文件、材料，随时报送中央。同时强调，要严格保密，遵守纪律。

晚9点15分，怀仁堂一度喧嚣的气氛，又变得宁静。华国锋、叶

1977 年 4 月 12 日，中央领导人在人民大会堂接见参加粉碎“四人帮”的人员。前排右二为本文作者，二排左六为隔离江青的行动小组组长高云江，左七为隔离姚文元的行动小组组长滕和松，左八为隔离王洪文的行动小组组长李广银，左九为隔离张春桥的行动小组组长纪和富。

剑英、汪东兴在亲临现场、坐镇指挥、取得决战的胜利后，缓步走出怀仁堂，驱车疾驶玉泉山。

玉泉山位于北京西部远郊，属西山东麓支脉。山内流泉密布，泉水晶莹如玉，故称玉泉池，山亦因此得名。据史书记载，辽代、金代曾在山内修建行宫，元、明、清各代又增修很多园林建筑。全国解放后中央有关部门在此修建了几幢房子，作为中央领导同志工作和休息的处所。这次中央政治局由北京城内转移到山上开会、办公，首先便于政治局集体活动，同时也为了预防“四人帮”余党反扑，因为这里更有利于警戒、守卫。

晚 10 时，中央政治局会议准时在玉泉山 9 号楼召开。会议由华国

锋主持。他首先向中央政治局委员和候补委员通报了中共中央已对“四人帮”采取了行动，对王洪文、张春桥、江青、姚文元实施了隔离审查。到会同志报以长时间的热烈掌声。接着他说：这次会议的主要内容就是研究粉碎“四人帮”后，我们党和国家所要解决的方针政策和重要工作问题。他提议先请叶帅讲话。

叶剑英同志向大家报告了粉碎“四人帮”的全过程。叶剑英说：“‘四人帮’这个提法，是毛主席 1974 年 7 月 17 日，在中央政治局会议上讲的。我们清除‘四人帮’不是政治局少数人的想法，也不是我们临时的决定，而是毛主席生前想解决而没有来得及解决的问题，我们粉碎‘四人帮’是继承毛主席的遗志。

“毛主席在世时，他们结成‘四人帮’进行分裂党的宗派活动。在毛主席病重期间和逝世以后，他们更加猖狂地向党进攻，迫不及待地妄图夺取党和国家的最高领导权。这个时候，如果我们不粉碎‘四人帮’，我们这个党就很危险。在这个关键时刻，以华国锋同志为首的党中央采取了非常果断的措施，一举粉碎了‘四人帮’篡党夺权的阴谋，挽救了革命，挽救了党。”

全场再一次热烈鼓掌，表示拥护党中央粉碎“四人帮”的英明决定。

会议在叶剑英同志的提议下，一致通过了华国锋任中国共产党中央委员会主席、中央军事委员会主席的决议；会议决定尽快出版《毛泽东选集》第五卷，并筹备出版《毛泽东全集》；会议决定在北京建立毛泽东主席纪念堂。

会议研究成立了审查王洪文、张春桥、江青、姚文元的专案组。专案组由华国锋负责，成员即政治局委员。专案组下设办公室，汪东兴兼主任，李鑫任副主任。成员有于桑、严佑民、武健华、周启才、任子超、王志民。

会议还安排了就粉碎“四人帮”问题，中央政治局将分批召集各省、市、自治区及各大军区主要负责人会议的日程，特别分析研究了稳定上海政治局势的问题。

会议在通过各项重大决议、研究了中央在当前的主要工作后，于凌晨3时胜利结束。

丑运洲（右）和苏振华。

丑运洲，1932年生，湖南长沙人，1952年进中共湖南省委党校学习，后历任中学教员、科员、科长。1957年考入北京大学中文系学习，毕业后参加中国人民解放军，任新华社海军分社记者、政研处处长、苏振华秘书、八路军史料丛书编辑。退休后曾任《开发区导刊》副主编、中国旅游报刊协会秘书长等职。

作者简介

临危受命， 稳定上海[①]

——苏振华上将在粉碎“四人帮”的前前后后

□ 丑运洲

果断进言，积极工作，稳定军队

1976年9月9日，毛泽东逝世，“四人帮”加紧了篡党夺权的步伐。9月14日傍晚，苏振华怀着难以抑制的心情，来到叶帅的住地。由于他是常客，警卫科长马头在门口见到苏振华，一边让服务员向叶帅报告，一边迎上前来把苏振华让进客厅。叶帅招呼苏振华在他身边坐下，稍事

① 选自杨肇林、丑运洲、乔崖：《从高山到大海——共和国上将苏振华》，解放军出版社2001年版。

寒暄后，很自然地谈到“四人帮”的新动向，特别是“四人帮”的心腹正加紧给上海民兵发放武器，毛远新有调沈阳部队进京的动向，等等，他们已清楚地意识到党和共和国的命运危在旦夕。苏振华向叶剑英建议说：要赶快下手解决“四人帮”的问题。

叶帅伸手把收音机开得大大的，苏振华便拿起茶几上放着的军委便笺和铅笔，一条一条写出自己的建议给叶帅看，附在叶帅耳边加以说明。苏振华提出了四条建议：一要抓军队，军队不能让“四人帮”插手，要把军队掌握在可靠人的手里；二要抓舆论，设法把被“四人帮”控制的报刊、电台抓过来；三要对中央主要领导同志的安全特别注意，不能老住在一个地方，要经常变动；四要赶快下手，夜长梦多，要注意保密。

叶帅看后，胸有成竹地频频点头，对苏振华说：适当的时候，你当面与华国锋谈谈。叶剑英把华国锋的保密电话号码写在便签上交给苏振华，同时说：等我先给华国锋打了招呼，你再与他联系。

苏振华的一位秘书回忆当时情况说：我按照首长给的电话号码，同华国锋的秘书联系好后，苏振华去华国锋的住处，到后，曹、于秘书请苏振华去华国锋的书房，说华国锋正在等他。

当时，华国锋向苏振华说：你的建议，叶帅已告诉了我，今天请你来谈谈。

苏振华向华国锋低声复述了那四条建议。华国锋连连点头，慎重而又严肃地说：你的意见很好，当前特别要掌握好部队。我跟叶帅商量，你和锡联同志都是军委常委、政治局成员，你长期受林彪、“四人帮”打击迫害，在部队威信高，请你和锡联同志协助叶帅，抓好稳定部队的工作，保证部队能够听从党的指挥，千万不能出差错。

苏振华坚定地说：请党放心，我一定圆满完成党中央交给的任务。

不久，叶帅由西山搬到了玉泉山。

9 月 29 日，在人民大会堂东大厅召开政治局会议，研究国庆活动安排。会议结束前，华国锋通报说，批准毛远新要求回辽宁工作的报告。“四人帮”一伙听了，立即起而反对，吵得很凶。政治局其他同志陆续离开会场，“四人帮”一伙不走，继续纠缠吵闹。汪东兴陪着华国锋坐着不动。

李先念、苏振华不放心，一直在紧靠东大厅的福建厅等候。半个小时后，见江青等人还缠着华国锋吵闹，便重新走进东大厅，向江青等人说：“国锋同志身体不好，该散会了。”

华国锋立即对江青等人说：“你们还有什么话要说没有？”

不等他们回答，接着说道：“没有，就散会了！”

说着就起身走了。

1998年，华国锋回忆说：“这实际是汪东兴、李先念、苏振华对我的支持，为我解围。”

9月28日，苏振华去叶帅处接受指示，10月2日去看望了华国锋。3日，又再去叶剑英处汇报和接受指示。当天与陈锡联商量，根据叶帅的指示，分头找有关单位负责人谈话。

10月2日、5日，苏振华分别找北京卫戍区司令员吴忠和总参副总参谋长王尚荣谈话。

这是两个极为重要的部门，一个掌握着北京地区的卫戍部队，一个掌握着全国军队的调动大权。苏振华语重心长地告诉他们：目前情况复杂，请他们务必掌握好部队，保持部队稳定，不受干扰，除了叶帅的命令，任何人都不能调动部队，特别是不准任何人调部队进京，保证部队绝对听从党中央的号令，千万不能出任何问题，而且要求要绝对保密。

苏振华特别对吴忠说：叶帅对北京郊区某坦克团不放心。张春桥有个在军报工作的弟弟，在这个团“蹲点”，把团的领导干部都换了，万一有人被煽动、蛊惑，把坦克开进北京城怎么办？

吴忠回答说：这个部队大门口就驻有警卫师的坦克团。卫戍区的坦克比他们只多不少，加上反坦克火炮，足以保证首都的绝对安全。

在与王尚荣谈话时，苏振华特别指出：根据叶帅掌握的情况，10月2日，毛远新通知孙玉国，把沈阳部队一个装甲师调进北京。叶帅已经命令这个师立即停止前进，返回原部队驻地。这个部队是否已经回到原驻地，要严密注视，同时要检查其他部队是不是有异常情况，要掌握好全军的情况，不能出半点差错。

吴忠和王尚荣都深感任务的重要和神圣，保证掌握好部队，坚决听从党的号令，决心圆满完成党交给的神圣任务。

10月6日，苏振华和往常一样，在家办公，认真阅读文件，但显然在等待什么。时近21时，他不时地看看表，若有所思地站起身来，拿着文件踱步。忽然，一阵清脆的电话铃响了，他不等秘书动手，赶紧抓起话筒，终于等来了他盼望的消息。听着听着，他放心地长长地呼了一口气。他一面放下话筒，一面大声叫警卫员和司机立刻备车。警卫员还在洗澡，急急忙忙穿上衣服，就跟苏振华乘车直往玉泉山飞驰而去。

玉泉山9号楼叶帅住地的大客厅里，临时改作了会议室。原来的座位不够，又搬来许多椅子摆在四周。苏振华走进房子的时候，汪东兴、李先念、纪登奎、吴德、陈锡联等已经到了。随后，倪志福、陈永贵、吴桂贤等也到了。吴桂贤是跟陈永贵一起进来的。吴桂贤一见在京的政治局委员都在，便诧异地问道："洪文、春桥、江青、文元同志怎么没来?"

可谁也没有答话。

这时，华国锋、叶剑英携手走到主席台的座位上，神情兴奋而严肃。

叶帅精神振奋地宣布：同志们，中共中央政治局紧急会议现在开会了，我向大家庄严宣布，根据毛泽东主席的遗愿，经中央主要领导同志共同商量决定，已于今晚对王洪文、张春桥、江青、姚文元"四人帮"进行隔离审查。我们没有费一枪一弹，现在这一决定已经执行了。

一声久已盼望的惊雷，刹那间使出席会议的人鸦雀无声，紧接着便爆发出长时间的热烈掌声，互相热烈议论起来。

叶帅把双手一压，示意大家不要说话，继续高声宣布说：现在请华国锋同志讲话。

华国锋把毛泽东对“四人帮”的历次批评和处理意见，系统地向与会同志作了阐述。最后他概括地说：“四人帮”在毛主席逝世不久，迫不及待地要篡夺党和国家的最高领导权。中央主要领导同志根据毛主席的遗愿，对“四人帮”采取果断措施，一举粉碎他们的阴谋，代表了全党全军全国各族人民的心愿。

华国锋的讲话，多次为热烈的掌声所打断。苏振华以难以抑制的激动心情，表示坚决拥护中央的英明决策，对粉碎“四人帮”后当前急需要抓的工作，提出了自己的建议。

叶剑英建议：立即作出决定，任命华国锋为中共中央主席、中央军委主席，待十届三中全会追认。

会议还决定修建毛主席纪念堂，出版《毛泽东全集》和《毛泽东选集》第五卷。

会议一直开到7日凌晨3时。

当中央采取果断措施，对“四人帮”隔离审查后，苏振华立即把华国锋在中央政治局会议上的“打招呼讲话”，让秘书丑运洲、何庆舟郑重地送到萧劲光家里，以便让萧劲光及时了解情况。

在萧劲光宽敞的客厅里，萧劲光坐在中间的沙发上，一口气看完后，又翻过来把一些重点段落重看了一遍，看得很仔细，越看越高兴，不时露出兴奋的笑容，然后抬起头来，很不平静地向苏振华的两位秘书说：华国锋同志的讲话非常好，党中央按照毛主席的遗愿，一举解决了“四人帮”的问题，代表了全党的心愿，特别是我们这些老同志的心愿。在这之前，苏政委可真是滴水不漏，保密工作做得好，我到他家跟他谈起这个问题，他根本不露声色，还让我说话要谨慎。

苏振华向海军党委传达党中央对“四人帮”采取隔离审查的果断措

施。苏振华十分兴奋地说：“四人帮”篡党夺权阴谋活动罪行极为严重，我们同他们的斗争是你死我活的斗争。解决“四人帮”的问题，不是政治局少数人的想法，也不是中央政治局的临时决定，而是毛主席生前想解决而没有来得及解决的问题，是华国锋、叶剑英和中央政治局继承毛主席的遗志，所采取的果断行动。1975年5月3日，毛主席指示“四人帮”的问题，“上半年解决不了，下半年解决，今年解决不了，明年解决，明年解决不了，后年解决”。这个问题，现在由我们按主席遗愿解决了。

暴风雨般的掌声和欢呼声在会议室回荡。这样发自内心的热烈欢呼是这些老同志多年来所没有的。这些年来压在人们心头的石头都快使人窒息了，现在可好了，可以按照毛主席的指示，甩开膀子建设强大的海军了！大家一致拥护中央任命华国锋为中共中央主席、中央军委主席，拥护中央关于出版《毛泽东全集》和《毛泽东选集》第五卷的决定。

临危受命，紧急行动接管上海

在粉碎“四人帮”时，中央就考虑到上海是“四人帮”长期经营之地，王、张、江、姚与上海有着千丝万缕的联系，不论历史和现实都是这样。解决好上海问题，无疑是粉碎“四人帮”极其重要的组成部分，是极端重要的，中央主要领导同志对此自然是成竹在胸。在中央召集第一批来京参加打招呼会议的省市代表时，就指定陈锡联、苏振华、倪志福三人负责做上海市委负责人的工作。

参加第一批打招呼会议的是江苏、山东、湖北、上海四个省市和南京、济南、武汉三个军区的负责人。10月7日，他们先后接到来京开会的通知，傍晚时分，他们到京后住在京西宾馆。晚上，只有主要领导同志到玉泉山开会。出席这次打招呼会议的有华国锋、叶剑英、李先念、汪东兴、陈锡联、苏振华、倪志福等。会前，华国锋、叶剑英、李先念找彭冲、许家屯谈话。叶剑英说：由于你们受“四人帮”压制比较深，所以事先告诉你们。

会议由叶剑英主持，他首先宣布中央已将“四人帮”隔离审查，尔后请华国锋讲话。

华国锋扼要说明了中央对“四人帮”采取果断措施的必要性，系统地传达了毛泽东对“四人帮”的不满和历次批判以及解决“四人帮”问题的决心，说明中央这样做是有根据的。

绝大多数同志听后很兴奋，认为中央这样做完全符合毛主席的遗愿，为党割掉了毒瘤，为国除了大害，为民平了大愤，是全党、全军、全国人民的大好事。认为党中央采取分批打招呼的做法和一系列部署，对稳定全国大局有好处。彭冲说：搬掉了“四人帮”这块绊脚石，我们这个多灾多难的国家，今后可以安安心心地搞建设了。

但是，马天水听后似晴天霹雳，其他什么也听不进去了。但他不甘心，反反复复提出说：这四位领导，是不是篡党夺权？是不是一定要用抓起来隔离审查的办法？他更是一再要求能让他再见见他们，希望中央对他们作宽大处理。

华国锋当即拿出从张春桥处拿到的《二月三日有感》给马天水看，问他：这不是篡党夺权是什么？

马天水无可奈何地不吭声了。

对马天水的这些表现，与会同志十分气愤。

回到京西宾馆，马天水耷拉着脑袋，走进洗脸间用凉水冲头，他要让头脑清醒清醒，但怎么也静不下来。

马天水的秘书房佐庭一直在等他，见他丧魂落魄的样子，心里也明白了几分，但毕竟不知究竟，便试探性地问道：“马老，会议是什么内容？”

马天水愤愤地说："他们把四位领导隔离拘捕起来了，这是突然袭击，宫廷政变，修正主义上台！"

马天水把他对隔离审查"四人帮"的看法一口气说了出来，表示了他对中央解决"四人帮"问题的强烈不满，坚持反对的立场！

房佐庭听后也感到万分惊诧，便急切地问："那我们怎么办？"

马天水无可奈何地说："看来我可能回不去了，如果你能回去，要转告徐景贤、王秀珍，现在大势已去，不要乱来，让他们向中央强调应该分清两类不同性质的矛盾，坚持搞合法斗争。"

10月8日，苏振华、倪志福先找同来的上海警备区司令员周纯麟了解马天水回到住地后的情况和表现。马天水的反应是在意料之中的，为了按中央的方针，有针对性地做好工作，苏振华、倪志福与周纯麟进行了仔细商量，然后一起找马天水谈话。

马天水仍然转不过弯来，还幻想能见到"四位领导"，并反复说中央没有必要采取隔离审查措施，强调要分清两类不同性质的矛盾。

苏振华向他严肃指出：马天水同志，你在"四人帮"的泥坑中陷得太深了，现在你必须转变立场，不然你将犯更大的错误甚至犯罪，希望你能猛省。

谈话后，苏振华、倪志福、周纯麟又共同进行了研究。

周纯麟说：马天水虽是"四人帮"在上海的总管，现在他乱了套，不如让徐景贤、王秀珍来京一起解决。

苏振华、倪志福也考虑到防止"四人帮"余党狗急跳墙，为打乱他们的阵脚，揭露他们的阴谋，同意周纯麟的建议，实行"釜底抽薪"，调徐景贤、王秀珍来京一起解决。他们向中央主要领导同志作了汇报，中央同意他们的意见。

10月10日，通知徐景贤、王秀珍来京参加打招呼会议。

徐景贤、王秀珍来京后，"四人帮"在上海的余党变得群龙无首，乱了阵脚，打乱了他们妄图发动武装叛乱的阴谋。

马天水、徐景贤、王秀珍在北京互通情况后，商定了对抗中央的新阴谋。据后来他们的交代，马天水当时说：看来现在硬顶是不行了，我们要搞合法斗争。他们密谋了两条：一是以向中央提问题为名，进行反扑；二是作假表态，蒙混过关。

早在1975年8月，王洪文在上海多次召开会议，煽动说："要警惕修正主义上台"，"要准备打游击"、"打巷战"。他还亲自视察民兵装备，带领民兵训练。中央考虑到马天水、徐景贤、王秀珍的态度，也初步了解到"四人帮"余党可能在上海闹大乱子，有发动武装叛乱的危险性，决定立即派人接管上海。

1976年10月12日上午，在玉泉山叶剑英住处，举行政治局会议。

华国锋说：现在看来，上海市委这些人已无法工作了，他们顽固地站在"四人帮"立场上，与党中央对抗，妄图发动武装叛乱；过去被"四人帮"压下去的一派也准备搞串联；上海的群众也自发地起来了，需要正确的引导，中央应马上派人去接管上海，不然会出大乱子。

叶剑英成竹在胸地说：我赞成国锋同志的意见，为了防止上海这些人狗急跳墙，搞武装叛乱，要派一位无论是在军队和地方，都能压得住台的老同志去。

叶剑英停了停，略一思忖后说：我看振华同志堪当此重任。他资格老，林彪、"四人帮"整得他很惨，但他斗争很坚决，在粉碎"四人帮"的紧急时刻，起了重要作用。在战争年代，有指挥作战的丰富经验；在新中国成立初期，担任过贵州省委书记，多次受到党中央、毛主席的称赞。再说，上海有海军东海舰队的基地，苏振华去上海，工作起来也有方便条件。

陈锡联补充说：我赞成叶帅的提名，振华同志是军委常委，我们曾一起处理军委日常工作，1974年调整各大军区领导班子时，他做了很多工作，起了重要作用。这些都便于他协调南京军区、海军、空军的部队，特别是南京军区廖汉生等一些老同志都曾受林彪、"四人帮"迫害和压制，与振华同志关系都很好，肯定能得到他们的支持。振华同志牵头去上海，是很合适的人选。

李先念接着发言说：叶帅的意见是经过深思熟虑的，上海是“四人帮”起家的基地，解决“四人帮”在上海的余党问题，是解决“四人帮”问题不可分割的组成部分，是中央解决好“四人帮”问题一着极为重要的棋，稳住了上海，对于稳定全国局势具有特殊重要的意义。因此，确定去接管上海的人选，特别是牵头的人选，就特别重要。振华同志是坚决主张抓“四人帮”的，他跟“四人帮”斗争很坚决，毛主席曾说管海军靠他，这次解决“四人帮”在上海的余党问题，也要靠他去牵头，靠他去发挥核心领导作用，我赞成叶帅的意见。

中央领导同志的话，对苏振华触动很深。他深感这些年来，国家多灾多难，现在扳倒了“四人帮”，是党、国家和人民的大幸，自己理应多为党中央、为国家分忧。但他也深知这一任务的艰难与危急。作为一个共产党员、中央政治局成员，当此时刻，责无旁贷！他接受了党中央的分配，决心在与“四人帮”最后的斗争中多作贡献。

华国锋接着说：我赞成叶帅的提名，苏振华同志有水平，与“四人帮”斗争坚决积极。根据“四人帮”控制上海的实际情况，中央去接管上海的人选，最好是在将来的一段时间内，能够取代张春桥、姚文元、王洪文在上海职务的人。“四人帮”和他们的余党不是说王洪文是工人阶级的“领袖”吗？他是什么工人阶级“领袖”！我们要派一位真正的工人阶级领袖去，我看志福同志也一起去上海。

倪志福说：我肝脏不大好，去了工作一定很紧张，恐怕身体吃不消。

李先念说：我赞成志福同志去，他既是上海人，又是有创造发明的劳动模范，在工人群众中威望高，而且有治理地方的工作经验，是工人阶级自己的领袖。

汪东兴说：志福同志对工人群众的情况很熟悉，能很好地联系群众，虽然身体不好，去了可以少工作，就是不工作，到上海在病床上躺着，对解决好上海问题也有好处。

叶剑英说：志福同志作风正派，处事大度稳重，是工人阶级杰出的代表。身体不好，可以带个医生去。

苏振华说：他不一定带医生，海军带一个医生就行了。

华国锋又说：过去上海和江苏的矛盾很尖锐，但上海和江苏不论政治、经济等各方面的关系都很密切，最好能从江苏调一位同志去上海工作。

李先念说：可以派彭冲同志去，他处事从容稳重，在江苏政绩突出。“四人帮”往死里整他，他跟“四人帮”斗争非常坚决，他去接管上海，有利于解决两地矛盾，上海经济建设上遇到的困难和问题，将会得到江苏的有力支援和帮助。

中央其他领导同志也都同意苏振华、倪志福、彭冲三人一起去接管上海。经过商议，华国锋最后说：振华、志福同志去上海工作一段时间再回来，彭冲同志将来可以留在上海工作。

叶剑英说：中央、国务院各部委还可以抽些人去协助工作。现在中央、国务院已有部分人在上海了解情况。振华、志福同志也可以带些人去。彭冲同志带几个工作人员去就行了。所有这些人都以苏振华、倪志福、彭冲三同志带领的中央工作组名义去上海。至于去上海的工作方针，等明天中央派专机接彭冲同志来京后，中央政治局再开会一起商定。

1976 年 10 月 13 日，中央政治局的领导同志与苏振华、倪志福、彭冲一起研究派他们去上海的工作方针。这个方针概括地说是：“既要解决问题，又要稳定局势。”

政治局领导同志对苏振华等说：“中央工作组到上海的任务就是要抓好揭批‘四人帮’的阶级斗争，千万不要钻到具体事务里去，具体事务让现在的职能机构去搞。如果有人乘机捣乱，破坏生产、破坏革命，你们查他们就是了。”

中央领导同志还嘱咐：“你们千万要注意，生产不能受影响，要控制住局面。”

1998年，彭冲同志回忆说：“在这个会上讲得最多的是叶帅，虽近80岁高龄，但他思维敏捷，侃侃而谈，条理清晰，最能抓住要害。叶帅反复强调解决上海问题的重要性：上海是‘四人帮’的发家之地，他们经营多年，势力日见坐大，盘根错节，情况复杂。上海又是全国最重要的工业基地和最大的城市，在政治和经济上都有举足轻重的地位，去上海的方针是稳住局势，稳定人心，恢复生产，抓住揭批，取而代之。叶帅再三强调上海稳住了，全国就稳住了一大半，就是为中央分忧。”

苏振华、倪志福、彭冲立即紧张工作，挑选工作组的主要成员，等待和选择最好的时机进驻上海。经验证明，时机也能产生巨大的力量。

19日，在玉泉山4号楼苏振华的住处，苏振华、倪志福、彭冲根据中央的部署，研究了接管上海的主要问题，便分头做必要的组织准备。

中央各部和国务院抽调的人员，由中央办公厅通知，苏振华、倪志福则分别通知海军和北京市抽调的人员。

据后来担任上海市委宣传部长的车文仪回忆说：10月19日的傍晚，他正准备吃晚饭，忽然接到海军王昕副政委的电话通知，要他接受新的任务。20日10时20分，车文仪赶到人民大会堂北京厅参加会议，除苏振华、倪志福、彭冲外，有国家计委副主任林乎加、公安部副部长严佑民、北京市委秘书长毛联珏、车文仪以及海军的张寿华、苏振华的秘书丑运洲、倪志福的秘书肖振帮和彭冲的秘书夏加林等18人。他们多数互不相识，事前许多人对会议的内容像车文仪一样一无所知。

苏振华主持会议，他以指挥作战的特有作风，简明扼要地说明了任务、去上海工作组人员的组成，郑重指出：“四人帮”虽已被隔离审查，但上海的党政大权还掌握在“四人帮”余党手里，他们正蠢蠢欲动，要出大事，出了大事就会影响全国，所以中央决定立即派一个强大的工作

1978年1月在考察宝钢配套工程北仑港航道的海军猎潜舰上，左起：严佑民、彭冲、苏振华、倪志福、王一平、车文仪。

组去上海接收党政大权。事情十分紧迫，请各位稍作准备，立即赶去上海。

苏振华还指出：这次是在特殊情况下去上海执行特殊任务，大家要有艰苦奋斗、连续作战的思想准备。他还说，我们这次到上海的方式、时间都是绝对保密的。中央认为，为了防止“四人帮”余党狗急跳墙，必须严防不测，所以在通知各位来开会前都没有讲会议的内容。我们去上海也没有通知“四人帮”余党控制的上海市委，专机是中央派的，接待的是海军上海基地。会后请大家回家稍作准备，下午1时去南苑机场待命，何时起飞，中央将视上海的情况而定。

接受任务的同志，听了苏振华简短的讲话后，心情都很激动，深感任务重大，都准时赶到了南苑机场。

专机已在待命，随时准备起飞。

工作组的人员静坐在候机室里，他们中的一些人都是第一次见面，但共同的神圣使命把大家连在一起，心是相通的，“四人帮”横行十年，哪条战线没有遭受“四人帮”的蹂躏？多少人被整得死去活来，在座的人心里谁都有自己的切身感受。党中央粉碎“四人帮”，但他们的余党还在抵抗，甚至妄图发动武装叛乱。每个人都是受命于危急之时，虽有种种危险，甚至是生命之虞，但是，为了国家和人民的利益，牺牲一切也在所不惜，迫切希望马上投入战斗。

下午4时30分，工作组接中办通知：飞机4时46分起飞，预计晚上6时到达，海军上海基地已做好了迎接中央工作组的准备。

飞机到达上海，已是暮色苍茫。飞机在虹桥机场1号停机坪停下后，海军上海基地的小车一辆辆迅速进入机场，在专机前停下。苏振华健步走下舷梯。海军上海基地司令员杜彪、政委康庄，快步赶到舷梯边，向苏振华敬礼问候，十分抱歉地说：我们基地小车不多，全调来了也不够用，只好请首长们挤一挤了！

苏振华连忙说：不要紧，不要紧。我和志福、彭冲同志坐一辆车吧！

丑运洲就按事先向大家交代的编组，三四人、四五人不等，挤在一辆车上。车队迅速穿过沉沉夜色，很快离开了机场，沿着郊区静悄悄的马路，直奔海军上海基地司令部驻地。

就在工作组专机到达虹桥机场时，机场正处在严密的戒备状态，“四人帮”余党的武装紧张地监视着专机的降落。当时的上海市警卫处长康宁一与王秀珍关系极为密切的上海警备区副政委李彬山，就守候在机场大楼。自从他们妄图发动武装叛乱以来，就加强了对机场、码头、车站的控制，专机到达上海前50分钟，他们就得到信息。上海市警卫处并没有接到中央的通知，居然能抢先进入机场，而且还做好了武装监视的准备，确实不可小看。如果不是中央规定严守秘密，工作组险遭不测的可能性是存在的。后来，彭冲曾诙谐地说：“当时是有点惊险色彩，但我们几个老兵，会上康宁一这些小把戏的当吗？谈何容易！但他们捞到消息这么快，抢先一步到机场武装监视我们，说明他们情报系统很灵，不可小看。”

依靠群众，人民上海属人民

1976 年 10 月 20 日晚，苏振华、倪志福、彭冲带领工作组到达上海后，迅速派工作组其他成员与先期进入上海的中央和国务院各部委的同志取得联系。这些同志以考察业务工作为名，先来上海了解和掌握“四人帮”余党的动向，同时深入到市属单位和主要基层单位了解和掌握情况。

1978 年 1 月苏振华（左）、倪志福（中）、彭冲（右）在海军舰艇上。

苏振华、倪志福、彭冲立即请上海市委书记、上海警备区司令员周纯麟来汇报马天水、徐景贤、王秀珍回上海后的动作；请驻沪三军主要负责人李宝奇（上海警备区政委）、杜彪（海军上海基地司令员）、康庄

（海军上海基地政委）、武占魁（空四军政委）介绍他们所掌握的上海市各方面的动向；并电告南京军区政委廖汉生，请他于次日晨赶来海军上海基地司令部商谈稳定上海局势的有关问题。

做了防患于未然的准备后，苏振华、倪志福、彭冲立即找马天水谈话。

21日凌晨3时，在海军上海基地招待所后楼的临时会议室里，既没沙发，也没会议桌，只有几把棉布蒙好的靠椅。在苏振华、倪志福、彭冲的座位前放了一张长条的矮茶几，工作人员都坐在依墙而放的靠椅上，拿着笔记本做记录。

在北京打招呼会议上，中央即责成马天水、徐景贤、王秀珍及时向上海干部、群众传达中央解决“四人帮”问题的有关文件，让他们表明自己的态度。这既能考验马天水等人对中央解决“四人帮”的决策是真拥护还是假拥护，又能牵制“四人帮”余党发动武装叛乱的阴谋，更有利于发动上海群众自己起来揭发批判“四人帮”及其余党。但是，马天水等人错误地估计形势，坚持他们的既定方针。他们10月13日回到上海后，就挖空心思篡改中央解决“四人帮”问题的有关文件，自称是“从兄弟省市抄来”的《中央领导同志讲话》和打招呼会议的《讲话提纲》向区县局干部传达，并以此作为市委正式文件印发基层党组织。这些材料，或删或改，有意制造混乱，企图挑起群众斗群众，把责任推给中央，威胁中央。

中央领导同志关于粉碎“四人帮”的讲话，尽管被删节、被篡改，但透露出的消息，真是“忽如一夜春风来，千树万树梨花开”，长期受“四人帮”及其余党压制的群众，激情澎湃，从10月14日上午起，大字报、大标语，铺天盖地，万炮齐轰“四人帮”！

“誓死捍卫党中央！”

“热烈庆祝粉碎‘四人帮’篡党夺权阴谋的伟大胜利！”

“绞死王洪文、张春桥、江青、姚文元！”

“砸烂‘四人帮’在上海的老窝!”

“上海市委为什么不传达中央关于上海是‘四人帮’基地的指示?马天水、徐景贤、王秀珍必须老实交代!”

从10月15日到20日，上海广大群众自发地走上街头，高举红旗和标语上街游行。他们到外滩市革委会大楼前，热烈欢呼拥护党中央对“四人帮”采取的果断措施，热烈欢呼党中央粉碎“四人帮”篡党夺权阴谋的伟大胜利，要求彻底清算“四人帮”及其在上海余党的滔天罪行。上海交通大学、上海药物研究所、上海轮胎一厂等单位的数以十万计的群众涌进康平路上海市委大院，贴大字报，开展广播宣传，要求砸烂反革命集团的黑窝，揪出反革命的帮凶，清除“四害”，斩草除根。

共青团交通大学委员会、学生会还发起召开了全市16所高等院校声讨“四人帮”大会。全市各单位自发组织了百万人参加的声讨“四人帮”大会。群众要求立即改组上海市委，领导上海人民揭发批判“四人帮”的斗争。

连日来的游行集会，一浪高过一浪，络绎不绝，表达了上海的民心、党心，上海人民无比仇恨“四人帮”，衷心拥护党中央。

群众自发地游行、示威，给“四人帮”在上海的余党以强大的压力。但也有一些曾被“四人帮”压垮的群众组织头头，想借此拉队伍，搞串联；也有一些流氓、地痞混在群众中制造混乱。所有这些，都有可能使揭批“四人帮”的斗争走偏方向。而马天水、徐景贤、王秀珍也想利用这些向中央施加压力，搞“合法”斗争。

10月15日凌晨，马天水、徐景贤、王秀珍向中央发出紧急电话：“在徐家汇、康平路（市委机关所在地）周围以及外宾车辆必经的延安西路、淮海路等处，由交通大学学生刷出一批‘打倒四人帮’的大标语。其内容除指名‘打倒王、张、江、姚’四人以外，还有‘砸烂反革命集团的帮凶’等贴在市委周围。我们估计，这类大字报一多，特别是关于上海市委的标语增多的话，有些思想尚未转过来的人，会贴出反击大标语。有的会出来支持市委，甚至可能贴出为‘四人帮’辩护、矛头指向党中央的大标语。如有打砸抢者，我们将采取坚决措施予以镇压。”

这个电话，明眼人一看就知道，话中有话，软中有硬，说明“四人帮”余党控制的上海市委还相当自信，相信自己有力量，能够镇压群众，控制上海，对抗中央！

第四天，10 月 19 日深夜，马天水、徐景贤、王秀珍又向中央发出了第二个告急电话：“原来打算在文化广场召开上海市委愤怒声讨‘四人帮’反革命罪行大会，但考虑到有一百几十个单位发起定于明天（20 日）下午在人民广场召开 30 万人的大会，带头的是交大，他们的负责人通知我们说，市委的大会是阴谋，他们要冲大会。由于我们现在已不能调动任何力量保卫会场，我们只能决定市委的大会停止召开。我们准备去参加这个大会，和群众一起揭发批判‘四人帮’的反革命罪行，并接受群众的揭发批判。市委机构整个已经瘫痪，急请中央予以指示。”

中央把马天水、徐景贤、王秀珍这两个告急电话送给了正在整装待发的苏振华、倪志福、彭冲，如何处理，请他们酌定。苏振华认为，这两个电话稿肯定是经过马天水、徐景贤、王秀珍字斟句酌的，既反映了他们妄图给中央出难题，施加压力，搞“合法”斗争的阴谋，又反映了中央粉碎“四人帮”的决定大得人心，群众起来后马天水等人的狼狈；他们妄图迫中央为其解围。是告急、施压、对抗同时并举的。

经过研究，苏、倪、彭一致同意，对第一个告急电话，请中央办公厅答复马天水三人，要他们按打招呼会议精神，根据中央的统一部署，开展揭批“四人帮”的斗争。警告他们不得挑动群众、斗争群众，更不得用武力镇压群众。

对第二个告急电话，在取得中央政治局主要领导同志同意后，由中央办公厅于 20 日深夜，通知马天水、徐景贤、王秀珍：中央已派出以苏振华、倪志福、彭冲同志为领导的中央工作组，于今晚到达上海，将由他们同你们联系。

当马天水接到让他马上去海军上海基地、中央工作组同志找他谈话的通知时，他已接到中办通知，此前，他还得到上海市警卫处的情报，知道天黑时北京来了一架专机，被海军车队接走了。

马天水无可奈何地来到海军上海基地，走进会议室，体态虽然显得臃肿，但眼睛却不停地转动。他看到苏振华、倪志福、彭冲都坐在靠背布椅上，整个会议室也过于简陋，便说："你们怎么住在这里？可以住锦江饭店，也可住兴国路，那边房子都空着，条件比这里好！"

苏振华没理他的唠叨，当即宣布说：马天水同志，党中央根据上海当前情况和你们的要求，为了稳定局势，搞好揭批"四人帮"的斗争，决定派中央工作组进驻上海，工作组由我们三人领导，希望你打起精神，把中央打招呼会议精神和中央16号文件传达贯彻好！现在请你把从北京回来后你们做了些什么、现在的认识怎样，跟我们谈谈。

马天水还是按照他们搞"合法"斗争的既定方针，结结巴巴地说：从北京回来后，已把中央打招呼会议的精神和讲话向常委和区县局干部作了传达，并印成文件发到基层，现在群众都起来了，冲击市委，我们难以控制局面，难以工作，今天下午的揭批大会有上百万人，我们去参加了，不让我们发言，搞得很狼狈。现在，中央工作组来了，我们就好办了，我们保证服从你们的领导。

苏振华立即郑重地告诉马天水：我们是工作组，主要了解情况，市委的正常工作，还是由你们负责，该怎么办就怎么办。过去，你们在"四人帮"的泥坑里陷得很深，现在要打起精神，将功补过，上海出了问题，还是由你们负责！

倪志福、彭冲也明确表示：中央的方针、政策十分明确，在北京你们都直接听了，作为上海市委负责人，该怎么办你当然清楚。

10月21日晚7时15分到9时15分，在海军上海基地招待所简陋的会议室里，苏振华、倪志福、彭冲又把马天水、徐景贤、王秀珍找来谈话。这次谈话的主要内容是贯彻中共中央指示，热烈庆祝华国锋任中共中央主席、中央军委主席，热烈庆祝粉碎“四人帮”的伟大胜利，声讨“四人帮”反党集团的罪行。苏振华说：10月24日北京要召开百万人大会，全国各地都要召开这样的大会。根据中央的统一部署，苏振华、倪志福届时回北京参加全国的庆祝大会，彭冲回南京参加江苏省的庆祝大会。上海是“四人帮”经营已久的基地，开好这个大会尤为重要，对全国影响很大，你们一定要同全国人民站在一起，开好这个大会。这对你们也是最好的考验。你们回去立即召集常委、区县局干部商议一下，这个会怎么开，能不能开好。苏振华明确指出：上海市委在“四人帮”问题上犯了严重错误，要揭发、要交代、要检讨，但是先要办好这件大事，24日以后再搞市委本身的揭发、交代、检讨。现在你们要振作起来，把工作抓起来，不要搞什么“合法”斗争。

苏振华还强调指出：要注意政策，对于在“四人帮”问题上所犯的严重错误，市委要为下面承担责任，不要搞层层揪斗，不要搞跨行业串联，要引导广大群众按系统在本单位党委统一领导下开展揭发批判。

倪志福也指出：要注意政策，要注意正面引导，按中央指示办。

彭冲严肃要求说：24日的大会，一定要开好，这是大局，市委的揭发、交代、检讨下一步再搞。

马天水三人一边听，一边急于表白自己，继续搞“合法”斗争。王秀珍对倪志福还表示出一种特别的“热情”。倪志福当即指出：王秀珍同志，当前你主要的任务是按中央指示的方针办事，做好工作。

苏振华、倪志福、彭冲在到达上海的第二天上午，即与从南京赶来的南京军区政委廖汉生以及军区副参谋长张挺等同志交流了军区掌握的上海方面的情况。苏振华提出，鉴于“四人帮”在上海的余党贼心不死、蠢蠢欲动，请军区继续加强戒备，特别是在江苏、浙江一线，部队一定要保持高度警惕，海上情况由海军负责。警备区与武装叛乱阴谋活动有牵连的人，立即调回。并请南京军区抽调人员，协助中央工作组，重点保证上海不出乱子。

廖汉生政委当即决定张挺副参谋长留在上海，并抽调一些工作人员协助中央工作组抓好警备区及有关保证上海不出乱子的战备工作。苏振华请廖汉生警告上海警备区几个参与武装叛乱阴谋的人，悬崖勒马，立即停止活动。

苏振华、倪志福、彭冲还听取了同机到达的林乎加、严佑民和先期到上海了解情况的陈锦华的汇报。他们还一起分别会见了原中共上海市委和中央华东局的王一平、韩哲一等同志。苏振华还找新华通讯社总社在上海了解情况的刘回年，听他们介绍了“四人帮”在上海余党们的活动近况，也了解了上海干部和群众的认识及最新动态。

苏振华等人每天都工作到深夜，把情况汇总，经过研究、整理，立即向中央汇报。苏振华面对上海如此复杂的情况，深感和当年进驻贵州的情况类似。那时面对的是国民党作最后挣扎的残余势力，是国民党隐蔽下来的特务、顽匪，是地方割据的土匪、恶霸。现在面对的是“四人帮”长期经营的巢穴，是“四人帮”一批穷凶极恶的余党，是一批不甘心灭亡的妄图发动武装叛乱的流氓、文痞。同样有夺取政权、建设政权的复杂任务。他认真思考了贵州的经验教训，十分注意领会中央的方针政策，团结一切可以团结的人，利用一切可以利用的力量，尽量争取不出大的乱子。他深入实际，摸准情况，作出决断，以确保中央方针的完全实现。

苏振华、倪志福、彭冲很快掌握了上海的基本情况，根据中央的指示，苏振华、倪志福回到北京，彭冲回到江苏，分别参加中央和江苏省庆祝粉碎“四人帮”胜利的大会。苏振华、倪志福在北京向中央作了详细汇报，得到了中央的充分肯定和有力支持。中央作出改组上海市委的决定，任命苏振华为上海市委第一书记、市革委会主任，倪志福为上海市委第二书记、市革委会第一副主任，彭冲为上海市委第三书记、市革委会第二副主任。26 日，苏振华、倪志福由北京经南京与彭冲会合，然后一同回到上海。

1976年10月上海军民举行盛大集会游行庆祝粉碎“四人帮”。

10月27日，苏振华、倪志福、彭冲主持召开了上海市区县局干部大会。这是他们第一次在上海市广大领导干部面前亮相。会场气氛热烈、严肃、紧张。出席这个会议的还有在上海市掌权的各色人物，有出卖灵魂的“老干部”，有靠造反起家的造反派头头，有摇动笔杆子大揪“党内资产阶级代表人物”的“秀才”，也有赌咒发誓要同党中央对着干的狂人，但是更多的是长期受“四人帮”迫害、压制的干部和受蒙蔽的善良的人们。在这个会上，苏振华、倪志福、彭冲首先传达了中央改组上海市委和市革委会的决定，宣布了对他们三个人的任命。这就把由张春桥任上海市委第一书记、市革委会主任，姚文元任市委第二书记、市革委会第一副主任，王洪文任市委第三书记、市革委会第二副主任的权夺回来了。会场顿时响起了雷鸣般的掌声。接着苏振华发表了简短的讲话，讲得非常简洁、扼要、含蓄，但却是耐人寻味，让人鼓舞。

苏振华说：“上海市是党中央领导下的上海市，是一千万人民的上海市，是有光荣革命传统的英雄城市。‘四人帮’妄图把上海作为他们篡党夺权、复辟资本主义的阵地，阴谋策划反革命武装叛乱，以武力对抗党中央，这是痴心妄想”，“以产业工人为主体的上海民兵，在阶级斗争、在巩固无产阶级专政、在维护社会治安等方面起了很大作用。‘四人帮’蒙蔽民兵，进行反革命武装叛乱，但是广大民兵发觉了他们的阴谋以后，奋起造了他们的反，揭发了他们的罪行，这说明上海的广大工人是有觉悟的，是不上他们的当的”。

苏振华一开始就把上海这个城市同全国、同中央紧密联系在一起，把上海广大人民同“四人帮”等极少数人严格地分开；把以产业工人为主体的上海民兵，与“四人帮”余党搞武斗叛乱的阴谋严格分开；同时把马天水、徐景贤、王秀珍妄图发动反革命武装叛乱的阴谋也点得很清楚，这是个最容易突破的问题，也是最容易把上海大多数干部解脱出来的问题。有效地分化了“四人帮”余党，争取了广大群众。这都是经过苏、倪、彭深思熟虑的根本指导思想和策略。

1976 年 10 月苏振华参加天安门广场庆祝大会后到南京参观长江大桥，右起：倪志福、彭冲、苏振华、廖汉生。

突破要害，擒贼擒王暴露余党

如何解决好“四人帮”在上海余党的问题，下好中央解决“四人帮”全局这着极为重要的棋，保证中央“既要解决问题，又要稳定局势”方针的落实？苏振华、倪志福、彭冲统观全局，对这个仗的打法，已有了全盘的战略考虑。

射人先射马，擒贼先擒王。苏振华、倪志福、彭冲一致认为，必须先抓住原上海市委常委的问题。这批人在上海经营10年之久，是“文化大革命”中的造反派，既有把水搅浑的歪门邪道，又有控制政权迫害干部群众的反动经验，要制服他们必须先抓住他们的要害。妄图发动反革命武装叛乱，是他们最现实、最直接的罪证，以此为突破口，既能抓住狐狸的尾巴，又能解脱广大干部和民兵群众。

从1976年10月27日起，接连用了几天时间，在锦江饭店南楼顶层会议室，苏振华、倪志福、彭冲亲自坐镇，以上海市委常委会的形式，让马天水、徐景贤、王秀珍和原市委常委张敬标、冯国柱、王少庸等人参加，让他们自己交代，互相揭发有关妄图发动武装叛乱的问题。

这种形式，范围小，便于这些人讲清问题，稳定他们的情绪，更能观察他们对自己罪行的态度，便于掌握事情的全过程和原貌。与此同时，也发动知情人和广大干部，揭发批判“四人帮”余党妄图发动反革命武装叛乱的阴谋。

苏振华在会议上开宗明义地说：“四人帮”篡党夺权的阴谋是从这里开始的，一时要查清他们的全部罪行是困难的，现在我们集中时间，先把你们自己妄图发动武装叛乱的问题交代清楚。你们可以自己交代，互相揭发，最好是按妄图发动武装叛乱的日程，一天天讲清楚。这是常委会，范围小，有利于你们发言，讲清问题。这也是一次让你们认识错误和罪行的机会。我们党历来的方针是“惩前毖后，治病救人”。希望你们打消顾虑，端正态度，讲清问题，不要错过这个机会。

倪志福、彭冲同志也都说明了会议的重要性和党的政策，希望他们不要错过机会。

徐景贤首先发言。这个在“文化大革命”中首先从市委杀出来的造反派头头，脑瓜灵活。他交代说：1976年10月7日，马老通知我和秀珍来康平路小礼堂开会。马老说中央通知上海警备区司令员周纯麟去北京开会，并请周纯麟转告马天水一起来。马老对我们说，这种通知开会的方式与过去迥然不同，以往开会，都是中央通知市委，由市委转告警备区，这次怎么会由警备区转告市委呢？徐景贤说当时我也有同感！

王秀珍接着交代说：是的，对这种“异常”现象，当时我们都是很敏感的，我们三个人还回顾了以往中央通知开会的情况。

马天水也插话说：我跟景贤、秀珍都说不仅开会通知方式不同，而且，以前在接到正式开会通知前，张春桥、姚文元、王洪文总有热线电话“吹风”，会议内容、事先要作什么准备，他们都会告诉我们，做到“心中有数”。

徐景贤还说：从主席逝世后，当时春桥就跟我说过，中央在这段时间不安排什么会了，怎么现在突然通知开会，而且通知开会的方式这样不同，于是马老、秀珍和我都不约而同地有些紧张！我们经过商量，一致认为首先要摸清情况，并约定马老到京后两小时立即向我们通报情况，我们还商定立即开常委会，把这个新情况告诉常委。

常委们也都补充揭发说：三位书记不仅告诉我们中央通知开会的异常情况，还说中央可能出了什么问题，要我们做好对付中央的准备。

对此，苏振华、倪志福、彭冲只是静观他们的揭发交代，没有插话。

马天水说，飞机从上海起飞，经过南京，见到上飞机的有南京军区政委廖汉生、司令员丁盛、江苏省委书记彭冲、许家屯等人时，本想找丁盛说点什么，但见大家都不吭声，也就再没说什么，只是在心里嘀咕，预感到有什么“不祥之兆”！以后的事，就是到北京后，一方面没摸到底，另一方面中央有规定，我受到制约，没能按时跟徐景贤、王秀珍通电话，其他的情况我就不知道了。

苏振华当即指出：马天水同志，你先不要把门封死，你们妄图发动武装暴乱问题，你知道不知道，事实总会查清，你应该首先端正态度，把事情的来龙去脉讲清楚。

徐景贤、王秀珍继续交代说：他们没按时接到马天水的电话，心情更加紧张，只得急急忙忙分别给王洪文、张春桥、姚文元打电话，也向迟群、谢静宜打电话摸底，但都找不到人，只好让王洪文、张春桥留在上海的秘书廖祖康、何秀文分别给文化部的于会泳、公安部的祝家耀、教育部的周宏宝等人打电话，这些人都是当时从上海派往中央各部掌权的人物，想从他们那里摸清中央到底出了什么事。而这些人也一无所知，抱怨说他们也找不到、见不着王洪文、张春桥、姚文元。

徐景贤、王秀珍交代说：这时他们更为紧张。王秀珍提出，是不是立即派金祖敏（上海派去控制全国总工会的负责人）的秘书缪文金去北京探听消息，并且规定了通话的暗语。结果各路人传来的消息都认为王洪文、张春桥、姚文元可能出了事。马天水的秘书房佐庭打来电话说："我的老胃病复发了！"徐景贤、王秀珍都知道房佐庭没有胃病。缪文金打来电话说："我娘心肌梗塞！"祝家耀这时也来了电话，内容与缪文金的一样。因此，徐景贤、王秀珍决定发动武装叛乱，对抗中央！

他们交代到关键、要害处，马天水就装着不知道。王秀珍尽量表白自己。徐景贤则想蒙混过关。

虽经苏振华、倪志福、彭冲一再交代政策，除徐景贤外，马天水等人仍然坚持顽抗。

根据会外知情人揭发，经内查外调确认，对参与武装叛乱、跳得很高、罪恶深重、民愤极大的人采取了组织措施，如对市委常委、工交组负责人黄涛，市革委常委、市总工会常委、市财贸组负责人黄金海，市后方基地常委副书记戴立清，市革委常委、市总工会副主任叶昌明，市委组织组负责人王日初，市革委常委、市委列席常委、市委写作组负责人朱永嘉，市委写作组领导成员王知常等七人由上海警备区临时监护，隔离审查；对市革委常委、市总工会副主任、市工交组负责人陈阿大，中共中央候补委员、市革委常委、市总工会常委、市妇联主任汪湘君，市总工会常委、轻工业局党委副书记马振龙，民兵指挥部领导小组副组长、江南造船厂党委副书记施尚英，上棉十七厂党委副书记董秋芳，中华造船厂代理党委书记李伟民等六人，由本单位群众临时监护，专案审查；对张春桥的妻子等六人进行保护审查。特别是取得了他们发动反革命武装叛乱的一批罪证，包括徐景贤的两个反革命武装叛乱的手令、准备武装叛乱用的武装弹药、电台、通信呼频表、通信暗语表和兵力部署图等。把“四人帮”余党妄图发动武装叛乱的罪行基本查清了，最主要的是查清了10月8日、10月12日关键时刻他们的一系列罪恶活动。

10月8日下午2时，徐景贤、王秀珍在康平路小礼堂召开了市委常委紧急会议，分析北京情况和各路消息，他们肯定“中央出了修正主义”、“北京发生了宫廷政变”，决定“上海要对着干”，必须作出紧急部署。

8日下午4时，徐景贤召集上海各新闻单位负责人到“康办”（中共上海市委所在地），向他们下达了三条“指示”：一、如中央发出处理上海几个人（指王洪文、张春桥、姚文元）的决定，你们不能刊登，要报告市委。二、继续宣传“按既定方针办”。三、要立即加强电台、报社的警卫。

当晚，“四人帮”在上海的另一骨干朱永嘉又赶到上海四家新闻单位逐家布置任务。他要求《解放日报》、《文汇报》多登自己的文章，坚守阵地；如果新华社发出什么王洪文、张春桥、姚文元反党集团的消息，你们不能登，这是右派搞左派；我们要登自己的《告全国人民书》、《告世界人民书》。朱永嘉还窜到广播电台，要求电台不要听中央人民广播电台的，要继续播《永远按既定方针办》的歌曲（当时中央人民广播电台已通知各省市电台停播）；不要播中央人民广播电台的消息，要播上海两报自己的文章。朱永嘉虽然只是市委写作组组长，却是当时上海的风云人物，与张春桥、姚文元有单线联系，深得张春桥、姚文元的信任，与徐景贤同为文痞，掌握上海舆论大权。他是在阴谋发动反革命武装叛乱问题上跳得很高、叫得最凶的人物之一。

中央工作组刚到上海时，当时日本有个纪念鲁迅的会议，朱永嘉是出席这个会议的代表团长，要不要让他出席？曾有过考虑。经请示中央，为了不打草惊蛇，还是同意他去了。但当他从日本一回到上海机场，就宣布对他进行隔离审查。

8日晚8时，徐景贤、王秀珍又召开了常委紧急会议，出席会议的除常委外，还有朱永嘉、肖木、廖祖康、何秀文以及工会、民兵指挥部、公安等各方面负责人。徐景贤、王秀珍煽动说，北京发生了政变，修正主义上了台，我们必须对着干。为了防止被一网打尽，我们必须分散办公。并且当场决定，兵分三路准备：一路由徐景贤带领，抓笔杆子，搞舆论，转移到丁香花园办公；一路由王秀珍带领，抓枪杆子，转移到民兵指挥部办公；一路由张敬标负责，留守市委机关。会上还决定设立秘密联络点和组织武装民兵值班。

徐景贤、王秀珍布置完后又商定，民兵是依靠力量，如果有军队配合指挥就会更加有力。当晚11时多，他们把平时紧跟市委的上海警备区副政委李彬山，副司令张宜爱、杨新亚，守备师师长李仁斋找去进一步策划。徐景贤先向他们分析所谓北京发生政变问题的情况，接着问张宜爱，警备区部队怎么样？

张宜爱说：第一、第二师的情况你知道，只有警备师可以。

徐景贤又问：谁能调动部队？

张宜爱说：调动部队要经党委集体讨论。

徐景贤问：如果北京几位领导（指“四人帮”）被一网打尽，我们不都成了爪牙吗？如果你成了爪牙怎么办？

张宜爱答：我都60多岁的人了，还怕什么？一定要誓死捍卫毛主席革命路线。

徐景贤又对李仁斋说：你们究竟有多少部队？

李仁斋答道：我们都是分散值勤的！

徐景贤还问了第一、第二师两位师长怎么样，查询了上海周边有什么部队。谈完话时，已是10月9日凌晨1时了。

于是，徐景贤带着王少庸、张宜爱、李仁斋到了丁香花园。王秀珍带了一批人到民兵指挥部，开始分头行动了。

在丁香花园，徐景贤亲笔给李仁斋下达了手令："电台由李仁斋同志告驻守电台的连，注意警卫，听从刘象贤同志的指挥。三连由李仁斋同志先通知一下，要听从市委的指挥。"刘象贤是上海警备区政治部副主任，在电台任一把手。

在民兵指挥部，王秀珍带着跟王洪文一起造反起家的造反派头头共30多人，一夜未睡，加紧部署，制定了具体作战方案。民兵指挥部设两个秘密指挥点，第一指挥点设在江南造船厂，由施尚英、钟定栋指挥。第二指挥点设在中纺机械厂，由吴立义、印玉泉指挥。两个点各设4部电台，各民兵师和区民兵指挥部各设一部电台，拟定了电话号码、电台呼号，派定了联络员，并发出指令，一切行动听徐景贤、王秀珍指挥。

徐景贤下达了手令："民兵指挥部加强战备，2500人集中，3.1万人值班待命（即晚上集中值班）"。同时下令调集公安干警1500人，动用各种枪支2万余支，子弹数万发，汽车、摩托车225辆，架设应急电台15部。

王秀珍对他们一夜行动的效率如此之高，非常满意。她得意地夸耀说王洪文告诫过她：这些老头头对"文化大革命"有感情，是和我们战斗过来的，遇事要跟他们商量。关键时刻还是这帮小兄弟管用！

正当反革命武装叛乱阴谋即将付诸实施的时候，中央把徐景贤、王秀珍召往北京，打乱了他们的部署。

但是，陈阿大、叶昌明、黄金海这些"造反派"老头头，仍在继续活动。

12日又是一个危险时刻。晚8时，在康平路小礼堂，原上海市委常委冯国柱、王少庸、张敬标、黄涛带着朱永嘉、王日初等人继续作乱。

朱永嘉叫嚣："还我江青！""还我洪文！""还我春桥！""还我文元！"疯狂地叫嚷："北京发生政变，我们要立即行动，坚决对着干！"我们要"立即炸毁桥梁，破坏铁路、公路，阻止江、浙两省军队进入上海，造成上海瘫痪，同时要夺取电台，天亮前广播《告全国人民书》。我们不搞也杀头，搞也杀头，搞了杀头可以像巴黎公社那样用鲜血教育下一代。冯国柱、张敬标、王少庸应以市委名义立即作出决定。"

随着清查运动的深入，"四人帮"及其余党妄图发动武装叛乱的罪行查得更彻底、更清楚了。

事实证明，"四人帮"及其余党要搞反革命武装叛乱是蓄谋已久的。早在九届二中全会以后，他们就着手抓武装，一手大搞反军乱军，一手大搞"第二武装"。王洪文在1975年说过，"上海民兵是我和春桥两人搞起来的，这个队伍不要被别人指挥"，"要是有人把它改过去，只要我不死，20年后我还是要把它改过来"。近三年来，他们动用地方经费3000多万元，私造了大量武器。在得到毛主席病重通知的第二天，他们就通知马天水，把库存的几十万支枪，发到基层民兵手里。1976年9月28日，张春桥派肖木送口信给马天水、徐景贤、王秀珍，要他们经常分析阶级斗争的形势，准备真正经受"严重考验"，示意他们说，现在有人"要搞上海"，"上海有大考验，要打大仗"。当"四人帮"余党得知"四人帮"被粉碎的消息后，决定要跟中央对着干，妄图疯狂一跳，发动武装叛乱，就毫不奇怪了。

查清罪行，把"四人帮"送上历史审判台

苏振华、倪志福、彭冲率领的中央工作组从11月4日到22日召开全市区县局党员负责干部会议，大张旗鼓地揭发、批判、声讨"四人

帮”篡党夺权的滔天罪行，揭发批判马天水、徐景贤、王秀珍参与“四人帮”篡党夺权的阴谋，帮助挽救犯错误干部。这次大会，组织全市23万党支部委员以上干部拉线收听会议实况。

中央工作组采取这种形式，广泛发动群众，政策攻心，分化瓦解“四人帮”的帮派体系，很快奏效，使马天水、徐景贤、王秀珍和其他余党完全孤立。在这样的会上，首先让马天水、徐景贤、王秀珍揭发交代“四人帮”篡党夺权的阴谋，揭发交代他们自己参与“四人帮”篡党夺权的罪行，使他们既看到在这场惊心动魄的斗争中，自己罪孽深重，又看到群众在知道他们的罪恶阴谋后，对他们的强烈反对，他们只是极为孤立、极为虚弱的一小撮，同一切反动派一样，只能遭到可耻的失败，更使他们感到党中央政策的威力，中央工作组对他们的挽救，给他们坦白交代自己罪行的机会。在这个大会上，广大区县局干部，对马天水、徐景贤、王秀珍的揭发交代，既可以批判，又可以补充揭发，还可以把自己摆进去，作深入的揭发交代，这也是给他们在群众中一个亮相的机会。这个会前后召开了半个多月，采取大会、中会、小会相结合的形式。大会由马天水、徐景贤、王秀珍揭发交代，由区县局、组委办的负责干部揭发批判；中会由各行业、区县局分系统揭发批判；小会由市委常委各级党委或支部负责人揭发批判。

在第一天的会上，马天水、徐景贤、王秀珍还坐在台上交代，由于他们的揭发交代总是避重就轻，很不老实，常被知情的区县局干部打断、指责，追问他们为什么总不端正态度，老是被动，为什么不主动彻底地揭发交代问题。不少人纷纷要求马天水、徐景贤、王秀珍和原市委常委到各组委办、区县局去接受群众的揭发批判。从此，马、徐、王等人逢会“降级”，从坐在台上到坐在台下，从揭发到接受批判，最后直到被隔离审查。

通过这样的大会，把“四人帮”篡党夺权的罪行和阴谋暴露在光天化日之下，使他们在群众面前极端孤立。通过这样的会议，挽救教育了犯错误的甚至犯了严重错误的干部，他们亲眼看到党中央、中央工作组对马天水、徐景贤、王秀珍这样干了大量坏事、陷得很深的人都尽量耐心等待，教育挽救他们，促使他们转变态度，揭发交代罪行。这跟“四人帮”乱扣帽子，随便整人，一棍子打死截然不同，形成鲜明的对照，使大家深受教育。一些受过“四人帮”影响，说过错话，做过错事，甚至犯了严重错误的人都逐步提高了觉悟，消除顾虑，交代问题，放下包袱，振奋精神，投入战斗。通过这样的会议，使广大干部和群众看清了“四人帮”及其余党的真面目，受到了教育，了解了政策，鼓舞了斗志。群众发动起来了，推动全市运动步步深入，直到获得全胜。苏振华、倪志福、彭冲认为，这样的会议，是把党中央揭批“四人帮”罪行的方针政策与上海实际紧密结合起来，查清他们篡党夺权罪行的一个十分有效的好办法。

从 1976 年 11 月到 1977 年，全市性揭批“四人帮”罪行万人大会前后开了 4 次，每次都有 23 万名党支部委员拉线收听，工交、财贸、科技、教育、新闻、文艺、农业、党群、公安、交通、体育、民兵、后方基地等各系统召开的万人揭批大会 20 多次，还有各部门、各单位的揭批大会数百次，使上海揭发批判“四人帮”及其余党的群众运动一浪高过一浪，使清查工作步步深入。

苏振华、倪志福、彭冲把群众的揭发批判，与专案审查和细致的清查工作结合起来。苏振华在群众揭发的基础上，还和分管清查工作的严佑民同志一起，狠抓促使马、徐、王以及专案审查对象的揭发、交代，把“四人帮”的帮派体系和他们篡党夺权的重要事件，查了个水落石出。

“四人帮”在上海的帮派体系，大体上是由卖身投靠的“老干部”、文痞和一批地痞流氓、打砸抢分子三股势力共同组成的。“四人帮”通过这三股势力，发挥着各自的独特作用，一度把中国搞得天昏地暗、黑浪滚滚。卖身投靠的“老干部”的代表是马天水、黄涛等人，特别是马天水，他出卖灵魂，死心塌地投靠“四人帮”，是“四人帮”在上海的总管。“四人帮”在上海篡党夺权的罪行，多是他领头干的。他或呼风唤雨，或推波助澜，伙同徐景贤、王秀珍指挥一帮文痞、流氓到处冲杀，起着极坏的作用。

苏振华从众多的揭发交代材料中，清楚地看到江青、张春桥、姚文元控制的一批文痞起家的过程。张春桥曾长期控制上海的宣传文化阵地。姚文元、徐景贤是“文化大革命”前市委写作班子的成员，江青搞所谓批判《海瑞罢官》的文章，就是通过这批人舞文弄墨抛出去的。1968年，张春桥、姚文元又指使原写作班子成员朱永嘉和原《支部生活》编委肖木等人建立《红旗》杂志上海组稿组。以后他们都成了市委写作组的头头，直接听命于江青、张春桥、姚文元。他们是“四人帮”篡党夺权制造反革命舆论的吹鼓手，其头目就是徐景贤。

苏振华还把“文化大革命”初期王洪文和他的小兄弟大搞打砸抢的电影资料调来亲自审查，结合大量的揭发交代材料，理出了这批地痞流氓的发迹历程。他们真是“造反有功，当官有份”。我们不妨看看王洪文造反起家的原“工总司”的一帮流氓打手是一些什么人物以及他们“论功行赏”的情形吧！

原上海良工阀门厂工人，人称“脓包”、“恶霸”的陈阿大，担任过第四届全国人大常委，上海市委列席常委、市革委会常委、市总工会副主任、市工交组负责人；原上海合成纤维研究所化验工、一贯表现不好、与“文化大革命”时期的一起谋杀案有牵连的叶昌明，担任了市总工会副主任、市委列席常委；原上棉二十一厂工人，经常酗酒打架，调戏妇女，有名的流氓黄金海，担任了市革委会常委、市总工会常委、市财贸组主要负责人；原临时工，三年自然灾害期间从外地逃回上海，有偷窃行为的戴立清，担任了上海后方基地党委副书记、市总工会常委；原上海搪瓷厂工人、王洪文的保镖马振龙，担任了市革委会委员、总工会常委、轻工业局党委副书记；原上海电机厂工段长金祖敏，担任了中共第九届候补中央委员、全国人大第四届常委会委员、全总九大筹备小组组长、上海市委常委、市革委会副主任、市总工会副主任；原5703厂劳动工资科助理祝家耀，担任了上海机关事务管理局党的核心小组副组长、中共第十届中央委员、公安部领导成员；原上海某工厂工人汪湘君，为王洪文所赏识，拉入党内，担任了中共第十届候补中央委员、市委列席常委、市革委会常委、市妇联主任，等等。王秀珍则是王洪文在上海这帮“小兄弟”的头目。这股势力的作用就是组织人马，到处伸手，控制实权，制造混乱，乱中夺权。

苏振华、倪志福、彭冲和新上海市委的领导，对“四人帮”精心培植的这个帮派体系，采取了新账老账一起算的办法，在查清罪恶事实的基础上，毫不手软地予以摧毁。如形成王洪文“工总司”的八种成员——工总司筹备委员、工总司委员、市总工会第五届常委、工总司派往各单位任区县局常委的负责人、所属区县局联络站负责人、128名进驻上层机关的工人代表、181个造反派老头头、市总工会机关的帮派分子，共计486人。其中：依法逮捕判刑的90人，占18.52%；定严重政治错误的25人，占5.14%；定政治错误的39人，占8.02%；其余大多在审查处理后回原厂劳动。

苏振华、倪志福、彭冲领导的上海新市委，不仅查清和摧毁了“四人帮”在上海的帮派体系，而且决心要把“四人帮”及其余党篡党夺权的大事一件件查清楚。于是，发动各部委办、区县局把要查清的事梳成辫子，排列出来，一件件查清。据部委办、区县局排出要查清的事有300多件，全市性的与篡党夺权阴谋活动有牵连的大事有12件。经过广大群众和专门机关结合，进行调查取证，核准事实，这些重大的阴谋活动，至1978年底，都已基本查清。查明“四人帮”篡党夺权的总策略是稳住上海、搞乱全国、乱中夺权。马天水、徐景贤、王秀珍根据这个反革命策略，把黑手伸向党中央、国务院，搜集领导人的讲话，点名批判，然后向中央“输送”部长、副部长、司局长。他们还把黑手伸向全国各省市，串联各地造反派头头，煽动搞垮当地党委；把黑手伸向军队，反军乱军，篡军篡党。他们篡党夺权活动最猖狂阶段集中在三个时期，即在党的“十大”前后、全国四届人大前后和“反击右倾翻案风”时期及毛泽东逝世前后。

根据大量揭发材料和专案审查掌握的材料，经过各级清查组织和领导班子认真查证核实，苏振华主持市委常委会议认真研究分析，确切认定：在党的“十大”前夕，王洪文、张春桥就积极物色人选，培植帮派势力。王洪文要市委组织组打破按部就班的常规，准备100至150名干部。江青对王秀珍说，上海对“文化大革命”贡献最大，是左派堡垒，要多选工农中央委员。为此，马天水、徐景贤、王秀珍专门召开了全市组织工作会议，布置任务。他们选拔干部的标准是“领导熟悉，群众拥护”的“老造反派”和对“工总司”有感情的。他们还特别强调要以“活材料为主”，“档案只能作参考”，“社会关系复杂也不要紧”，“在需要时就是有严重的历史问题也没有关系，一切都要根据需要”。“十大”开幕前几天，马、徐、王亲自拿着名单去北京见“四人帮”，王洪文、张春桥、姚文元一一看了名单，认为他们的亲信太少，挑不出他们中意的中央委员，很为恼火。王洪文批评马、徐、王“犯了路线性、战略性错误”。指示当时组织组负责人金祖敏连夜找人，匆匆忙忙物色“中央委员”。当“十大”闭幕，广播新一届中央委员名单时，这些被他们选中的当选人听了广播，还不相信自己的耳朵，感到莫名其妙，不敢相信是真的。直到有人上门贺喜，还以为是与自己重名的人。由此可见一斑。

“四人帮”经过“十大”前后的阴谋活动，为结帮篡党的黄粱梦提供了一定的条件。但是由于有周恩来、叶剑英等老一辈无产阶级革命家的斗争，由于邓小平的复出，特别经毛泽东提议，邓小平担任了党的副主席、第一副总理、军委副主席兼总参谋长，使得“四人帮”篡党夺权的阴谋更难实现了。

1974年10月要召开第四届全国人民代表大会，“四人帮”及其余党在这一时期猖狂的夺权阴谋活动，主要目的是要夺取国家的主要权力，妄图“组阁”。在这前后，他们的一切阴谋活动都是围绕夺取国务院及其各部委的领导权来进行的。为了实现他们的“组阁”的阴谋，张春桥批了一份简报给马、徐、王，要他们接受“十大”选中央委员的教训，“注意在批林批孔中涌现出来的新人物，新积极分子”。王洪文对王秀珍说：“林彪能培养出周宇驰、于新野，我们为什么不能培养一批青年干部?”他还告诉王日初，“要准备把上海的中委都调出来”，“上海还要抓紧培养一批人”。不久，金祖敏、周宏宝等一些人就先后被派送到中央有关部门。王洪文、张春桥、姚文元与王秀珍一起密谋，要上海向中央组织部、公安部、全国总工会、团中央、人民日报社、卫生部、一机部、六机部、教育部和国家计委等十几个部委送“部长”。王洪文反复强调“这个问题要抓好，否则是方向路线错误，是战略错误”。

王秀珍与马天水根据“四人帮”密谋“组阁”的黑旨意，排出了一份80多人的名单，共分三档，一档送北京的30人，准备让18人去当“部长”，12人去当司局长。还有后两档，准备到市级各组办和区县局党委去当头头，向老干部夺权。他们还调集了33人去上海外事部门“实习”，准备培养“工人大使”，夺取中央的外交大权。他们对这批人强调分配要“相对集中，调动权在市委，随时可以调动”。等待时机，时机成熟，他们就会夺过中央的外交大权。

在1975年1月召开的第四届全国人民代表大会上，“四人帮”妄图“组阁”的阴谋也以失败告终。毛泽东支持四届人大的筹备工作和人事问题由周恩来负责的意见，从根本上防止了“四人帮”夺权阴谋的得逞。

苏振华、倪志福、彭冲和上海新市委，从掌握的大量材料中清楚地看到，“四人帮”及其上海的余党篡党篡权阴谋活动最猖獗的时期就是在所谓“反击右倾翻案风”时期，特别是周恩来和毛泽东逝世前后，他们错误地认为，周恩来离开了人世，邓小平被打倒了，他们阴谋登基的黄粱梦应该实现了。当周恩来逝世的时候，“四人帮”一再压制全国人民的悼念活动，通过他们控制的舆论工具，用种种卑劣手段，制造人们“批邓反击右倾翻案风”的假象。结果事与愿违，人们反对“四人帮”、悼念周总理的活动一浪高过一浪。上海人民广场就有人贴出了“沉痛悼念周总理”、“敬爱的周恩来总理永远活在我们心里”的标语，使得马天水惊慌失措，要求大力镇压。他们更指使在上海街头刷出“坚决要求张春桥当总理”的大标语。王秀珍更跳出来召集上海市工交组负责人开会，叫嚷什么“总理死了，邓小平打下去了，我们可以提出让张春桥当总理”。而且在上海市革委编发的《情况汇报》上居然登载了“张春桥当总理我们一百个放心”。他们是多么地急不可耐。

但是，毛泽东没有把党和国家大权交给他们，却要华国锋担任国务院代总理，主持中央日常工作。这无疑是给“四人帮”及其余党当头一棒。张春桥大为不满，“四人帮”及其帮派体系阴谋篡党夺权的活动变本加厉。1976 年 2 月，在北京召开的“批邓打招呼会议”期间，马天水在京西宾馆的住处，成了“四人帮”及其在各地的党羽大搞反革命串联的黑据点。张春桥跑到那里阴阳怪气地说，你们在上海时气很大，到了北京就怎么没气了？看了你们的简报，对邓小平恨不起来。这是路线斗争，怎么恨不起来呢？邓小平的基础很大，要恨得起来，邓小平不是对你“策反”吗？为什么不讲呢？大组会不开了，在小组会上讲嘛！所谓“策反”，指的是邓小平于 1975 年夏天陪外宾去上海，从党的原则立场出发，对马天水进行了教育和挽救。王洪文却抢在邓小平到上海的前一天，给马天水打了电话，告诉他说，“邓小平要来上海，可能找你谈话，请你注意，要准备一下，你要多同他讲学习无产阶级专政理论的经验，要介绍我们的经验”。

后来，马天水交代说：“我紧跟‘四人帮’到了不能自拔的地步，对王洪文的话我心领神会，就是要我对邓小平保持警惕，要我拒绝和对抗邓小平对我的教育和挽救，由于我死心塌地投靠了‘四人帮’，知道‘四人帮’对邓小平不满，王洪文的电话对我是预防针，所以邓小平找我谈话我是有思想准备的。”

邓小平到上海，曾向马天水传达了毛泽东批判“四人帮”的指示。马天水却一句也听不进去，邓小平一走，他立即向“四人帮”告密。张春桥也给他来了密信，要他看后烧掉。“反击右倾翻案风”一开始，马天水就按照王洪文的意图，把邓小平同他谈话的内容写成专门报告，交给王洪文，作为“四人帮”向党中央发难的“重磅炸弹”。

徐景贤更是利用他们所控制的舆论工具，大造反革命舆论，大放厥词，胡说邓小平“拉二胡（指胡乔木、胡耀邦），复周礼”。大肆砍掉群众悼念周总理的文章和消息。鼓吹“老干部等于民主派，民主派等于走资派”的反动谬论。“天安门事件”后，他鼓动大家深思，说“邓小平揪出后，还有张小平、李小平，还有挂帅人物”。他下令“油印机可以24小时开动”，大印整党中央、国务院、中央军委领导的黑材料。扬言要揪出还乡团总团长和中央各部、全国各地和军队的分团长。他还利用上海的两报（《文汇报》、《解放日报》），两刊（《学习与批判》、《朝霞》），一台（上海电视台）和上海新华分社，到处派记者，搜集情况，编写发表大量篡党夺权的黑文，流毒国内外。他特别利用上海的文化阵地，加紧摄制配合“四人帮”篡党夺权的黑电影，直接插手炮制了“民主派变走资派”的反动电影《欢腾的小凉河》、揪“军内走资派”的反动电影《千秋业》。特别是毛泽东逝世前后，赶拍了庆祝他们篡党夺权“胜利”，为王洪文、张春桥和他自己树碑立传的反动电影《盛大的节日》，准备庆祝他们在全国登基。1976年9月23日至10月14日，他指使上海电台播放“永远按既定方针办”的歌曲399次，平均每天18次，直到中央通知停播，他还坚持继续播放。

王秀珍则跳得更高，她一再叫嚷，“现在大大小小的走资派还在台上”，“是右派登台，中间派观望，左派刚投入战斗”，扬言“要从上到下揪大大小小的走资派”。在一次上海市委常委会上，她拿着上海印的材料，点着叶剑英、李先念、陈云、汪东兴、许世友、苏振华、谭震林、王震、郭沫若等人的名字，逐个攻击。1976年8月，她要大家研究赫鲁晓夫是怎样依靠军队上台的。9月，毛主席病危，她在上海市委常委会上叫嚷“现在要货真价实地干了”，“要用脑袋去拚了”。毛主席逝世后，她说，“到底是我们掌权还是他们掌权，现在还不清楚”。她还利用各种场合，为“四人帮”上台大造反革命舆论。她鼓吹王洪文是“上海工人阶级的典型代表”，是“工总司”的“好司令”，现在“已不仅是上海工人阶级的领袖了”。她先后两次带着一帮“小兄弟”去王洪文上棉十七厂的办公室，“瞻仰”所谓“革命圣地”，进行所谓“传统”教育。她鼓吹说，“江青当党的副主席，我第一个拥护”。毛泽东逝世后，她立即向江青表示效忠，要江青“保重身体”“继续领导我们战斗”。

查明“四人帮”及其上海的余党，私整和散发中央和地方领导同志的黑材料，煽风点火，仅上海市总工会整理和印发的这种黑材料就有43种、25万多份，被点名的中央政治局同志和国务院副总理、人大常委会副委员长15人，中央、国务院各部门负责人20多人，省委第一书记13人。毛泽东刚一逝世，张春桥就对他妻子和女儿说：过去“主席说，有些事很不好办，也不好反对”。王洪文通过肖木给朱永嘉写信，说得更露骨：“主席去世，虽是一件坏事，但也可以一分为二”，“有些事也可能好办一些”。他们估计当时的形势说，“现在国内形势如同俄国1917年4月一样，处处需要自己的领袖”，“形势对我们有利，他们找个头也难”。于是，上海的余党一个个向江青、张春桥“劝进”、“效忠”，说什么“以战士的身份”，要“统帅保重身体”，“指挥战斗”。

在苏振华、倪志福、彭冲的直接领导下，经过充分发动群众，依靠各级党组织，把揭发和批判与专案审查结合起来，把全市性的与“四人帮”篡党夺权阴谋活动的大事都基本查清了。在整个清查工作中，苏振华十分注意政策，反复强调要“惩前毖后，治病救人”，“要扩大教育面，缩小打击面”，要团结一切可以团结的人，要严格区分和正确处理两类不同性质的矛盾。要把少数跟着“四人帮”干坏事、陷得很深的，同受了“四人帮”影响、说了错话、做了错事的严格区别开来；把正常工作关系同搞阴谋诡计的严格区别开来；把中央打招呼会议以前上当受骗、犯了错误的，同打招呼以后坚持反动立场、负隅顽抗的严格区别开来。对犯了错误的同志，包括犯了严重错误的同志，都要“从团结的愿望出发，经过批评或斗争，分清是非，在新的基础上，达到新的团结”。要允许犯错误，允许改正错误，允许革命。对犯错误的人不仅要看他们是否改正，而且要热情地帮助他们改正。只要他们决心改，我们就要欢迎。一定要防止“打横炮”、“乱点名”、“层层揪”。苏振华还亲自召集全市区县局主要领导干部和分管清查的干部开会，用他在延安“抗大”的经验和事例来说服教育大家。他强调指出，清查工作一定要做到稳准狠，只有准，才能稳；也只有准，才能狠。我们一定要相信广大干部群众是好的，真正跟“四人帮”及其余党干坏事的是极少数，搞的面太宽，不利于团结大多数、调动积极因素。但宽大无边，对极少数真正的坏人打击不狠，也不利于调动大家的积极性，也不是党的政策。因此，一定要做到宽严适度，才能保证稳准狠地打击敌人。

上海市的揭批查运动，获得了“四人帮”篡党夺权的大批罪证，其中被选入中央关于王、张、江、姚“四人帮”的三批罪证材料的有98件。

1977年后，市委部署在全市全面开展清查工作，1978年又对各单位的清查工作进行了全面验收，分析排队解决后进单位和遗留问题，并开始对受审查人员进行定性处理。在清查运动中，全市被列入清查范围的5417人，采取组织措施的1683人，其中，拘留的27人，隔离审查的36人，其余是离职审查、停职审查或不参加领导等等，“讲清楚”对象3734人。经过清查，整顿了各级领导班子，清除了那些参与“四人帮”篡党夺权阴谋活动的骨干分子。上海市委把清查的重点首先放在区县局以上领导班子。到1978年底，随着揭批的深入，列为清查对象的有478人，占41%。其中采取组织措施的249人，“讲清楚”的229人。区县局以上主要负责人调整了80%，领导成员调整了60%，没有发现漏查的帮派骨干分子。对“四人帮”直接插手和他们一伙“小兄弟”发迹的基层单位多数派了工作组，开展重点清查，调整和加强了领导班子。

经过清查，处理和惩办了一批打砸抢分子。粉碎“四人帮”以来，在开展清查运动的同时，逮捕和拘留了打砸抢分子458人，其中判刑的有238人。

据在中央专案组工作的王肇远说，当时在汇编王、张、江、姚“四人帮”的罪行材料时，选用了很多上海清查工作所获得的材料。上海清查工作贯彻执行政策也是很好的。我们认为上海是清查工作最好的典型。

1977年3月，在粉碎“四人帮”后中央召开的第一次中央工作会议上，苏振华代表上海市委，把上海5个月来揭发批判“四人帮”的情况，向党中央和与会同志作了详细汇报，受到与会同志的特别关注。他们都特别想知道上海这个“四人帮”发家的地方，这个“四人帮”苦心经营了10年的基地，“四人帮”的罪行揭露得怎样，他们的余党妄图发动反革命武装叛乱是怎样被粉碎的，他们的帮派体系是怎样被摧垮的。苏振华用揭发出来的大量事实，作了详尽的回答。他的发言多次被全场热烈的掌声打断，每到精彩处，人们互相交头接耳，议论纷纷，赞叹不已！大家都为揭批查的运动既有声势、又扎扎实实而高兴，纷纷表示要学习上海的经验，把自己领导的部门、地区的运动搞好。中央主要领导同志也赞扬说：中央原来估计，上海可能要出大乱子，但是，我们派了几个人去，把那里的领导权夺过来了，结果大乱子没出，中乱子也没出，小乱子也没出，这说明粉碎“四人帮”是符合人心、党心、党员之心的。

审判“四人帮”时，上海向法庭提供的证据达174件。主持审判“四人帮”工作的彭真曾对严佑民说：上海的清查最彻底，审判“四人帮”时，上海提供的材料占三分之一。没有上海的清查，对“四人帮”的审判就无法进行。

1981年7月13日，中纪委“两案”办公室负责人在全国各省市座谈会上的总结性讲话中说：全国各省市的揭批查运动，大体有三种情况。揭批查搞得较好，比较健康，政策掌握比较稳，处理的人不是太多，定性也不算太高，至今申诉人不多，在运动中按政策办事，以理服人，没有违反政策的现象，如上海，虽也有漏的，有不足之处，就补课，如成立干部考核办公室，采取考核干部的办法来补不足。这种办法值得推广。

陈云在上海，曾经要彭冲向浙江介绍上海清查工作的经验。彭冲同志说：我怎么能去自卖自夸呢？陈云说：没有关系，你说是我要你去说的，这是为了党的事业少受损失嘛！林乎加任天津市委书记时，邓小平曾去视察，当林乎加汇报完天津的清查工作后，邓小平满意地点头，赞扬天津的清查工作搞得好。林乎加说：我是按上海的办法做的。

立得正确，“五湖四海”选用干部

早在“文化大革命”初期，张春桥就鼓吹“无产阶级文化大革命是改朝换代”，胡说我们的国家机器是“旧机器”，我们的干部是“旧人员”，叫嚣“要彻底砸烂旧机器”，“彻底改善无产阶级专政”，煽动打倒一切，挑起全面内战。还说什么“有些人问题不大，文化大革命把这些人搞下去，是个好机会”。张春桥、姚文元还提出要取消党的谬论。张春桥说，“党究竟还要不要？是不是可以用群众组织来代替？”以“造反联络总站取代市委”，“造反队就是党支部，队委就是支委，不要原来那个党支部了，让造反派来起党支部的作用”。张春桥对朱永嘉说，造反派“都把我当老头子看，只要我说一句话，他们就算数，我说一是一，说二是二”。

长期以来，“四人帮”及其在上海的余党，结帮篡党，竭力培植和发展帮派势力，掌握党政大权，称王称霸。他们大搞“双突”，不管是什么人，只要是他们熟悉的，对他们有“感情”的，跟着他们搞阴谋诡计的，就可以入党、可以做官。在他们控制的纺织机械公司，规定“发展党员两人中，一定要有一个老造反”，“不搭配老造反，党委就不批”。他们经常以办学习班为名，培养对他们的所谓“感情”。用他们自己的话说，要“和当年蒋介石办庐山军官训练团一样，用我们的观点去培养自己的骨干”，“再去影响别人，还可以影响下一代人”。他们一伙人，只有“帮”的观念，没有党的观念；只承认“帮”中央，不承认党中央。他们经常叫喊的口头禅就是，“为上海在中央的领导争气、争光”。

粉碎“四人帮”时有一首题为“‘四人帮’招兵站”的政治讽刺诗，是这样概括他们结帮篡党的：

新天朝君臣们要登台，
招兵站的牌子打出来。
扒手——来！
骗子——来！
文痞，强盗，黑老开，
叛徒，工贼……快快快！

野心就是“德”，
反动就是“才”；
别处不欢迎，
这里吃得开！

求官无需进身价，
只要肯把人格论斤卖，
一张白卷一封效忠信，
一个马屁……多痛快！

只要死心塌地为咱们打天下，
保证一律不亏待——
非党员何妨当书记，
“奇才”还请你入“阁”来！

啊，眼看这朝代就要改，
机会错过可不再来！
“开国”有功要封侯，
入股晚了就难安排！
——来呀，快快快！

“四人帮”及其在上海的余党，把市总工会变成了“帮会”，凌驾于党委之上，以帮派利益高于一切，对帮内的问题互相包庇，对革命干部和革命群众实行法西斯专政。张春桥、姚文元一再说过他们“要独裁”、“要杀人”。王洪文甚至叫嚷“现在上海是我们的天下”，“在上海找一百条狗困难，捉一万个、十万个反革命容易”。

上海大批干部和群众受到“四人帮”的残酷迫害，是非完全颠倒了。上海市公安局一些同志因工作关系接触了江青30年代的历史材料，被视为敌我矛盾，被抓起来的干警竟达1700多人，被整死和自杀的就有66人。上海音乐学院部分师生，由于揭发了江青和张春桥30年代的丑恶历史，揭发了于会泳等人的政治历史问题，就被张春桥指责为“炮打无产阶级司令部的大本营”，全院700多人，受审查的有110多人，被逼死、逼疯的25人。

“四人帮”在上海苦心经营了10年之久，当中央工作组进入上海时，从市组办、区县局一直到基层，很多要害部门还都被他们控制着，领导权还掌握在他们手里。十年浩劫，颠倒了黑白，混淆了是非，搞乱了思想，造成了数以千计的历史难题和遗留问题。无论是清理组织，搞清队伍，还是端正思想，落实政策，或是恢复生产，保证供应，亦或是确保治安，稳定社会，都是百废待兴，百端待举。不论哪方面都是问题成堆，与全国各地比较，当时上海的工作量最大，情况更复杂。而且，中央和全国人民都看着上海，对上海寄予厚望，希望上海作出成绩，取得经验。

苏振华、倪志福、彭冲经过反复思考、反复研究，这个工作究竟怎么做，靠谁来做呢？中央工作组吗？总的说人员有限，而且大部分人是不可能长期留在上海的，他们的结论是：只有依靠上海的工农群众、上海的知识分子、上海的广大干部，特别是受“四人帮”长期打击迫害的老干部。把他们尽快地解放出来，把党的政策交给他们，依靠他们运用党的政策、执行党的政策，才能更快地弄清是非，团结广大干部和群众，把上海治理好。他们一到上海就抓紧做解放干部的工作。

苏振华、倪志福、彭冲在筹建新市委时，先找到被“四人帮”打倒的王一平、韩哲一等人，听取他们的意见，请他们一起清查“四人帮”的罪行，一起治理上海。

1976年12月7日至10日，苏振华、倪志福、彭冲还召集先期到达上海了解情况和来上海帮助工作的中央各部委和中央工作组在各条战线的负责人开会，听取他们汇报情况，征询他们对搞好运动、开展工作的意见和建议。这个会议认为，绝大多数单位在传达贯彻区县局党员负责干部会议精神后，正进一步发动群众，深入揭批“四人帮”及马、徐、王篡党夺权的罪行。基本上解决了少数人搞跨行业串联，挑动资产阶级派性，“打横炮”、“层层揪”等问题，运动逐步走上了轨道，但发展还不平衡。据粗略统计，运动搞得好的单位占30%，处于中间状态的约

50%～60%，问题较多的单位约10%～20%。

1976年12月，苏振华、倪志福、彭冲还亲自考察了市组办，区县局的103个领导班子，分析排队。认为这103个领导班子大体可分为三类：第一类，领导班子比较好，立场坚定，旗帜鲜明，群众信任，领导运动比较主动，革命和生产形势都比较好的有31个，约占30%。第二类，领导班子有些问题，主要领导成员有错误，或虽无错误但领导能力弱，班子不够整齐，目前领导运动和工作有些被动，有的比较困难的有44个，约占43%。苏振华认为，这类班子中有相当一部分，在运动中经过领导和群众的帮助，振奋革命精神，会逐步上升为第一类。有一部分领导班子的主要领导成员，说过错话，做过错事，经过帮助，在揭批"四人帮"和马、徐、王的斗争中，把自己摆进去，认真进行自我批评，取得群众谅解，仍可留在班子中，经过必要的调整和充实，能够逐步把运动和生产领导起来。第三类，领导班子问题严重，有的长期被"四人帮"控制，基本烂掉了，如总工会、妇联、民兵指挥部、组织组、写作组、轻工局、纺织局、一机局等，不立即改组已不能领导当前的运动和工作的有28个，约占27%，这个比例比基层要大。目前，除两个区、一个县以外，都已派有工作组在那里参加领导，帮助工作，其中工交组、财贸组、轻工局、纺织局、一机局和徐汇区，已从组织上作了调整，情况有所改变。苏振华、倪志福、彭冲研究决定要彻底改组这类班子。

经过这样对市组办、区县局领导班子的摸底排队，苏振华、倪志福、彭冲对清查和复查、解放干部的工作心中就比较有数了，决定让这些单位被"四人帮"打倒、靠边的老同志，先参加这些单位的领导班子帮助工作，依靠他们推动、做好清查工作和业务工作，也在运动和工作中考察了解他们，准备委以重任。

苏振华在解决领导班子和解放干部问题上，始终坚持中央对他们提出的"要破得彻底，立得正确"的方针，采取积极而又慎重的态度，对以上三类班子，都强调要在运动和工作中检验，在实际斗争中考察、识别干部。根据毛泽东关于“三要三不要”的原则、接班人五个条件和老中青三结合以及五湖四海的原则来建设领导班子。为了保持社会稳定，对领导班子当时能不动的先不动，必须个别调整的下决心先调整，对老干部已在帮助工作的，把运动和工作都抓起来了，得到群众拥护的，看准了的就正式任命。苏振华估计调整领导班子，解放干部，大体需要一年左右时间才能完成。

苏振华、倪志福、彭冲在通盘考虑了上海解放干部和群众的情况后，相应地采取了一些有力的步骤。在他们正式进驻上海的第五天，即1976年11月1日，苏振华亲自主持，在上海文化广场召开了10万民兵大会，声讨“四人帮”及其在上海的余党篡党夺权、阴谋发动反革命武装叛乱罪行大会，会后举行了声势浩大的游行。通过这个大会，把上海几十万民兵与“四人帮”余党发动反革命武装叛乱的罪行分别开来，把广大工农群众参加民兵组织，保卫上海城乡与“四人帮”组织“第二武装”，妄图篡党夺权的阴谋分别开来，把广大民兵群众维护社会治安与“四人帮”及其余党利用民兵控制、破坏上海，制造混乱分别开来，大长了广大民兵的志气，鼓舞了他们的斗志，使他们轻装上阵，积极揭发批判“四人帮”。

在这个大会上，苏振华宣布彻底改组民兵指挥部，把民兵指挥部纳入新市委领导下，由市委书记、上海警备区司令员周纯麟负责分管，民兵的日常工作由上海警备区负责。这样，广大民兵欢欣鼓舞，一些曾被“四人帮”及其余党蒙蔽利用的人也打消了顾虑，放下了思想包袱，积极投入揭批“四人帮”搞“第二武装”和搞反革命武装叛乱的斗争。

与此同时，整顿、改组了公安机关，加强了无产阶级专政。

1977年春节期间，苏振华、倪志福、彭冲还亲自主持召开了各条战线先进工作者、先进生产者、劳动模范代表大型座谈会和科技、教育、文艺、社会科学战线知名人士代表大型座谈会。

出席劳动模范代表座谈会的代表共有 275 人，其中工交系统的 115 名，基建系统的 21 名，郊区系统的 24 名，地区系统的 26 名，财贸系统的 10 名，文教系统的 53 名，科技系统的 10 名，公安系统的 11 名，其他的 5 名。在这些劳模代表中有不断作出新成绩的老劳模、老先进 195 名，占 71%，以后涌现出来的 80 名，占 29%。其中仍战斗在生产、业务第一线的有 233 名，占 89%。这些劳模中的共产党员有 230 名，占 83%，妇女 84 名，占 31%。这个座谈会，是“文化大革命”以来对劳动模范的重新肯定，特别是对知识分子出身的劳动模范、先进工作者的重新肯定。这在当时具有重要意义，而过去一直否定他们是劳动人民的一部分，伤害了他们的积极性。

出席科技、教育、文艺、社会科学战线大型座谈会的知名人士有巴金、周谷城、于伶、郭绍虞、孔罗荪、芦芒、沈浮、孙瑜、柯灵、赵丹、秦怡、白杨、黄佐临、袁雪芬、丁是娥、杜宣、俞振飞、徐玉兰、金彩凤、华文漪、李炳淑、王个簃、沈柔坚、张乐平、杨可杨、唐云、丁善德、王云阶、孟波、周小燕、黄贻钧、闵惠芬、李名强、余红仙、冯契、徐盼秋、李佐长、漆琪生、谭其骧、蔡尚思、刘佛年、巢峰、陈中伟，等等。

这些劳动模范、知名人士，长期受“四人帮”打击迫害。否定他们就是否定他们的智慧，否定他们的创造，否定他们对国家民族的伟大贡献。请他们出席座谈会，市委主要领导人和他们促膝谈心，一吐 10 多年来压在心头的郁闷，大快人心！很多人把市委为他们准备的一盒盒午餐点心，带回去和全家人一起分享这份党重新对他们的肯定、关怀之情。座谈会结束时，他们久久不愿离开。苏振华、倪志福、彭冲站在门口，同他们一一握手送别。

这两个大型座谈会的召开，这些劳动模范、知名人士在政治舞台上的重新出现，在全市产生了重大影响。会后，他们爆发出极大的工作激情，在自己的工作岗位上作出了突出的贡献。很多文艺界的知名人士，在春节文艺晚会上就献出了鞭挞“四人帮”的佳作。

苏振华、倪志福、彭冲深入市组办、区县局和重点企业，进行了大量的调查研究，查阅了大量资料和档案材料，与具体负责复查工作的同志共同研究，结合揭批查运动和工作中的考察，对在十年动乱期间被“四人帮”打击迫害审查处理的干部和他们的现实表现，有了全面基本的了解，加快了复查工作的步伐。

十年动乱期间，在上海受“四人帮”打击迫害和处理的干部共有10.6264万人，其中局级以上干部950人，处级干部4023人，知识分子1635人，处级以下干部9.9656万人。到1978年底，全市已复查干部9.1917万人，占应复查干部总数的86.5%。其中：局级以上干部复查了624人，占65.7%；处级干部复查了3329人，占82.7%；知识分子1497人，占91.5%。

仅用了一年多时间就取得了如此巨大的成绩，进度是很快、很好的。

苏振华认为，复查干部不是最终目的，复查是要解放干部，让他们得到妥善安置，在重要的岗位上，发挥作用，保证中央对上海领导班子“要破得彻底，立得正确”方针的切实落实，以便把上海治理好。就像建设一座大厦，各种材料都选好了，不放在应有的地方，大厦还是建不起来，材料也发挥不了作用。苏振华、倪志福、彭冲对在运动和工作中经过考察，确实很好的老干部，边复查，边分配工作。其他大批干部经过复查也都作了妥善安排。据统计，十年动乱之前，全市共有局级干部1054人（包括华东局136人），其中已死亡160人，离休、调出的99人，尚有795人。这当中在“四人帮”时曾结合参加工作的，粉碎“四人帮”后又继续留任的116人；因属清查对象或病休等原因没有分配工作的共有45人。粉碎“四人帮”后，应安排使用的局级以上干部有643人，其中在1978年底以前，已安排工作471人，占应安排工作干部总数的74.3%。这样，在苏振华、倪志福辞去上海市委职务前，局级以上干部该安排工作的已基本上作了安排。

苏振华从1976年10月20日受命进驻上海，10月26日，中央正式任命他担任中共上海市委第一书记、市革委会主任，到1979年1月辞去上海市的职务，前后仅2年零3个月时间，但给人留下了深深的记忆。

苏振华在上海工作期间，虽然日夜操劳，带病坚持工作，但他工作得很顺心，很开心，也很舒心。他常说：中央工作组和上海市这个领导班子是他半个多世纪的革命生涯中互相配合得最好、发挥集体智慧最得心应手的领导班子之一。

开放引进，加快建设造福一方

“四人帮”被打倒了，“四人帮”的残余却还存在，他们继续与人民和党中央对抗，制造混乱，动摇民心，破坏生产，妄图使整个上海瘫痪。

十年动乱，“四人帮”把人们的思想搞乱了，干扰破坏了正常的经济规律。他们鼓吹“宁要社会主义的草，不要资本主义的苗”，“只要革命搞好了，生产下降也可以，群众生活再苦也没关系”。他们自己不懂生产、不搞生产，还要扣帽子、打棍子，反对别人搞生产，把国民经济拖到了崩溃的边缘。要把这些搞乱的思想纠正过来，非常困难，加上他们新的破坏，更增加了搞好经济、生产工作的阻力和难度。

1976年的11月、12月，上海市场上适应广大人民消费需要的“飞马牌”、“海鸥牌”香烟突然脱销。问题出在烟糖公司的一个头头身上，此人是王洪文安插的亲信“五虎将”之一，他利用权力阻止香烟上市，反以“我指挥不动”为借口，消极对抗，给中央工作组一点颜色看看。

有几天，上海市场上还突然刮起了抢购毛巾和火柴风，有人一次买走几十条毛巾、几十包火柴。商业部门有人建议限量供应。苏振华、倪志福、彭冲分析发生的情况，彭冲说："不上这个当，毛巾、火柴不能当饭吃，顶一阵就过去了。"他们决定，从库存中紧急调拨，充分供应市场。果然，顶了几天，抢购风就销声匿迹了。

供应是一个方面，更重要的是由于"四人帮"破坏生产，上海的财政收入已连续三年没有完成计划。煤、电和运输都很紧张。当时，上海的煤的储存量只够 3 天的供应。没有煤，电的供应就不能保障，工厂就得停产。

苏振华一向重视生产、经济工作。中央工作组的领导人不少都是经济建设的专家，如彭冲对抓生产、搞建设很有经验；林乎加是国家计委副主任，对全国生产情况了如指掌；韩哲一"文化大革命"前在上海、华东局工作时一直抓经济建设，对解决上海的煤、电供应和运输问题积累了丰富经验。他们经过商量，一方面动员工人节约挖潜，另一方面请就近省市支援，请求中央调拨，更加强煤、电、运输的管理。苏振华直接给中央打电话告急，中央指示把运往其他省市途经上海的煤先留下，保证上海用煤，解决"燃眉之急"。

苏振华和中央工作组，发挥上海市委集体智慧，抓好生产，同时还抓各级生产工作的指挥班子，从市委、各组办、区县局直到基层，都有两套班子，一套抓运动，一套抓生产工作，出现问题先由各级班子自行研究解决。解决不了，逐级上报，逐级负责，逐级解决。在领导生产建设中又考核了各级领导班子和各级领导干部，为调整班子、考核干部提供了依据。

苏振华还特别重视上海的军工生产。他曾请国务院负责军工生产的邹家华来上海一起调查了解上海的造船工业、飞机制造业、兵器工业、导弹的研制生产状况。上海的工业基础好，是军工生产的重要基地，过去由于"四人帮"的干扰、破坏，使军工生产受到极大的影响，特别是舰船的生产、维修、零配件的补给，都不能保证及时供应部队，有的舰船维修，一进厂就得几年。有的海军战士的服役期，都在船厂白白浪费了。经过调查研究，摸清了情况，提出了措施，使问题得到解决。为恢复和促进军工生产，组织野战炮、海岸炮和舰炮等武器的试射验收，集中展示各种型号的导弹和与部队装备配套的仪器，请叶剑英元帅检查、视察。叶帅视察后非常满意地说：苏振华在上海把军工生产狠促了一下，解决了不少问题，对部队装备建设起到了很好的作用。

在“四人帮”横行的年代，上海工业生产每年递增速度从1970年的14.8%下降到1976年的3%。钢产量从1974年以来，年年完不成计划，年产400万吨都很吃力。郊区粮食亩产量，从1966年到1970年，平均每年递增速度为2.7%，从1970年到1975年下降到0.4%。棉花产量已连续6年低于历史最高水平。

经过揭批“四人帮”，人民群众长期被压抑的建设社会主义积极性迸发出来了。工人说：砸烂“四人帮”，浑身有力量，挺起腰板干革命，理直气壮抓生产。农民说：打倒“四人帮”，解了心头恨，心舒了，气顺了，大干社会主义劲头更足了。到1976年底，在煤、电、运输供应十分紧张的情况下，上海工业生产一反过去完不成任务的状况，10月份完成36.9亿元，11月份完成37.2亿元，12月达到39.69亿元。市场供应基本稳定，保证1977年粉碎“四人帮”后的第一个春节，上海人民生活必需品的供应还略优于往年，大家高高兴兴地过了个春节。

胡耀邦在延安“抗大”时与苏振华在一起工作，一个是大队长，一个是大队政委，同被毛泽东称誉为“工农干部知识化的典型”。他曾对苏振华的儿子苏承德说：你爸爸在上海有两大贡献，一是凭借他的领导才能，从“四人帮”及其余党手中把权夺过来了，打开了局面，稳定了局势，这是很了不起的。上海是“四人帮”经营十年之久的老巢，“四人帮”的势力盘根错节，搞不好就要出大乱子。二是他有治理地方工作的经验，紧紧抓住生产建设和经济工作，生产不仅没有遭到破坏，而且很快得到恢复，保证了上海人民生活的需求和全国人民对上海的物质要求。不然，你说粉碎“四人帮”形势大好，人民要买什么没有什么，人心就难以稳定。

苏振华对上海工农业生产和经济建设，没有停留在恢复生产和完成任务上，他领导上海市委和区县局领导干部研究了如何充分利用和积极发挥上海这个工业基地的作用，抢时间，争速度，挑重担，为国家多做贡献。当时，初步设想近期主攻方向是要加速钢铁工业的技术改造，发展石油的综合利用，迅速扩大电子技术的应用，积极承包国家重点建设项目的机械设备，大力增产轻纺市场产品和出口产品，坚决完成国家规划的军工尖端产品，支援国防建设。他朝思暮想，要把上海的现代化建设提高到一个新的水平，真正做到为官一任，造福一方，不负党的重托。这也是倪志福、彭冲和上海市委其他几位书记和常委的共同思想。他们认为上海这个得天独厚的工业基地，在国家现代化建设中本来应该发挥更好的作用，十年浩劫中遭到林彪、“四人帮”的严重破坏，耽误了宝贵时间。现在，我们应该抢回来。

优先考虑的是发展上海钢铁工业。1977 年春节期间，苏振华看望了几家钢铁厂坚持在生产第一线的职工和领导干部。钢铁战线广大职工都想为发展上海的钢铁工业多做贡献，但有一个问题时时困扰着他们，那就是缺铁。当时上海每年缺铁 300 万吨，依靠外地调入，又受交通条件限制，并且造成能源严重浪费。苏振华、倪志福、彭冲和上海市委经过研究，设想新建 2 座容积为 2500 立方米的高炉，得到了冶金部的支持。在党中央、国务院的领导和支持下，经过对国际发展钢铁工业先进经验和大型钢铁厂的考察，决定以解决上海长期缺铁为契机，迎头赶上世界先进冶金技术水平，促进全国钢铁工业现代化的发展，决定建设一个现代化的钢铁厂。经过 1977 年、1978 年近两年的调查研究，规划方案，对外谈判，择址勘察，施工准备，到 1978 年 12 月正式动工兴建宝山钢铁厂。

1977年研究宝钢建设会议。右起：彭冲、苏振华、林乎加、李东冶（后为冶金部副部长）、严佑民。

苏振华、倪志福、彭冲和上海市委对党中央、国务院在上海建设大型现代化宝山钢铁厂的战略决策，坚决拥护，积极贯彻执行。他们一致认为，建设宝钢这样一个现代化的钢铁联合企业，对提高我国钢铁工业的生产技术水平和管理水平，对促进国民经济的发展，加快我国社会主义现代化建设，具有重要的意义。宝钢建成后，每年可给国家提供422万吨钢管钢板，可在一定程度上缓解国家钢材的紧缺状况，还可生产122万吨商品坯料，可供应其他轧钢厂扩大钢材的品种，解决其他钢厂坯料不足的矛盾；更可改变我国长期进口钢材的局面，为国家节约大量外汇。同时，用先进技术装备宝钢，加快赶上国际先进水平，给老企业的技术改造提供借鉴，从而带动我国钢铁工业整体技术水平和钢铁设备制造水平的提高。通过宝钢的建设和生产，可以培养大批具有现代化的技术和现代化管理知识的专业人才。他们认为，上海具有建设这样大型企业的管理知识的专业人才，上海具有建设这样大型现代化钢铁企业得天独厚的条件，上海有强大的工业基础，科技技术水平较高，又有一支熟悉钢铁工业的干部、技术人员和工人队伍；还有，上海靠海临江，内外水运极为方便、经济，有利于利用外国铁矿石资源和产品外销，也有利于产品就近供应上海、华东地区机电、造船、汽车等行业。

在党中央、国务院酝酿在上海建设现代化大型钢铁企业时，苏振华就与倪志福、彭冲就选址问题于1977年冬天亲自考察了乍浦、月浦和盛桥，以后又踏勘了金山、浏河，最后同意选择月浦厂址的方案。因为乍浦地处杭州湾，潮差大，风大浪高流急，需要建筑大型防浪堤，工程量大，建设周期长，而且与上海原有的几个主要钢铁厂相距较远，衔接协作不便，不如月浦、盛桥有利。月浦和盛桥场地相邻，同处长江沿岸，条件基本相同，而月浦有占地3150亩的旧机场可以利用，因而可以少占良田，少拆迁农户，更有利于建厂。

1978年1月10日，苏振华请海军东海舰队调131驱逐舰到上海，由他和倪志福、彭冲陪同国家计委、冶金部等部门的负责人，考察长江口航道，勘察宁波北仑港地形。北仑港是建设宝钢的配套工程，拟在这里建设一座10万吨级矿石中转码头，使满载进口铁矿石的海轮，在此转载后运至宝钢原料码头。经过实地勘察，摸清情况，便于正确决断。苏振华提请海军党委决定，拨出北仑港附近军港用地，积极支援国家经济建设，支援宝钢的兴建。

1978年1月，国务院明确宝钢工程建设的领导体制以上海市为主，冶金部参加。苏振华、倪志福、彭冲认为上海责无旁贷，应当全力以赴。决定建立宝钢工程指挥部，动员全市有关部门从人力、物力、财力上全力支援宝钢建设。1月31日，派市委常委陈锦华为团长，率领21人的考察团赴日本考察新日铁及下属君津、大分、八幡等制铁所。2月1日，中共上海市委决定建立中共上海宝山钢铁总厂工程指挥部委员会，明确指挥部在建设期间，归口于上海市基本建设委员会。3月，成立以上海市委组织部长赵正清为首的调干领导小组，各部委、局根据中共上海市委“有钱出钱，有力出力”的要求，抽调了一大批干部投入工程筹建和生产准备。当月，以市属城建局、建工局、公用局、邮电局的队伍为开路先锋，首先进入宝钢厂区，在一片农田和月浦废旧的机场上，排水、架桥，拓宽道路，抢建后勤设施。与此同时，迅速组织征地、拆迁工作。上海市对宝钢厂区征地采取“一次征地，分批使用”的政策，统一安排征地区域农民就业。5月，按国家建委规定，冶金部调集勘察、设计和冶金建设队伍源源开赴工地。在宝钢的材料供应和资金渠道还不畅通之前，上海市有关单位垫材料、垫资金，“先上马，后算账”，抢“三通一平”（通电、通水、通路、场地平整），抢建施工临时设施，完成艰巨的工程前期工作，为大规模机械化施工创造条件，使宝钢整体工程能够在当年12月动工。尽管如此，宝钢仍存在上马仓促，前期工作不够充分，要求过急，导致后来计划变动的不足。但是，不管怎样，正如邓小平同志说的：“历史将证明，建设‘宝钢’是正确的。”现在宝山钢铁厂已是新中国成立以来，建设规模最大的钢铁联合企业。二期工程也已于1991年6月建成投产。已形成年产650万吨铁、671万吨钢、50万吨无缝钢管、210万吨冷轧带钢、400万吨热轧带钢的生产规模，在国民经济中发挥着重要的作用。

彭冲深情地说：“建设新中国这个最大的钢铁联合企业，在万事开头难的关键时刻，苏振华以他在军委、海军和上海的特殊身份，对‘宝钢’建设作出了特殊贡献。”

在发展石油化学工业方面，苏振华等狠抓了金山石油化工厂的建设，当时拟分两期工程，第一期1980年前配套成龙，第二期争取1985年建成投产，拟新建28套化工装置，包括增加250万吨炼油装置、150万吨加氢裂化装置等，相应增加生产合成纤维24万吨、合成塑料15万吨、合成橡胶12万吨、有机化工原料77万吨，还可以提供48万吨的化肥原料。

在发展电子工业方面，苏振华等狠抓电子计算机的发展，以形成计算机的完整系列，为各个领域广泛运用电子计算机创造了条件。

在农田水利方面，苏振华等从1977年冬，就开始了以治水改土为中心同城市建设相结合的农田水利基本建设，开挖了大治河、太白河等水利工程，对上海500多万亩农田的稳产高产起了积极作用。他们还注意抓了副食品基地建设，为使上海的蔬菜、鱼类、家禽、鲜蛋、猪肉逐步做到自给或基本自给、大部自给创造了条件。

苏振华在上海工作时间虽然短暂，但留下了值得赞扬的历史性的功绩。

将“四人帮”押解秦城实录①

□武健华

自1976年10月6日晚8时以后，到1977年4月10日凌晨，江青、张春桥、王洪文、姚文元一直被隔离于由8341部队管辖的同一工程的不同区段。这是一项设施完善、防范严密的地下工程。

在整个隔离期间，按战备要求，采取了地下、地上严密结合的安全警戒措施

加强值班。由8341部队副参谋长、工程管理中队教导员等，昼夜在总值班室值班；工程管理中队在每个隔离点增设四名室外警戒哨；从

武健华在中南海。

① 原载《世纪》2002年第2期。

机关、部队先后选调人员参加隔离江、张、王、姚的室内坐班。严格出入制度，减少进出人员，定制了特别通行证件，哨兵按证件和指定的名单放行。对部队加强管理教育，强化纪律，严守机密。增添了通讯设施，确保指挥中心与各隔离点、执勤点、后勤保障之间的联络畅通、指挥迅捷。每天定时通风、进行空气过滤、紫外线消毒、喷洒清扫通道，保持地下空气新鲜，湿度、温度适宜。

“四人帮”进入隔离点初期，表现焦灼不安，饮食无常，不服管教，无端滋事，尤以江青、姚文元为甚

在江青隔离室内，有一较宽大的单人床，一张书桌，一把扶手沙发椅子，地板上铺有化纤地毯。卫生设备齐全，有立式脸盆、座式马桶、较大的浴缸。江青穿着原来的衣服，不带任何械具。生活条件是好的。但江青还不时找茬，嫌菜咸、菜硬、菜老，说屋内有风。她拒绝室内卫生自理，拒不扫地、擦桌、刷马桶。特别是对原来在她身边工作的护士马晓先，更是白眼相视，怒气满脸，甚至仍以“首长”自居对马晓先大发雷霆，且不听劝阻，不听警告。她还别有用心地说：“主席尸骨未寒，你们就对我这样。”监护人员不理她。过了几天，江青还写信给党中央告状，中央没有理睬她。

姚文元进点之初，不时地探问：“这是谁叫你们干的?”“你们是哪个部队的?”“这是什么地方?”甚至借用开饭的机会，听到汽车声响就往室外跑，想看个究竟。当监护人员阻止他时，他竟谩骂监护人员！

汪东兴提醒监护人员，要保护好“活证据”，要发挥政策威力，要按“监护规则”办事。

一个月后，“四人帮”逐步平静下来，慢慢地适应了环境，生活基本正常

当时规定他们每人每天的伙食标准略微高于机关工作人员的水平。

张春桥、王洪文、姚文元的伙食，由中南海东八所机关食堂供应；江青的伙食，由“八区”的机关食堂供应。开饭由专人管理，汽车送饭。早餐备有稀饭、馒头、牛奶、小菜，中晚餐多是一荤、一素、一汤，米饭、馒头等。水饺、面条、大饼、油条等花样经常调换。

张春桥曾有几天不吃饭，只喝一点水。问他“要绝食吗”？他说，不是绝食，有点感冒。经部队卫生员诊治，几天后恢复正常。不苟言语的张春桥对年轻的卫生员说：“小同志不简单，真把我的病给治好了。”他每天看书的时间不少，主要是看《毛选》，看得很仔细，点点画画，眉注不少，有时也翻看《列宁选集》。除看书外，每天都在室内走走转转，低头或仰首长思。有几次他往室内地漏里倒水，问他“为什么？”他说，气候干燥，地漏有臭气，用水浇湿好一点。

王洪文进点后的两个多月，每天每餐只喝一碗稀饭、吃一点小菜。问他为什么？他说吃多了肠胃不舒服。两个月后，逐渐习惯，吃饭也正常了。王洪文不看书，也不多活动，只是呆坐着。工作人员看他有时手脚不太灵便，偶尔有点幻觉反应。

姚文元一直胃口很好，能吃、能睡、能喝，有时晚饭剩下的饭菜，他自己把它留下来，午夜加热后作夜餐吃。姚文元每天都看《毛选》或《列宁选集》；时常在室内走动，弯腰甩胳膊，活动四肢。在“四人帮”中他是话最多的一个。在隔离期间，他的健康状况一直不错。

江青后期饮食一直正常。她愿吃洋葱头，喜欢吃苹果，并提出要吃点粗粮，吃点长纤维的菜。在隔离期间，她间或看点《毛选》，躺的时间比较长，有时熟睡，有时似睡非睡。每天在室内打一两次太极拳。江青同监护人员中的女同志有时也说几句，比如：“小同志你困了”，“小同志我要喝点水”。有时她也问“是不是邓小平上台了？”“是不是邓小平叫你们干的？”这些都被监护人员给顶回去了。进点后两个多月的时间，江青每天都写日记，一次开饭时，她在吃饭，把本子敞在桌子上，马晓先看到她写的：“这些人对我这个样子，连马晓先也对我很不好，她是踩着我的肩膀往上爬的。”1976 年 12 月 26 日，清晨起来，江青就坐在床上，翻开《毛选》，注视着封页上毛主席的像，长时间地沉思默想，不时掉下眼泪，有时泪流满面。江青此刻在想什么，我们不得而知。

为了配合审查，深入揭发问题，组织原身边工作人员对“四人帮”进行了面对面的批斗

1976 年 10 月 6 日后，中共中央办公厅派警卫局副局长邬吉成、处长孙凤山，把原先在“四人帮”身边工作的秘书、警卫、医生、护士、司机等同志共 30 多人，集中起来，学习中共中央关于粉碎“四人帮”的通知及相关文件，认识“四人帮”的罪行，揭发“四人帮”的问题。经过一段时间的学习，许多同志提出，要面对面地同“四人帮”开展斗争，揭发问题。经中共中央“江、张、王、姚专案组”同意，于 1977 年 2 月对“四人帮”进行了批斗。

对江青主要是揭发批判她迫害毛主席、阴谋篡党夺权及虐待身边工作人员的罪行。1976 年 9 月 7 日，江青从大寨回到北京。她来到毛主席的住处，这时毛主席刚入睡。江青不顾医生的劝阻，给主席又擦背，又活动四肢，抹爽身粉。医生主张要让主席多休息，江青却不断送一些一般的参考资料，硬要主席看。9 月 8 日，毛主席已处于垂危之中。江青一定要主席翻身。医护人员坚决反对并告诉她说：“翻身危险。”江青硬是给主席翻了身，结果主席颜面青紫、血压升高。江青见情况不妙，立即扬长而去。

江青在得意的时候，曾忘乎所以地对身边工作人员说过：“我将来要么被杀头、坐牢、不死不活地养着，要么掌权。你们要听我的话。我好了，你们也有好处；我倒霉，你们也不会有好处。”江青说这番话的目的，固然是为了笼络、控制身边工作人员；同时也赤裸裸地暴露了她篡夺党和国家最高权力的野心不死。在工作人员有根有据地揭露下，江青不得不哑口无言，眨巴着眼睛，惶恐地站立着。

同时也揭发批判了“四人帮”对周恩来总理的丧事活动，从一开始就进行破坏的罪行。1976年1月8日下午，中央政治局在人民大会堂召开会议，讨论研究周总理的丧事安排。会议中治丧办公室提出：参加治丧委员会的中央政治局委员、候补委员，不论在京的或在外地的，都要参加总理的遗体告别仪式。江青、张春桥以不满的口气问：那是不是在外地的中央委员和候补中央委员也要来呀？当治丧办公室提出：在劳动人民文化宫举行的群众吊唁活动，拟安排六万人参加、共五天时间时，江青、张春桥又说：走资派还在走，不能影响“反击右倾翻案风”，要压缩。在讨论悼词的内容时，张春桥、江青、姚文元对悼词中“坚决捍卫毛主席的无产阶级革命路线”这句重要评语，极力反对，不同意写进去。张春桥还别有用心地说：“最后那个部分（指悼词中号召向周总理学习的部分）笼统地、简单地说几句就行了，不要展开写。”

在讨论由谁来致悼词的时候，江青极力反对由邓小平致悼词。她说：“现在全国都在反击右倾翻案风，邓小平致悼词不合适。”王洪文说：“还是请叶帅来吧！”叶剑英说：“由小平同志致悼词比我更合适。他是党中央的副主席，中央军委副主席，又是国务院第一副总理。他一直在主持中央的日常工作，应该由他来致悼词。”政治局其他同志都表示同意叶帅的意见，江青等人没有办法，只好作罢。

会后，列席会议负责悼词起草的李鑫、周启才问汪东兴：“悼词中被删去的那句话怎么办？我们的意见还是加上，而且还应该再展开写得更具体实在些。”汪东兴对他们说：“中央政治局已决定悼词由邓小平同志致，小平同志主持中央日常工作，你们可带着修改后的清样直接到小平同志家里去请示，并说明我们的意见还是加上去为好。”李鑫、周启才带着修改好的清样直接到邓小平家里，报告并表达了他们的建议。邓小平把清样又看了一遍，毅然在稿子上亲手加上了“坚决捍卫毛主席的无产阶级革命路线”这句重要的评语，并在清样上写了“送请毛主席审批”。毛主席于1月14日下午圈阅同意。挫败了“四人帮”企图贬低周总理的阴谋。

此外，还对“四人帮”篡改毛主席“照过去方针办”的指示，加紧制造篡党夺权的舆论，擅自开设“中央办公厅值班室”以及阴谋策动叛乱等罪行，进行了面对面的批斗。从而威慑了敌人，鼓舞了士气，大大提高身边工作人员对“四人帮”这个反革命阴谋集团的认识。

在整个隔离期间，对“四人帮”的言行表现，每天每人有一份简报，直接报送党中央，中央领导同志核阅后，送“江、张、王、姚专案组”办公室阅存。其中有些材料对深入审查“四人帮”的问题，提供了一些线索和情况。

随着案件的进展，大量确凿事实证明，“四人帮”是一个阴谋篡夺党和国家最高权力的反革命集团。党中央决定将“四人帮”移交国家司法机关惩办。8341部队夜奔秦城，将“四人帮”交由公安部秦城监狱关押

1977年4月7日晚，汪东兴约请公安部部长赵苍璧、副部长于桑，北京卫戍区第一政委吴德、司令员吴忠和8341部队政委武健华，在人民大会堂新疆厅召开了交接工作的准备会议。汪东兴交代了任务，要公安部做好接管的各项准备工作，8341部队要完成好押送任务，北京卫戍区作必要时的接应。特别强调行动要保密，各个环节要协调，要切实做到确保安全，万无一失。

为了安全顺利地完成押送任务，8341部队从人员、武器、车辆、道路勘察等方面，一一作了相应安排。

秦城位于北京西北郊昌平县境内，距中南海75公里，汽车中速单向行驶，需1小时10分钟。出城后，沿路两侧大部是开阔地，秦城附近，有起伏的丘陵，桥梁、涵洞不多，有利于夜间行车。

为缩小知密范围，押解人员没有重新组织，只是把原来各行动小组的人员集中起来，统一指挥调度。武器弹药齐备，除短枪外，还配有速射武器冲锋枪、轻机枪及手榴弹等。备有三辆红旗轿车，其中一辆是防弹保险车，采取精干隐蔽、深夜突然行动的方案。对“四人帮”分批逐个地押送。

1977年4月9日零点开始行动。第一个被押送的是王洪文，他被铐着，押上防弹车，坐在后排当中。左右仍是原来擒拿他的霍际龙、吴兴禄，二排坐着两位手持冲锋枪的队员，组长李广银坐在司机旁。防弹车的前后，各有一辆警备车，坐满全副武装处于临战状态的行动队员。车辆出中南海东门至德胜门方向，经沙河镇拐弯直奔秦城，一路畅行无阻。9日1时10分到达秦城。交接双方，办理手续，移交随身携带的杂物。王洪文被狱方带进一间宽敞明亮、有抽水马桶的牢房，并立即换上犯人穿的号衣，开始他的铁窗生活。

9日3时，车已回到中南海。第二个被押送的是张春桥。同王洪文一样，他被铐住两手，押进保险红旗车，在前后警备车的警戒下，沿着预定路线，于9日4时许，移交给狱方。张春桥依然一言不发，板着一副阴沉僵硬的面孔，被押进牢房。

1977年4月10日零点，开始了第二天的行动。第三个被押送的是江青。组长高云江、队员黄介元在临上车之前，拿着手铐跟江青讲：“今天要换个地方，带上这个吧！”她没有吭声，缓缓地走进洗手间，上完厕所后，站在镜子前面梳头。江青的头发就是在那时还是油光黑亮的。出洗手间，她顺从地戴上手铐。她原来的女护士马晓先坐在二排副座上。另一监护她的女同志陈世冠坐在前车上，她负责江青的衣服杂物的登记管理。江青一路无话。到了秦城下车时，周围站了不少监狱的工作人员，有的是来工作，也有一些人是专门来看热闹的。江青伸出两只铐着的手，抬着头，脚步挺快，不时向两边张望。两名女狱警，带着她进了牢房，换了号衣。马晓先、陈世冠向监狱长和女狱警介绍了江青饮食、睡眠及近期的情绪，并交接了衣物。关押江青的牢房与“四人帮”

1977年4月12日，中央领导人在人民大会堂接见武健华等人。左起：武健华、叶剑英、华国锋、李先念、汪东兴。

其他人所在的牢房一样，房间较大，通风、采光、卫生设备都比较好，是秦城监狱中一流的牢房。

10日凌晨3时，姚文元是最后一个被押送的。在执行过程中，他无异常反应，比较顺从。

至此，在8341部队隔离监护187天的“四人帮”，于1977年4月10日5时前，已全部移交秦城监狱关押，胜利地完成党中央交办的这一重大政治任务。

中央领导同志接见，合影留念，便宴款待，华国锋、叶剑英勉励8341部队

1977年4月12日下午5时，中央政治局在京的全体同志，在人民大会堂北大厅，与8341部队执行粉碎“四人帮”任务的全体同志合影，事后每人都保存了一张精放清晰的照片。

当晚6时许，政治局全体同志在人民大会堂东大厅举行便宴，与执行任务的同志们一起，庆贺粉碎“四人帮”斗争取得的重大胜利。时任党中央主席的华国锋、副主席叶剑英在主席台就座。席间祝酒时，华国锋同志说：“你们辛苦了，谢谢同志们。”叶帅也勉励大家说：“你们为党做了一件大好事，党和人民是不会忘记你们的!”武健华代表 8341 部队，感谢党中央的关怀和鼓励。出席便宴的还有耿飚，北京卫戍区司令员吴忠、政委杨俊生、副司令员邱巍高。

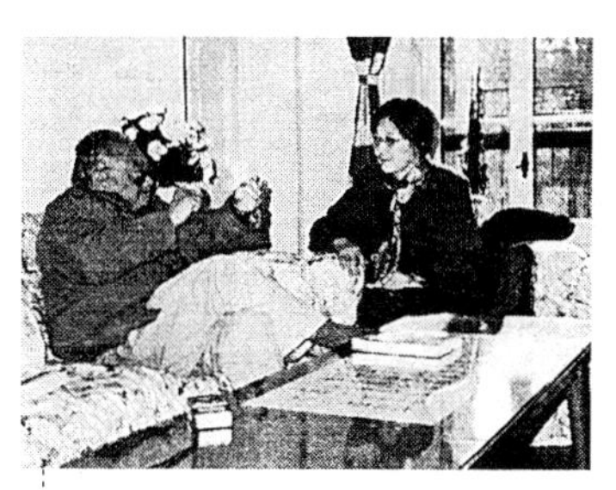

1999年12月李海文（右）采访凌云。

李海文，1943年12月9日生，山西临猗人。1968年毕业于北京大学国际政治系。到黑龙江省部队农场劳动锻炼后任中学老师5年。1978年到中央党校党史教研室工作，1979年到中央文献研究室周恩来研究组工作，任副组长、研究员、《周恩来年谱》（上）副主编。1998年到中央党史研究室工作，任《中共党史研究》副主编、《中共党史资料》主编，获得国务院特殊津贴。现任《百年潮》副主编。主编《中国工农红军长征亲历记》、《周恩来家世》、《周恩来之路——100个真实的故事》、《彭真市长》，合著《在历史巨人身边——师哲回忆录》、《世纪对话——忆法制奠定人彭真》等十余本书，撰写《审理两案的历史过程和经验》等三十余篇论文。

刘荣刚，1970年生，山东聊城人。1997年毕业于北京大学政治学与行政管理系，硕士学位。在中央党史研究室《中共党史资料》编辑部工作，现任《中共党史资料》副主编。

作者简介

审理林彪、“四人帮”两案[1]

——访凌云[2]

□李海文　刘荣刚

记者：审判林彪、“四人帮”反革命集团是80年代初期我国政治生活中的一件大事。您作为两案审判办公室的负责人，首先给我们介绍一下当时审判机构的情况吧！

凌云：林彪、“四人帮”原来是由中纪委进行审查，胡耀邦、王鹤寿、黄克诚他们抓。但审判要按照法律，依法审判。1980年2月中央决定成立两案审判委员会。2月中旬，胡耀邦在中南海勤政殿主持召开书记处会议，讨论成立两案审判委员会，决定由彭真出来负责，成员包括彭真、彭冲、江华、黄火青、伍修权、赵苍璧、王鹤寿7人。那次会议，除赵苍璧因出国没到外，其他成员都参加了。审判委员会下设审判工作小组。确定有两个召集人，一个是中央政法委秘书长刘复之，一个是我，我当时是公安部副部长。在审判工作进行中又增加了江苏省公安政法负责人洪沛霖。工作小组下有办公室，我兼主任。办公室下设若干组，有调查组、材料组，后来又成立一个起诉书起草组。

记者：班子成立了，你们首先做了哪些工作？

凌云：审判两案，第一步是预审。这是一个司法程序。按照彭真的设想，审判两案，要按照司法程序办，公安部预审，检察院起诉，法院

---

① 原载《中华儿女》1999年第2期，本次发表做了增补。

② 凌云，1917年生，浙江嘉兴人。1938年加入中国共产党，同年参加新四军，曾任山西牺盟会总会宣传部干事。1939年到延安，任中共中央直属机关党委组织干事，中共中央社会部科长，山东潍坊市公安局副局长，济南特别市公安局副局长、局长。新中国成立后历任济南市公安局局长，公安局一局局长、副局长、党组副书记，国家安全部部长、党组书记。

审判。

这就要组织一帮人，要由各地区调一批人，最先从公安战线调预审人员。彭真注意的第一件事情是，预审组组长调谁。有些是彭真亲自提名，有些是刘复之和我商量提出、彭真批准。江苏的洪沛霖、浙江的王芳是彭真提的。预审调了不少人，包括搞材料、后勤人员，大概有四五百人。

调来的人在什么地方住，这是一大问题。彭真问我，住在哪里？我参与过修秦城监狱，也被抓进住过7年。现在那里空着，只关有“四人帮”几个人，我说可以住在那里。彭真同意了。于是这些同志住进了秦城监狱的牢房里，一人一间，楼房和住室的门都是畅通的。秦城监狱有些便利的条件，每室有洗漱间、抽水便桶，再放一张桌子一张床，既可住又可办公。而且离城100多里，好保密。最后彭真说我们保密工作搞得不错。

记者：在秦城办公，您住在哪里？

凌云：在秦城，我和外地调来的六七位预审组组长如洪沛霖、王芳，都住在院内的一所平房里。

记者：您谈谈秦城的情况吧！

凌云：50年代，先是罗瑞卿部长叫我去挑地址，说是毛主席要公安部搞个监狱。预审处长姚伦挑了土城附近的一个地方，罗瑞卿说太近，要在百里以外。好像是一个冬天，徐子荣牵头，杨奇清和我参加，又到西北郊去勘察，找到了秦城。

修秦城监狱是徐子荣管，交给北京市公安局的冯基平来建。修了四栋楼房，曾将国民党的战犯集中在那里。“文化大革命”中又赶修了两栋。那时我被关在秦城，听到施工的声音。

记者：您曾参与修建秦城监狱，“文化大革命”中又被关在秦城好几年。这次，您重返秦城，最大的感受是什么？

凌云：“文化大革命”前，大概是1965年，有人反映各地有些监狱执行政策和管理的情况不好，谢富治问我秦城监狱怎么样，我说是文明的监狱。1968年1月我被抓进秦城（号码是6814）后，最大的感受是：面目全非。原预审局的工作人员包括看守人员和勤杂人员全部被赶走，换的都是士兵，班、排、连长。打骂饿饭无所不为。1972年底，刘建章的夫人写信说刘在秦城没有开水喝，毛泽东批示说“法西斯审查方式是谁人规定的？应一律废除”。周恩来指示要将毛主席的批示向所有受审人员传达并听取他们的意见，又调进了一些老公安部的人，秦城监狱重新由公安部管理，情况才有所改变。

记者：两案预审是在哪里进行的？

凌云：预审“四人帮”是在秦城。黄、吴、李、邱关在总政看守所，预审也在那里，审判是在空军学院。

记者：预审期间，彭真同志经常去秦城吗？他主要做了哪些工作？作出了什么贡献？

凌云：预审期间，彭真经常去，接触办案人员，听取汇报，作指示，和我们一起吃午饭，然后才回来。他不去，就常常找我，了解情况，商量事情。有时，我从城里到秦城刚下车，彭真来电话找我，我不得不再返回城里。

彭真经常去秦城，对预审现场，他是通过闭路电视看的。

当时彭真提出，高检、高法要提前介入。一般是公安部门负责预审，完成后提请检察院审核，检察院认为应提起控诉，再移送法院，这样时间很长。所以彭真说，要高检、高法在预审期间就介入，以便加快速度。审判“四人帮”不能拖得太久，为了让全国人民能集中力量搞建设，历史遗留问题必须尽快解决、结束。

彭真还提出要请顾问，特别是法律顾问，后来请了张友渔等人。还请冯基平参与了解预审方面的情况，帮助出主意。这都是彭真提出并决定的。

彭真也提出向民主党派通报。我记得，向他们通报，彭真好像没亲自做过，我做过。

预审时，张春桥不说话。彭真说：当事人不说，找证人，证据当面宣读，不说话不要紧。“以事实为依据，以法律为准绳”，他讲不讲一样判。

预审期间，我们经常开会。我召集所有的人布置工作讲话，彭真来了就坐在旁边听，最后他再讲，这样的会差不多每个礼拜一次。

预审的结果反映在预审总结，然后由检察院接手、审查后，再起草起诉书。彭真建议起诉书要先起草。于是又增加了起草组，胡绍普为组长。

记者：起诉书起草工作十分复杂，在起草过程中，彭真同志又做了哪些工作？作出了什么贡献？

凌云：从开始到结束，彭真强调的，也是小平等思考的，我们只审犯罪，不审错误。彭真找我到他家，多次谈，要把林彪、江青反革命集团同党的错误分开。错误是党犯的错误，不能审《我的一张大字报》、九大决议等问题。到最后，有些被捕受迫害人的名字没有写进起诉书，原因就在于此。

起诉书起草工作十分复杂，有些问题找不到证据只好舍弃。开始想分问题写，后来觉得不行，像“大批判”文章似的。起草组提议有一条罪就写一条，彭真同意了。

预审上路了，彭真的主要精力放在起诉书上。他直接听起草组汇报，有时我不在场。他看了许多我们送的材料。他发现问题，有时也向我们要材料。

彭真一再强调，只审犯罪，不审错误。他的这个思想集中反映在起诉书上。

有许多迫害干部的案件涉及到原中组部部长郭玉峰，我们提出找他，要他说清一些问题，彭真同意了。我们把郭玉峰请到秦城呆了近半个月，由刘复之和我找他谈话。他写了些材料，就回去了。

审理“两案”现场。右一为凌云，右三为江华。

在如何处理犯罪和犯错误问题上，处理毛远新的问题也比较典型。毛远新作为毛主席的联络员，在一些问题上起了上传下达的作用。审他时，他经常提出记录，说这事、那事都是遵照主席的意思办的，当时的记录成了他的挡箭牌。后来研究，起诉书上就没有他的名字，也没有审判他，他在辽宁犯有许多严重的罪行，把他交到辽宁，只对他在辽宁的罪行进行宣判，判了刑。

起诉书起草完成后，彭真提出了“三长”会审。“三长”即公安部部长（赵苍璧）、最高检察院检察长（黄火青）、最高法院院长（江华）。“三长”会审，并非只这“三长”参加，实际上伍修权、王鹤寿也参加了，一些副部长、副检察长、副院长也参加了。当时“三长”会审的地点在公安部5号楼。我们汇报，一条条地汇报，“三长”一条条地审。彭真没有参加“三长”会审，其他人几乎全都自始至终地参加下来，工作非常认真。

因起诉书先完成，预审总结就是在这个基础上改写的。

同时，彭真也认真地看了起诉书，调材料，自己一条条地过。黄火青说彭真看了有一米高的材料，一件一件分清罪状与错误，主要就是这段时间。

彭真看完后，提出了一个问题，要我们把主要证据列一个清单，记得当时我们写了100多件。审判前这些证据按彭真的要求制作了幻灯片，往外放。事先人大、党内的老同志，民主党派人士，法律顾问已经看了这些幻灯片，地点在公安部礼堂。

在看这些证据时，有一某某人的笔记本，按照林彪、叶群旨意写的污蔑刘少奇的证词，在军队内引起很大震动。此人受到审查。

记者：审判林彪、“四人帮”反革命集团，最后的也是最主要的工作是审判。在审判过程中，彭真同志又做了哪些工作？作出了什么贡献？

凌云：审判时包括电视台什么人来参加录音、转播，都是彭真最后决定和拍板。

起诉书完成后，1980年9月，人大决定成立特别法庭、特别检察厅，但一些工作还需准备，审判比原来推迟了，11月才开始，到1981年1月中旬宣判的。

审判前，彭真问我，法庭设在哪里？我说，高法可以，但是礼堂太小，还是在公安部大礼堂，台上要改造一下，由公安部负责。中间彭真问：新闻单位报道要说在什么地方，说在公安部不行。我说，可以说在正义路。彭真问：几号？我说，正义路1号。其实，当时公安部在正义路的门牌号是7号，我记错了。好多外国人来找，都找不到。

审判需要有审判长、检察长、审判员、检察员、书记员等等，彭真提出要有女同志参加，这样王耀青（检察员）、刘丽英（审判员）、甘英（审判员）等女同志都参加了审判。其中甘英在中纪委时就参加了对“四人帮”的审查。

彭真提出要有律师为林彪、江青两案人员辩护，律师几乎都是指定的。起初江青不要律师，后来又要，她找的人人家还不干。律师有顾虑，不太愿意为他们辩护。彭真指出，律师也要以事实为依据、以法律为准绳。

记者：审判林彪、“四人帮”反革命集团期间，彭真同志到过现场吗？发生过一些有意思的事吗？

凌云： 审判期间，彭真一般是在家中，看电视转播，他好像没有到过审判现场。

审判时，刘复之、我在后台，我们只从闭路电视上看前台的审判。每天下午，刘复之、朱穆之（时为宣传组组长）和我还要去电视台，审片，定镜头，供电视台晚上播出。那时，电视台播出的审判情况，都不是直播。

在审判中，我们还调看了一部分电影资料，如斗陆定一、斗周扬、斗彭真的影片。后来，周扬听说后，要我们弄出让大家看，我说不能看。这些影片始终没有公开播放，不能公开播放，对人刺激太大了。

审判过程中，林彪、江青两案人员的表现各有不同：张春桥一句话也不讲，江青是大喊大闹。审判中，曾调来上海的王秀珍、马天水等，在预审、审判中都作证了。陈伯达也出了庭。

审理江青。

审理张春桥。

记者： 给林彪、“四人帮”反革命集团成员定罪时有过杀与不杀的争论，彭真同志是什么态度？当时争论的情况怎样？

凌云： 给林彪、江青两案人员定什么罪，是在特别法庭成立后要解决的问题。要不要杀人，江青怎么办，一直是大家所关心和争论的。彭真对此问题不先明确表态，他到处听。据我所知，彭真在两案人员定罪上一直没有表态。快到审判结束时，提交中央常委讨论。

那次会议，华国锋、邓小平、胡耀邦、黄克诚、审判委员会的成员、刘复之和我都参加了。彭真讲了两案审判的主要情况、对江青判刑问题的各种意见和考虑。其他在座的人也都讲了话，主要是讲情况。我记得在会上，小平讲了几句，耀邦也讲了讲，华国锋没有讲话。最后，是小平他们决定，对江青不杀，判死缓。当时，有同志提出，林彪一案多是军队干部，他们有战功。小平说，战功是战功，罪行是罪行，有战功，也不能不判。会议很短。

后　记

党史是热门话题，有关党史的书籍铺天盖地，有关重大历史事件回忆录的集子也很多。你面前的这本书有什么特点呢？

特点之一，编者以独特的视角选择从1921年至1980年近60年的重大历史事件。在“文化大革命”时期，研究党史，路线斗争高于一切，而对社会的基本情况、工人状况、红军的状况却缺乏了解和介绍。项英的《1928年的中国工人状况和工人运动》、李光（滕代远）的《记中国工农红军第一军团的创立》、《中国工农红军的生活状况》这些文章填补了这个空白。读者看后就会明白，为什么大革命失败后，共产党从城市撤到农村、山区，能够东山再起，为什么星星之火可以燎原。这是社会基本矛盾决定的。在推翻三座大山的民主革命中，在反对国民党的斗争中，中国人民选择了中国共产党，中国共产党选择了毛泽东。共产党以正确政策领导人民取得了胜利，建立了新中国。

特点之二，本书选用的回忆录均是关系到中国历史重大转折的事件，如西安事变、抗日战争的胜利等。特别应提出，新中国成立前的28年中国国民党与中国共产党的关系有三次转折，第一次是国民党和共产党由合作到分裂，中国共产党领导的大革命失败；第二次是1935年至1937年国民党和共产党由战争转变为和平共处，建立了第二次合作；第三次是国民党和共产党再由和平共处转变为战争，后者经过三年解放战争终于建立了新中国。无名氏《“四一二”大屠杀纪实》、戴镜元《从洛川会议到延安会谈》、李木菴《西安事变纪实》、子冈《毛泽东先生到重庆》、余湛邦《毛泽东与张治中的一次重要谈话》等文从一个侧面真实反映了这三次历史转折。

特点之三，选用的回忆录是同类回忆录中最具权威性的。其权威性不仅表现在作者是当事人，是亲历者，还表现在文章的写作时间是最早的，也就是说与事件发生的时间最近。如：陈潭秋的《回忆中国共产党第一次全国代表大会》，成文的时间离大会召开仅15年。李达不仅是党的一大的代表，而且是在他的夫人安排下，与全体代表在一大的最后一天移到嘉兴南湖继续开会。滕代远的《记中国工农红军第一军团的创立》和《中国工农红军的生活状况》写于1935年。滕代远1928年底率红军上了井冈山，参加了中央苏区创建的全过程，为了参加共产国际第七次代表大会，1934年6月离开瑞金，赴莫斯科。当时，他和陈潭秋都在莫斯科，在和平环境之中，有时间从容写作。

特点之四，某些史实及见地与通行的说法迥异。毛泽东说，有时真理在少数人手中。因此本书尽量选用属于“少数派”的回忆，但它又涉及重大历史事件。如李一氓的《抗战时期在皖南新四军军部》，钟子云的《回忆东北“八一五”光复初期的几个重要情况》等。

又如，李雪峰曾长期担任中央书记处书记，曾任中央政治局候补委员，他的回忆录因种种原因一直没有出版，本书特意收入他关于八大前后中央书记处工作情况的回忆文章。

特点之五，史料弥足珍贵，一般读者难以见到。中国和苏联的关系，从友好到反目，到进行长达数年之久的争论，以至两国关系破裂。中苏关系不仅影响了国际共产主义运动，更重要的是决定了中国的政治走向，“文化大革命”就是在“反修防修”的口号下发动和进行的。这一切从1956年苏共二十大即已开始，而这年发生的波匈事件因中苏两党的不同看法加剧了彼此的分歧。在中国结束了十年动乱后，1989年邓小平对苏共领导人戈尔巴乔夫提出：“结束过去，开辟未来。”他说：“经过二十多年的实践，回过头来看，双方讲了许多空话。”本书特别收入俄罗斯公布的赫鲁晓夫与毛泽东1958年、1959年的会谈记录，阎明复的《从布加勒斯特会议到莫斯科会议》，使读者对上世纪五六十年代的中苏关系有一个较完整的了解，是非曲直，读者自会判断。

特点之六，选择大家关心的问题。“九·一三”事件，林彪为什么会仓皇出逃，国外不断地制造各种各样的说法，在许多人眼中一直是一个谜，并不相信中央的结论。本书特别收入两位当事人的回忆，他们的身份引人注目，一位是林彪卫士长，一位是周恩来卫士长。他们从不同的侧面回忆“九·一三”事件的情况，为读者提供了研究的素材、思考的余地。

“文化大革命”10年内，广大人民与“四人帮”斗争了10年。从第一张大字报的产生到1975年的整顿，刘冰上书毛泽东，到1976年没有费一枪一弹，没有死一个人，就将“四人帮”隔离审查，从而结束了“文化大革命”。这是中国近现代史中的一件大事，中共党史上的一件大事。由于种种原因，事件已过去30年，真相并没有完全公布，一直众说纷纭，莫衷一是。本书突破禁区，遴选了8341部队政委武健华写的《粉碎“四人帮”的实施过程》、《将“四人帮”押解秦城实录》和苏振华秘书丑运洲写的《临危受命，稳定上海——苏振华上将在粉碎“四人帮”的前前后后》，此3篇文章不仅将抓捕“四人帮”的情况作了详尽的回顾，而且介绍了党中央在粉碎“四人帮”后，制定“既要解决问题，又要稳定局势”的方针，及时派工作组接管上海，粉碎“四人帮”余党策划的武装叛乱，结束“四人帮”对上海的长期统治，稳定大局，发展生产的盛况。同时还收入我和刘荣刚采访凌云关于1980年审判林彪、“四人帮”两个反革命集团的经过。这样，对于林彪、“四人帮”的灭亡有一个完整的交代。

本书仅有3篇文章是研究者所写，这就是周文的《坚持二十年游击战争的赣粤边》、林蕴晖的《朱可夫事件与彭德怀庐山罢官》和张化的《邓小平政治生涯的第三次低谷的症结何在》。因其资料的珍贵、见解的独到而被收入本书。

我编这本书也是为了了却一个心愿。本书的文章有9篇是选自1951年底至1954年由中宣部编辑出版的《党史资料》，这套书当年由缪楚黄编辑。缪楚黄是党史界的前辈，1956年他编著的《中国共产党简要历史》，印了150万册，译成5种少数民族文字、6种外文，广为流传，成为胡乔木《中国共产党三十年》之外最重要的党史书籍。这些工作奠定了他在党史界的地位。粉碎“四人帮”后，恢复中央党校，他任党史教研室副主任。1978年底我随他到外地出差，接待的同志说：“缪老，我们读过你的书。”他急忙说：“我不老，不要叫我缪老。”那时他才55岁。他编辑《党史资料》时只有30岁，写作《中国共产党简要历史》时33岁。1981年他调到中央党史研究室，主持编写《中共党史大事年表》，这本书成为研究党史、现代史必备的工具书。不久写作出版了《毛泽东思想的历史发展》。正是大展宏图之时，不幸劳累成疾，不得不停止写作。2000年去世，享年76岁。他平易近人，从没有领导的架子，谦和的学者风度给我留下了深刻的印象。他治学严谨、工作勤奋、淡泊名利，是我做人的榜样。

缪楚黄不仅是我的上级，还是我的引路人。打倒“四人帮”后，迎来了春天。是他和范若愚分别推荐，1978年春我才得以到中央党校党史教研室工作，从此进入党史研究的专门机构。其实缪楚黄并不认识我，中宣部副部长、前辈许立群介绍我去找他，第一次见面就受到他热情的接待。后来他点名要我参加《毛泽东传》的编写工作，从此直接在他领导之下，耳提面命，获益良多。三中全会后，他将我带到毛家湾（即现在的中央文献研究室），先是参加毛泽东传记组的工作，后经他和廖盖隆的推荐，到周恩来研究组工作。从此，开始了周恩来生平与思想的研究。

兴趣是事业成功的基础。能做自己最喜爱的工作，是人生一大幸事。这个幸福并不是人人都能得到的。而我有幸得到，这要感谢前辈的举荐。继承前人开创的事业是对他们最好的纪念。

感谢汪东兴、戴镜元、李健、王森、余湛帮、林蕴晖、阎明复、马贵凡、梁南远、王效挺、黄文一、高振普、李文普、汤聿文、张化、刘冰、武健华、丑运洲、刘荣刚等作者同意将他们的回忆或文章收入此书。这些都是经过"文化大革命"后的深思，在改革开放年代写成的，他们突破思想禁锢，不仅写到经验，而且也写出错误和教训，发人深省。

感谢项英、周文、李木菴、李一氓、王还寿、子冈、钟子云、柳林溪、丁一岚、姚伦、李雪峰等同志的家属项苏云、林汉雄、周七康、延军、向安华、李薇薇、王薇、徐东、钟明、柳民原、邓壮、姚宏斗、李丹琳、谷丹。感谢刘贵明、齐岩、王竟、余永燕、林晓霖、严晓江、郝在今、郑京生等同志的帮助。

感谢刘益涛审阅了上册，张化审阅了下册，薛庆超、黄小同、唐筱菊审阅全书。

感谢四川人民出版社的刘周远、李洪烈先生，在他们的努力下，此书才会如此精美。

李海文

2005年8月

图书在版编目(CIP)数据

中共重大历史事件亲历记/李海文主编.—北京：人民出版社，2010
（人民·联盟文库）
ISBN 978-7-01-009192-1

Ⅰ.①中… Ⅱ.①李… Ⅲ.①中国共产党-党史-历史事件-1921～1980
Ⅳ.①D23

中国版本图书馆 CIP 数据核字(2010)第 159101 号

中共重大历史事件亲历记

ZHONGGONG ZHONGDA LISHI SHIJIAN QINLIJI

李海文　主编

责任编辑：王定宇　喻　磊　李　娜
封扉设计：曹　春
出版发行：人民出版社
北京朝阳门内大街 166 号　　邮　编：100706
网　　址：http://www.peoplepress.net
邮购电话：(010) 65250042　65258589
经　　销：新华书店
印　　刷：三河市顺兴印刷厂
版　　次：2010 年 8 月第 1 版　2010 年 8 月北京第 1 次印刷
开　　本：710 毫米×1000 毫米　1/16
印　　张：50
字　　数：630 千字
书　　号：ISBN 978-7-01-009192-1
定　　价：97.00 元

著作权所有　　侵权必究

人民·联盟文库

顾问委员会

由人民出版社市场联盟成员社社长、总编辑组成

编辑委员会

（以姓氏拼音为序）

主　任：陈有和

副主任：杜培斌　潘少平　王德树

委　员：陈令军　姜　辛　刘锦泉　刘智宏

王　路　许方方　徐佩和　张文明

人民·联盟文库

中共重大历史事件亲历记

(1921—1949)

李海文 主编

四川人民出版社
人民出版社

出版说明

人民出版社及全国各省市自治区人民出版社是我们党和国家创建的最重要的出版机构。几十年来，伴随着共和国的发展与脚步，他们在宣传马克思列宁主义、毛泽东思想、邓小平理论、“三个代表”重要思想，深入贯彻落实科学发展观，坚持走有中国特色社会主义道路方面，出版了大量的各种类型的优秀出版物，为丰富人民群众的学习、文化需求作出了不可磨灭的贡献，发挥了不可替代的作用。但由于环境、地域及发行渠道等诸多原因，许多精品图书并不为广大读者所知晓。为了有效地利用和二次开发全国人民出版社及其他成员社的优秀出版资源，向广大读者提供更多更好的精品佳作，也为了提升人民出版社市场联盟的整体形象，人民出版社市场联盟决定，在全国各成员社已出版的数十万个品种中，精心筛选出具有理论性、学术性、创新性、前沿性及可读性的优秀图书，辑编成《人民·联盟文库》，分批分次陆续出版，以飨读者。

《人民·联盟文库》的编选原则：1. 充分体现人民出版社的政治、学术水平和出版风格；2. 展示出各地人民出版社及其他成员社的特色；3. 图书主题应是民族的，而不是地区性的；4. 注重市场价值，要为读者所喜爱；5. 译著要具有经典性或重要影响；6. 内容不受时间变化之影响，可供读者长期阅读和收藏。基于上述原则，《人民·联盟文库》未收入以下图书：1. 套书、丛书类图书；2. 偏重于地方的政治类、经济类图书；3. 旅游、休闲、生活类图书；4. 个人的文集、年谱；5. 工具书、辞书。

《人民·联盟文库》分政治、哲学、历史、文化、人物、译著六大类。由于所选原书出版于不同的年代、不同的出版单位，在封面、开本、版式、材料、装帧设计等方面都不尽一致，我们此次编选，为便宜读者阅读，全部予以统一，并在封面上以颜色作不同类别的区分，以利读者的选购。

人民出版社市场联盟委托人民出版社具体操作《人民·联盟文库》的出版和发行工作，所选图书出版采用联合署名的方式，即人民出版社与原书所属出版社共同署名，版权仍归原出版单位。《人民·联盟文库》在编选过程中，得到了人民出版社市场联盟成员社的大力支持与帮助，部分专家学者及发行界行家们也提出了很多建设性的意见，在此一并表示诚挚的感谢！

《人民·联盟文库》编辑委员会

目 录

... Contents ...

约在 1930 年 6 月间，于福建正式宣布成立中国工农红军第一军团，以毛泽东同志为总政治委员，朱德同志为总指挥，林彪同志为第四军军长，罗荣桓同志为军政治委员，黄公略同志为第三军军长，蔡会文同志为军政治委员，罗炳辉同志为十二军军长，谭震林同志为军政治委员。

工资减低、工作时间加长、待遇的恶化、失业的恐慌。赤色工会运动，自国民党叛变后，一切反动势力联合进攻以来，受了很大的摧残，完全失掉了公开的地位，陷于极端秘密的状态。

1931 年 1 月 7 日，在上海召开中共六届四中全会，王明这些人不是中央委员，由共产国际代表米夫指定参加了会议，成为合法的。但是四中全会没有任何积极意义。

红军打垮了第二次全面“围剿”之后，蒋介石死不甘心，又立刻组织第三次全面“围剿”，调了军队 30 万人和许多飞机，派了什么嫡系将领陈诚、罗卓英、蒋鼎文、卫立煌、韩德勤等，并且自告奋勇，亲自出任总司令。

红军实行志愿兵役制，一开始就废除了薪饷制，没有官长打骂侮辱战士的怪现象。每个战士春天穿夹军服，夏天穿单军服，冬天穿棉军服。每天发米一斤半，食盐三钱，猪油或茶油四钱。

赣粤边游击区的历史是很长的，从1929年起到1949年止，一共经历了20年之久。分为三个时期：第一时期，从红军来赣南创建根据地到红军北上抗日；第二时期，从红军北上抗日到抗日战争开始；第三时期，从抗日战争胜利到1949年最后解放。

“方志敏同志是主张依靠赣东北苏区做根据地，稳步前进的。但曾洪易却要部队远离根据地，被敌人包围，弹尽粮绝，使一部分红军遭到失败。”1934年冬，曾洪易逃离苏区，后叛变投敌。

……去洛川会谈，当时是完全秘密的，整个会谈都是党中央和毛主席直接领导，恩来同志亲自部署指示的。1936年4月7日，周恩来同志和李克农同志带着电台和警卫部队，从瓦窑堡出发去延安与张学良会谈，我也随行。

西安事变是由第二次国内革命战争向抗日战争过渡期间“时局转换的枢纽”。张杨见蒋时，蒋涕泣满面，谓：“你们拿手枪打死我好了。”张杨说：“这个问题，不是这样简单，我们是出于救国愚忱，并无他意。”……仍以长官之礼待蒋。

1938年4月5日，军部从南昌搬到安徽歙县的岩寺镇。皖南的山水景色优美。1941年我们万般无奈，被迫把它作为战场，攻不能前，退又无据，只落得一个全军覆灭的悲惨结局。

陈潭秋（1896—1943），湖北黄冈人，1919年在武汉参加五四运动，1920年和董必武创办中国共产党早期组织，1921年出席中国共产党第一次代表大会，主管武汉区委组织工作，参与领导“二七”大罢工。1924年后任中共武昌地委书记兼执行委员会委员长，1925年在五大当选为中央候补委员。大革命失败后历任中共江西省委书记、中央组织部秘书、江苏省委组织部长、顺直省委（即今河北省）宣传部长、山东临时省委、青岛市委书记、满洲省委书记，1933年进入革命根据地，任福建省委书记。1934年当选为中华苏维埃共和国中央执行委员、粮食部长。红军长征后，留南方坚持游击战争。1935年到苏联，参加中共驻共产国际代表团工作。1939年5月回国，任中共驻新疆代表和八路军驻新疆办事处主任。1942年9月被军阀盛世才软禁，1943年2月被捕，同年9月27日被秘密杀害。

作者简介

回忆中国共产党第一次全国代表大会[①]

□陈潭秋

1921年6月的下半月，在上海法租界蒲柏路的女子学校，突然来了

① 本文写于1936年，发表于1936年出版的《共产国际》。后转载于1951年出版的《党史资料》第1期。

九个客人。他们都下榻于这学校的楼上。在学校的楼下，除了厨子和校役以外，谁也没有，因为学生和教员都放了暑假。一个认识的校役则被请为大家每日做饭。另外，他的任务是注意不放一个生人进来。假使不是认识的人向厨子解释，那他根本不知他们是谁，因为他不懂他们的土话，他们讲的都不是上海话。有的讲湖南话，有的讲湖北话，而有些则讲北京话。

这到来的许多人，是中国各地共产主义小组[①]的代表。他们到上海来的目的，是为正式成立中国共产党。在这九人里面有湖南长沙的共产主义小组的代表毛泽东、何叔衡；武汉共产主义小组的代表为我和董必武；山东济南的代表王烬美和邓恩铭。那时王邓两人是非常活泼的青年，王后来死了——非常严重的工作侵蚀了他，邓则被捕后死在狱中。北京的代表是刘仁静，后来为托洛茨基派，被党开除了党籍，现在国民党特务机关内工作，执行与共产党斗争的专门任务。广东的代表为包惠僧，后变为叛徒，向国民党投降了。代表日本的中国学生及侨民的为周佛海[②]，现在是国民党的著名领袖之一，而周佛海在广东时期，因其进行反党活动，即被党开除。参加第一次代表大会的，除了上面所指出的九人以外，还有代表北京的张国焘，代表上海的李汉俊、李达。李汉俊在第四次党的代表大会上被开除党籍，因他拥护右倾机会主义的观点，并与北洋军阀有往来；在武汉政府叛变后即被安徽军阀枪毙。而李达则在五卅后为革命浪潮高涨惊骇，而退出党了。广东第二个代表为陈公博，他在陈炯明暴动反对孙中山时，帮助了陈反对孙中山。陈公博受了党的屡次警告，结果仍开除了党籍，后来很快即成为有名的国民党活动家。

取消派领袖陈独秀未出席第一次代表大会。那时他在陈炯明名下做

① 共产主义小组，现在统称为中国共产党早期组织。

② 周佛海后沦为汉奸，日本投降后死于南京狱中。

广东的教育厅长。在第一次大会后，陈独秀参加中共领导很久，在1927年革命严重时期，他自己的投降政策出卖了革命事业。

中共第一次代表大会是在7月初开的①。大会的组织非常简单。张国焘被选为主席，秘书为毛泽东和周佛海。大会开幕就在上面所说的校内举行的，而大会本身的工作，则在李汉俊的家里进行。大会共开了四天。讨论以下的问题：目前政治状况，党的基本任务，党章和组织问题。

在讨论这些问题时，发生了争论，一部分是对党的基本任务和组织原则问题。一方面以李汉俊为首表示公开的“马克思主义者”，认为中国无产阶级尚很幼稚，不了解马克思的思想，需要长期的宣传教育工作。在这一基础上，李汉俊认为无需建立真正无产阶级政党，反对无产阶级专政，拥护资产阶级民主。他指出就是在资产阶级民主范围内，亦可以公开的组织和教育无产阶级的，用不着组织职工会，最好还是用一切力量去发展学生运动和文化教育工作。李汉俊申明首先应真正的组织知识分子，用马克思理论把他们武装起来，然后，当知识分子已掌握了马克思主义时，才能有力的组织和教育工人。因此他认为无产阶级的党，用不到有纪律的战斗的党，主张党成为联合知识分子的、公开的组织和和平的政党，成为研究马克思主义的组织。由此他得出结论：凡承认和宣传马克思主义原则的都可为党员。参加党某一组织和在里面进行实际工作，他认为是不必要的。李汉俊的观点，拥护的还有李达和陈公博。

另外是一种极左的观点。以刘仁静为首，认为无产阶级的专政是党斗争的直接目标，反对任何公开形式的工作，一切知识分子都为资产阶级思想的代表者，他认为照例应拒绝知识分子入党。同情他的观点的有

① 本文编者按：中共第一次代表大会召开的准确时间是1921年7月23日。详见中共中央党史研究室编《中国共产党的七十年》第25页。下同。

1921年7月23日，中国共产党第一次全国代表大会在上海召开，最后一天转移到浙江嘉兴南湖举行。出席会议的代表共12人，代表全国50多名党员。共产国际代表马林和尼科尔斯基列席了会议。图为中共一大会址。

包惠僧。

大会大部分的代表都反对了这两个都不正确的观点，终于通过了一个共同方针，即党的基本任务为争取无产阶级专政而斗争。在规定目前时期斗争的策略时，指出党不仅不拒绝，而相反必须积极号召无产阶级参加和领导资产阶级民主运动。通过了方针，要求党成为有战斗能力及有纪律性的无产阶级政党。发展职工运动为共产党工作的中心任务。关于工作采取公开形式的问题，则指出如有利于无产阶级的则党应当利用它。至于党的组织原则和接受入党的条件，则采取俄国布尔什维克的经验。

通过这些方针，成为建立中国党的开端。最后的批准党章，改在大会的第四日的议事日程上。但这天吃过晚饭后，大会的参加者，晚8点集合于李汉俊的家中，主席宣布大会继续工作时，在隔壁房间内发现了一穿长褂的可疑人物，追问这不知名的人，问他是谁，他回答说找社联组织的主席王某，后又说找错了，即很快出去了。对的，离李汉俊房子经过三幢房子的地方，有一个社联的组织。但大家都知道这一组织并没有主席，更没有姓王的人在。因此这人对我们非常可疑，我们即很快收拾了文件隐藏起来。只剩下李汉俊和陈公博。还没有经过10分钟，李汉俊的家中即出现九个侦探和警察搜查房子。除了公开的马克思主义书籍外，他们什么也没有找到，因此，没有人被捕。

大家因此不得不找寻宿处，我们又不能回到女子学校，因为估计侦探是从女子学校探知我们的踪迹的。

在开始时，计算七天完结大会的工作的，但是因此不得不缩短到五天。同时在上海找不到继续大会工作的适当地点。决定了到杭州西湖去。但是在出发前，又得出了结论，西湖不是适当地点，因为那里游人太多。因此，即在嘉兴的南湖举行。这里虽有游人但较少。到那里后，我们即租了一只大船，买了食物、酒，好像游人一样，在湖上的船中进行大会的工作。

这是大会的最后一天。李汉俊和陈公博没有出席，因为在搜查后，在他们后面有人盯梢。那天早上是阴天，但在8点钟后，即有许多游人。当然因此使我们的工作困难，但在10点钟时，下起小雨来，游人都散了，因此保证能安心工作，我们一直讨论到晚上11点，除了最后批准党章外，我们还讨论了对孙中山的态度问题，关于设立中共临时中央局的问题，然后举行了中央局的人选。关于对孙中山的态度问题，引起了不大的争论。包惠僧认为共产党与孙中山是代表两个不同的阶级，在中间不应有任何的妥协，因此对孙中山应与北洋军阀一样看待，甚至要更坏一些。因为他自己的武断宣传，使群众彷徨。这一种思想受到了大会代表的反对。对这问题通过了以下的方针，一般的对孙文学说应有批评的有区别的对待，但他个别的实际上进步的行动应拥护，采取党外形式的合作。通过了这一原则，可以说与后来共产党和国民党中间的合作放下了基石，同时也是发展反军阀和反帝运动的基础。

在第一次代表大会前除掉在日本、法国的留学生、侨民中的共产主义小组外，只有在上海、广东、长沙、武汉和济南有共产主义小组，在南京、成都和杭州只有个别的共产主义者。那时共产党员一共不过几十人。因此，决定不组织正式的中央。为得与存在的个别支部发生联系，建立党的中央局，党的名称为中国共产党。

在临时中央局里选张国焘、陈独秀、李达为委员，候补者为周佛海、李汉俊、刘仁静。

这样即完结了中国共产党的第一次全国代表大会，产生了伟大的领导中国革命和引导中国人民争取民族和社会解放的中国共产党。

李达（1890—1966），湖南零陵人。1913 年后两次到日本留学，1918 年回国，发表文章介绍、公开宣传马克思主义。1920 年和陈独秀、李汉俊等人在上海成立早期共产党组织，11 月主编《共产党》月刊，1921 年出席中国共产党第一次代表大会，当选为中央局宣传主任。1923 年脱党，任大学教授，长期从事理论和教育工作。1949 年参加第一届全国政协，同年 12 月重新入党。任湖南大学、武汉大学校长。1966 年被迫害致死。

作者简介

中国共产党成立时的回忆[①]

□李　达

“十月革命一声炮响，给我们送来了马克思列宁主义”，“中国人找到了马克思列宁主义这个放之四海而皆准的普遍真理，中国的面目就起了变化了”（毛主席语）。这一变化的伟大开端，是 1919 年的五四运动——“六三”运动。这一运动，是马列主义者领导的反帝反封建的革命运动的序幕，是工人阶级领导小资产阶级和资产阶级革命的统一战线的雏形，是中国革命由旧民主主义革命到新民主主义革命的转折点。由于工人阶级的阶级意识的提高，由于马列主义的介绍、研究与

① 原载 1951 年出版的《党史资料》第 1 期。

宣传的相当普遍，由于俄国十月革命的先导，中国共产党成立的阶级的基础，思想的准备与国际的声援等客观与主观的条件，都已经具备了。

1920年4月，第三国际东方局，派威丁斯克（他的夫人同行）来到了北京。据他说，东方局曾接到海参崴方面的电报，知道中国曾经发生过几百万人的罢工罢课罢市的大革命运动，所以派他到中国来看看（他曾在美国做工多年，说得一口流利的英语）。他到了北京以后，首先访问了以李大钊同志为首的许多进步人士，举行过几次座谈会，许多小资产阶级和资产阶级的知识分子也参加了。因为苏联政府第一次对中国的宣言（即废弃帝俄政府与中国所订的不平等条约），刚才传到了中国，中国很多的社会团体，都表示过热烈的欢迎，所以一听到苏联人来到了北京，大家对他的到来感到特别高兴。威丁斯克在几次座谈会上，报告了俄国十月革命以后的实际情况及其对外的政策。当时李大钊同志等，对于这位好朋友，很诚恳地和他交换意见，至于那些小资产阶级和资产阶级知识分子，只带着好奇心参加了一两次座谈，以后也和他疏远了。由于李大钊同志的介绍，威丁斯克到了上海，访问了陈独秀、李汉俊及其他各方面在当时还算进步的人们，也举行过几次座谈，其经过也和在北京的一样，最初参加座谈会的人还多，以后就只有在当时还相信马列主义的人和威丁斯克交谈了。由于多次的交谈，一些当时的马列主义者，更加明白了苏联和联共的情况，得到了一致的结论："走俄国人的路"。

在这个时候，发起成立中国共产党的事，被列入了日程。当时在上海参加发起的人，有陈独秀、李汉俊（党成立大会以后退出）、陈望道（党成立大会以后退出）、俞秀松、施存统（参加后去日本留学，现属"民建"）、沈玄庐（大地主，第二年退出）、李达。这个组织发起以后，就函约李大钊同志在北京组织，董必武同志在武汉组织，毛泽东同志在长沙组织，谭平山（现属民盟）在广州组织，王烬美在济南组织，施存统在东京组织，另函约巴黎的朋友在巴黎组织。截至1921年6月，共有八个中国共产党小组，巴黎小组与国内各小组当时的联络很欠缺。

党的上海发起组，推陈独秀做书记，另外成立了社会主义青年团（简称SY），征求当时进步青年做团员。上海的团部设在华龙路渔阳里二号两楼两底的房子里，挂了“外国语学校”的招牌，团员有20余人，由威丁斯克夫人教授俄文，团务由俞秀松同志主持。这SY的组织，除上海外，北京、武汉、长沙也组织了。党的上海小组的工作，分两部分，一是宣传工作，一是工运工作。宣传方面，决定把《新青年》作为公开宣传刊物，从八卷一号开始。此外另行出版《中国共产党》（报纸，六开本，约32面），作为秘密宣传刊物，11月间出了创刊号。这刊物的内容，主要是刊登第三国际和苏联的消息，各国工人运动的消息。至于工运方面，在上海杨树浦组织了一个机器工会，由李中主持，此外还在小沙渡路筹组纺织工会，但未组成。

11月间，孙中山邀约陈独秀去广东做教育厅长，书记的职务交由李汉俊担任，《新青年》也交给他主编。12月间，威丁斯克回到苏联去了。当时党的工作经费，每月仅需大洋200元，大家却无力负担。《新青年》社在法租界大马路开了一家“新青年书社”，生意很好，李汉俊向陈独秀写信提议由“新青年书社”按月支200元做党的经费，陈独秀没有答应。这时候党的经费，是由在上海的党员卖文章维持的。往后因为经费困难，《中国共产党》出至第二期就中止了。

1921年2月，陈独秀起草了一个党章，寄到上海，李汉俊看到草案主张党的组织采用中央集权制，对陈独秀甚不满意，说他要党员拥护他个人独裁。因此他也起草了一个党章，主张地方分权，中央只不过是一个有职无权的机关。陈独秀看了李汉俊这个草案，大发牢骚，写信给我，说上海的党员反对他。我觉得党刚刚发起就闹起分裂来，太不像话，只得调停于两者之间，要大家加强团结。但李汉俊态度坚决，不肯接受调停，并连书记也不做了，他就把党的名册和一些文件移交于我，要我担任书记，我为了党的团结，只好接受了。李汉俊原是无政府主义者，后来看了考茨基的书才转变过来。他很想做合法的马克思主义者，主张参加资产阶级议会去宣传无产阶级的政见，他的本性原是一个热衷利禄的人，所以在党的成立大会开过以后，就跑到国民党去了。

6月初旬，马林和尼可洛夫由第三国际派到上海来，和我们接谈了以后，他们建议我们应当及早召开全国代表大会，宣告党的成立。于是由我发信给各地小组，各派代表二人到上海开会，大会定于7月1日开幕。据我的记忆，当时国内和东京7个小组，共有党员40余人，巴黎的小组不详。6月下旬，到达上海开会的各地代表共12人。

长沙二人　　毛泽东　何叔衡

武汉二人　　董必武　陈潭秋

上海二人　　李　达　李汉俊

北京二人　　刘仁静　张国焘

济南二人　　王烬美　邓恩铭

广州一人　　陈公博

东京一人　　周佛海

李大钊和陈独秀，均未参加。到会的代表们，除原住上海的人以外，都住在嵩山路一个三楼三底的女校里。

1921年7月1日[①]下午8时，中国共产党第一次代表大会，在贝勒路某里2号的过街楼上[②]，正式开幕了，12名代表全体出席，第三国际的代表马林和尼可洛夫也到了。会场的布置很简单，只有一个大菜台，周围可坐十余人，各代表席上只放了几张油印的文件，也没有张贴什么标语。代表们交换了一些意见之后，马林即席讲话。他首先说：中国共

① 中共第一次代表大会召开的准确时间是1921年7月23日。

② 本文编者按：开会地点应该是上海法租界望志路树德里3号。详见中共中央党史研究室编《中国共产党的七十年》第25页。

产党——第三国际东方支部，正式宣告成立了，他代表第三国际致以热烈的祝贺。最后他希望中国共产党的同志们努力革命工作，接受第三国际的指导。他讲话的时间约十多分钟。他是荷兰人，说得一口流利的英语。他说话声音洪大，马路上的人都可听到。他说完话之后不久，忽有一个不速之客闯进会场来，张目四看。我们问他“找谁”，他随便说了一个名字，匆忙地下楼去了。马林很机警（富有地下工作经验），他说：“此人可疑，我们赶快转移！”我们离开会场不过一刻钟，法租界巡捕房，开了两辆卡车，载了十多个巡捕，拥进那个会场，结果扑了一个空，连片纸只字都没有得到。这房子的主人是李汉俊，能说法国话，他和那些巡捕说他家里并无人开会，那些巡捕也只好走了。

中共一大会址内景。

7月2日起，代表们在住所里互相交换意见，报告各地工作的经验。当时党的工作，是主义宣传与工人运动两项，北京小组在长辛店做了一些工人运动，武汉方面，京汉铁路工人运动及其他各工厂的工人运动，也是刚刚开始。长沙小组，宣传与工运，都有了初步的成绩。看当时各地小组的情形，长沙的组织，是比较统一而整齐的，其他各地小组的组织却比较散漫些。

正如毛泽东同志在《论人民民主专政》中所说，当时的党是刚刚出生的小孩子，对于马列主义懂得很少，对于用马列主义的普遍真理来结

嘉兴南湖游船，中共一大当年移至此种游船上召开。（李海文摄）

合中国革命的实践的话，更谈不到。当时的同志们，对于马克思的唯物史观说、剩余价值说、阶级斗争说，大体上是懂得的，对于马列主义在中国革命中的具体应用，却是不会。至于中国革命理论的研究工作，却还不曾想到。但在这一群人中，有一个特殊的人物，那就是毛泽东同志。毛泽东同志对于马列主义好学深思，实事求是。他阅读那些介绍马列主义和苏联的著作，总是细心体会：那些著作中的理论在中国究竟如何应用？如何适合于中国的国情？他看一本书，比介绍那本书的人要懂得多，懂得透，读一篇文章或一本书，总能得到相当的益处，最重要的地方，是结合中国的实际去阅读，这是别的同志所不及的地方。他在代表住所的一间房子里，经常走走想想，专心一志要推想出推动中国革命事业发展的办法，他苦心思索竟到这样的地步，同志们经过窗前向他打招呼的时候，他都不曾看到。有些同志不能体谅，反说他是个“书呆子”。毛泽东同志要把马列主义的普遍真理结合中国革命的实践这一伟大的思想——毛泽东思想，在这时已经开始锻炼了。

代表经过了几天讨论交换意见以后，决定于7月6日前往嘉兴南湖开会（因为在上海找不到适当的会场）。这一天上午7时，大家从上海北站乘车出发，10 时许到达嘉兴，在南湖的一只大游艇上聚齐。马林和尼可洛夫，因为是外国人，容易引人注目，未去参加。大会从上午 10 时半起到下午 4 时半为止。会议中首先讨论工运工作的计划，其次讨论发展党员的办法，并决定各地都成立社会主义青年团，从团员中提拔进步分子入党。再次，讨论过对于资产阶级议会的态度，有人主张应该利用这样的议会，宣传党的政见；有人反对参加这样的议会，以免陷于改良主义的偏向。当时因为这样的问题，还没有到列入日程的时机，对此未作决定。接着，大会讨论“中国共产党第一次代表大会的宣言”草案。这宣言前半大体抄袭《共产党宣言》的语句，我记得第一句是：“一切至今存在过的历史，是阶级斗争的历史。”接着说起中国工人阶级必须起来实行社会革命自求解放的理由，大意是说中国已有产业工人百余万，手工工人一千余万，这一千多万的工人，能担负起社会革命的使命；工人阶级受着帝国主义与封建势力的双重压迫和剥削，已陷入水深火热的境地，只有自己起来革命，推翻旧的国家机关，建立劳工专政的国家，没收国内外资本家的资产，建设社会主义经济，才能得到幸福的生活。宣言草稿中也分析了当时南北政府的本质，主张北洋封建政府必须打倒，但对于孙中山的国民政府，也表示未能满意，因此有人说“南北政府都是一丘之貉”，但多数意见，则认为孙中山的政府比北洋政府是进步的，因而把宣言中的话修正通过了。宣言最后用“工人们失掉的是锁链，得到的是全世界”一句话作结束（这个宣言，后来放在陈独秀的皮包中，没有下落）。大会最后讨论党的组织问题，决议成立一个中央工作部，设一个书记，一个宣传主任，一个组织主任，工作部地址设在上海，兼摄上海支部，各地支部各设书记一人。中央工作部的书记推陈独秀担任，宣传主任推李达担任，组织主任推张国焘担任。于是大会宣告闭幕。次日，各地代表陆续离开了上海。

第一次代表大会开过以后，党的组织阵容相当整齐了。中央与各地立即行动起来，分别进行宣传与工运工作，逐步取得了成绩。我这里只说起中央工作部在1921年7月至1922年7月的工作情形。这年8月底陈独秀辞去了广东教育厅长，回到上海专任党的书记工作，经常与马林和尼可洛夫取得联系。宣传工作方面，仍以《新青年》为公开宣传机关，并续出《中国共产党》作为秘密宣传刊物（从第三期出至第七期停刊）。此外还成立了"人民出版社"，准备出版马克思全书15种，列宁全书14种，共产主义者丛书11种，其他9种；但在这一年内，只出版了15种，还出版了几种临时宣传性的小册子。

组织工作，由张国焘主持。当时所谓组织工作，是专指工会的组织说的。他在北成都路设立了"中国劳动组合书记部"，找了十多个人在办公桌上工作，一共搞了三个多月，却不曾组织一个工会。有一天，英租界巡捕房去了一个人去询问那招牌是谁悬挂的，他听了这个消息，连夜把"中国劳动组合书记部"招牌烧毁，把一切工作人员都遣散了。他于是把"中国劳动组合书记部"迁到北京，交由邓中夏同志主持，他自己跑到莫斯科去了。在他离开上海起到第二届代表大会为止期间，上海几乎没有做工人运动。张国焘原是官僚地主家庭出身，带着旧官僚的作风，投机到党里来。他只知个人利益，不顾党的利益。他眼霎眉动，诡计多端，若与别人有利害冲突，就遇事倾轧，"打倒你，我起来"，这是他唯一的本领。我早就看破他是"大不老实"的人。

陈独秀回到上海以后，在法租界被捕过一次，由孙中山打电报给法领事获释。每隔三五日到我的寓所去看信件，因为各地的信件都由我收转。他也是官僚地主家庭出身，在当时虽相信马克思主义，却完全带着恶霸作风，领袖欲极强。每逢同志们和他辩论的时候，他动辄拍桌子，打板凳，发作起来。记得当时派赴郑州搞铁路工人运动的李震瀛寄来了一个详细的报告，他看了最初几行，就大发牛性，接连砸破了两个茶碗。我劝他把报告看完了再说，他才勉强看下去，看完之后才觉得适才的动作是过火了。他就是这么样的人。他本人并不阅读马列主义著作，书架上有一部法文《资本论》，他从不曾翻看过（他会法文）。他和时事新报辩论时曾说过我们“只打倒资本家并不打倒资本”的一句话（见《新青年》第八卷）。他在报纸上写普通的政论是动听的，对于中国革命的理论则不懂，他不研究。《响导》上署他的名字的文章，大都是同志们代写的。他有时突发异想，说我们到四川去，关着门干社会革命去。有一次，又发怪脾气，接连一月拒绝和马林他们见面，我去劝他时，他说“我们可以独立干革命，毋须接受第三国际的领导”。我说，“国际无产阶级联合起来!”这是马克思的教训，中国革命没有国际的援助能够成功么？他对此默然无语。以后他虽然和马林他们见过几次面，却仍是貌合神离。12月间，马林他们回到莫斯科去了。陈独秀右倾机会主义的特征，在这时已经暴露了出来。

在这个时候，有一件事值得一说的，是中央工作部通知各地支部选派了几十名SY团员到莫斯科去学习，这是后来替党添加了很大的力量的。

我的回忆写到这里为止，最后写几句结语。

一、初期的党，正在幼年期，所以有许多不纯的分子混入进来，其中有地主，如沈玄庐、陈独秀、张国焘；有资产阶级，如陈公博；有向上爬的小资产阶级投机分子，如李汉俊、周佛海等；还有受不起考验的小资产阶级知识分子。但在另一方面，以毛泽东同志为首的许多忠诚的同志们，却代表着党的新生力量。这新生的力量，是最富于革命彻底性的工人阶级的前卫，终于战胜了那腐朽的反动的力量，使我党能够成长壮大起来，领导中国人民革命取得了伟大的胜利。

二、初期的党员们，有一部分即使是忠实丁马列主义，但仍是教条主义者，只知道说中国革命是无产阶级革命，其目的是无产阶级专政。至于如何应用马列主义于中国革命的实践，是不懂得的。幸亏有毛泽东同志的领导，教条主义的偏向才逐渐克服下来。

三、党的初期，只听说高唱无产阶级革命，高唱劳工专政，所以只做工人运动，从不曾想到农民问题。幸亏有毛泽东同志纠正这个偏向，指出了以工人阶级为领导以工农联盟为基础的正确方向，因而壮大了革命的势力。

四、党的幼年期，多数同志们幻想着中国革命可由全国工人总罢工来实现革命，从不曾注意到武装斗争。幸亏毛泽东同志早就注意到武装斗争的重要性，终于用武装的人民打倒了武装的反革命。

"四一二"大屠杀纪实①

□无名氏

一、上海工人纠察队成立的经过及蒋在事变前的阴谋

我上海工人，自前年五卅以来完全统一在上海总工会领导之下，与帝国主义、北洋军阀、买办阶级、流氓、侦探艰苦奋斗，不仅为自身谋解放，兼以为市民争自由，为全国求独立解放。自北伐军兴长驱入赣浙，本会更率领全上海 80 万工友急谋响应。远在去年 10 月，即曾起义一次，不幸失败，工友死者 10 余人，被拘者 100 余人，失业者 500 余人。今年 2 月两次起义又不成，工友死者 40 余人，被拘者 300 余人，失业者 1000 余人。直至 3 月 21 日三次起义，全上海 80 万工友一致奋起，徒手与奉鲁军肉搏，缴除奉鲁军枪械，接应北伐军入沪，才使上海很迅速地归入国

1927 年 4 月 12 日，蒋介石在上海发动反革命政变，大肆逮捕、杀害工人和共产党员。图为蒋介石军队占领上海工人纠察队队部。

① 本文是上海总工会的报告，原题为《上海工人民众惨遭屠杀之情形》，发表于 1927 年武汉出版的一本小册子《蒋（介石）逆铁蹄下之东南》。后转载于 1951 年出版的《党史资料》第 1 期。

4月12日中午，上海各界民众50万人集会，抗议蒋介石军队的反革命暴行。

民革命军旗下。当时奉鲁军因处处受工人群众包围，逃避不远，故南京焚劫之惨祸，得免现于上海，是役工友死者200余人，伤者在千人以上。本会工友，赴义之勇，与维护地方治安之功绩，早为社会各界所称赞。本会之武装纠察队，即系勇敢工友将夺自奉鲁军手中之枪组成，所以不即解除，盖一则奉鲁军阀未灭，前线战事犹急，北伐党军开上前敌，后方仍须保障，而北洋长警肆虐多年，早在此次战役中溃散，故留此工人武装与商人之保卫团共负治安之责。再者，上海为帝国主义之大本营，为一切买办阶级、军阀官僚、流氓、侦探所汇集地，对于一切革命势力、革命组织必多方肆其破坏，过去帝国主义者、买办阶级收买流氓，资给金钱枪械，使捣毁工会，残杀工人领袖之事，已数见不鲜，今以80万工友之组织保持不满3000人之武装，以为自卫，实有必要。国民政府亦既嘉奖本会工友之起义，并允许保留此工人纠察队为民众自卫之武装，视同正式军队，一律待遇，则凡革命军队领袖，应如何遵照斯旨，爱惜拥护，乃自蒋介石到沪以后，对此有革命历史之总工会和工人纠察队不闻有爱护之意，反只有不慊之言，积极进行其破坏压迫之毒计。呜呼我上海 80 万工友，牺牲无数性命，所欢迎来的人即是预备屠杀我们的人，是诚我上海工友不及料，而亦一切革命人士所同声悲痛者也。兹将蒋在 4 月 12 日前向工人进攻之阴谋列举如下：

1. 当蒋介石初抵上海时，帝国主义者即问蒋能否镇压上海工人之行动，蒋不惟无一言反对，反以外人说话为口实，要上海总工会解除纠察队武装，以除去外人之误会。后又要求纠察队归其指挥调度，均经总工会说明纠察队不同于军队，性质完全是工人自卫组织，蒋虽然无词，但仍表示对工人武装持怀疑态度。

2. 蒋介石本来是上海青红帮的一个，一到上海，即与上海流氓首领黄金荣、张啸林等连结，出款 60 万，组织长江一带流氓，由帝国主义者及中外反动资本家，共同资助金钱枪械，专门捣毁工会及一切革命机关，暗杀革命分子。

3. 上海工人自前年五卅以来，即完全统一在上海总工会之下，做革命奋斗。蒋到上海，便另指派一些流氓在其政治委员会办公之沪海道署内，另设立工界联合会，到处向工人宣传，反对上海总工会。

4. 当第二师刘峙未开离上海时，即四处散布谣言，说工人纠察队自由捕人，扰乱社会治安；说工人纠察队要冲入租界，引起国际交涉。借此问题，密派军队将纠察队及上海总工会四周包围，预备缴械。上海总工会一面派代表向军事当局说明，勿信谣言，一面又登报声明，本会工人，决无单独冲入租界之事，本会工人纠察队，非有事故决不携械外出，决不自由捕人。此声明登载至一星期以上，后因刘师开拔，形势方较缓和。

5. 当缴械的前数天，本会已迭接工人报告：蒋与帝国主义共同组织之流氓已集中 500 人，每人发给盒子炮一支，定期由租界冲出，由军队接应帮助袭攻上海总工会及工人纠察队，假名工人互相冲突，军队即借此解除工人武装。

蒋介石为何如此仇视上海革命的工人，客观上我们可以看到的原因，第一，因为他的思想行动，完全仍是封建独裁的习惯，他处处是要民众服从他的统治，不是他自己去服从民众而行动。第二，他的左右几乎皆为右派反革命分子所包围。尤其在革命势力伸张之今日，一般从前的贪官污吏、土豪劣绅、买办阶级知道：徒然在国民党外反对革命，已经无用，皆立刻摇身一变而为三民主义信徒的国民党员，去阿附蒋介石，于是帝国主义及北洋军阀，皆一致赞成蒋介石为国民党中之稳健派领袖。并向蒋提议，如南方能除去急进分子，限制工农运动，驱逐俄国人则南北无不可以合作之点；帝国主义对国民政府，亦无不可以承认之处。我们看蒋介石在国民党中已成为一切反动分子的领袖，在行动上已完全接受帝国主义北洋军阀的提议，他怎得不仇视上海革命的工人以及一切革命民众的组织呢！

二、4月12日晨收缴工人纠察队枪械的经过

总工会之纠察队总数共有2700人，分驻闸北、吴淞、浦东、南市四地。当第一军第二师刘峙未开走时，其军队对闸北总工会会所及纠察队总指挥处，纯取包围形势，十分严重，大有一触即发之势。自第二师开走，二十六军周凤歧部队开来后，即对工人表示绝无恶意，于是闸北戒严情形，已较前松懈。延至11日下午4时后，忽有二十六军第二师大批军队，散布街市，形势十分紧张，纠察队总指挥处亦迭接各方密报谓今夜将有流氓，由外人保护从租界冲出，联合军队袭攻工人纠察队。纠察队总指挥处当即送函二十六军司令部，请求万一发生不幸事件，望予援助，但未得答复。纠察总队指挥处遂通知各地纠察队，加紧戒严。

延至次日清晨（12 日）4 时左右各地流氓军队，同时动作，向纠察队进攻，兹将各地经过分述如后：

1. 闸北总工会会所。12 日晨 4 时许，总指挥处方面据闻湖州会馆总工会所发生枪声，工人纠察总队指挥顾顺章，即偕卫队二人，军医及书记等往该会馆总工会会所视察情形。入内略事休息，约过 20 分钟，枪声复作，顾氏出外探视，即见 60 余便衣军，臂缠白布黑“工”字徽章，正向会所内放枪，门前纠察队 20 余人，亦向之抵御。未及 10 分钟，又有大批二十六军部队赶到，当有五团团长邢霆如，向纠察队谓：“请你们不要还击，我们来，为你们缴他们便衣军的械。”说毕，即将所有便衣军枪械，未经抵抗，完全缴下，并用绳索捆绑。纠察队见状，即请党军入内吃茶及香烟，邢团长简营长即对顾谓：“既有今夜这件事实发生，请你们同我们到二师司令部，见我们师长，商议解决办法。”顾即不疑，偕六纠察队员同往，讵行至半途，邢团长突然变色谓：“他们（指便衣队）枪械已被缴了，可是你们的枪械，也应该缴下才好。”顾答：“不可，他们流氓是捣乱的，我工人纠察队是革命的，如何能够缴械呢?”章营长即指挥卫队，将顾及纠察队之械缴下，又令顾回会，下令全部纠察队自动缴械，顾坚持不可，谓：“本会委员长外出，未得总工会命令，不能擅专。”于是邢团长张营长即说：“是的，缴械这事，是不好看，不要缴吧！我们另外想想法子，请你们把枪通通靠起来。”该会纠察队见总指挥被捉，只得依言三叉式将枪靠好，党军又逼令纠察队，向后退三步，并将机关枪等对准湖南会馆纠察队，至此遂无能为力，党军即入内占据该会，办事员亦全部退出。随后邢即要顾同赴第二师师长处谈话，顾无法反抗，遂同到宝山路天主堂二师司令部，时在上午 7 时，拘至下午 3 时许始行释出。

2. 闸北商务总厂。宝山路商务印书馆印刷所（在俱乐部对面）楼上，本有纠察队 60 余人，耳门有六人通夜守卫，12 日晨 5 时许，忽有六人自租界出臂缠白布上书黑色“工”字，手执盒子炮，向耳门守卫轰击，守卫与之抗拒，但楼上纠察队已有被弹击伤者，俄而二十六军大批从宝兴路方面开来，大呼："不要打，我们都是自己人，不要误会，我们是来调解的。"及抵门首，即令守卫开门谈话，守卫见党军至，不疑有他，即依言开门，门启，大队即一哄而入，上楼将纠察队完全缴械，并将簿子间及商务工人办事室，完全抄过，计抄去步枪60余支，纠察队员出门后向尚公学校逃遁，并被拘捕一人解至二师司令部。

3. 闸北商务俱乐部（即纠察队总指挥处）。商务总厂纠察队被缴械之同时，约在5时20分，俱乐部总指挥处，忽来着党军服式，手缠白布"工"字符号者，二三百余人，在该号铁门前，高喊一声散开，即有数十人，向前门冲锋，并大呼"缴枪！缴枪！"时铁门前纠察队副队长杨凤山，与之理论，该项人等即将杨所携之盒子炮一支夺下，并当场将其击毙，转向内面冲锋。唯该门岗甚多，难于冲进，乃从俱乐部嘉庆里后面夹击，登时枪声大作，初仅长枪盒子炮声，继以手提机关枪，开至十数排之多，均射于俱乐部图书馆三层楼墙壁上，泥瓦纷飞。在内之纠察队，亦据图书馆俱乐部各窗口，以米袋堆起，作防御战。至8时许，第二十六军第二师派出第五团前来，并携一函，略谓"贵处与某方发生误会，此种不幸之事件，应即双方停战（吹号为记），敝部特派第五团邢团长前往调停，如有某一方不服从调停者，即解决某一方，调停时间以11时为限"云。该部队一至，即向俱乐部取包围形势，并拟进内交涉缴械，纠察队不允，第五团邢某，要求派代表同往上海总工会交涉，纠察队以总指挥不在，允派大队长二人同往，该团长仍以无正式代表为词。适此时有职员周某，从某医院得悉此讯，急奔至俱乐部内，力谓可负全责，该团长又谓须先向司令部呈明经过情形，周君即偕往，当被禁于司令部。该团长即回俱乐部，要纠察队全体集合谈话，当时纠察队，见该团长态度十分和善，又以为真正攻击工人之敌，已被击退，遂不疑惑，遵令集合。邢团长向纠察队全体队员讲话，略谓："工友们，二十六军系人民之武力，民众之军队，愿意保护你们纠察队。昨日晚上敝部接到报告，谓有人将于今晚冲突，同时总指挥部亦接到同样报告，要我们军队将双方缴械，我们已拿到反动派30余人，将予严办。现在我只得奉长官命令执行，你们可将枪械尽量藏起来不动，关起门不要开枪，你们周代表刚才同赴我们师部，也说枪无论如何不能缴去，放在里面是可以的，现在他去军部去了，一切事件，由我们军部负责，不会缴你们枪。现在我本人还有一点意见，就是：外间对于今早这件事情发生误会，最好由我派一连徒手士兵，与纠察徒手游行一次，表示切实联落。”纠察队员是时鼓掌赞成，后纠察队出发，所有该团队部在宝山路一带者乘机蜂拥入内，将俱乐部完全占据，并将楼上楼下严密搜查，枪械全部搜去，并将各着便衣办事人，一律搜查一遍驱逐出外，举凡纠察队之一切衣服银钱用品，乃至一衣一袜之征，亦被捆卷以去，东方图书馆中重要之图书仪器，均被捣毁。

4. 闸北天通菴路。天通菴路棲流所，驻有总工会纠察队四五百名。12日晨7时半，亦由司令部派遣第四团前往缴械，双方开枪约半小时左右，纠察队不敌，终屈服，并被捕去五六人。

5. 南市华商电车公司。11日晨3时许南车站一带军队步哨直放至西门大小南门一带陆家浜一带；有形似工人臂缠白布黑“工”字徽章者，约250名，自法租界南阳桥乘汽车冲入华界，持手枪盒子炮炸弹等，分三路包围两车站前面的华商电车公司，一由南站火车轨道越过；一由兵工厂望道桥而过；一由沪军营地方前进。迨越轨而过之一队甫至南站前门地方，为纠察队放哨之士兵所见，向诘口号不合，急向电车公司报告（该公司内亦有纠察队百余人驻防）乃由纠察队发令拒敌，时已4时30分。二十六军一团三营，及机关枪一连亦到，先放空枪两响，继以步枪，至5时许未能攻破，乃用机枪扫射，两面墙壁上之枪洞，密如蜂窝，附近电车线亦完全倒下，垂地如网，至6时遂将大门打开，各兵一拥而上，于大门内抄得旧式机关枪4挺，盒子炮2杆，手枪3支，步枪300余支，又入内至各办公室搜查，所有门窗及写字台，尽行击毁，公文信件，凌乱满地，钱箱亦被翻倒。军队方面伤三名，一弹穿掌心，一伤臂，一伤手。厂内一某姓茶房，面部着弹，夜班匠两人，一伤肩，一伤胸，卧地不起，势极沉重，旋由红十字会，用车载去医治，纠察队亦全释放。至下午 3 时许，所有围攻军队，完全退去，厂门亦闭，其办公室前，由白崇禧贴有布告云："查电气事业系关系公用，不容一日间断，现华商电气公司工人，因故纷散，应即立时复工，以免阻碍地方安宁秩序。本总指挥，本保障工人利益之旨，对于捣乱分子，自应严予取缔。对于纯良工友则力予保护，为此布告周知，望勿轻信谣传，其各安心任事，切切此布！"但电车是日终未开驶。

6. 南市三山会馆。围缴南车站后面三山会馆纠察队枪械之军士，系二十六军二团一营杨其藻部。该部于 12 日晨 3 时半开抵该处，即将会馆四周包围，先由连长翁国华、排长傅国俊叩门入内，限 10 分钟内将枪悉数缴出，当即拒绝。该部遂开始用机关枪步枪迫击炮等分两面射击，因馆墙高厚，弹不得入，遂用仰射法，子弹纷纷由高下坠在内；纠察队则分藏大殿及后屋等处。至 5 时顷，枪声稍息，过了 5 分钟，兵士又高吹冲锋号，枪声又作，伤纠察队五名，死一人。至 6 时许，在内之纠察队 100 余人，知困守无益，遂开门缴械，军队一拥而入，缴步枪 345 支，重机关枪 5 挺，新式机关枪 2 挺，手提机关枪 3 挺，各队兵士制服亦均卸去，并将大队长何杰等多人，连同枪械，一并解至新普育堂团本部，经团长赵观涛一一讯明，即行开释；队长何杰，于下午解往龙华总指挥部。

7. 浦东各处。原驻浦东三区警署纠察队第 8 队，春江码头第九队暨各分队约六七百人，每晚与该地驻防军队，轮流守卫。前晚得总工会命令，特别戒备，多未解衣而卧。至清晨 4 时许，军队来换班，纠察队多回队休息，军队遂乘机攻入，纠察队不加防御；纷纷弃由后门出走，间有持枪作瞄准式者，致遭击毙，受伤者轻重不一。死伤者：第八小队长彭海清，队员冷汉魁，小队长汤斌权、队员杨森云等 4 名被当场击毙；

其余黄子卿，袁林，陈康林，沈长山，王安堂，姜洪桃，王安桂，吴喜欢等8名，各受枪弹刺刀等伤。

8. 吴淞。吴淞纠察队分驻三处：一在大街西市圣公会；一在旗站六营公所，为国立政治大学学生宿舍；一在大街，12日晨3时由军队前往，分令将所有军械缴出，纠察队尚无抵抗，只开放空枪两响而已。

从以上的记载，很明显的看出，此次缴工人纠察队枪械举动，完全是军事当局与帝国主义及流氓共同预备好的圈套。由租界放出流氓，先行发动，流氓不胜，而后由军队假维持援助之名，骗缴工人纠察队枪械，工人不察，竟堕若辈术中，真堪悲痛！

上海总工会委员，亦恰于是夜，赴杜月笙上海青红帮领袖之约，不见归来，后来始知，已为帝国主义者及流氓擒送军队杀害。

三、蒋、白等事后的表示

自工人纠察队枪械完全被缴后，即由白崇禧、周凤岐以戒严司令名义，发布布告，诿为工人互斗，所以缴械。又恐工人罢工援助，同时颁布严禁罢工令。但二十六军一师师长伍文渊对新闻报记者之谈话，又谓，"此次缴工人纠察队枪械，系因白总指挥奉蒋总司令密令，谓工人欲冲入租界，捣乱后方，故速令缴械。"浦东周营长之布告则又谓："系奉白指挥令，有反动分子，受敌贿买，着将民间枪支，一律收缴。"观于彼等发表言论之相异，很明显的可以见到彼等故意诬陷工人之毒计，兹将戒严司令部布告原文，及伍师长谈话，浦东周营长布告，抄录如下：

戒严司令部严禁罢工之布告

为布告事：现值戒严期间，地方治安，亟应维持，闻此有不肖奸徒，受敌贿买，煽惑罢工，希图扰乱，殊堪痛恨，深望各工友明白大义，勿中奸谋，如敢故违，即系甘心破坏国民革命，自弃于中国国民党之外。本司令有维持地方治安之责，在此戒严期间，如有上项情事发生，不问首从，定即按照戒严条例严惩不贷，特此布告。戒严司令官白崇禧戒严副司令官周凤岐。

东路军前敌总指挥白崇禧十二日布告

为布告事：本早闸北武装工友，大肆械斗，值此戒严时期，并前方用兵之际，武装工友，任意冲突，殊属妨碍地方安宁秩序，本总指挥职责所在，不得不严行制止，以保公安。除派队将双方肇事工友武装，一律解除，并派员与上海总工会妥商善后办法，以免再起斗争，而维地方秩序。所有本埠各厂工友，务各照常工作，毋得轻信谣传自贻伊戚。为此布告，仰各界人等一律知悉，此布。

第二十六军军长周凤岐12日布告

照得本日拂晓，本埠各处，忽闻枪声四起，即经派人调查，据报系有工人及莠民暨类似军人持械互斗，势甚危急等语。当以本埠地处冲要，偶有不靖，势将影响大局，况当戒严之际，尤不容有此等越轨行动，危及安宁。本部职责所在，不得不力予维持，妥为消弭，当即分饬所部，赶赴各地弹压，不论何方面有不遵约束者，即依照戒严条例，勒令解散缴械，以靖地方。兹据报所有各地枪械，已暂为收缴等情。是此突如其来之事变，业已平定，深恐地方人民，未明真相，转滋误会，合亟布告，凡尔军民人等一体知悉，务宜各安生业，勿得惊扰致碍治安。倘有不逞之徒，仍敢造谣生事，一经察觉，定当严办不贷，切切此布。

前敌政治部命令

前敌总指挥部政治部主任陈群，昨派董福开等办理此事，并有命令云，今晨上海总工会各工友，自起冲突殊属不幸，现奉白总指挥面谕，双方均不得以武力相见，静候调处。兹特派董福开、袁逸、费公侠、唐尧卿、程致、蔡公时、李于峰、刘公畏、王次宾诸同志为专员，速组委员会，以董同志为主席，调查此次起衅原因，并设法秉公处理。务使风潮早息，各工友均得安居乐业幸福为宗旨。如何情形，盼述具报核办。此令！

浦东特务营营长周济民布告

案奉总指挥白令开：淞沪一带，查有反动分子，受敌贿买，煽惑捣乱，着将民间所有枪支，一律收缴，以遏乱萌等因。奉此：遵即将浦东纠察队枪支，暂行收缴。尔等须知此举，纯属防止反动分子之破坏国民革命军，原非得已，切勿妄听谣言，自相惊扰。地方治安及工友利益，本营长自当切实负维持及保障之责。倘有不肖奸徒，造谣滋事，或私藏枪火，不即报缴，一经察觉当即严办不贷，切切此布。

伍师长之谈话

13日下午5时许"新闻报"记者赴海潮寺往谒第二十六军第一师师长伍文渊君，询以办理缴械经过情形。据云：敝部前晚接奉白总指挥密令，以蒋总司令迭据密报，有假借工会名义，欲冲入租界，扰乱秩序，殊与地方治安有关，嘱令激烈分子，从速缴械，以免骚扰。敝部奉令后，即于昨晨派第一团长赵观涛，第二团长徐雄，前往电车公司及三山会馆缴械，当时电车公司有工人100余人，曾先开枪抗拒，争持一小时始解决。一团兵士受伤3人，当场缴到机关枪2挺，枪4支。三山会馆有工人400余人，工人紧闭大门，兵士曾开排枪二次，未伤人，至7时许工人表示愿缴械，当场缴得机关枪7挺，枪300余支，并拘获抗拒首领何大队长一人，已解往总指挥部。工人即解散。至上午9时许，秩序即恢复。伍师长云：值此前线军事吃紧之际，后方断不容人捣乱，即使收回租界，亦应用正当方法交涉。设令无知者，一味胡闹，则不特租界不能收回，反可令外人有所藉口，殊非吾国民所应出。此次解除工人纠察队武装，无非为谋地方之安宁而已云云。

四、二十六军党代表赵舒愤懑辞职

自军队缴纠察队枪械事发生，且由二十六军执行，该军党代表赵舒，十分愤懑，反对无效，便留书出走。二十六军政治部工作人员，亦同时自行宣告解散。二十六军中有很多革命兵士，闻长官以机关枪打工人，有数十人裹械潜逃。

五、工人群情之悲愤与总同盟罢工

各厂工友自12日清晨闻纠察队被军队包围枪击，即纷纷停工出厂，哀求兵士停枪，声泪俱下。各地纷开群众大会，要求：一、交还工人纠察队枪械；二、保护上海总工会；三、惩办流氓肃清反动分子。上海总工会以此次变起仓促，经工友群众之悲愤要求，遂发布以下之总同盟罢工令：

“昨日（12日）晨4时，突有由租界冲出之武装流氓，身着制服，袖佩工字符号，在闸北、南市、浦东、吴淞各处向本会纠察队攻击，驻本埠军队各师团营部预奉有命令，亦同时动作，以种种欺骗手段，缴去本会纠察队全体枪械，并抢去工会及纠察队驻所一切物品，虽一衣一履，囊括无遗，缴械而后，呼啸入租界而去。本会纠察队因抵抗而死者百余人，工友群众死者数百人。自晨6时起各处工友陆续罢工出厂援救，对兵士哀号泣恳，竟遭射击。前后情形惨不忍言。军事当局与租界中敌人默契，昭然若揭，事实俱在，证据确实。本会至此，唯有宣告全上海总同盟罢工，以为抵抗。本会所领导80余万工友，誓死奋斗，宁愿死于以国民革命为旗帜者之手，虽死亦有荣。谨此宣言，唯各界同胞鉴察。上海总工会”

上海总工会又将此次事变真相通电全国，原文如下：

全国各界同胞钧鉴：东路军前敌总指挥白崇禧，突于本月12日上午4时，下令沪上各军与租界当局所收买之流氓便衣队，包围上海闸北、南市、浦东之纠察队，用机关枪扫射8时以上，死伤多人，全体缴械。窃我上海工人，素为反帝国主义及军阀之先锋，历次响应北伐军，推倒孙张军阀，牺牲极大，卒能驱除顽强抵抗之奉鲁军阀，在上海工作上不无微劳，而所得者仅此夺自奉鲁军手中之枪械，而编成纠察队用以自卫。此纠察队并非如军阀之欲发展各人之野心割地盘争权利，实系根据历年来受帝国主义军阀流氓及一切反动分子压迫的经验，为自卫计，不得不成立此一种武装联盟，与商人之商团、市民之保卫团同属民众武力，正合革命需要，反令勾结帝国主义，扑灭民众之武力，得称为革命军正当之行动耶？我上海工人自五卅以来，均在本会指导之下，经过长期之训练，组织严密，向少无意识之举动，当鲁军败退时，帝国主义及鲁军阀之枪炮所引起之宝山路大火，工人纠察队一面与鲁军纠察队搏战，一面救息火灾，于鲁军被缴械后立即恢复秩序，于此可见工人纠察队是市民秩序之维护者。党军抵沪，即再三宣告，对于一切外交问题，悉与国民军同一步骤，决无单独行动，以致行动步骤不一致。白总指挥抵沪后，曾正式宣告工人纠察队与别动队不同，蒋总司令亦曾声明此言，谓“工人武装为自卫计，乃属必要”，并谓“决不缴械”，今言犹在耳，是工人纠察队毫无违法可言，且国民政府出有通令保护。兹姑退一步言，即令根据如何理由有缴械之必要，同属革命组织，兄弟骨肉，有何不好商量，尽可预先通告，事前商量，乃必出此残酷高压之手段，演成市街之流血，危害市民生活之安全，破坏军民之联合，使帝国主义者乘我兄弟阋墙之际，更可乘机进攻，岂但于法律手续有所不合，并于革命前途影响实大。此等举动在帝国主义军阀为之，吾人亦视若寻常，今乃竟由革命之北伐军对于革命之工人纠察队为之，实为国民革命之污点，吾工人甚为耻之。吾工人自始即信任北伐军，虽帝国主义者日日造谣，谓党军如何敌视工人，将缴工人纠察队之械，工人卒不之信，此于党军用欺人手段来缴械时更可证明，不意堂堂皇皇之党军，竟听帝国主义之谗言，并协同之以缴中国工人之械，若全国党军皆如此，吾人不能不为国民革命前途痛哭！现在上海全体工人愤懑自卫武装之被掠夺，总工会之被蹂躏，为革命前途计，为打倒新军阀及帝国主义计，已宣布一致罢工，不达目的不止。吾人要求立还纠察队武装，肃清反革命派，及一切流氓工贼，向帝国主义提出严重抗议，保护工会，惩办负责之军事长官。除电请国民政府负责办理外，将此布闻，深望全国同志一致援助云。

六、上海总工会宣言

本会领导全上海80万工人，自前次五卅以来，不断与帝国主义军队奋斗，一面为自身求生存，一面为全市民谋解放。自三次徒手奋起与孙传芳、张宗昌军队肉搏，牺牲了许多勇敢的工友，流了无数次的血，最后始于3月21日由本会纠察队缴除奉鲁军枪械，响应北伐军顺利来沪，使上海市民避免很大的损失。所有功绩，早为社会人士所称赞。本会纠察队即以夺获军阀的枪械，组成常备纠察队，一面自卫，一面帮助军队保卫团维持地方治安。以80万工友之组织，保留此少数武装自卫，以防制流氓之捣乱，实属必要。国民政府亦来电嘉奖此民众之武力，允许其同正式军队一律待遇。然而帝团主义及国内一切反动势力震惊工人革命势力的力量，非常恐惧不安，遂造作诽诬，厚诬上海总工会将指挥工人纠察队冲入租界；厚诬上海工人将乘北伐军前线紧张时，在后方捣乱。关于前者，本会早经登报声明，事实俱在，可以调查；关于后者，更不待辨白自明，焉有过去牺牲奋斗，以响应北伐军而今复在后方捣乱之理。当总司令在沪时，亦曾详细为总司令解释一切。不幸昨日（12日）竟发生军队预设网罗；围缴纠察队枪械之毒计。事变以前，军事长官预有密令证据确实，先由租界冲出流氓身着党军制服臂袖工字符号，流氓在前，军队在后，齐来袭击，杀死本会纠察队与工友多人，并将纠察队住所一切物品全数抢去，虽各处工友陆续罢工，出厂援救，对兵哀号泣恳，亦遭射击，前后情形，惨不忍言，本会委员长亦于前晚被人暗害，军事当局与租界中敌人默契，昭然若揭。全上海80万工友艰苦奋斗所欢迎而来之北伐军，竟给工人以超过孙传芳张宗昌压迫之报酬。今日工人群众赴司令部请愿，途中又受军士包围枪击，死伤无算。本会此次唯有宣告全上海总同盟罢工，以为抵抗，本会为此深对各界不安，然为本会80万工友之生存计，势难避免，唯望各界团体加以谅察，并能积极加予援助，本会所领导之80万工友誓死奋斗，提出以下要求：

1. 交还纠察队枪械；
2. 发还工友被劫衣物并赔偿一切破坏损失；
3. 抚恤死伤工友及其家属；
4. 惩办下令开枪攻打工友的军事长官；
5. 严缉暗杀本会委员长凶手，为汪寿华报仇；
6. 交还工会各机关保护总工会；
7. 制止流氓捣乱，肃清一切反动派。

上海总工会

（4月13日）

七、工人群众徒手夺回上海总工会会所

12日正午12时工人群众在闸北青云路大会后，遂齐往湖州会馆总工会所，要求军队撤退，交还上海总工会会所，而军队初犹拒绝，工人悲愤填膺，不顾性命，号哭冲进，军队见数万人如此惨痛情形亦稍心动，乃撤退去。是夜总工会内有徒手工人万人，露宿庭院中，忍受冷风苦雨不肯退去，以保护工会。次日群众又自动启封纠察队总指挥处，入内办公。

八、南北市的市民大会

自纠察队缴械消息传出后，全沪市民均惊骇万分，12日上午12时闸北青云路广场即开数万人之市民大会，议决发表以下之通电：

全国同胞们：上海工人自五卅以来，在帝国主义与军阀严重压迫之下，即继续奋斗与各界人民一致做解放运动，并组织一80余万人之上海总工会；及北伐军出师以来，上海工人各奋不顾身与孙张军阀对抗，屡仆屡起以响应北伐军，卒能使孙张军阀迅速倒台，并驱逐盘踞淞站之鲁军，使北伐军顺利达到上海并阻溃兵之抢劫，所以这次上海革命之胜利，上海工人实著有殊功。工人将鲁军驱逐后即夺其枪械编成纠察队用以自卫并维持市面治安。此项纠察队之组织因沪上流氓工贼之多及反动派之猖獗，实有必要。白总指挥抵沪后即正式申明工人纠察队与别动队不同，当可保存。蒋总司令来沪后，亦申明此旨，并赠工人纠察队“共同奋斗”大旗一面。不料昨晚闸北、南市、浦东、吴淞工人纠察队即被大批党军监视，今晨4时半即协同租界当局所收买之流氓一致动作，至10时后即将所有纠察队一律缴械。纠察队及人民受死伤者数百人，凄惨万分，当党军正向纠察队缴械时，帝国主义的飞机复翱翔空中示威。群情愤激，特召集市民大会，一致表决要求下列诸条件：

1. 交还纠察队之枪械不达目的不止；2. 肃清工贼流氓及一切反动派；3. 保护工会；4. 对租界当局直接残杀中国工人纠察队应提严重抗议；5. 请国民政府负责并严办下令缴工人纠察队械之长官。谨此布闻，望全国同胞一致援助。

上海闸北市民大会叩

南市体育场12日开欢迎汪主席复职大会，到会群众30万人，会后齐到龙华总指挥部请愿，虽大雨如注，路途泥泞，群众仍鼓勇前进，不稍畏避。群众至龙华后，经过总指挥部直达大操场开市民大会，即推举学联会为大会主席，宣布开会宗旨，迎汪大会改为请愿，请愿条件如下：

1. 请白总指挥尊重民意；
2. 立即恢复工人武装；
3. 保护上海总工会；
4. 保护各级党部，因一区党部已被反动派捣毁；
5. 取缔反动团体。

主席报告请愿团体，即由全体民众欢呼通过。并推举市党部、总工会、学联会、南市区民代表会、各界妇女联合会、九亩地商联会等九团体为总代表。代表推定后，即向总指挥部进发，代表前行，群众追随，悲壮激愤，从来未有。至总指挥门前，代表入谒见，群众在外排队立候。代表入内后，白崇禧推公忙，由潘宜之（主任）接见，代表等即提出群众决定之请愿条件，开始讨论。

首先由潘说明武汉国民政府与蒋关系甚为不好，徐邓等主持之，此间对你们民众亦无办法。其次即谈及联俄联共问题云排斥苏俄个人与放弃联俄政策无关，联共是要共产党做国民党工作。再次又谈及工农政策，潘云国民党有国民党的工农政策，是不分阶级的。最后即说及条件，潘依各代表提出条件逐一答复。

1. 革命军当然要尊重民意；
2. 工人武装是可以恢复的，但因纠察队有自相械斗，故解除其武装以后可由总指挥部指挥；
3. 可以保护上海总工会，但须交党部指挥；
4. 各级党部当然保护；

5. 所有反动派组织团体可由市党部会同政治部调查取缔。

潘答复后，即由各代表发表意见，对潘答复，详加解释：

1. 关于上海总工会受党的指导是不成问题，总工会早已在党的指导下，早已做了党的工作，历次国民革命运动，无不率领上海数十万工人热烈参加，并有伟大光荣之牺牲，且受市党部的津贴。

2. 学联会提出潘主任所答全系理论，要有确实办法，要有确实保护，并眼前即有数十万群众，其意志即应尊重。

3. 总工会提出工人自相械斗绝无其事，在同一组织之下断无自相冲突之理，只有外人或反动派向纠察队或工会捣乱而引起冲突，但当局，如何对纠察队对方之武装未有解除?

4. 工人武装是中心问题，无论如何尊重眼前数十万民众意见，承认恢复。经此解释，即开始决定条件，恢复武装甚为重要，故讨论甚久。

潘云：要恢复武装最好待16号中央执委之解决。

各代表云：群情激愤，务须立即答复，以顺民意。

潘云：须向总指挥请示。

各代表即提出条件办法，恢复武装后可受白总指挥指导。

潘云：纠察队需指定地点驻防，并受政治部训练。

总工会提出实际办法，此后可由总工会、市党部、总指挥部共同组织"工人纠察队指导委员会"。讨论至此，即由双方同意解决。

其他问题，如保护总工会、各级党部，尊重民意及取缔反动团体等条件，亦由潘接受各代表"确实执行不重理论"之意见。

此为条件决定之大概情形也，各代表于下午5时入内，双方谈判历三时之久，其时数十万群众鹄立门外，静候代表回复，虽天雨淋漓衣服尽湿，然并无退让及骚动之现象，为从来所未有之群众大会。后代表出外报告——谈判结果，群众对“纠察队受白总指挥指挥”一条颇为不满——意欲纯属工会指挥，后经工会代表详加解释始平息散去。

实际今日潘宜之所许之条件，完全是驱散群众，并非真心所允许也。

九、各群众团体的声援

市党部特派代表往谒白崇禧询问收缴工人纠察队枪械原故，由传达队队长黄遂代白接见，其谈话如下：

问：今晨南北市总工会纠察队被人缴械，是因何故？总工会在本党部领导之下，自有裁制，此事恐系反动派所为，白总指挥是否加以惩治？

答：此事全属工人双方械斗，白总指挥为维持地方治安起见，已将双方械斗之工人全体缴械，至善后事宜，白总指挥将与总工会妥善协商，已印就布告一纸，请阅读便知（当以一布告出见）。

问：白总指挥将与总工会妥商善后事宜甚善，然则工人武装应得保存。

答：已详布告不必再答。

问：既经如此，白总指挥究关于此事有何意见？

答：现在还只办了一半，还有一半未曾办理，一时殊难具体作答，候白总指挥回来后当以书函答复贵市党部。

问：上海全市党员市民对于此种缴械事项甚为怀疑，且多觉恐慌，白总指挥为本党上海最高军事领袖，甚望能加以保障。

答：大家都是三民主义信徒，有何恐慌可言。

问：正因为大家都是三民主义的信徒，正因为大家都是中国国民党的忠实党员，所以有请我们的武装同志，制止反动派的阴谋，严加保障的必要。

谈至此，代表遂告辞而出。

市党部又发表以下之宣言：

年来国民革命之长足发展，为本党总理所手订联俄、联共、扶助工农三大政策之实效具体表现。而工农政策之真精神，不只在为工农群众谋利益，尤其使工农阶级自己觉悟，助长其政治斗争力量，为国民革命主力军。在国际帝国主义宰割下之次殖民地，中华民族工农群众之参加革命，事实已表现在国民革命之领导地位。上海为帝国主义者侵略我国大本营，绾毂全国经济输纳，过去的革命斗争，我奋勇无前之工人群众无一次不流血牺牲，最近攻击鲁军之役，竟发动两次，鏖战三日之久。总工会领导上海百五十万工人，在本市党部领导之下，为沪上唯一健全机关，此次中反动派阴谋，乘隙俟罅，突被缴械，本党部认为此种事情影响所关，不只沪上民众运动突受挫折，即对于革命的战线上，减掉大部分之实力。工人群众，必须有政治斗争力量，方能在军阀政治推翻后，表示民主政权之切实开始。我工人群众应即不稍退让，整顿队伍，领导国民革命；军事当局，亦当将枪械交还工会，切实保护工人组织。特此宣言。

市民代表会亦致电蒋介石，其文如下：

蒋总司令勋鉴：本月 12 日晨 4 时，本埠闸北、南市、浦东、吴淞各处工人纠察队枪械，同时被白总指挥命令二十六军派遣大队悉数迫缴，各处均死伤多人。查上海总工会领导全上海工人，数年来与帝国主义者暨军阀不绝的奋斗，最近又不惜重大牺牲，数次武装暴动，响应北伐军，消灭直鲁军，其功绩灼然可见，其有今日之地位，实以无量数之热血头颅换来，是以钧座奖赐旌旗，题曰“共同奋斗”。上海收复以后，协同军警维持秩序，毫无轨外行动，彼帝国主义者及反动派，虽百计挑拨，造谣中伤，卒无间隙可乘入。万不料同隶青天白日旗下者，乃有横肆摧残之举！先总理出生入死，从事革命者，全在解放被压迫民族，而临终遗嘱，尤念念不忘于唤起民众，钧座为总理忠实之信徒，对此有组织有纪律富有牺牲革命精神，著有伟大功绩之工人群众，方保护奖励之不暇，决无横施摧残之意，伏祈迅赐严命，彻底查究，将所缴枪械悉数发还，并予确实保障，此后不再发生此类事端，庶不致愧对先总理在天之灵，并有以自解于普天下之民众，且免革命军民之联合战线破裂，而为帝国主义所乘。党国前途，实利赖之。临电不胜迫切待命之至。

临时市政府致白崇禧函如下：

白总指挥钧鉴：国民革命第二十六军所部，突于今晨（12日）黎明时，将南市及闸北工人纠察队军械悉数迫缴。查工人纠察队在过去不惜重大牺牲，响应北伐军，消灭直鲁匪军，其功绩昭然在人耳目。上海克复后协同军警维持秩序，对于地方亦不无微劳足述，是以蒋总司令对之极为赞许，赠以旌旗，题曰“共同奋斗”。夫解放民众为吾党之职志，扶助工农为总理手定之政策，工人纠察队为民众武装自卫之表现，方提倡奖励之不暇，今反横肆摧残，何以自解于革命民众！何以对总理在天之灵！此举谅必别有误会，应请钧座将二十六军所缴该队枪械，迅予令饬悉数发还，并予以确实保障，以巩固革命的军民之联合战线，免为反革命派之奸计所中伤，庶几无背于国民革命之初旨，并完成总理之遗命，不啻上海市民之幸，党国前途，实利赖之。

上海市学生联合会派代表携函见白崇禧经过如后：上海学联会代表杨卓初、宋至门二君前往龙华，持函请见白崇禧，请其保护工人纠察队，并迅速派员彻查真相，停止战争，恢复秩序，以免闸北市民重受战争之苦。抵龙华司令部后，由副官处接见云，“白总指挥公务甚忙，不能接见面答，对于工人纠察队事，本部尚未接得各方报告，无从答复，可将此函留下，以后再作书复。”该代表等复请见参谋长，以便面陈一切，不意参谋长公出，该代表等即将原函留下而返，其函文如下：

敬启者，顷得闸北方面同学报告，驻扎东方图书馆之工人纠察队，于昨晚突遭便衣兵士袭击，战事甚烈，枪弹横飞，房屋为墟。上海自齐鲁战事以还，民生凋敝，已达极点。此次北伐军抵沪，毕庶澄部顽强抵抗，闸北一带，焚毁掳掠，所受损失，更非言语所可比拟。幸得钧座来驻沪滨，社会秩序，日见恢复，方期奠定基础，急图建设，振军继武，直捣幽燕，完成国民革命之大业，讵意此种足以影响革命工作，破坏社会治安之不幸事情，忽又发现于风声鹤唳之闸北。工人武装自卫，原为先总理之遗政，我党所定之策略，沪上之工人纠察队，于此次光复淞沪战争中，与直鲁反动军阀，苦战二日之久，幸获最后之成功，对革命运动不无多少帮助；事变以后，亦未见有所殒越；钧座与蒋总司令，亦曾明令保护维持现状。昨晚一部分便衣兵士对工人纠察队之举动，想系反动分子企图抢械冀谋扰乱破坏大局，恳乞钧座迅予派员调查，停止战争，严惩反动分子，保持工人武装，以免蹂躏市民而维持社会治安。特派杨卓初、宋至门二君代表前来，陈述一切，希赐接见为荷。

十、十三日的群众请愿大流血

因12日工人纠察队被缴械事，总工会特于13日在闸北青云路广场召集工人群众大会，虽因交通阻碍，及所谓党军沿途堵截，沪东、沪西、南市工人群众多不能通过前来，仅闸北到会工人仍然不下8万，学生市民加入者亦甚多，合计约10万人。阴雨濛濛，陡呈现一种悲惨之景象。兹将大会情形，记述于下：

开会后，首由主席王炎报告开会的意义，约分二点：

1. 新军阀和帝国主义者缴我们工人枪械，杀我们工人。

2. 我们的委员长汪寿华，也被新军阀杀死，现在奉鲁军阀还未打倒，英国帝国主义更加紧向我们进攻，驻在上海之所谓革命军反而不帮助工人奋斗。又演成空前未有的屠杀，实令人痛心。

工人群众闻言，均悲愤万分，多有痛哭失声者。最后通过：

1. 收回工人的武装。
2. 惩办破坏工会的长官。
3. 抚恤死难工人的家属。
4. 向租界帝国主义者提极严重的抗议。
5. 通电中央政府并通电全世界起来援助。
6. 保护上海总工会。

呼口号：打倒新军阀！为一切死难工友复仇！为委员长复仇！收回工人武装！严办肇事军事长官！拥护总工会！拥护武汉国民政府！

青云路大会散会后，即整队赴宝山路二十六军二师司令部请愿，要求立即释放被拘工友，交还纠察队枪械。当大队行至宝兴路口时，青云路之队伍尚未发动，其长度约二里许，群众沿途高呼口号，行及宝山路三德里附近，即有二十六军二师兵士由各里弄内奔出，向群众开枪，将群众冲散，旋复用机关枪扫射，死者流血街道，伤者纷纷倒地，一时秩序纷乱，呼喊啼哭之声惨不忍闻，但见兵士在街上横冲直撞，如发疯狂，逢人即打，党旗国旗工会旗均被撕毁。当场受击毙者在百人以上，伤者更不可数计，所谓革命军演此大惨祸后，即实行清街，禁绝行人，用大车将死者拖至荒郊埋藏，每车堆装十余人；尚有重伤不及死者，亦被兵士横拖倒曳放置车上，送入土窟，呜呼！惨矣！直待尸首移尽后，始渐恢复交通。

南市方面，同日亦有工人群众游行，至南车站附近，被车站附近之军队放枪射击，当时立毙十余人。

十一、蒋介石之辈对于此次屠杀的文饰与闸北市民的公愤

白崇禧、周凤岐受蒋介石之密令施行此空前恐怖之屠杀后，自知难容于民众之公议，因将上次俘获之直鲁苏军俘虏数十名押解游街，前导大旗，上书"上海总工会通敌确实证据"，"总工会是直鲁联军的机关"，并谓13日之屠杀实由工人及直鲁军图攻司令部，兵士乃不得不出于"自卫"之行动。抑知此种诬陷，决不能欺骗明眼的群众。上海总工会枪械已被缴，更何从有枪械再袭司令部？上海总工会迭次与奉鲁军苦斗，事实俱在，更何能诬以通敌？

附录闸北市民之公函，可以看出此次惨杀之真相，闸北居民郑振铎、冯次行、章锡琛、胡愈之、周予同、吴觉农、李石岑等因13日宝山路工兵冲突惨剧致上海临时政治分会委员蔡元培、李石曾、吴稚晖书，原文如下：

孑民、石曾、稚晖先生：自北伐军攻克江浙，上海市民方自庆幸得从奉鲁土匪军队压迫下解放，昨日闸北，竟演空前之屠杀惨剧，受三民主义洗礼之军队，竟向徒手群众开枪轰击，伤毙至百余人，三一八案段祺瑞之卫队无此横暴，五卅案之英国刽子手无此凶残，而我神圣之革命军人乃竟忍心出之。此次事变，报纸记载，语焉不详，先生等或未能明白真相，弟等寓居闸北，目击其事，敢为先生等述之。4月13日午后1时半闸北青云路市民大会散会后，群众排队游行经由宝山路，当时群众秩序极佳，且杂有妇女童工。工会纠察队于先一日已被解除武装，足证是日并未携有枪械。群众行至鸿宾路口，正欲前进至虬江路，即被鸿宾路口二十六军司令部门口守兵拦住去路，正在此时，司令部守兵即开放步枪，嗣又用机关枪向密集宝山路之群众扫射，开枪达十五六分钟，至少当有五六百发，群众因大队拥挤不及退避，伤毙甚众，宝山路一带百余丈之马路，立时变为血海。群众所持青天白日旗，遍染鲜血，弃于满地，据兵士自述，群众当场死者五六十人，而士兵则一无伤亡者。事后兵士又闯入对面义品里居户，捕得青布短衣之工人，即在路上枪毙。此为昨日午后宝山路所目睹之实况，弟等愿以人格保证，无一字之虚妄。国民革命军为人民之军队，为民族解放自由而奋斗，在吾国革命史上，已有光荣之地位，今乃演此绝灭人道之暴行，实为吾人初料所不及。革命可以不讲，主义可以不问，若并正义人道而不顾，如此次闸北之屠杀惨剧，则凡一切三民主义、共产主义、无政府主义，甚或帝国主义之信徒，皆当为之痛心。先生等以主持正义和平，负一时义望，且身任上海政治委员，负上海治安之最高责任，一切敢为先生等道之。弟等以为对于此次闸北四一三惨案，至少应有以下之处置：第一，国民革命军最高当局应即严惩此次暴行中直接负责之官长兵士；第二，当局应保障军队不向徒手民众开枪射击，军队不干涉集会游行。党国大计非弟等所愿过问，唯目睹率兽食人之行为，则万不能苟安缄默；弟等诚不忍见闸北数十万之居民，于遭李宝章、毕庶澄残杀之余，复在青天白日旗下，遭革命军队之屠戮。望先生等有以谅之。涕泣陈词，颂祝革命成功。

十二、总工会会所与纠察队总指挥处重被军队流氓占领

反动派的所谓党军抵沪后，即挂起一个所谓"工界联合总会"，我们即知道这是为捣乱上海总工会的工具。13 日下午 2 时闸北党军将工人群众屠杀击散后，即有第二十六军一营到上海总工会会所（闸北湖州会馆），声称"奉白总指挥命令，前来接收会所"，并驻扎于该处。约 20 分钟后，即到有大批流氓侦探地痞之徒，或着长衣短褂，或着西装，将会所内职员或驱逐或殴打，所有图章印信一切文件用具悉被霸占。斯时二十六军各团营连部均散放步哨于闸北各街心巷口，见有工人即开枪射击，以致赴总工会之群众皆四散奔逃，不得入内。纠察队总指挥处亦于 4 时左右重被军队流氓占领。上海"工联总会"一般流氓，既借军队之庇护，占领总工会会所后，即发出以下之通告云：

本月 12 日，奉国民革命军东路军前敌总指挥部政治部陈主任令开：今晨上海总工会各工友自起冲突，殊属不幸。现奉白总指挥面谕，双方均不得以武力相见，静候调解。兹特派董福开、袁逸波、费公侠、唐尧钦、程政、蔡公时、李子峰、刘公毕、王次滨、汪啸涯、张伯歧、江华、尹鹏、彭伯威诸同志为专员，迅速组织委员会，以董同志为主席，调查此次起衅原

因，并设法秉公处理，务使风潮早息，各工友均得安居乐业幸福为宗旨，如何情形，迅速具报核办此令，等因，奉此，遂于本月13日下午3时，在湖北会馆前上海总工会宣誓就职，当经开会表决，将旧上海总工会与工界联合总会一律取消，统改为上海工联总会，着手改组内部以期相安，取一致行动，除一面呈请政治部立案外，特此通告。

又在各报登载如下启事：

径启者：上海总工会系少数共产党徒所操纵，纯以压迫恐吓欺骗之手段劫制工友，而使工友供其牺牲。现在工友之因罢工失业者日益增多，至于卖妻鬻子以求一饱，该总工会不惟不为工友设法救济，反更加压迫，以陷工友于死亡，造成彼辈国家社会之捣乱机会。近月以来，此种事实尤为昭著，稍有人心者莫不愤恨。本总会由上海一般觉悟工友联合组织而成，其用意全在实行中国国民党三民主义，一以谋工人本身最正当最确实之利益，一以谋中国建设使得国际上之平等自由。本总会成立以来，工友及工界团体加入者甚众，对于现在尚被压迫于共产党之工会工友，无不力求拔而出之。现在该总会之纠察队业经一律缴械，已不能再施压迫于我工友，是我工友可以完全自由，希即推派代表前来本总会接洽，静候解决；倘不逞之徒，仍复暗中威吓阻挠，着立拘交该地军警长官，或拘交本总会追交主使，从严惩办。

此　布

上海工界联合总会启

该会嗣又改名为上海工会组织统一委员会，在各报刊登启事如下：

启者，本会奉国民革命军东路军前敌总指挥部政治部令组织成立，办理此次上海工友纠察事宜，业由政治部布告在案。

此后凡关于上海工会之组织，统由本会完全指导整理，务使工友组织得以统一，工友生活得以安全，与农工学兵各界民众共同服从中国国民党，努力国民革命，实现三民主义之工作。如再有敌人间谍流氓匪类或违反三民主义破坏国民党之分子，愚弄工友妨害国民党之工人运动，及扰乱地方治安各情，即以反革命论罪，决不宽贷。尚望我上海全市工友一致团结在中国国民党指导之下，谋工友本身永久之福利，至为至要。本委员会办公处暂设湖州会馆，凡有关于工会事件，希径向本处接洽可也。

十三、革命机关概遭封闭解散

自工人纠察队枪械被缴，总工会被流氓占领后，一切革命的团体、机关，皆继续着为军队流氓所占领与解散，兹分述如下：

上海特别市临时政府，于14日午后3时许，由戒严司令部饬派军队乘坐汽车至该政府搜查时，适各委员在内开会，当将市政府在场开会之执行委员10余人，连同办事员茶役等20余人，押乘汽车，一并解往龙华司令部。

国民党上海特别市党部，于14日下午1时，由总政治部主任陈群、东路军总政治部主任潘宜之及吴某等3人，率领武装军士50余人前往接收，是时在党部有办事职员20余人，陈氏即召集全体人员在三楼开会，登台演说。略谓"自第二次全国代表大会以后，共产党即包办国民党各级党部，彼等卑鄙龌龊毫无人格，为所欲为，现我们已下决心，杀死一切跨党分子，而使阴谋捣乱者绝迹"云。演讲既毕，即令市党部常委及可以负责人员答复，发表意见，当时无人起立，后由执行委员汤济沧及工农部声称不能负责，于是陈潘等遂称“党部既无负责人员，则吾等应负其责，此后党部即归吾四人负责”云。

上海学生联合会，有所谓“上海学生革命同志会”者四处煽动，诬毁现时学联负责人，企图改组学联。

平民日报社，于14日下午，即被武装兵士封闭。

中国济难会，该会会所于12日即为军队占领。

十四、军警流氓继续搜捕工会职员封闭工会压迫罢工

南市方面，由警厅侦探引导军队及所谓工界联合会之流氓，分赴各工会监察搜查，分别封闭占领。

浦东方面，由工界联合会所雇之流氓百余人，在军队保护之下，将浦东各工会完全捣毁。

闸北方面，自宝通路至宝兴路一段，因有商务俱乐部，前为纠察队总指挥处，故此一带各街户店，均被搜索，行人不能通过。中兴路宝源路口被枪杀之尸六具，至14日尚未收殓。

为经济要求正在罢工中之丝厂药业茶食业等工人，概被军警威迫上工，工会亦遭封闭。

警察厅且发布以下之命令：“上海总工会举动不轨，曾奉命缴械，一面查办在案，兹恐境内仍有假工会名义，集众开会等情，特令侦缉长周瑞，传集各侦探面谕，分头调查有无工人集会不轨举动，着即查禁。”自此以后，凡工人佩有上海总工会符号者，随时可以拘捕判罪，工人集会，工人罢工，概以所谓“反革命”论罪。于是上海工人之一切自由遂完全剥夺干净，完全在枪弹威胁之下过生活。

十五、帝国主义者对于蒋介石屠杀群众的赞扬与反动流氓的庆贺

自此次事变发生以后，帝国主义的报纸一致赞颂蒋介石、白崇禧处置适当，日本《朝日新闻》论蒋介石此次举动"可造成更稳之空气而中止上海仇外骚扰"，《日日新闻》更明显的说："上海方面之行使非常手段，一面表示蒋介石一派与武汉派决裂固不待言，同时亦表示驱逐在武汉派后面之鲍罗廷以下之俄国势力，此点与北方军阀之主张实属一致，孙传芳与蒋介石一派，除此问题以外殆无相争之理由。由此观之，则此际孙军之进攻，似非可赏赞之行动。"很聪明的帝国主义者，他们已知道蒋介石是他们现时最好的走狗，用来压迫中国革命，比孙传芳还更有用，所以他们宁弃孙而用蒋了。

蒋介石本青帮出身，故能指挥上海流氓为其使用，当其此次来沪，即往上海流氓首领黄金荣家（绰号麻皮金荣），命黄金荣等团结流氓，组织"中华共进会"，专门与一切革命的组织为敌，移其鼠窃狗偷之技，用于捣毁暗杀工作。帝国主义者对于此种组织，亦尽力给以援助，该会机关设于法租界，法捕房特派身佩盒子炮之华捕六人在内保护。此次帮助军队袭缴纠察队枪械的流氓，即为黄金荣等"共进会"所组织之一，拥有队员 500 人，由帝国主义者资给枪支，接应他们，安全由租界进出，不受一点阻拦。蒋介石、白崇禧等犹强称此次事变为工人自相冲突，观于下面各报纸所载南北市商联会对于黄等攻打总工会成功之贺电，可以见其真相。原文如下：

南京蒋总司令、上海白总指挥、各军师旅团营长、中华共进会、各团体、各报馆、全国父老钧鉴：共产主义乃是共同劳动生产，共同平均享用，共同办理事件的共生共享共治的世界主义。不是团结土匪流氓，破坏秩序纪纲，抢夺他人现有财

产，供给少数党人挥霍，垄断一切党权政权军权，破人财产，并人国家，毁人名誉，害人生命的共死主义。请看苏俄1919连年破坏摧残惨死千余万人生命的空前大祸乱，世界人类，无不悼恤。该党在俄已抛弃毫无准备之制度，而退回新经济政策，偏又来华孕育国民党内，实行其共死政策，推翻民生而为民死，打倒智识，利用劳动，为彼牺牲，侵夺利权，商人破产，工人失业，颠沛流离，毫不顾恤，是而可容，人道将绝！兹幸救国义士黄金荣、张啸林、杜月笙等密率敢死同志，于4月12日午前4时，包围自由捕杀商工男女、胁迫罢工、不事生产恶贯满盈之总工会，搜剿枪械，解散不法之武装纠察工贼，并痛惩不明共产主义之共产党员，全埠200万中外士女，聆此除暴佳音，一致踊跃庆贺，希望全国各省县商埠父老所组各团体一致仿效上海，起而诛戮共产党，民国幸甚，国民幸甚。江苏省青年励志协会、北伐国民军后援协会、江苏农民联合会、中国工界总联合协进会、南北市商联会等六十三大公团同启。

十六、上海工人的忍痛复工

我们委员长被杀了，我们的纠察队枪械被缴了，我们纠察队总指挥及数百勇敢革命的工友均在挂革命旗帜的党军枪弹之下牺牲了，我们上海总工会会所被军队流氓占领了，我们各工会也多被流氓军占领或封闭，我们的集会与经济要求，概认为是“反革命”可以戒严法办了，我们舍死奋斗逐走直鲁军所欢迎来的革命军竟是要屠杀我们的人。且反诬我们以通敌之罪名。全上海的工人兴念及此，无不悲愤痛哭，誓扫除此假革命的叛徒。但是，现时此反动之新军阀拥有帝国主义及反动资产阶级之绝大援助，又有大群的流氓走狗供其驱使，我上海工人，全处于四面刀枪威胁之下，集会枪毙，罢工枪毙，稍一动作便被摧残。本会执行委员会痛念我全沪工友今日境遇之艰难，以为现时孤军奋斗，徒多牺牲，不如保持实力以图将来再为伸讨叛逆之响应。因于15日各地追悼委员长及死难工友大会后，即忍痛颁布以下之复工令：

全上海的工友们：此次各业各厂工友，因纠察队被迫缴械事件，义勇奋发，一致罢工援助，忠勇奋斗，已有三日。现在本会纠察武装虽失，但广大群众之伟力尚在，经本会全体执行委员会议决，着即命令已罢工各业各厂工友，自15日起，于开追悼会后，一律忍痛复工，听候各产业总工会及各区域工会指挥。本会暂时命令，概由各产总各工联转达。此后本会仍本初衷领导全上海工友，作政治与经济的奋斗。各工友仍当继续团结，勿为反动权势所惑，勿因暂时挫折而气馁。死难烈士之精神不死，全上海工友团结本会旗帜之下，继续死难烈士之精神以奋斗，是所切盼。此令。

十七、上海总工会致国民党中央执行委员会国民政府呈文

敬呈者：呜呼，我上海工人流无量数的血，牺牲无量数生命，与北洋军阀艰苦奋斗所欢迎来的革命军蒋总司令，不料即是屠杀我上海工人的刽子手，其居心阴毒，手段之残酷，竟较北洋军阀犹过十倍，是诚我上海工人痛定思痛所意料不到者也！4月12日搜缴纠察队枪械之惨变；4月13日包围请愿群

众之屠杀；4 月 14 日以后，军队流氓，仍在到处捕人杀人。帝国主义从而给以若辈种种的便利，上海现时已完全陷入较张宗昌、孙传芳统治时更恐怖的局面当中。工人被杀者 300 余人，被捕者 500 余人，逃亡失踪者 5000 余人，失业者更不可数计，上海总工会委员长汪寿华惨遭杀害，上海总工会所完全为蒋介石所任命之流氓占领，各区工会联合会，不出于捣乱封闭占领三途。工人拥护总工会之行动与经济要求，不问其正当与否，概照戒严法认为扰乱后方，认为“反革命”，以军法从事。压迫上工，甚至工人集会之权亦被剥夺。帝国主义者尽量助成蒋之反动政策，容许蒋之军队及所组织之流氓自由携带武装，到租界各处搜捕工人及革命分子。外国厂家大批开除历次参加革命运动的活动工人分子。上海的新闻舆论完全被蒋的权势封锁了；一切有革命历史的革命机关和民众组织，如上海特别市党部、上海学生联合会、上海市政府等，皆随着工人纠察队缴械之后，由军事当局自由封闭或派人改组了；一切革命分子不问其平日言论工作如何，概指为共产党，凡共产党皆以为在可杀之列。一切反革命分子如李宝章、周凤岐（孙军部下）、黄金荣（流氓首）、北洋长警等，皆成总司令所认为国民党之忠实同志而畀以重任。对于帝国主义，则日颁保护外人之明令，对于工人经济要求，则日以“罢工即反革命”相诏语。自此次惨变发生后，我全上海 80 万工友即宣布总同盟罢工，以为援助，但残酷阴狠的蒋介石，早有准备，一面依据戒严法，认罢工即是捣乱后方，私通敌人，命令白崇禧、周凤岐任意屠杀；一面又有蒋与帝国主义合同组织之流氓团体为蒋鹰犬，到处搜捕工人领袖，同时示意中外厂家尽量开除工人革命分子，同情工人之团体概受军事机关摧残。新闻舆论，亦为蒋所封锁，拍寄各处之邮电，亦不能发出。本会痛念我上海工友在此一切反动势

四一二反革命政变后，革命者的头颅被悬挂在上海街头。

力围攻之下，孤军奋斗，一时又不能将新军阀打倒，徒然增多牺牲，因劝告各工友于15日追悼委员长大会后暂时忍痛复工，以听候国民政府及国民党中央党部之处置。蒋介石现时已完全变为较奉鲁军阀更反动的反革命者，彼口虽日言革命，而所行完全是反革命。约举其在上海最大罪状约有十端：

1. 勾结帝国主义压迫罢工，出卖上海工人阶级。

2. 勾结帝国主义雇用流氓，骗缴工人纠察队武装，惨杀响应革命军有功的工人。

3. 屠杀徒手请愿的群众数百人。

4. 暗杀上海总工会委员长汪寿华。

5. 收买流氓捣毁各工会并占据上海总工会。

6. 封锁舆论邮电，禁止民意表现。

7. 军事机关擅自封闭孙中山先生所号召国民政府所批准之上海市民政府。

8. 军事机关擅自改组上海特别市党部。

9. 尽量容纳一切反革命分子，如屠杀上海工人的李宝章，武汉被驱逐的反动派，孙传芳过去所用的走狗侦探等，畀以重任。

10. 勾结帝国主义利用流氓四处搜捕一切革命分子。

蒋之反动不独对于上海如是，即在杭州、宁波、南京、无锡、苏州等处，同样发现军队帮同流氓反动派捣毁并占据工会、农会、省市党部，及惨杀革命领袖屠戮徒手游行群众之事。呜呼！中山先生之三民主义，只是蒋借以欺骗民众之招牌；中山先生之联俄联共拥护工农利益三大革命政策，早为蒋之实际行动破坏无余；国民党国民政府与国民革命军在民众中之信仰亦因蒋之反动而使民众怀疑愤怒。想我中央党部在群众中之声望，伏祈迅将蒋介石免职查办，明正典刑，以平民众之愤怒，恢复党部与政府之革命声誉；一切附和蒋逆之反动分子亦祈彻底肃清，勿稍宽纵。本会工友一息尚存，当竭力拥护中央党部及国民政府，以和此叛党叛国之奸贼斗争。兹特派代表王恩鲁前来呈报此次惨变经过，恳求中央党部及政府，对此上海 80 万忠实革命被压迫的工友和东南数省陷于水深火热的民众，迅速予以援助。不胜迫切待命之至。

为此谨呈国民党中央执行委员会

国民政府

上海总工会谨呈

4 月 15 日

涂国林：生平不详。

作者简介

忆南昌起义[1]

□涂国林

一、中央农民运动讲习所

这里讲的是1927年设立在武昌的那个中央农民运动讲习所。所址近雄楚楼的城墙根，占的是原湖北省立高级商业学校校址。

中央农民运动讲习所初名湘鄂赣农民运动讲习所，后因其他各省要求，乃扩大为中央农民运动讲习所。学员仍以湖南（200名）、湖北（150名）、江西（150名）为主干；以下则四川、河南、江苏、浙江、河北（当时尚称直隶省）、山东、广东等省，多者五六十名，少者一二十名。全所学员最盛时近1000人。

湖南200名学员中绝大多数是由各县选送的，小部分是由省农协公开招考的，我是在公开招考被录取的30多名学员中的一个。因此学员纯洁程度大体上决定于各县国民党党部的领导权是否掌握在我党手中。华容县选送的四名学员刘革非、庄兰香、李振鹏、易赞国当时都是共产党员，这是因为当时国民党华容县党部领导权掌握在我党手中。我至今还能大概记得考题国文为："国民革命与农民运动"，政治常识题有：

① 原载1954年出版的《党史资料》第1期。

1927年8月1日，以周恩来为书记的中共前敌委员会及贺龙、叶挺、朱德、刘伯承等人领导的国民革命军两万多人在南昌起义，打响了武装反抗国民党反动派的第一枪（油画）。

“什么是商品?”自然常识题有：“水的成分是什么?”“萤火虫为什么能发光?”

中央农民运动讲习所在1927年1月开学，四个月毕业。不过实际上未等毕业很多学员就分配出去工作了。河南学员到所迟而出所最早，因为二期北伐战争在河南境内打得炮火连天，急需动员农民协助。到举行考试时剩下学员怕已不到半数。

中央农民运动讲习所最高领导采取常委制。常委除毛泽东同志外，还有邓演达和陈克文，这两人当时都是国民党左派。教务主任是周以栗同志，日常领导农民运动讲习所工作的是周以栗同志。

学习组织以湖南、湖北、江西三省学员为主体分三班，其他各省学员分别集中编入上述三班，便于结合各地实际情况进行学习。

湖南衡阳农民运动讲习所毕业同学留影。

课程和教授：

“中国农民运动的理论和实际”，这是主课，大概每周授三次，每次讲二至三小时。毛泽东同志是主讲人之一。毛泽东同志在讲授中用通俗而生动的语言，反复向学员阐明农民问题在中国革命中所占极为重要的地位，批评了各种反对农民运动的、叫喊农民运动“过火”的错误思想。毛泽东同志把解决土地问题视为使当前中国革命深入下去的关键。因此在我们的毕业证章背后刻着：“实行土地革命”六字。在此期学员举行毕业考试时，曾从毕业学员当中考取了100名（全为青年，党团员较多），成立农政训练班。该班分二科：经济（土地问题、农村合作），区乡自治，武装自卫。这三科内容包括了当时中国革命和农村问题的迫切任务（土地革命、建立农村革命政权、武装农民）。毛泽东同志就是这样来教育我们的。

毛泽东同志当时的生动讲话，总是经常引起听众的笑声。在当时只有毛泽东同志和恽代英同志的讲话和报告最受到学员的欢迎，往往使我们觉得没有听够就下课了。

苏联同志葛尔登教授（女）也是这门功课的主讲人之一，有时候是张太雷同志给她做翻译。

周以栗同志在毛泽东同志去湖南考察农民运动问题时，代毛泽东同志讲课（这是周以栗同志自己声明的）。

邓演达在这里讲了他的“中国每一次朝代的更换就是一次巨大的农民革命论”。他是积极主张农民革命的。

“调查统计”。教授是一位苏联同志，他用一口不太纯熟的中国话讲课，不用翻译。

“合作社问题”。主讲教授是一位苏联同志，每次都由张太雷同志翻译。

每周有一次时事讲话，由恽代英同志讲，总是由国际讲到国内，由政治讲到军事。

此外尚有“经济学常识”、“法律常识”。这两门课均有铅印讲义。

彭湃同志作过他做农民运动经验的报告。有一次是请一个广东农民报告，彭湃同志做翻译。

将近毕业时有革命画（即漫画）选修课，参加的人不多，我是少数选修这一课的人中的一个。选修的人还要考一下，考上的才准许选修。考试是画一张革命画（由教授画在黑板上我们照样绘在纸上）。记得当时所画大都以帝国主义侵略中国，以军火金钱豢养军阀，最后被中国人民打败为主题。

每周有一次军事课。每天受军事训练一小时。学员一律灰布军装，系皮带，打裹腿，每人一支崭新的汉阳造七九步枪。我们曾用这个武器第一次出发到麻城打反动的红枪会，射死过很多反动会匪。夏斗寅在鄂西叛变时，武汉市空虚，黄埔军校第五期武汉分校和农民运动讲习所等校的学生兵合编为中央独立师，农民运动讲习所的学生编为两个营，属第三团建制。我们又用这个武器担任了警卫市区的光荣任务（军校学生上前线，我们守后方）。

除了正规学习外，还有讨论农民问题的会议。譬如我们小组会讨论过河南红枪会问题。我们研究和讨论的结果是把河南红枪会分做三类，即：属地主的武装一类，这是我们要加以消灭的；惯匪一类；破产农民和手工业者组成的一类，后者是要加以争取改造的。还讨论过苏联共产党如何解决农民问题（当时已出版一本约 30 万字的《苏联新经济政策》的书，我们就是参考这本书的）。参加我们这个小组的有 20 多人，指导员是一个有做农民运动工作经验的同志。

每个学员都发有一套农民运动丛书，大都是彭湃同志的农民运动经验介绍。又发有萧楚女同志的《帝国主义讲授大纲》。

共产党员和共产主义青年团团员还有自己的活动（那时党和团还是秘密的，公开称呼党的代号是“大学”，团的代号是“中学”，同志相称用“同学”做代号）。大概每周两次，均选在星期日和平常日子的晚上，大家在都府堤附近的一座小学里，听瞿秋白同志讲“第三国际关于中国革命的决议案”。秋白同志一边不断抽香烟，一边慢条斯理地讲。参加听讲的团员 20 多人，农民运动讲习所的不过五六人。

讲习所领导上，曾请了当时出席在我国召开的国际劳动会议的各国共产党和工人运动的领导者，在我们举行了毕业考试后的一次晚会上，给我们讲话。他们之中有当时法国、美国、日本等国共产党的领导人；有据说是第一国际时代的老社会主义者、曾经见过恩格斯的英国老工人运动领袖汤姆。这就大大扩大了我们的眼界，仅仅看见他们，也使我们受到了一次国际主义教育。

中央农民运动讲习所毕业后，成立了农政训练班。农政训练班领导仍为常委制，常委三人中有毛泽东同志和周以栗同志。周以栗同志仍兼教务主任。学员依志愿分编入经济、区乡自治、武装自卫三科。学员是由中央农民运动讲习所毕业学员中考取的。考试时，学员可根据自己的志愿在考卷上注明愿入哪一科。农政训练班创立于武汉政局吃紧时，所以成立后并未上过课，乃以每天上下午两次军事操填时间。

中央农民运动讲习所学员成分虽然不纯，但也有一部分在往后的革命斗争中起过一定作用。如以华容县的六个学员论（在农政训练班时新编入一个），其中有四个党员：刘革非后来和段德昌一起在洪湖、监利、朱河、石首组织最初的武装斗争；庄兰香潜入到监利县民团部队任大队长，因密谋起义事泄牺牲；李振鹏因参加革命被同族地主下毒药毒死；易赞国在1927—1929年参加华容东山起义，任游击大队队长。刘、易等参加了1928年1月15日贺龙同志所领导的华容东山长岗庙起义。

当时在军分校和中央农民运动讲习所等处都发现有反革命组织。在农运讲习所的反革命组织，首领就是训育主任，参加的有少数学员，他们都是蒋介石派进革命队伍内部来做破坏活动的。这些反革命分子被发现后，即被逮捕或监视起来。我们把那个反革命的训育主任捆在柱子上，人人走过去都要臭骂他一顿，唾他一脸口水。学员中的反革命分子，有的痛哭流泪说是受了人家欺骗，有个别的实行自杀。后来把他们送到了国民党的一个机关（有说是送唐生智的司令部），都为唐生智释放了。

二、再会吧！ 武汉

在那些日子，胜利消息一个接一个传来，二次北伐打胜仗，自称为铁军的奉军赵倜部被我们的铁军（张发奎所指挥的部队，主要是叶挺部）击败了；夏斗寅的叛乱被镇压下去了；我们在麻城打败了反动的红枪会；甚至从华容也传来了胜利的消息：策应夏斗寅叛变的四川军阀杨森部队进占了鄂西，约有一连人进入华容县境，企图占领华容县城（华容、南县等滨洞庭湖数县当时可说是供应武汉市粮食的仓库），但这一部分敌军竟被华容2000多拖刀拽棒的农民自卫队的威势骇跑了。

我们也从华容和其他各地农民和农运干部当中不断听到了下边的呼

声："给我们枪吧！"我们这些在中央农民运动讲习所学习的学员，当然特别关心这个武器问题。但是直到很久以后，我们才得到通知：汉阳兵工厂现在已能一天造 120 支步枪，特许农民买枪，每支步枪只收费 25 元，附 20 排子弹；每支驳壳枪收费 120 元，附 20 排子弹。这算是对农民要求武装的回答。中央农民运动讲习所学员受同等优待。学员中只有极少数地主富农子弟买了支驳壳枪挎起来抖威风。这好像成了一个讽刺：不是武装农民，而是武装地主富农。并且我们还听到说：湖南平江农民要买 7000 支枪，结果买不到。

假定华容骇跑杨森一连人的 2000 多农民自卫队队员都有枪，那就可以干净消灭敌军一个营，而不是骇跑一个连；如果平江农民有了 7000 支枪武装起来，局面又当不同了。

这不过是几天之前的事，我还到汉口"血花世界"（当时汉口有名的游艺场）的工人纠察队总部找一个熟朋友中队长去玩，队员们见到我总是分外亲热，不断打招呼。但当我这一次再去的时候，我是多么奇怪啊，纠察队员们垂头丧气，手中武器没有了。我问那个队长，这是怎么回事？他说："哪个晓得？奉命缴械了！"我真是乘兴而去，败兴而归。

马日事变后，有很多从湖南逃出的政治逃亡者汇集到了武汉，其中有一些是我所熟知的，如湖南水口山矿工纠察总队总指挥、华容县农民协会的干部等。他们带来了很多反革命政变的消息，使我预感到将有一种什么巨大的事变横在我们的前边。但当时我的政治知识还不能帮助我认识和理解这将是一种什么样的事变以及如何应付。

我奇怪：华容 2000 多农民自卫队曾经骇跑了杨森一连人，华容 5000 多群众曾经于 1926 年用自己的拳头和脚尖打死了有名"红半边天"的大劣绅张巨卿，为什么一个马日事变，反动派就那样轻易取得了胜利而迫使农民协会无声取下招牌，迫使共产党员和其他的革命者不得不向外逃亡？华容县的著名共产党员，党和农协的领导干部韩国栋等四人在逃出华容、路经岳阳时被捕，虽经当时尚在武汉的刘革非等极力活动，请当时驻军鄂西的叶挺同志援救，终于无效，而慷慨就义了（据说韩国栋同志一脚踢翻了敌人为死刑犯做的酒菜，一路高唱国际歌，从容走向刑场。韩是长沙育才初中毕业的）。这是我第一次经历到自己的同志慷慨就义、死于敌手的悲痛和愤怒。

郑州会议后，武汉上空的大气压更加沉重。

这是哪一天我已记不清了，我悄悄地向雄楚楼附近的那座湖北省立小学走去。进了学校又弯弯曲曲走进一间偏僻的小教室。小教室里坐着二三十个大概都是不到20岁的男女青年，像我们农政训练班穿军衣的只占少数。经介绍之后，武汉区共产主义青年团领导人贺昌同志（他穿着白底细黑条纹的短便装）用小声向我们讲话。他分析了郑州会议后的局势：原先以为冯玉祥是革命的，但他现在和蒋介石称兄道弟起来了，汪精卫已经叛变革命，中国革命现在已处在一个非常严重的局面下。他往下就谈到了党和团的组织要隐蔽起来，很多同志要离开武汉。

从听报告的地方出来，即回班部请假到几个由湖南逃亡来武汉的政治逃亡者所住的一个小客栈（武昌斗级营鸿发栈）。在那里人们也在谈论着汪精卫叛变革命后的形势，但大家都不知道如何办。由这个小客栈出来，走到大街上，我仿佛是突然发现的，而其实是我以前没有注意，原来大街上经常熙来攘往的武装同志现在非常稀少了，有的也是匆匆忙忙走过去，如有大心事。至于那个有着特殊标志的军校女兵（左臂军衣袖上有蓝布缀的W标记，腿打蓝布裹绑）一个也见不到了。在大街上，我遇见一个熟人，向他打招呼，他要理不理，低头急忙走过去了。还不过是几天之前，正就是这个人，碰见我总是“同志！老弟!”亲热地叫。他的名字叫做黄醉陶，后来他在华容东山做了团防局的大队长，成为双手沾满共产党员和革命群众的鲜血的刽子手，我的哥哥涂国瑞就是1928年春被他杀害的。

当天晚上大队长傅杰（党员）悄声告诉我：要立即离开武昌，对外和同学们说是打野外。第二天早饭时队部通知：饭后一律不许外出，全副武装，行李箱子集中大队部，出远地打野外。约在上午 10 时我们来到了平湖门外江边，上到一只大木船上。这里非常僻静，行人不多。码头边有一座工厂，叫做湖北官麻局，还像平常一样：黑烟缭绕、机声轧轧，好像武汉没有发生任何变化一样。

船是到黄昏才开的。这之前，虽然有命令，谁也不许离船，但渐渐有一些学员已经看出形势不是打野外。于是一会儿这个来请假上岸买点东西，队长只得准假："快去快回"，"是！立即回来。"一下走了好几个人；一会儿那个来请假，说是有重要东西丢在班里要取来，经不得他们再三要求，队长又只好准了假："马上要开船，迟了赶不上"，"是！马上赶回。"又是一批人走了；有的就利用在附近码头上散步的机会，向附近巷子里一溜走了。最后只剩下 70 多个学员，开小差的有 20 多个。

黄昏时，一只小火轮拖着我们的大木船在大江滔滔的洪流中向东疾驶而去。此时多少往事在我的脑子里一幕一幕揭了过去。我想起了 1926 年冬参加华容旅省学生等 200 多人向代省主席张益鹏请愿，要求立即枪毙傅道南、孙伯助的情景：傅道南、孙伯助即毛泽东同志在《湖南农民运动考察报告》中所提到的那两个华容大劣绅。原先这两个家伙逃到了汉口，刘革非等把他们从汉口捉回，送湖南省政府法办。据说他们花了 20 万元买动了张益鹏，已拟定释放；他们的大小老婆住在长沙——又恰好住在我所住的旅馆的隔壁旅馆里，整天花天酒地，好像在向我们预祝她们的胜利。但张益鹏在我们的压力下，终于不得不把他们杀了。杀后我和另外一个同志去看尸体，是否杀死了，只见孙伯助的大老婆一边抚尸痛哭，一边骂我们："是哪个绝子绝孙没良心害死你的？我的人呀！"我们极力把笑声压在肚里，但一走出刑场就忍不住大笑起来了（这个女人不认识我们）。我想起了广大群众收回英租界的情景；我又想起了在武昌举行的第二次北伐庄严誓师大会，我和千万个战士站立在暴风雨下，等候受检阅；……而真是曾几何时，局面就起了这样大的变化。

"你在想什么?"仰卧在船头上的杨区队长，突然打断了我的思想，用手肘推着我问。我如梦方醒。

"你知道为什么这时才开船吗?"他悄声问。

"不知道。"我答。

"我们不是去打野外的，是逃出武汉，白天怕人发觉缴我们的械。"他解释。

洪水，急流，快车，船在向下游疾驶。我把身子躺在船舷上，反过头去向后目送着渐渐从我的视线中逝去的武汉市影。先是城市渐渐模糊，接着只剩下半天红光，随着红光也逐渐消失，我禁不住叫了起来：

"再会吧！武汉。"

旁边一个同志插了一句："我们总要再来的。"

我又回到了杨区队长身边。

"我虽然不是一个共产党员，但我要服从革命利益，革命要我到哪里我就到哪里。"杨区队长是把我当作共产党员向我谈知心话。静了一会，他继续说："战争！总是要战争的！战争总是要死人的!"

似乎没有多久的时间，半夜，船就离九江不远了。九江江面停泊三只日本兵舰。从兵舰上发射出的探照灯的强烈光柱盯住我们的船不放。因为我们都隐蔽在舱里，敌人也许以为这不过是一船货罢了，让我们从兵舰附近安稳驶向码头。上了岸后，一块石头才从心上落了下来。

三、八一起义

在九江上岸后，当晚即宿营勃兰地教堂，第二天移驻圣约翰中学。我们在第二天即被编入十一军教导队。我们在教导队立刻接上党的关系（成为党员），党像关心自己的儿女一样欢迎我们。教导队的党委书记祝贺我们脱离了虎口，胜利会师九江。

九江满街满巷都是我们的部队，“同志！同志”之声充满空间，已经好几天接触不到这种空气，现在听起来格外亲切。

我在九江送别了两种人。一种是我们的同志。在教导队里我遇见了过去相熟的同志，他们一共两个，都是共产党员。异地相逢，分外亲切，他们悄声告诉我：党已决定派他们出去工作，马上动身。在一个月夜的晚上，我们握别了，我一直目送到看不见他们的背影才回到宿舍。另外一种人，我们是用子弹把他们送别的。他们都是一些革命的叛徒。在一个有月亮的夜晚，我一个人背着枪在学校大门口传达室窗前守卫。传达室里关着十几个逃兵。我在传达室外边来回走着。忽然室里有人问：“外边守卫的是涂国林同志吗?”这个叛徒竟从我的脚步声听出是我(因为我走路的步子急而重)，我也从问话人的声音里知道他竟是我平常很接近的一个人（姓黄，湖南南县一个大地主的儿子）。他开始无耻地叙述他是如何开小差的，又如何被捉了回来，他要求我帮助他。室里其他的逃兵发现他们的同伙中有一个朋友在放哨，好像有了一线逃生的希望，活动起来，向我哀求。我准备骂他们的话已到了嘴边又立即收回来了。我考虑到此刻人们都在离此几百步远的房子里熟睡，而我是一人孤单放哨，万一这些亡命之徒破窗逃跑我一人对付不了。我忍住了愤怒：“你们安静点，明天一定会放你们的。”“不会的，决不会的，临阵逃跑一定枪毙。”他们之中一个说。我把枪从肩上卸下来，故意把枪栓拉得哗啦哗啦响，并说：“不要说话了，乱动我就开枪。”第二天当我们整队向南浔铁路九江站出发时，这几个逃兵全被枪毙了。

我们在南浔线的中途站涂家埠驻扎了大概三天。我们农政训练班的学员又被编入二十军军官教育团第一总队（军官教育团共分三总队，每总队三个大队，每大队三个区队，每区队三个分队。党的领导，总队为分支部委员会，大队为小组）。在十一军教导队时被换走的汉阳造七九枪又换还给了我们，但子弹不还，新发的子弹杂着“三八”口径的、弹头生了锈的和哑子，这使我们在以后会昌战斗中吃了一些亏：当敌人向我们冲锋时，因为“三八”弹头打不出去，哑子不响，少杀伤了一些敌人。

我们的团长是侯镜如，第一总队长是冷相如（此人在潮州失守时投敌，旋被敌枪毙）。

在由涂家埠乘车到南昌的路上，队员生活更为活跃了。我们曾在一个问题上发生了热烈争论。当车在一个车站停下来的时候，站上来了很多卖凉水的，他们从几百步远的河里提上水来，一碗卖一个单铜子。第二大队的王大队长气愤不平，和一个卖水的老太太争吵起来了。王大队长的理由是：河里水是天然的，烧也不烧一下，还卖一个单铜子一碗，真岂有此理。但那个老太太有她的理由：“水是我放下家里事不做，用力气从河里提上来的。”王大队长赌气不喝，那位老太太是两文卖三碗也不干。车开了，大家在这个问题上展开了热烈争论。争论的结果多数人同意了以下的意见：水在河里是不值钱的，但经人家花了气力提来卖，水里有了人的劳动；一个铜子一碗是贵了一点，但问题在这里关系革命军人和人民群众关系，革命军人为了人民利益生命都可牺牲，为一个铜子的得失和群众争吵是不对的。王大队长红着脸低下了头，虽然明知理屈，因为面子关系，还是嘀嘀咕咕不清。不过声音很小，听不清他说的是什么。

到了南昌，我们先驻老营盘。我们一个团放在这个营盘里简直看不见。在这里驻扎两三天，几乎夜夜演习紧急集合。

在“八一”的前一天，我们奉命移驻到新营盘。新营盘正房大门上有横匾。款书江西督军蔡成勋题“讲武堂”三字。此房久未住人，室内到处是破砖败瓦、蛛丝尘积，经过大半天的打扫才安顿下来。我们当时并不知道当天晚上要执行起义任务，所以对于把我们由有地板的、清洁的老营盘迁到这个只有地砖的破旧房子里来一举感到很奇怪。在我们营房左边不远（200来步）有一凹字形营房，位置正好与我们营房成一俄文Γ字形。两营房前为一操场。那个凹字形营房里驻有第九军独立团的部队。起义之后我们才明白：原来我们由老营盘移驻新营盘的目的是为的可以就便在夜晚消灭这部分敌军，起义的计划是由军官教育团来担任消灭这个独立团的任务。

晚饭后，这个独立团的士兵，穿着白衬衫在操场上徒手做游戏，我们也围着观看。我们彼此都没有想到今夜晚的变化。就寝时有命令要我们睡醒些。约在12时过后，有命令要我们紧急集合。外边是乌黑的夜，更便于我们紧缩对敌营房的包围圈，接近敌军。我们第一总队担任对敌营房正面封锁、攻击，待我们部队运动完毕，进入接敌阵地，敌人还在睡大觉。紧接着我们的攻击开始，各地枪声大作。到天大亮时，枪声稀了下来，旋即停止。我们冲进了敌营房，仍有一部分敌人乘黑夜逃跑了。我们缴获的敌人枪支在操场上堆了两三大堆。操场外是已收割稻子的稻田，在稻田与城墙之间是荒地，人们就在荒地上挖了一个万人坑，把敌军尸首全埋在那里。我们总队死亡一人，我们举行了一个隆重的追悼会来追悼他。

起义胜利后，大家说不出的高兴，彼此打招呼问情况："打得好！""可惜各部队之间没有联络得好，让一部分敌军逃走了！""听说活捉了敌军独立团长，这个团长是一个大胡子老头。"我乘庆祝胜利放假到各处观光，直到看见了革命委员会的布告之后我才明白昨夜晚战斗的伟大的政治意义（革命委员会第一次的布告委员名单中除周恩来、朱德、恽代英、贺龙、叶挺、宋庆龄、郭沫若、邓演达、谭平山等外，还有张发奎、黄琪翔、朱晖日的名字，在第二次的布告中无后三人的名字了）。

不过直到这时，党里没有人向我们讲解此次起义的任务和目的，因此我们不知道今后如何办，到哪里去，最近的直接目的是什么。

大概是在起义之后第三天我们就开始了向江西东南经福建西南部到广东东江的作战行军。

四、由南昌到流沙

由南昌出发到广东省普宁县属流沙的行军，一路经过了抚州、宜黄、广昌、石城、瑞金、会昌、瑞金（折回）、古城、长汀、上杭、峰市、大埔、三河霸、隮隍、潮州、汕头。

在由南昌到抚州的路上，离抚州不远，我们后边的运输部队遭土匪袭击，略有损失。我们第一总队已进抚州，又回师到出事地点打了一次土匪。我在这里参加第三师党员活动分子会议，也是在广昌第一次见到我们的师长周逸群同志，并知道我们军官教育团在作战系列上属第三师建制。当时该师尚只有新成立的第六团。

我们在由石城到瑞金路上的壬田市停留了一下，在这里可以听见从前方传来的激烈的枪炮声。我们团整队集合站在一个场子上，有一个身材魁伟，上身着白衬衣，拿着一柄硕大的芭蕉扇的人立在我们的前边，旁边立的是苏联顾问。团长指着这人向我们介绍说："这是我们的贺总指挥，请他向大家讲话。"我当时以为既然是总指挥，一定是威风凛凛向我们训一顿话，但结果出乎我的意料之外，他只简明痛快地说了几句叫大家英勇战斗的话就完了。

我们尚未出发，贺总指挥和苏联顾问就先头向前线走去，我们待一会儿也跟着向前线开过去。我们队伍沿大路转了一个弯，在一座长满树木的小山头上休息下来。我们的总指挥和苏联顾问却站立在我们左边开阔地的稻田里，不断互相交换用望远镜视察正在进行激烈战斗的前线。此时迫击炮弹的爆炸声就好像我们近旁的山崩地裂了。一会儿我们就奉命增援上去，但到达前线时，敌人已经溃败了，枪声由近而远，而消失。我们当晚就在离瑞金十多二十里路的小山头上露营。

第二天上午赶到了瑞金，穿过城，过大石桥，在河对岸的一个荒草满径、松树参天的小公园休息。团副向我们宣布："军官教育团现在要担任前卫部队的光荣任务。”并由第一总队的学员当中选出20名志愿尖兵，立即出发尾追逃敌，大部队则在瑞金吃中饭，饭后继续向会昌前进，当晚宿蔡甸。由瑞金到蔡甸一路傍山依水行军。到蔡甸，山势突以90度向南急走，水则由此折向东北，山外侧为起伏平地，通会昌大路在山之外侧脚下。第二天，有一个个子不甚高的军官，草帽掀在脊梁上，脚踏草鞋，穿一身整齐的粗灰布军装，后跟一个警卫员，从从容容走上山坡向我们这边来。第一总队的值日队长赶紧命令全队起立。这时这个军官已站在我们前边。经介绍，我们才知道他是会昌战斗前敌总指挥朱德同志。朱德同志用轻松的像谈家常一样的口气对我们讲话：

“同志们！你们要继承和发扬东征时教导团的光荣传统。”他往下就向我们简单地介绍了教导团东征时的光荣事迹。接着又说：“敌人没有什么用，不要怕他，子弹又没有长眼睛不会刚刚打到你身上，一个冲锋就把敌人冲垮了。”接着他又说：“你们先在这里休息一下，我先上前线看一看，你们再跟着来。”说罢，他就带着那个警卫员向山上爬过去了。山不高而陡，没有路，要攀藤附葛往上爬。不久我们也跟着爬山，向火线走过去，此时尚不知道火线在哪里。直到中午我们才遇到了敌人。我们占领了一个没有树木的山头阵地。敌人首先向我们冲锋，被我们打垮了；不久我们就发起冲锋，把敌人压溃了。我们大队两个在南昌起义时俘虏来的小司号员也跟着我们冲锋。这两个广西小鬼，一个12岁，一个9岁，是兄弟两个。那个9岁的简直不知道什么是恐惧，一边不断吹着“嘀嗒嗒嘀嘀嘀嗒嗒”的冲锋号，一边在山下田坡路上挺胸稳步前进，子弹把他的前后左右的泥土泥水打得四散飞迸。这时12岁的哥哥早已一个跑步冲到前边田坡下隐蔽起来了，回过头来向着他的弟弟叫喊：“死鬼，跑呀！赶快跑到这里来。”这时那个9岁小鬼才如梦初醒，一下子跑到他的哥哥那里去了。

近黄昏时战斗结束，收集队伍点了一下名，有一些战友永远不会回答“有”了。我们大队约有四分之一伤亡。当点名点到一个战友的名字，无人答“有”时，我们的头就自然低垂下去了。

当晚就在山头露宿。还是昨天吃过早饭的，经过爬山越岭，战斗一天，到第二天上午才吃上饭，饥饿使我们特别感到疲乏无力。近中午时即进入了会昌城。由战地到会昌一路都看见敌尸横陈，臭气熏天。进入会昌城时，还看见小巷里有敌尸未收埋。此时听说敌军总指挥钱大钧差一点给我们活捉了，他是从轿子里溜下来逃跑的，但他的一双耳朵给我们打坏了等。

军官教育团在这时尚无自己的卫生队和担架队，我们自己又返回山上去抬回自己遗下的伤员，每天把伤员抬到就近的十一军的一个卫生队去换药。会昌战斗后我们团建立了自己的卫生队，有了重机关枪（马克沁）。

在会昌休息了两天，返瑞金。每人负担加重了，一部分同志抬自己的伤员，不抬伤员的，少的背两支枪，多的背三四支。

恽代英（1895—1931）。

在瑞金算真正休息了三天。直到这时我才从张贴在瑞金满街满巷的标语口号中初步明白我们的当前任务是：“打到广东去！”“实行第三次北伐！”一天晚上我带着我们大队党小组另外两个党员（石泰、曹兴波，都是农政训练班来的）跟随总队的党支书进入一间房子。房子里挤满了人，热气蒸腾，我们刚好和坐在门口的周逸群同志打了一个招呼，就挤进里边，一会儿就头昏脑胀。恽代英同志在一盏马灯光下一边不断用手抹去额上的汗，一边不断讲话。这是在参谋团开的一个党员活动分子会议。我现在还记得恽代英同志当时所作报告的大意：“我们在会昌战斗中取得了巨大胜利，党当前的任务是打到广东去，实行第三次北伐。”他向到会的同志介绍了彭湃同志所领导的广东东江农民的力量及声势。他说明党的原先计划是经梅县到东江，但因我军刚参加会昌战斗，而梅县新到了敌生力军的黄绍竑的第七军，在那里占领有利阵地以待我们，因此我军决定绕道福建去东江。

听了恽代英同志的报告后，我对党当前的行动目标更清楚了。

会昌战斗后我们读到了政治部所编印的油印报，那上边有诗一首，大意是："战场是乐园，那里有鲜血开的花，有枪炮声音组成的美妙音乐。"这首诗很引起了我们一些同志的不满，感到这首诗把革命战士写得太庸俗不堪，把战争描写成开音乐会是多么不实际。石泰同志读了这首诗把报往一旁一丢，很不高兴再看下去，并说："这位作者根本不知道什么是战争。"另外一个同志说："如果不是为了革命，哪个愿意到这个一片荒山、充满死亡的奇怪的乐园散步？并用自己的生命来欣赏这美妙的音乐？"我说："这首诗简直把我们描写成一群以看见鲜血和死亡为快乐的嗜杀者。"这位作者完全不了解我们是无产阶级的队伍，我们之所以愿意忍受战争所给予我们的可怕的死亡和痛苦，是激于对阶级敌人的仇恨，是为了永远消灭战争。每当我们的战友在我们身边倒下去的时候，每当我们跨过自己同志的和敌军士兵的尸体前进，听见敌军受伤士兵哀号"行行好吧，老总！给我补一枪吧！"时，我们不是完全无动于衷的。革命的战士是最伟大的人道主义者，而绝不是以看见鲜血飞溅为乐的人。

会昌战斗后，我们才听说原先并未决定我们团参加此次战斗，后来第六、第五两团相继败退下来，这才赶紧命令我们团增援上去的。

由瑞金向赣闽交界的古城出发时，适遇大雨滂沱、电闪雷鸣，但到两搭界的山脚下，已是烈日当空，闷热难当，衣服湿而又干，上山时衣服又被汗湿透了。坡路陡且长，不时有宣传队在沿途的岩石上，路边上，墙壁上写些鼓动口号："同志们！加油呀！到宿营地只有 30 里啦。""同志们！唱一个国际歌！""唱一个工农兵联合起来！""上山紧闭嘴，一步一步提！"走了一程，路旁鼓动口号还是："同志们！加油呀！到宿营地只有 30 里啦。"有同志说俏皮话："江西老表的'里'骇死人，10

里才当1里。”

我们队里有一个掉队的同志从后边赶了上来，告诉了我们一个动人的消息，他说他亲见了恽代英同志。代英同志插在战士队伍当中，和战士谈话，问大家辛苦吧，并和这个同志一道喝路边泉里清凉水。代英同志穿一身蓝布工人服装，背一把和尚头纸伞，穿一双草鞋。这个消息顿时鼓励了我们，似乎暑热和疲乏也立刻从我们身上退掉了。我们都希望有幸碰见恽代英同志。

队伍摸黑才赶到古城。

由古城向汀州出发，一路山上高大茶树极多。

由汀州继续经上杭（小小的上杭有一条洋灰马路、有电灯）、峰市进入广东境。进入广东境的第一站宿营地是离大埔约30里的一个小村子。这个村子坐落在三面小山环抱、一面濒临韩江之中；韩江回流山峡中，水流湍急，绕村西南而过；近村处拦江筑坝，对岸翠绿树丛倒映在坝上流镜面也似碧水中，分外可爱。

第二天近中午，行军到了大埔，正是烈日当空，衣服湿了又干，干了又湿，衣服上留上一层层的白色盐分花纹。但这时却奉命令：“为了锻炼身体，大家不得在屋檐下和树荫下休息，而去韩江宽阔的砂石滩上晒烈日。”我们足足在这个砂石滩上让烈日灼、砂石烙了一个多小时，吃午饭时才移到树荫下，真如吃冰淇淋。饭后有命令说：“三河坝有敌军，企图在那里拦阻我军，军官教育团又成了前卫部队，急行军赶到三河坝去接敌。”是夜无月光，摸黑到三河坝市，敌已逃走，在三河坝沿街屋檐下过了一夜。第二天第一总队是团的前卫部队，第一大队是第一总队的尖兵部队。我第一次奉命担任侦察兵的任务，带着两个侦察兵一路搜索前进，在隘隍与敌后卫部队遭遇。前有韩江支流拦阻，水深不可徒涉，敌凭河为堑，以火力拦阻我前进道路。这时我们在会昌战斗中缴获的马克沁机枪发出了威力，一阵咯咯把敌人压得抬不起头来。我军一部即乘机由上游过河，迂回到敌人侧翼，并将上游的木排放下。我们正面部队即踏木排过河，向敌人正面攻击。敌人狼狈溃逃，满地都遗的是敌人没有吃完的饭菜、背包、毯子、枪支等。这时韩江上有一只轮船，听说敌军师长薛岳就乘在这只船上。轮船原拖有一只满载敌军伤员的木船，这时敌人急忙把伤员搬上轮船，弃下木船逃走。我们在活捉薛岳的口号下与敌船展开了“马拉松”竞赛，一边跑一边射击，一口气跑了十几里路，跑得上气不接下气，仍然追不上向下游疾驶的轮船，只好眼看敌船逃跑了。

进入了美丽的潮州城。第一总队驻文庙。此时实际只有第一总队的一、三两个大队在潮州。全部守潮州的部队就只我们一、三两个大队加上一个不足额的只有一门山炮的十一军炮兵连，共约200多人。

领导上非正式宣布：休息三四天或至多一周就要正式开课，第一总队要很快毕业。据说苏联运送我们一船军火，不久要到汕头，我们要新建立第四军、第九军、第十五军，需大量下级指挥人员。

我们仅仅休息了三天，就奉命下乡去打民团。到了潮州农村，我遇到了自从离开武汉以来所未见过的农民群众的巨大威力。农民协会的红旗在离我们部队进攻阵地不远的村庄里高悬空中；无数农民自卫队队员，打着东江农民自卫队的旗帜，舞着双刀，极少数自卫队员则拿着土造一响枪（没有来复线，弹头有食指粗），漫山遍野地向敌人阵地冲过去。我们彼此不通言语，翻译又少，相见时只好傻笑，或指手画脚而已。敌人的抵抗非常顽强，此打彼逃，颇难打中。我们用骗的方法向敌人说：我们是蒋介石的队伍，来帮助民团的，要他们见我们不要跑。他们半信半疑，派了一个头子见我们，我们马上把他捆起来，限他下命令缴械，不生效，我们就把他杀了。民团最后被迫缴给我们300多支破烂枪，人和好枪都潜逃潜藏了。我们又围攻了一个大地主的围子，此围子周围约里许，砖墙高一丈多，厚二三尺，有炮楼。墙上每隔数丈置二三尺许土炮一尊，用黑色炸药和铁弹子、洋钉等，能打二三十米远。我们调来了十一军的炮兵连，把那门山炮架在敌人可以看见的地方，炮口对准园子，然后要敌人看，如不投降，立即开炮，到这时这个围子的地主才开门投降。农民一轰而入，有的搬地主的东西，有的提煤油去放火烧地主的房子，怎么也止不住。被农民活捉的地主老头子，跪在我们面前磕头求饶命，农民立即把他拉去杀了。攻下这个围子之后我想起了，以前读农民运动丛书时，彭湃同志屡次谈到如何领导农民挖地道、炸围子的情形。广东地主确善于利用封建的宗族关系，聚族而居，筑围子和炮楼，自己有三五十支枪，农民没有武装力量，不挖坑道用炸药炸是攻不进去的。

这股民团本是可以彻底消灭的，可是下乡两天之后，奉紧急命令返回潮州，因为有一股敌军向潮州前进。返潮州的第二天一吃过早饭，我们守潮州的唯一武装力量，一、三两大队加上十一军的炮兵连的一门山炮（无步枪），立即开赴潮州市临韩江的上流郊外山头上，严阵以待。很快敌军的进攻就开始了。敌以数十人上百人为一队，向我第三大队所守主阵地（我在此阵地有一挺机枪、一门山炮，第一大队守侧翼阵地以掩护主阵地），连续数次发起冲锋，屡次被我打垮。最后我马克沁机枪的子弹打完，敌人四方八面向我包围上来。此时消息传来，敌军已占领潮州城，又闻总队长冷相如已叛变投敌，又看见主阵地上第三大队已在撤退，这时我们第一大队就决定突围。第三大队向韩江上游突围，到了三河坝，会合了朱德同志的独立团，这样第三大队就成了军官教育团唯一保存下的部分。我们第一大队突破了敌军卫生纵队少数武装力量的拦阻，向汕头方向前进，去找革命委员会去。从敌卫生队的军旗上知道了围攻我们的是敌军黄绍竑第七军的一个团。突围时恰好细雨濛濛，视距不能及远，敌军摸不清我们的力量，只在我们后边放枪，没有追击我们。由潮州到汕头一夜急行军走了 90 里，第二天早晨到了汕头，方知革命委员会已不在。此时汕头市（车站附近）连警察都不见，我们不敢进入市里，决定向普宁走，去找前方大部队去。赶急渡过一条小河。此时大家已饥困不堪，因为还是昨天吃过早饭的，有的同志开始不顾群众纪律，去到老百姓地里挖番薯，但当我们吆喝一声“要不得!”他们就立即缩回来了。在一个村子后的山头休息，派人进村子弄了几大桶稀粥，大家一抢而光。吃得快的抢了两小碗，慢的一小碗，体力算稍稍恢复。到晚上宿一个村子，这才每个人又吃了两碗稀粥。

第二天早饭仍然是粥，饭后继续前进。当晚不敢住村子，在一所独立的尼姑庵或类似这样的房子里住下，算是饱吃了一顿干饭，不但没有菜，连盐水都没有，但这一顿白米饭似乎比任何酒席都吃得有味。

这时部队内部发生了严重的不稳，一部分人密谋逃跑，或企图把武器卖给老百姓散伙，甚至准备用突然叛乱的办法来达到目的。这种动摇情绪在我们突围到汕头时已经暴露出来了。当时有一个自称当地工会主席的人来见我们，并随我们过河，为我们去交涉吃的，一路劝说我们上山去。他的道理是：暂时别无办法，上山以后再看情况，他并说明那里有什么山，他如何熟悉。由现在来理解，他的意思怕就是进行游击战争吧？但当时我们谁也不了解游击战争这个概念，而把他的“上山去”了解为当“土匪”。不过我们当时对“土匪”的概念实际上是理解为《水浒传》上的梁山好汉，和游击战本质上是一样的。此时颇有一部分人主张走“上山去”的路，但大队长傅杰同志不同意，他的理由：第一，不了解这位自称工会主席的人是什么人，靠不靠得住，怕上当；第二，当时尚不能确定是否根本找不到总指挥部及大部队，等到这一条路已死再决定另外的路。

我们当时的情况是：部队内部发生动摇和瓦解现象，我们的环境又是四面楚歌，一些人政治上已经看不到方向，而总指挥部、大部队没有任何消息。根据傅杰同志的意见，在当天晚上开了紧急的党员大会（记得不到十个党员，包括傅杰、石泰、曹兴波和我），向全体党员做了紧急动员，号召党员提高警惕性和在紧急情形下党员应有的坚定性，团结和说服非党员群众服从大队长傅杰的指挥。然后由傅杰同志在全队大会上向全体队员宣布纪律，表示我们共产党人和革命者在任何情况下都不惧怕任何事变发生，有决心维持革命纪律，反对逃跑和悲观情绪；指出暂时的挫折是不可免的，但不是决定我们前途的，最后革命一定要胜利的，找见总指挥部的希望也还未断绝，即使绝了也有别的办法。一场危机算是暂时压下去了。

第二天出发时，大家正在摸路，不知往哪走好。走到了一条大河岸，突然发现对岸有部队，摸不清是敌军还是我军。我们赶紧卧倒在堤岸下，对岸的人也发现了我们，向我们问："你们是哪一部分的？"我们也回问他们，原来是一家。找到了大部队，有如一只漂浮在茫茫大海中的小船找到了寄碇港口，这时大家的快乐情形真没有言语可以形容。立即过河和大部队会合了。

队伍继续前进到了普宁流沙。我们和十一军都在四面是小山的一个小盆地休息。听说此时二十军的一、二两个师已过山口向海陆丰前进了。这时敌军突然插到我们和二十军之间，把我们的长蛇阵拦腰截成两段。命令二十军一、二两师回击，他们抗命不从，我们成了孤军。敌人占领附近山头阵地向我们攻击，我们则奉命从山口冲向海陆丰去。我们大队（这时我们找不到团部，只是孤立的一个大队），奉命向山头敌阵地发起冲锋，但冲到半山就垮下来了，枪无子弹，肚无粮食，在占领有利阵地的敌人密集火力的射击下要想攻下这个阵地是徒然的。很多人伤亡了，很多人垮下来了，往后一看，完了，大家都在四散逃跑。我们就这样失败了。

我们几千人成了俘虏，敌人注意从我们中间挑选身体好的去当他们的兵，说是："你们能打仗，好汉。"剩下老弱残疾送到汕头流浪了几个月。我在汕头讨了两个多月饭，于 1927 年底辗转回到家乡华容。在华容及其附近的地方，我遇到了参加南昌起义的很多同志。在洪湖、监利、华容东山、石首等地，段德昌、刘革非、涂国钦、易赞国、黎衡九、徐履仁、毛遇顺、蔡长青、汪洋、庄兰香、方之中、王勉之等同志又开始了新的斗争。我们继续高举着武装斗争的大旗，和敌人进行着艰

湘鄂西革命根据地的中心——湖北洪湖瞿家湾。

苦英勇的斗争，为后来湘鄂西的红军和革命根据地的建立，打下了一部分基础。

李光，即滕代远（1904—1974），湖南麻阳人，1924 年加入社会主义青年团，1925 年参加国民党，同年转入中国共产党。大革命失败后任中共湖南省委委员、湖南省农民协会委员长，1928 年任湘东特委书记兼醴陵县委书记、湘鄂赣边特委书记，和彭德怀、黄公略领导平江起义，创建红军第五军，任党代表。同年 12 月初和彭德怀率红五军到达井冈山，与毛泽东、朱德领导的红四军会合。历任红四军副党代表兼三十团党代表、红五军党代表、红三军团政委、红一方面军总前敌委员会委员、第一、二届中华苏维埃中央执行委员、中央军委武装总动员部部长。1934 年 6 月离开中央苏区经汕头、上海到达莫斯科，任中国共产党驻共产国际代表团成员。1937 年回国历任中共驻新疆负责人、中共中央军委参谋长、八路军前方总部参谋长、七届中央委员、晋冀鲁豫军区副司令、铁道部长。1958 年因病休养，1965 年任全国政协副主席，第八、九、十届中央委员。

1950 年初，藤代远（左）在满洲里火车站迎接访苏归来的毛泽东（中）。（严佑民摄）

作者简介

记中国工农红军第一军团的创立[①]

□李　光

一、中国工农红军第四军的简略历史

1. 红四军的起源

红四军是由三个力量组成的：一由朱德同志率领之叶贺南昌起义的

① 本文最早发表于 1936 年 1 月莫斯科工人出版社出版的《中国的新军队》，全书共 13 节。1951 年出版的《党史资料》第 1 辑转载第 1—5 节，改名为《记中国工农红军第一方面军的创立》，并作了若干文字上的修改和章节上的变更。因受本书字数的限定，此次发表删了平江起义等内容。

部队的一部分；一为毛泽东同志率领之卢德铭团（即张发奎之警卫团）及湘东工农革命军；一为湘南郴州、耒阳、永兴、宜章、资兴五县农军。

红四军是中国红军首先组成而且奋斗历史最久，力量最大的一部分红军。中国共产党所以用一切力量来组成中国的红军，就是因为当1927年国民党的蒋介石汪精卫叛变了民族革命，分裂了民族统一战线以后，国民革命的事业将有中断之势，国民革命的任务却远未完成，帝国主义依然没有驱出中国，中国还不是独立和统一的国家，封建势力还未根本铲除，工农人民的生活还未解放。所以中国共产党认为国民革命未竟的事业已经落在中国共产党和劳动人民的肩头上，要完成这个国民革命的事业，就必须重新组织革命的军队，使这个革命的军队成为发动人民起来革命的力量，同时认为要使这个革命军队能够组成和巩固扩大，则只有在不断的领导劳动人民为生存而进行的斗争中才能达到这个目的。这是中国红军组成的起因，也是中国红军八年来奋斗的一贯的宗旨。根据

毛泽东率领秋收起义部队，在井冈山创建了中国第一个农村革命根据地。1928年4月，朱德、陈毅率领部队到达井冈山，与毛泽东会师，成立了工农革命军第四军。（油画）

这个一贯的宗旨，所以“九一八”以前红军毫不妥协地反对国外国内的人民的敌人，“九一八”以来直到现在，鉴于中国人民面前放着一个民族危亡的最大的危机，所以不断地主张武装人民抵抗日本的进攻，主张停止一切内战和停止进攻红军，以便集中全国一切力量来抗日，最近则提出了组织国防政府和抗日联军的抗日救国的统一战线。八年来的一切事实，完全证明了红军之奋斗是为了解放民族，解放人民，也正因此，红军八年来才能获得广大人民的拥护与同情，因此红军由零散的革命军队与零散的工农武装，能够长成现在这样强大的几十万红军。但是红军的组成与扩大是在八年长期的艰难奋斗中得来的。只要看了下面的事实，就可知道。

2. 红四军成立的经过

叶贺军于1927年10月在潮汕一带失败，三河霸一战，二十五师及九军失利，向闽赣边界撤退。由朱德同志率领转入广东北江，曾与范石生有一时的合作，得范之补充不少。1928年1月，脱离范石生到湖南，连战击败许克祥、周澜、白崇禧所部，故实力骤增两倍。是年4月，湘南起义失败，苦战之后，得安全地撤至江西之宁冈县，与毛泽东同志部队会合。同行者有湘南郴州、耒阳、永兴、宜章、资兴五县农军。计有宜章第三师，郴州第七师，耒阳第四师，永兴资兴两县各一独立团。

1927年9月29日，秋收起义部队近千人在江西永新三湾村进行改编，决定加强党对军队的领导，把支部建在连上。图为三湾村。

毛部基本部队为卢德铭团。卢在“八一”起义之后二日，由武昌率队去九江，见张发奎业已叛变革命，乃中途登岸。初拟沿赣边去广东与贺叶会合；继因道途梗阻，乃留在湘东赣北一带，复与平刘农军会合，由毛泽东同志率领。湖南秋收起义，最先挂了红旗。秋收起义失败后，毛部被迫向南移动至宁冈，用正义和土地革命的主张，说服了当时独占井冈山统治的洪会首领袁文才和王佐，实行互相帮助。乃留在井冈山附近各县，四处游击，没收和分发反动首领的财物给群众。这是 1927 年底至次年 3 月间的事。

到了 4 月，朱德同志部 2000 余人，湖南农军 8000 余人，毛部 1000 人，袁王各 300 余人，会师于井冈山。如此庞大的军队，有统一指挥训练的必要，乃决定成立红军第四军，以朱德为军长，毛泽东为党代表，改编为三个师。卒以枪械和人数不足，乃改编为二十八、二十九、三十、三十一、三十二、三十三等六个团，取消师部，由军直辖各团。全军约 1 万余人，枪仅 2000 余支。

3. 红四军成立后的战斗略史

红四军成立后，与反革命的斗争，曾经过极艰难的历史，大约可以分作五个时期。说明如下：

第一个时期（从 1928 年 4 月至 7 月）

红四军初成立时，内部成分复杂，训练的程度各异。加以湘赣边界贫窘，致使较大的红军的给养，非常困难。同时，边界各县的群众斗争没有发动起来，单纯的军事行动，无法避免。在茶陵、酃县、汝城、桂东、遂川、永新、莲花、宁冈八县间，皆是崇山峻岭，尤以井冈山为险要，周围约五百多里。四军得此地势，却可以休息整顿。当时决定在宁冈建立军事根据地，分兵向各县游击，发动群众斗争，这一个政策，是非常正确的。

但当时湘南农军皆有归家乡的意思，不十分注意执行游击战争。卒于 5 月底因给养困难，三十、三十三两团转回湘南，结果是分散到农村中，损失了一部分。留在边界之四个团，非常努力于向外游击和对内部整顿的工作，赣军三次进攻，皆被击溃。敌军方面，团长阵亡，师长杨如轩、杨池生均受伤。尤以 6 月 28 日龙源口一战，敌以两倍我方之兵力，被我军击溃为最有名。当时边界群众有两句赞扬红军英勇的话："不费红军三分力，打垮江西两只'羊'（杨）。"

在赣军三次进攻失败后，乃联合湘军举行大规模的会剿。吴尚第八军全部于 7 月 8 日开进宁冈，我军适在永新，乃回师应敌。湘军在宁冈一礼拜，不敢住在民房内，通通露营。日夜苦受农民武装群众的包围袭击扰乱，恐慌万状，不得不自动引退。待我军回师，敌军已连夜逃走了。

在这时期，红军迭获胜利，边界党及群众组织皆大有发展。宁冈、永新及莲花之一部，皆按人口平均分配了土地，成立了各级工农政府。边界临时工农政府业已成为当时最高指挥机关。群众亦逐渐武装起来，各县成立了赤卫队，其编制则由 60 人至 200 人不等。斯时红军武装已扩充到一倍以上，同时，在井冈山上成立了红军医院，红军学校，训练红色的干部。按此时期是边界的斗争全盛时期。

第二个时期（从 1928 年 7 月中至 9 月）

在 7 月初，吴尚部队进攻宁冈，红四军间道回师应敌。吴军逃入永新，红四军恐其与赣军联合，乃以二十八、二十九两团进攻酃县、茶陵，占据吴军之后方。以三十一团应付赣敌，三十二团守卫后方，攻酃、茶之二十八、二十九两团，迭获胜利，迫使吴尚部队不得不连夜退回老巢。二十九团为宜章县之农军，到酃县后，全体要求回湘南。二十八团则主张去遂川，牵制江西敌军。两团行山道两日，非常疲劳，卒转道湘南。

计于 7 月 15 日，由酃县宁冈交界之十都出发，22 日占领资兴，27 日进攻郴州，击溃范石生两团，是日，黄昏时，范部反攻，我军不及应付，夤夜撤退。二十九团大部去宜章，散入农村。二十八团及二十九团

1928年10月和11月，毛泽东先后写了《中国的红色政权为什么能够存在?》和《井冈山的斗争》两篇著作，总结了井冈山斗争的经验，提出了“工农武装割据”的思想。图为毛泽东写作的地方——井冈山茅坪八角楼。

之一小部则取道资兴、桂东到汝城游击，中间发生第二营营长袁崇全之叛变。当时，袁率所部四连及机关枪连、迫击炮连作前卫。袁逆假传命令，日夜急行军，意在脱离大队，往江西投降敌军。卒因各连官兵不受欺骗胁迫，忠于革命，自动脱离袁之羁绊，回归大队。袁只胁迫了第五连，与迫击炮连至江西崇义县境。10日后，大队取道崇义回井冈山，复与袁遇。第五连与迫击炮连均全部回来，袁逆只身潜逃了。

不幸二十八团团长王尔琢同志于是役不慎，惨遭毒手，为当时红军干部极大的损失。

在军部率领二十八、二十九两团去湘南之后，赣敌杨池生残部八团及六军一师联合向宁冈进攻。三十一团在广大群众合力之下与敌鏖战一月之久，敌渐引退。复于8月初，湘赣联合以五团兵力进攻宁冈黄洋界，三十一团以两连兵，利用隘口鏖战一日，敌知不可犯，慌忙引退。毛泽东同志率一营追至桂东与军部取得联络，于9月间返至宁冈。计由7月至9月，出发湘南部队及留边界部队均遭失败，边界群众组织亦遭了不小的摧残。占领区域逐渐缩小，直至井冈山下，此为红四军8月失败的时期。

第三个时期（从1928年10月至次年1月）

红四军回至宁冈，二十八和三十一两团损失虽不大，但数量质量均不如前。不过在一次失败之后，政策、战术、工作各方面均反较前大有进步。单纯军事行动，打硬仗，忽略地方武装组织和冒进观念等，皆渐次有了改变。军队亦有相当休息，各种组织有极切实的整顿，军队训练亦有进步。边界群众组织亦逐渐恢复。同时又三次击溃周浑元旅和刘士毅旅。宁冈及永新、遂川、莲花之赤色区域，又重新发展起来。在反动政府方面，以为8月的失败，朱毛部队业已消灭，至少不能为大患，不料卷土重来，又复如前，使他们大吃一惊！

又因蒋桂混战酝酿甚急，但在未爆发以前，肃清朱毛，打破井冈山，成为湘赣两省共同需要，乃有1929年1月的三省“会剿”之进攻。

敌人这次进攻（从11月至1月）准备了两个月，红四军亦从10月起，即积极整顿。同时，彭德怀同志率领的红军第五军主力，亦于11月初由平江游击至宁冈附近与红四军会合，红军声势更加浩大。红军对敌人三省会剿决定以红四军出发赣南游击向古安一带推进。以彭德怀及袁王部留守边界，应付湘赣进攻部队。在红四军至吉安附近，赣敌后方动摇，必然撤退。彭袁王三部应付湘敌足有余力。此为我军当时的计划。

再者，在9月至次年1月合计四个月中，红军经过空前的艰难。在严冬之际，边界崇山中积雪不消，红军衣履粮食非常困难。又因敌人封锁，红军未能到远地游击，以致经济无法解决。在这时期中，红军官兵单衣御寒，日食红米南瓜，两月之久，没有一文零用钱。当时战士们曾有这样四句笑话："打倒军阀，天天吃的红米南瓜；敌人来进攻，努力消灭它。"

物质条件虽如此困难，但官兵奋斗精神并未消灭。红四军的基础，确于是时建立起来。此为红四军复兴与整顿的时期。

第四个时期（从 1929 年 1 月至 3 月）

（1）出发赣南后的游击的经过

1 月 14 日，军部率领二十八和三十一两团及一个特务营出发赣南游击，企图击破湘赣敌军会剿的形势。1 月 28 日与赣军三团战于大庾县。因当地无群众组织，事先不知敌情，以致仓促应战，我军未能全数集中，并因兵力累积于一线，以致失利。我军引退，折回粤边南雄界。取闽粤赣边界转至吉安兴国一带，沿途皆两省交界，红军没有群众帮助，行军宿营侦探等事，非常困难。敌军采用轮班穷追政策。我军为脱离敌人，每日平均急行 90 里以上。沿途所经山岭皆结冰不融，困难加倍。复于平顶坳、崇仙圩、士川下、瑞金四地，连战四次皆失利。枪械虽没有大的损失，但官兵经过 30 日左右之长途行军，已属难支。但仍能一致团结，奋勇向前，口无怨言，从未发生叛变或逃跑等事，这不只是失败所未有军队，而且打破集团行军的纪录。

至 2 月中旬（阴历元旦）复与刘士毅师全部鏖战于江西瑞金、宁都交界之大柏地，从是日 15 时起相持至次日 12 时，始将刘部完全击溃。其团长萧致平和钟桓被活捉，但因不认识被逃去。得枪 800 余支，俘虏相等。是役我军以屡败之下，作努力拼命的一掷，击破强敌。红军官兵在弹尽援绝之时用树枝、石块、空枪与敌在血泊中挣扎，获得最后胜利。此为红四军成立以来最有声誉的一次战斗。

此役后，红四军由宁都、兴国至吉安、永丰交界处，得江西红军第二团第四团之掩护，有一礼拜的休息整顿。是时，知井冈山业已放弃，乃决定到闽粤交界处去发展游击。

（2）彭德怀、王佐部留守井冈山

彭德怀部上井冈山时的主力，人数约800余人，枪500余支。自与红四军会合后，为便于统一指挥和互相交换经验起见，特决定红五军部队暂改编为红军第四军第三十三团，彭德怀同志兼四军副军长，滕代远同志兼四军副党代表。

自决定应付三省敌人“会剿”计划后，留守井冈山的红军部队统受彭滕指挥。积极地加强防御工事的建筑，努力地由山下搬贮粮食上山，并指导地方工农武装积极向外发展，阻滞、扰乱、袭击敌人的“进剿”部队，特别是对周围的大小道路布满标语口号及竹钉子，断路破坏桥梁等工作。

防御工事，依据井冈山的天险，共分六路扼要死守。主要阵地是在黄洋界、八面山、黄坳、白泥湖四条道路。但因山顶多石头，而少泥土，大雪结冰，所以工事战壕多利用石头和木头混合筑成，并多暴露于山脊。目标大，容易遭受敌人炮火的轰击。同时，工事前面的副防御的工程，如竹钉、鹿砦、陷阱等距离工事在100米远以外。高山多大雾，甚至整天不散，眼睛看不见相距20米外的人物。因此，工事前面的障碍物易被敌人破坏，防守极难。

但防守的红色战士们，都具有与阵地共存亡的决心。不仅沉着防守，有时还举行奇袭的突击，使敌人由山顶滚下山坑去。无奈敌人还是继续的增援和施行炮火的猛攻，致使许多工事被打塌了，但顷刻又将其恢复起来。战壕内欢迎白军当红军的口号声仍然不断，吹笛拉琴的音乐声更加悠扬；使得白军士兵在山顶雪地几天几夜的冻冷，甚至冻死的也不少，士气大为沮丧。

后因地方保卫团（地主武装）率领由白军挑选出之最精干的一连，顺山坑水流而上。走了四天，乘雾爬到黄洋界。将我守兵的连哨与主力交通截断，占领我军工事，几经肉搏，彭滕部因无预备队，只得亲率领数十个轻伤战士举行几次的冲锋亦未成功。此时该守兵连已由连长李灿

1929 年 12 月底，红四军第九次党代表大会在福建上杭古田召开，会议决议解决了如何将以农民为主要成分的革命军队建设成无产阶级领导的新型人民军队的根本性问题，是中国共产党和红军建设的纲领性文件。图为古田会议会址。

同志，连党代表张纯清同志率领与敌肉搏三天，知援兵无力救出，只得鼓励全体战士由山顶向下滚去以求出路。结果安然的脱险而与地方游击队会合。

此时，敌人一路顺黄洋界大路进占五井而至中心点茨坪；其他各路敌军闻讯亦加入猛攻。我军以千余人分守六条道路，而敌人每路至少是三团人进攻，自 1 月 28 日起，与敌苦战五昼夜，不得不自动引退。但大小道路均被敌阻，周围百余里路至少有敌人二三层封锁线。所以彭滕决定王佐部潜藏山中，掩护伤病战士。原红五军部队举行偷袭突围而出。涉水，翻山，过坳，在大山林中，走了五天五夜，吃的炒米和冰雪，下令抛弃马匹行李。有些战士穿的夹布衣，赤脚，有些步枪只有一排子弹，至多也不过十排子弹。至遂川大汾圩一战，被敌截击，几经冲锋肉搏，结果损失四分之一。于1929年2月初在南康之新城过年，拂晓前，正当部队出发之时，忽被敌人袭击，又损失100余人。至2月底，才算脱离了敌人的包围线及追击截击的危险，而到达桥头区。这里有党的区委，有游击队，附近有独立红军第二团、第四团。此时，彭滕率领的部队人数，只有800余人。

继之袭占于都，进攻安远和瑞金城，均获大胜，士气亦大振兴。不久，又于4月初，与红四军会合于江西之于都县，在此大的斗争之后，红四军共有2000余人，总合彭部枪支约2000支。数量上虽减少了些，但质量上大有进步。特别表现指挥者能以身作则，战士们团结一致的精神，个个具有为工农解放而牺牲的决心，在战斗力上较前加强了。

所谓三省“会剿”，敌人实际上只是到井冈山游历了一次，烧了红军的医院、学校及居民的房子，杀了些伤兵和居民，强奸妇女，抢掠了群众的东西。

除红军因战略引退稍受些损失外，所谓三省大兵对成千成万的工农群众，只有一个“莫可奈何”！所以一礼拜后，敌人因受游击队的扰乱袭击，不得不撤退。因此，边界的区域实际上仍然在赤色群众的掌握中。

第五个时期（从1929年3月至9月）

1929年2月21日桂系军队袭击长沙，酿成湖南事变，湘粤赣三省敌军为争地盘要打仗，不能再向红军进攻。红四军于是决定入闽西，击溃郭凤鸣旅，郭于是役阵亡。3月半入汀州，工作两礼拜，红军大大补充了衣服款子。在反对蒋桂战争的口号下，积极争取群众，发动群众斗争，以赣南闽西为游击区域，乘机与湘赣边取得联系。恢复井冈山附近游击区域。红四军于3月底由闽西入赣南，游击区域及于兴国、宁都、瑞金、于都、广昌五县，5月初蒋桂于武汉的混战，告一段落，赣军又向我军进攻。红四军乃于5月第二次入闽西，正值张贞入粤讨桂。红四军决定在汀州、上杭、连城、永定、龙岩、武平六县进行游击计划。至

7月初，复扩大至漳平和宁洋一带。计二次入闽，两次击溃陈国辉部队，陈部实力损失三分之二。二次击溃卢新铭部，得枪约两营左右。

彭部于4月底与朱毛部会合后，受命回湘赣边界恢复游击区域。经过北江，占领南雄及湘南之桂东汝城等县城。消灭各地民团，得枪500余支。在遂川消灭赣军第六十八团一营，在安福击溃第十八师朱耀华一旅。由此红五军的实力增加四倍以上。占领了袁州、分宜、安福各县城，发动了各县的群众，组织了各县的政权和武装组织。于是井冈山的政权不但恢复并且比以前更加扩大和巩固了。

4. 红四军扩大而为红军第一军团

红军经过三年的艰苦斗争之后，不但创造了闽西北和赣东南的苏维埃区和游击区，扩大成了数十万的工农武装的组织，就是红四军本身亦大大地强固起来了。

不久，就集合闽西北的独立营独立团及强有力的游击队成立红军第十二军。赣东独立营及原独立第二团、第四团成立红军第四军。约在1930年6月间，于福建正式宣布成立中国工农红军第一军团，以毛泽东同志为总政治委员，朱德同志为总指挥，林彪同志为第四军军长，罗荣桓同志为军政治委员，黄公略同志为第三军军长，蔡会文同志为军政治委员，罗炳辉同志为十二军军长，谭震林同志为军政治委员。

二、一九二九年前红军的编制、训练和生活状况

现在说到1929年前一时期红四军和红五军部队的组织和训练及其他具体工作的情形。

1. 部队中的编制和组织

军队的编制，关于战斗的单位组织，在原则上要注意武装和地势两个条件，尤其是红军在执行游击战争时期，因为它没有一定的根据地，行动多是今天向东，明天向西，所以它的编制与正式军队性质完全不同。此外它所采取的战术也是与正式军队不同的，是“集中以应付敌人，分散以争取群众”。因此，它的编制就需要做到适合于“分散，集中”两面均好的原则。

但在起初一个时期，没有这个经验，多是大部队行动和游击“吃大锅饭”，所以发生目标很大，行动不迅速，给养很难解决的情形。以后经过讨论才总结出以下几点经验。

（1）每一个独立的部队，不能超过五个单位以上；每个单位如连（队）不能超过150人，在山地森林中能活动自如和迅速脱离敌人的追击或包围，给养、宿营等问题，均容易解决，但若过小，每连（队）只五六十人，作战警戒又疲劳得要死。

（2）因此采用三三制。

（3）不过时常还要注意两点：①红军需要多的徒手兵。红军不轻易作战，要战必具有胜利的把握。因此，在胜利后，缴得的枪支，若没有徒手兵，就没有人背枪；同时行军作战的过程中，一有病兵伤兵，他们的枪也没有人背了，只好将枪分到地方去，而不能继续扩大本身组织，甚至有时还要影响作战。②红军非战斗兵多的话，如可以吸收一部分有能力的分子经过训练之后，担任做群众宣传等工作。运送民夫多，则每战的胜利品可以有人马上挑走，不致毁掉，或搬不走，或发生拉夫现象。自己有了伤兵、病兵也可以抬走不致抛掉。政治工作人员若多，不但可以担任进行地方居民中的政治工作，同时可以帮助训练自己的战士。

因此，当时红军每团人数比之所有枪支要多些，这是组织上的一个特点，为一般旧军官所不懂的妙诀。

当时红军的经济组织，可分作执行、计划、监督三部分来说。如计划筹办军款，和全部队的预算及分配支取问题，原则上的决定是由部队中的党委员会负责；监督经济则由各级红军士兵委员会负责。军部军需处每月公布一月收入支出的数目，由士兵代表会审查，军需处长出席报告负答复之责。如查出有贪污事情，则处罚负责人。连上的账目则是每日公布，五日清算一次。至于执行则由军需部、团部辎重队、营的经济委员会、连的特务长负责。

因此，在经济方面是彻底公开的，每五天清算伙食账后，有剩余的按人数均分，官兵待遇生活均是一样，最能表示出红军的平等精神。红军中有过这样的一副对联道："红军中官兵夫薪饷穿吃一样，白军里将校尉起居饮食不同。"

正因为红军官兵在物质上享受上是一样的，所以团结艰苦斗争的精神更好，往往群众及敌方被俘虏的官兵，起初看见鼎鼎大名的四军朱军长，那样芒鞋草履，十分褴褛的样子，莫不十分诧异。若不介绍便会误认他是一个伙夫头。

军医机关的组织，各团设有卫生队，在活动的地区中心成立有红军休养所，收容伤病兵，有时也安插在居民家中休养。不过医药和医生是很困难的，所以只得请当地中医，有时也很有功效。

休养所唯一的条件，要四面有群众的组织及游击队的保卫。在伤兵好了以后，不必一定回原队，即可由当地革命委员会分配到赤少队游击队工作。这些分配到赤少队游击队的人员，对地方武装队伍曾给了很大的帮助。

参谋部的组织。军有军长、军党代表两人直接处理全军主要的一切事务。关于日常的事务，有参谋长一人辅助之。另有参谋处长一人指挥参谋部的工作；副官长一人处理交际、庶务等事；军需长一人负责管理经济及计划等事。

政治机关的组织，军成立有政治部，设主任一人，秘书长一人，文书若干人，外有宣传、组织、总务等科，对内担任军队政治训练，指导士兵会的工作；对外进行群众的政治工作。在一个区域政权机关未建立以前，政治部得代行其职务，并负号召、组织、帮助群众成立苏维埃政权之责。各团、营、连均设有党代表，负担一切政治工作。

在军、团、营、连均设有士兵委员会的组织。全连士兵大会选举5人至9人为连兵委执委，推主席1人。以全营人数按每5人举1代表组成全营士兵代表会，推举11人至13人为营兵委执委，推举1人为主席。按全体人数每10人举代表1人组织全团代表会，推举17人至19人组织团兵委执委，推举1人为主席。全军按每30人至50人举代表1人组织全军代表会，推选19人至23人为军兵委执委，推1人为主席。军兵委举5人至7人为常委，团推5人，营推3人为常委，连无常委。

军和团的兵委常委设有机关于政治部内办公，各级兵委的任务规定如下：①参加军队管理；②维持红军纪律；③监督军队的经济；④作群众运动；⑤作新兵政治教育。兵委与军事机关的关系。兵委只能对于某一个问题建议或质问而不能有直接干涉或处理之权。兵委开会须由党代表参加。在非常时期党代表可以解散兵委或不准其开会。但在开始有一个时期，士兵会权力很大，有执行纪律之权。军官犯错误有取消其职务之权。士兵犯错误未经士兵会决定以前，军官无权执行纪律。因此，部队中走到一种极端民主化的倾向，在干部中发生怕干涉士兵越轨的行动和有不敢负责的现象，以后才有以上的正确规定。

2. 部队中的训练工作

部队的训练分为军事和政治两种：

（1）军事训练分为四种方式：

①日常操课由参谋长或主要军官制定计划，按日实施之。所有科目课程不重形式主义的形式教练，而特别注意实用的，如传令、侦察、警

戒、瞄准及野外实习。

②每于作战之后或一月之后，作结束的讲评，或开讨论会，由军官报告工作的经过并指出优点和缺点。

③为实地的训练，于放哨时由官长说明放哨的要点，守卫时说明守卫的要点。一面使士兵听了之后照着去做，一面免去说教式的使士兵枯燥无味的训练方式。

④由各级主要军官召开军官会议讨论训练的方法。

（2）政治的训练方式有七：

①讲演：由长官和党代表召集全体军人讲演或作政治报告、生活批评等。

②讲课：在军队有三日的休息时，每日至少有两小时的政治课，由党代表负责。这个讲演是有计划的，规定有大纲，每月讲的内容是连贯的，可使士兵得到有系统的政治常识。

③早晚点名讲话和呼口号，多是侧重当日士兵生活上的批评以及对于明日任务的解释。

④每次游击以后，每次作战以后，每一次群众的运动以后，就立时将讨论的总结、经验和教训，详细地向士兵做解释工作。

⑤军队里面举行识字运动，简易的办法就是士兵认标语口号，并告诉他意义以及教士兵学会革命的歌调。

⑥参加群众大会，举行各种纪念会、同乐会、联欢会，亦为教育的一种方式。

⑦在士兵委员会内，将士兵编成若干小组，小组会上有各种报告讨论和批评。

3. 部队中官兵一般的生活状况

（1）被服方面，往往冬天还是穿着单衣服，盖着夹被单，并且很不整齐。有时没有草鞋穿，赤足行军作战是家常便饭。只有打开一个城市才能解决，有时由居民慰劳供给一部分。

(2) 在驻军时候，由兵委的卫生部管理宿营的一切卫生事宜，饮食、清洁、便所扫除、卧室整理等。

(3) 红军废除薪饷制，经济公开，钱多时则每月每人除伙食外可以发给 4 元至 10 元的零用费，作洗衣、剃头、吃烟、买草鞋之用。若钱少时则少发。红军官兵大家都很明白这个道理，所以从来没有发生闹饷的事情。没有钱时，大家只怪得自己的工作不好，筹款不到，绝对没有向军长、党代表要钱的。

(4) 士兵委员会有娱乐科，利用各种革命的纪念日，或每月开一次晚会，与群众的联欢会，有演说，有新剧、京调、双簧、魔术、唱歌、跳舞，这些都能引起士兵们的快乐。

红军部队中的纪律：

(1) 战时的纪律。均是经过士兵会议的讨论决定，凡有临阵退却、畏缩不前、违抗命令者，可由长官、党代表就地枪决。

(2) 一般的纪律。凡有通敌，反叛，拐枪潜逃，开小差，强奸妇女，乱烧乱杀，敲诈人民财物的，均处以严刑；若有赌博的则没收其所有金钱，并决定一月内不发他的零用钱。嫖妓则处以夜不归营的罪，按其所犯错误之大小而定。

(3) 红军三大纪律。各种纪律宣布之后，多因复杂而不易使大家了解和遵守，故特别归纳以下的三大纪律：第一，不准乱拿工农商人一点东西；第二，打土豪要归公；第三，一切行动要听指挥。这三大纪律是一个原则，包括了一切，所以现在红军还是以此为中心。

我们红军的纪律主要的意义是在加紧战士们的政治教育，提高革命的自觉以及指挥员能以身作则。

4. 关于游击工作进行的内容

每当部队达到某一地点，即估量敌情和自己的任务及当地群众的需要，来决定五日十日以至于一月的游击战争的计划。然后即分兵四面出动，在数县范围内经常以一团或纵队为单位。在一县范围内则以一营或支队为单位。出发进行游击工作，其指挥机关则设在中心，以便于指挥各方。在第一期游击工作完成之后，即开始第二期工作，或向前推进，或向四面扩大，均有指挥机关根据实际情形决定之。如任何方面发现敌人时，游击部队一日夜即可集中。在游击部队尚未集中以前，各游击部队之小队不能轻易与之冲突。至于各县游击部队的工作内容通常有如下几种：

（1）调查工作。游击部队达到某地以后，第一步必要的工作，就是社会情形的调查，由军官和党代表负责。经过调查之后，才能正确地决定该地的工作计划。

因为红军行动如流水行云一样，所到之地皆不明白情形，若不详细调查，则一切决定必不能切合当地群众的需要。比如红军的标语口号“打倒土豪劣绅”，这样写的时候很少，因为太空洞而不具体，我们必须先调查当地某人是群众最痛恨的，调查以后，则写打倒土豪劣绅某人。这样更能引起群众深刻的认识。关于调查的内容，由政治部制定一个极详细的调查表，内分群众斗争情形，反动派情形，当地经济政治情形，人民生活情形，土地情形，阶级的分化情形以及交通、河流、地势、村庄、人口、风俗、习惯等。

这是一个很重要并极有趣味的工作，但一般同志还是感觉到进行上有困难。

毛泽东同志往往在他出席党的支部会议时，一开口便是问同志们这地点有多少工人、农民，米多少钱一升，豆腐多少钱一块，猪肉多少钱一斤，与去年比较是贵还是贱，工人农民一年吃多少猪肉，泥木工多少钱一天，零工多少钱一天等，时常问得同志们哑口无言。毛泽东同志经常详细地指示大家进行调查工作的方法和对民众日常生活的注意。

但因为政治工作人员的缺少，对于许多表册携带的不便，又没有立时整理起来，每致失散，却是一个遗憾。不过它的好处，可以使红军不会不顾环境而只凭主观决定自己的政策。

（2）宣传工作。在红军初成立时，因为沿袭国民革命军式的宣传工作，认为宣传工作仅是党代表、宣传员的责任。尤其感觉在作战时的宣传是卖膏药的，是讨厌的，这自然是表示士兵对于国民党不兑现的口号的一种反映。红军在经过许多斗争，觉得宣传工作太差，每每红军经过某地只是稍稍贴几张标语，群众不懂得红军是一个什么军队。甚至有些地方把红军当作土匪打。红军为解决这个困难，宣传工作才逐渐地进了一步，规定每个单位必须有宣传员。每到一个地方，每个单位必须派出五个好的战士进行口头宣传。这五个人不担任连上其他职务，而名为宣传兵。于是形成了一种制度，并把五人分成两队，一为讲演队，用口头宣传。凡红军经过的乡村、城市、酒店、茶亭，均需手持红旗及传单向群众作通俗的口头宣传。到了城市更要全体出发挨家宣传，或在十字街口向群众宣传。另一队负责写贴标语口号，有机会时即同时向群众作口头宣传。每人提一个石灰水桶，大小笔各一支，凡红军经过的地方的墙壁上，统统要写满红军的标语口号，需写正楷字，以愈大愈好。要用梯子写得高，使反动派破坏更困难。

到达一个城市由党代表或政治部召集全体宣传员开会，并分区进行宣传工作，实行比赛，并派出负责人巡视检查。各人写的标语用暗记号，不怕冒功或混淆。受宣传的人民多少亦要填表报告。因此，红军到达一个城市只要三个钟点，宣传工作就可普遍。所以许多群众说："红军一到，满街鲜红，等于过年。"

（3）组织工作。若红军到达工农斗争比较发展的地方，帮助其发展组织或参加他们的会议，指示他们的工作，纠正过去的错误。

在未有组织的地方，则从宣传工作中吸收进步的分子。大概注意下列的对象：最受土豪劣绅压迫的，最贫苦的工农，在叶贺军队当过兵的，由外地工会农会失败来此避难的，以前参加过革命斗争的，与邻近工农会有关系的，工厂作坊中的工人和住茅屋内的农民贫民等。首先由宣传部找到以上各种对象经过个别的宣传之后，请到政治部来，用茶或请吃饭招待他们，作一详尽的宣传。征求他们的同意，如愿组织工会农会，则由其中推举筹备人员。一面替红军做各种工作，一面由他们报告当地的土豪劣绅及反动武装所在地，以便红军派队去消灭。红军政治部派出得力人员指导他们进行工作，并帮助以办公费。时间若稍久，即可正式召集大会或代表会成立工农会、革命委员会、拥护红军委员会、游击队等。并派出干部，给以枪支，告诉他与邻区地方革命组织和红军部队发生联系的方法。当红军离开此地后，要他继续斗争并向红军报告消息。同时把这一地方有组织的情形，负责人的姓名、住地、容貌、秘密联络的方法等，告诉附近有组织的区域，要他们今后互相联系。倘若红军在此地工作时间很少，运用这种方法找到工农几人或数十人，红军很客气地招待他们，特别利用机会向他们作较详细的宣传是可以得到良好效果的。

此外也有吸收当地几个最积极的工农分子，宣传他们暂时随红军走，经过详细宣传训练考查之后，再派回原地工作或争取他们参加红军。这也是一个有效的办法。

5. 红军给养的来源

红军各部队供给的来源，有下面几种：

（1）消灭了敌人，夺取敌人的辎重粮食饷银。

（2）地方居民一部分的慰劳。

（3）但主要的来源是没收豪绅地主反动派首领的财产和城市富商的捐款。

所以红军的每个战士，起码的工作有三件：

（1）会打仗，英勇地消灭敌人。

（2）会进行群众工作，宣传组织群众，分配土地等。

（3）会筹款以解决粮饷的问题。

6. 红军对于俘虏官兵的优待

每战所俘虏的官兵，解除其一切武装后，即马上向他们进行宣传红军优待俘虏的主张，苏维埃的主张。开欢迎新同志的会议，公开征求他们的同意，愿意当红军的马上把名字记下。不愿当红军而愿回家的则开欢送大会，每人发10元或5元缴枪费。此外并按回家道路之远近补发路费，由红军官兵派代表向他们说话，希望他们觉悟归家去打土豪分田地，不要再当白军又来打红军。敌人的伤兵除发给更多的钱外，并帮助他上好药，请好轿夫或船夫送到敌人区域中去，并顺便的带些宣传品去。白军军官对待这批被红军优待而送回的伤兵，气得没有办法。因为他天天向士兵说，红军一缴下你的枪，就杀头挖眼如何凶残等，而现在有铁的事实证明他的反宣传一钱不值。同时这些人蒙红军不杀之恩，深深觉得红军是他自己的兄弟，是工农的军队，跑了回去必然交头接耳地说红军如何好，反动军官如何诬蔑红军。使国民党军阀的反宣传不攻自破。据由第十八师的一个俘虏张桂生说：我们把红军传单和歌调藏在床铺上共同的来唱，官长来问我们唱什么，我们就答复他我们在唱三民主义歌哩。

7. 红军所采取的游击战术

红军在开始斗争的过程中，多是采取正式军队正面作战的方法，以后经验告诉我们必须坚决改变不可。兹把大概的要领说明如下：

（1）关于行军的组织：在前卫之前四五里路及后卫之后四五里，均派有短枪的便衣侦探，以便随时查明敌人的动作，和防止敌人意外的袭击、埋伏等。

（2）关于驻军的警戒：每日对敌人方向必须派出一排一连军队向之

游击、侦察，距本队在30里左右，并可进行宣传工作，在居民中间得敌情。若发现敌人，该队一面抵抗，一面飞报主力部队，使我军有充分准备应敌或事先有撤退的时间，可以避免与敌打不必要的硬仗。

此外利用可靠的居民当侦探和瞭望。

红军的驻营多是靠近山脚下的小村庄，不驻营于大市镇中心。在敌人相距很近时，每夜必须调换驻营地。如黄昏时走到村庄弄饭吃后，则又开往他地过夜。使敌人夜间袭击落空，徒劳无益。

（3）关于作战方面：

①不攻坚。如土豪地主或武装队伍跑进土围炮楼内去了，或敌人闭城固守，或据险抵抗，红军绝不攻击他。因为：第一，攻击费时很多；第二，攻坚则我们的损伤必数倍于敌；第三，在游击队中炮兵少和技术差；第四，若轻易攻坚，一个时期急切难下，四面敌人到来，必受更大的损伤；第五，消耗子弹很多。有以上的原因，所以游击队的指挥者绝不只凭一时的气愤去乱干一下，结果使军队受到损失，士气降低，枪没有子弹，反而增加自己以后斗争中的许多困难。

②打圈子脱离敌人包围和穷追。若是大敌前来，我方兵力小不能与之作战，则采用打圈子的办法，向没有敌人或敌人比较薄弱的地方跑。我们需要多走山路、小道，不经过大的村庄，使敌人赶不上，找不到踪迹。若是有地方党部，群众组织的地方，则应与之进行联系，并前后派出暗探，以免受敌人的前后夹攻。

③在没有地方党及群众组织的地方不要轻易作战。有党有群众组织的地方，我军可以得到很多的方便，如帮助侦探敌情，当向导，作运输救护的工作，使敌人处于孤立的地位，与之作战比较有胜利的把握。即不幸失败，亦可有法收容。但必须预先指出集中的一二个地点。

④不明敌情绝不作战。红军驻在某地，忽然发现敌人的进攻，不知敌人多少，不知是何敌人从何而来，则绝对不可以轻战，以撤退数十里为妥当。指挥者迅速地下定决心和迅速地率领部队行动，不要有丝毫的

犹豫不决。因为敌人敢向我进攻，他是有计划的，他的力量一定比我强大，所以我们不应轻易去如敌所愿而上当吃亏。如敌大我退自然得到便宜，就是敌小我退，亦不过有些疲劳，再设法去打也不过时。

⑤轻装的袭击。探知敌情以后，虽在 100 里以外，我军以轻装行军，尽一夜工夫跑到，出敌意外，而举行突然袭击，常常得到胜利。如红军的第五纵队袭击于都城等。

⑥用群众封锁的袭击。在敌人进攻我军时，我们有群众的组织，可以动员武装群众四面断绝敌人的交通联络，封锁一切消息，使敌人不知我军主力所在，然后利用夜晚或拂晓施行猛然的袭击。

⑦用群众扰乱，红军以主力解决敌人。在作战时，分一排红军部队为单位，各领导三四百赤少队，在白天则多打红旗，占领四面山头，利用土炮、鸟枪向敌人打枪，吹喇叭，吆喝，扰乱敌人。然后以红军主力出其不意，由侧面猛击。或者用赤少队日夜换班地去打敌人哨兵，放冷枪，打埋伏，吹冲锋号，喊杀，使敌人晚上不能安眠，增加其恐慌，然后用红军主力去袭击，都是很巧妙可以取胜的办法。

⑧在后有追兵，前有阻挡部队的时候或追兵强大时，为了脱离敌人的追击，可以一小部队距敌四五里引其走上大道，大队则乘机取间道脱离敌人或猛由敌后方袭击，或派一二人在另一路上划路标、贴标语，以引诱敌人去穷追，误入歧途，而保证我军主力脱险。

⑨不打硬仗，不能有十分把握的仗就不打。“杀人三千自损八百”这一句话是有道理的。尤其红军干部补充困难，子弹缺少，打了胜仗而不能缴得枪弹，在红军当时的战术上说来，均是等于失败的，因为消耗了原有的子弹，损伤了战士。

⑩敌人若进攻我们的根据地，我军则绕道去劫其后方，此为“围魏救赵”的老法子，红军常用此收效。

⑪我们要进攻某地，不直接前往，绕弯走另一个地方，到了中途忽然折转，以迅雷不及掩耳的手段击溃和消灭敌人。

⑫敌人急迫追来，可以择山林隐藏打埋伏，派好瞭望，当敌人主力通过后，即举行截击，甚至可以一网打尽。

特别重要的就是游击队行动要求迅速、秘密、巧妙，以多在夜间行动为上。此外要求每个战士有很高度的革命积极性，不怕疲劳，艰苦牺牲。时刻要在自己的一切行动上表现给工农群众看，红军是真正彻底为中国人民利益而斗争的，是苏维埃政权的宣传者和组织者。

根据以上的战术经验，我们曾经把它规定成以下的几句话："敌进我退，敌驻我扰，敌疲我打，敌退我追。"由于活泼的运用战术以及战士们政治自觉的提高，斗争的坚定，领导者的以身作则，执行了共产党的政治主张，所以游击战争到处取得胜利。

8. 当时红军中的优点和缺点

（1）优点：红军与一般普通军队不同。可以从四方面区别：

①红军是由救国救民的宗旨所创造起来的军队，它要解放民族解放人民。这与军阀军队之拥兵自卫，勾结帝国主义，以军队为工具来压迫人民的行为，完全不同。

②因为红军是领导人民分土地求生活的军队，都是人民自愿加入红军，所以是志愿兵，军阀军队则是雇佣兵制，甚至抽丁拉夫，所以决不能如红军之巩固。

③因为红军是志愿兵，人民自己的军队，所以上自官长，下至士兵，同甘苦，共患难，团结一致。军阀军官则视兵士如牛马，肉刑拷打。

④红军有共产党的革命的领导，有工农和人民的拥护，军阀军队则是个人的工具，人民视之如蛇蝎。

（2）缺点

①由于红军成立未久，各种斗争经验的缺乏，特别是与上级党领导的关系不密切，所以在红军中党的组织、领导等工作上，还表现有很多

的缺点。如党同军队的相互关系常有不正确的地方。

②政治机关与参谋部在职权上，相互关系上常发生争论，缺乏很好的协同动作。

③士兵委员会运用得不好，有时超出兵委职权的范围，有时又不能起作用。

④因为行动作战成为主要的斗争生活，所有的伤病兵无地安插，安放在农民家中医药仍然没有妥善的办法，发生非常大的困难，并相当影响战斗力。

⑤经常作战，干部死伤较大，培养补充均很不容易。

⑥进行居民中的政治工作，还有时表现得不深入群众和缺乏实际。

⑦红军和地方党部，革命机关的关系，均缺少正确的办法，往往发生有红军不受地方党部的领导；就使红军成为单纯的军事队伍。

项英（1898—1941），湖北武昌人，1922年加入中国共产党，二七大罢工主要领导人之一。1924年起历任中共中央职工部部长、湖北总工会组织部长、武汉纠察总队长、中共江苏省委书记、第三届至六届中央委员、六届中央政治局常委、全国总工会委员长、中共长江局书记、中共苏区中央局代理书记、中央革命军事委员会主席、中华苏维埃共和国临时中央政府副主席。红军长征后留在南方领导三年游击战争，1937年任中共中央东南局书记、新四军副军长。1941年1月遇难。

作者简介

一九二八年的中国工人状况和工人运动①

□项　英

反动势力对于工人阶级进攻的形势

国民党自1927年反动以后，与帝国主义及一切反动势力联合，积极地向工人阶级进攻。其主要的政策是用极端的白色恐怖来对待工人阶级，不断的屠杀、拘捕工人群众中的革命分子，以消灭肉体来对待工人

① 本文为1929年项英在中华全国总工会第二次扩大会议上的报告《过去一年来职工发展的形势和目前的总任务》，1953年在《党史资料》第6期发表时文字略作删改，并改为本题目。

大革命失败后，中共中央将国民党统治区的组织转入地下，继续坚持斗争。图为1928年至1931年，位于上海的中共中央政治局机关所在地。

中的革命领袖。去年（指1928年——编者）1月至8月的工农被屠杀者将近10万人，其中仅有27699人是正式宣布“罪状”的，现在关在监狱内的还有17200人左右。虽然反动势力以这种残酷的手段来对付工人阶级，仍然不能消灭中国工人阶级的革命行动……反而更促进他们的反抗，特别是在五三①惨案发生后，工人阶级革命情绪的激发，使蒋介石及汪、陈派不得不采用改良主义的欺骗方法来缓和群众的革命行动，麻醉工人群众，来消磨群众的革命性。帝国主义在世界欺骗工人的走狗——国际劳工局长汤麦氏这时也亲身来华，以欺骗世界工人的经验来对付中国工人群众及告诉中国资产阶级一些欺骗方法。这种欺骗方法到现在虽在群众中发生一些影响，但不能消灭群众的革命斗争，最近的工人群众斗争的发展就可证明。

至于革命工会老早封闭殆尽，稍有革命行动的工会亦禁止存在。反

① 指1928年5月3日，日本帝国主义为阻止南京国民政府北伐，在济南向国民党军进攻，蒋介石下令停止抵抗，军队当夜撤出。日本杀伤中国军民万余人，占领济南，到1929年2月28日才撤出。

动统治者首先以改组工会的名义，建立御用的官僚工贼工会，以钳制工人的行动，可是屡遭工人群众的反抗，已不起任何作用；在五三惨案前后，又以工会整理委员会的名义重整旗鼓，以改良欺骗方法在群众中发展黄色工会的组织，规定一切工会需在国民党党部和政府登记，一切行动都要经党部许可，企图用法律来钳制工人组织工会的自由，以和平的合法的方法来代替工人的直接斗争，以劳资合作代替阶级斗争；委派国民党员改组斗争的工会，派遣秘书，把持工会的会务，如铁路工会；对于稍有革命性的工人群众，仍是以白色恐怖的手段对付（如最近在河南丝厂拘捕四百余人等）。这正是反动统治者目前对付工人阶级的策略。

中外资产阶级运用反动的政治武力，加紧对工人进攻，不仅在“共产时代”工人由斗争中所争得的条件，取消殆尽，工人中的革命分子被大批开除，并且中国资本家更借口整顿生产发展实业，以加重工作，增长时间，减低工资，大批开除男工，代以童工女工，加紧剥削，至于压迫苛待，更是不堪言了。

反动势力进攻下的工人生活状况

目前工人阶级的生活状况，一般的来说，是一天比一天的恶化了。为了更能实际了解工人生活状况起见，分述如下：

一、 工资减低

工人工资是日渐低落了。一般工资的低落，有两个原因：第一，自国民党反动后，工人在所谓“共产时代”所争得的条件，被资本家利用他们反动的政治势力，完全推翻了，工人的工资，不独没有增高，并因此减少。自“四一二”以后，上海工人的工资，是减低了，特别是过去有很长斗争的纱厂工人的工资。斗争最激烈的广东、武汉，这种现象更加厉害。据报纸所载武汉工人工资，能照所谓“共产时代”维持原状的，只有十分之二，十分之八是减低了，如去实际考查，无论如何，在武汉方面工人的工资总有十分之九是减低了的，只有很少数的维持原有工资（银行行员）。广州建筑工人的工资，由九毛半减至七毛，油业工人工资被厂主减了三次，印务工人反对减少工资曾斗争一次，而且工人的工资，均由资本家自定，定了多少，就是多少，工人不能过问。安源的矿工，只有一毛钱一天，云南矿工工资是三元钱一月，天津北方纱厂最高每日四毫二分，最低每日一毫，还有一种学徒（叫里徒）每月只有八毫钱，地毯工人最高的每日五毫，最低的每月二三元。芜湖纱厂工人工资最高每日三毛，最低每日一毛。上海店员手工业者，在斗争中所得的增加工资条件，都没有完全实行。上海纱厂工人，从前做16支纱的，现在做32支，从前一人管理一部或二部机器，现在一人管三四部，实际上是加重了工作，减少了工人，降低了工资。再拿物价来说，是高涨了，工资却无形降低。北方一带工人，从来没有增加过工钱，就是上海有一部分工人稍为增加一些，而物价的高涨，已经超过了增加的数量。北方铁路工人欠薪到几月或十几月不发，都是无形减低工人工资的明证。至于物价的增高，从民国2年到17年物价的指数看，在广东增加了三分之二，在上海也增加了三分之二，天津增加了一半。我们以工人日常需要品的粮食为例，在北方，拿百分比来说（以1923年为100，下同），在民国2年，米价是64.84%，现在是123.58%，几乎增加了一倍。再就上海看，民国7年，米价是76%，现在是123.58%，除主要的粮食外，还有日用品，油盐，小菜，茶，都增加到两倍左右。见下表：

1923 年以来上海日用品之物价与其指数一斑

别类	品名	1923 年 5 月		1924 年 9 月		1928 年 9 月		备注
		物价	指数	物价	指数	物价	指数	
食料	白米(石)	10.60	100.00	12.40	116.98	13.10	123.58	白米以大洋算
	青菜(斤)	33	100.00	55	166.66	80	242.42	青菜以下均以钱文为单位计算
	豆菜(斤)	72	100.00	70	97.22	100	138.88	
	猪肉(斤)	560	100.00	640	114.28	940	167.85	
	牛肉(斤)	350	100.00	425	121.43	705	201.42	
	鸡蛋(只)	30	100.00	40	133.33	80	266.66	
	盐(斤)	90	100.00	120	133.33	200	222.22	
	食料总平均				127.71		206.57	白米不在内
燃料	青炭(斤)	60	100.00	80	133.33	150	250.00	
	大反白菜(个)	90	100.00	120	133.33	240	266.66	
	火油(斤)	150	100.00	180	120.00	220	146.66	
	燃料总平均				128.88		221.11	
小食	粥(碗)	10	100.00	20	200.00	30	300.00	
	馒头(个)	10	100.00	15	150.00	30	300.00	
	大饼(个)	10	100.00	15	150.00	30	300.00	
	油条(根)	10	100.00	20	200.00	30	300.00	
	粽团(个)	10	100.00	20	200.00	40	400.00	
	小食总平均				180.00		320.00	

上海如此，其他各地则更甚，物价增长了一倍，工资就丝毫没有增加。兹将各地工人工资列表如下：

上海纺织业工资统计表

工人种类	最高	平均	最低	赏工
缫丝业车间工人		5—7 毫	3—4 毫	不停工，礼拜赏 1—3 毫
丝间女工	6 毫			无礼拜赏

续表

工人种类	最高	平均	最低	赏工
剥茧女工	8分			
棉纺业	6毫	3—4毫	2.5毫	夜工加膳2分
丝织业	1元	5毫		
棉织业	6—7毫	3毫		
针织业	1.5元	3毫		两礼拜不停工赏3毫
毛织业	3—4毫	每月5元		三礼拜不停工赏5毫

上海各业每月平均工资统计表

业　名	平均工资
纱　厂	每月12.8元
布　厂	每月14.5元
丝　厂	每月12.0元
电　车	每月20.0元
邮　务	每月45.0元（邮务员除外）
印　务	每月20.0元
店　员	每月12.5元

香港海员工资工时统计表

公司	国别	航线	工资（每月以元计）									工作时间			附记
			尾			面			底			尾	面	底	
			管事	厨	名下	头目	舵	水手	头目	烧火	打杂				
昌兴	英	太平洋	6.7	最高8	25	白人做	白人做	白人做	菲人做	菲人做	菲人做	无定	8时	8时	
大来	美	太平洋	46	481	82.5	25.3							1余时	1余时	1余时
太古蓝烟筒	英	太平洋及世界													
太古黑烟筒	英	沿岸	45150	70	24.5							8时	8时		

续表

公司	国别	航线	工资（每月以元计）									工作时间			附记
			尾			面			底						
			管事	厨	名下	头目	舵	水手	头目	烧火	打杂	尾	面	底	
怡和渣甸	英	沿岸	36	36	12	32.4	29132.4	25.9	36.9	28.6	28.6	无定	10时半	8时	23手工金，约在头目与散仔之间
挪威	挪	沿岸	包工			40	36	32	40	35	31	无定	9—12时	8时	挪船海员工金有相差甚远者
渣华	荷	3孖冷				35	28	23	39.9	27.7					23手工金，约在头目与散仔之间，打杂少，生火约3元。
招商局	中	港沪粤	包工				36	28.8	40	31.2					同上
杂外国船													9时半	8时	同上
杂中国船			40	40	25	40	35	28	40	28					同上
德忌利士	英	港汕厦	包工	24130		36.4	36.4	28	40	3133				8时	
省港澳及同安	英及中	省港													
	中	港江													
	中	港梧													

上海海员工人工资及工时统计表

轮船类别	公司	工资（每月元计）			工时	附记
		侍者	水手	生火		
外洋船		20—30	33—43	33—43	8	待遇比其他好一点
长江船	太古、怡和、招商	12	28.8	31.2	10—12	“5卅”后怡和减一成工金
长江船	日清、三北	12	24	26		有更低的
南洋船		12	24	26		
南洋船	政记	12	12	10	12时以上	饭菜船东供给。此公司待遇最坏
北洋船						减工金
小轮船	汇德、丰华	12	24	26		
驳船		头目11	散仔8—14	无定		

广州起义前后广州工人的工资调查表

工人种类	原有工资	起义失败后的工资	增　减	备 考
轮渡工人	每月 25 元	20 元	减 5 元	
码头工人	每日 1.4 元	6 或 7 毛	减 0.8 或 0.7 元	
油业工人	每槽榨 3.1 元	1.6 元	减 1.5 元	
酒楼茶室工人	每月最高 40 元	每月最高 30 元	减 10 元	
印务工人	每月 30 元	20 元	减 10 元	
建筑工人	每日 0.95 元	0.7 元	减 0.25 元	

全国粗工每月工价表（根据“新国民年鉴”上的调查）

工人种类	高工资	最低工资	9 元
纺织男工	12 元	6 元	9 元
纺织女工	10 元	5 元	7.5 元
铁　工	20 元	10 元	15 元
机械工	20 元	10 元	15 元
矿　工	18 元	9 元	14 元
制丝厂男工	12 元	6 元	8.5 元
制丝厂女工	10 元	5 元	7.5 元
其他男工	16 元	6 元	11 元
其他女工	5 元	3 元	4 元

全国精工每月工资调查表（同上）

工人种类	最高工资	最低工资	平均工资
纺织男工	30 元	12 元	26 元
纺织女工	24 元	8 元	12 元
机械及铁工	50 元	20 元	25 元
矿　工	40 元	16 元	22 元
制丝厂男工	22 元	6 元	12 元
制丝厂女工	22 元	6 元	9 元
其他男工	30 元	9 元	15 元
其他女工	20 元	7.5 元	12 元

我们再就民国13年（1924年）资产阶级经济学者朱懋澄调查工人生活费列表如下：

上海工人每月生活费表（1924年朱懋澄之调查）

<table>
<tr><th colspan="3">家庭类别</th><th>食料</th><th>被服</th><th>房租</th><th>柴炭</th><th>电车等</th><th>杂货</th><th>总计</th></tr>
<tr><td rowspan="4">粗工</td><td rowspan="2">独身者</td><td>费用</td><td>5.45元</td><td>1.19元</td><td>1.78元</td><td>0.47元</td><td>0.71元</td><td>2.25元</td><td>11.85</td></tr>
<tr><td>百分率</td><td>46</td><td>10</td><td>15</td><td>4</td><td>6</td><td>19</td><td>100</td></tr>
<tr><td rowspan="2">工人家族</td><td>费用</td><td>11.10</td><td>2.13</td><td>2.78</td><td>1.92</td><td>0.85</td><td>2.56</td><td>21.34</td></tr>
<tr><td>百分率</td><td>52</td><td>10</td><td>13</td><td>9</td><td>4</td><td>12</td><td>100</td></tr>
<tr><td rowspan="4">细工</td><td rowspan="2">独身者</td><td>费用</td><td>7.32</td><td>2.31</td><td>3.09</td><td>0.57</td><td>2.12</td><td>3.85</td><td>19.26</td></tr>
<tr><td>百分率</td><td>38</td><td>12</td><td>16</td><td>3</td><td>11</td><td>20</td><td>100</td></tr>
<tr><td rowspan="2">工人家族</td><td>费用</td><td>15.06</td><td>3.94</td><td>5.02</td><td>2.51</td><td>2.15</td><td>7.17</td><td>35.85</td></tr>
<tr><td>百分率</td><td>42</td><td>11</td><td>14</td><td>7</td><td>6</td><td>20</td><td>100</td></tr>
</table>

但是现在相隔六年了，物价更增加，生活费当然也要随着增加。目前各业工人工资，除了有技术的熟练工人每月有30多元或再多一点的工资（但这种工人在中国整个工人中是很少数），普通的不过十三四元左右，还有几元一月的。物价的增高，更无形中将工资减低了。

二、 工作时间加长

工人工作时间，就一般说，不但没有减少，并且是无限的加长了。就民国15年（1926年）的统计，工人在斗争中得来的：国家企业每日工作时间8小时，武汉纱厂10小时，店员12小时，童工9小时，自国民党反动以后，除铁路及国家企业，仍保留着9或8小时工作以外，其他各产业工人工作时间，都恢复了10小时以上，如上海纱厂和丝厂，现在六进六出，实际是12小时的工作，以前所争得的吃饭半小时的休息，现在都没有了，至于星期休息，在工作忙的时候，是没有的。总之，一般工人工作时间是都加长了，列表如下：

上海社会局发表的纺织业工作时间统计表

业　名	工作时间
缫丝车工人	11 小时
丝间女工	7 小时
剥茧间工人	11 小时
抄间女工	12 小时以上
棉纺业工人	日工 11 小时，夜工 12 小时
丝织业工人	日工 10.5 小时，夜工 12.5 小时
棉织工人	日工 10 小时，夜工加 5 小时
针织业工人	11 小时
毛织业工人	日工 11 小时，夜工 10 小时

上海各业工人工作时间统计表

<table>
<tr><th>业　名</th><th>类　别</th><th>工作时间</th><th>星期日</th></tr>
<tr><td>纱厂</td><td></td><td>12 小时
星期六增加 3 小时</td><td>休息无工资</td></tr>
<tr><td rowspan="3">布厂</td><td>日厂</td><td>12 小时</td><td>休息无工资</td></tr>
<tr><td>中厂</td><td>14 小时</td><td>休息无工资</td></tr>
<tr><td>英厂</td><td>16 小时</td><td></td></tr>
<tr><td>丝厂</td><td></td><td>11 小时</td><td>不一定</td></tr>
<tr><td>电车</td><td></td><td>9 小时</td><td>无</td></tr>
<tr><td rowspan="3">邮务工人</td><td>邮务生</td><td>7 小时</td><td></td></tr>
<tr><td>邮差</td><td>8—11 小时</td><td></td></tr>
<tr><td>苦力</td><td>9—10 小时</td><td></td></tr>
<tr><td rowspan="4">印务工人</td><td>墨色石印</td><td>10 小时</td><td>每月休息 2 天无工资</td></tr>
<tr><td>华洋印务</td><td>10 小时</td><td>休息</td></tr>
<tr><td>彩印工人</td><td>9 小时</td><td></td></tr>
<tr><td>报界工人</td><td>8 小时</td><td></td></tr>
<tr><td rowspan="2">店员</td><td>普通</td><td>12—14 小时</td><td>无</td></tr>
<tr><td>最多（如熟货业等）</td><td>17—18 小时</td><td></td></tr>
<tr><td>兵工厂</td><td></td><td>12 小时，若加夜工 3 小时则 15 小时</td><td></td></tr>
<tr><td>造船厂</td><td></td><td>9 小时</td><td></td></tr>
<tr><td>铁厂</td><td></td><td>12 小时</td><td>无</td></tr>
</table>

三、 工作加重

帝国主义以“生产合理化”的方法，逐渐部分采用在中国直接所经营的工厂，使工人阶级的工作加重了，如用蒸汽发动的改用电力（如上海纱厂），用煤的改用煤油（如外洋轮船），一般重工业轻工业的机器，都采用最新式、最精良的机器，减少工作人员，加重在业工人的工作。在中国工厂里面，加紧剥削工人，提高生产率，节省生产费，裁减工人，加重其他工人的工作，更普遍造成绝大的失业的恐慌。

四、 待遇的恶化

现在工厂中的待遇，是一天恶化一天，工厂中打骂工人苛罚工资随意开除工人是极平常的一件事，无足奇怪，以前工厂中的赏工，现在都取消了。在武汉政府反动以前，武汉的女工，争到了产前产后的一月休息，现在是一天也没有了；童工曾争得自由参加童子团，不做过重工作，现在是做成年工人的工作。工厂中的武装压迫，现仍继续存在。工厂工人，实行保结联保。上海巡捕房，随便入厂逮捕工人，武汉、河南的工厂驻兵等，这些武装的监视和屠杀，也是最普遍的。还有包工头的剥削，更加厉害，如码头工人卸货系一毛一分钱一吨，而大工头抽去五分，二工头抽去三分，有时还有三工头要抽去二分，工人所得无几。至于因公受伤的抚恤，吃饭前后的休息，工厂卫生，工人教育，养老金等，都是更谈不上的问题。

五、 失业的恐慌

目前失业问题，成为一个极严重的问题。造成失业的原因是：1. 采用最新式的机器或节制生产费，加重工人工作，大批裁减工人。2. 开除革命的工人，削弱工人阶级的阶级斗争。3. 开除成年工人，雇用女工童工。4. 农村经济破产，大批失业农民集中城市，工人后备军增多。5. 因军阀战争和帝国主义商品侵入的影响，工厂停闭，造成大批不能复业的失业工人。就最近报纸上的统计，在汉口有 103059 人，在广东 8784 人失业，还有在解散工会中，有二三万人没有列入统计的。经常失业的海员，香港上海两地不下二三万人。山东在日本帝国主义者侵略占据之下及一些张宗昌属下的残余军阀混战当中，失业的有二三万人。山西受战争的影响，农村购买力的降低，停闭了许多工厂，即兵工厂工人，也减少了三分之一。杭州、湖州绸缎业停厂，失业工人不下六七万人。临城矿山停歇，失业工人 2000 余人。上海失业工人人数，据社会局调查的 187 个工会中，失业人数就有 155069 人，其他未调查到以及未参加工会的更有很多是失业的。现在仍继续开除工人，每一个工人都在提心吊胆地过着牛马一般的生活。在这失业恐慌之下，工人生活是痛苦万分，因此失业问题，成为一个极严重的问题。可惜没有精确的材料来统计全国失业工人的数目。

全国工人阶级斗争发展的形势

全国工人阶级，过去虽在极端白色恐怖之下，受了很大的打击，但是对于反动势力进攻的反抗，还是不断的发生。在最近一年来，工人阶级斗争的情形，已逐渐向前发展，表现复兴的形势，其原因：一、工人群众在资本家严厉进攻之下，生活状况日趋恶化，几乎不能生存，因受生活的压迫，要起来斗争。二、工人阶级虽经白色恐怖，将工人革命的斗争一时压迫下去，但现在已经相当时期的休息，斗争的力量和情绪，又逐渐恢复起来。三、帝国主义的凶横，国民党无耻的卖国，对于群众的压迫和欺骗，激动了工人阶级革命的情绪，因此工人阶级的斗争，在这种情形之下，逐渐开展起来。现在分述如下：

一、国民党“三次北伐”前后工人斗争的情形

国民党自反动后，借口清共、军事时期及巩固后方来无情的压迫工人，拘捕和屠杀工人中的革命分子，以御用工会来钳制工人的行动，在广东、武汉甚至解散一切的工会。全国工人群众在这种情形之下，表现暂时消沉的状态，但是上海的工人群众的斗争，自“四一二”以来，并未停止。因国民党的压迫，工统会、工整会的无耻欺骗和压迫，工人不断地斗争，特别是对于资本家的进攻进行反抗。至“北伐”（指1928年国民党与张作霖等之间的军阀战争——编者）将开始时，国民党宣布停止民众运动，禁止罢工，但是上海工人群众的斗争和罢工，并未因此而停止，从1月至4月罢工有35件发生，打破了国民党对于工人压迫的命令。当时斗争的主要群众，是店员、手工业工人。产业工人因为过去受摧残最重，工会组织多半瓦解，即或有工会的，又为工贼流氓所把持，很少有斗争发生，但其中曾发生一次6万人的丝厂大罢工，抗议警察殴毙工人，结果因工整会的压迫，被迫上工。可是这一斗争并未停止，以后又为要求发给罢工工资及惩办警察，不断的发生总罢工，这是在国民党反动后第一次大罢工了。后北方战争已发动，国民党更借口军事时期，防止“奸人捣乱后防”，禁止一切罢工集会来制止工人的斗争。

附表：1928年1月至4月上海罢工事件统计表（据上海社会局的调查统计）

月　份	罢工件数	罢工人数
1	7	10782
2	8	7275
3	8	75713
4	12	7670
共计	35	88430

二、五三惨案发生全国工人群众的愤慨和斗争的开展

五三惨案发生，上海及全国工人群众，非常愤慨，自动的起来组织各种反日的团体，演讲示威，特别是上海工人群众有100余工会起来组织反日会，发表宣言，组织讲演队，到各区讲演，并决定开全上海工人大会，全市罢工一天，举行示威。而无耻卖国的国民党，自五三惨案发生以后，提出和平交涉、提交国际联盟会议办理，并借口“防止奸人捣乱后防”，禁止集会结社；同时借口集中力量，取消一切反日组织，归并在市党部所御用的反日会，特别是对于工人的行动，更加严厉禁止，有违反者以军法从事。当时工人群众目睹国民党无耻卖国，投降帝国主义，压迫群众反帝运动，非常愤慨，在一天反日代表大会中曾提出“打倒国民党”、“工人直接起来行动”等口号。在工人群众中也自动起来游行示威，打日本人（如杨树浦工人打日本人等）。后来因为黄色工会一般领袖（如邮务沈天生、陆京士等）的妥协与国民党勾结一气，将反日会无形解散，遂使轰轰烈烈的工人反帝运动，受一打击。但是一般工人群众，由此更加将斗争的情绪激发起来，各种工人的经济斗争，遂开始发展起来。全国各地反日运动，也因为国民党的压迫、制止工人的行动，把持一切反日组织，同样遭受到打击。

自五三惨案发生后，工人群众斗争的情绪提高，到“五卅”三周年纪念的时候，上海的工人群众有数千人到南京路游行示威，而帝国主义亦不敢十分压迫。未停工的工人，则在工厂关车举行纪念，可见当时工人群众的革命情绪。上海工人的经济斗争，遂继续不断的发生了，罢工是逐月增加，斗争的范围也逐渐扩大（参看下表），如估衣业店员的罢工、熟货业的罢工，并引起上海各工会的援助，后来组织被压迫工会联合会等。其他各业工人斗争继续不断的发生，不下百余次，而影响全国的邮务工人大罢工也发生了。在江西景德镇有几万瓷业工人的大罢工，广州的自来水厂、兵工厂、电灯厂、铁路都有斗争发生，虽被国民党军

阀的武力镇压下去，也可见广州工人自1927年12月武装起义失败后，在极端白色恐怖之下，开始斗争起来了。北方铁路工人索薪斗争是每路都有。其他各地工人斗争，当也不少，可惜无详细材料，不能报告出来。

附表：1928年5月至9月上海罢工事件统计表

（五六两月是据上海社会局的统计，以下是据上海总工会的统计）

月　份	罢工件数	罢工人数
5	7	3098
6	4	65212
7	14	7697
8	15	18102
9	14	9755
共计	54	103864

三、 上海邮务罢工后全国工人的斗争开始复兴的形势

上海邮务工人2500余人于10月2日大罢工，更表现工人的斗争是向前的。

原来邮务工人的斗争发生甚早，酝酿数月，均被黄色领袖陆京士、沈天生等，始而用恐吓手段（如前年广州起义时，邮务工人要罢工，陆、沈等以罢工是帮助共产党，是共产行为来恐吓，将罢工制止），继而用延捱政策（如和平交涉、派代表到南京请愿等）来和缓斗争。自五三惨案以后，上海工人斗争发展，邮务工人的斗争情绪更加增高，使黄色领袖鉴于群众的情绪不能再遏，亦恐众怒难犯，不得不赞成罢工，乘机攫取罢工领导机关，再来设法从中破坏罢工。邮务工人罢工后，国民党恐惧非常，一面与帝国主义勾结，用武力威吓，同时以什么“维持国家交通”、“维持党国威信”这一类肉麻的话来进行欺骗，并驱使其走狗商务印书馆六工会的领袖劝邮务工人复工。邮务工人群众的组织还不十分坚强，在罢

工的领导权落在黄色领袖手里以后，黄色领袖遂得大施其妥协方法、出卖罢工的手段，为国民党尽忠效劳，用威迫劝诱的方法，使邮务工人无结果的先行复工，再行解决条件。这一个伟大的罢工，就这样结束了。

1. 上海工人的斗争继续向前发展

自邮务罢工后，上海各业工人的斗争更加发展起来，不久（11 月 2 日）又发生法电全体工人大罢工。法电罢工的发生，是因工友吴同根被法国水兵杀死而引起的。全体工人愤慨万分，起而反抗，提出要求，准备罢工。国民党上海市党部、社会局与上海青帮头子杜月笙同法帝国主义勾结一气，企图用威吓欺骗将吴同根案解决。同时市党部鉴于工人斗争情绪的激昂，派其走狗洪东夷、刘云等借口来指导工会，借此防止工人的罢工发生。社会局和市党部一味迁延欺骗，说什么“尊重国体”、“和平斗争”、“服从社会局市党部”的话。可是迁延数月之久，工人的要求不仅没有解决，连答复都没有了，工人群众已知其欺骗，并已知和平交涉不能解决，只有直接行动（罢工）才能取得胜利，于是酝酿很久之罢工，遂于 11 月 2 日爆发了。

国民党见工人斗争情绪不可制止，欺骗方法已被工人识穿，遂改变方法，扬言赞成罢工，勾结工会中妥协分子和工贼把持罢工委员会；用封锁政策，禁止法电工人与上海革命的工友相接近；假借工友会议，每日宣传三民主义来麻醉工人；罢工会不开会，罢工中各种组织（如纠察队宣传队等）不进行工作或是只有名义存在，使它不发生组织作用，以削弱群众斗争力量；随时造谣、恐吓，以涣散群众情绪；在会议中有发言者或提出质问者，即诬为共产党；以对付邮务罢工同样的办法驱使七大工会的走狗，表面借援助名义，派代表帮助工作，其实进行破坏罢工的工作。总之，他们的政策是用“领导”罢工的方法来破坏罢工。同时国民党与杜月笙及法帝国主义又勾结一气，欺骗工友说条件已确定，强迫上工，可是群众上工后，法国资本家不但是没有承认条件，反变本加厉压迫起来。工人群众到此时才知道受骗，于是第二次罢工又发生。经过 14 日之久，国民党的走狗刘云又勾结工贼华志勇、陈茂林等用欺骗手段骗工人复工了，但是条件仍未得到解决。当时一般工人群众已知受国民党的欺骗，已喊出“打倒国民党”的口号。最后工友举行第三次罢工，条件才得相当的解决。在这次罢工中，上海一般工人群众组织的工会，都尽力起来援助，可是被国民党阻挠，不得与法电工人见面。同时国民党勾结巡捕房将工会组织的后援会解散，拘捕 20 余人，这都是国民党破坏罢工，压迫工人的勾当。

在法电工人罢工时，金银工友为资本家勾结官厅逮捕工会职员，全体罢工反抗；华商电车和英界电车工友发动斗争，亦得到相当胜利。随后接连有棉织工人的罢工，中国造灯厂工人的罢工，邮政局快信工人罢工，商务印书馆工人的怠工，新新公司工人的大罢工，英美烟厂工人的罢工，沪宁、沪杭铁路工人要求加薪的斗争，南洋烟草公司浦东分厂工人反对停工的斗争，最近内外棉七厂工人的罢工，吴淞与兴华纱厂工人的罢工等形成群众斗争向前发展的形势。

在江苏外县的工人斗争，亦有发生，如徐州因警察打死车夫三人，引起全埠工人总罢工五日，苏州绸缎业染坊工人罢工 20 余日等。

附表：1928 年 10 月至 12 月上海罢工事件统计表

（据上海总工会调查统计）

月份	罢工件数	参加人数
10	13	9078
11	22	11587
12	16	22237
共计	51	42902

2. 北方工人的斗争正开始向前发展

自国民党打到北京以后，改组派遂利用党部在工人中大肆活动，组织北京天津总工会及唐山铁路工会等组织，在工人中极力宣传改良主义，以利用工人的组织，作为他们上政治舞台的工具，所以虽然组织了工会，亦不愿工人有斗争发生。上海邮务工人罢工后，北京邮务工人起来响应并提出要求，其他工人的斗争也发动起来，如北京电车工人为军人不买票殴打工友发生罢工，电灯工友要求加薪，天津英美烟厂工人提出要求四条（失业工人复工，开除工人及招添工人需得工会同意，厂主担负工人学校经费，每月加工资三元）并发生罢工，裕元纱厂要求吃饭时间在厂关车，地毯工人发动斗争，平奉铁路工人提出要求，反对局长，并酝酿全路总罢工。北方工人数年来均在北洋军阀压迫之下生活苦痛到不堪的地步，目前的斗争，将会更加向前发展。

北方铁路工人，在军阀直接管理之下。军阀拖欠工资，有的到十余月。各路工人的索薪斗争，普遍地发生。

3. 汉口反日大罢工

武汉工人阶级自国民党反动后，大遭军阀的屠杀。桂系军阀在掌握武汉政权以后，更变本加厉来屠杀，动辄以共产名义，任意屠杀工人，绝对禁止集会结社，凡是工人群众的组织，都视为共产党。武汉工人在此种情形之下，遭受一大厄运。但自五三惨案发生，全国工人斗争发展，使武汉工人受此影响，其革命情绪，又活跃起来了。所以日本水兵杀死车夫水杏林事件发生，工人群众的革命情绪激发，遂发生汉口日界工人的大罢工（据报告参加者有8000余人）。虽然这次罢工在形式上是桂系所指示之下的党部所领导，桂系军阀表面也赞助这次罢工，但这不是桂系军阀贸然改其军阀反动的行动，领导工人罢工，反对帝国主义，而是因为其主人——英帝国主义的指示。原来日英帝国主义的冲突，自五三惨案后已更加尖锐，因此，桂系在这种情形之下，利用这次罢工，以效忠于英帝国主义，更可利用这次罢工在政治上以对待他的政敌——蒋介石。同时因为工人群众的革命情绪的激发，桂系军阀知道简单的压迫是不能成功的，遂采用改良欺骗的方法，来消灭群众的革命情绪。

因此，罢工发生时，桂系一般走狗将罢工工会把持，只提出惩凶、赔偿、道歉等中国外交上惯例的卖国骗人的条件，不敢提出收回租界，更不敢喊打倒帝国主义的口号，当然更不愿意提出工友的要求。虽然有纠察队，但不敢武装起来，并且主张和平的抵制，所以屡次被日本水兵将纠察队及工友拘捕毒打，使工人大受其苦。在这种情形之下，工人群众现在已罢工二月余，仍然坚持，可见其革命精神。虽然这一次罢工被桂系军阀所操纵把持，但是一般工人革命的精神是充分表现出来了。

4. 广东香港的工人斗争也呈活跃现象

广东的工人运动，自广州起义失败，同武汉一样，也在军阀铁蹄之下，就是从前反动的机器工会，也遭解散，可想见该地的反动情形。在“五三”以后，工人的斗争已逐渐开展，自电灯局、铁路工人斗争后，继有油业工人反对减人的斗争，面粉工人为厂方取消下栏工作线的斗争，车衣女工的斗争，汽车工人的罢工，佛山油业工人反对开除工人的罢工，轮渡工人反对剥削的斗争，东莞、石龙的长生店工人要求加薪的斗争，西江肇庆建筑工人的斗争，其余南路海口、北海以及英德、韶关等地工人亦有零碎的罢工发生。

香港是英帝国主义在华统治的根据地。香港工人群众自五三惨案后，已逐渐开始活跃起来，发生了群众性的斗争，如水师工厂斗争，织造女工反对工厂的苛例，太古糖房工人反对开除工人，金银工人反对虐待的斗争。至该地邮务工人发生加薪斗争后，群众斗争更加严峻。虽然一些斗争尚属零碎，但是已经将沉闷很久的工人群众推向前进。

其他各省工人斗争，已在开始发展，如厦门的锡工、煤炭工人、运输工人和船夫子，浙江杭州的织业工人，萧山湖州的丝厂工人，宁波的纱厂工人，都有小的斗争发生，山东淄博的矿工有一次罢工发生。

现在总结起来说，全国工人的斗争在这一年中逐渐向前发展起来，其发展的趋势，概括如下：

(1) 发展的阶段：五三惨案发生后，全国工人的斗争，开始活跃起来。自上海邮务罢工，一直到现在，全国工人的斗争，继续向前发展，有逐渐走向复兴的形势。

（2）发展的形势：在“五三”前后，斗争尚偏于上海及店员手工业工人方面，以后逐渐发展到全国产业工人方面，直到现在，是在继续的发展。

（3）斗争的性质：当然是多偏于经济方面的，这是工人斗争开始复兴的必要形势。

附表：

1928 年下半年上海各业工人斗争比较表

类别 \ 月份	7	8	9	10	11	12	统　计
纱　厂	10	8	0	3	3	2	26
丝　厂	1	2	1	2	2	0	8
烟　厂	1	5	2	3	0	5	16
蛋　厂	0	0	0	0	1	1	2
火　柴	1	0	0	2	0	1	4
造　灯	0	0	0	0	0	1	1
烛　皂	0	0	1	0	0	0	1
制　麻	1	2	1	0	0	0	4
制　砖	0	0	1	0	0	0	1
金属业	1	1	1	1	0	1	5
市　政	1	1	0	1	4	3	10
铁　路	3	0	0	0	1	0	4
码　头	0	4	0	1	1	5	11
海　员	1	0	0	0	0	0	1
手工业	10	7	11	10	14	9	61
印刷业	0	1	3	2	10	3	19
店　员	3	3	4	5	2	4	21
公　仆	0	0	0	1	0	0	1
统　计	33	34	25	31	38	35	196

1928 年下半年上海各业工人斗争的原因统计表

原因		7	8	9	10	11	12	统计	百分率
资方的进攻	资方破坏条件	3	4	6	3	5	1	22	
	开除工人	5	8	3	4	3	8	31	
	禁止组织工会拘捕领袖	2	2	2	0	3	3	12	
	资方关厂减少工作	3	2	1	1	1	3	11	
	增加工时	0	1	1	0	0	0	2	
	加重工作	1	1	1	1	0	1	5	
	减少或克扣工资	2	3	0	2	2	1	10	
	取消米贴	1	1	0	0	0	0	2	
	克红利及储蓄金	1	0	1	0	0	0	2	
	滥罚	1	2	0	0	0	0	3	
	包捐人舞弊	0	0	1	0	0	0	1	
	待遇恶劣	4	3	2	1	1	2	13	
	共计	23	27	18	12	15	19	114	38
工人之反攻	要求签订或改订条件	2	2	8	9	0	5	26	
	加工资	11	10	11	9	17	12	70	
	要求星期偿工贴花红	4	2	1	1	3	1	12	
	要求改良待遇	12	4	10	7	9	3	45	
	要求减少工作时间	3	2	1	1	3	0	10	
	要求开除洋走狗	3	0	0	0	0	0	3	
	要求减少车床租费	2	0	0	0	0	0	2	
	要求减轻工作	1	0	0	0	1	0	2	
	要求打破包工制	1	1	0	0	1	1	4	
	要求不中断工作	0	0	1	0	0	0	1	
	要求安插失业工人	1	2	1	0	0	0	4	
	共计	40	23	33	27	34	22	179	60
其他	打倒工贼	0	0	0	0	0	1	1	
	帮口冲突	0	0	0	2	0	1	3	
	共计	0	0	0	2	0	2	4	2
统　计		63	50	51	41	49	43	297	100

5. 全国工人斗争中的弱点

全国工人的斗争是在继续向前发展，逐渐走向复兴的形势，但在斗争中还表露很多的弱点。这些弱点在工人斗争开始走向复兴形势的时候，若是不能逐渐消除，也能妨碍斗争的很快向前发展，这是我们应该注意的。兹特别指出如下：

(1) 全国工人的斗争，大多数的是自发起来的，不但在广东、香港、北方和其他各省如此，就是上海的工人斗争也是多数缺乏斗争组织的力量，偏于部分斗争居多，因此，形成零碎的斗争，尚不能形成广大的斗争向前发展。

附表：上海各业工人斗争中领导力量的比较表

月份	斗争次数	上海总工会领导	黄色工会及国民党党部操纵	自发	不明
7	30	10	3	17	
8	33	11	5	17	
9	24	9	5	10	
10	29	7	1	21	
11	37	23	0	10	4
12	34	10	9	15	
共计	187	70	23	90	4
百分率	100	37	12	49	2

(2) 因为缺乏组织的力量，在斗争中又很少能扩大组织的力量，因此使斗争本身不能继续发展，表现时起时伏的现象，许多斗争遭失败。

附表：斗争胜利失败的统计表

月份	斗争次数	完全胜利	相当胜利	失败	妥协及无结果	未解决	不明
7	30	5	9	6	4	无	6
8	33	11	4	6	10	无	2

续表

月份	斗争次数	完全胜利	相当胜利	失败	妥协及无结果	未解决	不明
9	24	5	4	2	8	无	5
10	29	2	4	6	7	6	4
11	37	11	11	2	4	9	无
12	34	7	4	4	7	8	4
共计	187	41	36	2	40	23	21
百分率	100	22	19	6	21	3	11

(3) 这些自发的缺乏斗争组织力量的斗争，主要是缺乏赤色工会的领导，因此，不能得到胜利的保障和有力的扶持。大部分罢工在黄色工会领袖和国民党影响之下（特别是北方的斗争及其他各省），失败的居多。反日运动及最近汉口对日大罢工斗争及全国反帝运动的领导权，完全被买办地主资产阶级的国民党所把持，更使许多革命的斗争走到妥协的道路，使革命势力不能迅速的向前发展。

(4) 一般工人群众受生活的压迫，需要起来斗争，但是在革命失败后的恐惧的心理，仍未完全消除，因此不敢直接起来斗争。改良主义及黄色工会乘机大肆活动起来，大多数群众，都受这种影响，特别是一般工人中的领袖分子，不免有走上合法运动道路的倾向，增加对于国民党的幻想。

附表：上海工人斗争形势的比较表

月份	斗争总次数	罢工	和平交涉请愿仲裁	群众直接行动	厂房让步	厂方自动加资
7	30	14	12	2	2	
8	33	15	12	3	2	1
9	24	14	9	1		

续表

月份	斗争总次数	罢工	和平交涉请愿仲裁	群众直接行动	厂房让步	厂方自动加资
10	29	13	13	3		
11	37	22	11	1	3	
12	34	16	11	5	2	
共计	187	94	68	10	11	4
百分率	100	50	37	5	6	2

赤色工会运动的工作及其工作的缺点

赤色工会运动，自国民党叛变后，一切反动势力联合进攻以来，受了很大的摧残，完全失掉了公开的地位，陷于极端秘密的状态。在不断的摧残当中，虽非赤色工会的组织，稍带革命色彩的群众组织，亦遭压迫。国民党发现赤色工会的会员，不是杀戮，就是监禁。这一年来赤色工会的工作处在极端困难地位，赤色工会的组织，也缩小到了极小的限度。

国民党反叛革命后不久，各地赤色工会均遭封闭。赤色工会的领袖和革命分子，不是遭枪毙，就是被拘捕监禁，或被通缉，流亡于外。赤色工会的组织，遂完全瓦解。随后在严重的白色恐怖之下恢复或建立赤色工会的组织和工作，又继续不断的受摧残。这样，赤色工会组织，随起随灭，遂至有许多地方（如武汉、湖南、广州）到现在赤色工会的秘密组织，都很难建立起来，因此，全国赤色工会的范围是缩小了很多。

一、 赤色工会运动的概况

以前赤色工会在产业工人中最有基础的是海员和铁路工人。国民党叛变以后，一般工贼乘机攫取海员总工会的招牌，或另组其他名义的工会，赤色海员工会遂完全陷于秘密工作状态，工作范围，只限于香港、南洋及上海三处，至于武汉、天津、潮汕、广州等地，都无组织和工作关系了。就是以上三处，也只有香港、南洋，稍有群众组织的基础，上海的工作是非常微弱的。赤色工会的会员，大部分是在太平洋航线的外洋船上，基本组织，有的不大健全，有的尚未形成组织，分散于各船上。因此，赤色工会的组织，在群众中还不能起到领导的作用。

铁路工人运动自“五卅”后，随国民军的失败，又遭打击，公开组织遂瓦解，一直到北伐军抵武汉时，还没有工作。至国民党背叛革命时，北方的铁路工人运动因此停止，后来虽曾经恢复工作，但没有成绩。在不久以前，才开始整顿铁路组织，开始进行各路的工作，尚无大的成绩。广东两湖的铁路工人运动亦因白色恐怖而停顿。总之铁路工人工作，没有积极注意发展，使有历史关系群众基础的铁路工人运动，反而停滞起来，这是非常错误的地方。

重要城市的工人运动，第一就是上海。自“四一二”以后，上海赤色工会的工作，虽然继续进行，但因为工作方法不良，没有广大的发展，虽领导了不少的群众斗争，但不能建立真实的群众基础。上海赤色工会运动在过去的重要群众基础是纱厂工人。目前纱厂中赤色工会的组织虽有少数会员是分散在纱厂工人群众中，但仍然是一种秘密状态，很少能在群众中起领导作用。重要的五金工人（兵工厂、造船厂、铁厂），还没有赤色工会的组织。码头工人及市政工人都很少有组织的建立，只有电车工人有组织关系。在公开的手工业、店员和印刷（特别是店员）工会中，上海总工会可以影响和指示他们的工作和斗争。上海总工会虽在群众中有相当的关系和影响，但是赤色工会的群众基础和群众组织，还是十分微弱，还不能与群众建立赤色工会的组织关系，工作多偏于店员手工业方面，忽略了主要的产业工人的工作。

香港的赤色工会运动，也是数月前才恢复工作的。在船厂中有秘密群众组织，但人数很少。其他工人群众中也有点秘密组织，或是借其他灰色的名义来组织。以上的组织，在群众中领导作用都非常薄弱。目前已将以上的秘密组织联合起来，筹备组织香港工人代表会。

广东内部各地的赤色工会运动都没有发展。

天津的赤色工会的工作，以前多半忽视，到现在才开始，没有什么大的发展。

唐山的工作，在矿工及铁路方面稍有点发展，但是组织和力量都很薄弱。

江西的景德镇，在瓷工中有点工作和组织的关系。其他各省各县的赤色工会的工作，不是因为环境很难进行，就是没有注意这一工作。总之赤色工会运动，虽因环境关系，在工作上发生许多的困难，但是工作的观念和工作方法的不好，也是使赤色工会的工作不能有大的发展的一个原因。

二、 过去赤色工会运动在工作上的弱点

赤色工会运动，在过去公开工作时代，在形式上虽取得了广大的产业工人、手工业工人及店员等群众的支持，但是在工作中没有造成组织上的骨干，没有造成与企业中工人之密切关系，同时也没有充分训练出工会干部人才。工会中缺乏民主化，还未吸收广大工人群众来参加工会工作，只形成少数的人来包办工会，以命令方式来指挥群众，使工会组织未真能成为工人群众的阶级组织，遂使一般工人群众对于工会没有正确的认识（认为是少数人代群众谋利益的组织，不是群众自己的组织

等)。过去赤色工会虽领导了许多伟大的革命斗争，但未能充分注意工人切身的经济利益的争取，遂使一般工人群众认为工会是单纯的政治组织。这些缺点养成群众依赖的观念，给予工人群众的影响，直到现在还存留在群众的脑筋中，遂使黄色工会利用这些缺点在工人中大肆活动，来骗取工人群众。

三、 目前赤色工会运动的主要的缺点

(1) 在极端白色恐怖之下，赤色工会的活动陷于极端秘密状态，只保持了上层的组织。在群众工作上和组织上，运用委派制度，偏重空架机关式的工会组织系统的建立，不能深入群众，致与群众关系更加隔离起来。赤色工会的组织和工作，仍归少数工会运动者来包办一切，不能逐渐扩大到广大群众中去成为群众斗争的组织。

(2) 在斗争时不会用宣传鼓动方法来动员广大群众起来，不会运用工会组织来推动群众起来斗争，完全采取脱离群众的方法强迫群众，命令罢工，用红色恐怖的政策对付工贼。

(3) 忽视工会经常工作，特别是组织工作，忽视日常斗争的发动和领导，每每企图发动大的罢工。工会工作不能建立在群众实际生活关系上面，逐渐隔离了群众，形成群众外的组织。

(4) 在斗争时不能正确估量客观条件和主观力量来领导群众斗争，斗争的口号不是过高，就是太多，以致在客观环境上不能达到胜利而遭失败，甚至溃散，将工会的组织基础完全瓦解。

(5) 不了解赤色工会应利用公开活动来扩大群众的组织和斗争策略，限于极小范围的秘密活动；有的运用公开活动策略时又走到合法道路，遵守国民党一切限制工人的办法，如注册登记、开会事前报告以及听其派人来改组工会、不罢工、经过劳资仲裁等。结果，使群众增加对国民党的幻想和合法的倾向。

(6) 简单偏于组织方面和平发展，不了解在斗争中来发展和扩大工

会的组织和工作，甚至先要建立组织，然后才领导群众斗争，完全走上和平发展的道路。

(7) 过去的工作，多避难就易，不肯艰苦的进行群众工作，只注意公开的手工业店员工会的工作，忽视重要产业工会的工作，如铁路、矿工、五金、市政等，使赤色工会的基础更为缩小。

李初梨（1900—1994），四川江津人。1915年赴日留学，1927年回国，参加创造社，1928年加入中国共产党，创办上海艺术大学，当选为中国著作家协会执行委员。1929年后历任中共上海闸北区委宣传部长、江苏省委宣传部秘书、中共中央和江苏省委共同组织的巡视组组长，1931年初被捕，1936年出狱后到延安，历任新华通讯社社长、陕西省委宣传部部长、《新中华报》主编。1939年到重庆任中共中央南方局委员、秘书，1940年回到延安任中央军委总政治部敌工部副部长。抗战胜利后任东北局民族部部长，中共吉林省委秘书长兼管民族工作、省委宣传部部长。新中国成立后任国家华侨事务委员会办公厅主任，1951年任中联部副部长。1964年因病离职休养。离休后从事文物收藏工作，1983年将多年收藏的文物精品500余件捐献给重庆市博物馆。

作者简介

六届四中全会前后纪实[①]

□李初梨

我是1928年5月，同彭康、冯乃超、朱镜我、李铁生五人一道从日本回来并一起入党，编在闸北区第三支部的。这个支部后改称为文化支部。由潘汉年通知我们，说已批准入党。然后大家到馆子里吃了顿

① 原载《中共党史资料》2000年第73辑。

饭，有闸北区委书记陈德辉参加，并没有举行宣誓仪式。

1929年我调到闸北区委做宣传工作。从此我放下了笔，从事党的工作。这在创造社是第一个人。当时陈德辉任闸北区委书记。江苏省委有李富春、徐锡根、王克全、何孟雄、康生等人组成。项英不在江苏省委，他任中央职工部部长。1929年初发生江苏事件。据陈德辉告诉我是这样的：李立三要把李维汉派到江苏省委来检查工作。大家都知道马日事变时他是湖南省委负责人，所以拒绝他来。省委把情况向中央封锁。康生一开始是同意的，也参加了，后又向中央报告。中央改组江苏省委时，把他留下来当秘书长，而把李富春派到法南区当区委书记，王克全到闸北区当区委书记。何孟雄也参加了这场斗争。江苏事件后李维汉当省委书记。何孟雄做过一段农运工作，是不是农委的秘书我不清楚。闸北区委有两个农民支部，有一次何孟雄到农民支部了解情况，由我带路，因为我在区委工作。后又派何孟雄任沪中区委书记，沪中多是估衣铺，他做店员工作。

当时没有上海市委，上海共有七个区，有闸北、法南、沪中、沪东（杨树浦一带）、沪西、浦东、吴淞，直接归省委领导。

闸北区委第四支部是陈独秀、彭述之、郑超麟、汪泽楷等人组成。他们都是大革命时期的高级干部，对当时党的政策不满，开支部会时，一个人一讲就是几个钟头。区委要派我去做他们的工作，我们这些新党员怎么是他们的对手，我不肯去。王克全说，我不怕，我是个工人。由他去参加第四支部，同取消派的斗争搞了几个月。取消派把创造社的王独清拉过去了。他原来在法国留学同郑超麟认识。这个人能量很大，在创造社起的作用很坏，后来当了托派中央宣传部长。彭述之想通过王独清把创造社的人也拉过去，约我们在王独清的家里见面。彭述之是个才子，风度潇洒，口若悬河。后来陈独秀亲自出面请我们吃饭，我没有去。1929年七八月间发生中东路事件后，陈独秀向党中央写了意见书，闹得厉害了。11月由江苏省委把陈独秀等人开除党籍。本来应由第四支部开除，可是他们的势力大，由江苏省委作出开除的决议。

1929年的夏秋我调到江苏省委宣传部工作，接替陈德辉任宣传部秘书（或叫秘书长），陈德辉被派到武汉，武汉白色恐怖十分严重，刚去两天就被捕牺牲了。他离开上海时，对我说，他是背着棺材去，已做好了牺牲的准备。共产党员是义无反顾，前仆后继坚持斗争，这些烈士永远值得我们纪念。江苏省委宣传部长是夏才曦（我听别人说他在南京被捕当天叛变自首，后到苏联。抗日战争时我碰上王明，告诉他，他说应该通知莫斯科。后来我再也未见过夏才曦）。那时宣传部就是几个人，部长、秘书、几个干事。徐向前的爱人黄洁是宣传部驻机关的。对于省委其他机关我不了解。

我在第四支部时，党组织是不给津贴的，到了区委每月给5元钱。根本不够用，只好住亭子间、灶皮间，穿得也破破烂烂的。到省委工作后，每月发18元钱，办公室一般伪装成商号。当时中央机关一般是独门房子。在省委开会大多穿长衫。

1930年春左联开成立大会，参加会的人在街上碰上临时把我拉去，鲁迅先生坐在我的对面。我从未参加左联的活动。中央有个文委，文委书记是潘汉年，由他们负责左联的工作。

1930年五六月，成立了江南省委总行委，李立三是书记，李维汉是副书记。我是宣传秘书（取消宣传部），任弼时的哥哥任作民是组织秘书（取消组织部）。夏才曦负责轻纺工业工人运动，王克全是市政工会的秘书，负责重工业、邮政、电器等工人运动。徐大妹负责纱厂女工运动。我们每天上午8点到总行委所在地碰头，看看有什么工作，起草宣言、传单、标语等。每天碰头都有李求实，他当时任红旗日报的总编辑。

5月底6月初在上海召开苏维埃区域代表大会，简称苏代会。事后我到会场去看了，是在沪西的一条路上，一边是旷场，一边有几栋房子。会场在一个弄堂里，门完全锁着，从外面看好像没有住人一样。在开会期间连马桶也不倒的。隔壁的房子租下来，由潘梓年一家人装扮成祝寿的。门口吹吹打打，有人进进出出，门口还站两个巡捕帮助维持秩序，以掩护开会，对面的房子也租下来，使外人看不见会场内情况。打狗队做好准备，如果被发觉，代表们从旷场上跑掉，他们掩护。敌人以为我们是在学校里开，拼命搜查各弄堂的学校。

1929年，王明、博古、王稼祥等回国后，王明在一个基层单位（工厂）工作了一段时间，后在中宣部工作。当时中宣部秘书长是潘向友。大约7月初，在总行委碰头。李立三对我说："现在派一个理论家到你那工作好不好？是全党有名的理论家。"我问："是谁呀？"李立三答道："是王明，他们反中央，到了你那里要好好地帮助他，监视他。"李立三为了这件事还专门到我家里去了一趟。王明和一位叫易坚的女同志（易培之的侄女）住机关。王明当时穿着长袍马褂，戴着瓜皮帽，上有个红顶子。

7月27日彭德怀率领红军第五军打下了长沙。事先李立三并不知道。我在北四川路从日文报纸看到了，飞快地跑去报告李立三。他大吃一惊，让我翻译日文报纸，把长沙的消息给他看。这时李立三提出南京暴动，上海暴动，要红军打武汉等口号。并提出组织西伯利亚的华侨回国，要蒙古出兵参加中国苏维埃联邦，要苏联出兵打日本。8月5日红军退出长沙，李立三着急了。让他们再次打长沙，这样才有第二次打长沙。

这时，召开全上海活动分子会议。当时区委书记联席会议是一两个星期召开一次。活动分子会议扩大到区委的部长、工青妇等积极分子。何孟雄在会上对中央的路线提出不同的意见。李立三作总结时说："好啊，现在有人对中央的路线发生怀疑，以后可以讨论讨论。你们等着长沙的消息吧。"李立三是指第二次打长沙的消息。在这个会之前，何孟雄找我谈过一次话，请我到馆子里吃饭。他说："黄浦江里有这么多帝国主义的军舰，你看上海能拿得下来吗？"事后我向李维汉汇报了，成了整他的材料。何孟雄是个好同志，好党员。他有实际的工作经验，但是马列主义理论少。他反对立三路线，方向对，但道理讲不清楚。比如他对我讲的那些，知识分子怎么会感兴趣呢？知识分子感兴趣的是理论问题。

立三路线一再碰壁，1929 年 9 月 12 日红军撤出了对长沙的包围，长沙也没有打进去，这渐渐地引起我的怀疑。我问王明："你在中央闹些什么，同我讲一讲。"王明说："中央打过招呼，不准我外传。"我说："你在我这里工作，我当然应该了解你的情况。"王明反问我："你敢负责？""我当然负责。"王明这才讲。他很善谈，一讲就是半天。我同意他的观点。

8 月中旬周恩来、瞿秋白从苏联回来，带来了十几个决议案，纠正立三路线。但江苏省委仍在批判何孟雄，攻击他为取消派的暗探。

9 月正在酝酿召开中共六届三中全会时，沪中区开活动分子会，有三四十人参加。我得知后也赶去参加。何孟雄以为我是王明派去的，把我骂了一顿。我回来后告诉王明，王明说怎么搞的，不是有言在先吗？

9 月 24 日到 28 日在上海召开的党的六届三中全会是调和主义，会上选举李维汉为政治局委员，仍旧批判何孟雄。三中全会决议认为：谁认为立三错误是路线错误，谁就是右倾机会主义。我对此不满。10 月的一天，我在省委秘书处发牢骚：立三路线从头到尾都错了，为什么不是路线错误？李维汉知道了，把我撤了职。王明闻讯后来看我，劝我赶快写检讨，埋怨我不该这么干。这时中央已决定王明、博古、王稼祥、张闻天到苏区去。他们也同意了，准备去苏区。

过了不几天，王明又来找我，兴奋地说："现在可以干了，从莫斯科回来两个人，他们是少共国际派回来的，少共国际支持我们。"我问他："开除我们党籍怎么办？"他胸有成竹地说："少共国际给你恢复。"抗日战争时才知道当初"从莫斯科回来这两个人"是指陈昌浩和王盛荣。

中央发一个通知，王明这伙人就攻，弄得中央被迫收回去。中央发了四五个通知，都被迫收回去了。10月，共产国际来信指出，立三犯了路线错误，这封信是11月16日到中国的。党内思想混乱，已到了不开会不能收拾残局了。关于召开紧急会议我从未听说过，要是召开紧急会议肯定何孟雄这派观点的人会去得多些，没有多少人支持王明，他的个子非常矮，像个小孩子的样子，又没有实际工作经验，顶多是些知识分子拥护他。何孟雄和王明为什么由反对立三路线到破裂，这个原因我不清楚。我分析有两个原因，一是王明斗争不坚决，一段时间内偃旗息鼓，同意去苏区；二是王明是书生没有斗争的经验。

1931年1月7日，在上海召开中共六届四中全会，王明这些人不是中央委员，由共产国际代表米夫指定参加了会，成为合法的。但是四中全会没有任何积极意义。听说何孟雄、罗章龙也准备了名单，但是米夫先表决他们准备的名单，以一票之差通过了。何孟雄等人认为四中全会很多问题没有解决。但王明说，现在的条件，会不能开得很长，前不久第三国际来了一批文件，有十几个决议案，具体问题已解决了。

王明当上了江苏省委书记。四中全会后，他让我当宣传部秘书，让夏才曦给我当干事，故意给人难堪。我不同意，过了几天夏才曦不见了，不知分配到哪里工作，后王明指定我做沪东区的巡视员。沪东区是何孟雄等人的大本营，反对四中全会的人最多，只有张琴秋一人拥护四中全会。当时沪东区委书记是罗铁成。

1月17日我和张琴秋去华德路小学参加支部会。这个支部有一部分人是从苏联回来的，有二三十人。当时党内斗争十分激烈，无论是拥护四中全会，还是反四中全会的，都不冷静，大家都是昏头昏脑。支部大会作出决议反对四中全会，这时张琴秋站起来宣布：我代表区委解散你们支部大会。她讲完，我俩赶快离开会场，否则他们会打我们了。

18日晚沪东区委开会，陈云同志作为省委代表参加。有区委书记罗铁成，沪东区委负责人钱静庵，还有我和张琴秋等人。会未开之前，陈云同志宣布省委有事找李宜兹（即我），要我立即回省委。我刚站起来要走，钱静庵一步上去把门堵上，不让我走，我只好坐下开会。会议的主要内容是讨论头一天解散华德路小学支部大会对不对。双方相持不下。

同时，华德路小学支部在华德路小学也开会商量对策，被敌人发觉遭到逮捕〔据档案记载是 18 日下午逮去 4 个人：贺治平，江西人；王佩云（贺王氏），江西人，2 月 16 日无罪释放；刘桂贞（刘刘氏），2 月 16 日无罪释放；王和鼎，江西人〕。我估计被捕的这几个人是支部负责人。

19 日王明召开上海活动分子会议。他先在会上讲了一个小时，我不记得他讲过第二省委和第二区委的问题。大家发言，他就埋头写，我以为他是做记录，实际是在写决议。大家发言完毕，他先作总结，回答同志们提出的问题，然后拿出几千字的决议读给大家听，当场通过。只有钱静庵一人反对。王明在会上把他训了一顿说："共产党不是菜园子，要进就进，要出就出。"向忠发也在会上发了言，他讲了何孟雄、李求实、林育南等人被捕的消息，要大家注意。

沪东派了两个人出席大会。除钱静庵外，还有一个宣传部长，是个男同志，姓名忘了。他在会上是举手同意的。散会时天已黑了。张琴秋、阿金和我同这个宣传部长到馆子里吃饭。大家做他的工作：大势已去，大家都是支持四中全会的，只有钱静庵一人反对也是无济于事。希望他不回区委，以便张琴秋、阿金给他做工作。他说，我明天要去参加支部会，这是他分工负责的支部，非去不可。我说，我明天去沪东区委，那你写个条子，交给我带去。他在叫妓女的条子上用暗语写了一句话。

20 日一大早我就到罗铁成家里去。我走了不久，潘汉年派人通知我罗家已遭破坏。我到了那里，怎么敲门也没有人开，转身走了，可一想这个会议精神十分紧要，王明能否拿下上海，在此一举。又回去敲门。老板娘下来开门，她的眼睛红红的，十分紧张。再向里看，一个“包打听”坐在床上，我被捕了。在我身上没有搜出任何东西来，我一口咬定是别人介绍我来找工作的。那张条子是用暗语写的没有破绽。敌人判我 6 年徒刑，抗日战争爆发后，我才出来。

胡仁：生平不详。

作者简介

粉碎国民党三次"围剿"的回忆①

□胡　仁

1930年夏，红军由长沙主动撤围，挺进江西，浩浩荡荡，分两路前进。一路由彭德怀等同志率领从萍乡、宜春、分宜、新喻等地直抵清江，一战即占领清江县城。另一路由林彪等同志率领由萍乡、莲花、永新、安福等地直逼吉安，稍战即占领吉安县城。这样两路红军便齐抵赣江。

清江、吉安二城为赣江上游之军事重地。红军占领两城之后，给南昌以严重的威胁，同时占此两城获得了大量物资和军饷补充，解决了全军冬装。这是一个很大的胜利。

两路红军分路于新淦、峡江、吉水等地横渡赣江。此时敌人虽有飞机扰乱与袭击，但是他的地面部队，却是望尘莫及。于是红军安全渡过了赣江，直向预定之红色区域——兴国、宁都等地进发。这是红军的又一个胜利。

此时蒋介石急如星火，赶忙遣将调兵，动员10万白军并许多飞机，由鲁涤平为总司令，张辉瓒为前线总指挥，分路进犯红色区域，围攻红

① 原载1955年出版的《党史资料》第3期，题目为《粉碎国民党匪帮三次"围剿"的片断回忆》。

红军在反“围剿”战争中不断发展壮大。图为红一方面军第四军阵容。

军。这就是所谓的第一次全面“围剿”。其中张辉瓒师和谭道源师是“围剿”主力。张辉瓒所部于是年冬末进到红色区域的中心地区——兴国之龙冈一带，谭师主力驻于源头，来势汹汹，欲一口“吃掉”红军。

红军在毛主席、朱总司令亲自领导与指挥之下，把主力集结于敌军附近，隐蔽待机，准备就近以逸待劳，消灭孤军深入的张辉瓒匪部；对江西方面追来的敌军则将其丢在一边，只以少数部队和游击队去牵制和“接待”他们。一天，红军找来许多向导，向他们进一步了解敌军中心所在与研究附近地形，以便选择进攻方向与地点。当时向导们即说：草鞋岗附近日夜都有“嗵嗵”之声（电台收发电报的声音），必是要紧的所在。对敌情更加详确之后，红军就在1930年12月27日至1931年元旦，五天内打了两仗：首先消灭了张辉瓒的两个旅和一个师部共9000人，活捉了匪首张辉瓒；接着，红军全体指战员又追击谭道源师消灭了它的一半。红军在这次反围攻的战役中，缴获了很多枪炮、弹药、辎重与饷银。此时敌人的无线电台还在“嗵嗵”作声，但是已成了红军的胜利品。

战斗结束之后，红军即着手善后工作，打扫战场。战场上，敌人的枪炮、弹药和物资扔得漫山遍野，他的军需处的钞票因箱子打烂或碰碎了，也满山飞着，好像庆祝红军胜利飞散的纸花一样。

红军对被俘的敌军进行集合清查，向他们进行教育，宣传红军宽待白军俘虏的政策，愿当红军的欢迎他们参加红军，不愿当红军的，发给路费，资助回家。这样，白军俘虏尽皆欢喜。

各路白军，得知张辉瓒全军覆没，即四散溃逃。张辉瓒所部还有一个旅未与红军接触，闻知张已被俘，也马上抱头鼠窜，逃之夭夭了。于是四面敌军全线溃退，红军获得全线胜利，凯旋而归。全红色区域的人民欢乐如狂地庆祝反“围剿”的伟大胜利。张辉瓒被押到各处去“参加”庆祝胜利大会。到会群众恨不得剥他的皮抽他的筋，纷纷发出愤恨的质问：为什么烧他们的房子？屠杀红色区域人民？此时，张辉瓒面如土色，只好低头认罪。

这就是红军第一次打败国民党10万大军的所谓“围剿”的经过。红军获得了历史上的一次伟大胜利，使红军声威大震，蒋介石及其主子帝国主义闻知胆寒。

这次反“围剿”的胜利，是红色区域人民奋起自卫，大力支援红军，与红军共同取得的。虽然当时红色区域的人民还未经过如此大规模的战役的锻炼，缺少战争的经验，但他们在党的领导、教育和组织下，为了捍卫胜利果实，组织了强大的参战队、运输队、担架队，随红军行动，给红军以有力的帮助，鼓舞了红军，显示了人民与红军亲密合作与不可战胜的力量。这也是红军能取得这次反“围剿”的伟大胜利的重要因素。

国民党匪军第一次对红军的“围剿”被粉碎之后，蒋介石不甘心于失败，又在1931年2月调兵20余万，令其亲信何应钦为总司令，率部向红色区域与红军进犯，于是年春末夏初之间，进到了红色区域周围，到4月末开始向红色区域的中心地带推进。这就是蒋介石对红军的所谓第二次全面“围剿”。

红军在共产党、毛主席、朱总司令直接领导与指挥之下，一方面将一、三军团部队集结于兴国之东固、龙冈一带休息待机，练习爬山，打野操，在田间捉鱼鳅，山间拔野笋，改善生活，养精蓄锐，准备打仗；另一方面动员群众进行彻底的坚壁清野。中心地区群众，除预备参战者外，尽避入山中，连锅头都藏掉了，仅留游击队看守地方。这样，敌人进入中心地区后，找不到向导，得不到可靠消息，有如聋子和瞎子一样，瞎摸乱窜，到处受到游击队的袭击，却不知红军主力在哪里。

此时国民党匪军进到中心区之后，就到处烧毁民房，牵走耕牛，放马吃秧苗，奸淫掳掠，无恶不作，企图摧残红色区域，破坏人民的生产。群众看到恨之入骨，红军闻知切齿痛恨，军民都在摩拳擦掌，请缨杀敌成为大家迫切的要求。大家恨不得一口把国民党匪军都吞掉。

记得当时三军团的部队驻在东固与银坑一带，敌人王金钰、公秉藩师驻在离银坑不远之富田一带。我军士气饱满，恨不得一战消灭白军，敌军亦“跃跃欲逞”，不知死期临近。大概是5月中旬的时候，一天红军奉令出发。摸黑走了20余里，就遇着进犯的公秉藩部，战斗立刻打响了。“叭，叭!”步枪响了，“咯咯！咯咯咯!”机枪叫了！这时红军个个精力充沛，像一群出洞的“猛虎”，冲锋陷阵，一鼓作气，打得敌人像群羊一样，只有缴枪。到天亮时，公秉藩所部全师覆灭，公秉藩亦被俘获，武器、弹药、军需辎重，抛得漫山遍野。我军首战告捷。

此次战斗结束之后，留下少数人做打扫战场、收容俘虏等工作，红军部队又继续前进了。

紧接着红军就急速向富田、水南等地敌军进攻。在富田的敌人虽凭借工事抵抗红军进攻，但同样不经一打，战不几小时，即大部被歼灭，被消灭四五个团，少数漏网的向泰和县方面溃逃了。因为这里是敌人的供应站，弹药辎重粮食很多，各处祠堂庙宇里堆积如山的物资，悉被红军缴获。红军又获大胜利，二次告捷。

接着红军又向白沙、藤田方面敌人进攻。此地有原驻之敌和刚刚逃来之敌，他们是各顾各，互不相应。红军赶来了，仅费半天多工夫，即消灭它一个师又几个团，小部分敌军向广昌方面逃窜了。此役又获大胜利。这是三战三捷。

之后，红军即回头向严坊、沙溪等地敌人进攻。此地敌军闻知红军赶来，即向广昌方面溃逃。红军亦跟踪追至广昌，把许克祥部追上了，激战于广昌附近。同样战不几回合，许部亦大部被歼灭，部分逃跑了。红军锐不可当，这是四战四捷了。

此时广昌之东尚有刘和鼎师，由福建之建宁向广昌前进，企图增援广昌。可是他在行进途中，被红军“接”着了。刘和鼎闻知广昌已败，他和红军一接触就退，企图逃回建宁。但红军比他跑得更快，红军一部越过他，在前面把他截住了。前有红军堵住去路，后有红军赶上，在前后夹击之下，刘和鼎部绝大部分被歼灭，漏网者极少。红军立即进占建宁，少数留守部队亦被歼灭。建宁是刘和鼎部的后方，所有武器、弹药、辎重粮草，悉被红军缴获。红军又获得大胜利，这是五战五捷。

至此，各路敌人四散溃逃。总计时间仅约半月，红军从兴国之东固出发，转战至福建之建宁，行程六七百里，接连打了五个胜仗，缴枪两万多支，俘虏约三万人。蒋介石匪军对红军的第二次“围剿”完全被粉碎了。

这是毛主席与朱总司令领导的红军，对几倍于我们的敌人作战的又一次伟大胜利！

在这次反“围剿”斗争中，红军顾不得打扫战场，概交由地方政府与游击队去打扫。红军只留少数人收容俘虏，做俘虏工作，照例是进行宣传教育，宣传红军宽待俘虏的政策，愿当红军的欢迎参加红军，不愿当红军的发给路费，资助其回家。其中被活捉的白军师长公秉藩狡猾地化装成士兵，结果亦被“资助回家”了。

当时红军与参战群众，有一种说法，谓之“苦”、“乐”交加。“苦”的是：胜利得太“快”了，炊事员同志送饭赶不上，挑着饭在后面追部队，追不上；有时正追上了，就要开饭，可是前进号又响了，依然要挑着追。结果炊事员同志挑得不亦乐乎。“打仗要吃好菜。但猪肉挑臭了，同志们吃不着，真可惜！”炊事员同志这样说。担架队的同志也赶不上。他们把伤员从火线上抬着送到野战医院之后，再来赶红军，哪里赶得上呢？因此他们直叫“苦”。何为“乐”呢？那就是一仗再一仗，每仗皆捷，使大家忘却了一切疲倦与饥饿。有两天打两仗，行程200里，只吃一顿饭的。因为每战皆捷，大家精神振奋，于是“乐”个不休。

蒋介石匪军被打退之后，红军进占建宁县城，立刻进行安民工作，向群众宣传共产党与红军的主张和红军纪律。当时城里老百姓即向红军控诉国民党军在城内抢掠、奸淫、抓夫等罪恶，个个切齿痛恨，并希望红军在此“久住”，使他们安居乐业！

红色区域的人民当时编了不少歌谣来歌唱这次的伟大胜利，反映了他们庆祝胜利的欢乐心情。这里抄录其中一首（兴国山歌）如下：

庆祝红军凯旋歌（山歌）

哎呀哩，埃（江西方言，意为“我”）来报告好消息。
五战五捷大胜利；
哎呀：缴获枪支二万多，
俘虏白匪三万几。
哎呀哩，白匪进攻全粉碎。
蒋贼当了“运输队”；
哎呀：恢复建设和生产，
庆祝红军凯旋回。

全红色区域的人民在此次反“围剿”斗争完全胜利之后，一方面狂欢地庆祝胜利，另一方面则掀起了热烈的生产与恢复建设的高潮，迅速地补种被破坏的农作物，在政府贷款帮助下修复被白匪烧毁的房子等，并进一步巩固与扩大红色区域，时刻警惕着，准备给敢于再来进犯的敌人以更沉重的打击！

红军打垮了第二次全面“围剿”之后，蒋介石为不断壮大的人民武装力量所震慑，坐卧不安，可是却没有接受两次失败的教训，死不甘心。于是，又立刻组织第三次全面“围剿”，调了军队30万人和许多飞机，派了什么嫡系将领陈诚、罗卓英、蒋鼎文、卫立煌、韩德勤等，并且自告奋勇，亲自出任总司令。1931年7月间，蒋介石耀武扬威地“誓师”南下，还发表了所谓“誓师宣言”，自吹自擂地说什么：此次誓师南下，要在三个月内把江西红军“肃清”，不“消灭”江西红军就不回南京。真是无耻到极点！

此次蒋介石对红军及红色区域的进攻是在帝国主义国家更大的援助下发动的。帝国主义国家，特别是德国派来许多顾问直接指示与帮助。蒋介石命令他的军队分路向红色区域的中心“长驱直入”，来势汹汹，一副不可一世的样子。他自己则“坐镇”南昌督战与指挥。到7月底8月初，蒋匪军的主力向红色区域的中心地区宁都、兴国等地深入；南面蒋军进到赣州、于都等地；北面则由乐安、南丰、广昌等地，向中心区推进。蒋介石匪军对红军采取了这样的大包围形势，企图一举在中心区把红军“肃清”。可是，红军与红色区域的人民，在共产党、毛主席、朱总司令的领导与指挥下，是不好惹的，他们分析了情况，做好了准备，等待敌人自投罗网了。

当时敌我双方的情况是这样的：红军方面的有利条件是：刚打胜仗，凯旋之师，士气高昂；武器弹药得到了补充；作战经验更丰富了；群众基础很好等。不利条件是：部队刚打完仗，未及整训，休息时间不多；敌人兵力十倍于我；群众生产受到很大的破坏等。敌人方面呢？他的有利条件是：兵力强大，士兵被欺骗尚可卖命；他有飞机助其威风；武器好，弹药充足等。不利条件是：远程跋涉，士兵疲劳不堪；两次打败仗，士气大挫；得不到群众的支援，如聋似瞎等。两相比较，我之有利者是敌人不可得的；我之不利者还可补救。敌人方面，它的有利条件与往次相较，仅有数量的增加，并无质的变化；它的弱点是无法补救的，是致命的。这样知己知彼，运筹决胜，自在掌握之中了。

在蒋匪军准备进犯时，红军就利用其不可多得的时间，沉着地逐步完成作战准备工作。之后，主力绕道千里向主攻方向集结待机，对敌人仍和过去一样，"声东击西"，采取集中优势兵力、各个击破的战法。同时少数正规部队和游击队则到处袭击，阻止敌人前进，迷惑、牵制与封锁敌人，使敌人如聋如瞎，乱摸乱闯，不知红军主力所在。

红色区域的人民有了敌人两次进犯所造成的对红色区域破坏的痛苦经验教训，对敌人恨之入骨，人人摩拳擦掌，准备积极参战。他们在共产党和工农民主政府领导下，在一切为了战争胜利的口号下动员起来，立刻进行各种参战工作与对敌斗争。他们组织了运输队，为红军挑运粮食与草料，组织群众送菜蔬，供给红军。他们加强地方游击队的活动，夜以继日地展开对敌人的扰乱、袭击：在山上到处红旗招展作疑兵，迷惑与牵制敌人；破坏敌人必经之路上的桥梁，以减低敌人前进的速度，使红军得到更充分的休息与准备，等待敌人来进攻，出其不意，以歼灭敌人。游击队还在群众坚壁清野、避居山间之后，拿着枪乘机袭击敌人，保护群众财产与生产。游击队放下枪就积极生产，例如耘田、锄草等；敌人来了，他们又拿起枪与敌斗争，例如与武装敌探斗争，诱捕敌探，监视红色区域内的坏人行动，以防走漏红军消息等。他们作出许多可歌可泣的壮烈事迹，受到当地党政与红军指挥机关的表扬与鼓励。

敌人到了红色区域遭到全体人民的反对与厌恶，孤立无援，如鱼缺水，其失败是注定的。相反，红军得到人民全力支持与合作，和群众甘苦与共，血肉相连，这是争取战争胜利的重要条件之一。

8月间，红军主力集结到宁都与兴国之间的莲塘、黄陂、洛口等地。敌人由于不知红军主力在哪里，闯进严阵以待的红军"虎口"里来了。趁敌人刚到立脚未稳，红军就包围他一股，集中优势力量，一举消灭被围之敌六七千人，首战告捷；紧接着又迅速包围他另一股，再战又消灭敌人几千人……如此，三战三捷，共歼敌人一万五六千人，除毙伤外，俘虏敌人1万多，缴获枪支逾万，弹药辎重很多。敌人惊慌失措，像没了脑袋的苍蝇一样乱窜。

三战三捷之后，红军主力立刻撤出作战地区，从敌军部队之间隙中悄悄地溜过去，摆脱敌人，进到兴国县城附近隐蔽休息。此时敌人集中了主力向莲塘与黄陂分进合击，等他到了莲塘与黄陂时，却是扑了空，于是又乱窜。等敌人发觉红军在兴国附近时，红军已休息好多天了，严阵以待，只怕他不来。结果敌人真不敢来，夹着尾巴有如丧家之犬掉头就逃跑。可是蒋鼎文的一个旅与韩德勤的一个师却被红军抓住了，跑不脱，就在兴国附近之均村一带被消灭了，仅有极少数漏网，向泰和县方面逃走了。这次，红军又缴枪万余支，除毙伤外，俘虏万余人。至此，各路蒋军纷纷溃逃，红军乘胜四面追击，又消灭了敌人一些殿后部队。

此一战役，连休息带打仗，仅费一个月左右，就把蒋介石吹嘘的第三次全面“围剿”打得粉碎，剩下的残兵败将，一齐滚出红色区域。红军取得了伟大胜利，统计共消灭蒋匪军约三万人，缴获枪支二万余支。俘虏二万多人，毙伤者未算在内。

此外各地参战群众与游击队缴获的枪支、弹药、马刀、手榴弹等很多。总之，红色区域的人民为了战争胜利，出力很多。战争的胜利是红军与人民共同取得的。

就这样，蒋介石在其主子帝国主义的大力帮助之下发动的第三次全面“围剿”，不但未擦伤红军的一根毫毛，反而“送给”红军许多枪炮弹药，更加壮大了红军的实力；无耻叫嚣着不肃清江西红军不回南京的蒋介石，结果是“赔了夫人又折兵”，连他本人也演了一出割须弃袍而逃的丑剧，厚着脸皮狼狈地滚回南京去，爬上他的“皇座”发抖。红色区域的人民欢欣鼓舞地庆祝这次反“围剿”的伟大胜利，倒也“体念”

蒋介石的确有“功劳”，还加“封”他为“运输大队长”呢！因为他每次都“运送”很多枪炮弹药给红军。

蒋介石匪军的第三次大规模的“围剿”，又被彻底粉碎了，红军完全胜利了。当然敌人是不会甘心此次失败的，它还要卷土重来；而红军呢，也准备着再次消灭他！

中国工农红军的生活状况①

□李　光

中国的工农红军，已经有了八年战斗的光荣历史。因为它曾经冲破了帝国主义国民党大规模的“围剿”，特别是这次英勇伟大的长征又取得了完全的胜利，所以引起了全世界对它发生很大的兴趣和注意。

为要使人们对于中国工农红军的一切生活情形有更明白的了解起见，特把我参加红军所经过的以及所知道的详细情形分述于后。

一、中国工农红军的日常物质生活

我们的红军完全是实行志愿兵役制，一开始就废除了薪饷制，与国民党军阀的雇佣军队完全不同，不但没有官长打骂侮辱红色战士的怪现象，而且上下团结一致，万众一心，同艰苦，共患难。友爱、互助、团结的精神，处处都可以表现出来。

红军除伙食衣服均由公家发给外，还有零用钱发。每逢苏维埃和红军成立纪念节，还有特别的犒赏。但在粉碎敌人第五次“围剿”中，差

① 本文最早发表于1936年1月莫斯科工人出版社出版的《中国的新军队》，全书共13节，1954年出版的《党史资料》第3期转载了第13节，改名为《中国工农红军的生活状况》。

1929 年，毛泽东、朱德率领红四军主力开辟了赣南、闽西两块根据地，后成为中央革命根据地。图为中央革命根据地的中心——瑞金。

不多一年以来都没有发过零用钱，而我们的全体战士依然是艰苦的坚决的斗争到底，没有谁表现过不满意。

从非苏区来的红色战士，每年可以领到红军公田谷折成现洋的款子。如 1933 年红军第一方面军每个从非苏区来的战士领到现洋 10 元。

1. 红军的服装

每个战士在春天穿夹军服，在夏天穿单军服，在冬天穿棉军服，每班还有 4 件至 10 件棉大衣或毛大衣。军服样式与苏联红军的夏天短军服相同。衣领上有：红、绿、蓝、黑各色领章，以区别兵的种类。军帽前有红五角星。脚穿袜子套麻草鞋，腿缠绑带，腰束皮带，但每当动员大批新战士上前线时，因一时不能供给所需，也还间有穿便衣的。在长期连续的行军作战中，也有赤足打冲锋的。

2. 每个红军背有什么东西？

（1）战斗员背的东西：左肩背有茶瓶、米袋（经常带有两天食米）、麻草鞋两三双、毛巾、干粮袋（内装有牙刷、牙粉、肥皂、擦枪油、布、针、线、笔、墨、歌本子、匙、饭碗、饭箸、习字本子、银钱及吃的东西等）。右肩背有子弹带（有布的、皮的，每人 150 发子弹）、被毯、斗笠或雨伞、饭袋（带一餐午饭）、防毒面具（大部分是自制的）、背包（或是包袱，装有自己两三套换的衣服、袜子、鞋子、书报等）、刺刀、小铲或十字锹、小斧、一两个手榴弹、一支步枪。每人所背的重量在 35 斤以上。

（2）连长背的东西有军服、军帽、皮带、背包、绑带、干粮袋、茶瓶、手巾、麻布鞋、米袋、斗笠、饭袋、被毯，均与战斗员相同。此外，还有野战皮包（装笔记本、铅笔、橡皮、米达尺、指南针、地图、步兵操典等），望远镜、毛瑟枪、皮子弹袋、200 发子弹、防毒面具（缴得敌军的）。

（3）营长以上的指挥员所带的东西与连长相同，有一匹马供骑乘。有些营长一级的干部还没有马，东西均由自己背。以前自连长以上的指挥员每人有一个勤务员，现在勤务员的制度均一律取消。

（4）我们红军学校学生所背的东西除与战斗员的相同外，还有钢盔（在福建事变前缴得第十九路军的）、野战皮夹、防毒面具、大刀等。

3. 红军的饮食

在敌人进行第五次"围剿"中，苏维埃中央政府为充分积蓄和准备战争经费起见，曾号召苏区工农群众与红色战士实行节约运动，对于红军每天的食粮曾有如下的规定：

每个战士每天发米一斤半，食盐三钱，猪油或茶油四钱，至于柴炭、菜蔬等，每人每天发洋五分或一角去采买，不但要比后方的政府及党部工作人员的生活好，并且比国民党军队的生活还要好得多。不过不能再像从前小的红军部队和游击队的生活那样的阔气。因为从前他们多是在国民党区域独立活动，有土豪及反动首领可打，并可没收他们的财物，除以最大部分给工农群众外，自己还可留一部分。所以他们每日有吃不完的猪肉、鸡子、鸭子、鱼、火腿肉、木耳、海参等。

现在苏区作战，虽然没有土豪可打，但是苏区工农群众经常举行大慰劳，一次几十担青菜、萝卜、干菜、笋干、几百斤猪肉、鸡子、鸭子、鹅、鸡蛋、腊肉、几万双麻草鞋、布套鞋、毛巾、牙刷、牙粉、斗笠，一批一批的送给红军。在作战中缴得敌人的辎重、兵站粮库等，能够得到几十万斤面粉、几百万斤食盐、食米、洋油、几百头肥猪等，有时因运输不完，则尽量分给当地群众。所以一般的生活还是很好的。有时每十天还可分得五角钱的伙食尾子。

每天吃三餐白米饭，每天不是吃青菜，就是干菜、豆腐、豆芽、笋干、香菇等，至多隔两三天吃一次猪肉或鱼、牛肉等。也有时因为部队过多，驻扎一地很久，蔬菜很少，物价昂贵，以致吃的菜少些，或者只是一大锅有油盐的汤；也有因为伙食吃过规定的数目，便只吃两餐干饭，一餐稀饭；也有因为部队独立行动而一时接不到上级发来的伙食费，只好向战士们借钱，集中去维持几天伙食，过后由公家退还。例如在击破敌人二次“围剿”以前，红军的给养，感到很大困难，所以每当休息的时候，战士们自动地到田中找鳅鱼、虾子，到竹林中挖笋，到山上捡柴，以便节省一点经费而能长久作战，结果在党与苏维埃的领导之下，在广大群众的帮助之下，竟能解决一个月的给养，争取第二次战争的完全胜利。

4. 红军的起居

拂晓5时就起床，整理好内务，洗脸、整队早点名、早操。早操均有一定的计划，有时操徒手柔软体操，有时刺枪、跑步、唱歌。但每晨必有瞄准、爬山头的锻炼。

7时30分吃早饭，8时开始上课（军事政治课各一堂）至12时完结，吃午饭，读报和睡午觉。

14 时至 18 时下操或野外演习（或者上午下操下午上课，要依季节天气决定），收操回家即吃晚饭，稍休息就整队点晚名，集体游戏，或者利用此时与居民开联欢晚会，或者自己举行政治问答会以及其他的会议等。

二、红军的礼拜六义务工作

每逢礼拜六下半天擦枪，实行部队内务的比赛，或进行体育运动的比赛，并派出一部分帮助红军家属去耕种、收割、捡柴（优待红军家属的工作，也有在礼拜日执行的）。优待红军家属的工作是这样进行的：事先均由政治部同地方政府和优待红军家属工作委员会交涉好，调查该地有多少红军家属，有田地多少，需要帮助劳动力多少，有多少农具和耕牛，田地在什么地方。或者哪些红军家属没有柴了，缺少饮水，要修理房子等。调查清楚后，由政治部向战士们说明优待红军家属工作的意义，听战士们自动的报名参加，然后按需要分配某几个战士替某家捡柴或挑水，某些战士替某家种菜除草，某些战士替某家耕田或秋收，某些战士替某家修理房子。自己带一餐饭到优待工作委员会集合，然后由红军家属的小孩子或公公婆婆带到他家里去，彼此在路上就谈起家务事情来。

红色战士必问："老公公，你的儿了当红军好久了，有信回家吧？在哪个红军部队？你老家中有多少人吃饭？分得多少田地？中等、上等、下等田各有多少？在什么地方？"

老公公慢走慢吐气的回答，不觉就走到家中。"红军同志请坐一下呀！"一面叫他媳妇送茶给红色战士们喝，一面把犁、耙、锄、牛等等耕田所需要的东西准备好，然后就随同战士们到他所分得的田里去。沿路又谈起许多的问题。

走到田岸上，红色战士们各个雄赳赳的，把衣袖翻起，把裤脚筒卷到大腿上，有的牵牛，有的掌犁，有的拿锄，各做各的工作，大家很高兴地呼唤附近作优待工作的战士们说：“喂，同志们，我们实行革命竞赛吧，看哪个先耕完，哪个工作好。”只要有些微的声音传到附近战士们耳鼓内时，便马上得到响亮的回答：“好呀，同志，我们很赞成的。”

战士们做得很高兴时，大家彼唱此和的唱起山歌以及革命的歌曲来。试写一个最喜欢最常唱的歌如下：

“共产主义青年团，每逢礼拜六，帮助红军家属来耕田。为革命战争艰苦奋斗，我们前方后方齐努力：一枪一炮瞄准敌人射击，英勇战士莫把家乡念；一锄一犁都为革命胜利，快来工作莫要落人后。”

战士们在田野中的工作，与在火线上向敌人冲锋一样，很紧张的进行，耕完了这一丘，又耕旁的一丘。正在唱歌高兴的时候，红军家属一个妇女同志，左手提了一壶茶，右手拿了一袋花生、红薯干，如一片行云飞来，也唱起革命的歌曲和山歌，兹引一首如次：

哎呀来！
红军哥哥你听清，
上岸休息谈谈心，
吃点热茶和花生，
恢复疲劳更有劲，
希望你勇敢去杀敌，
红军哥，
争取革命快完成。

红色战士作了优待工作回队以后，还要把所完成的工作质量和数量报告给连政治指导员（政治指导员以至政治委员，有时亦同去做优待红军家属的工作），把最有成绩的战士名字写在墙报的"红板"上，这样去发扬红色战士们做优待红军家属工作的积极性。

1933年，中央根据地举行纪念五卅运动大会。图为获得足球冠、亚军的红军学校和中央联合足球队队员合影。

此外，还利用礼拜天派一些老练的战士帮助赤少队上操，训练瞄准、放哨、做侦探等动作，或者指挥当地群众建筑防空的掩蔽物，或者打扫街道，对居民进行清洁卫生的宣传，以防疫病。运用这些活泼的工作方法，养成红色战士与工农群众亲密的阶级友爱的关系。

三、红军的政治文化生活

红军的政治文化工作，完全是在政治部的领导之下，靠战士们自动学习的积极性和兴趣来进行的。

专门进行政治文化工作的组织如下：每一个伙食单位（如连、队、参谋部等）成立列宁室，全团有政治处和俱乐部，师以上有政治部的组织。政治部内有宣传鼓动科、组织调查统计科、地方工作科、白军工作科、秘书处、青年科等。

1. 列宁室内面怎样分工？

列宁室有一个总的委员会。委员是由全连军人大会选举的，主任委员由连政治指导员兼充。内分：唱歌组、识字组、读报组、歌舞组、政治组、群众工作组以及墙报委员会、经济委员会、卫生委员会等。各组长及小委员会主任是由总委员会的委员兼充。

2. 列宁室内面有些什么？

照军队的编制，每连列宁室的东西不能超过 40 斤。有时长途行军和作战，甚至只留一半或完全取消，重要的东西分由战士背走。平常一般的保存马克思、恩格斯的《共产党宣言》，列宁的《论“左派”幼稚性和小资产阶级性》、《国家与革命》和《帝国主义论》①，中共的重要决议，苏维埃的各种重要法令、条例，苏联社会主义第一个五年计划，联共党重要的报告与决议，苏联红军步兵战斗条令及其他许多军事书籍、画报、新闻报、刊物等数十种。此外就是化装的衣服、用具、箫、琴、球、鼓、钹、锣、手风琴等玩具。还有马克思、恩格斯、列宁、斯大林、瓦洛西洛夫、毛泽东、朱德、周恩来等的相片。

3. 列宁室是怎样布置的？

每当军队移到新的地方驻扎时，房子多，则留一间作为列宁室用，有时就布置在战斗员睡觉的一角；没有房子，就在驻地附近空坪或森林中竖起一个列宁棚，把附近杂草铲除，秽物烧掉，铺以黄沙土，用红绿

① 即《帝国主义是资本主义的最高阶段》。

纸写些标语口号贴在壁上，内面放几张方桌和长板凳，把所有的图画报纸放在桌上，把马克思、恩格斯、列宁、斯大林、瓦洛西洛夫、毛泽东、朱德、周恩来等像片挂在壁上，把琴、箫、手风琴挂好。

其次在附近选择坪的一角，挖一个跳高跳远的地方，竖一个杠子，掘一个沙盘，放一张长桌打乒乓球，一张方桌作为下象棋写字之用，设立整个伪装的目标，用草扎成人形，假设某个为卖国贼，某个为帝国主义，以便作为战士们每日瞄准的目标，抛手榴弹的对象。在开始时，列宁室的工作，还有许多缺点，如只注意形式，外面布置得虽然很好，但是战士少有去参加各组工作的。我们批评它是列宁庙。以后主要的从发动各列宁室相互的革命竞赛开始，于是才把这些缺点克服了。

4. 列宁室的工作是怎样进行的?

我们的要求是每个红色战士至少要加入五个小组，这当然要看该连党的支部和党员团员的领导力量好坏来决定，而不是采取命令式的办法。但是大多数都能达到这一个要求。兹将各组分述于后：

(1) 唱歌组：我们红军的歌曲很多，凡是当红军在一个月以上的战士，至少会唱五首歌，每当休息的时候和行军没有敌情顾虑的时候，点名的时候，防守赤色堡垒的时候，唱歌的很多，在开军人大会时，经常举行连与连，营与营，团与团的唱歌此赛。当行军感觉有些疲倦的时候，只要首先有一个人唱歌，马上大多数的战士就共同唱起来，不知不觉地爬过了高山，到达了宿营地。在作战时，只要不破坏军事秘密，得了指挥员的允许，唱歌的也很多，如夜晚在阵地上唱欢迎白军士兵当红军的歌，能鼓动白军士兵不打枪，拍掌称好。

(2) 识字组：要求学识字的战士，每天认三个字。如在驻军时，写“打冲锋”三个字贴在课堂内、床头上、厕所内、桌子上、防空洞口、挂枪的墙壁上，务必使战士们时刻都可看见这三个字。在行军时，则把“打冲锋”三个字写个纸条贴在枪托上。在休息的地点，过桥的两头，写成大字牌插好。在作战时，则把这三个字贴在战壕内。用这个方法教育不识字的战士，能收到很好的效果。

例如：红军第一方面军，在1934年1月份补充的新战士和老战士，平均每人能认二十个字。有五分之一能认一百个字以上，能认三四百字的也很多。有一次补来的新战士中还有38人不认得字的，有五分之四只能认二十个字以上，结果在一月后，均能认五十字以上。

还有学写字的例子。有时因为纸、笔、墨的缺少，想出了一个最好的节省办法，就是每一个战士拿一根树枝，在沙土上面学写字、绘画。对于会写字的战斗员，要求每天写三条标语，用石灰或炭写在墙上，写在板子上、竹片上。在行军的时候，差不多沿途两旁隔不上100米远的地方，就有竹片标语，树上挂有木牌标语，墙壁上有石灰、红土、炭写的标语。剥一块树皮，把标语写在树上，挖草坪成阴字，用小石头子装成标语，均能持久到一年以上。若我军驻在河边，下游有白军时，我们将写有很多标语的木牌，顺水流下，敌人争先弄作柴烧，便可看见我们的标语。凡是红军驻扎过的村庄，在墙壁内外、厕所内、房内、桌上，不论什么地方，只要是可以用红、黑、石灰写字的，均有我们的标语、歌曲、画报、政纲等；沿路有插的木牌、竹片标语，树上有钉挂的、剥皮写的标语；地面有石子装的标语。每当白军部队一到，白军长官虽然不准士兵看和强迫破坏，但亦无法禁止白军士兵偷看。

我们红军的许多政治宣传鼓动员，当其参加红军时，都是一字不识的，以后成为很好的画家、书写家、宣传鼓动者。

例如我们红军第七军团司令员寻淮洲同志，他是由一个儿童团员参加红军的，认字并不多。他参加红军有八年的历史，由副班长升为排长、连长、营长、团长、师长、军长、军团司令员。由于他参加过千百次的作战，表现勇敢、沉着、机动，在作战上有丰富的实际经验，在政治上有很大的长进与坚定；由于他自己努力学习和党对他的教育，虽没有受过什么高等教育，竟能锻炼成为智勇兼全的红色指挥员。中央革命军事委员曾委托他率领红军第七军团英勇的战士们实行北上抗日，于 1934 年 8 月包围福建省城，以后发展至浙江、安徽腹地，在与蒋介石军队作战中，英勇的光荣的牺牲了。再如现任师政治委员萧华同志，亦是由儿童团参加红军的，当时认不到几个字，现在也成为红军中的重要干部之一了。他们都是这样经过艰苦困难的斗争和活泼运用文化教育工作而锻炼出来的。

（3）读报组：每接到“红色中华”、“红星”、“青年实话”、“斗争”、“苏区工人”以及军团的报纸和师团的通讯，若在行军中，便利用休息时读给大家听，并提出一些问题讨论；在驻扎时则利用午饭后读报；在作战时则利用时机或防御战时读之。有十分之六的战士自己出钱买报，报社特别给予他们廉价以示优待。差不多凡是当红军在三个月以上的战士都能够自己看报。并且在每连建立有各报纸的通讯员，时常将本连的一切生活——在作战中，在进行地方群众工作中的事实——反映到军团和“红星”报纸上去。特别是在作战过程中，关于某个部队的胜利消息，英勇的例子，都能很快地普遍地传到全体战士中去。

（4）歌舞组：包括有话剧、活报剧、笑话、双簧、滑稽剧、口技、吹箫、弹琴、化装讲演、跳舞（如农民舞、高加索舞、苏联的苹果舞）和苏维埃开办的高尔基戏剧学校学生以及地方的蓝衫团来部队中表演的各种有兴趣的新剧和舞蹈。

红军战士剧社演出舞蹈。

每当红军部队经过苏区时，沿途的工农群众结队来欢迎、欢送，青年妇女就在路旁跳舞、唱歌，歌词如下：

一送郎哥我红军，革命道路要认清，反动道路你莫去，土豪劣绅是敌人。哥呀！妹呀！土豪劣绅是敌人。

二送郎哥我红军，军阀地主我敌人，压迫工农最残酷，剥削工农最无情。哥呀！妹呀！剥削工农最无情。

三送郎哥我红军，帝国主义是敌人，首先打倒日本鬼，收复热河东三省。哥呀！妹呀！收复热河东三省。

四送郎哥我红军，冲锋杀敌不留情，冲锋陷阵向前进，夺取政权要斗争。哥呀！妹呀！夺取政权要斗争。

五送郎哥我红军，无产阶级要革命，领导革命共产党，联合农民作同盟。哥呀！妹呀！联合农民作同盟。

六送郎哥我红军，红军本是国际军，统治阶级最残酷，工农群众是弟兄。哥呀！妹呀！工农群众是弟兄。

七送郎哥我红军，不害乡村老百姓，乡村百姓我兄弟，乡村百姓我家人。哥呀！妹呀！乡村百姓我家人。

八送郎哥我红军，我郎作战要英勇，家中分的有田地，为的土地而斗争。哥呀！妹呀！为的土地而斗争。

九送郎哥我红军，家里不用你挂心，群众帮助耕田地，更有政府助我们。哥呀！妹呀！更有政府助我们。

十送郎哥我红军，阶级斗争要决心，完成革命回家转，那时人类才平等。哥呀！妹呀！那时人类才平等。

（5）体育组：意在使战士们学会和练习跳高、跳远、翻杠子、打拳、刺枪、劈刀、打球、游泳。在开始时，许多战士打球，球没有接到而人反倒在地上去了，杠子吊不上去。以后经过一个时期的练习以及组织互相比赛的结果，如跳高，拿枪背包衹能跳 1.5 米，跳 1.6 米的也有，普通的可以跳 1.2 米。特别是学习爬山，500 米高岭，只要 3 分钟可以爬上去。抛手榴弹可以抛 40 米远，有时可以抛 50 米远左右。例如在汝城的一个市镇，包围胡凰璋团 800 余人于一栋有厚墙的祠堂内，附近的房子被烧，敌人死守，相持一日两夜，结果选出第三师的一个王排长，从小溪岸下抛 3 个手榴弹，都是由窗眼打进去的，敌人伤 10 余个，就自动缴枪了。再如红三军团围攻乐安时，第一连司号员黄鸿冯同志一人拿 8 个手榴弹，跑到敌人堡垒下面，将手榴弹扎做一团，由枪眼抛进去，敌人死伤很大，他手拿机关枪同其他战士一鼓气就夺取了这个堡垒。

还练习过独木桥、跳墙、跳沟等。

（6）军事组：分别研究步枪、手枪、轻重机关枪、自动步枪、冲锋机关枪等等的构造、瞄准、射击，练习认识地形、利用地形地物，目测，建筑各种工事障碍物和进攻、防守、追击、掩护、侦探、放哨、瞭望、联络等动作，讲求怎样爱惜武器、节省子弹、提高技术，以求得射击准确，抛手榴弹要抛得准，抛得远，怎样配合作战……

在行军时，由组长提出问题：前面村庄发现敌人的部队，我们怎样动作？有多少距离，起什么表尺，机关枪放在何地，步兵应散在何地？或者问：我们是在村庄，见到此地有敌人部队经过，我们怎样动作？你是哨兵或哨长，你又怎样动作？

在没有敌情顾虑的条件下，可以引起战士们热烈的讨论，到休息时由组长作出结论告诉大家。

有时过河、爬山，前面部队走不动，后面的部队则利用机会上课或上操。若是热天行军，则白天休息，夜间行动，亦趁休息时进行训练。

每当新战士参加到部队时，必注重训练夜间紧急集合，夜间行军过桥、渡船等动作。例如以前行军，前卫部队动作稍有不对，后卫队时走时跑时停，增加疲劳；后来用一根长绳索，要每个战士一手拉绳，各相隔一米远，这样去进行游戏，养成部队行军时有一定的距离，才克服了以前的弱点。

在参谋长领导之下，又有指挥员的专门研究组，注意提高指挥员军事理论的水平和研究每次作战的经验。同级的政治工作人员亦是一样的参加。

在作战过程中，红军指挥员常常注意到在实地上，真正有敌人情况下，告诉战士们怎样利用地形地物，怎样冲锋。

红军第一军团第六团，有一次集中413个青年战士，举行在150米距离内每人三粒子弹的射击，成绩如下：中三枪的有44人，中两枪的有42人，中一枪的有256人，不上靶的71人。

红三军团每月举行军事政治测验，有一次举行全军团战士的军事测验，每人平均得80分。

一班人建筑一班人的立射战壕，能于30至40分钟内完成，至多亦不过1时20分钟。

（7）政治组：注意研究苏维埃中央政府的法令、重要的训令、党的重要决议和列宁斯大林的著作，特别是关于中国革命问题上的指示；讨论怎样反对日本帝国主义侵占华北，怎样收复失地，怎样击破敌人大规模的“围剿”，怎样防止开小差的现象和保持行军没有落伍、生病的，怎样扩大100万红军和巩固红军，苏联红军的生活怎样，苏联社会主义的伟大胜利表现在什么地方。

（8）群众工作组：学习宣传及组织群众的工作，如怎样组织工会、农会、互济会、反帝拥苏大同盟、赤少队、游击队、抗日义勇军等。怎样进行社会调查、没收和分配土地、筹款，扩大红军、维持部队纪律、做礼拜六义务工、保持秘密、实行伪装、写标语口号。怎样与地方政府及群众团体建立良好的协助制度，怎样与群众开联欢会，怎样把没收反动首领的东西分给群众，怎样宽待白军俘虏官兵和其伤病官兵等。

每当部队出发以后，由群众工作组派人在后面检查纪律，考查群众是否有失掉东西的，部队是否有买东西少给钱的，驻地是否扫干净了，有没有遗落武器和逃兵等。

譬如今天有长途行军，过高山、过河等，则由政治部组织几队政治工作人员，先时出发，在茶亭、桥上、山腰、山顶、河边渡口以及村庄边，设立宣传棚，开留声机，唱歌，叫口号，用各种画报、标语，向战士作简单鼓动，勉励战士实行行军比赛，不要掉队落伍，不要任意休息，不要吃冷水，体力健强的帮助有病的战士背枪和背包等。这个工作方法，特别能给战士们精神上以很大的鼓励。

（9）墙报委员会：负责组织审查修改墙报的责任。每次墙报的内容，分有时事新闻、政治、军事、捷报、游戏、谜语、歌谣、画报、卫生、青年、党的生活、地方工作等栏。每次出版的墙报都能反映出许多实际生活情形。

例如在红军第一方面军部队中，墙报出版每月平均有二三次。有三分之二的列宁室每次墙报投稿人能达到100%。青年战士投稿更多，差不多每次要占60—80%，仅在青年一栏，多至40张少也有5张稿子。

（10）经济委员会：负责清算本连的伙食账目，改善伙食。

（11）卫生委员会：负责督促战士们注重清洁卫生，如按时洗衣服、洗脚、洗澡、剃头，不乱吃东西，整理内务，学习负伤时怎样缠绷带，热天行军时禁止吃冷水、油粑粑等，保证战士们的健康。

四、红军和群众的相互关系

除上面所说的以外，群众拥护红军的热情真是难以形容。例如红军在热天行军经过苏区时，沿途男女老少站队喊口号、唱歌、跳舞、送茶、送粥饭、糖果，此外还有扇子队替过路的战士扇风，并说："红军哥哥，辛苦了，好热呵，我帮你们扇扇风。"红色战士受了这样的欢迎以后，从来不爱多说话的人，没有不说："打仗要勇敢，多缴敌人枪炮，才对得住群众。”一到宿营地，就有成群的老少妇女同志来到部队中替红色战士补衣服、洗衣服、煮饭烧水以及送来各种慰劳品；在冷天时则送很多柴炭替红色战士烧火烘干衣服，送酒吃，留红色战士在群众家里吃饭、吃茶。在作战时，群众有组织的送饭到火线上去给战士们吃，替红军当侦探、向导、担架员，武装的群众则配合红军作战，消灭敌人，与红军开联欢会，互相报告前方后方的工作情形等。至于专门建有协助制度的，则每月互相派代表参加会议，写信互通消息。红军得了胜利品，必要拿些乒乓球、买些画片、笔、墨、玩具送给青年儿童，没收反动派首领的牛，即送给该地贫农团使用。

红军每到一个新地方驻扎时，必与居民开一次联欢会，以至请当地的群众吃饭，或者开茶话会，报告红军的胜利、苏维埃的主张，表演新剧，唱歌给群众听。

每当政治部没收当地反动首领的财物时，必立刻将其有计划的分配给贫苦工农群众。例如杀了一个猪，每个群众可分得一斤或几斤肉，谷子则每人分一担，衣服各一件，用具各一样。所以许多群众自愿向红军报告某人做什么事，谁是反动派首领；替红军带路去捕捉、没收。如湖南汝城地方，红军一到，当地群众就成千成万的自动的把反动首领捉来送给红军处办，并把他的一切财物没收分配了。

若红军有落伍生病的战士，群众留他吃饭之后，马上用轿子或担架送来。在湘赣鄂许多地方的群众，自己吃杂粮，把白米留下，以待红军到来，作为慰劳红军的礼物。

五、红军对于俘虏官兵的待遇

当把白军官兵的武装解除，清理军官身上的文件之后，就分别管理。对于上级军官，为防止逃跑及发生其他事变，则派武装战士押管；对白军士兵和下级军官，则准其在一定的范围内自由行动。派红色战士个别的去谈话，开欢迎大会，进行必要的政治工作，由红军各部队煮好饭送给他们吃。例如 1933 年 4 月间的一次战役，消灭敌人第十一师、第五十二师、第五十九师，俘虏近 2 万余人，还要准备打第二个大仗，故只由白军士兵中找出原来的伙夫弄饭吃，我们在每 200 人中派出一个管经济的及一个负责军事政治上领导责任的，把他们带到苏区，交给新编师进行训练，并沿途发动群众欢迎与慰劳。每个俘虏兵发缴枪洋 5 元，伤兵发 8 元。凡是愿意当红军的，欢迎他们参加红军；要回家的，每人发给路费，送出苏区警戒线，放其回家。被活捉的敌人的第五十九师师长陈时骥、旅长周士达、郭耀宗、彭梦耕等，均留在红军学校当教员。我们对俘虏兵，不但每次发给现洋 5 元，伤兵 8 元，并且替他们医治，用船用轿送回去。许多白军士兵痛哭流涕，不愿回去。有一个白军士兵一连拖枪三次来投红军。当红军把他包围时，他就说：红军同志不要放枪，我愿缴枪，以后他又说：今天我已送了三次枪给红军了，这次的枪还没有打一个子弹，请验，结果查验是真的。由此，可以知道纵然军阀不断的武断宣传，说红军是土匪，杀人放火，缴枪后还要挖白军的心肝，如此等等最卑鄙可耻的造谣，但白军士兵一般的已经了解到，缴枪给红军，不但不会被杀，而且还有 5 元大洋。

六、红军的组织

1. 红军的社会成分

根据 1934 年 4 月份中国工农红军总政治部组织调查统计部的材料，中央苏区红军的社会成分是这样的：

工人	30％
农人	68％
职员	1％
其他	1％

2. 红军的来历

由苏维埃区域来的	77％
由国民党区域来的	12％
由革命兵变来的	4％
由俘虏中争取来的	7％

凡由苏区和非苏区来的新战士，必须经过补充师的训练，是俘虏则经过两个月以内新编师的训练，然后补充到前方红军主力兵团中去，每当新战士上前线时，当地的群众必举行热烈的欢送和慰劳，前方部队亦准备欢迎。例如发动青年战士站队唱歌，奏军乐欢迎，开联欢会，举行会餐以及进行募捐慰劳新战士。替新战士打扫宿营地，煮好茶饭，铺好床，送麻草鞋，个别的谈话，用许多灵活的方法，务使新老战士阶级的友爱团结精神更好。

同时发动老战士中谁帮助某个新战士学瞄准、学射击，谁帮助某个新战士认字、打草鞋、抛手榴弹等。所以新战士补充到部队中来以后，马上可以共同英勇的作战。

3. 红军战士的年龄

16 岁以下的青年	1％
16 岁至 23 岁的	51％
24 岁至 40 岁的	44％
40 岁以上的老年	4％

4. 红军中党员团员所占总数的百分比

党员	28%
团员	16.6%

5. 红军中党员与团员的社会成分

成分	党员	团员
工人	40%	28%
农民	57%	70%
职员	2%	1%
其他	1%	1%

6. 红军中党团员在军职的比例

职别	党员	团员
指挥员	27%	10%
政治员	10%	3%
战斗员	40%	66%
工作员	19%	8%
经济员	2%	
医务员	2%	13%

由此，可以看到我们共产党对于红军领导力量的分布。我们红军战斗力的加强，政治文化工作、军事训练等工作的进步，都是由于以下的政治因素：

（1）无产阶级及其先锋队——共产党领导的加强，有此保证，故能扩大、巩固红军的组织，加强红军的战斗力，提高技术与政治水平，改善政治文化工作以及进行群众工作等等。

（2）红军一般社会成分的改善，受土地革命利益的战士在数量上占三分之二以上。

（3）能够灵活的创造许多新的工作方式与方法，特别是学会苏联红军内战时的许多宝贵的经验。

（4）由于红军中党的非党的战士们工作积极性大大的提高，特别是有许多坚决的优秀的忠于民族解放人民解放、忠于共产主义事业智勇双全的干部，担任耐心的艰苦的领导。

7. 红军干部的培养

自1931年红军中央军事政治学校开办以后，因为红军日益扩大，需要的领导干部日多，于是把学校的组织扩大，增加学生的数量。成立有：

中国工农红军大学，又名郝西斯大学，以纪念苏联驻广东领事郝西斯同志。专门培养团长、参谋长、团政治委员以上的干部。

公略步兵学校，纪念红军第三军军长黄公略同志。

彭杨步兵学校，纪念彭湃、杨殷两同志。

特科学校，训练机关枪、炮、工程、航空、化学等方面专业干部。

通讯学校，训练交通联络的干部。

卫生学校，训练医生、看护生等。

供给兵站学校，训练懂经济、兵站组织方面的干部。

地方武装干部学校，训练地方武装如游击队独立团的干部。

少年先锋队干部学校，训练少年先锋干部。

此外，各军区还有教导营，各军团有教导团，师有教导队的组织，都是培养中下级干部的。

一般说来，红军中的连长、政治指导员以上的干部，均经过红军学校的训练，班长排长均经过教导队的训练。

兹将红军步兵学校第一期与第六期毕业学生的社会成分比较如下：

	第一期	第六期
工人	7.5％	24.4％

苦力	50%	56.4%
贫农	0.5%	7.2%
中农	19%	4.5%
其他	23%	7.5%

注："其他"，包括知识分子、教员、职员、学生等。

自班长起至军团司令员止，平均每100个指挥员中，有党员60个，团员11个。

我们红军在长期的国内战争中，锻炼出成千成万的铁的干部，特别是为全体红色战士所最敬爱的、为中国人民所称赞的、智勇双全的苏维埃和红军的领袖，如毛泽东同志、朱德同志、周恩来同志以及彭德怀、贺龙、徐向前、林彪、刘伯承、罗炳辉、刘志丹等同志。

例如我们军团一级的政治委员中工人成分占50%，受过专门高级政治教育的占90%。

七、红军现有的武器

中国工农红军总司令朱德。

我们红军总司令朱德同志说：凡是蒋介石嫡系军队有些什么枪炮，我们红军就有什么枪炮；他有什么交通联络工具，我们也有什么工具。我们红军的武器，都是用战士们的鲜血和头颅换来的，都是由敌人手中夺取来的。现在我们红军的兵工厂，虽然也可以制造某些枪炮，但生产的数量很有限。不过在红军第一方面军的部队中，已经再没有一个战士还用单响枪或土炮。至少是以团和师为单位有一色的三八式步枪，或者奉天步枪、汉阳造步枪，此外配合有炮、轻重机枪、手提冲锋机关枪、毛瑟枪等。

在1930年，红军第三军团还有一种奖赏的条例，就是作战时能缴得步枪一支赏洋5元，机关枪一挺赏洋50元等。如英勇的战士杨梅生同志屡次作战中都能缴得很多枪支，所得的奖金以一部分自用，将大部分捐给互济会作为救济失业工人、受灾农民、负伤战士以及其他家属的基金。至占领长沙时，因为每次作战缴得枪在几千支以上，于是战士们要求以后免发赏洋。

我们红军所有的武器，甚至还有许多军阀军队所没有的。当然在使用、掌握技术方面还表现出很大的弱点，如1930年，红三军团占领长沙所缴得的无线电台不会使用，炮兵的射击技术落后得很。现在红军在各方面的技术，当然要比1930年时好得多，但是仍然不能说，我们红军的武器足够了，技术很好了，所以在这方面正在力求进步。

八、红军中反帝的具体工作

在部队中有反帝拥苏大同盟的组织，它在政治部领导之下进行工作。但它有独立的组织系统，例如有红军反帝拥苏总同盟，属于苏维埃中央总同盟。可以说全体红色战士均加入了，为盟员，每月举行一次全体盟员大会，由上级同盟或红军政治部派代表出席，报告政治上新发生的事变，如苏联红军、工人、集体农庄庄员们的生活情形，社会主义建设胜利的事实；日本帝国主义侵略中国的野蛮行为，国民党南京政府、蒋介石不抵抗的事实以及非苏区以及东北反日英勇斗争的人民革命军、抗日义勇军、游击队活动的情形等。

同时规定每个盟员的重要责任：

1. 宣传群众和扩大反帝拥苏的组织，至少每人介绍一个盟员；

2. 在非苏区帮助群众成立抗日委员会和抗日义勇军；

3. 募捐援助反帝罢工的工人，上海战争时援助第十九路军士兵和义勇军；

4. 盟员每月缴二枚铜元盟费，作为反帝的基金。

现在它更要把与第十九路军建立战事战斗协定的经验广泛的运用到全中国各派军队中去，建立统一的抗日联军和国防政府。它要成为抗日联军的中心力量，团结一切武装力量，去反对日本帝国主义，争取中国领土的完整和中国民族的自由解放。

1935年10月，红一方面军长征二万五千里，胜利到达陕北。右起：毛泽东、朱德、周恩来、秦邦宪在陕北。

九、火线上的红色英雄

在乌江战役中，红军第一军团蔡龙胜同志，领导八个战斗员，冲破敌军两连人的防线；刘世德同志一人缴得10支步枪；周万祥因病没有背枪上火线，亦缴得9支步枪；饶步高同志1人打1个手榴弹冲破敌人1个炮堡，消灭敌人1个班，缴得步枪8支，毛瑟枪1支。

红军第三军团第十五团，在固守虎牢寨的根据地时，各连党团员能召集火线上的五分钟会议传达固守根据地的任务，强调党员团员的模范领导作用。当敌人攻击时，第四连的青年干事刘仁禄同志领导一连人同敌人冲锋肉搏二三十分钟，与敌人拼刺刀，结果杀伤敌人40余名。后因连长负重伤，仁禄同志即起而代理连长，向战士们说："连长负伤了，我来代理指挥。同志们，我们打得只剩一人一枪一个子弹还不要走，我们要与根据地共生存，我们要实行缴枪比赛，我们在火线上争取模范连。"结果消灭了敌人，而我们英勇的刘仁禄同志光荣地牺牲了。第五连司号员刘百生同志这次冲锋时，他一个人缴得敌人轻机关枪两挺，毛瑟枪1支。余福吉同志领导全连战士反冲锋，同敌人拼刺刀、手榴弹，毫不动摇。在阵地上看到有两个新战士被包围，其余同志拿5个手榴弹连抛3个，打死敌人八九名，敌人塌下去了，缴得3支步枪，并救出了被包围的战士。

红军第七军第二连副班长王法海同志，在黄陂战役时，当敌人企图拼命反攻由死里逃生时，他拿马刀杀到敌人抵抗线去，杀死敌人8名，把敌人吓跑了，王同志虽负伤四次，但仍不愿下火线，后经连政治指导员劝他才下火线，并沿途向追击敌人的战士们说，同志们，敌人退了，你们猛追猛冲，努力杀敌，争取战争完全胜利！

这样的火线上的英雄，在我们红军部队中，可以找到成千成万的。他们的名字登在各种报纸上，他们被提在军人大会当主席，高级机关并分别奖励他们。

现在我们可以骄傲地说：中国红军是中国抗日救国的中心力量，是帝国主义、国民党一切反革命武装不可战胜的力量。它已经成为太平洋西岸远东战线上反对帝国主义战争的重要力量之一。它有中国共产党英明的坚强的领导，全中国人民的拥护以及红色战士的英勇善战。它目前唯一的最光荣的战斗任务，就是坚决为争取中国领土完整和独立、为争取中华民族的解放和自由而斗争，为抗日救国而斗争。

周文（1907—1952），四川荥经县人，1930年开始写作。1932年参加中国左翼作家联盟安徽分盟，在鲁迅的帮助下发表《冰天雪地》。1933年入党，1934年当选为左联执行委员。1936年做冯雪峰的助手，往来于上海和西安之间，帮助建立电台，接待、掩护王稼祥从上海到苏联治病。抗战爆发后到成都。1940年到延安，历任大众文艺出版社社长、陕甘宁边区教育厅厅长、边区秘书长、晋绥文联主席、晋绥分局秘书长，兼任《抗战日报》、《晋绥大众报》社长，中共四川省委宣传部部长等职。1949年参加第一次文代会，任马列学院（今中央党校）秘书长。1951年参加中央人民政府南方老根据地访问团，到赣粤边等地访问并搜集当地斗争史。1952年病故。

作者简介

坚持二十年游击战争的赣粤边[1]

□周　文

赣南一带的游击区，包括如下的一些区域：上犹、崇义游击区，寻邬、安远游击区，瑞金游击区，赣粤边游击区。其中，瑞金游击区坚持到抗战时期，赣粤边游击区，则一直坚持到全国解放。

---

① 原载1952年出版的《党史资料》第2期。

赣粤边游击区的历史是很长的，从1929年起到1949年止，一共经历了20年之久。这20年当中，可以分为三个时期：第一时期，从红军来赣南创建根据地到红军北上抗日；第二时期，从红军北上抗日到抗日战争开始；第三时期，从抗日战争胜利到1949年最后解放。在这三个时期当中，条件、情况都不同。

第一时期，红军从井冈山经过南雄、南康等地到这边来配合农民暴动，是在1929、1930年的时候。当时，在南雄、信丰、南康，有地下党和农民协会的组织。农民暴动以后，在这些地方都建立过民主政权，部分地区分过土地，并成立了游击队。游击队是以当地的党员、团员为骨干，团结了经过暴动的农民积极分子组织起来的；其中有部分成员是红军留下的一些主力。1930、1931年，这些地方的城市都曾经被打开过，成为当时中央区的边界。此后，在敌人的进攻下，即以油山为中心——这是赣粤边交界的山区——建立起游击根据地。这支游击队的任务是：在敌后开展游击战争，配合中央区创建根据地。接着就由油山发展到北山、南山。北山在南雄，是广东的地方。南山是靠近广东边界的地方。以这三个山为中心，包括了六个县的范围，即：南雄、大庾、上犹、崇义、南康、信丰。主要向广东湖南方面发展，以打通中央区根据地与湘赣区根据地的联系。其组织情况是这样：总的成立了信庾雄游击大队，约两三百人。各县各有小游击队。地方党组织有信庾雄县委。主要负责人李乐天同志，是县委书记兼游击大队长，直接归中央领导。那时候，坚持游击战争的条件是：第一，这些地方经过暴动，有相当群众基础；第二，与中央区根据地联系很密切，一个晚上就可以通过敌人的封锁线到达中央区；第三，游击队与红军能够互相呼应，配合作战，例如1932年时，敌在这个地区的周围有三个师，游击队配合红军主动出击，曾经消灭了敌人两三个团；第四，国民党中央军与广东军有矛盾，我们可以利用其矛盾；第五，这个地区的地形还好。由于这些条件比较好，所以这个地区在这个时期一直是发展的。红军北上抗日的时候，是经过这个地区的。这个游击区在牵制敌人上曾经起了很大作用。

第二时期，从1934年红军北上抗日以后到1937年抗日战争开始，是困难时期。当时中央红色区根据地全部被敌人占领，因此这个地区的游击战争就变成没有主力直接配合的游击战争，在地位上说来是处于相当孤立的状态。而敌人则用大力来对付游击区——敌人的广东军、保安团，共有五六万人向游击区进攻，压力是较为强大的。当红军北上抗日的时候，中央分局对游击区工作是有布置、有准备的。在出发之前两个月（8月），就成立了赣南省委，准备红军走后坚持赣南地区，中心设在于都，并成立了赣南军区。省委书记是钟循仁同志，司令员是蔡会文同志，政治部主任是刘伯坚同志。后来因为情况紧张，钟循仁同志被调出另成立闽赣省委，代以阮啸仙同志。当时省委的决定是：积极开展游击战争，配合长征，创造新的根据地。在赣粤边成立了特委、分区司令部，以李乐天同志任特委书记兼分区司令员，杨尚奎同志任副书记。并调了一批干部去：刘建华同志任少共特委书记，向湘林同志任参谋长，李国典同志任政治部主任。他们带了1000多人的部队（包括一个独立营），11月从于都出发，到油山，走了三个晚上，因为白天不能走。这是在红军主力出发20天以后的行动。当时情况比较好，因为敌军集中力量追红军主力去了。但是这次在赣县王富圩一仗却没有打好，主要是侦察工作有缺点和自己麻痹。本来派过一个侦察排去侦察，但他们回来说没有敌人。事实上，广东敌人有一个连早已得到这支队伍出动的消息，准备了打埋伏。由于过去盐都吃不到，什么东西都买不到，这支队伍一到王富圩的街上，就大买东西吃。如果马上走了也没有事。在吃了东西后，离王富圩十几里就住下来，因为已经和回龙的游击队接上了头，所以就放了心。他们再回到王富圩去买东西时就遭到了敌人的袭击，伤亡20多人。

第三天到了油山。以后情况开始严重：一是因为敌人追红军主力的部队回来了；二是因为这支人马一路浩浩荡荡，引起了敌人注意。他们就把部队编好，编为一个支队，三个大队，在油山、南山、北山，分三处活动。司令部短小精悍，经常转移。原来多是在根据地住惯机关的，一开始进行游击活动，很不习惯。这时候发生了这样的问题，即：对游击战争的活动方式问题，干部思想不一致。这主要是由中央区来的干部思想不对头，他们强调正规化，地方干部则主张分散游击。地方干部的主张是对的。经过讨论以后，克服了中央区来的干部的错误想法，这才一致起来了。但是还有个极重要的问题，就是游击战争中的群众工作问题和掌握政策问题。当时李乐天同志在掌握政策上有很大的缺点，存在乱杀人的现象。例如曾经发生过这样的个别事情：把上山来砍柴的，来卖豆腐的，怀疑是敌人的侦探，抓了起来，但是一经审问过后，就弄得放也不好，不放也不好，结果就杀掉。敌人借此扩大宣传、造谣，外山群众都不敢上山来。这一个错误，是不相信群众，结果造成了自己的孤立，增加了许多困难。而在游击队当中，游击主义的毛病很大，单纯打土豪，不做群众工作，不大讲政策；只图吃好点穿好点，脱离群众；有时乱打土豪，甚至对商人也打，没有区别，只是从钱出发；一打，就什么都搞得干干净净。1934 年冬和 1935 年春，领导上就抓紧克服这种游击主义。对于杀人问题，提出不要乱杀，要少杀，要杀群众真正痛恨的，杀那种对群众对我们都是很有害的，目的是为了争取大多数群众。打土豪也要有区别，目的是为了发动群众，不是单纯为了自己的生活。把这些问题展开讨论，把目的弄明确。他们强调指出：游击队要做群众工作，这是政治任务，不做群众工作就不是游击队。要消灭里山外山群众的对立现象。过去只顾里山群众的利益，不顾外山群众的利益，造成对立是错误的。我们要以里山为根据地去解放外山，以乡村为根据地去解放城市。对里山的地主富农，凡是受到敌人损害的（因为敌人进山来不管是农民是地主一扫而光），只要他不是反动的，也要照顾。

当时他们曾经印发了反游击主义的文件。这是坚持那个地区的最重要一环。中央区去的同志在某些政策上也有错误，但是在群众观点上是强的。毛病主要在地方的同志方面。经过了这次反对游击主义以后，有了纠正。随即就提出以保存力量为主。但是又产生了另一个偏向，即保守消极等待思想：不出去活动，强调环境困难，只保守我这个游击区，不去发展。他们又克服这一思想，提出不去发展就不能巩固，不去活动就必被消灭。敌人正是希望我们不活动不发展，它就一步步地包围我们，以便最后消灭我们。经过了这次教育以后，即布置游击队积极活动，要由山上活动到山下，并且要活动到敌后。同时要加强城市、兵运、学运工作，要在矿山里搞工人运动，要用一切方法建立基点。提出多打钉子的口号。在南雄、大庾、赣州及其他地方开始了这些工作，提出干部职业化的口号。反对保守主义是坚持这地区的又一重要条件。

总的任务基本上确定两条：巩固老游击根据地，从巩固中求发展。立即开始做群众工作，发动群众，进行政治教育。但是要做好群众工作，要很好地掌握政策，就必须加强党的领导，加强党的组织。当时由于发展党困难，党的组织、支部很少，他们就加以整理。其组织形式是这样：在赣粤特委之下有信康赣县委、南雄县委、三南县委；县委之下有的有区委，但多数是工作委员会。工作委员会的设立，以工作需要决定，以游击战争需要决定。工作委员会，采取隐蔽的形式，其工作范围很小，只有几个村，领导一个到三个支部。在边缘区和白区的城镇里，则完全是秘密的。工作委员会的委员设三人到五人，打游击，没有什么机关。县委也没有机关，也是打游击，连游击队都找不到，只有因为工作需要并预先约好的人才找得到。每个县委直接领导一个游击队，十几、二十几、三十几人不等。这种小游击队有的县有几个。县以上则是游击大队，每队多至百多人，少至数十人，是比较机动的。在群众中除建立了秘密支部外，还建立了秘密游击小组。同时还收容了些红军主力的伤病员和散失的干部参加工作。敌人在游击区的边缘实行堡垒政策，到处建筑堡垒。游击队就选择时机予以打击。在 1935 年 2 月，情况更严重了。在政治上，敌人采取了并村政策，把小村并为大村，每个村住

1938年，坚持南方游击战争的部分领导人在南昌。前排：刘英（左1）、曾山（左3）；后排：陈丕显（左）、黄和真（中）、谭启龙（右）。

一个连或一个排，也都筑上堡垒。老百姓出入都要有通行证。老百姓买东西（如油盐），都规定了数量，不准多买，如买多了，就抓起来。在军事上，敌人加紧进攻，还常到交通要口打埋伏。游击队处处都碰到敌人，有些老百姓有点害怕。

那时，中央区剩下的部队许多都垮了，地方全被敌人控制了。有些部队由张鼎丞同志带到福建打游击去了。项英、陈毅同志化装来到油山。从此以后，即以项英、陈毅同志为首领导这里的游击战争。在军事上，由分散到更分散：把游击支队部取消了，大队化为小队，10个、20个人一队。负责同志由集中到分散，每人搞一个游击队；项英、陈毅同志坐镇油山，杨尚奎同志搞北山，陈丕显同志搞信丰、大庾一带。交通不能用电台，改用秘密交通站。在山上沿路搭棚子，做记号——有人在那里放牛。有七八个女同志（都是农村妇女）做交通站工作，很忠实，没有一个叛变的。交通站准备有粮食。游击队通过都是晚上，到了交通站休息、吃饭。如果有一个游击队员叛变，就麻烦很多，就会把整个部署打乱了。由于敌人常在交通要口伏击，游击队不能走大路，改走小路。以后敌人知道了，就到小路上来埋伏，因此小路也不能走了，就改走没有路的路。如果当天到不了交通站，就只好就地隐蔽起来，等到第二天晚上才走，因此就要饿一天饭。晚上如果有月亮也不能走，因为容易被敌人发现。住地也起了很大的变化：开始还可以在偏僻处找些小房子住；以后不行了，敌人把那些小房子烧掉了，游击队就只好住深山上造纸用的棚子；敌人知道了，就常来包围，把造纸棚也都烧掉了；没地方住，山上又常常下雨，于是在山上自己临时砍了些竹子，每根竹子破成两半，搭成棚子，还可以住；敌人以后又知道了，每夜侦察，听见有破竹子声，就来包围，因此竹棚子也不能住了；以后就砍茅草搭草棚子；敌人就几千人搜山、砍山、烧山，因此草棚子也不能住了；后来就一人带一块布，一到休息时就搭起来，住布棚子；以后敌人搜得厉害，布棚子也不能住了，就改用雨伞，要休息就撑起来，要走就收起来，随时转移很方便。当时吃饭很困难，要一直走出四五十里路去买米。买米的方法有几种：一是在游击区周围做群众工作，靠群众在夜里送点米，送到指定的地点，有人等在那里给他钱；一种是游击队突然包围一个村庄，强制向富户买一批米。药品、布匹、军用品，老百姓不敢代买，就依靠打土豪的办法，用突然袭击的方法，把土豪抓到山上，进行谈判，谈好由他家里送来，然后放回。还有一种是和买卖人发生关系，多拿些钱给他们代买米和各种东西，报纸也可以买到。商人完全是赚钱观点，他们如果搞不好，敌人发觉了，也会杀他们的头。商人替游击队买过不少东西，都是偷偷送来的。当敌人搜山，把交通破坏了，没有米了，就饿几天饭。春天夏天就在山上挖竹笋吃，摘杨梅、桃子吃，冬天就靠山果过活。在这样被敌人严密封锁、包围的困难情况下，游击队只有跳出敌人的封锁线以外去活动，才是办法，因为敌人的中心是空虚的。游击队改为穿便衣，背长枪困难，把枪把子弄掉，锯短，好藏在身上。袭击敌人，须采取出其不意的奇袭办法。大土豪较难打，因为他有准备，游击队不能和他打硬仗，只能突然袭击，搞到就走。因此游击队有时化装到村里去装作买猪买牛，手上拿一根竹鞭子，去讲价钱，乘其不防就给以袭击。有时化装成商人，挑着花生果子到敌人的堡垒去卖，敌人麻痹，以为他们真是卖东西的，他们趁敌人打开门的时候，一轰而进把人打死，把枪拿走。他们有一次化装成敌人的样子，装作送公事的，割断了电线，到了堡垒，就说县长有命令，叫立即出发配合“剿匪”。敌人一开门，他们就把枪端起来，喊不准动，就把敌人的枪缴了。

游击队最困难的弹药供给问题，就是这样解决的。他们虽然有修械厂，但只能修理，不能制造，所以只好向敌人那里搞。有时乘敌人用汽车运送子弹的时候，他们就去袭击，把子弹缴过来，把汽车打毁。有时则是缴堡垒里和区公所里的子弹。袭击敌人的区公所、乡公所、派出所，是他们经常的活动。

当时的方针基本上是保存自己的力量。要保存力量，就必须以游击队为骨干积极活动，坚持斗争。大小游击队要能活动，要能生存，第一要有根据地。例如赣南军区司令员蔡会文同志，他经过油山到上犹、崇义去创造根据地，带了100多人去，就是因为没有根据地作依靠，结果都被敌人消灭了，本人也牺牲了。游击队活动，不能离开根据地太远。晚上出去袭击敌人，抓土豪，先要有目的，要算好时间，在当天晚上就要能够返回来，如果当晚回不来就危险。有一次游击队由油山到南山去活动，路程没有算好，结果还没有完成任务就天亮了，离根据地很远，如果再走就一定出危险。因为敌人电话灵通，一通知，到处的敌人就都来了，到处打锣。所以他们只好趁天还没有明，就找到一个地方隐蔽起来，不准一个老百姓出去，这样把全村消息封锁起来，一直等到天黑才走。有些时候看看回不到根据地则是在树林里隐藏起来，但这种危险是很多的。

游击队出去活动，还牵连着许多问题，例如过河，问题很麻烦。如果游击队过去了，人家把桥撤掉，或者把船封起来，那就危险。因此必须设法控制渡口，派人到船夫中去工作，来保证过渡的安全。有时有的渡口没有我们的人，而且那里的人又很靠不住，游击队即采取强制办法不准他动，等游击队完成任务回来后再安慰安慰他，多给他些钱。还有吃饭问题。吃饭完全靠老百姓，吃了以后算钱给他。没有老百姓住的地方，自己总是随身带上三五天的干粮。吃饭每天没有规定，有时多吃点，有时少吃点。吃菜蔬常有困难，常是准备些萝卜干、海带、咸鱼来下饭。不烧火，因为一烧火冒烟，就被敌人发现了目标。

他们对付搜山敌人是这样：有时敌人来一个团或一个连搜山，搜不着什么，就抓了些鸡鸭，抢了些老百姓的东西走了。他们就事先走到敌人回去的路上打埋伏，截尾子，打掉队的。有时游击队也以一个班打敌人的一个营或一个连，事先找地形好的地方隐蔽好，敌人因为没有看见游击队，就在村里抢东西，正乱的时候，游击队就打手榴弹，杀伤一些人以后就走了，到了敌人出来时已看不见游击队的影子了。敌人这样经常受到打击，来到山上都是提心吊胆的。开头敌人一个连来，以后一个连不敢来了。

敌人大批搜山、天天搜山的时候，对付他的方法就是实行坚壁清野不去理他，把游击队都分散藏起来，都不准出去，不暴露目标。敌人常常走过我们同志躲藏的山洞外边，有时用冒诈的方法在洞外边乱喊，说快出来，不出来就开枪啦！并且扳动机枪响。我们的同志都锻炼得很沉着，不去理他，敌人冒诈一阵，见没有人，就走过去了。山又高，路又窄，有的地方没路，敌人的士兵都穿的是皮鞋，拖得很疲劳。等到敌人撤退的时候，就集中队伍打他一下。有时敌人正在搜山的时候，游击队就转到外线去，贴许多布告，散许多传单，在布告和传单上写着许多支队的名义，来迷惑敌人。在这样的时候，敌人就不得不调一批人回到外线来。他们就是这样来疲劳敌人的。

那时部队的主要困难是巩固问题。进行教育有很多困难，首先就是与上边没有联系，文件看不到，大的局势有时摸不大清楚。干部看的报纸，都是国民党的报纸，坏的消息多。开始的时候总的情况是这样：红军主力走后，这个地区能否坚持，在游击队员中、在干部中都发生怀疑，有些人考虑这样搞下去究竟有无前途。这是在当前的迫切的思想政治教育问题。领导上就根据中央在此地时分析过的主客观条件、内外条件，指出是能够坚持的。主要说明群众是要革命的，这是根本的。国民党无论采取何种方法，都不能消灭它，而且只会引起群众反抗。再是分析全国形势，那时正是“九一八”以后，一是民族矛盾，一是阶级矛盾，并未解决，而且在发展中。全国人民要求抗日，要求独立、民主，因此新的革命高潮快要到来。我们有信心坚持，就有前途。这样经过教育，部分地解决了一些思想问题。但有人又问，究竟能够坚持多久？领导上于是又指出只要坚持三年到五年，情况一定变化，我们应该有精神准备，作长期打算。当时讲很多道理，但是很难一下就说服，因为红军在湖南、四川都没有站住脚。到了西南事变①以前，这支部队越搞越小，地方也是越搞越小，因此又发生了这样的思想情况：就是游击区能否巩固的问题。因为敌人这样多，客观条件再好，地形再好，总是没法和敌人打仗。虽有坚持的决心和信心，但是力量不足。领导上就针对这种思想情况提出这样的口号：“留得青山在，不怕没柴烧。”并以贺龙同志两把菜刀开始为例来鼓励大家，说明无产阶级就是白手成家，从无到有，从小到大。并提出我们要积极发展，我们目前保存力量的方针，是为了工作，不是为了等待。因此我们必须坚持做群众工作，发动群众，我们的游击队就是工作队、宣传队。

但是环境越来越困难，敌人经常以搜山、烧山、“围剿”、“住剿”的办法来进攻，因此经常受到敌人的包围。有时在敌人搜得紧的时候饭都吃不上。敌人还经常采取软的方法，所谓三分军事，七分政治，用欺骗手段来瓦解游击队，如说拖去一支枪是多少钱，一颗子弹、一颗手榴弹是多少钱。有时通过游击队员的亲戚朋友来瓦解，有时抓住他们的家

① 西南事变，指1936年6月上旬，广东地方实力派陈济棠和国民党桂系李宗仁、白崇禧等发动的两广事变，成立抗日救国军西南联军，出兵湘南。7月，陈济棠失败，9月李宗仁、白崇禧与蒋介石妥协。

属，但是抓了以后又放回来，以动摇我们的战士。敌人并利用叛徒来和我斗争，散布失败情绪：那些叛徒到村子里来找着熟人就说敌人也是“好”的，以前我也参加革命，但是越搞越困难，没有出路；有时用通信的方法来散布；有时则由一些叛徒联名发表自首宣言。敌人想使群众和游击队隔离，所采取的移民政策、并村政策，就是把小村群众并到大村，再又把大村的并到市镇里，把山里的赶到山外。敌人用强制办法威胁群众说“窝匪”、“通匪”、“济匪”、“当匪”者杀。派特务叛徒上山，在山上建立特务情报网。在这种情况下，部队的巩固是大问题。在这时的巩固工作，除军事上采取灵活的游击战以外（不能打硬仗，以不断的小胜来提高部队的情绪，缴到一支枪、一颗手榴弹都是好的），就要靠在政治教育上抓紧。教育方法，是根据一些具体事件作分析。比如把当时打的一次胜仗，缴获的一支枪作例子来讲，分析为什么能胜利，为什么到外边去作战能够缴到敌人的枪、捉到土豪。指出主要是敌人有困难，空隙很多，群众支持游击队。比如，当时敌人命令老百姓，凡是一遇见游击队就鸣锣放炮。群众基础好的地方，群众并不听敌人的话，根本不鸣锣放炮，有时狗叫起来，群众就把狗抓住不准它叫。就是群众基础不好的地方，见游击队去了，也不马上鸣锣放炮，等游击队走了后才敲才放。不管敌人是一个师两个师也好，地区是这样大，不可能到处都驻兵，所以空隙还是多。至于敌之并村政策是不会成功的，而且基本上是失败的。群众基础好的地方，敌人并村，群众根本就不走，跑上了山，敌人烧了房子，老百姓又盖草房，有盖了好几次的。群众基础不好的地方，一并到大村里，群众就向敌人要饭吃，同时离种的地很远，群众也不干。党就提出抵抗的办法，使群众尽量做到不去，如非并不可，即派人进去做工作，探消息。在村子里的群众要出来砍柴、种地，又可以向他们做工作。因此敌人并了几天后，计划又失败了。这种分析教育，效力很大。当时没有政治机关，这种教育工作，就靠特委县委做。课文自己写。游击队很分散，几个十几个人在一起也上课。因为都是晚上行动，就利用白天的空闲时间，一面放哨，一面上课。

以上所说的组织领导和思想领导是坚持游击战争中的极重要因素，是起决定作用的因素。但是能够在那样最困难的条件下长期坚持，最根本的因素是群众条件好，他们依靠了群众。山区里的群众并不多。油山、南山、北山的群众不到二三万人，其中里山的群众约一万多人。在反复斗争中，里山群众始终和我党像血肉关系一样分不开，他们和我党同生死、共患难，游击队上山他们也上山，游击队下山他们也下山。外山群众则多是间接帮助，因为那里还在地主的控制下。但是这种间接帮助的群众占多数。

里山群众是这样支持游击战争的。比较年轻点的都参加了游击小组。在小组中的工作：一是配合游击队打土豪，打反动派。他们的武器是梭镖、土炮。游击队每到山下活动时，就多少动员一些游击小组的人员配合游击队出发，去打土豪，袭击敌人。二是作侦察。敌人来了多少人，何时进山，何时进攻，主要靠当地群众去侦察，只要有点响动，他们马上就来报告。里山群众还经常通过外山的亲戚去探消息，靠他们互相帮助。如一次在大庾县池江的敌人 1000 人，强拉了 3000 名群众，准备好刀来砍山搜山。敌人把消息封锁得很紧，外山的群众不能来，里山的群众出不去，这时的情况对游击队很危险。外山的群众就假装着到里山看亲戚看病人，买了点东西拿上山来报告消息。但是有些时候已来不及用这方法，反动派强迫着群众随他们来砍山，叫他们不要声响，不要暴露。他们却故意在路上大声唱山歌，“打呵嗬”，使游击队知道反动派来了。因为这种方法是在事前就约好了的，只要他们一唱，游击队就知道。三是担任站岗放哨。许多重要地方都有哨。在主要的交通关卡，放的是隐蔽的哨，敌人来了并不知道在哪些地方有哨。在白天，在很高的地方放着瞭望哨，见敌人来即发信号：放炮，有时是打山歌。如果是晚上即烧火为号。在黑暗中出现一道火光，就知道敌人来了。在这样的时候，群众都牵牛上山隐蔽，敌人一走，就又下山来各做各的活。敌人知道了这种方法，也采取化装放哨的办法，扮成农民的样子，混进山来，身上藏着短枪，游击队在没有发觉的时候，也吃过敌人的亏，遭到敌人的袭击。从此以后，提高了警惕，凡是由外山上来砍柴的，如果是一个两个，游击小组即检查他们的身上，看是不是敌人。群众了解他们还用了这样的方法：见他们来了，故意留下他们喝茶，和他们拉拉话，听出口音不对，讲话也不对头，就知道是反动派。如果他们只是几个人，游击小组就突然把他们抓住，缴枪，干掉；如果人多，就去报告游击队来打。

里山群众和我们就是这样一致的。他们和敌人斗争坚决，爱护我们。他们对敌人消极方面则采取坚壁清野，把粮食分散藏在山里，好东西也都藏起来，因为敌人一来总是把什么东西都搞光的，把房子烧得干干净净，特别是在油山的上下坪、潭塘坑等地搞得更厉害。群众就用这种办法来对付敌人的三光政策。敌人一来，他们就向山里逃走，有时除了个别老太太以外，一个人也见不到。这时除游击小组放哨外，其余的人都躲起来了，在山上搭起棚子搞饭吃，住这么几天。如果谁回去了，敌人抓住就杀掉的。有一次一个南山的老百姓，被敌人抓住了，要他带路找游击队。这个老百姓是知道游击队的地方的，他为了保护游击队，故意把敌人带到别的地方去，我在东，他就带到西，这山转那山，带到过去游击队住过的旧棚子那里去，故意说："呵！已经走掉了，没有了！"被抓住的群众一般都是采取这种迷惑敌人的方法，直接带到我游击队的地方是没有的。如果被敌人逼得很苦，即准备牺牲自己来保护游击队，如潭塘坑一个老太太被敌逼不过，仍然坚决不说，最后被敌人打死。群众保护游击队的事实是很多的。有一次有三个同志到北山去做工作，在群众家里睡熟被包围了，一点办法也没有了，有两个同志终于冒险冲出去了，另一个冲不出去，老百姓就给他换上破衣服，藏在牛栏里的牛粪堆下面。敌人进去搜时，群众都说刚刚是有两个来砍柴的，来了刚在吃茶，你们一来就跑了。这样终于把那个同志掩护过去。游击队常派工作队到群众家里去工作，敌人就用冒诈的方法来试探，故意到晚上敲群众的窗子，说同志同志，我们是某某同志叫我们来找某某同志的，请开一下门。老百姓知道这是敌人，因为工作队的同志和老百姓原来都约有信号，凡是自己的人去，敲门、口号都是一定的。在这个时候，老百姓就根本不理他，或者说，我们根本就不知道，你是土匪吗？我们去报告，把你抓起来。群众还积极帮游击队买东西，敌人限制群众买东西的数量，他们就采用分散买的办法。比如游击队要买五斤油，就由五个老百姓去一人买一斤，敌人就发觉不了。敌人总是想方设法来打垮领导机关，想捉项英、陈毅、杨尚奎同志等，捉不到，就到处出布告悬赏捉拿。群众就把布告通通给撕了，拿到特委机关，交了之后开玩笑地说，看，你们要给我们钱呢！

敌人采取三光政策，血洗游击区，并用收买欺骗的方法来争取和瓦解群众，但是群众还是这样很坚决地和敌人作斗争，用各种方法对付敌人，保护游击队，和游击队同生死共患难，原因何在？

一、这个地区一开始就是经过1929年暴动搞起来的。南雄、信丰、南康都经过轰轰烈烈的斗争，反对黑暗，推翻反动统治，有党的领导，党和群众联系密切。以后群众中的积极分子参加党，参加游击队，参加工作。经过了这几年的反复斗争，剩下的都是优秀分子，坏的、动摇叛变的都被淘汰了。所以这剩下的都是骨干，是经过考验的。以后由中央区来的，也都是经过土地革命的。领导很坚强，游击队的骨干也都是坚强的。这是主要的一点。

二、游击区的存在对群众有直接利益。有了游击队，国民党抓兵就抓不到他们，也抽不到他们的捐税，甚至敌人在外山抓壮丁的时候，外山有些老百姓就跑进山来参加游击队。这与敌人的压榨农民是分不开的。

三、虽然只有一部分地区分了田，大部分地区还未分田，但是许多地主都跑了，农民耕到的田就等于是自己的，农民不交租，地主也不敢来要租。那时候分的田有的一直维持到现在解放。这是共产党给他们的利益。

四、群众配合打土豪，抓反动派，把土豪、反动派的东西全部没收。拿回来的时候就分送给群众，凡是参加游击的都分给。这说明游击队的行动是处处与群众利益结合在一起的。至于对外山群众的利益也时刻注意照顾到。例如敌人抓丁最厉害的时候，游击队就去打击敌人，发现敌人把壮丁关在一起，就去给以突然袭击，把壮丁放出来。有时候在路上遇见“狗腿子”在抓丁，游击队即把“狗腿子”杀掉。至于打敌人的厘金卡子，群众也是很高兴的，因为他们痛恨卡子的勒索，比如担一担柴走过，敌人也要抽很多柴去。在割禾的时候，地主来收租子，叫些人挑走，游击队就去袭击地主，群众就把他们的谷子挑回去了。因此地主不敢出来收租逼债。当时领导上提出五抗运动的口号，即抗租、抗粮、抗债、抗税、抗丁。这对外山群众的影响很大。

在行政方面，外山里山都是敌人的保甲制度。但在里山的保甲是游击队可以完全控制的。当然要完全派游击队的人去当保甲长是不行的，但反动的也不行，游击队要整掉，因此搞那种开明的人当，成为革命的两面派，听游击队指挥。敌人要他去开会，他还向游击队请示，有时去应付一下，回来就向游击队报告开会情形。但许多时间是不去。敌人来了的时候，他也搞些粮食应付敌人，但是把敌人情况向游击队报告。他对敌人欺骗说，游击队是有，来来去去的，不知到哪里去了。

对外山保长，也做统一战线工作，给他些利益，要他帮助游击队。

对于最反动的保长、联保主任，就要整他，非整不可。整掉一个，其他的也就规矩些了，就去拉一拉。如果他家是地主，在打土豪的时候照顾他一下，并告诉他，你家里的财产我们保护，但有一点，你要帮助我们，将来你也有功劳。这样逐渐争取其成为两面派。

由于群众条件好和做了适当的统一战线工作，所以这地区就是这样：在这游击战争最困难的时候，还是能活动。对他们说来，外来敌人的威胁并不是那么很大的，威胁最大的主要是内部的叛变。三年来的游击战争，常常受到的损失，是由于内部少数人的叛变。

在这个游击区发生了这样两个大叛徒：龚楚、何长林，龚在红军长征后，中央分局曾派他带一个团（即红七十二团）突围出去，到广东、湘南、桂东一带活动。1935 年 1 月，他带了 1000 多人经过油山、北山转到这些地区。他到了油山时，大家都很高兴，欢迎他。到 1935 年冬，他在湘南叛变了。油山方面却不知道，因为没有无线电联络。广东军阀陈济棠就企图利用他来消灭我油山游击根据地。他假装成红军游击队，说是来找项英、陈毅同志报告工作的。那时，项英、陈毅、杨尚奎同志等在油山站不住，都在北山住。重要机关、仓库、修械厂都在北山。后方主任是何长林。龚带了几十个人到了北山找到何长林，特委住的地方离何很远，何也不知道，只知道住的方向。何也不知道龚是叛徒，招待他很好，和他乱扯，许多消息都被他暴露了。龚要何带他到特委去，何告诉他不知道。龚就叫何召集干部会议，连小游击队长都要到。何不向特委请示就擅自召集了干部会议。干部们来了后，龚就把干部包围起来了。大家一听他讲话就觉得不对头，一些人开始怀疑。龚即现出原形，发表极端反动的言论，说共产党没有出路，劝大家投降。许多干部就拿起枪来打，但是打不出去，因为被包围了，许多同志就牺牲了。一个小游击队长带了伤，拼命冲出包围，跑来找特委报告。但是小游击队长不知道特委的所在。后来找着交通站，在交通站看见了联络的同志，大哭一场，要他立即报告特委赶快走。交通站也不知道特委的所在，他急得要死。

何长林也叛变了，向龚讲了特委经常买米的地方。那时侦察排长吴绍华同志正带了警卫人员等 10 余个人到南雄里栋附近打米坑去买米，来回要两天多。在回来的路上，碰上了叛徒们带的队伍，是些戴铁帽子的。吴绍华同志警惕性很高，很机警地走在前面，叫其他的人在自己的后面，稍离远点。吴绍华同志先碰见龚、何，他就喊团长、主任，但是并不知道他们已叛变了。何就告诉吴绍华同志说龚要找项英、陈毅同志报告工作。吴绍华同志见他们所带的部队装束不同，而那些人的态度也很不好，不像游击队的样子，有些怀疑。龚就说，过去隔了很久没有来报告工作，这次是经过了许多曲折，才找来的，要他赶快带他们去，好报告工作。吴绍华同志越看越不对，就说项英、陈毅同志住的地方我也不知道，好久也没有找着。何说，你不要讲鬼话。吴绍华同志说，自己的同志，我还骗你们么？两个叛徒见他不说，就强迫他，说今天不交出来不行。吴绍华同志更明白了，就故意大声讲话，使后边背米的同志们听见。同志们知道事情不对了，把米丢掉就跑了。两个叛徒就把吴绍华同志身上背的短枪下了。他更坚决说不知道。两个叛徒见硬的不行，就又改用软劝，说我们是为了紧急要事才来的，赶快带我们去见他们吧。吴绍华同志随机应变，也改用软的方法，要他们把枪退还他才好去。他们就把枪上的撞针给他下了，然后还他。他带上枪就走，故意大声讲话。两个叛徒叫他不要大声讲，他说不要紧，怕什么。他们问他特委那里有多少武装，他知道特委那里只有几条枪，但故意夸大说，有两挺机枪，有 30 多条步枪，一共有两排人。他一路上盘算着怎样牺牲自己，保护特委的安全。我们放哨的放得很高，在山上，看见他们来了，放哨的同志就问。吴绍华同志说：他们要来找项英、陈毅同志。放哨的同志见是龚、何，是认得的，并未警惕。吴绍华同志就大叫一声反动派来了，就滚下山走了。放哨的立刻明白，放了两枪，也滚山走了。项英、陈毅同志及其他同志正在家里，听见枪声，也赶快跑了。那两个叛徒因怕特委枪多，而且有机枪，不敢前进，只打了两排枪，也退走了。到了下午，特委的同志们和吴绍华同志都会合了。吴绍华同志请求处分，说自己不该把他们引来。特委指出他很好，很机警，保护了特委的安全，表扬了他。

这次，游击队干部受了很大损失，只有游击队没有受大损失。由于龚、何的叛变，给了游击队更多的困难，因为游击队的活动、机关，他们都知道，因此一切都须要加以改变。活动的地方，活动的方式，都要重新来过，机关都要转移。要告诉全体人员和群众警惕。领导上进行了反叛徒的教育，提倡学习吴绍华同志的机警、勇敢和忠诚。

和叛徒作斗争，是当时游击战斗中最重要的一项任务。叛徒的发生，各个地方都有过。除龚、何外，游击队、地方党都有过个别人的叛变。当时对付叛徒的办法，积极的方面，硬是把他整掉。龚没有整掉，因他那时在敌人的保护下。何在当时也没有整掉，跑掉了。其他有些小叛徒则整掉了。凡是有叛变的，就派出人去经常侦察他，一下抓住就杀了。在当时，处在那种极端困难的情况下和群众的情绪、要求，都应当如此，因为不可能慢慢关起来争取。在游击队中发生的，像康德兰、萧国周两个叛徒，叛变后到处进行破坏，凡是给游击队带过路、给吃过饭的老百姓，他都去搞掉。这些坏家伙曾经有多少人死在他们的手里啊！第二个办法是清洗内部不可靠分子，纯洁内部组织。例如有一个通讯员，过去本来很好，但是后来表现不大好，有几次出去买东西都是很晚才回来，回来后情绪又很不好。因此就防备他逃跑，后来也就清洗掉了。至于对外来分子，则很严格，不可靠的不收。当特委在北山住的时候，从矿山上来了一个工人（后来查明是一个流氓），是通过矿山的工作关系来的。是一个青年，很狡猾，耍流氓。他来后住了三天，派他去送信，同时还派了两个同志一道去，带了100多现洋，是送到油山去做伙食钱的。当时凡送信都是派三个人，走在最前面的一个是带侦察性质的。那个坏家伙知道带有钱，就在厨房偷了一把菜刀藏在身上，在过南雄的封锁线时，假装请罗绍增同志抽烟，乘其不防就砍了几刀。罗绍增同志的脸上流了很多血，从山上滚下来，群众就把他藏起来，后来把他送回来了。罗绍增同志好了以后，满脸都是刀疤。另一个同志则被那家伙杀死了，钱也被他拿走了。因此，从此以后，凡是外来的人都不敢随便收用。凡未经过斗争考验，是不收的。

此外，还采取了些消极办法。谁叛变了，如果抓不住他时，就找他的亲戚他的家属谈，告诉他，革命是自愿的，你现在不革命了，也可以自愿，但是不准危害革命，如有危害，那就不客气，全家杀绝。就用这话来威胁他，并让他的家属去劝告他。有时候则写信去警告他说：如果你对革命危害，你跑到哪里我们也要追到哪里。因此有些叛徒从此不敢动。李乐天的警卫员叛变了，就用了这办法对付他，他就不敢做坏事，有时他还帮助游击队。至于有的游击队员跑回家去了，知道他还未叛变，仅仅是消沉，即派人去安慰他，给他些钱，使他知道组织上还关心他，以稳定他的心。因此他也不敢叛变，敌人来了他也躲。敌人也抓他，地主也找他，逼来逼去，最后又跑回来了的也有。

当然，在当时主要还是从积极方面进行阶级教育、气节教育，严肃组织。消极方面的办法只是次要的。

那次遭受龚、何两个叛徒的破坏，所受损失，主要是在北山。油山、南山的情况，龚、何都不知道。但在干部中、战士中产生了坏影响。当时，好的消息得不到，坏的消息天天都有。有的人就对革命发生动摇，失去信心，怀疑这样搞下去有无前途。敌人向我进行瓦解，发传单，鼓动拖枪逃跑。里山的群众也害怕了，有些人搬走了。他们说，共产党是好，但是敌人来了，凡是给买过米的，做过事的都要杀头。边缘区的群众，也怕游击队到他们那里去了，说，你们是好，就是怕敌人来杀。游击队越打越少，有些人越感到前途渺茫，于是发生了开小差的现象。这时期，领导机关的困难很多，又不知道红军主力到了哪里，也是感到很大苦恼。为了继续坚持下去，就必须做许多工作。于是用敌人的各种残暴事实来教育干部、游击队和群众，指出敌人对群众是不会有好处的。更从阶级矛盾来分析，农民要土地，地主要剥削，这个矛盾在任何时候不解决，农民都只有反抗的一条路。指出中国革命比俄国革命更艰苦些，指出它的长期性。当时敌人造谣说，红军被消灭了，毛主席被抓起来了。领导上就指出红军是不会被消灭的，它是经过暴动组织起来，建立过根据地，经过无数战斗壮大起来的，是一定会胜利的。经过这样教育之后，干部、部队都就坚定下来了也稳定下来了。那时，干部还有四五十人（包括排级干部），部队共有100多人，但这些剩下的却是精华。

当1936年西南事变的时候，敌人的主力通通撤走了，剩下的是铲共团、地方武装。在这时期情况好了一点，但是产生了新的问题，就是口号如何提法的问题，对西南事变如何看法的问题。当时有些人认为陈济棠比蒋介石好点。例如在里山住的部分青年学生就有此幻想，认为陈是抗日的。游击队中有些人在认识上也有些模糊，因为过去主要是反蒋。项英、陈毅同志就召开干部会，作报告，揭破陈济棠的阴谋，指出他本质上是大地主大资产阶级。1933年红军提出在三个条件下共同抗日时，陈并不接受，仍和蒋一样打内战，反共反人民。现在陈的反蒋抗日是欺骗，主要是为了维持他的政权。

针对着当时情况，就采取了政治攻势，发传单，贴标语，一直贴到南雄。标语是："停止内战，停止反共，一致抗日，团结起来，打倒军阀混战！"这次政治攻势，影响很大，群众知道游击队仍然存在，并没有被消灭，因此群众情绪增高。在组织形式上也有改变，由分散到相当集中，打铲共团，打土豪，包围伪区乡公所，打埋伏。敌人不敢进山来。部队又扩大了一些。开始搞兵运工作，由山上转到山下。但是时间很短，陈济棠很快就垮了，余汉谋投降了蒋，敌人又开来了。过去是广东军，现在来的是"中央军"。敌人虽然继续进攻，但和过去不同，因为"中央军"地形不熟。那时小游击队可以活动，学校工作可以做，群众情绪也好些。外边的消息也比较多，知道红军到了陕北，打了很多胜仗，创造了根据地。那时可以买到广东报纸，甚至一些进步刊物，但是和中央联络不上。

游击区发展到过去的各县，向过去的中央区发展，面儿宽了一些。在学生中的工作是要求抗日，和兴国、于都的秘密工作联系起来了。这时候发生的问题，仍是叛徒的破坏。这次叛徒发生在外山。在敌四十六师做兵运工作的陈海，到特委来报告过几次工作，每次都给他金子去做工作费。他吹牛说，有两个团要拉出来随时都可以拉出来。这家伙在1936年叛变了。特委不知道他已叛变。敌人想利用他搞掉特委机关，搞掉几个负责人。陈海接受了这项任务，写了一封信送来给项英、陈毅同志，说中央派人来了，把方针任务都带来了，要项英、陈毅同志下山去开会，以便传达中央的指示。得到这信，大家都很高兴。由陈毅同志去，项英同志留在山上。他刚一下山，就看见敌人的队伍来围山了。他进了大庾城就跑到陈海的家里，看见陈海的老婆在洗衣服，他就问她，陈海在家否？叛徒的老婆说出去了。当时我们有一个秘密的交通站设在大庾街上，开了一间糖铺作掩护。陈毅同志就到糖铺去，快要走到的时候，就看见糖铺正在被敌人搜查，他知道这个机关已被敌人破坏了。在糖铺做事的一个老头子，很好，遇见陈毅同志，就赶快告诉他陈海已叛变，要他赶快走。陈毅同志马上就出城赶了回来，但敌人已把山包围了。陈毅同志只好躲在山边的一堆草丛里，一会儿就听见敌人的士兵在离他面前不远的地方讲话。那些家伙都讲他们抢得些什么东西。当时项英同志也在茅草深处躲起来了。敌人找不着他们，就抓住了给项英、陈毅同志做饭的一个女同志，要他说出项英、陈毅同志的所在，毒打她，她英勇地忍受着，死也不说，敌人就把她抓走了。项英、陈毅同志在当天又会合了。

陈海究竟是原来敌人派来的汉奸，还是以后才叛变的，一直没有弄清楚。由于陈海叛变的影响，以及西南事变后四十六师和熊式辉保安团的进攻，游击队组织形式和活动方式，不得不又由集中转到分散。那时候游击队的力量基本未受损失，因为陈海根本不知道游击区的情况，只有城市里的被他搞掉一些。这时候的环境虽然严重，但是比1935年还好点，可以活动。1936年的西安事变爆发，特委在一个礼拜后就知道了，是从广州报纸上看到的，知道把蒋介石抓起来了。大家都非常高兴，认为抓起来就有办法。但是过几天，又看见把蒋介石放了，大家都很奇怪，干部都很不满意，但是又不知道是什么原因，不了解已经订立了秘密抗日条件，以为张学良、杨虎城在搞什么把戏。由于干部的认识模糊，以为搞了蒋介石个人就一切没有问题，而不从整个阶级和整个形势的变化去了解，所以开头乐观，后来就悲观失望。当时领导上得不到中央指示，但是问题又必须解决。因此就召开了一次干部会议，由项英、陈毅同志作了报告，指出蒋介石的问题，不管抓掉放掉，要从中国革命形势的发展上看，中国革命已经到了新的阶段，西安事变就是它的标志。后来他们才从香港来的一个杂志上看到毛主席在延安作的报告，才明确了解那时候民族的矛盾已超过了阶级的矛盾。但是还不了解释放蒋介石是为了停止内战，搞抗日民族统一战线。为了提高干部、战士的警惕，加强斗争，在干部会议上，项英、陈毅同志指出：西安事变表明大地主大资产阶级的内部矛盾增加了，由于在日本的进攻面前，他们有矛盾，但是他们进攻我们仍然是一致的，因此不要因为西安事变而松懈了我们的斗争。因此决定在新形势下在农村、在城市展开救亡工作。这时期敌人对油山的进攻不仅没有减轻，而且加重了，继续增兵，继续搜山、烧山。这就是 1935 年到 1936 年经过的一些曲折。

到 1937 年七七抗战发生以后，特委已经得到了红军改编和陕甘宁区改为特区的消息。那时在油山周围的情况也有一些变化，敌人虽然没有完全停止进攻，但是已经比较不同。敌人提出了挑拨的口号，说你们在山上该下来了，陕北都“投降”了，不打你们了。有些同志由于不了解真相，不知道今天究竟是怎样搞法的，很怀疑，以为真的“投降”了，便发牢骚说：我们搞了这几年，辛辛苦苦，现在却要改成“国民革命军”了！这种情绪本质上是好的，只是不了解真相而已。而有的人则是敌我不分，产生了投降思想，认为现在好了，可以回家了。

敌人在这时候主要由军事攻势转为政治攻势，军事与政治并进；当然，有的地方则还是以军事为主。敌人根本不提国共合作，只叫嚣着“投降”，说现在都一致了，不分党派了，并且写了信来。当时领导上即抓紧进行思想教育，指出在我部队中当前主要危险是敌我不分。红军改编，陕甘宁区改名，不是投降，而是联合抗日，集中力量打倒当前主要敌人，因为日本帝国主义已由关外打到关内来了。我们对于今天民族敌人与阶级敌人的关系，要有正确的认识，这是一。第二，这次是第二次的国共合作，是有条件的。这种合作，是由于共产党有力量，没有力量是合作不成的。因此我们必须进一步发动群众壮大自己的力量。第三，要反对当前敌我不分的思想。

当时在对敌斗争方面，也以政治攻势对敌之政治攻势。第一，说明我党是一贯主张抗日的。第二，指出国民党如有诚意抗日，就应该停止一切对游击区的进攻，撤退一切军队。第三，要容许游击区游击队及一切人民有宣传、组织抗日的自由。第四，要释放一切政治犯。如果同意这些条件的话，可以进行谈判。并以这在部队中、群众中进行教育。在各地散传单，贴标语，也写信到城里去。

敌人一直未停止进攻，但是进攻的部队已逐渐减少。因为日本帝国主义在上海的进攻，四十六师已调走了。国民党部队这时候也是由分散到集中，敌人对里山的搜山基本上停止，把他的部队摆在交通线，以连或排为单位，有时候以一个排进来打一下又走了。

当时，领导上即进行准备力量：一是抽了一批干部办训练班；二是抓了一批土豪筹款；三是扩大部队。对敌人暂时没有去打，因为敌人以连为单位驻扎，不好打。对群众运动，则由零星的组织形式发展到广泛的救亡运动的组织形式，每个村每个学校都有抗日救亡会的组织。

9月，日本进攻的形势更紧张，大庾和信丰的国民党县长派人送信来，要游击队下山，不要打了。他们说：欢迎你们进城来，保证你们的安全。这样的信来了几次，于是互相派代表谈判。游击区方面派了一个区委书记去，提的条件是：一，停止进攻，一致抗日；二，保证游击区的安全；三，保证抗日自由，我之活动，不得制止；四，释放政治犯。那时还没有得到中央的指示，不知道应该谈什么。区委书记到了南雄里

红军主力长征后，留在各根据地的红军和游击队在项英、陈毅领导下，进行了三年极其艰苦的斗争。图为1939年，坚持南方游击战争的部分领导人在江苏溧水水溪村合影。左起：陈毅、刘炎、刘飞、叶飞、吴焜、乔信民。

栋区和国民党的军队进行谈判。他们招待很客气，说陕北和我们一致，既往不咎，现在我们就是共同抗日。条件不能决定，要送上级决定。这次谈判以后，国民党的队伍更往后退了一点，更集中，以营为单位，驻到交通线的主要点。游击队也停止了抓土豪，转到以政治攻势为主，宣传抗日。这武装宣传一直到了大镇子，到了城乡，影响很大。当时把游击队的番号说得很多，在传单标语上印着第几支队第几大队，一共有五六个支队之多，声势浩大。

周围的形势一天天转好。正式谈判时，陈毅同志出去，到赣州专署和熊式辉的代表谈判。双方提出了条件，更具体化了一点。国民党提出：停止游击队活动，等待改编；停止打土豪等，有四五条。陈毅同志接了这一次头就回来了，由项英同志出去，一直到了南昌，后来又由南昌到了南京，以后即由南京转到陕北去，到了党中央。后来陈毅同志也出去，到了南昌，和国民党订了一个协定。

项英同志到南昌的时候，有些问题上是有错误的。国民党召开的纪念周大会上，请项英同志讲话，项英同志的讲话却附和了国民党。再就是他个人以中央分局名义公开发指示信，发到各游击区。这指示说：现在是抗日了，一律停止游击，停止打土豪，听候改编。当时各个游击区并不知道谈判情况和内容，没有精神准备，此指示会起精神松懈的作用，容易遭受敌人袭击而手足无措。国民党把他的指示积极在报纸上公开印发，大肆宣传。好在许多地区的同志都不相信，而在湘赣边的谭余保同志则大大活动了一下，大抓了一批土豪。

陈毅同志住在南昌，虽然按照项英同志所发指示的基本方针，把各游击区联系起来，但是精神上并不和项英同志一样。一个大叛徒来找陈毅同志，是国民党故意派他来拉拢陈毅同志的。一来就表示很亲热，无耻地说过去是环境所逼，没有办法，现在还想回到党内来。又是送东西，又是请吃饭。陈毅同志当即大骂了他一顿，你这死叛徒，无耻！把他骂走了。

把游击队集中，名称改为抗日义勇军，编为若干个支队。油山的为第一支队。原来油山的游击队已只有百多人，七搞八搞搞了千把人。为防止国民党进攻，就不住城里，住在山脚，这里那里都住有人，以壮声势。又用抗日义勇军的名义组织宣传队到城里去宣传。当时还用抗日义勇军的名义在大庾的池江、在吉安等地组织通讯处，在南昌组织了办事处，挂了义勇军的符号到处都可以走。

第一支队先集中。谭余保同志的湘赣边游击队还在大庾活动，向敌人进攻。熊式辉就向陈毅同志提出抗议，说你们没有诚意。陈毅同志很着急，当时没有联络上，就亲身跑到湘赣边去，他腿上的枪伤正在发作，所以就坐了一乘轿子去。谭部过去常常吃叛徒的亏，恨透了叛徒。一个团长见陈毅同志坐了轿子来，衣服又穿得好，戴的礼帽，就错认为他是“叛徒”，把他抓住，骂他“叛徒”，说你不是“叛徒”为什么这样自由，要就地枪决。还是政治委员比较慎重，说把他送到谭余保同志那里去，看究竟是怎么一回事，到那里再去处理他。于是把他捆了送去。谭余保同志一见，也大骂他是死“叛徒”，说你过去还讲什么无产阶级，今天竟投降了敌人，可耻，叫拉出去枪决。陈毅同志在此情况下，只好委婉地劝他说，你这种精神很好，但是你对目前的情况不了解。我们已经和中央取得了联系，得到中央指示，今天就是来告诉你的。我如果是叛徒，不会这样一个人也不带来，跑来送死。你可以调查一下的。我腿上还有伤，是跑不了的。谭余保同志才说，好，把情况弄清楚了再枪决。就把他关在山上的房子里，饭也不给他吃。陈毅同志看见形势不对，又进行劝说，谭余保同志仍然很坚决，说非毛主席的命令绝不相信。陈毅同志就告诉他，你可以派一个次要干部到赣州、吉安去看看我们的通讯处，那里有我们的干部，还有文件，你们可以看看那些文件。谭余保同志就派了人去，回来后，知道是弄错了，赶快把陈毅同志放出来，向陈毅同志道歉，大大请客。谭余保同志这里的问题解决了，福建张鼎丞同志那里和湘鄂赣边傅秋涛同志那里，也都接好了头，一共编为几个支队。

项英同志回来了，带回二三十个长征干部。那时候我党中央已经和国民党谈好，把现有几个支队编为新四军，以叶挺同志为军长。陈毅同志、张鼎丞同志、傅秋涛同志均任支队长。项英同志在干部会上传达中央的决定。他对国共合作的了解是有偏差的，不是毛主席的精神，而是带来王明的精神：一切经过统一战线，一切服从统一战线，共同领导。此精神，起了对自己的麻痹作用。对于共产党的独立性和领导作用，没有强调。许多干部在当时听了后的理解，以为抗战就是国民党领导，服从统一战线，就是服从国民党。同时还这样理解，以为国共合作不会有什么变化，是永久的，不了解团结仍有斗争，而且会变化的。再就是如何做统一战线工作问题，以为统一战线就是上层的，至于怎样发动群众，则没有提到。

项英同志传达后，发生了这样的问题，就是游击区里是不是还要留些武装。项英同志主张不留，以免使国民党不满。此种精神，是一种投降路线的精神。

那时候决定把杨尚奎同志留下，任赣南特委书记。通讯处仍然保留，以便和新四军联络。以后又成立了江西省委，书记是黄涛。全省有赣西特委、赣北特委、赣粤特委。

新四军在 9 月初走后，1937、1938 这两年当中没有什么大的变化。谈判协定规定容许共产党公开活动，容许义勇军设立后方。那时候环境较好，组织有发展，但是有错误，是采取了公开建党，组织上采取半公开形式。单位不少，在赣粤特委之下有南雄、大庾、信丰、于都、兴国、赣县等县委。党员不少，有 3000 多，单兴国一县就有 500 人。这种精神是由省委方面下来的，有这么几个基本错误：一，不去巩固过去游击区的原有基础，只管外，不管内，不是在巩固的基础上去发展的方针，所以到以后国民党向我进攻，我们的同志在外边站不住的时候，到里边也站不住。二，专去发展党的组织，而不去注意发动群众。同时建党方针也有错误，没有经过严格的审查，把很多脱离了组织关系的都恢复了党籍，因此党员成分很复杂，叛徒也混进来了。三，不准备搞武装。当时环境虽然好，但是把注意力完全放在和国民党合作这方面去了，毫不准备突然事件的到来。常常有摩擦，国民党常抓我们的人，只有谈判、交涉，把人搞出来。那时候的斗争只是谈判，不积极准备斗争力量。

日本帝国主义在 1938 年打到广州。南雄县长莫雄当时表现还好，要我党帮助准备抗日游击战争。

到 1939 年，形势开始变化。蒋经国来赣州作专员。蒋介石的目的，一是把自己的嫡系放在这里，作为他的反动中心；二是利用蒋经国的政治手腕来消灭共产党。蒋经国来后，即采取欺骗、拉拢、瓦解的各种手段。提出建设新赣南的口号来迷惑人，说要做到人人有饭吃、人人有衣穿、人人有书读。并提出各阶层各党派平等待遇。说地方搞摩擦不应该，现在还捉共产党吗？表示去调解一下，就把捉去的放掉。其政治面貌伪装成进步的样子。在行动上装作要和群众的关系好，自己生活艰苦，不贪污。他采取的一些方法是很毒辣的。以几件事为例：当5月青黄不接的时候，农民要来城里买一二升零米，但是大商人要卖袋米，要一袋一袋地卖。农民就买不起。蒋经国有一天化装出来走，经过一家米商门口，听见了这事，他就叫那农民来问明情况，于是就找着卖米的老板说他要买40石米，限他下午3点送到专员公署。那老板听他说话，知道来头不小，只好在3点钟送了40石米去。蒋经国不给他钱，说你们对老百姓如此不好，罚你40石米。蒋就叫人把米拿去煮稀饭，开粥厂，凡是没有饭吃的人都来吃，因此骗得许多人都说他好。他也学苏联的样子，叫公务员都去帮助群众，他也去帮助群众割谷子。他还化装到乡下去捉赌，去就碰见乡保长正在打牌，他就坐在旁边看了一阵，他离开以后就派人去抓。对失业青年则搞所谓失业介绍所，每星期规定有一天蒋经国亲自出来见面，和青年握握手，但是不解决问题。负担上开始好像加在地主身上，口头上并说应该加在他们身上，但实际不兑现。然而这对群众的欺骗作用很大。他的目的是和我党争取群众，以便孤立我、消灭我。

当时有些干部思想上有错误，认为蒋经国究竟是从苏联回来的，很不错，甚至有认为可能是我党中央同意他来的，可能是我党党员，不去分析他的阶级本质，不去警惕他的阴谋。蒋虽然装着进步的姿态，但是农民与地主关系问题，并未解决，也不可能获得解决。蒋仍然是站在地主方面的，仍然是剥削农民的。而真正进步的青年，反对国民党黑暗，都遭到国民党的限制、逮捕，特别是与我党接近的青年，遭到屠杀。蒋组织了大批特务，深入到乡村，三青团也发展了，强制教员学生通通加入。到1939年，蒋更加紧内线了解和瓦解，派人到游击区访查老百姓，了解我们的同志在做些什么事情。表面说是调查研究，实际上暗地加紧布置，积极加强保甲制度。到1939年下半年，蒋的势力进到了游击区，派特务化装成做买卖的混进去。以后越来越紧，开始对我们的同志进行武装控制、抓人。我们的同志去交涉，又放了。蒋就这么抓抓放放，借此来了解哪些是共产党，作为大规模进攻的准备。过去地方团队是不统一的，蒋把它统一起来，编为保安大队，说山区容易产生“土匪”，须派武装，以维持治安。同时限制发动群众，不承认我党领导的各种抗日群众团体，说是未经备案，是非法的。他企图用这种手段瓦解以至全部解散我之团体。保甲长经常干涉说，你们要搞团体，就向政府打介绍信来。对新四军家属不承认，说是“匪”属。我们的同志说是上前方抗日去了，保甲长就说你拿政府的证明来。哪些上了前线的都没有证明。他就用此来打击我党的威信，使群众感到连新四军也不承认了，共产党还有什么用。对我工作人员也不承认。征兵特别要征我们的家属，征粮对我们的家属特别加重。把过去自由结婚的妇女也拉走了，说：在政府登记过吗？那是不正当的。连生的儿子也拉走了。地主非常疯狂，逼老租老债、牵牛。我们的同志去交涉说协定中规定不得逼老租老债，蒋说没有公布呀，同时我们也没有叫地主去逼呀。他只在表面上说不应该，但是暗地积极支持。因此群众对我怀疑，说共产党过去说的话有用，现在没用了。

1940年到了反共高潮，敌由政治进攻发展到武装进攻，情况开始严重。那时候领导上和许多同志开始觉得过去的方针，所谓一切服从统一战线的方针，是错误的，开始准备转变这种形势，考虑是否仍搞武装。许多同志都主张搞武装，因为经验证明，没有武装力量，不仅不能发展，连原有的游击区也不能保。但是省委不同意。他们仍然违背了省委的意见，偷偷搞了一些武装，来保卫自己的机关。把过去埋藏的一些破枪取出来修理，组织形式由公开转到隐蔽。但是很难转，须做许多工作：把不可靠的分子丢下，不要；把好的和坏的分开；组织重新建立，不与旧的组织发生关系；负责人都已经暴露，必须设法隐蔽；提出干部职业化，用职业隐蔽起来。

1939年杨尚奎同志到延安参加七大去了。在他走后，情况一天天变化，很紧张，应付不过来。在皖南事变的时候，敌人把我党派在信丰县政府去作联络的代表也逮捕了。

特委见形势严重了，赶快布置。敌人派人到我所有工作人员的家里去捕人，幸而当时都已经警惕，有公开地方，也有秘密睡觉地方，因此一个也没有被捕。敌人随即包围特委机关，把信丰长安乡整个村子包围了，因为早有准备，那里只是办公摆样子的，因此也是没有一个被捕。敌人就派武装上山搜索，特委即转入山地，又重新恢复游击战争状态。敌人当时在信丰、三南、大庾，同时来抓我们的同志，都未被他抓到。敌在南雄没有配合得那样紧。当时还剩下短枪破枪30多支，都收拾起来。合起来大约七八十人。凡是还能够在原地站得住的，都没有出来，仍在原地搞秘密工作。

当时特委对方针政策很不好办。究竟是就搞游击战争，还是拖下去的局面？把握不定。大家很苦闷。和广东省委有联系，向他们请示。但是来的指示说又团结又斗争，没有明确的主导方向，并说不要杀人。大家在思想上不明确，因此时“左”时右。曾经搞了武装宣传队，宣传团结，对特务也不敢杀。对统一战线如何运用，很感困难。

当时他们的处境虽然很困难，到处钻来钻去，但是没有被敌人抓到过。蒋就来一个自首自新运动，说凡自首自新的，一律不杀。另外实行五家联保联坐法，说他们是“土匪”分子、“不法”分子，要他们的家属动员他们回家，否则杀全家，因此逼着一些家属来包围他们。敌人又组织自卫队，强迫所有壮丁都组织起来，放哨监视他们，封锁他们。因此他们越来越被动，越来越孤立。

特委在山上，和外边没有关系，比以前更困难。干部、群众的情绪都很不好，认为搞来搞去还是这样的结果。杨尚奎同志走后任特委书记的是严仲同志，因为身体不好，在山上不方便，便调到韶关做地下工作去了，留下刘建华同志在这里负责打游击。

那时候曾经组织了抗日铲奸工作队，白天在山上，晚上出发到平原，贴标语、做宣传，也杀掉几个最坏分子（再也不顾上级的指示，因为把他们搞得太苦了）。每次出去四五十里地，回来搞得很疲劳。粮食搞不到。到1941年弄得根本不能活动，游击区都被敌人控制了。只好在山里藏躲，由老百姓送饭吃。时间久了，老百姓也不大愿意。一种好的，还送点饭给他们吃；一种虽然不公开危害他们，也不敢支持他们，不送饭。一见他们来，就说，同志，你走开一步，我知道你们是好，但是我们不敢帮助你们，这地方始终是你们的。等这阵风过去，你们再回来吧。

内部也起了变化。敌人的自首运动起了作用。当时有许多同志被捕，有许多是英勇不屈，但是也有少数叛徒。敌人就利用叛徒到山上来无耻地到处宣传自首，说敢保没事。敌人组织清乡工作队，到处散发自首自新传单，不自首就抓起来。敌人又用软办法包围家属，有些家属就来包围工作人员，有些人就出去自首了，今天出去一个，明天出去一个，大家对整个形势看不清楚，很悲观。经常被包围袭击，被打死一些人，散掉些。最后只剩下七个人。

这次搞垮的原因，客观上是由于敌强我弱，蒋的各种进攻和自首运动；主观上是项英同志所带来的右倾机会主义所造成的结果，群众离开了他们。敌人当时悬赏通缉，专门捉外来干部。刘建华同志是寻邬人。老百姓就告诉他你赶快走吧，替他很担心；并对他开玩笑说，我把你抓去，可以吃多少时间啊！

七个人：四个地方干部，一个通讯员，一个女同志，加上刘建华同志。饭都搞不到吃，就搞老百姓的菜吃。一到老百姓门口，老百姓就急得摇手说，赶快走吧！一面是怕他们受害，一面也怕自己受害。他们饿得没法，就只好弄些谷穗用手搓来吃。最后就决定离开此地。

七个人把枪都埋在山上，化装出去。到了南雄，有两个还跑回去了。剩下五个人：两个干部，一个通讯员，一个女同志和刘建华同志。

到现在，刘建华、朱赞珍、李绪龙三个同志仍在一起工作。

他们到南雄不打算走了，准备将来再回到信丰，也想和三南县委联络。国民党反动派发觉他们已经到了南雄，立即派便衣到南雄来捕他们，但是他们已离开南雄几天了，未被捕。敌人的便衣就把南雄的一家房东抓去坐班房，后来这房东死在班房里。

他们到了韶关，在粤北省委领导之下做地下工作，都没有城市秘密工作经验。那两个农民干部就到工厂去做工。那个女同志在韶关和当地老百姓结了婚，对象也还单纯。那女同志对革命是很忠实的，不过此后即成为家庭妇女了。那个通讯员分配了其他工作。

粤北省委在 1941 年也被破坏了，省委书记、组织部长都被捕了，刘建华同志就转到广东的翁源。其时由于南方党被破坏得厉害，长江局指示，未遭破坏的党员都暂不发生联系，要社会化，勤职勤学，广交朋友。刘建华同志和个别同志联系，做些小生意。1943 年就跑到东江纵队，在政治部工作。

日本投降后，东江纵队要转到粤赣湘山地创造根据地，因为在海边很难生存，容易遭到国民党的打击。那时候王震同志率部南下，东江纵队就北上，想会合建立根据地。东江纵队派了先遣队——北上支队到了始兴北部。同志们情绪很高，以为可以会师。彼此相距已只有四五十里了，但是还未会合，王震同志忽然奉命北返了。王震同志的部队回头时，敌人两个师追堵他，形势很严重。北上支队要回头也不可能，因为敌人以七个师进攻东江纵队，对北上支队也以一个师来攻。部队人地生疏，尚未站稳脚，在敌人进攻下，会受到很大损失。战士情绪很不好，埋怨不该到粤北来。此时，北上支队就叫刘建华同志组织武装工作队到油山去恢复老区，给了五六十人、两挺机枪、三四十支步枪、四五条驳壳。有十几个政治工作人员。到了油山，和群众初步恢复了联系。敌人在这方面还不注意，因为敌人以为这地方已经没有问题。刘建华同志对群众情况很熟悉，一切都很顺利。武工队原来没吃没穿，到此地后经济问题解决了。他们在大庚、南雄交界处设了一个游击税站，收获很大。有税票，收税后就发给一张。时间要短，动作要快，查一查，即收税。一天收三四百万，可以供给北上支队的伙食。北上支队也很重视这一工作，大家的情绪都高了起来。这税站的设立，对许多过往的汽车司机做些工作，通过司机扩大了政治影响。因为他们的武装在此地，此地就没有土匪了，对司机有利。他们的报纸也通过司机传到城市去，并争取了司机给武工队做情报。如有敌人来进攻，司机即以喇叭的响声来通知武工队。

武工队的政治工作队员就在山地做政治工作，开群众会进行宣传。另外，那三四十条枪则去打击敌人，也缴了些枪。群众见刘建华同志带了队伍突然回来，很高兴，许多人都跑来看。刘建华同志过去的名字叫刘新潮，大庾、信丰山区的群众都知道。这次来，说是刘建华，群众说，你哪里是刘建华，我们认识你是刘新潮同志。群众很热情地和他谈，并告诉他说，听说你早死了，枪毙了。群众一说就诉苦，谈着所受敌人的摧残。也谈到哪些人叛变了，哪些人自首了。从这些谈话中了解了许多情况。刘建华同志就向他们说，我们还是在这里打游击好吗？他们就说好得很，就在此地留下好。因为自从上次游击队垮了后，他们在敌人的摧残下吃了不少的苦头。他们说到自己吃的许多苦就流下泪来。但是说到参加组织，他们还有顾虑。他们说，共产党好是好，但是力量还小，就怕你们站不稳，以后再说吧。

在油山，地区刚开辟，1946 年春，三人小组在广东谈判了。张发奎不承认东江纵队，硬说是“土匪”，东江纵队就给以重重的打击。张发奎挨了打以后才又被迫谈判，但是只承认东江纵队 2400 人转移到山东烟台去。

由于要向华北转移，各支队都要到广东集中。那时候北上支队还有七八百人。纵队司令部规定了集中的人数，其余的都要留下来。因此黄业、刘建华、陈中夫等同志留下，并留下 120 人左右，有 3 挺机枪，

10多支驳壳，其余步枪，有一部电台。人数很分散，分为五股。始兴有两股，湖南边上有一股，帽子峰一股，油山一股（有三四十人）。领导机关，以黄业同志负责，其次刘建华、陈中夫同志。黄业同志在帽子峰，刘建华同志在油山，陈中夫同志在始兴。有交通联络，不经常开会，有时候碰碰头，讨论问题。

东江纵队在转移以前给他们的任务是：在两三年之后和党取得联系。不要用共产党名义公开活动，要用灰色面目出现。在三个月之内要绝对隐蔽，以免影响纵队在海上的安全。因此他们就在山上隐蔽起来，搞学习运动，干部整风，战士改造。新闻电台就收新华社广播。

后来收到新华社“全解放区人民动员起来，粉碎蒋介石的进攻”的社论，知道全面内战爆发了。还没有隐蔽到三个月，在两个月之后，他们就开始发动了。那时候由于隐蔽的结果，敌人不注意，把队伍都撤走了。油山队伍首先攻打南雄邓坊乡公所，用地雷炸了墙，很成功，房子都崩下去了，一下就打进去，缴了二三十支步枪。从自卫队长到伙夫都被我俘虏。老百姓很高兴，说你们的炮怎么这样厉害！这一下情况起了变化，广大群众发觉游击队仍然存在，而且有力量，就寄予新的希望。地方反动派受到很大震动，相当恐慌，纷纷开会讨论对策。黄业同志等三个负责人开会研究，根据这次的战斗经验，认定可以战胜敌人，并把当时的形势分析了一下，估计敌人要来进行所谓“清剿”，于是决定了反“清剿”的斗争，并订出春季攻势计划，以军事竞赛来配合全国反内战形势。帽子峰及湖南边境的游击队打乡公所都有收获，有的缴了一二条枪，有的缴得多些。由于军事行动统一，影响很大。

在群众工作方面，提出反内战、反三征（即反征兵、征粮、征工）、破仓救荒的口号，群众热烈欢迎。这次群众之所以敢于行动，是由于抗日战争的胜利和当前游击战争的胜利，而敌人又撤走了，所以群众有信心。把粮仓都打开了，发动群众去担。南雄大塘乡有2000多石谷子的仓也分了。帽子峰游击队把横水乡的乡公所打了，缴了七八条枪，仓库也分了。群众有多少力量担多少，群众很高兴。凡是山区经常受我影响的都敢于去担。敌人征兵，群众就用各种办法抵抗，到山里来躲下，或者就参加我游击队。他们就开始组织农会、常备队。游击队更充实些，打小伏击，打敌之一排人一连人。部队逐渐扩大起来，就开始建立区乡政府。由山地推广到平原，发展了大片土地，离南雄城五里全被我控制。敌区乡公所的牌子都搬进城去了。不到两个月时间，油山的部队发展到两个排，到 1947 年就已经发展到 1200 人（游击队和常备队），都是脱离生产的。编为三个大队，一个大队有两个中队。始兴部队也有很大发展。以后即成立粤赣湘人民解放总队，在总队之下成立四个支队。第一支队在湖南江西交界处，在帽子峰西北面，有一部分在南雄；第三支队在始兴南部；第五支队在始兴北部；第六支队在油山。总队部在横水乡。黄业同志任总队长，刘建华同志任副总队长，张华同志任总队政治委员，陈中夫同志任政治部主任。在南雄有五个区政府，始兴有三个区政府，大庾西部有一个联乡办事处。

当时部队顿时扩大，未经训练整顿，还很零乱，制度不健全。部队成分很复杂，地主富农子弟和二流子也有。农会里也有此情形。政权影响大，但是还未起应有的作用。到 1947 年冬季搞土改，搞错了。主要是对形势估计有错误，把自己力量估计过火，以为控制的面大了，可以进行土改了。当时收到新华社报道，说东边打仗，西边分田，白天打仗，夜晚分田，一手拿枪，一手分田。把华北经验搬到这里来，没有看见自己是小小的范围。再是对敌人估计过低，以为敌人力量很小了，已经从敌强我弱转为敌我平衡，因此决定分田。这是胜利冲昏了头脑。对群众方面的估计也是错的，由于看见群众敢要粮，情绪很高，便以为群众也敢要田。实际上多数群众是怕分田的，群众对他们说，县城还是敌人的，等你们把县城打下了再分不迟。群众主要是希望他们军事胜利。但是当时因为要用力量保护分田，限于保守，不是积极求军事发展的方针。而在土改中又犯了错误，不会划阶级，结果划错了许多人，打击面过宽，侵犯了中农利益，群众中引起恐慌。有些农民表面分了地，暗地退回地主。这时候敌人反攻了，以两个营的兵力在南雄地区进行“扫荡”，“扫”了一个礼拜就结束了，敌人也不敢停留。在那次反“扫荡”中，打死了敌人一些人，还打死了一个连长。因此更轻敌，认为正规军也好打。敌人又在几个点筑碉堡，筑土围，命令区乡公所还乡。他们的力量还不能接近敌人的碉堡。1947 年 11 月间，几个交通线（如南雄大庾交通线）都被敌人控制了，整个地区被分割被缩小了。

1948 年一年敌人进行全面进攻。当时敌人把游击队力量估计很大，主要是由于他们进行了土改。敌人认为凡土改地方都是我党的领导中心。敌 1.5 万人，大规模进攻。广东驻一个旅，装备很好，有八九千人。南雄驻了一个团两个营。始兴、仁化各驻一团。江西来了一个保安第五团，1000 人左右。湖南南部地方团队 1000 多人。敌人组织了粤赣湘“剿匪总指挥部”，叶肇任“剿匪司令”。在湖南、赣州各组织指挥分部。所有敌人部队都统一受指挥部指挥。凡是我区比较大的地点（山地），敌人都有驻军，一个排或一个连。敌人以占领面来逼游击队上山，企图逼上山后再来消灭。经济上也进行封锁，公路线的税也不能收了。政治上到处喊着所谓“剿匪”，说不是共产党，是“匪”。捏造失败消息，说解放军哪里哪里又失败了。游击队的困难很多，很被动，群众情绪很不好，于是又退入山地。领导上从新华社收来胜利消息，宣传解放军胜利，有的人就说是骗他们，说如果胜利，敌人为什么这样多？群众埋怨他们不该分田。地主到处组织武装，到处进行报复。这时候南雄环境很难立足，于是决定黄业同志转到湖南江西交界处去，刘建华同志主要转到信丰、崇义、上犹、大庾一带去，陈中夫同志转到虔南一带去，以求生存发展。但是部队拖来拖去，情绪更坏，加以内部有坏分子，天天开小差：有些是由于害怕而去隐蔽的；有些则是去自首了；有的是一班一班的跑，是坏分子组织叛变。因此减员很大，光第六支队由 1200 人减到四五百人。整个解放总队 3500 人减到一千二三百人。但是转出来是生存下来了，站稳了脚。在大庾、信丰、崇义是困难，但是觉得比在南雄的条件好点。在山区，开始进行工作，从此即在此地坚持下来了。群众同情游击队，更大的面都能控制了。虽然没有建立组织，但是群众对他们是好的。他们的部队帮群众做工、生产，又不吃群众的饭，群众很拥护。在很困难的时候，群众仍然帮助游击队，一升二升、一斤二斤的米送来给游击队，说从来没有过这样好的军队，我们再穷也要养你们。

1948年夏季，敌人来进攻，游击队没有和他正面打，消极分散隐蔽。敌人知道游击队还有一部分，但是也知道不能一下消灭。也由于敌人在前线失败，敌人的正规军都调往前线，过去进攻游击队的九十九旅，刚一调到陇海线就全部被解放军歼灭，群众战士听了这消息，都异常兴奋。这时候，敌人力量是减弱了，由正规军转到由地方团队为主向他们进攻。游击队在新区虽然是能够存在的，但是要发展不容易，他们于是又转到南雄，动员全军，准备反攻，收复失地。

敌人逼迫山地人民通通撤到平原，制造无人区。老百姓用种种方法抵抗、拖延。有的地方的群众是被逼着搬出去了，有的仍然不出去。敌人没有办法，就采取恐吓办法，说哪里发现“土匪”，哪里的老百姓就要完全负责。老百姓害怕，就叫游击队不要打仗，或者不要在他们住的地方打。说，你们将来再打吧。

那时候又弄得吃饭困难，白天怕冒烟被敌人发觉，只好晚上到山下来在老百姓家里做饭吃，吃好了又上山。有时候有米，但是没菜没油。有时候稀饭也没得吃。几个月许多人的身体都搞坏了。穿得很困难，棉衣棉裤没有。下雪了，单衣只有一二件，都穿在身上。毯子也没有。那是经济上最困难的时候。晚上睡觉，要烧火，把地烧热了，再铺些树叶躺上去，但是不久地又冷了，人又冷醒了，又得赶快起来在地上跳，使身上暖和。有时候在周围烧着大火睡，不然就简直不能睡。

本来有些地方可以打仗，但是没有粮食，不能去打。有粮食的地方又没有仗好打。因此战士们东奔西走，都为了吃饭。所以必须解决经济问题。不管解放战争的形势如何好，政治上的鼓舞如何好，没有物质基础仍然是很困难。刘建华同志就把武工队留在原地，带一部分人又转往湖南敌人力量薄弱的地方。在那里，有几条大路可以收税，再向地主富农捐借一些，能出多少算多少。加上打打小仗，物质上有些缴获，也可以得到些补充。这一着搞对了，解决了些困难，生活改善了一下，补充了些衣服，发了鞋。打了三次小仗，缴了些枪，部队情绪又好了一点。战士说共产党就是有办法，跟着共产党走总是有办法的。病减少了，身体也有些恢复。解放军胜利消息不断传来，不断鼓舞着大家，战士们觉得眼前虽有困难，但是有希望。这时候，黄业同志由香港回来了。敌正规军一个连的两个排来投降，带来2门六〇炮、2挺机枪、4支冲锋枪、30多支美国枪。这个连在投降的时候，和敌人打过两次，所以同志们相信他们是真起义的。这一下大家的情绪更高了，人、枪增加了，子弹得到补充了。他们就把这个连集中训练改造，把他们的枪拿去给游击队使用，他们也很愿意。他们就开了一次庆祝大会。1949年三四月，解放军到了长江边，战士们的情绪空前高涨，不怕困难，要求打仗，要求回南雄去打。他们在湖南边境广泛进行游击，影响很大。一回到南雄，首先就打下敌人两个据点，歼灭了据点里的地主反动武装，地主投降了，缴了二三十支枪。第三天敌人来进攻，领导上事先估计好，在大塘打了伏击，把敌人一个连全部歼灭，缴获2挺机枪、60多支步枪。敌人的另一个连不敢来了。战士们的情绪更高涨，群众到处开会庆祝。

江西敌人在油山上下坪来了一个营，200人，全部被游击队包围，敌人一部分突围，一部分筑壕据守。他们包围了一天一夜，打死敌30多人，敌营长受伤。因为时间太久，反复冲锋几次，很难解决，怕敌人增援，游击队就主动撤离。敌人就逃走了，到处丢的是东西，许多老百姓去拾。老百姓担开水来慰劳游击队，并热情帮助他们。

他们又转到南雄龙口市打联防中队。敌人据守的碉堡，有三面是树桩围着，一面是深塘，是很难打的地方。敌人估量游击队不能从深塘过去。但是战士们想出了办法，搭上一块长板子走过去，埋上地雷，炸毁了碉堡，把敌人全部解决，缴了60多支枪、2挺机枪。

接着又转到南亩市，敌人来进攻，我二三百人，敌三四百人，敌士气很弱，我军威很壮，稍一接触，敌即逃走，游击队即追击，缴了敌一班人的武装，有1挺机枪。

解放军到了南昌的时候，领导上号召以加紧战斗、加紧歼灭敌人来迎接解放大军南下，他们就转到大庾南部，准备和解放军会师。敌人向信丰、大庾退却，游击队即到处烧桥梁、贴标语、打伏击，因为敌人强大，收获不大。解放军到了赣州大庾西部，保警队200多人在我游击队威胁下起义过来了，接着，游击队就解放了大庾城。他们在赣州城布置有工作，发动青年团员迎接解放军。到8月十七八号，在大庾新城和解放军会师。那是最兴奋的日子，大家见面高兴得跳起来。随即开会师大会举行庆祝。以后许多部队到广东去了，游击队武工队都留在原县变为地方武装，来开展解放后的新的工作。

这个地区进行了20年的游击战争，终于配合了全国的解放而最后解放了。这是一个伟大的胜利。这说明这个地区的党、群众对敌斗争的坚忍性、顽强性。他们不屈不挠、艰苦卓绝地坚持下来了。这是毛主席所教育出来的干部和人民，所以才写下了这么光辉灿烂的一页。这种坚持斗争，对于全国人民革命战争所起的配合作用，对于中国人民解放事业所建树的功勋是永垂不朽的。一切英勇牺牲的烈士是永垂不朽的。

现在我们来看看，在油山这地区为什么能够坚持20年？首先，这地区是在党的领导之下经过暴动建立起来的，在20年的游击战争中一直依靠了群众的支持，这是最基本的。其次，这地区是三省交界的接合点，地形一般还好。敌人内部有矛盾，特别是“中央军”与广东军的矛盾，可以利用敌人的这一弱点。同时这个地区和别的游击区能够互相配合，当时有湘赣、湘鄂赣、福建、瑞金及广东东江等游击区，所以这地区不是绝对孤立的，能够得到邻区的配合支援。这地区与党中央在1936年以前虽然没有联系，但是在1937年以后和中央联系上了。在1939年以后又和广东省委有了联系，因此中央的指示、政策、消息都能够得到。抗战时候，条件更好，这地区和新四军是互相配合的，新四军对此游击区的支持，起了很大作用。统一战线建立以后他们又以统一战线的方式和国民党反动派作斗争。抗战末期，王震同志的部队到了上犹、崇义有很大影响。东江纵队挺进这个地区，使这个地区重新恢复并壮大起来。因此把此地区当作是孤立的是不对的。如果那时候没有新四军的支持，没有其他游击区的支持和帮助，要恢复也是困难的。但是对此地区的估价也要适当，因为它起了很大作用，如：配合了中央区的斗争；支援过红军的长征；抗战中配合新四军；第三次国内革命战争的末期解放上犹、崇义、大庾、定南、虔南等地，捉了许多反动头子；解放后供给了不少地方干部，如现在赣南党政军许多干部都是在游击战争中培养出来的，他们和群众的联系是很好的，因此在剿匪、镇压反革命中起了很大的作用。他们在当地很熟悉，敌匪想在油山等地打游击，他们配合主力进剿，完全把敌匪肃清了。这就是这个地区所起的作用。

汪东兴同志与毛泽东主席在一起。

汪东兴，1916年生，江西弋阳人，1929年任弋阳河潭乡儿童团团长，1931年参加共青团，1932年转为中国共产党，同年参加红军。长征到陕北后任中央军委总政治部直属队指导员、陕甘宁医院副院长兼政委等职。1945年任中共中央社会部三室副主任、二室主任。1947年任中共中央机关三支队副参谋长、中共中央办公厅副处长兼警卫处处长、中共中央书记处警卫处处长，负责毛泽东等中央首长的保卫工作。新中国成立后历任公安部八局副局长、中共中央办公厅警卫局局长、公安部九局局长、副部长、江西省副省长、公安部副部长、八三四一部队政委、中共中央办公厅主任。九届中央政治局候补委员，十届中央政治局委员、中央军委常委、十一届中央政治局常委、中共中央副主席。十三大增选为中央顾问委员会委员。

作者简介

毛主席谈方志敏①

□汪东兴

毛主席对人民英雄、爱国志士、杰出的政治家、著名学者和为正义、为真理、为人民利益而献身的人，是十分推崇的。他在读《旧唐

① 原载《中共党史资料》1992年第43辑。

方志敏烈士。

书》、《新唐书》中的《徐有功传》时，对徐秉公执法，不徇私情，为法而献身的精神甚为赞赏。在批注中赞扬徐有功的同时，说，方志敏诸辈“以身殉志，不亦伟乎！”

方志敏出生于1900年，是江西弋阳县人。他年轻时投身五四爱国民主运动，接受社会主义思想。1922年加入中国社会主义青年团，1924年入党。1927年，在白色恐怖下，发动弋阳、横峰两县人民举行暴动。纵横百里，红旗漫卷。1928年在赣东北建立第一支工农正规武装，逐步创建了赣东北革命根据地。1931年11月，在中华全国第一次工农兵代表大会上，当选为中华苏维埃临时中央政府执行委员、主席团委员。大会对他创建革命根据地的功绩，授予勋章一枚。1932年赣东北苏区和闽北苏区连成一片，改建为闽浙赣省，任省苏维埃政府主席。1934年1月，在中共六届五中全会上补选为中央委员。这年的11月，他率红七军团和红十军合编的抗日先遣队挥师北上。翌年1月，陷于10倍于己的敌人重围，由于叛徒出卖，不幸被俘。1935年7月，在江西南昌英勇就义。

毛主席一直很怀念方志敏同志。

1953年4月，毛主席去浙江省视察工作。一天，毛主席应中共中央华东局和浙江省委负责同志的邀请和安排，由杭州乘汽车到莫干山。

莫干山位于浙江德清县城西北13公里。这天天气很好。车到半山腰毛主席就下车了，边走边沿途观赏莫干山景色。莫干山周长50余公里，主峰塔山绿荫环绕。登山四望，群峰罗列叠翠，太湖碧水漪涟，壮丽山河，尽收眼底。毛主席兴致勃勃，漫步走到住地。

午饭后，我陪毛主席散步。他边走边指着西南方向对我说："爬到山顶，向前看就是你们江西弋阳县了。"他沉思地说："弋阳县出了一个人民英雄方志敏。他曾率领抗日先遣队打到皖南、浙西，震动了上海、南京的敌人，掩护了主力红军长征。"

毛主席边走边说："方志敏同志是主张依靠赣东北苏区做根据地，稳步前进的。但曾洪易[①]却要部队远离根据地，被敌人包围，弹尽粮绝，使一部分红军遭到失败。"毛主席一再强调依靠人民、稳步前进的重要性。

曾洪易曾以党中央代表的名义，1931 年 7 月到赣东北苏区，推行王明"左"倾冒险主义，排斥方志敏的正确领导，给赣东北革命根据地的工作造成很大损失。1933 年 12 月，闽浙赣省委对曾洪易的错误开展了批评。1934 年冬，曾洪易逃离苏区，后叛变投敌。

毛主席回忆到方志敏不幸被俘、英勇就义时说："方志敏同志本来已带领部分部队冲过封锁线，可以突出包围，但考虑到他是先遣队主要负责人，为了救援别人，等待后面的大部队，才被敌人重重包围的。虽几经浴血奋战，但被敌人打散而不幸被俘。"毛主席讲到这里，停留了片刻。然后，他难过地说："方志敏同志被押到南昌后壮烈牺牲了。"

毛主席对方志敏崇高的爱国主义情怀，坚定的共产主义信念，忠于党、忠于人民和坚贞不屈的革命精神极为赞扬。毛主席说："方志敏同志在国民党的监狱中，受尽了折磨和残酷的迫害。他不怕死，不考虑个人的命运，而是很镇静地对付敌人，一心一意想着党，想着人民，想着自己生命的最后时刻为党、为人民应尽的责任。"毛主席看看云雾飘绕的山峰，又眺望远处平波如镜的太湖，深情地说："方志敏同志在敌人的监牢里写了《可爱的中国》、《我从事革命斗争的略述》、《清贫》等著

---

① 曾洪易在赣东北根据地的问题主要是推行"左"的路线，搞肃反扩大化，未查到他带领红军远离革命根据地问题。在他来根据地之前，有红军远离根据地之事，但不是曾洪易搞的。

作。这些著作是赣东北地区的革命斗争史，是一个共产党员的革命意志、情操和高尚人格的写照，是不朽的佳作。”在讲到方志敏同志牺牲才36岁时，毛主席叹了一口气，带着惋惜和称颂的口气说：“方志敏同志是个大智大勇、很有才华的共产党员烈士。他死的伟大，我很怀念他。”毛主席讲完后，怀着对方志敏深深的思念返回住所休息。

1956年5月，我随毛主席重上井冈山。在井冈山上，他和几位同志谈到创建井冈山根据地的经历时，又提到方志敏同志创建赣东北革命根据地的问题。毛主席说：“方志敏同志是位很有理想、很有气魄的革命家。他领导的苏区，由于路线、方针对头，广大群众拥护他，赣东北苏区很快扩大成闽浙赣皖苏区，红军队伍很快壮大起来了。”毛主席还说，他自己过去对赣东北的工作有过表彰。

那是1934年1月22日至2月1日，在瑞金召开的中华苏维埃第二次全国代表大会上，毛主席除了在《中央政府工作报告》中高度评价闽浙赣苏区的财政经济政策外，还在大会所作的结论中，称赞“赣东北的同志们也有很好的创造，他们同样是模范工作者。”毛主席说：“像兴国和赣东北的同志们，他们把群众生活和革命战争联系起来了，他们把革命的工作方法问题和革命的工作任务问题同时解决了。他们是认真地去那里进行工作，他们是仔细地在那里解决问题，他们在革命面前是真正负起了责任，他们是革命战争的良好的组织者和领导者，他们又是群众生活的良好的组织者和领导者。”① 这是毛主席对方志敏和赣东北苏区工作的高度评价。

---

① 《毛泽东选集》第一卷，人民出版社1991年6月版，第140页。

戴镜元，1909 年生，福建永定人，1928 年加入共青团，1929 年转入中国共产党，历任共青团永定、龙岩县委书记、中共连城代理书记。1933 年加入红军，任总参谋部二局参谋。长征到陕北后随李克农参加洛川会谈，随周恩来参加延安会谈。抗战爆发后任总参谋部二局科长、副局长、局长兼政委。新中国成立后任中央军委情报部副部长、中共北京市东城区委书记、区长，1975 年任总参谋部第三部部长。

作者简介

从洛川会谈到延安会谈[①]

□戴镜元

洛川会谈前的形势

西安事变前，蒋介石在日本帝国主义加紧向我国进行侵略，在全国人民抗日救亡运动日益高涨的形势下，仍然顽固地坚持其“攘外必先安内”的政策。1935 年秋，逼令张学良、杨虎城率东北军和十七路军打头阵，进攻红军。

1935 年 9 月到 11 月下旬，红军在陕北消灭东北军三个师：即 10 月

① 原载《文献和研究》1986 年第 1 期。

1935 年 12 月，中共中央在陕北瓦窑堡召开政治局会议，制定建立抗日民族统一战线的方针。图为会议会址。

1日，红十五军团在劳山消灭一一〇师，击毙师长何立中；10 月 22 日，又在甘泉东南榆林桥消灭了一〇七师的六一九团团部和四个营，生擒团长高福源；中央红军到达陕北后和十五军团会师，11 月 21 日，在鄜县西南直罗镇消灭一〇九师，在黑水寺又消灭一〇六师一个团。这样，就彻底粉碎了敌人对陕甘革命根据地的第三次“围剿”，整个军事形势发生了重大变化。在政治上，党中央政治局在 1935 年 12 月召开瓦窑堡会议，决定建立抗日民族统一战线。瓦窑堡会议结束后，毛主席在党的活动分子会议上作了《论反对日本帝国主义的策略》的报告，系统地阐明了党的抗日民族统一战线政策，对于促进形势的发展，具有重大意义。

东北军六一九团团长高福源被俘后，根据中央优待俘虏的政策，给他治伤，生活上倍加照顾，政治上经常给他讲红军北上抗日，打回东北去，收复失地，停止内战，一致抗日的道理。彭德怀同志和程子华同志等先后做过高福源的政治思想工作。在红军政治思想工作影响下，高福源主动请求放他回去，宣传红军抗日救国的主张，说服东北军，包括张学良在内和红军联合抗日。他首先向红军保卫局（中央联络局）局长李克农谈了这个想法，李克农同志把高福源的想法和请求报告了毛主席和周副主席，毛、周都同意。周副主席还指示：要高福源多住几天，多看看，多听听，回去之后，多讲讲红军联合一切抗日力量，停止内战，共同抗日的主张。

1936年1月初，高福源回到东北军，通过他的同学佟铁肩（时任六十七军参谋处处长）转达，才与王以哲见了面。以后又见到张学良，面报了这几个月在苏区听到的、见到的情况，并表示完全赞同红军抗日救国的主张。张、王也表示同意他的看法，要他赶快回瓦窑堡，请红军派一位正式代表前来会谈。

李克农上将（1898—1962），安徽巢县人，八届中央委员，长期领导党的情报工作。

1月16日，高回到瓦窑堡，向李克农汇报后，李又带他去见毛主席和周副主席。

中央决定派李克农为代表去会见张学良、王以哲。

我原在中央军委机关工作，临时抽出来随李克农同志一起去洛川。大约在2月10日左右，李克农同志和我去见了周副主席。周副主席说：根据目前政治形势和军事情况，这次去和东北军张学良会谈停止内战，联合抗日的问题，会谈成功的可能性很大，但也要考虑到有一定困难和一定的危险，要作两方面的精神准备，不管出现什么情况，力争谈成，一定要谈和。要努力做好团结工作，团结一切可以团结的力量。会谈要按照中央政治局瓦窑堡会议的决议来谈。同时还指示可以根据具体情况，先商谈局部合作抗日和经济通商问题；这次去，任务很重，重大问题要及时电报请示中央。

周副主席还指示：克农同志是正式代表，是总的负责人，镜元同志负责机要工作，并指定了通讯联系的工具，研究了携带隐蔽的方法。当时，我们的心情都很激动，精神振奋，深感任务艰巨，决心竭尽全力，克服一切困难，不怕任何危险，坚决完成中央给予我们的艰巨任务。

我们出发前两天，党中央又以毛主席和彭德怀司令员的名义，致电张学良、王以哲：我方代表李克农等四人于 2 月 21 日由瓦窑堡启程，25 日可抵洛川，望妥为接待，并保证安全……

洛川会谈

2 月 21 日，我们从瓦窑堡出发。李克农同志是正式代表，身穿中山装；我负责机要工作，着学生装；钱之光同志是苏维埃政府国民经济部贸易总局的局长，他负责采购物资和药品，当时戴礼帽穿长衫；还有一位警卫员，是中华苏维埃中央政府机关总支书记，他负责保卫工作，穿便服；高福源带路，他是农民打扮，头包白毛巾。我们全都骑马，另外还有几位护送人员和马夫同志，也都是农民打扮。

我们去洛川会谈，当时是完全秘密的，整个会谈都是党中央和毛主席直接领导，恩来同志亲自部署指示的。毛主席于 1936 年 1 月，周副主席于 2 月，先后离开瓦窑堡东征去了。我们会谈的情况、请示报告都直接以密电发往东征前线山西石楼。

25 日当天下着鹅毛大雪，路滑雪深，行走困难。中午到达富县，在城外山下一个小村休息。高福源先进城联络后，山上守城部队东北军一个团长立即出来迎接我们进城，另外由一位师长出面宴请我们。中午饭后，护送我们的同志和马夫等牵着马回瓦窑堡去了。我们骑东北军骑兵用的马，一色纯白，由东北军护送，当天下午 5 时左右到了洛川。

王以哲的六十七军军部在洛川，王和他的参谋长赵镇藩热情地接待我们，安排我们住在离军部很近的一座独院里，这是一座四进的深院，我们住在最里院。当天晚上，电告中央："李等四人已安抵洛川。"我们没有带电台，电报是由东北军六十七军的电台发往山西石楼的。

同时，王以哲亦于当晚电报张学良，汇报我们到达洛川的情况。张学良回了一个电报，说他因事要去南京，一下子回不来，要王以哲、赵镇藩先同我们商谈六十七军和红军之间的局部合作问题，其余重大问题等他回来再谈。

这样洛川会谈即分为前后两个阶段，前一段从 2 月 26 日开始到 28 日，经过两三天的会谈达成口头协定如下：

一、为巩固红军与六十七军共同抗日，确定互不侵犯，各守原防之原则（包括六十七军在陕甘边区及关中地区之防地）。

二、红军同意恢复六十七军在鄜县、甘泉、延安之线的公路运输及经济通商。

三、延安、甘泉两城现驻六十七军部队所需粮秣、柴草、蔬菜等物，可向当地苏区群众购买。红军为便利延安、甘泉友军起见，可转告并发动苏区群众运粮、柴等物进城出售，以恢复正常通商关系。

四、红军同意在甘泉被围半年之久的东北军两个营换防。

五、恢复通商：红军采办货物前往洛川、富县等地，六十七军有保护之责；六十七军入苏区办货，红军有保护之责。为临时保密起见，红军去白区办货，东北军入苏区办货，均须穿便衣出入。

当时东北军在连损三个师之后，在陕北只困守延安、鄜县、甘泉几个孤城，一出城就挨打，粮秣、柴草等十分困难，在甘泉的部队半年没有换防，穿得破破烂烂，根本没有多大战斗力。

2 月 28 日上午 8 时，我们将会谈的情况电报中央，当晚 11 时中央回电同意会谈结果和协定。当时双方还商定 3 月 5 日将协定下达部队，开始实行。

在谈判期间，王以哲曾派人掩护我们的采购员两次到西安采购物资，并收集了北平、天津、南京、上海、西安等各大城市的报纸。他们还送给我们河北、山西、绥远、察哈尔四省的军用地图。

此外，红军在东征中打了许多胜仗，中央经常电告我们，我们也把电报内容稍加修改后告诉王以哲并转告张学良。例如：我军 2 月 20 日

20时开始，胜利渡过黄河。21日占领三交镇，歼守敌一个营。22日占领留誉镇，歼敌一个营，同时占领石楼，歼敌一个营。26日在关上村歼敌独立第二旅一个团。3月初，我军越过吕梁山，进至兑九峪，逼近同蒲线，并迫使原先进占陕北根据地“围剿”红军的晋军四个旅全部撤退回援。于是，我军军威大振，政治影响增大，我们越打胜仗，会谈就越顺利，他们越热情地接待我们。当我们到达洛川第二天（2月26日）早上，王以哲来看望我们，互相寒暄后，王以哲说，在日常生活、接待方面有不周到的地方，请随时转告副官长和参谋处处长。其实在整个会谈期间，对我们招待得非常周到殷勤，生活供应也十分丰盛。当时经常陪我们的是两名副官，参谋处处长佟铁肩和副官长宋学礼也常来。每天晚饭后还经常在一起下围棋，对围棋我只略知皮毛，不过以下棋为名，便于继续交换意见，互相了解，增进友谊而已。记得有一天佟铁肩对我说：三民主义主张世界大同，共产党讲共产主义不也是世界大同吗？我当即回答说：三民主义和共产主义不完全一样，孙中山的新三民主义，联俄、联共、扶助农工的三大政策是好的，可是他不承认有阶级，不主张阶级斗争，只认为中国有大贫小贫之分。共产党认为中国有阶级，有地主、资产阶级，有工人和贫雇农阶级，我们要消灭阶级，消灭剥削制度。不消灭阶级，不消灭剥削制度，怎么能达到世界大同，实现共产主义？对此，佟、宋二人表示赞同。

3月初的一个晚上，我正同佟铁肩在外屋下棋，听见里屋一个副官正向宋学礼报告说：军部特务营长今天下午向他报告，特务营一个连长在大街上遇见一个士兵没有向他敬礼，就打了士兵，他认为这个士兵看不起长官。被打的士兵却说，他当时正向另一位营长敬礼，来不及同时向连长敬礼。他事后还对旁人说，如再遭责打，就跑到山北边（红区）去，那边长官和气，不打骂士兵。宋学礼听后说：要转告特务营的官佐，今后对士兵要讲明道理，不要动辄就打骂。我听了他们这一段简短的谈话，联想到我军在劳山、榆林桥、直罗镇等战役中，俘虏了数千名东北军官兵，经我们优待和思想教育后，愿留下的，参加红军，愿回原部队的，每人发给三元路费，释放归队。这些被俘又释放回去的东北军官兵，几乎都成为我们的义务宣传员，致使东北军上下思想发生了变化，他们认识到红军是抗日的，东北军应该联合红军共同打日本，打回东北去。因此，两军前线逐渐由敌对变成友邻。我深切体会到遵义会议后，中央路线、方针和政策的正确性，它已经和正在显示出巨大威力。

3月3日，张学良由南京回到西安。4日，他自己驾飞机，飞到洛川，一下飞机就到住地看望我们。他是化了装的，身着银灰色长袍，外套黑绒马褂，戴礼帽墨镜，手提文明棍，颇似富商模样。他来到我们住地大院，有王以哲陪同，虽是第一次见面，但大家都很亲切，不感拘束。

会谈开始前，王以哲、赵镇藩把同我们前一阶段商谈的情况和红军与六十七军合作抗日的口头局部协议内容，向张作了汇报，张表示完全同意。吃过午饭，下午3点开始谈判，这是洛川会谈的第二阶段。张学良首先说，他完全同意关于红军同六十七军的口头协议。并说：我这次来是趸销而不是零售。李克农同志笑着说："张将军解甲从商了吧！"会谈气氛十分融洽，风趣盎然。接着张学良提出以下几个问题：

一、为什么共产党的抗日民族统一战线不包括蒋介石？

二、要抗日如何抗法？共产党对国防问题的看法如何？

三、共产党为什么不去宁夏，反而东渡黄河去山西？他认为宁夏靠近绥远前线，又接近苏联，担心东征会吃阎锡山的亏。

四、红军和东北军如何派出代表去苏联？请苏联援助中国抗日。

李克农同志根据中央瓦窑堡会议精神和党的政策做了以下说明：

一、蒋介石坚持其"攘外必先安内"的政策，专打内战，不抗日。九一八事变以来，蒋介石把东北三省送给了日本，华北也岌岌可危，内战从未停止，还残酷镇压全国人民的抗日救亡运动，所以我们不能把蒋介石列入抗日民族统一战线之内。如果蒋介石放弃反共、反人民和不抗日的反动政策，我们是可以考虑的。

二、抗日主要依靠全国人民的力量，同时也要争取国际援助。战争的胜负不决定于武器，而决定于人。发动全国人民一致对敌，这个力量是巨大的，是不可战胜的。另外，抗战是长期的持久的，不可能速胜，投降论和速胜论都是错误的。中国地广人众，有利于长期作战，最后胜利是我们的。

三、红军东征是出于政治上的考虑，为了推动全国抗日民族统一战线的形成，到山西、河北政治影响大，到宁夏对全国影响小，我们对东征胜利是有把握的。东渡黄河去山西，还可以适当解决我军军需和兵源问题。后来事实证明：东征作战两个半月，除歼敌近2万人外，还扩大红军8000人，筹款40多万元。

会谈的气氛是坦率、融洽、诚恳的。在第一个问题上，张学良和李克农有时争得面红耳赤，在其他几个问题上，张完全同意李克农的看法。

会谈达成几项口头协议：

一、为了进一步商谈抗日救国大计，张学良提出：中共派一位全权代表，最好在毛泽东、周恩来中推出一位，与张再次商谈。地点在肤施（延安），时间由中共决定。

二、红军代表经新疆去苏联，由张学良负责和盛世才交涉通道问题。

三、中共派一位联络代表常驻西安，由张学良给予适当名义作掩护。

1936年，周恩来在陕北。

3月5日凌晨5时，会谈结束。我们立即将会谈结果电告中央，并请示下一步行动。3月6日上午，中央复电嘉勉，并完全同意会谈结果和口头协谈，要我们到山西石楼汇报。

洛川会谈，我们贯彻了中央指示，取得一定成果，不仅对于当时我军东征和巩固陕北根据地有利，而且对于以后的延安会谈打下了基础。也有利于推动全国抗日民族统一战线的建立，实现国共第二次合作。

由洛川到石楼，返回瓦窑堡

3月7日，李克农同志和我以及一位警卫员，离开洛川，北上经延长、清涧的河口（无定河入黄河口）过黄河，3月16日到达石楼（钱之光同志已去西安采购物资和药品）。我们见到了毛主席、周副主席以及张闻天、彭德怀等同志。李克农同志汇报了洛川会谈的详细经过和张学良的种种要求。3月27日，党中央在石楼附近召开会议，认为张学良的态度是诚恳的，同他进一步会谈，对建立抗日民族统一战线是非常重要的。中央会议决定由周恩来副主席为全权代表，偕李克农同志去延安同张学良继续进行谈判。

会后，3月28日，周恩来副主席、博古、邓发、李克农等同志和我，还有电台机要人员以及一个警卫排，离开石楼回瓦窑堡。在返回瓦窑堡途中，博古、邓发、克农同志和我每天晚上同住一个窑洞，睡在一个炕上。因为住宿的村子小，周副主席也和我们挤在一个窑洞的火炕上。同住、同吃、同走路，大家格外亲切。

我们在行军走路或在窑洞吃饭时，经常一起唱革命歌曲《三大纪律八项注意》，讲长征故事，或说这次东征胜利和未来的抗日战争，边走边说，边吃边说，非常兴奋。4月初的一天，大家又都挤在一个窑洞里，愉快地畅谈起来。邓发同志首先说，这次东征取得很大胜利，意义重大。周副主席接着说，东征胜利不仅在军事上消灭了敌人六七个团，1.6万余人，迫使进占陕北苏区的晋军四个旅全部撤退回援，有利于陕北革命根据地的巩固与发展；更重要的是在政治上扩大了我们的影响，推动了华北和全国的抗日高潮的到来；而且对洛川会谈也起了作用。克农同志也说，这次东征胜利，对于洛川会谈顺利进行有很大帮助。

4月5日，我们回到瓦窑堡。本来约定4月初到延安会谈，因张学良患喉疾未愈，才推迟到4月8日。

延安会谈

4月7日，周恩来同志和李克农同志带着电台和警卫部队，从瓦窑堡出发去延安与张学良会谈，我也随行。

4月6日，毛泽东、彭德怀致电张学良，主要内容是：我方代表周恩来偕李克农于8日赴肤施，与张学良先生会商抗日救国大计。7日启程，8日下午6时前到达肤施城东北20里之川口，以待张学良先生派人到川口来引导入城。并请张学良先生妥为布置入城后之安全。

关于双方会商之问题，我方拟定为：

全国军队不分红白，停止一切内战，一致抗日救国；

为抵抗日帝侵略，全国红军集中河北；

组织国防政府、抗日联军具体步骤及其政纲；

贵我双方订立互不侵犯及经济通商初步协定；

联合苏联及先派代表赴莫斯科；

双方需要商谈的其他问题。

我们从瓦窑堡出发时，天就阴着，8日到达川口附近，先是大雪，

周恩来和张学良在延安会谈的教堂。

后下大雨。电台和东北军联系不上，中央的电台（在石楼）和东北军联系上了。9日，晴空万里。上午，张学良随带王以哲、刘鼎由洛川飞到延安。下午张学良派专人到川口来接。这时周恩来同志和李克农同志均换上便衣，周穿黑色中山装。周、李随来人进城会谈，我们在川口等着。飞机场由我们的警卫部队控制着，在会谈结束前，任何飞机不得起飞。

会谈地点是在城内一座教堂里（这个教堂在抗战时期被日本飞机炸毁）。当时，周恩来同志和张学良先生就在教堂的一个套间里作了恳切的彻夜长谈。

会谈开始，张学良首先把他对国家前途的看法坦率地说出来，请教周恩来同志。他说他对国民党不抱什么希望了，中国只有两条路可走，一条是共产党的道路，一条是法西斯道路。两年前他从意大利回国，曾相信法西斯可以救中国，现在开始有了怀疑，想听听周恩来先生的意见。

周恩来同志说：法西斯主义是资本主义发展到帝国主义最后阶段的最反动的产物，是独裁、是专制，在中国是绝对行不通的，中国只能走中国共产党指引的道路。中国要抗日必须首先改变蒋介石的“攘外必先安内”的反动政策。要抗日还必须实行民主，要发动全国广大人民。全国人民群众的力量是无比巨大的，依靠全国人民的力量，才能获得抗日的最后胜利。

张学良又问，假如我们能够联合抗日，应如何对待蒋介石？他认为蒋介石是现在中国实际统治者，中国现有的主要地方都是他统治着，全国主要军事力量被他掌握，其他如财政、金融和外交大权也都掌握在他手中。张学良说，根据他回国两年来的观察，蒋介石还有抗日的可能。此外，张学良对于要抗日必须首先改变蒋介石的“攘外必先安内”的错误政策，表示完全同意。他说目前最主要的问题是设法把蒋介石的政策扭转过来。并说他现在不能反蒋，如果蒋介石投降日本，他一定离开他另做打算。他派人去新疆联络盛世才，就是为打通西北，为自成抗日局面而做准备。他主张他在里面劝，共产党在外面逼，内外夹攻，一定能把蒋介石的错误政策扭转过来。张学良还提出，东北军部队急需进行抗日教育，切望红军给予帮助。同时，他对东北军缺乏抗日干部，深感焦虑。

周恩来同志说：在改变蒋介石“攘外必先安内”的反动政策的斗争中，对逼蒋抗日或联蒋抗日问题，是可以考虑的，是有道理的，这是一个重要方针政策问题，他个人不能决定，愿意把张学良先生的意见带回去，提请党中央郑重考虑，再作最后答复。周恩来同志还说：缺乏抗日干部，可以采取举办训练团的办法，在培训中选拔，这对张学良启发很大。后来他和杨虎城将军共同举办了王曲军官训练团，以抗日为目的，训练了东北军和十七路军的连长以上团长以下的军官。恩来同志还表示同意红军帮助东北军部队进行抗日教育。1936 年 8 月，叶剑英同志受党中央的委派，作为红军代表常驻西安，协助张、杨改造部队，进行抗日教育。周恩来同志对张提出的其他问题，也一一作了具体答复。张学良对周恩来同志精辟的论述、科学的分析、高度的政治修养和政治家的风度，十分敬佩。

此外还达成口头协议如下：

一、我方赴莫斯科的代表由新疆去苏联，东北军的代表由欧洲去苏联。后中央派邓发同志去苏联。

二、双方一致同意：停止内战，联合抗日。

三、张学良没有公开表示抗日之前，不能不接受蒋介石的命令，进占苏区，六十七军准备进驻延安以北。1936 年 6 月，我方主动让出瓦窑堡，即是恪守延安会谈之一例。

四、双方互派常驻代表。

五、张学良认为红军主力去山西恐难立足，出河北为时太早，最好出绥远靠外蒙。如红军坚决东进，他可以通知东北军万福麟部不加阻挠。

六、互相通商。采办普通货物，由共方设店自购，军用品由东北军代购，子弹可由东北军供给。

张学良对会谈表示满意，先拿出 2 万银元，说是他私人的钱，用以支持红军抗日。会谈后，他又送给我们 20 万元法币。

会谈至 10 日晨 4 时结束。这是一次成功的会谈，对张学良走上联共抗日的道路起了决定性的作用，对我党抗日民族统一战线的建立和扩大作出了重大贡献。这次会谈成功是周恩来同志对抗日民族统一战线工作的重大杰出贡献。在会谈中，他是高度的原则性与高度的灵活性相结合的典范，使张学良心悦诚服，敬佩不已。

4 月 10 日，周恩来同志和李克农、刘鼎同志一起回到川口。当天下雨，在川口住了一天一夜，立即就给中央和毛主席、张闻天、彭德怀等同志发了一个电报，简要地报告会谈的顺利经过。11 日，又发了个长电，较详细地汇报了会谈内容和情况。电报是周恩来同志亲自起草的，及时发往山西石楼。

4 月 12 日，我们由川口动身，很快回到瓦窑堡。从上海到西安的刘鼎同志，由张学良带到延安，这次随我们一起回到瓦窑堡。后来，他作为我方联络代表常驻西安。到瓦窑堡后，我们各回原单位工作。

从洛川会谈到延安会谈、西安事变爆发及其和平解决、逼蒋抗日、实现国共两党第二次合作，直至全国抗战开始，这一系列政治的、军事的斗争实践证明了党中央、毛主席关于建立广泛的抗日民族统一战线这一科学论断和党的统一战线政策的完全正确。

1937 年 4 月初，周恩来和蒋介石谈判后回到延安，受到毛泽东等的欢迎。左 3 起：秦邦宪、张闻天、毛泽东、周恩来、彭德怀、林伯渠、萧劲光。

李木庵（右）与其子

李木庵（1884—1959），湖南桂阳人。秀才，北京国子监生（即实习），1905年从京师政法学堂毕业后任教，辛亥革命后任广东地方检察厅检察长，到天津、福建等地任律师等职。1922年起参加国民革命，1925年加入国民革命军，同年加入中国共产党。大革命失败后，在上海、南京以律师为职业掩护革命活动，1936年春被派到西安开辟工作，在杨虎城宪兵队任书记，任中共西北特别支部宣传委员、西北各界抗日救国联合会总部负责人。抗战爆发后回到家乡开办学校，1941年在延安任陕甘宁边区政府高等法院院长、检察长。解放战争时期任中共中央法律委员会委员，参与起草新政协《共同纲领》。新中国成立后历任司法部副部长、中共司法部党组书记，法制委员会刑事法规委员会主任委员、最高人民法院首席顾问，湖南省政协副主席。

作者简介

西安事变纪实[①]

□李木庵

西安事变是由第二次国内革命战争向抗日战争过渡期间“时局转换的枢纽”（毛泽东：《论联合政府》）。此事件的酝酿变化与经过，外间传说，多属不实，若无记述，将失其真。缘日寇侵略中国，处心积虑，历数十年。1931年9月18日，当国民党蒋介石派大军30万人围攻中国工

① 原载1953年出版的《党史资料》第7期。

张学良。

农红军和革命根据地时，日寇即利用此时机，突然进攻沈阳。国民党蒋介石，因为要作“剿共”内战，坚持对外不抵抗政策，情愿把国土拱手奉送日寇，密令守东北的张学良退让，将全军退驻关内，不得与日寇开衅。结果，日寇遂迅速地侵占了中国的东北。接着，国民党蒋介石又接受日寇要挟，撤退华北驻军，密令张学良将东北军30余万全部调至黄河南岸，并迎合日寇意旨，要张学良离开军队出洋考察。这样，日寇势力又深入华北地区。1933年1月，中共中央通电全国，力主停止内战，愿与国民党在停止进攻革命根据地、组织人民武装、保障人民自由权利的条件下，共同一致抗日救国。蒋介石置之不理，仍用全力向红军与革命根据地围攻，经年不休，对日寇的侵略，始终持不抵抗主义。1934年，中共中央率红军突围长征北上。国民党军队又复跟踪追击，直至陕北；调张学良的东北军至陕，设立西北“剿匪总司令部”；将原来驻陕的杨虎城的西北军，同隶于总司令部之下，专供“剿共”之用；蒋介石自兼总司令，调张学良由西欧回国为副总司令；同时调胡宗南第一军，至陕甘宁一带，联合堵截红军；但屡攻失利，相持于陕甘宁边区者有年。张杨部下，不无爱国分子，他们反对“剿共”内战，时在张杨左右进言。张杨也自知共产党未可以武力解决，徒为自耗实力，为日寇之利。来陕的共产党员与张杨左右的爱国分子相结合，将中共中央对时局的宣言及希望一致对外救国的诚意，转达张杨。此时张杨虽慑于蒋介石的权威，但内心已有默契。从此，张杨与红军互派代表，秘密地建立了救国友谊关系，红军并设置无线电台于西安，建立了秘密交通。为应付蒋介石命令计，张杨部队与红军佯为攻击，实则双方枪朝天放。日寇见蒋介石尚在拼命“剿共”，无暇他顾，遂更乘机伸张武力于华北，迫令国民党在北平、天津、保定一带的仅存的政权党权的虚名机关，概行撤走。至此，华北在实际上又成为东北四省之续，整个中国均处在危亡之中，平津各校学生呼号救国，上海学生及各界爱国志士，也均纷纷起而作救国运动。在西安的共产党员谢兹山、徐彬如、李木庵等，于 1936 年 1 月组织中共西北特别支部，与当地军民商议筹设西北人民国防委员会。3 月，该支部组织西北抗日救国会，发表救国宣言，结合地方各界爱国人士，开展救国工作。5 月，举行上海爱国工人梅世钧的追悼会，刊发宣言，群众游行示威，被国民党特务捕去学生三四十人，秘密解送南京，宣告失踪。经此打击，学生运动一度低落。此后，由于国民党政府压迫加甚，中共西北特别支部的工作不得不转移目标，以军界为对象，进行宣传与联络，支部党员多在杨虎城宪兵营部隐蔽下工作。6 月，见上海成立全国各界抗日救国联合总会，西北抗日救国会也改名为西北各界抗日救国联合会，简称“西救”，与上海总会取得联系，继续地下工作。7 月，中华民族解放先锋队的北平代表团到西安。随后，北平的清华大学、燕京大学、东北大学、师范大学四校代表宋黎、敖明远等，亦接踵而至。西救会派人接洽，取得工作上的联系。8 月 29 日晚上，宋黎、马绍周等，在西北旅舍被国民党便衣特务逮捕。走至东大街，遇着杨虎城的宪兵营巡街马队，宋黎即大声喊救，为巡街马队所拦截。宋以该便衣等无捕人公文指为绑票土匪，要求解至宪兵营部。到营部后，该特务等势焰甚张，声言此人不得放走，也不得交给任何机关提去，马上回去取公文来带人。此时在营部的负责办事人，都是共产党员，认识被捕人是救国会同志，遂一面令知副官处，谓如来提人，即说时已夜半，办公时间已过，办事人均已散值，约以明日，作为延缓时间之计；同时将被捕人宋黎引至内室，商议办法。布置甫毕，特务多人果然手持公文，来营提人，副官处照原定计划，予以拒绝，该特务等悻悻而回。宋黎直接用电话报告张学良，张学良即派团长孙铭九来营部，将宋带回。不一时孙铭九又来营部，谓尚有马绍周等三人是否一同截获；告以只截获宋黎一人，其他三人已被特务队捕入国民党省党部的“肃反”委员会内，若要营救，须立即派军队包围省党部，入内搜查，若迟至明日，则将用飞机解送南京，那就于事无济了。孙回告张学良，当晚张果派军队一团，围搜省党部，马等正在受刑，幸获解救。翌晨，国民党陕西省党部指导员曾扩情，乘机飞南京，向蒋介石泣诉，谓张学良与共产党勾结，围攻省党部，背叛中央；又谓东北军西北军红军三位一体，“逆”迹已著。但张学良派团搜省党部后，也立即急电蒋介石，谓被捕的宋黎、马绍周等，均是总司令部的职员，如有不法情事，应通知总司令部办理；今不经此手续，随便由便衣侦探，不用公文，黑夜捕人，是不信任总司令部，势必使总司令部职权不能行使，迫得向省党部直接索还被捕人，实为一时愤懑所致；唯因事出仓促，未能事先呈报中央，不无躁急之失，请予处分等语。西救会同时发布援救宋、马及声讨特务蹂躏人权、执行日寇使命的宣言。宋黎等遇救后，即在西安组织东北救亡会，简称“东救”，以旅陕的东北同乡及东北军人为基础，张学良予以保护，取得公开权利。西救也因有东救的声援，工作不感孤立。当地军界学界以及在野名流，纷纷加入西救，形势愈加开展。西救援张学良保护东救之例，请求杨虎城予以保护，意在争取公开活动，虽碍于时势，未能完全如愿，但与东救开联席会议时，杨虎城即派便衣手枪队数十人，保护会场，因此群众救国高潮日形高涨，国民党中央与东北军西北军的裂痕，也日益加深。“九一八”5周年纪念日，西救、东救发动群众举行大会，刊发宣言，呼吁停止内战，驳斥国民党亲日派的唯武器论，并游行示威。10月10日，西救、东救亦组织群众大会，发出宣言，驳斥国民党当局“攘外必先安内”的谬论及亲日媚日畏日的亡国思想，并游行示威。10月下旬，西救、东救发起组织各界追悼鲁迅的筹备会。11月初旬，发动学生8000余人在革命公园举行学界追悼鲁迅大会。国民党当局派武装警察来会场，蛮强制止，并禁止到会人入场。西救、东救支持学生坚决反抗，相持竟日。警察后示意解禁，学生获得胜利。自此各中小学校扩大成立救国会，并由中共西北特别支部领导各学校，于 11 月 15 日正式成立学生联合会。同月下旬，西安围城纪念大会（指纪念 1926 年 11 月国民军入陕击败包围西安的军阀部队的大会——编者），西救亦发动群众热烈地参加。是时日寇已攻绥远东部，距陕北较近，形势紧张。西救、东救及学生联合会发动召开西安各界援绥大会，发布宣言，主张国共两党速将内战军队开赴绥远前线，援救绥远，共同御敌，民气益为激昂。南京蒋介石政府以张杨有通共嫌疑，又痛恨西安学生干涉国事，迁怒于张杨之纵容，早有撤换张杨的内定。于是，蒋介石以避寿为名，赴洛阳召开会议，商讨解除张杨兵权问题。张杨闻信，亦即赶赴洛阳祝寿，携带群众要求停止内战、一致对外救国的意见，向蒋介石条陈。蒋介石大加呵责，谓“要我不打共产党，那么让共产党来打我吗？不先安内，怎能攘外呢！”并谓：“陕西学生干涉国事，学风之坏，以至于此。这简直不成话，你们不应该负责任吗？”并将张杨的条陈，掷之于地。同时，张杨也得到了自己将被撤换的消息。张杨回西安后，至为抑郁，态度消极，谓“救国之心已尽，主权者既不采纳，我们自可告无罪于国民”。不久，蒋介石来西安之确讯传来，西北局势，顿觉紧张，因为知道蒋介石此来，必是撤换张杨，内战将延长，中华民族的危机也将更加严重。中共西北特别支部的党员，闻此消息，急筹对策。支部中之在职军界者，首先提议，谓要挽救非常时局，不可不用非常举动，蒋介石如来西安，即将他活捉，逼迫他下令将围攻共产党的军队悉数调援绥远，停止内战，一致对外，舍此别无他法。首先赞成者，亦为军界中的同志。西北特别支部慎重地进行考虑，就事件之成败利害，作一分析：一、非常举动害的方面是：如果捉蒋不住，或者捉到的不是活蒋而是死蒋，均足以延长内战，于国不利。二、非常举动利的方面是：如果将蒋活捉成功，要挟他下令停止内战，他为环境所迫，或有可能应允；即不然留蒋作质，南京方面的反共派，亦不敢遽然以兵相临置蒋于危而不顾，由此可以阻滞他的军事进攻，再以诚意来磋商救国，亦或者有转变到于事有利的希望。这是对非常举动方面的利害估计。再从相反的一方面，即不作非常举动的方面来研究，则只有张杨二人听其撤换，代以反共的积极分子如陈诚、钱大钧之流，内战势必更加剧烈，徒为日寇侵略造机会，增加整个国家灭亡的危险。这也就是说，执行非常举动的害和不执行非常举动的害是一样的。执行非常举动的方面，多一有利的希望。根据两利相权取其重，两害相权取其轻的原则，实有采取非常举动的必要。于是中共西北特别支部即向东救提议。东救问西北军究有多少可靠的军队，告以孙蔚如一军、现在驻西安的警备旅三旅及宪兵营全营，均是同情救国反对内战的武力。后由东救向张学良的亲信进言，转达于张，张无表示。未几，蒋介石果来陕，驻临潼，所携带的大员，如陈诚、钱大钧等十余人，则入住西安城内西京招待所。蒋介石内中已发出撤换张杨并指定接替人的条示。张杨亦已得此消息，准备交卸职务，形势非常紧张。东救又再次通过张学良的亲信，促张实行非常举动，责以大义，谓东北军西北军合有数十万之众，不可谓无救国实力，乃拘于服从长官的小节以及个人的利害关系，而置整个国家民族的生存于不顾，将来亡国史上，应首先负责的即为东北军西北军之当局，天下后世，孰能为你谅之。张仍不敢决。时值12月9日，为北平学生救亡运动的一周年纪念，由西救、东救及学联发动群众举行纪念大会，向军政最高当局，作停止内战、一致对外援绥救国的请愿，并印发“欢迎蒋委员长来西北领导抗日救国”的宣言和口号，谓蒋愿救国抗日抑或愿亡国降敌，均取决于今天的最后的一瞬了！词甚愤慨。是日清晨，各界群众到会者2万余人，以学生为主干，结队前往“剿匪总司令部”请愿。张学良派参谋长答话，群众满意。先是国民党中央宪警事前探悉群众请愿之举，急派警备车去各校包围学生，阻止出校。学生奋不顾身，合力冲出。被包围之女校，由男校学生从外冲入将女生护出。此时东望小学，亦被包围，学生冲出时，中央宪警开枪击毙小学生一名。消息传至会场，群情愈为愤懑，继往国民党陕西省政府请愿。省政府主席邵力子派一秘书答话，不得要领，为群众所不满，要求邵亲自答话。邵不允。群众愤慨，声言不见邵主席绝不散队。相持数小时，邵不得已，要群众举代表入见。当举代表 20 人入署。邵见代表，谓：你们学生不好好读书；国家年耗巨额经费，办学校，聘教员，购办图书仪器，意在培植学生学成后为国效用；在求学期中，学生只应求学，不应谈救国之事，何可干预国事，荒废学业？国家政事，自有政府负责办理，近来学生，动则开会游行，干预国政，实与国家兴办教育培植学生的本旨相违。各代表气不可抑，报以愤词，谓：读书不忘救国，救国不忘读书，是中山先生的名言；现在日寇乘我国内战时机，侵占东北四省后，近更伸入华北，侵入与我们陕北接近的绥东，整个西北，危在旦夕，华北若失，华中华南亦势必不保，全国人民沦为奴隶，读书的学生们就是读好了，做了博士，也是亡国博士，究有何用呢！各代表不满意邵之答话，一冲而出向群众报告。继至绥靖公署请愿后，有人提议直接向蒋介石请愿。群众齐声赞同，列队而行。邵力子知道学生去临潼，必更增加蒋的责骂，极为恐慌，急用电话嘱杨虎城，派队把守四城，紧闭城门，不得放行。学生队伍到城门后，见城门已下锁，急遽间，将锁打开。杨虎城派到守门的士兵，皆是同情救国者，不加阻拦。学生整队出城，城外国民党中央宪兵团横加制止。群众直冲至铁路车站，欲乘车前进。站长及司机皆已走避一空。代表提议，步行至临潼，群众高呼赞成。大队行至十里铺，临潼蒋介石行营已得到消息。蒋派侍从室组长，乘汽车赶来阻止，谓蒋明天进城来答复，你们不要前往临潼，如果不听，到前面发生了事，我们不能负责。其实，在十里铺，蒋介石已布置军队，马队已排满街上，高地架设机关枪，在前面的学生交通队，已被扣留，形势至为紧张。正在相持的时候，张学良乘汽车赶至，要求与群众说话，群众停止途中。张说："各位同胞，各位同学！你们的救国热忱，我是非常钦佩的。但是今天时已不早，路程尚远，而临潼又无餐宿之地。你们太辛苦了，不如请大家转行回去，把你们的请愿书交给我，由我代你们转向蒋委员长陈述，比你们自己去还要快些。”群众说：“蒋委员长是全国党政军权最高统揽者，必须他亲自答复我们的请愿，方能相信。临潼虽无大队餐宿的地方，我们宁愿不吃饭，宁愿集体露立达旦。救国之事，还怕辛苦吗！”不同意张的提议。张见群众意志已决，难以挽回，又对群众说：“你们的救国志愿，我并不来阻挠。只是政府不满学生干预国事，你们此去必触动最高主权者之怒。我为爱护你们，不忍见你们去流血牺牲。”站在前列的东北大学生及女学生，听到要流血牺牲的话，首由东北大学生高呼：“我们愿意为救国而流血，愿意为救国而牺牲，死在救国路上是光荣的。”随即放声大哭，女生相继号哭，由队头至队尾，万余人全都哭起来了。群众连哭带喊着：“我们不愿做亡国奴，我们愿为救国而死，我们前进罢！”一时哭声喊声震动山岳，道旁伫观的行人，都一齐流泪。张学良随从的马弁也在拭泪。这时情绪的凄惨和哭声的悲壮，任何铁石心肠的人，都不能不动于怀。因此张学良也就抑制不了他的衷心情感，不能不随同群众的哭声也掩面而泣，不仅感动了他的天良，而且激增了他的勇气，祛除了他的畏惧心理，续向群众说话，谓：“各位同胞、同学：我张学良不是不救国的，我的心情是和你们一样的。自从失掉东四省，全国人民，无论男女老少，无不骂我张学良。我何尝不敢打日本强盗呢？上级不许我打。这种隐痛是一时不能对人说的。我不是愿意做亡国奴的人。我与日寇有杀父之仇，是不共戴天的。我的最后一滴血，是要流在抗日战场的。请你们大家相信我，你们的救国心愿，我不忍辜负。在一星期内，我准有满足你们心愿的事实答复你们，请你们今天暂行回去。我不欺骗同学们。我是国家的军人，我不是蒋某人的走狗，如果逾期欺骗你们，我张学良愿意你们群众在任何地方，把我处死。你们相信我罢！”群众见张学良如此恳挚的表示，遂应允张的要求，听候满意事实的到来，率队回城。时天已近黑，群众自晨6时至午后7时未进颗粒，却都是精神焕发，毫无倦色，而且个个都像得了胜利似的，尤其是小学生及女学生队伍行列，秩序井然，自晨至晚，无一中途离队者。大队入城时，他们脸颊上的救国热泪，尚未尽干，在街道的电光掩映下，莹莹发光，见者无不为之感叹。张学良对群众公开发出诺言以后，即是他准备事变的期间：初次计划以请蒋介石入城看有名的易俗社秦剧为名，即在剧场内捉蒋；奈蒋不欲观剧，此计未行，遂改用就地围捕之法。好在他的队伍，

西北文化日報

中華民國二十五年十二月十三日

全國民衆迫切要求

爭取中華民族生存

張楊昨發動對蔣兵諫

通電全國發表救國主張八項

改組南京政府容納各黨各派

卅萬民衆歡騰鼓舞擁護民族解放運動

救亡領袖 ◀張學良將軍▶

救亡領袖 ◀楊虎城將軍▶

張楊等通電全國 ▲發表救國主張

西安各救

1936年12月12日，爱国将领张学良、杨虎城发动西安事变，逼蒋抗日。这是《西北文化日报》的报道。

因为担任蒋介石行营的警戒，早已布置在城外及临潼一带，约有数师之众。至11日午前8时，张学良始至绥靖公署与杨虎城就商，张谓：“国

势危急至此，我们的救国心愿，不为上峰所采纳。西北人民又是这样的责备我们，卸责不了。你看怎样办好?”杨说：“副司令领导怎样办怎样好，我是跟着副司令走一路的。”张说：“我们既不能卸责，就不能不执行民众的意志，用非常举动，以武力迎接蒋委员长来西安，脱离南京方面亲日派的包围，来听我们的救国主张。”杨满口表示赞成。张说：“好！请你担任城内动作的责任，我担任城外和临潼方面动作的责任，明日黎明前一齐发动。”杨承受任务，立即布置队伍。翌晨，天尚未明，城内枪声突作，居民都从睡梦中惊醒，不知何事。12日晨8时，见街上有汽车散发传单，始知是擒蒋的非常政变。张杨发布对于时局的八大主张，如停止内战、释放政治犯等，是其著者。是即1936年12月12日的西安事变，又称为双十二事变。张派往临潼方面担任军事动作的指挥员，是团长孙铭九。临行时，张叮嘱：“不要伤害蒋委员长，如有差错，唯你是问。”临潼动作时，蒋之卫队两团抵抗，黑夜间，被击毙300余人。蒋闻警，急从床上着衬衣，跣足，由后门出走，卫队两团长左右扶持。跛上骊山，飞弹射来，左右两团长倒毙，蒋介石躲入乱石中。天明，遍寻不见。张由电话询问，并悬赏5万元，加速寻蒋；至8时，张复以电话催询，并加赏10万元。至10时，蒋由巉石中出来扶登汽车，护送西安，与以衣着，拒不接受，并表示绝食。后经西医强制注射药液，医生说：“20日不吃饭也饿不死了。”张杨见蒋时，蒋涕泣满面，谓：“你们拿手枪打死我好了。”张杨说：“这个问题，不是这样简单，我们是出于救国愚忱，并无他意。”张杨仍以长官之礼待蒋，是晚，延安中国共产党中央来急电数通给张杨，谓不可危害蒋之生命，并说四日内准派代表到来，共商国事。南京国民党政府方面，自闻此事变后，亲日派何应钦辈，以“救领袖”为名，另有他个人的政治私图，发动大军由洛阳进至灵宝一带，形势至为紧张。中国共产党中央派来的代表周恩来、秦邦宪等同志，果于双十二事变后四日内到达西安。与张杨晤商时，周恩来等同志主张立即放蒋回南京。是时军士及民众方面，不无惶

应张学良电邀，中共中央派周恩来、叶剑英、秦邦宪赴西安谈判，促成西安事变的和平解决。右起：周恩来、叶剑英、秦邦宪。

惑，谓："擒虎容易纵虎难。"后约集军界校官以上，由周恩来同志讲话，行政科员以上以及民众团体的主要人，由秦邦宪同志讲话，历六小时之久，详细解说放蒋理由。这时南京方面，宋子文、宋美龄、戴笠等，亦乘机飞到。共产党代表周恩来同志与蒋会晤时，蒋初存惧怕心理，自知杀了不少共产党员，以为与仇人见面，必将要受到不堪的报复。孰知周恩来同志仍与昔日在黄埔军校共事时一样待蒋以相当礼貌，并以至诚协商救国大计，不计旧仇，愿团结合作，共御外侮。这些实出于蒋的意料之外。蒋当时口头允诺停止内战、一致对外、撤退灵宝一带队伍、释放政治犯数事。但请蒋签字时，则又不允，谓愿以"人格担保"。张学良为要表示他对长官的忠忱，坚决不计生命，要送蒋回南京，并宣布遗嘱，以示赤心为国。张学良送蒋回南京后，蒋即将张交军法裁判，处张以长期幽禁的惩罚；杨虎城则资送出洋考察。从此张杨二人军权俱被褫夺，西救会由国民党接收，东救会无形撤销，但国共两党之内战，则确已停止，是为西安事变之结局。日本侵略者见中国内战停止，国共合作，使它的侵略诡计受到极大威胁，非常恐慌。他们国内的少壮急进派，疯狂的要乘国共两党合作尚未十分稳固之时，发动侵华的全面战争。于是，就在 1937 年 7 月 7 日进攻北平卢沟桥，8 月，又进攻上海，急速进行华北华中的侵略行动。日寇的侵略，更促成中国国内的团结，全国范围的抗日战争从此爆发。

1938 年李一氓（左）和张爱萍在武汉。

李一氓（1903—1990），四川成都人。1926 年加入中国共产党，任北伐军总政治部秘书。参加南昌起义，后到上海任中央宣传部文化工作委员会委员，参与发起成立中国社会科学家联盟，组织中国左翼文化界总同盟，任负责人。1932 年到中央苏区，任政治保卫局执行部部长，中华苏维埃共和国中央候补执行委员。长征时在红军总政治部宣传部工作。到陕北后历任陕甘省委宣传部部长、陕甘宁省委宣传部部长、陕西省委宣传部部长。抗战爆发后，历任中共东南分局秘书长兼新四军总部秘书长、淮海区党委书记、苏北区党委副书记、苏皖边区政府主席、华东局宣传部长、旅大区党委副书记。新中国成立后任驻缅甸大使、国务院外事办公室副主任、中共中央对外联络部副部长。十届三中全会选为中央纪委副书记。中国国际交流协会会长。

作者简介

抗战时期在皖南新四军军部①

□ 李一氓

1937 年 7 月 7 日卢沟桥事变爆发，抗日战争开始了。国民党把散在江南各省的红军游击队的编制和防区，当成一个问题向我们提了出来。我们只想把它变成当地的保安团队，国民党则坚持要把这些红军游击队集中起来，调离本地。因此，就有编一个新四军的说法，又有要叶挺当

① 原载《中共党史资料》1992 年第 41 辑，原题为《抗战时期在皖南》，此次做了节选，题目为编者所加。

李一氓与中共中央暨新四军部分领导人合影。前排左起：李一氓、粟裕、王集成、邓子恢；后排左起：袁国平、陈毅、周恩来、项英。

军长的说法。

1937年10月底叶挺到了延安，11月初项英也到了延安，可能都是涉及到江南游击队的事情。他们两人在延安的时候，我没有去看他们，因为这件事情同我没有关系。他们走后，李富春才把我找去说，江南游击队准备编为新四军，由叶挺当军长，项英当政治委员性质的副军长。叶挺临离开延安时，向中央要求派几个与他在大革命时期熟悉的干部去新四军工作。他曾点名要周士第去当参谋长，他们都是广东人，都属于国民革命军第四军，都经过南昌起义，但中央没有考虑。另派了张云逸（广东人）去当参谋长，周子昆（广西人）去当副参谋长。周是叶挺当独立团团长时独立团里的一个排长，后来当连长、营长。冯达飞，广东人，是黄埔一期学生，也被派到新四军工作。还有我去当秘书长。武汉时期，我们都同在一个军队党组织。李富春还提了一个问题，因为项英、叶挺我都熟悉，要我作为他们之间的缓冲人。当时我听了也没有什么大的反应，但后来真正做起来，却不是那么容易了。

我们在延安做了一些准备工作，中央为新四军配备了一些中级干部。军事工作人员由赖传珠带队先走，约 30 人。政治工作人员由我带队后走，约 30 人。1938 年 1 月，我们从延安到西安，从西安到汉口。安顿了一下，根据武汉办事处的要求，这批干部先送南昌。于是又从武汉到九江，由九江到南昌。在武汉我见到一些长久不见面的朋友和同志，如郭沫若、潘汉年、梅龚彬等，也见到由四川到武汉的韩伯诚，当然也见到了叶挺。在我们到武汉以前，新四军军部已在汉口大和街 26 号正式成立，挂有军部的牌子。新四军的战斗序列属第三战区，因此军部第一步由武汉移南昌，准备第二步由南昌移安徽歙县的岩寺。南昌军部设在南昌的三眼井一号，那是北洋军阀时期著名军阀张勋的私宅。军部移至岩寺以后，就把它当作新四军驻南昌办事处了。

新四军的作战区是在皖南，面对长江和京沪线的左侧面，所以军司令部也设在皖南。1938 年 4 月 5 日，军部从南昌搬到安徽歙县的岩寺。

岩寺是歙县的一个大市镇。明朝李日华的《礼白岳记》就曾记了一条："十里至岩市镇。街衢纵横，车毂凑集，聚落之雄胜者，以礼岳，故不敢迟徊浏览。入一小肆中午餐，几案楚楚，熏炉砚屏若苏人位置。壁有文太史画一帧，题句云：秋色点霜催木叶，清江照影落扶疏。高人自爱扁舟稳，闲弄长竿不钓鱼。长洲文璧。"一个酒店居然挂上文徵明的山水，可见崇祯年间这个地方商业是很繁荣的。查弘治本《徽州府志》卷二地理部分，即有岩寺镇之名，是宋代设官收酒税的地方，李日华把“寺”念为“市”是错的。

我们在这个地方进行了全军的集结和整编工作。任务完成以后，5月初又搬到太平，住了将近一个月，国民党不答应，认为那个地方太靠近大路。最后，6月中旬进驻泾县章家渡以北的云岭。军部在这里一直住了两年半的时间，到皖南事变前夕为止。云岭是一个小山村，周围有同样规模的村庄，如罗里村驻军部，丁家山驻东南局，章家渡驻总兵站，新村驻战地服务团，汤村驻政治部，肖村驻军医处，还有陈家祠堂、南堡村等地方，也驻有新四军的部队。

皖南这个地方明清之间是雕刻、印刷出版业比较集中的地方，其中又以徽州为最。同时，由于山上的古松树很多，所以用松烟制墨的手工业也很发达，集中在休宁和歙县，这就是有名的徽墨。宣城还出产有名的宣纸，泼墨作画，挥笔写书，唯此纸最佳。同时徽州商人还经营茶叶、食盐。这些商业资本，又在各地经营典当业，进行高利贷盘剥，所以徽商在全国的商业市场上是很有名的。

皖南多山，满山都是很高大的松树，但不值钱，可能是战争的原因，100块钱就可以包一座山。部队就是这样包山取得炊事燃料的。但要砍成烧柴，颇不容易，还得花100块钱包给农民。他们把树全部砍倒，树枝锯掉，这些树枝就无偿归属他们了。然后把树干锯成两尺长一段，再劈成木柴，很整齐地码在山上。这个过程的劳动量是很大的。部队还得自己上山去运回营地。都是些上百年的松树了，木质很好，现在想起来，也就算是不可避免的浪费了。

青弋江流经皖南，到芜湖入长江。水产丰富，物价也很便宜。鱼很新鲜，不过1角钱1斤。叶挺曾经花10块钱，买了100斤鱼，慰劳教导队的学生，大受欢迎。

皖南产茶，主要是绿茶，也有人做花茶。从军部到太平，不论是乘竹筏或步行，一般都经麻岭坑小河口。到太平前大多在铜山的山门歇脚。那里有一位刘敬之老先生，拥有大片茶园、林场，在屯溪、芜湖等地设有茶庄，在山门自置一座陈设讲究的庄园。他对我军友好，是一位开明士绅。从军部到太平路上，军部人员来往经过，都在刘家吃饭、休息，有时还在他家借宿。刘家从不收取我们的钱粮报酬，完全无代价供给。1939 年 2 月下旬，周恩来一行到军部。3 月 14 日从章家渡返回，途中曾在刘家用餐、休息。周恩来见过刘家父子，还题了词送给他们。刘老先生送他的儿子刘寅参加新四军，刘寅在皖南事变后，长期在苏中、苏北工作，现离休在南京。我因公离开军部外出，或从外面回到军部，都要经过他的庄园门口，都在他那里休息和吃午饭。这个庄园，三面是茶山，出门隔一条大路就是青弋江。客厅很堂皇，家具非常雅致，墙上有些字画，阶前还有盆栽的花草。看起来不单是地主兼资本家的住宅，还带有书香门第的味道。刘家所供给的午饭，菜很丰富，味道也很好，临时能做到这样也很不容易了。皖南事变当中，我们从阵地上跑出来，曾设想过先到刘家，看看他有什么办法。但随即听说国民党军队曾到他家里搜查过，所以最后我们还是没有去。1958 年泾县在陈村建陈村水电站，中间曾停建、续建，1975 年全部建成。水电站就在陈村以南拦河筑坝，坝高 76 米，长 419 米，上游成为太平湖，山门和更上游的小河口（新四军后方）都被淹了，刘家那座清雅建筑也被淹没在湖底了。

从岩寺到太平要经过黄山脚下，可那个时候没有游山的雅兴，也没有登山的时间。我同邓子恢两人曾经过黄山脚下，从汤口进山，在中国旅行社的招待所住了两晚上，除了洗温泉之外，没有上山。

皖南的山水景色优美，黄山是很有名的了，还有九华山、齐云山。从地区来讲，宣城、广德、旌德、绩溪都有山水名胜。春天满山的杜鹃，秋天都是红叶的乌柏，松林很密，山径弯窄，当然还有一些小桥流水，看来是很好的风景。但是就是这样一个优美的地区，1941 年我们万般无奈，被迫地把它作为战场，攻不能前，退又无据，只落得一个全军覆灭的悲惨结局，至今想起来，还是一件恨事。

新四军是由南方各游击区的红色游击队组合起来的。1934 年 10 月，中央红军撤离江西进行长征，留下来的部分红军和游击队就地坚持斗争。这些游击队分布在江西、福建、广东、浙江、湖南、湖北、安徽、河南 8 个省 15 个地区。跨省界的有 8 个游击区，为赣粤游击区、闽赣游击区、闽粤游击区、皖浙赣游击区、湘鄂赣游击区、湘赣游击区、鄂豫皖游击区、鄂豫游击区。不跨省的独立游击区共 7 个，为闽西游击区、闽北游击区、闽东游击区、闽中游击区、浙南游击区、湘南游击区、琼崖游击区。各游击区的红色游击队集合起来，组成了新四军。长江以南的编成了三个支队：第一支队司令员陈毅，包含湘鄂赣傅秋涛部队和浙赣、湘赣各部队；第二支队司令员张鼎丞，包含闽西、闽南、闽赣各部队；第三支队司令员张云逸（兼），包含闽东、闽北和闽北黄道的部队；长江以北编成一个支队，即第四支队司令员高敬亭，包含鄂豫皖高敬亭部队、鄂豫周骏鸣部队。湘南李林、刘厚总两部约 300 人编为军部特务营。刘厚总的游击习气很浓，部队改编时曾把他调出来拟送到延安学习，他到了武汉就不愿走，甚至要求回家，武汉办事处无法，又把他送回军部。皖南事变时他谋害项英，而当时项英却认为刘那点游击习气正对他有好处，所以就出毛病了。

新四军跟八路军的兵力构成大不相同。八路军是由一方面军、二方面军、四方面军的正规部队组成的。主要成分是来源于江西、福建、湖南、湖北、安徽、四川的农民，这些农民不但抗日坚决，而且经得起大的战斗。这一点八路军比新四军强。首先，新四军装备差、新兵多、游击习气浓厚，抗日战争的政治军事思想准备不够。其次，抗战一开始，由于国内政治生活的要求，新四军从上海、江苏、浙江吸收了上千的男女青年知识分子，从文化水平的构成来看，八路军就不如新四军了。八路军知识分子主要来自当时的北平，但为数不多。

新四军的领导机构——军部，主要领导干部是从延安派来的，勉强可以组织成一个参谋处及后勤部、政治部的一部分。因此形成了这么一种情况：由个人介绍来的干部较多。如医务处的医务人员全是由叶挺介绍来的，当然业务水平比较高。延安派来的一个医务人员戴济民，业务水平不高，年纪比较大，只能负责教导队的医务工作。不过这些医务人员后来有很大发展，全国解放后，在医务行政部门、医务教育部门、解放军医院里，都担任了领导工作，全都入了党。新四军军医处的吴之理医师，在抗美援朝时成为志愿军的卫生部长，他对近代战争的战地救护工作有着很丰富的指挥和组织经验。新四军军部的副官处成员也是叶挺介绍的，有的还是他的亲戚。后勤部门，包含兵站，有叶挺的叔伯兄弟，还有上海煤业救护队的主要工作人员，延安来的同志如宋裕和等，实际上占少数。政治部的宣传部、组织部、民运部、保卫部的负责同志，如李子芳、朱镜我等倒都是党员。敌工部长是由叶挺介绍的，任用林植夫当部长。说来奇怪，林植夫是国家主义派《孤军》的总编辑，在国家主义派里面是极为反共的，但他参加了1933年的“福建事变”。因他是日本留学生，日文不错，由于叶挺的介绍，而他本人又愿意参加新四军对敌宣传工作，于是参加了新四军。1941年皖南事变时，他被国民党俘虏，1945年日本投降他才获释。后来他参加了中国民主同盟。解放后他是中国人民政治协商会议全国委员会的委员，又是福建省政协副主席。

从上面情况看，八路军和新四军指挥机构有很大的不同。开始时，应该说统一战线的色彩是比较浓厚的。当然经过抗日战争的整个过程，把这批同志锻炼得甚为成熟了，其世界观发生了显著变化，从爱国主义思想发展到共产主义思想，并且都入了党。

军部在南昌时，正是上海煤业救护队由上海战场撤退到南昌的时候。这个救护队，是上海煤业工会组织的战地救护队。开始的目的是支持在上海作战的国民党部队。等到上海一放弃，它也跟着国民党部队西撤，先到金华，后到南昌。为着工作方便，他们又在煤业救护队前加上一个中国红十字会的名义，意在标明自己是中国红十字会领导的一个上海煤业工会的救护组织。他们到南昌后，知道新四军成立了，这个组织里面有的同志就想把救护队归属新四军，为新四军服务。但当时的江西省政府主席熊式辉也看上了他们的几十辆汽车，想把他们划归江西省政府管辖。我们知道这个情况后，就找了他们的负责人叶进明，这是个老党员，但那时还没有党的关系，通过他居然说服了全队，摆脱了熊式辉，跟新四军合作。那时叶挺、项英都在南昌，由他们两个人出面，请他们吃了一次饭，并且讲了些抗日道理来争取他们。

上海大小煤炭业的经营店主都是宁波人，因此这个救护队的成员，自然就都是些宁波人。但他们于抗战开始后，在上海、浙江进行工作的时候，吸收了一些上海、浙江的青年来参加工作，因此其成员到后来也不完全是宁波人。全队总数约一百二三十人，其车辆都是当时上海煤店营业的运输车辆捐凑成的。自从这个救护队归属新四军以后，首先利用这些车辆，从福建、江西、浙江把参加新四军的红军游击队接运到安徽的岩寺集中，以便进行整编。利用这些车辆，我们建立了浙江温州到安徽太平的兵站线，太平到军部没有公路，是不通车的。在兵站的建设上，除了一个延安来的同志当站长外，其他工作都由他们负责了。

其实他们对于新四军建设贡献最大的还是筹建了一个印刷所。设备最完整的时候，有全套的铜模，有一二三号的轮盘机三台，有四开机一台，石印机一台，甚至还有打纸板和胶版的全套设备。排字、铸字、刻字、印刷、装订、校对这些工种都是完备的。它承担的任务主要是印《抗敌报》三日刊。这是一张八开报，后来又增加成两张。“抗敌报”三个字是请周恩来写的。这个印刷机构，名为战地文化服务社，除了印《抗敌报》外，还印《抗敌》半月刊，这是政治部宣传部编辑的一种综合性刊物；还印《理论与实践》，全是翻译涉及联共（布）党史、马列主义的文章；还印《学习》半月刊，这也是政治部编辑的指导政治工作的刊物；还印《战地青年》，这是东南局青年部与政治部合编的；还印《抗敌画报》，这是在新四军工作的一批画家和木刻家共同编辑的，也是政治部宣传部的刊物；还印一个《建军》季刊，是军部自己编辑的。无论写稿和译稿都是利用延安的材料重新编的。当时正是学斯大林的《联共（布）党史》的热潮时期，因此印刷所还印过《联共（布）党史》及一些马列主义理论和文艺方面的小册子。不过《抗敌报》的影响最大，在那么一个农村地区能发行好几百份。它主要宣传八路军在华北的胜利和新四军在江南的胜利。后来纸张用量大，从上海买纸不容易，我们就利用本地出的竹纸。但是需把纸幅的宽窄、纸张的厚薄加以改善，使它适合印书报。这不但降低了成本，同时还支持了皖南山区特有的手工造纸业。煤业救护队的叶进明当印刷所所长，忻元锡当副所长。

我同救护队从南昌开始就有接触。救护队列入新四军的编制后，除了兵站系统以外，他们的成员，特别是年轻的，都送到教导队学习半年，然后分配到军部的其他单位工作，以到政治部的人为最多，也有少数人调到东南局，这时他们大多数都已经入党了。他们几个负责人如叶进明、忻元锡、陈昌吉，有什么事都来找我。因为我对办印刷所的兴趣很大，也就找他们一起想方设法把印刷所办起来。他们来往于上海和皖南之间，对这个工作出的力量最大，也最有成绩。后来印刷所只有陈昌吉一个人负责，他当所长，我们又调黄源去当副所长。

《抗敌报》是政治部为了搞好对部队的政治工作和对群众的政治宣传而创办的。开始印刷条件不具备，出的是油印报。后来在屯溪弄到了几台石印机，就出石印报，还是不定期。大概在 1938 年年底，才从上海弄来铅印机，改出铅印报。因为印制条件不好，开始出的是五日刊，后来器材、人员、技术条件都有所改善，就正式改出三日刊了。现查 1939 年 6 月的《抗敌报》还是五日刊。那么出三日刊可能是 1939 年下半年的事了。这个报一直出到 1940 年底皖南事变的前夕，它无论在新四军当中，还是在安徽、江西、江苏新四军力量所及的群众当中，都有很大的影响。它报道了欧战中苏联红军的胜利、华北八路军抗战的胜利，对新四军的各个支队对敌作战的胜利，更做了详细的报道。对全国的群众运动、统一战线的发展，也做了同等重要的报道。政治部的宣传部长朱镜我主管报纸，对于它的编辑、设计，特别是一些社论、专刊、署名文章的组织安排，都费了很大的力气。

我对于这个报纸也很感兴趣，有时也在报纸上发点议论。现在这个报纸无论南京、合肥，都找不全了。据我所知，现在安徽博物馆藏有《抗敌报》8期，其中有1期是1939年的，有7期是1940年5月的。安徽省档案馆藏有96期，其中1939年5—12月的共约20期，其他都是1940年各月份的，共约70多期，最迟的到12月13日（第214期），已经是皖南事变前夕了。《抗敌报》的总期数大概接近220期，现在保存下来的不过是一半罢了。

我记得当时给报纸写了好几篇东西，如今只找到四篇。第一篇文章是1939年10月11日为纪念新四军成立两周年而写的。就在这时候，欧洲战场发生了重要的战局变化，希特勒进军波兰，同时苏联也命令红军进占波兰的东部。当时在新四军中对苏联进军波兰有一些糊涂认识，为了澄清事实，有必要对这个事件作一次分析，于是我就写了《漫谈苏联红军向波兰进军》的一篇短文，结果很解决问题，在全军得到较好的反映。第二篇是1939年11月11日为祝贺团参谋长王槐生五十大寿而写的。我引用了当年3月斯大林在联共第十八次代表大会上关于老干部的评论，并借此对老干部和新干部的对比做了一点发挥。第三篇是1939年11月16日写的，题为《皖南的粮食，农民与军队》。因为当时国民党地方势力不准农民把稻米卖给新四军，国民党CC派的报纸《东南日报》也造谣说新四军压低粮价，并强迫封仓。对此，我们不能不公开予以反击。第四篇是1939年11月26日写的《两种说法，还他两个例子》，涉及到满洲国和波兰的问题，做了对比。

这个小报几乎每期都有社论，其中涉及国际问题和欧洲战争形势问题的我写过一部分。但是因为社论都不署名，现在也很难回忆和分辨出哪篇是我写的，哪篇是别的同志写的了。我当时给我在《抗敌报》和

《抗敌》杂志上发表的那些短文章起了一个统一的标题，叫“运甓营房随笔”，并且编了“之一”、“之二”、“之三”的号码。现在仅在《抗敌》杂志上找出了一篇。我把在军部睡觉、办公的地方，叫做“运甓营房”，意思是学陶侃。现在听起来，可能幼稚可笑，而我自己则认为当时确实是正正经经的。我在《抗敌报》上发表署名文章用的都是李一氓。

《抗敌》杂志是个综合性的刊物。主要内容以国内的抗日战争为主，尤以新四军的抗日战争为主，也涉及新四军战时政治工作，有些文章则转载自延安的出版物。大体上是有关全国性的政治问题或者战术性的军事理论，也发表一些涉及战斗的或地方的文艺通讯。这个杂志有一个编辑委员会，一共 7 个人，他们是：朱镜我、林植夫、夏征农、黄源、冯达飞、薛暮桥和我。基本上是以政治部为主，教导队也参加。从创刊到停刊共出了 19 期，18 本。现在缺 7 期，实存 12 期。

这个杂志说是半月刊，实际上并没有按期出版。它是在 1939 年“五一”出的第 1 期，加上 1940 年全年，应该出 40 期，实际上它只出了 19 期。根据现有的目录，我在第 3 期上写过一篇《在游击区内用军事方法与日寇作经济斗争》，主要是主张破坏敌占区的铁道、公路和水运，以瘫痪它的交通运输。在第 7 期上写了《民主、宪法、抗战》，在第 8 期上写了《反汪述旨》，在第 9 期上写了《炸药和哲学》，主要是反对张君劢的理性主义和二元论，因为他在《近代思潮的特征》上，针对辩证唯物论进行攻击，我的题目之所以叫做《炸药和哲学》，不过是拿炸药的物性作为比喻来反驳他。在第 10 期上我写了《我们的艺术和我们的艺术家》，在第 11 期上写了《泛论思想》，在第 12 期上写了《欧战新形势》。我在第 2 卷第 2 期上写过一篇《认识和拥护中共中央的“七七宣言”》，这篇宣言的正式名称叫做《中央为抗战三周年对时局宣言》，我不过用 4000 字来阐述我的认识和表示拥护，也算是在全军内部进行一次宣传。

19 期中我可能不只写了这 8 篇，但现在其他的查不到了。这些文章不过都是为了当时的实际问题提出一点看法，没有离开现实的空论。文章除署名“李一氓”之外，还用过两个过去用过的笔名，一是“叶芒”，一是“德谟”。提起这些报刊，我总回忆到煤业救护队的同志，替我们做了很好的物质安排。而朱镜我则是这两个刊物最尽力、最有见识的总编辑。他原是日本留学生，后来在上海主持党的文化工作。抗日战争开始后被党派到新四军来，一下就适应了军队的特殊环境，这是颇不容易的。

毛泽民（1896—1943），湖南湘潭人，毛泽东的二弟。1922 年加入中国共产党，到安源煤矿从事工人运动，筹办工人消费合作社，任经理。1925 年回湘潭从事农民运动，入广州农民运动讲习所学习，后到上海任中共中央出版发行部经理、印刷所负责人，“四一二”之后到武汉任《民国日报》总经理。大革命失败后到上海主持秘密印刷厂工作，1931 年进入中央苏区，历任闽粤赣军区经济部长、中华苏维埃国家银行行长，长征中任先遣工作团副团长兼没收征集处处长、总供给部副部长，到陕北后任中华工农民主政府经济部部长。1938 年 2 月后历任新疆财政厅厅长兼商业银行理事长、民政厅长，1942 年 9 月被军阀盛世才软禁，1943 年 2 月被捕，同年 9 月 27 日被秘密杀害。

作者简介

关于博古、李德领导党和红军的错误[①]

——给共产国际委员会的书面报告

□毛泽民著　马贵凡译

一、他们犯错误的原因是，他们刚从白区来到苏区，未研究红军在

① 李德于 1939 年回到苏联后，共产国际监察委员会根据中共对他的指控对他进行了审查，中共代表毛泽民于 1939 年 8 月 26 日在莫斯科就李德的问题向共产国际提交了书面报告。同年 9 月 22 日李德本人也向共产国际作出书面检查（见下文）。这两份文件现存俄罗斯国家社会政治历史档案馆。全宗 495，目录 74，卷宗 298，第 80—90 页。此译文原载《中共党史资料》2003 年第 86 辑。

几年的作战期间所处的环境，而只是主观地处理问题。他们认为，苏维埃政权和红军没有巩固的后方，没有足够数量的军事和技术干部，也没有得到外部的物资和财政援助。他们不知道，红军不得不在很艰苦的斗争条件下为自己的生存而战，它没有可能从什么地方得到物资和财政援助，而相反，它必须不间断地进行战斗，因此没有任何可能来培训自己的干部。而且红军不得不同数量上比自己多许多倍的敌人作战，但在这些战斗中，它总是取胜。例如，在第二次反“围剿”时，红军缴获了大量战利品，其中枪就有8000多支，等等。然而，红军虽然缴获了大量武器，但有时不得不放弃，因为无法携带。还有这样的情况：地方武装从国民党银行缴获大量中国钞票，但地方领导不知道如何处理，看到钞票上印有国民党党徽，就把它们烧掉了，这是很可笑的事情。

在土地革命斗争时期，工人、农民热诚地为自己的解放而战，他们对资产阶级的现代生活没有起码的了解，加之我们的朱德同志在生活中非常俭朴，要求自己和其他所有群众一样。他的形象和他的行为使人们都很尊敬他。下级工作人员和普通战士对待他始终像对待自己的同志一样。红军战士把他称为大师傅。有过这种情况：红军战士买来白菜，让朱德去做，当然朱德也和他们一块吃。朱德同志不愿遵守指挥员同其部属关系的老规定。

此外，朱德和毛泽东同志没有博古和李德同志那样深厚的政治知识，没有进过李德上过的那样军校，没有读过博古和李德读过的那些德文版和俄文版的马列著作。特别是朱德和毛泽东没有指挥过第一次帝国主义战争中的那样现代的战斗。在很有学问的博古和李德同志的眼里，朱德和毛泽东好像是“农村傻瓜”。

此外，朱德和毛泽东同志处在很艰苦的条件下。大革命失败后，他们不得不在最艰苦的条件下靠自己的力量和资金来建立苏区和红军。毫无疑问，红军要比敌人弱许多倍，但它却需要反击来自牢固大城市中的国民党军队。为了保存自己的力量，红军必须进行游击战和运动战。

毛泽东（右一）、毛泽民（右三）、毛泽覃（右四）三兄弟和他们的母亲。

1927年年底至1931年，国民党军队对苏区进行了三次“围剿”，但都遭到了失败。

上述所有主观的和客观的、积极的和消极的方面，李德和博古都没有从客观上和主观上进行研究，他们也不想研究。同时，那时党在同立三路线作斗争，在纠正“左”的和右的倾向、教育自己的干部，这个情况，李德和博古也没有注意到。

李德和博古否认所有积极的和消极的情况，按照自己的看法反复说明一点：毛泽东按照游击方式领导苏维埃运动，朱德和毛泽东是“游击主义”的领导人。博古和李德指责朱德和毛泽东搞“游击主义”。

这就是他们的错误根源所在。

二、因为博古和李德不想深入研究红军所处的环境，所以只看到了红军的某些缺点和错误，并在客观上否定红军在艰苦斗争中取得的所有成绩。尽管毛泽东同志本人反对“游击主义”，反对让自己的军队去冒险、不为自己建立后方的“李立三主义”，尽管那个时候游击战是同国民党军队作战的基本方式，尽管毛泽东同志确实是游击战的战略家，这一点甚至全世界都承认，但是博古和李德指责毛泽东同志搞“游击主义”，并撤销了他在红军中的领导工作，因为博古所领导的中央认为，毛泽东同志再也不能领导红军了。

三、攻打抚州和赣州的战斗为上述情形提供了帮助。第一次苏维埃代表大会之后，驻扎在宁都的国民党军队中发生了有名的起义。国民党第二十六路军在赵博生和董振堂同志的领导下起来造司令部的反，整个建制转到红军方面，红军出人意料地扩充1万多人。这支国民党军队改编为红五军团。

随着红军力量的增强和影响的扩大，毛泽东同志向党提出了占领抚河流域，把闽浙赣所有苏区连成一片，并在抚州建立苏区中心的问题。毛泽东同志的这个建议遭到了一些同志的反对，其中也有项英同志，他们主张占领赣州和吉安，把江西苏区同湖南苏区连在一起。毛泽东同志反对这样做，他说，赣州和吉安的地理位置不利于在这些地区加强人数不多、装备很差的红军。

但是党还是作出了攻打赣州的决定。因为毛泽东同志忙于刚刚建立的苏维埃中央政府的工作，未能亲自指挥占领赣州的战役。赣州之战的结果是，我们遭到了很大的失败。这就恶化了红军的处境，改善了国民党军队的处境。

由于赣州战役的失利，粮食问题再次变得严重了。为了解决这个问题，毛泽东同志建议党夺回龙溪和漳州。党批准了这次进攻，但只允许毛泽东带一军团和五军团一部分。尽管如此，战役还是进行得很顺利，漳州被我们拿下。在一个月期间，红军缴获105万（中国）元、大量军人装备和一架飞机。此外，在战利品中还有各种机器、藏书、仪器、印刷设备、纸张等。这是红军的一次很大的胜利。共产国际代表李德同志不承认这是红军的胜利，而相反，认为这是毛泽东同志的“冒险主义”，是毛泽东试图占领大城市。李德继续反对毛泽东。

这次胜利后，毛泽东同志建议党派红军前往福建北部，同福建苏区联系在一起。毛泽东建议在抚河流域建立大苏区，从而巩固中央苏区的地位，然后一有机会，再占领抚州（江西省，在抚河河畔），并给南昌造成威胁。这样就可以切断驻扎在吉安地区的蒋介石军队同南昌军队的联系。毛泽东同志的这个战略计划，中央没有采纳。在太守岭（音）同粤军的战斗受挫后，毛泽东同志被撤销了在红军中的军政工作，但他仍在苏维埃中央政府工作。这是李德、博古等人反对毛泽东在红军中担任领导职务的胜利。

四、自称共产国际代表的李德和中央总书记博古所领导的中共中央，在撤销毛泽东同志在红军中的领导工作之后，开始同那些曾和毛泽东一起组建了红军的老的经受过锻炼的干部进行斗争。这个中共中央实行了所谓的“短促突击”战术，用它取代了运动、游击战战术。在实行“短促突击”战术情况下，人数不多、装备很差，又因长期作战感到疲劳的红军，必须同武装精良并且有外国专家做顾问的国民党军队进行正面战斗。国民党军队在高虎脑和广昌战斗中取得的所谓胜利，使红军受到了惨重的损失。在这些战斗中牺牲了一些老的经受过锻炼的干部。伤亡约有 ·万人，特别令人感到惋惜的是，其中有许多优秀的军事干部。虽然红军在三个月期间内可以补充新生力量6.2万人，但是在高虎脑和广昌战斗中的这种惨重损失，对我们来说是承受不了的。这再一次证明“短促突击”战术是错误的。这个战术给红军带来了很大损失。

五、李德同志来到苏区后冒充共产国际代表。每一个党员、每一个苏维埃工作者、每一个红军战士和指挥员，对李德同志都特别尊重，因为中国共产党是在共产国际的直接领导下工作，既然共产国际派代表来直接领导中国共产党，那就需要对共产国际的这个代表特别的尊重。

但是，李德在感到全党对他的尊重后，开始在博古同志的直接帮助下拼命把一切权力掌握在自己手里。党和红军的所有重大事项，只有在取得他的同意之后才能贯彻执行。如果有什么事情没有取得他的同意或者没有按照他的愿望做了，那么他就会开始训人，不管谁都训。例如，他当红军学院院长时，就连革命军事委员会主席兼红军总司令朱德同志都无权召集学院学员会议，或者同这个学院部分工作人员谈话。徐梦秋同志有一个时期担任这个学院的政治部主任。根据所有学员的要求，朱德同志（当时朱德同志正好从前线战场上回来）给学员们作了关于前线形势的报告。因为这次会议是由政治部主任徐梦秋同志召集的，没有取得李德同志的批准，所以李德就严厉训斥徐梦秋同志召集这样的会议，并当即下令不经过院长批准谁也不能召集学员会议，没有他本人的批准，一切军事行政事项都不能贯彻执行。

但是，李德同志的想法和计划也是变化的。朝令夕改，他的下属不知道怎么办，他们感到特别为难。李德常常下达完全不符合实际或与以前的命令相抵触的命令，而且在这些命令中不作任何说明，因此下属不知道怎么办。没有人敢去李德同志那里让他作出口头说明。如果有谁去他那里让他作出说明，此人必定受到严厉训斥。如果你执行他充满矛盾的命令，而以后他发现是错误的，那他必然狠狠地惩罚你。李德惩罚无辜同志的情况是很多的。在他那里担任过学院政治部主任的徐梦秋同志，回忆起李德同志无理训人的情况时，简直感到痛心。由于李德同志的专制，很多有利的作战机会都错过了，也就是说，当地指挥员没有取得革命军事委员会的批准（即没有李德的同意），就没有权利在同敌军的作战中表现出主动性。红军的一个有战斗力的军团，按照李德制订的计划，在一年中驻守在一个地方，防守敌人筑起了碉堡的战线。这个军团，即使在有利和可以进攻的情况下，也不能进攻。

例如，红军的一个在林彪和聂荣臻同志指挥下的军团，驻扎在闽西水口地区。这个军团的司令部请求革命军事委员会准许组织一次歼灭敌人一个旅的战役，但未能得到革命军事委员会的认可，因此军团司令部自己主动进行了这场战役，歼灭了敌人一个旅，并用战利品补充了自己的军队。战胜敌人后，林彪和聂荣臻同志在给中央的电报中写道："我们的军队，一年中在西面很艰苦的条件下作战，未能缴获任何战利品来补充自己的队伍。由于困难越来越大，我们队伍中出现了不满情绪。虽然我们同敌人作战没有得到你们的准许，但我们打胜了，歼灭敌军一个旅，缴获大量战利品，从而我们补充了自己的队伍。我们这样做是迫于客观形势。"

由此可见，一些部队指挥员处在艰苦的条件下，很难改变这些条件。

由于党尊重和服从共产国际，高级军事干部对李德等人的独裁行为不得表现出不满情绪。这就是红军在敌人最后一次"围剿"时遭到失败的原因之一。只是今天我们才知道，李德同志是自称的共产国际代表，但是他给中国革命带来了巨大损失。当然，这不能怪罪共产国际，而应该怪罪中共丧失了高度的警惕性。

六、在反击敌人第六次"围剿"[①] 的事情上，"福建事变"对我们是有利的。虽然表面上我们采取了同福建政府合作的政策，但实际上，特别是在军事问题上，采取了与福建政府相对立的态度。为了镇压福建人民政府和人民革命军，蒋介石从江西和福建调来大量原来用以"围剿"红军的军队。当时我们不仅没有向闽北调动一军团和五军团，以利用蒋介石军队调动的时机用运动战歼灭这些军队，从而给福建人民政府以援助，反而把三军团从（福建）延平调到江西，占领赣州和吉安，然后威胁南昌。这样一来，蒋介石的大量军队没有任何障碍地从江西来到

① 这里和下面都指国民党军队对苏区的第五次"围剿"。

福建，迅速打败了福建人民革命军，从而为完成对红军的第六次“围剿”任务创造了有利条件。李德的这种反动的军事战术得到了博古同志等人的支持。它帮助了敌人。如果从今天的角度来看，这恐怕不是偶然的错误。

七、博古和李德的反动政策和错误，致使红军未能利用“福建事变”来反击蒋介石的第六次“围剿”。相反，博古和李德的这种政策给蒋介石包围中央苏区创造了有利条件。红军为了保存自己的有生力量不得不进行艰苦的长征。博古和李德的这种政策是反对所谓的“游击主义”（而实际上是反对游击战的战术和战略）的结果和贯彻执行“短促突击”战术的结果。这种政策致使红军未能反击敌人的第六次“围剿”和守住巩固的、在几年间建立起来的苏区。这种政策迫使红军离开200万老百姓，其中包括忠于党和苏维埃政权的共产党员。这200万老百姓在红军走后遭到了国民党的残酷镇压。苏区老百姓在苏维埃政权时期取得的所有优待和成果都被地主、绅士和反动派夺回。另外，红军本身也蒙受了前所未有的损失、消耗和人员减少。再说，像红军长征这样重大的事情，甚至在中共中央政治局都没有进行过讨论，而只是由博古、李德等一小撮人决定的。以军事秘密为借口，军事行动的主要措施和计划都没有在政治局讨论，而是由这些人决定的。甚至连苏维埃中央政府主席毛泽东同志和中央政治局委员洛甫①同志都不知道远征计划。至于红军高级指挥员和主要干部，他们对远征更是一无所知。只是在远征开始前三天，召开了中央委员暨积极分子会议，会上顺便谈到中央转移的必要性。会上只讲必须暂停工作，而接下来怎么做，要转移到哪里，谁也不知道。

师长和师政委根本不知道远征的目的和任务，以军事秘密为借口，不告诉他们。此外，还建立了所谓的后勤部队，约有2万人。成立了15

① 洛甫，即张闻天。

个运输队，有五六千人。这些运输队搬运很重的物资，如机器、印刷设备等。这种物资给红军的转移造成了很大的障碍，使红军无法自由行动。一、三、五、八、九军团不得不保卫这些物资，因而他们不能参加运动战和作战行动。这些作战军团没有去歼灭沿途遇到的敌人，反而遭到了敌军的进攻和袭击。特别是在湖南和贵州地区，有歼灭敌人的有利条件，但李德和博古以需要保卫物资为借口，不允许红军同敌军接触。由于实行这种错误的方针，运输物资的人数和保卫运输的人数日益减少。二十二师的战士专为运输物资服务，这个师被敌人彻底消灭。一句话，自己将自己消灭了。红军从中央苏区撤出时有 8 万多战士，而到达遵义时只剩下五分之二。运输物资的军队沿途损失了十分之九。预定援助运输物资军队的补充师被敌人彻底歼灭。机器、印刷设备等物资沿途相继丢掉，没有带到遵义。

这就是李德的反革命战术带来的结果。李德的反革命战术带来的结果是明摆着的。红军的军政干部和毛泽东、洛甫等同志，不得不开始同博古和李德领导的错误作斗争。在紧张的作战形势下，召开了著名的遵义会议，会上揭露了博古和李德在领导红军工作中的主要错误。李德和博古被撤销了党内和红军中的领导工作，由洛甫和毛泽东同志取代。这次会议挽救了红军挽救了党，使之避免了彻底的灭亡和危机。由于有了新的正确的领导，红军克服了不同寻常的困难，党战胜了张国焘的有害路线。在同张国焘的错误决裂后，红军主力开始履行自己抗日的使命，经过艰苦的西征之后转为北上。一、三军团和（中共）中央干部胜利抵达陕北。从这时起，开始组建现在的八路军，这支军队已在全世界的抗日战争中赢得了荣誉。

八、党内有名的宗派主义助长了整个这种有害行为。搞宗派主义的最有代表性的领导人是罗迈（他是湖南人，即李维汉）。当时他任党中央组织部部长，是博古的出色助手。同时罗迈是李立三路线的最忠实和最坚定的贯彻执行者。在大革命时期的湖南农民运动期间，他任湖南省委书记。当时他采取了最机会主义和取消主义的立场。他对湖南省委所犯的错误都负有责任。在中央苏区，罗迈成了搞宗派主义的领导人，因为他与博古和李德气味相投。在动听的反罗明路线①口号下，搞宗派主义的组织路线是废除党内一切民主。在执行这种路线情况下，党的基层工作人员被禁止发表自己对党的上级机关的意见。

另一个例子：在中央苏区发生了反对四个同志（即邓小平、毛泽覃、谢唯俊和古柏）的党内斗争。虽然这些同志有一些不足之处，但他们都是党在基层、在地方工作的骨干，他们是党最宝贵的资本。他们都是县委书记和省委委员。因为这些同志在前沿阵地工作，在艰苦条件下领导游击战，并在工作上给予毗邻县帮助，因此他们的工作条件比中央苏区要困难得多。有过这种情况：大量敌军进攻他们县时，红军部队离他们很远。在这种情况下，他们只好从当地农民中动员自己的力量进行游击战，打退敌人的进攻。在力量悬殊的战斗中，这些同志领导的游击队，有时遭到了失败。为了顺利完成任务，这些同志有时向中央提出意见，请求中央改变某些计划和战略步骤，以便更好地完成中央的任务。但以罗迈同志为代表的宗派主义领导人，不注意客观条件，顽固地坚持自己的意见，否定这些同志的所有建议。而如果这些同志没有可能执行这样或那样的错误指示，搞宗派主义的领导就指责他们犯了“机会主义”错误，执行“罗明路线”，或者更糟糕的是不服从组织领导，搞派别活动等等。

党的工作人员都怕发表自己的意见，因为这些同志，由于大胆提出建议，曾被指责为搞派别活动。邓小平、毛泽覃和谢唯俊同志被撤销了党的工作，他们之中有的受到一般处分，有的受到严重警告处分。而古柏同志因所谓的机会主义被开除党籍。现在邓小平同志做八路军政治部副主任，而毛泽覃和古柏同志被留在了中央苏区。红军走后，毛泽覃在中央苏区领导游击队，1935 年被国民党军阀俘虏，因他是毛泽东同志

---

① 详见《中共中央文件选集》第 9 册，第 459—469、474—482、491—502 页。

的弟弟而被枪杀。就这样，毛泽覃同志为了党的事业英勇牺牲了。古柏同志至今下落不明，他失踪了。谢唯俊同志在红军到达陕北之后被任命为边区特委书记，但他被土匪野蛮杀害。可见，他也在战斗岗位上为了党的事业牺牲了。

瞧，搞宗派主义的在反对什么人。而且罗迈搞的这个宗派主义也反对毛泽东同志，指责他搞游击主义。

所有干部和所有普通战士，都知道李德“短促突击”战术的错误，而正确战术的领导人毛泽东同志却受到谴责。所有战士和指挥员都希望在毛泽东同志的正确战术领导下工作，并且他们知道，只有在他的领导下才能打退敌人的包围，挽救当时的危险局面，但宗派主义，即上面所说的这个宗派主义，不让基层干部发表意见，更不让任何人反对对马列主义有较好研究的博古和自称为共产国际代表的李德。基层干部怕这样做犯政治错误，怕这样做会把自己的炮火转向共产国际和党。博古、李德、罗迈等人利用党员的这种觉悟来干他们的有害勾当。他们妨碍了土地革命事业，妨碍了红军打退敌人的第六次“围剿”。正是这个宗派主义帮助了李德的专制独裁。这是革命遭到损失的主要原因之一，这也是罗迈宗派主义领导的最大罪过所在。

一句话，李德、博古和罗迈的问题应该认真地彻底地弄清楚。

我上面讲述的材料只是零星的。这些材料只能证实他们罪过的一部分。关于他们的罪过，还有许多重要材料，但我不知道。例如，遵义会议的这样重要的决议，由于罗迈宗派主义抱有偏见，我都不知道。就在遵义会议进行时，我被罗迈免去了 15 队政委职务，因为当时不认为我是积极分子和干部。根据这一点，罗迈不让我出席这次会议。这之后我表示抗议，罗迈对我更加恼火，为了报复，他在长征期间抢走了我的马。他试图在长征中把我累死。我向施平[①]和周恩来同志申述，他们当

① 即陈云。

时指派我做总务工作。我当时得了疟疾，考虑到这种状况，他们把马还给了我，这才使我免于一死。但是遵义会议决议还是没有向我宣布。毛泽东同志不想给别人提供多余的口实，虽然我是他的弟弟，他并没有给我看党的许多重要文件，也没有向我讲党内的斗争。因此我只知道我上面所说的情况。

我是已经有 18 年党龄的中共党员。我认为自己有责任把上述情况报告共产国际执行委员会，以使中国共产党不再遭到这些害虫的损害。

借此机会，我向共产国际执行委员会声明，我准备执行共产国际执行委员会的任何任务，以加强和发展中国共产党，使中国革命走上正确的胜利的道路。

周求安（毛泽民）

俄文翻译　张（绥山）①

① 即曾秀夫。

李德（1900—1974），原名奥托·布劳恩，德国慕尼黑人。第一次世界大战前积极支持左翼社会主义运动，1919 年 4 月参加巴伐利亚苏维埃共和国的街垒战斗，加入德国共产党。1926 年被捕，1928 年越狱后到苏联，入莫斯科伏龙芝军事学院学习。1932 年毕业后被派到中国，在中共中央机关任军事顾问。1933 年 9 月进入中央苏区，化名李德、华夫。任中华苏维埃中央临时政府革命军事委员会顾问，对 1934 年 10 月至 1935 年 10 月第五次反“围剿”的军事失败负有重要的责任。长征途中，1935 年 1 月在遵义召开的政治局扩大会议上受到批评，结束了他的军事指挥活动。到陕北后历任中共中央军委军事研究委员会委员兼编委会主任、抗大教员，1939 年夏返回苏联。1941 年参加苏联卫国战争，1949 年返回德意志民主共和国，在马列主义研究所工作，任列宁著作德文版主编。1973 年出版回忆录《中国纪事》，为自己的错误辩解。

作者简介

关于我在华工作的错误[①]

□李德著　马贵凡译

现向共产国际执委会报告我在华工作中所犯的错误。同时我认为，

① 这是 1939 年 9 月 22 日李德本人向共产国际作出的书面检查。原载《中共党史资料》2003 年第 2 辑。原标题是《有关李德两份重要档案文件》。

也需要指出我犯错误时起作用的一些情况。因为手头上没有任何材料，我很难准确地记住一些细节，但我尽量准确地叙述一些事件，我对报告内容负全部责任。

我的错误犯在以下时期：

1. 蒋介石对赣闽中央苏区实行第五次“围剿”的时候，即 1933 年秋至 1934 年秋。

2. 为实行中共中央红军[①]第一阶段长征（即 1934 年秋至 1935 年初的长征）做准备的时候。

3. 1936 年初在陕北讨论红军战略行动计划的时候。

我的错误都涉及中国红军的战略战术及其军事领导权，也就是说这些错误都在军事工作方面。但我清楚地知道，它们不是技术方面的错误，而“对于党的整个政治路线来说不过是部分的错误”（中共中央政治局 1935 年 1 月 8 日扩大会议决议[②]语），并产生于对当时中国形势的右倾机会主义评价。

一、五次“围剿”时的错误

1. 1933 年秋，我来到中央苏区后遇到了以下情况：

（1）在前线：蒋介石已按新的计划发起第五次进攻，这个计划在作战方面含有通过全面封锁和缩小苏区的办法消耗我军力量的战略。在战术上表现为依靠堡垒体系步步推进。因为红军滞留在福建（同十九路军进行夏季战役），蒋介石得以占领和固守中央苏区东北部首府黎川。

① 原文如此。指中央苏区红军。

② 指《中共中央关于反对敌人五次“围剿”的总结决议（1935 年 1 月 8 日政治局会议通过）》（见《中共中央文件选集》第 10 册，第 452—475 页）。

(2) 在红军领导中：1932 年发生意见分歧，红军的行动受到批评(好像是在宁都会议上)，从此以后，苏维埃运动和红军的主要领导人毛泽东同志很少参与军事领导工作。这项工作在中共中央主要由博古同志负责，在军队中主要由周恩来同志负责。

2. 在这种情况下，我犯了两种错误：

(1) 我是根据〔中共〕中央的要求来到〔苏区〕的，由于在上海时我与博古同志有工作联系，所以我单方面地同他保持联系，实际上我掌握了红军行动的决定权。这大大超出了我的工作范围，在客观上篡夺了红军在一年期间的指挥权。表面上看，我没有摆出大人物的样子。我不止一次地强调说，我作为顾问没有任何权力或全权(关于顾问工作，共产国际执委会有相应的电报①)，我认为自己是听从中共中央指挥的，而实际上我对每个涉及红军的问题都提出了建议，并且直到红军进入贵州省之前我的所有建议均被采纳。除此之外，一些建议仅由几个同志进行了讨论，主要是博古同志和周恩来同志，因此造成了对集体领导原则的部分违反。最终我直接干预了指挥部和司令部的工作，我自己起草了作战文件。我的做法是完全错误的，更何况当时本人的前方工作经验很少。我没有为做这种工作做好准备(不懂语言，不了解决定中国红军斗争特点的特殊条件等等)，更正确的做法是，应该学习而不是领导。

(2) 为维护自己的观点，我表现出过于固执和强硬的态度，结果确实在中共中央书记博古同志支持下，其他意见受到压制，前线指挥官的提议也常常不予考虑。特别是当毛泽东同志和洛甫同志(在 1933 年底浒湾战役和 1934 年 5 月广昌战役失利后)提出尖锐批评时，我完全不作自我批评，而捍卫自己的意见，并且认为，在五次"围剿"的新形势下已经不能利用红军以前的丰富经验。这样一来，工作方式方法大部分

① 该文件没有找到。在共产国际执委会政治书记处政治委员会的电报中强调指出，它关于军事问题的建议不是具有约束力的指示，最后的决定直接由中共中央和中国工农红军革命军事委员会负责。

都是错误的。

3. 我对红军在五次“围剿”条件下的战略战术所阐发的观点和我在红军中所实行的意见实际上都是完全错误的。红军在五次“围剿”以前的经验表明，在技术条件薄弱的情况下，只有实行机动灵活的进攻才能成功地保卫苏区，而且必须利用群众武装来牵制和骚扰敌人，主力要形成拳头，出乎意料地打击敌人的薄弱环节，并以决战制胜打败敌人，打破敌人的包围。在内线斗争中，甚至应牺牲土地诱敌深入，用“捕鼠器”歼灭敌人，收复和扩大苏区。

对于这个宝贵经验，我根本未予重视。当时我觉得，在五次“围剿”中，形势发生了根本变化。在业已形成包围圈（自 1933 年 12 月和在 1934 年夏天①的“福建事变”② 之后）和敌人借助碉堡体系缓慢推进的情况下，我机械地把“一切为了前线”、“不放弃苏区寸土”等政治口号搬到作战行动上。我不相信，敌人会离开碉堡，不相信可以在决战中消灭它的大部分力量，我逐渐发展了通过部分胜利取得战略胜利的理论，依靠自己的堡垒对来犯敌人，分散兵力实行短促突击。客观上因此丧失了作战主动性，全线实行单纯防御，受敌人行动左右，搞堡垒主义，而在作战中，是进行绝望的战斗，对胜利没有信心了。

（1）通过小的胜利取得战略胜利的理论。这明显放弃了在决战中靠闪电战取胜的做法，结果犯了一系列的错误，如“阻止敌人进攻”（博古同志语），这反映了自己的机会主义思想，不相信能取得最后胜利；“国民党和红军兵力竞赛”（周恩来同志语），这明显是对形势作出了错误的估计，因为国民党的资源要比我们多得多，而自己的政治优势没有为取得决定性胜利加以利用，而是在持久战中耗费掉了。

---

① 原文如此。应为：1933 年 11 月至 1934 年 1 月。

② 指 1933 年 11 月蔡廷锴、蒋光鼐和陈铭枢拥戴李济深为领袖，公开宣布与蒋介石破裂，在福建成立“中华共和国人民革命政府”。不久，19 路军和福建人民政府在蒋介石兵力压迫下失败，此后蔡廷锴等人继续采取与共产党合作的立场。

（2）短促突击。对这个理论，我一个人应承担全部责任。这是试图在敌人走出碉堡向前推进时突击敌人，但实际上很少成功，因为敌人仔细侦察，受到打击时立即退回碉堡。自然这种突击不止一次地在追击过程中发展成为对碉堡的无目的的进攻。在不能通过这种突击消灭敌人时，它渐渐发展成了反击，而战斗的主要方式，已从进攻转换成防御。

（3）堡垒主义。主观上我只打算在战略上具有重要意义的战线上设一些支撑点和地区，我甚至反对过火行为（在文章①中，我对弗雷德②固守从赣江到抚河整个战线的建议提出异议），但是客观上在我的影响下，堡垒体系发展到很大规模，所以一时整个的兵团（五军团二个师、九军团一个师、两三个独立师）变成了守备部队，不再习惯于采取机动灵活的行动。

（4）分散兵力。由于实行短促突击，认为已经不需要经常集中主要力量，在多数情况下，红军分两部分作战（一军团或三军团作为突击力量，而另一些部队作为辅助力量），这样一来，取得决定性胜利的可能性不止一次地被减少了，甚至在具有客观条件的情况下。

（5）根据上述错误的战略战术原则，部队在敌人挑衅情况下频繁调动疲劳不堪，因为敌人兵力在总体上占有很大优势（多九倍），在各个战线轮番进攻，而我们的部队等待他们的进攻，实行“短促突击”，在最后一刻要转入立即作战。这是放弃主动性的结果，经常造成部队行动不及时，至少损失过多，争取不到全胜。

（6）绝望的战斗也是总的错误目的所致，它掩盖了我提出实行的错误战术的不成功。这明显歪曲了顽强战斗的原则。

这些错误，我认为，是1934年夏五次“围剿”决定性时期的主要错误。由于犯了这些错误，红军的战斗力减弱了，苏区大部分土地丧失

---

① 可能指华夫（李德）的文章《革命战争的迫切问题》［见奥托·布劳恩（李德）的《中国纪事（1932—1939）》］。

② 即M.斯特恩。共产国际远东局（驻上海）军事代表。

了，苏区总的条件已恶化到红军主力不得不离开的地步。这些情况反映出对敌人作出了过高的机会主义评估，低估了自己的力量和能力，不相信能取得决定性胜利。这些思想不仅背离了当时的具体情势，而且也违背了所有军事战略战术原则。

4. 1934 年初的“福建事变”是我的错误表现的转折点。这以前，我在很大程度上还努力在敌人侧翼实行运动战（所谓五次“围剿”第一阶段）。“福建事变”之后，上述错误的发展已无节制。

在“福建事变”中，我认为，我的错误主要是犹豫不决和摇摆不定。中共中央和它的上海局有不同的政治评价。在军事方面有两个相互抵触的计划。一个是由弗雷德提出的，以军事纪律强加给了我，规定红军主力越过赣江向蒋介石大后方南昌长距离运动。另一个计划是革命军事委员会赞同的，并且我认为也是正确的，规定出兵支持闽北十九路军。但这个计划没有实行，因为由于犹豫不决，行动迟了，已把部队派往闽中（关于“福建事变”，见单独材料）。

5. 与上述错误相联系，也有部队组建方面的一些次要错误：

（1）随着对群众的大规模动员，1933 至 1934 年间在中央苏区建立了大量的有生力量储备，主要用于组建新的部队（第三、十四、十五、二十二师和其他师）。虽然指挥干部部分调自老军团（第一、三、五军团），但他们的战斗力仍很薄弱。对这些部队以及部分老部队的训练和充实工作没有系统地进行。这些错误主要发生在 1933 年，那时我还没有来。我曾尝试纠正这些错误（如扩大军校规模，建立教导团等等），但自己也部分地陷入了改组和组建新部队的错误，特别是从 1934 年夏季开始，新部队没有完全组成和做好准备，因此一时遇到了新部队的充实问题。

（2）军队的训练，特别是干部的培训，由于存在错误的战略战术理论，在质量上降低了。虽然我在这些方面做了大量的、我认为不是完全没有益处的工作，但无疑我也应为这方面的错误负责，因为它们与总的错误领导有关系。

二、与长征有关的错误

1934 年五次“围剿”时表现出来的机会主义错误，在长征第一阶段的准备工作中也有反映。

1. 自 1934 年夏提出以后的行动问题时，革命军事委员会在我的影响下立即提出两个方针。一个是竭尽全力保卫苏区；另一个是疏散。这对那些在为业已提出的目标继续战斗并且没有得到足够休息的军队产生了消极的影响。

2. 准许携带大量的辎重。我本人虽然反对最初的计划，极力减少，但还是做得不够。这里反映出对远征的错误概念，认为这是一般的转移，没有充分考虑到军队在国民党地区即将面临的变化了的条件。

3. 由于有庞大的后勤部队，又低估了敌人的行动，作战部队在很大程度上变成了非作战部队的掩护部队。他们行动缓慢，调动困难，因而造成了纵队不止一次地受到敌人部队的进攻，有掉队的，失去联系的，损失惨重。

4. 远征的最终目的不明确，在完全越过敌人的防线之前（即在到达贵州之前），我极力避开决战，因此放过了同敌人的有利作战机会（在湘桂黔边区）。

由于犯了这些错误，在长征第一阶段的损失是很大的，军队疲惫不堪，二、六军团会师未成。

另外，与远征相联系，也有一些问题，我认为需要作出说明：

1. 对远征的政治解释和关于远征的决定。无论是 1933 年夏秋的战略计划，还是关于远征的决定，都是中共中央书记处一致赞成的，如果说与其他领导机关没有进行讨论，我认为，这个责任以及向群众解释不够的责任，我不能分担。

2. 在技术方面，我认为，远征的准备工作是好的。突破四道防线的计划也一样，比较容易地克服这些防线就证明了这一点。

这些说明，当然不能减轻这个时期我所犯的错误的严重性。

三、在中共北方战略上的错误

1. 1936 年初，中央军队到达陕北并同十五军团会合后，在毛泽东同志领导下制定了战略计划，对其第三（实际）部分提出了以下任务：

（1）总的目标：取得苏联的技术援助。

（2）红军的战略方针：向北推进，以靠近外蒙古并通过它与苏联建立联系。

（3）红军在三个阶段的行动：第一阶段：巩固陕北地区，准备渡过黄河；第二阶段：消灭阎锡山部队，在陕西建立新的根据地；第三阶段：（可能向绥远、察哈尔一带）进行北征。

这个计划得到中共中央政治局的赞同①。

2. 我不同意基本目标和红军第三阶段行动，在部队（和中共中央）向黄河出发时，我给中共中央发去一封个人信件，提出了自己的看法：

（1）在调动主力部队进行远征的情况下，巩固和保留陕北地区是不可能的，因为主力部队有可能由于敌人的行动回不来。

（2）根据建立抗日统一战线的政治任务，军队的主要任务现在不是取得苏联的技术援助，而是在中国内部活动，旨在建立这种统一战线和

---

① 指东征计划，在中共中央政治局 1936 年 1 月 10 日和 17 日会议上作了研究。

消灭叛徒军队。

（3）走出去靠近外蒙古，可能破坏苏联的和平政策，并在客观上成为促使日本进攻蒙古的挑衅性行为。

总之，我建议，既然战役已经开始，那就把它局限在山西境内，从计划中取消第三阶段。

3. 中共中央政治局会议强烈地和一致地驳斥了我的看法，认为这是我以前的机会主义方针和战略的继续，不相信苏区和红军的力量，过高估计了敌人，不懂苏联和平政策的实质，因此这是对中共中央没有根据的指责。

我收到中共中央的结论后，立即承认了自己的错误，并根据中共中央的讨论作出说明。这个错误行动没有造成实际有害的后果，因为在中共中央内立即得到了解决。

在评估我在中国所犯的错误时，我请求要考虑到在客观上促使我犯这些错误的一些情况，虽然从另一方面说，我所处的特殊环境也加大了这些错误的影响。

（1）我没有经验，对在中国受委托的工作没有做好准备，这些对我犯上述严重的机会主义错误起了很大作用。我从 1932 年底到达上海到 1939 年 8 月离开延安时，从未收到过共产国际执委会的什么指示、通报，哪怕是同共产国际执委会机关取得什么联系。埃韦特同志是共产国际执委会驻上海代表，他根本不干预军事工作，而弗雷德在 1933 至 1934 年间是我的直接上司，从未帮助过我，而是阻碍我制定正确的方针。

（2）我未在任何时期同中共中央进行斗争。1934 年，我同中共中央书记博古同志协调工作，我的印象是，他代表党的领导的意见。当党内情况发生变化时，我真诚地承认了自己的错误，并努力在实际工作中加以纠正。1936 年的行动完全发生在中共中央内部。

（3）几年间，在困难的形势下，我努力在工作中，主要是在军校和红军部队、八路军部队开展的教学工作中纠正错误，并积极在中国共产党内支持中央的路线，诚实地完成他委托的任务。特别是1935年中央军队在云南发生危机①时和在张国焘搞分裂情况下，我坚定地站在中共中央一边，并为它的路线而斗争。

请共产国际执委会讨论我的错误并作出必要的结论和关于我的结论。

瓦格纳（李德）

① 指1935年4月红军经过云南省时，1935年3月成立的由毛泽东、周恩来和王稼祥组成的三人军事领导小组同林彪等在军事问题和组织问题上发生的意见分歧。

李键、齐岩夫妇。

李健少将，1918年生，河南济源人。1938年参加八路军、加入中国共产党，历任冀中军分区参谋长、军区参谋长兼河间卫戍司令、华北特种兵部队参谋长。新中国成立后历任华北军区炮兵参谋长兼首都高射炮师师长、志愿军二十兵团炮兵主任、北京军区炮兵司令员。

作者简介

用胜利迎接大反攻[①]

——记1945年冀中我军夏季攻势的第二阶段作战

□李 健

1945年6月10日至7月4日，在冀中军区发起的夏季攻势第一阶段的子牙河东战役中，我八、九分区部队，在杨成武司令、林铁政委指挥下，密切配合，英勇作战，攻克子牙、王口、沙河桥、津南庞家庄等重镇，以及大城、献县两县城，将独流至献县200余里的子牙河沿线敌大小据点全部摧毁，使八、九分区根据地，向东越子牙河，推到运河、津浦路沿线及天津以南地区。

冀中我军夏季攻势第一阶段作战结束后，我九、十分区奉命展开了

① 原载《中共党史资料》1995年第55辑。

日军向八路军投降。

以横扫平津外围据点，把解放区扩大到北平、天津、保定三大战略要点附近为目标的大清河北战役。7 月 1 日是党诞生 24 周年纪念日，冀中九地委在任丘城北八里屯召开纪念大会。地委书记兼分区政委陈鹏和副政委王道帮在会上勉励部队：“要胜而不骄，再接再厉，更加英勇地战斗，继续解放被敌人占领的地区。”大会结束了，人们怀着激动的心情，回忆着过去，期待着更大的胜利。

会后，我分区司令部（当时我任参谋长，司令员因病离队休养）立即召开了作战会议。王副政委首先传达了军区首长的指示：“我们不能给敌人喘息的机会，必须立即发起夏季攻势的第二阶段作战——大清河北战役。这个战役由九、十分区并肩作战，以消灭伪治安军第七集团军主力十九团、二十团，争取解放霸县、信安、堂二里、胜芳等城镇据点，彻底打开永霸联县及武清南部地区为目标。九分区为右纵队，攻击天津西面信安、堂二里、胜芳、得胜口等重要据点，争取消灭伪军治安军十九团及伪静海道和武清县武装。十分区为左纵队，攻击霸县、独流、牛坨等城镇据点，争取消灭治安军二十团及伪雄、霸、固地方武装。十分区的战役主要方向，除本分区全部兵力外并加强军区总预备队兵力……”王副政委讲完后，我让侦察股长李盈九扼要地报告了敌我态势：“战役地区除天津外，敌伪共为 4000 余人。我参战部队四个团、队，三个县支队，一个县大队，也约有 4000 人。从敌我数量上来看，大体是一比一。”接着，他又介绍了敌人的优势和弱点。

大家围绕军区首长的战役企图和分区的作战任务，展开了热烈的讨论。分区司令部作训股长雷溪提出了很好的建议。二十四团团长张英辉、四十二区队长李吉高坚决要求担任主攻。三十八区队长贾桂荣和三十四区队政委杨栋梁，在具体打法上谈了各自的意见。我集中大家的意见，提出了围歼伪治安军十九团的作战预案："以三十八区队附文新支队、二十四团附武清大队为战役打援部队。三十八区队先袭击胜芳，攻克后即向王庆坨北部码头镇、黄花店方向扩大战果，并向永清、安次方向侦察、监视，准备打援。二十四团先袭击得胜口，攻克后迅速进至王庆坨、堂二里之间公路两侧，处于机动位置，并向天津、杨柳青派出侦察、警戒，坚决打击天津、王庆坨西援之敌。四十二区队附任丘支队围攻堂二里，三十四区队附肃宁支队围攻信安。作战方式主要采用强攻和坑道爆破，并以政治攻势相配合。因此，各部队要抓紧时间，认真进行坑道作业准备与强攻演习。"

最后，王道帮副政委作了总结。他同意以上决定、布置和打法，强调要深入做好战役政治工作，防止骄傲轻敌，力争彻底、干净、全部歼灭伪军治安军十九团。并提出由分区政治部刘光裕副主任带一个组到堂二里，宣传科长王功学带人到胜芳，帮助各部队加强内部思想工作和对敌人的政治攻势。

经过近10天的紧张准备，分区参战部队于7月10日夜均已到达战役出发地域，接受了分区的最后检查。12日夜沿着大清河岸分两路向战役目标地区疾进，二十四团、三十八区队文新支队，由胜芳以东偷渡老大清河，远道奔袭胜芳、得胜口。四十二、三十四区队及任丘、肃宁支队进至信安、堂二里以南，先准备打击出援之敌。

12日夜晚，天气阴沉沉的，分区指挥所沿着大清河北岸向东挺进。午夜，我们进至处于信安、堂二里、胜芳三角形中间的中口村。在路上，我们已听到三十八区队袭击胜芳的枪声。到中口村时，枪声、手榴弹声震撼大地，好像近在村边。大家很高兴。看来三十八区队打得不错。随之有四个骑兵通讯员先后来送信，报告三十八区队、二十四团都准时开始战斗，并一举袭入村内，正与敌进行激烈巷战。我和王副政委一边了解和掌握作战情况，一边加强与各部队的联系。

指挥所紧张了一夜，谁也没有休息。天刚亮，我到村边观察地形，准备指挥打援。突然听见后面有人叫“零五首长”，回头一看作战参谋白俊卿喘着粗气跑来报告：“二十四团经五小时激战，已攻克王庆坨通堂二里、信安的咽喉得胜口据点，全歼伪保安联队三大队100余人，缴获机枪3挺、步枪100余支。”我说：“好，二十四团打响了战役第一炮。你赶快报告雷股长，立即指示该团迅速打扫战场，后送俘虏，加强侦察警戒，抓紧构筑工事，准备打击由安次和王庆坨出援之敌。”

13日晨6时许，贾桂荣同志报告：“部队已攻入胜芳镇内，攻克碉堡三处，现正准备爆破，内外夹击敌人。今晚可望拿下该镇。”

这时，我们在静候信安、堂二里敌人出动的消息。但侦察员接连报告说，这两个据点敌人，将四门紧闭，只向外放冷枪，却没有出动的征兆。

当日中午，我们断定信安、堂二里之敌不会出援了。就马上命令潘永堤、李吉高同志率部于黄昏后，分别围攻信安、堂二里，争取一举攻克，全歼守敌。

晚9时整，指挥所的东北、西北方向枪炮声震耳，火光冲天，我军强攻信安、堂二里的战斗打响了。

指挥所的电话铃不停地响着。

“李吉高同志吗？怎么样？打进去没有？”我问。

“部队动作很猛。火力组织得很好，敌人虽然顽抗，但由于受我机枪和特等射击组的火力压制，大都不敢露头，多系盲目射击。现在我们已从村东、村西打进去了，正向内猛插，争取接近主碉后再挖坑道，进行爆破。”从声音里可以听得出李吉高同志胜利信心很足。

“好！现在一面强攻，一面动手准备挖坑道。你们要和三十四区队比赛，看谁先攻下敌人的据点。”我又给他们加了一把劲。

这边电话机的铃又响了。白参谋递过听筒说："是三十四区队杨政委。"

我接过机子就急不可耐地说："杨栋梁同志，你们打得好吧！四十二区队已从两个地方打进去了！"

杨栋梁同志马上回答："我们也打进去了！但敌人十分顽固，大、小碉堡都有很深很宽的围碉沟，不费较大力量挖坑道爆破，是不容易攻下来的……"

我立即指出："现在一方面继续向村内攻击，力争夺取有利地形，接近敌之主碉，缩短坑道距离，主要精力应用于组织坑道作业，争取尽快爆破敌主碉；另一方面，预备队要积极改造围村沟，加筑战斗设施，把四面八方围得紧紧的，决不能让敌人跑掉一人一马。"

我立即将这些情况报告了王副政委。我俩马上研究如何迅速结束胜芳战斗，将三十八区队抽出来，对付可能从永清、安次方向来的援敌。这样有两个拳头打援，围歼伪十九团就更有保障了。

恰在这时，贾贵荣同志来电话报告："敌人很顽强狡猾，逐街逐院与我们打游击，不肯缴枪。但我们已攻克碉堡 14 座，俘获敌一部。伪军逃跑一部，文新支队正在追击。现只剩西南角两座碉堡未拿下，我正进行坑道作业，今晚可能攻克。"看来，尽快解决胜芳战斗有点困难但问题不大了。

14 日下午 6 时，胜芳战斗胜利结束，我军歼伪静海道教导大队大部，俘敌 100 余人，缴机枪 3 挺、步枪 160 余支。我们即令三十八区队连夜进至堂二里以北，准备阻击来自永清、安次方向增援之敌，并相机攻歼葛渔城、码头镇敌人。留文新支队打扫胜芳战场，掩护开辟工作，并向杨柳青、独流方向警戒，作为分区预备队。

信安、堂二里的敌人因弹药充足，拼命射击，火力十分猛烈，平均每小时打迫击炮 60 余发，机枪步枪日夜不停射击。敌人还用挖掘、爆炸等反坑道战术与我对抗。这给我坑道爆破增加了很大困难，使我进攻受阻。

胜芳战斗结束后，我马上带参谋到了围攻堂二里的四十二区队指挥所，和李吉高、王治平、谢才琴同志一起观察了地形，详细研究了战斗动作。当即决定，一面组织突击力量，作好强攻准备；一面采取火力封锁、佯攻及在假坑道埋设地雷等办法，打击和欺骗敌人，粉碎敌人的反坑道企图，加速我坑道作业。要争取几处同时爆破后，以强攻手段一举歼灭敌人。接着，我又看望了民兵和战士们，他们虽然一昼夜没有休息，但是战斗情绪十分高昂，个个都像小老虎，恨不得一口吃掉敌人。我问他们知不知道上级对打好这一仗的要求，他们都响亮地回答："一定要彻底消灭敌人，不使一人一马跑掉。"

到15日，敌人经过两昼夜的垂死挣扎，已精疲力尽，而我则一切准备就绪。下午3时，我开始爆破和强攻。数声巨响后烟冲云霄，堂二里的群碉被炸得粉碎。随之，突击队像数十支利剑一样刺向敌人。英勇的战士们冲进去以后很快扫清了顽敌，解放了堂二里。这次战斗，我全歼伪治安军第七集团军主力第十九团的二营、三营（欠八连），毙伤伪连长以下官兵百余人，其余的从两个营长以下的官兵600余人全部被俘。缴获迫击炮3门、重机枪3挺、轻机枪12挺、步枪400余支，子弹1.5万余发。

为了保证三十四区队围攻信安的作战，我们命令四十二区队集结堂二里西北地区，准备打击由永清方向增援之敌，并随时接应三十四区队防敌逃窜。为调动和钳制敌人，命令三十八区队配合武清大队于16日夜开始袭击葛渔城、码头据点，成功后，从黄花店附近进入武清南部；二十四团抽两个连从王庆坨以南进入武清，南北呼应。同时大力发动群众填沟、破路、割电线，捣毁大乡伪政权，调动和钳制武清、安次之敌伪，并令津南支队积极向天津近郊咸水沽、葛沽、小站一带行动，迷惑、钳制天津之敌。

我们刚作好这一部署，接到军区来电，说："十分区进攻霸县受阻，固安一带敌伪集结1500余，附有坦克、装甲汽车，似有增援解围霸县及信安的企图。”军区除令我们迅速围歼信安之敌外，还应准备抽四十二区队带任丘支队及区小队增援十分区，围攻霸县。

为贯彻军区指示，分区指挥所决定，立即将任丘支队、区小队调给三十四区队进行坑道作业，并从分区机关抽出得力干部到三十四区队帮助坑道作业和加强攻势。

信安坑道作业力量加强后，16日爆破了一个小碉堡，炸后我立即组织冲锋，但被敌人火力压制，未能奏效。从此日起，敌人从天津每天派来两架飞机到信安低空扫射投弹，企图稳定守敌情绪。而守敌所有碉堡及敌团部院内的水井均被我火力封锁，敌人相互不能通行，也不敢下碉堡外出一步，已三天三夜没有起火做饭，加上其电台被我打坏，联系中断，下层开始动摇，先后有10余名伪军从据点内爬出向我投降。但敌上层镇压很凶，发现稍有动摇表现的，立即枪毙。所以敌火力依然很猛，我强攻仍不容易。看来，非爆炸敌团部固守的主碉不能解决问题。为此，我们又集中任丘、肃宁两支队及区小队力量，抢挖爆破主碉的坑道。不料数次接近碉堡，都被敌人用挖沟、埋设迫击炮弹、扔集束手榴弹、扇烟、浇水等手段破坏了。问题越来越严重。我们又用佯挖欺骗敌人，吸引敌人注意力，声东击西，将坑道改向另一方向，并尽量轻巧挖掘，避免敌人发觉，同时用严密火力封锁敌人，使其不能接近真坑道的地面。经过两昼夜的艰苦斗争，于17日黄昏将坑道挖到敌主碉下，这时又发现碉基是水泥与柏木桩，挖不进去。如用力凿劈，震动大又易被敌人发觉。我们紧急召开“诸葛亮会”研究，终于解决了这个难题。与此同时，我们还加强了政治攻势，利用在堂二里俘虏之伪二营长，对伪团长孙宾年喊话；同时，我们对敌士兵讲政策，晓以大义，使其士气更加低落。

18日2时整，我军在坑道爆破的同时，发起猛烈强攻，一举成功，敌大部投降，少数抵抗被俘。驻信安的伪治安军十九团团直、一营和三营八连及伪治安军第七集团军指挥所同时被我全歼。生俘伪团长以下500余人，缴迫击炮3门、轻重机枪11挺、长短枪400余支、马100余匹及大批装备物资。

至此，驻堂二里、信安的伪治安军十九团及第七集团军指挥所，经六昼夜围攻，被我彻底全部歼灭，未跑掉一人一马。

19日，冀中军区杨、林首长来电嘉奖说："信安、堂二里战斗的胜利，将据守该地之伪治安军第七集团军指挥所与辖十九团团直、三个营部、十一个整连全部歼灭，创造了冀中平原歼灭战的范例……"

随着信安、堂二里歼灭战的胜利，三十八区队、二十四团将武清地区彻底打开了，天津以西除王庆坨、黄花店、东府港以外，武清地区全部解放，天津西部完全暴露在我军威逼之下；津南支队也攻克了距天津10余里的咸水沽，逼退了津南大泊据点，控制了塘沽南渤海岸100余里，天津南部也暴露在我军威逼之下，形成了兵临天津城下的有利战略态势。

子冈（1941—1988），江苏吴县人，原名彭雪珍，1938年加入中国共产党，重庆《大公报》著名记者，新中国成立后历任《人民日报》记者和《文艺报》编辑、《旅行家》杂志主编。1957年被错划为右派，后任全国政协委员。1979年以后，任《旅行家》杂志顾问、中国新闻社名誉理事。

作者简介

毛泽东先生到重庆[①]

□子　冈

人们不少有接飞机的经验，然而谁也能说出昨天九龙坡飞机场迎接毛泽东先生是一种新的体验。没有口号，没有鲜花，没有仪仗队，几百个爱好和平自由的人士却都知道这是维系中国目前及未来历史和人民幸福的一个喜讯。

这也许可以作为祥和之气的开始。

机场上飞机起落无止尽，到3点37分，赫尔利大使的专机才回旋到人们的视线以内，草绿的三引擎巨型机，警卫一面维持秩序，一面也没忘了对准了他的快镜头。美国记者们像打仗似的，拼着全力来捕捉这一镜头，中国摄影记者不多，因此强调了国际间关心中国团结的比重。塔斯社社长普金科去年曾参加记者团赴延安，他们也在为“老朋友”毛

① 原载1945年8月29日《大公报》。

1945年8月28日，毛泽东偕周恩来、王若飞（右一）赴重庆，就和平建国等问题，同国民党当局进行谈判。图为他们离开延安时，同前来迎接的美国驻华大使赫尔利（左三）和国民党政府代表张治中（左一）合影。

泽东先生留影。昨日下午6时有重庆对莫斯科广播的节目，普金科看看表，慰心的笑了。

第一个出现在飞机门口的是周恩来，他的在渝朋友们鼓起掌来，他还是穿那一套浅蓝的布制服。到毛泽东、赫尔利、张治中一起出现的时候，掌声与欢笑声齐作。延安来了九个人。

毛泽东先生，52岁了，灰色通草帽，灰蓝色的中山装，蓄发，似乎与惯常见过的肖像相似，身材中上，衣服宽大得很，这个在9年前经过四川边境的人，今天踏上了抗战首都的土地。

这里有邵力子、雷震两位先生，这里有周至柔将军，这里有张澜先生，这里有沈钧儒先生，这里有郭沫若先生……多少新交故旧，他们都以极大的安定来迎接这个非凡的情景。

“很感谢”，他几乎是用陕北口音说这三个字，当记者与他握手时，他仍在重复这三个字，他的手指被香烟烧得焦黄。当他大踏步走下扶梯的时候，我看到他的鞋底还是新的。无疑这是他的新装。

频繁地开麦[1]拉镜头阻拦了他们的去路，张治中部长说："好了吧。"赫尔利却与毛泽东、周恩来并肩相立，抚着八字银须说：

"这儿是好莱坞！"

于是他们作尽姿态被摄入镜头，这个全世界喜欢看的镜头。

张部长在汽车旁边劝道："蒋主席已经预备好黄山及山洞两处住所招待毛先生，很凉快的。"结果决定毛先生还是暂住化龙桥18集团军办事处，改日去黄山与山洞歇凉。

毛泽东和蒋介石在重庆。

毛、张、赫、周四人坐了美大使馆2819号汽车去张公馆小憩，蒋主席特别拨出一辆2823号的篷车给毛先生使用，也随着开回曾家岩50号了。侍从室组长陈希曾忙得满头大汗。

记者像追着看新嫁娘似的追进了张公馆，郭沫若夫妇也到了。毛先生敞了外衣，又露出里面的簇新白绸衬衫。他打碎了 只盖碗茶杯，广漆地板的客厅里的一切，显然对他很生疏。他完全像一位来自乡野的书生。

他和郭先生仔细谈着苏联之行，记者问他对于中苏盟约的感想时，他说："昨天还只看到要点，全文来不及看呢。"我以为他下飞机发的中英文书面谈话甚为原则，因此问他：

---

① 指麦克风，即扩音器。

“你这谈话里没有提到党派会议与联合政府，这次洽谈是否仍打算在这两件事上谈起呢?”

他拍着中文书面谈话说：“这一切包括在民主政治里了。还要看蒋先生的意思怎么样。”

对于留渝日期，他说不能预料。他翻看重庆报纸时说：“我们在延安也能读到一些。”他盼望有更多的记者可以到延安等地去。

张部长报告蒋主席电话里说：8 点半在山洞官邸邀宴毛、周诸先生，因此张公馆赶快备办过迟的午宴，想让毛先生等稍事休息后再赴晚宴，作世界所关心的一次胜利与和平的握手。

王森 1906年生，山西临县人。1926年加入中国共产党，长期从事情报工作、地下工作，其对手之一就是司徒雷登。新中国成立后历任北京市检察院副检察长、中国驻丹麦全权大使、国务院参事。

作者简介

司徒雷登与美国百年侵华政策的破产[①]

□王　森

美国自南北战争结束、国家由分裂而统一后，便步英、法、德列强后尘，向外侵略扩张。1844年，美国迫使中国与之签订了《望厦条约》，规定美国在中国享有领事裁判权和最惠国待遇等特权。美国对中国的侵略，除了依靠船坚炮利外，还派传教士到我国传教，进行文化渗透。

王森、郑忱夫妇（1948年做地下工作时）。

1904年年底，司徒雷登以传教士身份来华。1908年调南京金陵神学院讲授希腊文课。1919年奉调北京，负责筹办教会的燕京大学并担任校长。1946年，升任美国

① 原载《中共党史资料》2000年第75辑。

驻华大使。1949 年 8 月，离任回国。

司徒雷登以传教士身份来华，实际上充当了美国侵华的先锋作用。而他自担任驻华大使起，则积极贯彻美国的侵华政策，明目张胆地干预中国内政。他一系列的反动丑行，把自己铸成一个十足的“内战大使”。

司徒雷登来华的前前后后

司徒雷登 1876 年出生于中国杭州，父亲司徒约翰是美国早年派遣来中国的传教士。他和妻子玛丽在杭州活动了 40 年之久。

司徒雷登 12 岁时被送回美国接受国民教育。他在美国接受了一系列教育。他最后进协和神学院研究神学，取得博士学位。他在协和神学院一年级的时候，就开始考虑将来的工作问题。这在 1946 年前燕京大学教职员为庆祝司徒雷登 70 岁寿辰而编写的《司徒雷登年谱》中有所记载：“先是，先生心中旦夕盘旋：是否当为宗教牧师，或毕生为教育事业。先生笃信宗教，委身为牧师，本无疑问；然数载中竟狐疑莫决者，盖虑为牧师，则或须应召赴华，供职差会，幼年在华所受苦况，及返国后所受讥评，心中受伤颇深，未易平复。”[①] 鉴于父亲一生碌碌无为，在杭州死守着一个不起眼的街角里的小教堂，几十年只吸收几个地位低微的教徒，待遇又微薄，生活拮据，司徒雷登真觉得没意思，再加中国贫穷落后，一想到这些就充满厌恶之感，所以他把去中国布道视为畏途。

司徒雷登在协和神学院三年级的时候，迫于环境，不得不加入该学

① 见中国人民政治协商会议全国委员会文史资料研究委员会编：《文史资料选辑》第 83 辑，文史资料出版社 1982 年版，第 28 页。

院的“学生义勇外邦布道团”。该团为美国青年所组织，加入者都随时应召，远适异国，宣传宗教。他在回忆录《在华五十年》里写道：“那一晚，我躺在床上彻夜难眠，听到钟楼上一次又一次地响起钟声……简直无法形容我多么厌恶去中国当传教士的心情。在我心目中，那里并非是我所设想的能正常生活和工作的国家：在街角的小教堂里和庙会上给那些懒散、好奇的人群大声布道，几乎白送一样地向人推销宗教小册子，被当地老百姓戏弄，忍受人生的种种烦恼和困苦，没有机会搞学术研究……”“我天生来就不喜欢做传教士。然而人们在当时都普遍地认为一个人如想真正成为名副其实的耶稣信徒，在不受外界影响的情况下，他就应到国外做一个传教士。或者，他至少得做到欣然‘应召’。我肯定做不到这一点。”①

然而后来的情形却不是这样，司徒雷登和他的父亲一样，也以传教士身份来华传教。是什么使司徒雷登改变原来的主意呢？司徒雷登在《在华五十年》中写道：“在我个人生涯中，许许多多有重要意义的选择都是在受到外部束缚并与个人心愿相违背的情况下作出的。有一股并非属于我自身的力量，一再驱使我去经受磨炼和从事一些我不曾企求或预见到的冒险事业。”②

那么，这个“冒险事业”究竟是什么事业？“一股并非属于我自身的力量”是什么力量呢？这些疑问，司徒雷登是不肯写明的，但有人却道出了迷津。燕京大学英籍教授林迈柯说：“司徒博士是来中国搞政治的。”燕京大学校务委员会主席陆志韦在《司徒雷登与燕京大学》一文中虽然对司徒雷登的书斋——燕京大学校园内临湖轩东厢房正是司徒雷登一切政治阴谋活动的指挥部缺乏认识，但从他所说的“我始终弄不清

① ［美］约翰·司徒雷登：《在华五十年——司徒雷登回忆录》，北京出版社1982年版，第23—24页。

② 同上书，第2页。

司徒的‘马戏班’一共有几个‘圈子’（像美国人所说的）。一般说来，司徒的赤裸裸的政治阴谋活动大多不是在校园内进行的”①，也可看出司徒雷登在中国搞了政治阴谋活动。

司徒雷登的足迹、手段和网

1904年司徒雷登来华是要超越他的前辈，为美国“融合中国”干一番事业的。可是当他和妻子艾琳与专程来上海接他们的老父亲回到杭州时，一看老父亲的生活环境仍是20年前那个老样子，一股厌恶的反感不禁油然而生。他十分厌恶像他父亲那样，死死守着街角那个简陋的小教堂。他想，必须另辟途径，开创局面，走出教堂，到广阔的社会中去结交朋友，接触中国的三教九流，特别是中国的上层人物，不管是什么派什么系，他都希望交往接近，连侍从仆役都需深入了解。

司徒雷登交际的重点是攀高结贵，尽力寻访当地有地位的人物。据说：有一天，他在大街上行走，忽然看到一辆相当漂亮的骡轿车飞驰而过，仔细一看，乘车的是位白发老太太。他立即意识到能够乘坐这样豪华轿车的人，必定是高贵人家，便向人打问，当他得知坐车的是曾国藩的女儿时，立即跑步追上去与这位老太太攀谈，甚至称赞她的先尊剿灭太平天国的功劳，还提到当年驻上海的美军协助剿灭“长毛”② 的事。从此，与曾老太太结为友好。

杭州风景不错，可缺乏上层政要人物，所以司徒雷登在杭州几年，杭州话、苏州话虽学得相当流畅，但所结交的人，合乎他理想的不多，心情很郁闷，因而更不屑与他父亲一起赶庙会或串乡村讲道去了。后来

① 《文史资料选辑》第83辑，第7页。

② 指太平天国农民起义军。诬称。

在他多次向“差会”请求下，于1908年被调到南京任金陵神学院讲师，教希腊文课。但是，南京当年也不是政治中心，地方人物作用仍然有限，他便以撰写《希腊文初阶》来排遣时光。然而机会偶然也能碰到一些，1912年，孙中山在南京宣誓就任中华民国临时大总统。司徒雷登经活动，弄到一张美国合众社的临时记者证，不仅见到了孙中山，还结识了蔡元培、王亮畴、颜惠庆以及陕督军阀陈树藩等要人。然而不多日，孙中山被迫将总统职位让给袁世凯，离开南京去了日本。司徒雷登的高层交际机会也随之消失了。

1919年司徒雷登的好运终于来了。他奉调北平，负责筹办教会的燕京大学并担任校长。北平是政治文化的中心，能够在那里建立一所美式大学和以大学校长的身份进入广阔的上流社会，远比一个传教士身份优越、方便得多。所以他在《在华五十年》中把这一盛事写为“燕京大学——实现了的梦想”，他写道：

> 1918年下半年，来了命令，要我离开金陵神学院去北京，筹办一所新的综合性的大学，我实在不愿意去……第四天早上醒来时我得到了希伯来预言家所说的耶和华的启示。我当时就意识到，我有责任接受这一召唤……北京也应该有一所与传教事业相称的大学①。

1919年，中国的局势发生了天翻地覆的变化，五四运动爆发了，中国新民主主义革命拉开了序幕。司徒雷登逆历史发展的潮流，想方设法使燕京大学成为“世外桃源”。他以优越、舒适、稳定的生活条件作保证，罗致（实质上是收买）了某些忠实于他，忠实于美国的教职员工。校园生活是美国模式，师生间和生活中，以说英语为荣，教材多用英文版本。有的学生从教会幼儿园、小学、中学再升入燕大，英语说得

① 《在华五十年——司徒雷登回忆录》，第41—47页。

呱呱叫，却写不出一封中文信。

司徒雷登借口为男生建宿舍楼，向颜惠庆募来一笔款子，他却挪用为校园修筑了大围墙，一心想把燕大与现实社会隔离开。然而燕大师生中仍不乏爱国志士，共产党的地下组织一直在活动，热血青年们为挽救中华民族的危亡前仆后继。

司徒雷登表面看来似乎很闲适，偶尔讲讲道，骑骑马，主持个别不痛不痒的会议，如此而已。但是这所美式大学的上上下下，一切运作都得按他的脾胃行事，帮他完成美国文化侵略（精神输出）的任务。他对所有教职员工，特别对于出身于官僚、政客、军阀、华侨巨富的学生的思想观点，逐个进行秘密了解，加以分析，哪些可供利用，哪些可以培养，分门别类记在胸中，时而还单独召见谈话。有一个山西省的老官僚的儿子在燕大上学，一入校就被列入单独召见的册子，但长期未召见。司徒雷登对下属说："这学生豪门家庭，但赤化思想。"随即在这学生名字上作了个记号。

司徒雷登在培植亲信和培养忠诚于他、忠诚于美国的"臣仆"上是肯下工夫的，也是成功的。其中有的长期甚至永远要做隐蔽活动，便从不公开其姓名，有的不得已时使用一段时间，只提所干的事，决不把其姓名写进他的回忆录里。只有傅泾波一个人，是他朝夕离不开的贴身秘书。

傅泾波是清朝望族后裔，在燕京大学上过学。由于他聪明伶俐，领悟力强且又温顺，被司徒雷登看中，聘为秘书。由于他对恩师无限忠诚，又非常主动，对有些事还能出谋划策，所以后来司徒雷登把他当义子看待。不管是公开的或秘密的外出行动，总把傅泾波带在身边。正如日本特务头子今井武夫所说："傅泾波像司徒雷登的影子，紧紧跟着他。"

司徒雷登在回忆录里写道："我在好多地方都提到傅泾波，而且往后还会更多地提到他。要是不用一节来写写他，也就无法完整地叙述我在中国的生活，尤其是我与中国官方人士的来往。”“让燕京在中国站住脚，最牢靠的办法是发展个人之间的关系……泾波迅速体会到了我的意图，主动帮我的忙……这样，我们就开始了一场大交朋友的运动。我们从满洲到香港走遍了全中国。在抗日战争中还到了中国的大后方重庆和其他地方。”① 司徒雷登与傅泾波的亲密关系，更为显明的表现在司徒雷登当驻华大使后，把傅泾波带进美大使馆做秘书，这在世界上史无前例，难怪连美国五星将军马歇尔见了都张口结舌。司徒雷登则诡谲地眨眨灰色的眼睛低声说：“他（傅）的忠诚不比我们的人差，而我们的人干不来的事，他却能让我们满意。”

1937 年 7 月，日本全面侵华，北平沦陷。北平几个大学撤往大后方，燕京大学在美国政府的授意下留了下来，继续开课。司徒雷登为便于应付日本人，处理发生的事故尤其语言不通弄出的乱子，启用了另一个傅泾波式的年轻人。此后，这个青年人也成了司徒雷登书斋的“常客”，他们经常是三人一起，甚至通宵议事。

关于这个青年人，司徒雷登说：“这个学生幼年时代和大学毕业后都在日本上过学，他讲日语跟当地人（即日本人——编者）一样流利。在我们同日本军官和其他人经常打交道的过程中，他发挥了极宝贵的作用。”②

司徒雷登对他的这个秘书非常重视，还晋升他为燕大的秘书长。这个秘书叫肖文安，又叫肖正谊。肖文安自称是福建厦门人，实际上出生于台湾省，幼年在日本。九一八事变时，肖文安是燕大经济系三年级学生。事变爆发，全国学生罢课上街游行示威，强烈要求蒋介石出兵抗日，收复失地。燕大学生在地下党领导下多次参加北平各大学的抗日爱国活动。每次肖文安都积极参加，还一度报名要求参加北平各大学南下

① 《在华五十年——司徒雷登回忆录》，第 113—115 页。
② 同上书，第 119 页。

请愿示威。但是，肖文安突然退学离校，据说他出国留学去了。连当时燕大地下党书记都纳闷肖为什么即将毕业却退学？经过了解，得知他不是去美国而是去了日本东京，已是帝国大学的一名中国留学生了。地下党很快弄清楚是司徒雷登校长给搞的奖学金。

原来当肖文安积极报名南下示威时，司徒雷登连夜召见他，在临湖轩东厢房书斋单独叙谈，告诉他献身祖国，应将目光放远放大。日本侵略中国蓄谋已久，靠学生一时热情游行示威，解决不了问题，应从日本老窝入手。司徒雷登肯定了他的日文基础，鼓励他去日本留学，一边学，一边多结识志同道合的朋友，并告诉他学费不成问题。当肖文安毕业回国后，司徒雷登把他暂时安排在山东济宁梁漱溟先生的乡村建设委员会做干事，实质是储才备用。七七事变后，司徒雷登不得已启用了肖文安。为避免人猜疑，还绕了个圈子，请求美国驻济南领事馆代燕大聘请肖文安到燕大任职。此后，司徒雷登的书斋又多了一个来客，每次议事肖文安必参加。

司徒雷登为在中国建立起关系网，广泛结交中国政治舞台上曾经一度活跃过的军政人物，如奉系军阀张作霖，直系军阀吴佩孚、孙传芳，山西阎锡山，西北冯玉祥，华北宋哲元，山东韩复榘，国民党何应钦，桂系李宗仁、白崇禧，粤系陈济棠等。这些人物，与司徒雷登不过是一般拉拢，需要时互相利用。至于与司徒雷登关系深的，或者与他名声有关系的，尤其是已列入他网中作为棋子的，司徒雷登一向是保密的。例如：九一八事变后不久，内蒙古德王（德穆楚克）降日。在日本支持下，成立了蒙疆联合自治政府，司徒雷登通过傅泾波很快与德王建立起秘密关系。东北军一团长李守信 1934 年投降日本，成了德王伪自治政府的副手，司徒雷登同样与其建立秘密关系。

为了反共防苏，司徒雷登特别关注“满洲”和内蒙的动向，他在这方面的关系特别多，也肯下大工夫。九一八事变后，蒋介石采取不抵抗政策，对东三省人民自发组织义勇军抗日，也不支持，可是这年年底，却秘密委任盘踞在远离东北几千里地的绥远省西部河套（五原、临河）地区的土匪王英为义勇军司令，委任状上还郑重盖着蒋介石的印记。王英一本正经地把大青山前后三股土匪纠合一起，编成三个旅，号称三个师。为脱掉匪名，也做些抗日宣传，到处招兵买马……司徒雷登无孔不钻，对这股土匪军也很关注，迅速派人了解其实力，考虑与之建立秘密关系。据知情者分析：司徒雷登此举属于他秘密构建反共防苏联盟、阻止内蒙共产党力量发展的一个步骤。

三次派人去东京秘密活动

1938年10月，日军占领广州、武汉后，逐渐将其主要兵力用于打击共产党领导的八路军和新四军，对国民政府则转变为以政治诱降为主、军事进攻为辅的方针。在这种形势下，国民党统治集团内亲日的汪精卫公开投敌，并于1940年成立了伪中央政府。美国对于汪精卫成立伪中央政府，是不同意的。司徒雷登为贯彻美国政府的意图，重点是阻止汪伪政府成立，开始与汪派接触。

司徒雷登对汪精卫的印象是："能说善写，待人殷勤周到，但缺乏基本的做人的道德品质……他是同重庆的国民政府决裂而试图单独与日本媾和的唯一国民党要员。"① 司徒雷登没有说出与汪精卫的秘密来往的人员，但在抗战胜利后，国民党政府判决与汪精卫同伙的大汉奸、清末大臣岑春萱的儿子岑德广（汪的左右手）无期徒刑，他写书面材料营救岑时才将他与汪精卫的秘密来往公开了出来。

司徒雷登与汪派的秘密来往，是通过岑德广进行的。岑德广与傅泾

① 《在华五十年——司徒雷登回忆录》，第109页。

波是故交。

司徒雷登开始想与汪精卫本人会晤面谈，但因目标太大，不易保密，只是与汪精卫的第二把手陈公博、周佛海进行了会谈。会谈于1940年2月24日在上海愚园路岐山村岑德广家秘密进行。参加的有五人：司徒雷登、傅泾波、陈公博、周佛海、岑德广。司徒雷登说他在中国几十年，对中国有浓厚感情，不幸中日开战，他看出中国不是日军的对手。为求得和平，汪精卫应该与蒋介石合作。如果南京、重庆分裂，实非中国之福。他转达了重庆方面的要求：1. 汪精卫不成立政府。2. 日本撤军。3. 共同反共。4. “满洲”不是重要障碍。

就在司徒雷登、傅泾波秘密去上海与汪精卫派洽谈之前，司徒雷登还派肖文安借聘请日本著名学者鸟居龙藏博士到燕大担任教授为名，去东京活动，以阻止汪伪中央政府成立。

1939年7月，肖文安去了东京。他一到东京，就给日本首相近卫文麿的长子近卫文隆挂了电话，近卫文隆随即看望了他。近卫文隆当时担任着内阁总理大臣官房秘书。他们谈话很快转到逃出重庆去河内、发表卖身投靠宣言的汪精卫的情况。近卫文隆还问肖文安，在华北的吴佩孚是否将响应汪精卫的声明并与他合作？肖文安即把前不久代表司徒雷登与吴佩孚会晤的情形详细地告诉近卫文隆，说吴佩孚奚落汪精卫是妓女式的政客，谁给钱就嫁给谁，肯定不会跟他合作。近卫文隆听了很兴奋地说他父亲完全被岸秘书蒙骗了。肖文安马上问：可否让他拜见一下首相？把情况更详细地告诉他，免得……近卫文隆对当时中日问题的观点不可能与司徒雷登、肖文安等相同，但在汪精卫的问题上与他们有些接近。肖文安急想借此机会向近卫文麿讲一讲解决中日问题的途径，以阻止汪精卫成立伪中央政府，改变日本不以蒋介石为对手的做法（这是司徒雷登的重点意见）。没等近卫文隆回答，肖文安便先声明，他来东京的任务是礼聘鸟居博士，刚才所讲意见都是他个人的见解，见近卫文麿也是以个人名义把所看到的情况作反映。近卫文隆很快就在轻井泽一座日本风味的别墅安排肖文安和近卫文麿作了一次私人会晤，对当时存在的中日问题及中日两民族的关系问题，进行了漫谈，交换了各自的看法。主要是：

1. 中日两国应当取用和平谈判方式解决问题，首先解决兵争问题。

2. 近卫声明不以蒋介石为对象的说法，势将战争时间无限延长而关闭了和平谈判的大门，还是采取与谁作战与谁谈判的方针实际。恢复与蒋介石政府为对手！

3. 蒋作宾大使的和平提案原则，既然为当时两国所同意，今天仍可作为和谈的基础。[注：蒋作宾的中日和平提携内容是：(1) 东北问题中国暂时不提（实际是默认）。(2) 中日关系在平等基础上废除一切不平等条约，唯与东北有关的除外。(3) 中日经济提携以平等互利为原则。(4) 经济提携基础之上，缔结军事协定。]

肖文安回到北平后，将这次东京的活动无遗漏地向司徒雷登作了汇报。司徒雷登找来傅泾波同肖文安三个人一起在他的书斋聚谈。司徒雷登让肖文安再作一次详细的汇报并加以分析，而后让肖文安协助傅泾波写成书面材料。司徒雷登带着材料偕傅泾波动身南去旅行——到重庆与蒋介石商谈求和条件。司徒雷登、傅泾波返回北平后，依旧和肖文安在临湖轩书房商量。司徒雷登让傅泾波把在重庆与蒋介石、孔祥熙、张群等讨论后所作出的与日和谈的具体条件记录给肖文安看，跟肖文安商量该用何种方法把这份材料送交近卫文麿，同时考虑到日本将利用这份材料作宣传，司徒雷登决定将这份材料译成英文，将原蒋介石的谈话改为司徒雷登与行政院长孔祥熙的谈话。其内容如下：

1. 重庆国民党政府完全用和平谈判方法解决中日间存在的问题。

2. 和平谈判开始后，应恢复七七事变前的状态。

3. 考虑到东北三省的复杂性质，可以暂不谈，其他经济合作、文化交流、反共问题，仍以前驻日大使蒋作宾所提出的四条中第四条：经济提携基础之上，缔结军事协定。

1940年春，肖文安携带这份材料第二次去东京，仍通过近卫文隆将这份材料转交给近卫文麿。这次近卫文麿没有和肖文安见面，只是让近卫文隆转告："待与有关方面研究后作出决定再答复。"

不久，肖文安返回北平，即向司徒雷登、傅泾波作了汇报。由于尚未得到日方答复，一时无法与重庆联系，司徒雷登、傅泾波便命肖文安在北平做一些日本人的工作，请他们协助和谈。肖文安遂拜访了日兴亚院北京分院的头头喜多诚一。喜多是主张中日问题不扩大化的。肖文安多次与喜多会晤，向他讲了中日和平谈判的途径，对他不主张扩大七七事变的方针表示敬意。此后，司徒雷登与喜多也见了面。司徒雷登把交给近卫文麿的那份材料交给喜多，请他协助促成！不久，喜多调任现役军职，回到东京，他临行前告诉肖文安：今后对和谈有关之事可与他的副手森藤中将联系。

1940年8月，为听取近卫文麿的答复，司徒雷登让肖文安第三次去东京。这时近卫文隆已服兵役，由首相府一名女秘书接待。这时，近卫文麿对和谈已显露出消极态度，仍没有会见肖文安，仅让女秘书转告，"尚无可答"。由于司徒雷登特别关心和谈，肖文安便去拜访喜多。喜多一身戎装，表示已入军界不涉及政治，介绍肖文安见了日兴亚院柳川和铃木政务官。铃木说他过去与蒋介石有交往，但回避中日和谈。铃木还说："今日中日间的问题已经到了无足轻重的地步，现在问题的重点，在于整个亚洲和世界的问题上。"

肖文安没有办法，不得不无功而返。他回到北平后，惴惴不安地把近卫避而不见、喜多声称不涉及政治和铃木说的有些蹊跷的话一五一十地向司徒雷登作了汇报，司徒雷登听了不但没有批评肖文安，而且如获至宝般高兴和满意，大有表扬之态。肖文安顿时领悟到：日本这时可能重新制定新的战略方针："北进"还是"南进"？这样中国问题自然就成次要。另外，美国可能已转变态度，准备干涉中国问题，这就打掉蒋介石求和降日的行动，一切行动完全附属于美国的战略需要了，司徒雷登当然也随之而改变态度，再也不提中日和谈之事了。

1941 年 12 月 8 日，日本偷袭美夏威夷海军基地珍珠港，太平洋战争拉开帷幕。北平日本宪兵队马上占据了燕大校园。司徒雷登被日本宪兵从天津抓回北平，关押起来。若干教职员工也被捕。最使司徒雷登担心害怕的是那个存放在书斋中的绝密小皮箱，倘若被日本宪兵搜出，后果不堪设想。在这个关键时刻，是肖文安神不知鬼不觉地在日本宪兵的眼皮底下，把小皮箱从书斋里取了出来，交给了傅泾波。

司徒雷登虽然被关起来，失掉自由，但他的秘密活动仍照常进行，因为他有精明能干忠诚于他也忠诚于美国的左右手。傅泾波通过大汉奸王克敏、王荫泰获得探监看望司徒雷登的机会，有时用隐语拜托这些汉奸转告司徒雷登一些事情。肖文安则与日本宪兵打得火热，陆续将被捕的燕大教授、学生尽可能地弄出来。

假调解——真帮凶

1945 年 8 月 15 日，随着日本帝国主义无条件的投降，中国的抗日战争结束了，司徒雷登也恢复了自由。形势的变化，使美国认为早年西奥多·罗斯福总统议案中提出的“让光明来临，把中国完全纳入西方势力体系之中，永为美国的附庸”的目标已能够实现了。但同时也意识到在中国共产党领导下的中国人民不可能唯命是从，因此需想方设法清除这一障碍。1945 年 12 月 28 日，杜鲁门总统发表了对中国局势的声明：中国必须在现在国民党政府之下建立统一而民主的政府，并广泛容纳其他党派参加政府各部门，以停止内战。英美苏坚决保证不干涉中国内政。但接着美国又决定派特使来华，打着进行调处的幌子，贯彻它独占中国的政策。具体设想是：

1. 对中国问题，希望以政治方式解决。

2. 希望国共第一步能合作，共产党参加政府，双方军队交军调部[①]统一改编，并由美国装备训练，即军队国家化。

3. 第二步，实现宪法。政府人选，由人民从两党中选择，作出决定。

4. 认为国民党一切占优势，共产党参加政府后，军队国家化，中共成为少数党派，用政治方式解除其武装，融化中共于国民党政府之中，中国完全融入世界民主阵营中以阻止苏联赤化亚洲，逐步进行世界革命。

为贯彻这一所谓调解政策，美国先是派赫尔利为驻华大使，来华做调解工作，赫尔利失败后，杜鲁门不死心，即派五星将军马歇尔为特使来华调处。

1946 年元月，马歇尔在北平主持成立了军调处执行部。与此同时动用大量美国海军、空军运送国民党军队到华北、东北和中原各地，美陆战队登陆支援抢占沿海城市和码头。经过半年多的活动，美国这套遮眼法终于被中国人揭穿。在黔驴技穷后，又不得不启用出生在中国杭州、在中国有广泛社会关系的司徒雷登为驻华大使，企图让他继续瞒天过海，融化中国人，全力以赴地帮助蒋介石平息“内乱”。

司徒雷登做梦也没有想到会提升他为大使。他欣喜若狂之余，认为自己在中国几十年，以高超的手腕推销民主自由主义已得到了特别是向西方倾斜的知识分子的广泛的赞誉和支持，再加上在中国官场内外罗织的秘密网络，可以超越前辈，为祖国作出巨大的贡献。

1947 年 4 月 15 日，美国政府正式通告，停止调解工作。马歇尔回国前问司徒雷登：“美国今后对中国应采取何种政策?”

---

① 1945 年 12 月美国派国务卿马歇尔到中国来调停，国民党、共产党各出一人会同马歇尔组成三人委员会，商定解决停战恢复交通、遣送战俘等问题的办法，在北平（今北京）成立军调部。全称是军事调处执行部（又称军调处），负责处理具体事宜。

司徒雷登回答说，只能采取三个方针：第一，“积极支持国民政府，尤其以军事顾问的办法给予支援”；第二，“不采取任何有力的对付办法，一切听其发展，相机而行，作‘走着瞧’的打算”；第三，“完全不参与中国的内部事务”。并告诉马歇尔，在这些方针中，他“完全赞同第一个方针”①。司徒雷登力主援华打内战，与马歇尔是一致的。马歇尔听司徒雷登讲完后说：“我原则上同意你的观点，但需要有一个明确的政策。”

马歇尔回国就任美国的国务卿后，立即采取了两个措施：首先是给司徒雷登发指示，要他阻止国民党政府成立联合政府，要他阻止中国共产党进入政府。其次是在没有征求中国政府意见、也不通知司徒雷登的情况下，即派魏德迈率顾问团来华，进一步策划战局。顾问团自东北到海南再到台湾考察后，向马歇尔汇报，提出将“满洲”和台湾分割出来，划归联合国托管（实际上将由美国独管）。马歇尔考虑到联合国五个常任理事国有中国、苏联，又恐怕如此分割引起中国人民的大规模反美，所以未敢采纳。魏德迈还建议以五年时间对蒋介石大力支援，军事上、经济上都由美国顾问团掌握施行。

1948 年 4 月，中国人民解放军分三路向南京正对面的长江北岸及东西两侧的渡口挺进，蒋介石即派四个军过江妄图堵截，结果当解放军进逼时，又撤了回来。司徒雷登看着他全力支持的、一直眷爱的国民党政府在大陆的统治行将灭亡，美国融化中国的政策随之成为泡影，内心十分凄凉。他认为“战争这样打下去是没有指望的”，“但是投降又太丢人”②。

司徒雷登不甘心失败，于是想出几个妄图挽救失败的招数。首先是让蒋介石下台，扶李宗仁上台，让他与中共搞和谈，创造一个新的南北

---

① 《在华五十年——司徒雷登回忆录》，第 170 页。

② 《在华五十年——司徒雷登回忆录》，第 209 页。

朝，以长江为界，北归共产党，南归国民党，缓一口气，以重整旗鼓，卷土重来。司徒雷登深知在一再吃败仗的情形下搞和谈不易，必须有点压力，于是亲自出马，提出由英、法、美、加拿大和苏联五国联合斡旋施压，敦促国共坐在一起谈和，但除美国外，其他国家婉言拒绝，不愿介入中国内政。不得已司徒雷登派傅泾波提醒代总统李宗仁火速照会西方列强，迅速派军舰来南京保护他们的侨民。司徒雷登认为大批外国军舰云集长江下游一带，起码可以延缓解放军渡江，如能够引发与列强军舰开火，就可转变战争性质。

在解放军渡江前夕，司徒雷登的这一招儿还真的引发了震惊全球的紫石英号事件。英国以鸦片战争后与清王朝签订的《江宁条约》为依据，派紫石英号军舰由上海溯江而上，不顾解放军鸣炮警告，强行驶过北岸解放军某炮位，解放军向英舰开火，英舰还击，双方展开激烈炮战。英舰中弹30余发，忙悬挂白旗驶向南岸。接着，上游又驶来一艘英舰增援，同解放军展开炮战，该舰连中5弹，全速下驶，脱离火网，然后掉头沿北岸上驶，偷袭解放军，遭到解放军榴弹炮迎头痛击，又中数弹被迫下驶逃跑。英远东舰队副司令梅登中将立即乘坐旗舰伦敦号率驱逐舰黑天鹅号全速增援，驶过江阴，向解放军控制的江面前进，解放军沿江炮兵一齐向英舰还击。英舰频频中弹，伦敦号带着累累弹孔，处处伤痕溃逃上海。

司徒雷登作为这起事件的策划者，事后成了幸灾乐祸的旁观者，他心里感到十分侥幸，说："本来是该我倒这个霉的。"① 司徒雷登宽慰之余，又狂吠解放军不人道，不救护负伤的英国水兵……

司徒雷登的几招，不仅未能达到阻止解放军渡江的目的，而且带来了可怕的后果。但他仍不甘心，抓紧贯彻上头的"抢时间，埋'炸弹'（安排他们所支持的地下反动武装力量）"的指示。首先让大汉奸德王

---

① 《在华五十年——司徒雷登回忆录》，第209页。

(德穆楚克)回内蒙西部，组建伪蒙疆自治政府，以阻止乌兰夫的东蒙共产党军队西进。同时发动新疆阿尔泰地区头人乌斯满武装叛乱，防堵外蒙和阻止新疆国民党军队起义。司徒雷登命令美特务机关新闻处，拨给德王四部电台，派六名受过美国情报局严格训练的蒙族人去西蒙地区潜伏。同时命令美国驻乌鲁木齐的领事巴茂松和副领事马可南组织武装叛乱，阻止新疆和平解放。

司徒雷登在南京解放前夕，还命令特务机关新闻处，抢时间把他们所训练的东北、华北、华中、华南百名中国特工人员，秘密派遣回到他们各自的地方潜伏；给最忠诚可靠的有相当地位和名望的亲信留下秘密电台备用。

司徒雷登在回忆录中总括地说："不曾实现的梦想"确实成了"日益加剧的困惑"。他在美国政府示意下，鼓动所有大西洋联盟国家驻南京使节都留下来看个究竟。

司徒雷登不满意杜鲁门总统不采纳他的建议，大力援助蒋介石甚至派兵来华。当时适逢美国选举下届总统，与杜鲁门竞选的杜威则是一个支持派兵到中国、支持国民党政府的人。为此，司徒雷登唆使蒋介石派得力人士去美活动，全力帮助杜威竞选，切盼杜威上台。然而现实却是杜鲁门获胜，继任总统。司徒雷登感到出乎意料，并失望地说："美国的干涉是否可行，是否值得，就完全成为学术探讨性的问题了。"①

可悲的下场，临终的叫嚣

1949 年 4 月 24 日，南京解放。司徒雷登在回忆录中写道："4 月 24

① 《在华五十年——司徒雷登回忆录》，第 214 页。

日星期天清晨，最后一批国民党政府官员正好刚刚乘飞机离开，他们（指解放军——编者）就进了城。”“第二天早晨刚过6点半，我从卧室的开门声中惊醒过来。只见几名武装士兵走了进来。我大声地呵斥他们，问他们是干什么的。他们退了出去……我跳下床，看看究竟是怎么回事。这时那群大约10到12名士兵走了回来，他们的发言人十分有礼貌地解释说，他们只是好奇地四处瞧瞧，没有加害于人的意思……由于看出我不太友好，所以他就领着其他人出去了。”①

司徒雷登对解放军的“光顾”，像发生了严重的事件似的，认为捞到了一根救命稻草，以此大做文章，以洋大人的傲慢态度亲自出马，到市军管会找主任刘伯承抗议，碰壁后又到市外事处、市公安局大嚷大叫，要求保护。

刘伯承下令，给他保护！解放军随即在司徒雷登住处周围增加了岗哨，凡出入的人，一律盘查登记。司徒雷登这才真正领教了中国共产党的厉害，认识到跟共产党要赖是不行的。他深深感到这样一闹就把他与外界特别是秘密联系的渠道都堵死了。于是，他又接连请求解除岗哨。

不久，中共中央指示，不承认国民党时代的任何外交机构和外交人员的合法地位。对留在南京的外交人员，均按一般外国侨民相待。同时宣布保护守法外侨的一切合法利益和人身安全。按平等原则，同一切国家建立外交关系。在军管期间，解放军有权进出一切可疑的中外居民的住宅检查。在未同新中国建交之前，原外国使节不得享有外交特权，但作为外国侨民，自当保护其安全。

南京外侨管理科，遵照上级指示将外侨活动区域限制在城内，并加强了对原驻华使馆的管理和警卫工作，既保护了守法侨民的安全又打击了帝国主义嚣张气焰。5月7日发生了一件涉外事件。原法国驻华使馆武官雷蒙酒醉后乘一辆雪佛兰小轿车在大街上超速疾驰，撞伤一名小学

① 《在华五十年——司徒雷登回忆录》，第233页。

生，南京市交通管理科依法将雷蒙扣押起来，给他严厉警告处分，还勒令他负担小学生的全部医疗费用，而后取保释放。

司徒雷登知道这件事件后，先是大怒，接着是发呆，他不曾想到南京解放刚刚几天，就变了样子，而他所在的南京上海路84号，两扇灰色铁门紧闭，门可罗雀。他感到自己被冷落。但这只是一刹那间的失神，其专横心理立刻恢复，他马上找来傅泾波，让他再去外事处联系，他要以个人名义去北平。他自信如果去了北平，与中国共产党的领袖晤谈，会有成果的。因为据他观察，毛泽东的脾气个性较似铁托，中国共产党取得全国胜利后，不一定完全听斯大林的，所以中国共产党掌权也不一定可怕，事在人为，何况国务院已示意他尽可能地留下来，争取与共产党建立关系。

1949年6月28日，北平方面来了消息：同意他以个人身份去燕京大学，也可能与他希望会见的人晤谈。司徒雷登十分兴奋。他感到自己精通中国的人情世故，正如他所料，共产党搞建设不能不考虑美国的帮助。搞工业，要资金，要技术。司徒雷登想得太美了，竟像30年前奉调北京筹建燕大时一样，兴奋得彻夜未眠。他怀念西奥多·罗斯福的精神的文化的输出及融化中国人的深谋远虑。就为这个目标，他改变了厌恶来华的思想，要为美国的利益服务终生。而今由于蒋介石的无能即将全盘输掉，美国百年来与中国“友好”的这条纽带，形将随之断裂，而且要断在他的手里，这太可怕了！他庆幸美国国内已有认识，改变策略，授意让他设法与中国共产党联系、接触。他思考如何在共产党掌权后贯彻执行美国的对华政策。

但司徒雷登的美梦，随着蒋介石国民党政权在大陆的垮台而彻底破产。“谁丢失了中国”成为美国两派政客争论的焦点。在台上的杜鲁门、新国务卿艾奇逊为美国的利益要司徒雷登留在中国寻找机会，守住阵地，但顶不住另一些政客们围绕所谓“谁丢失了中国”的问题的猛烈攻击。为进一步推卸责任，杜鲁门、艾奇逊以白皮书的形式，将美国百年来侵华政策的老底，公之于众。其中就有司徒雷登担任驻华大使期间（1946—1949）的212份绝密电报。这些绝密电报是司徒雷登写给国务院的秘密报告，里边涉及提供情报者的真实姓名及其他忠诚为美国服务的人名。公开这些东西，不仅彻底剥去了司徒雷登伪装的面纱，也完全改变了美国政府让司徒雷登留下来的决定，限期让他回国。白皮书的发表使司徒雷登感到万分惊异和忧虑，他说："我越来越不安地想到：所有这一切将对美国、中国、美中关系产生什么影响呢？我还接着问自己：这对那些被提到了名字，引用其言论的中国人会有什么后果呢？这对那些一字不改地重新发表其观察、估计和建议报告的美国人——其中包括我自己，会有什么样的影响呢？这对美国的外交和领事官员将来的呈文会有什么样的影响呢？""它（指白皮书——编者）不承认美国政策有什么错误，而将一切责任全部归咎于中华民国政府……它暗示美国对国民政府的支持以及对该政府的生存所应尽的义务已经了结。"①

然而，在"个人利益至上"的价值观支配下，美国在台上的政客把侵华政策失败的责任，推卸在司徒雷登的头上了，司徒雷登成了众矢之的。司徒雷登回到华盛顿后，美国政府禁止他开口说话，不许他与人接触，命令他离开首都到指定的地方隐蔽。司徒雷登遭到这样的待遇，自然憋了一肚子的气。他抑郁在胸，不久便中风瘫痪，卧床不起。他患如此严重疾病，门庭冷落，政府把他一脚踢开不管，连他的亲生儿子，当时已是基督教的牧师也只是偶尔探望，自己又无力请人护理，幸而有他那个多年随身的秘书傅泾波，虽早已成为美国人，但仍有些中国传统的道德，将他瘫痪了的恩师接回自己家中护理，直至送终。

司徒雷登虽已身败名裂，以至瘫痪，但他头脑中消灭共产主义和中国共产党的愿望始终没变，在他未写完的回忆录《在华五十年》中，充满了歇斯底里的反共叫嚣：

---

① 《在华五十年——司徒雷登回忆录》，第262、263页。

"我也不承认中国（大陆中国）已无可挽回地丧失了！"

"我不相信这样一个政权会在中国长期存在下去！我确信要不了多久，这个极其可恶的魔鬼就会走完它自己的道路……"①

"'共产主义'否认上帝的存在，不承认有灵魂，宣传一切是物质性的，一切行为须唯物，它是一种强加于人的制度，是依靠武力或欺骗或两者兼而用之来维持的。它渴望统治全世界，是一个邪恶的魔鬼。它靠吞食别人而生存，永无餍足……这是应该绝对反对的，是必须反对的。"②

"美国不能采取任何可能导致加强共产主义世界的行动；也不可能采取会削弱自由世界的行动。美国承认中国共产党政府将大大帮助共产主义世界，同时将大大损害自由世界。这就会使共产党人在巩固其在华地位的道路上去掉一个最大的障碍，这将毁灭中国国民政府，从而取消了它对共产党的抵抗……对共产主义事业有利的行动无不损害自由世界的利益……我诚恳地希望美国基于道德和政治方面的考虑，为自身及全人类的福利，继续拒绝承认中国的'人民政府'，继续反对在联合国中让那个政府占据中国的席位，坚决反对一切旨在加强那个政府的行动，坚决支持和援助一切旨在防止那个政府及共产党集团得到巩固和发展所开展的运动以及所作的努力。"③

司徒雷登在中国毕竟待了几十年，平素极善伪装，勤于交际拉拢，精于表现友好并培植亲信和建点设网，故在中国建有广泛的社会关系。当这些友好特别是一些倾向西方的知识分子得知他回国后遭遇到不公平的待遇，尤其是中风瘫痪的不幸消息后，发表了许多对他抱不平、惋惜、同情的言论。燕大友好们痛心地说："他不该离开燕大！70高龄还去做官！"有的惋惜地说："根本不懂政治，去搞政治能不失败?!"也有

① 《在华五十年——司徒雷登回忆录》，前言，第2页。
② 同上书，第292—293页。
③ 同上书，第298—299页。

人抱幻想地说：“南京解放后已联系好以私人身份到北平，那个计划如果实现了的话，中美关系可能是另一个样子吧！”

至今已半个世纪过去了，但还有个别人写文章为司徒雷登的回忆录《在华五十年》中歇斯底里的反对中国人民的解放、恶毒的反共叫嚣辩解。这充分说明，美国对华文化的侵略，从意识形态上对中国人的影响残余还未完全消除干净，我们的任务任重而道远。

钟子云 1942 年在平西

钟子云（1912—1999），河北东光人。1933 年加入共青团，次年转入中国共产党。曾任中共满洲省委东满特派员，1935 年赴苏联向中共中央代表团汇报工作并留在莫斯科东方大学学习，1938 年回到延安历任中央党校干部部干事、中共中央冀察热辽区委社会部部长、松江省委副书记、哈尔滨市委书记、哈尔滨卫戍区司令部政委。新中国成立后历任阜新市委书记兼阜新矿务局局长、北京矿业学院副院长、燃料工业部及煤炭工业部部长助理、副部长、顾问。

作者简介

回忆东北“八一五”光复初期的几个重要情况[①]

□钟子云

1945 年“八一五”光复东北的初期，在执行党中央和毛主席制定的战略方针和路线政策的过程中，曾发生过一些争论。这些问题本来在党的七届三中全会后都已经解决，但后来仍有个别同志对过去有些问题持不同看法。故我把当时许多具体情况再加以说明，作为党史资料，仅供参考。这个材料是根据我在 1982 年中央党史征集会议上的发言录音整理的，不当之处请予纠正。

① 本文是第一次发表。

一、我们到东北去的简要经过

我是1944年7月，由晋察冀分局社会部调往冀察热辽区党委任社会部部长兼行署的公安科长。在10月中旬冀东杨家铺的一次战斗中负了重伤，于1945年3月回到晋察冀边区治疗，6月中旬回延安住了两个多月就“八一五”解放了。这时党中央正准备向东北派干部。

1945年8月28日毛主席要到重庆参加国共谈判，我也到机场为他送行。两三天以后，中央就决定派陈郁、孔原我们三个人先去东北。这是第一批由延安派到东北去的干部。这时因为毛主席不在延安，由少奇同志代理主席，他交给我们的任务是：到东北后，首先要与苏联红军取得联系，提出对他们的希望、要求和能够给予我们哪些帮助？而后要建立地方政权和建立军队。为便于与苏联红军直接打交道，临出发前任命我们三个人为中央代表和八路军总部的参议，文件是由少奇和朱德总司令分别签署的。我们就带着这两个介绍信到东北来。

当时有一架美国B—29轰炸机，在轰炸鞍山的时候，被日军打伤后飞到我们冀东根据地，飞机上有几个飞行员跳伞降落，被我军收容了。美军为到晋察冀接这几个飞行员派了一架美国B—29运输机，9月5日（或6日）从延安出发，我们就是坐这架飞机来的。同乘这架飞机的除我们三个人外，还有日本共产党总书记野坂参三、晋察冀的聂司令员、萧克、刘澜涛等同志，共有十来个人。和我们同时起飞的还有一架，由重庆国民党投诚来的飞机，驾驶员叫刘善本，紧紧跟在美国飞机后面要一起飞到前方，他这架飞机当时没人坐。不久我们就在灵丘机场降落，随后美军把他们的飞行员接走。

由于晋察冀的领导机关搬到张家口，我和陈郁、孔原同志，还有野坂参三就改乘刘善本这架飞机去张家口；聂总、萧克和刘澜涛等几个负责人骑马去涞源。我们几个人坐的这架飞机到张家口上空时，因为刘善

东北人民欢庆抗战胜利。

本没有经验，他一看到跑道就往下降落。由于飞机场没修好，有些大块石头都在跑道上，也没压平，还有修建飞机场的压道车及其他施工的工具也停放在跑道上。当驾驶员刘善本发现这些情况已来不及了，他一降落就碰在大石头上，把飞机的螺旋桨、轮子都撞坏了，我们几个人在飞机里侥幸没有受伤。在张家口住了个把星期，苏联红军从长春派来一架飞机到张家口把韩光和野坂参三带到沈阳，当时我们在张家口出发前，由晋察冀分局抽调了部分干部如刘达、王建中等。聂总还交给我100两黄金，以备到东北急需之用。我们由张家口出发时是骑马赶到热河的古北口，当见到苏联红军指挥员时，他们对我们很热情，连夜用汽车把我们送到承德，转乘火车去沈阳。我和陈郁、孔原几个人虽然从延安出发得最早，但因在经过张家口的路上耽误了十几天，所以到沈阳市时已是9月下旬了。

我们到沈阳后，才知道彭真、陈云等几位同志已先到了。他们住在“大帅府”，我们也到那住了五六天。经过彭真、陈云等同志谈话，给我们几个人分配任务：决定把陈郁、孔原同志留在沈阳（后来孔原同志到抚顺市当市委书记），我带领由张家口来的几个干部到哈尔滨市。10月初到那后，找到了李兆麟同志。

当时哈尔滨有个北满临时省委，这个组织的成员有的是过去的地方党员被捕后从狱中放出来的；有的是从韩光同志所负责管辖的东北党组织及其他根据地党组织派出来做地下工作的；也有的是从我们的情报系统派出来的；还有从苏联情报部门派出来的。这个临时省委是在苏联刚进哈尔滨住在东光寮时组建的。以后当他们知道彭真、陈云等同志到沈阳了，他们就派人去汇报，在沈阳住了几天，陈云同志接见了他们，指示他们要在李兆麟同志领导下进行工作。他们回哈尔滨后，我们也赶到了。因北满临时省委里面组织成分复杂，一时也弄不清楚。根据东北局的指示，就把它撤销了，重新成立了中国共产党滨江省工作委员会。主要负责人有：李兆麟、钟子云、张观、张罗、周维宾等，另外和我一起由张家口来的几个同志也参加了哈尔滨市的工作。如王建中、李桂森等同志。

苏联红军进入哈尔滨后，派李兆麟同志任滨江省的副省长、谢雨琴任省长（伪满时任滨江省的伪民政局长）。

滨江省工委成立后，发表了宣言，颁布了没收敌产、清除敌伪残余、改善职工生活、恢复工商业生产、保护工商业、安定社会秩序等各项政策。

在这段时间里，我们还抓紧建设自己的军队。因苏联红军初来时不限制我们的工作，所以首先成立了哈尔滨保安总队，总队部设在哈尔滨市南岗原第三中学。王建中任总队长，我兼政委。这是我们第一次组织军队。不久有些干部也陆续赶到，力量增加了，我们又组织接收了哈尔滨周围 14 个县的政权，成立了 4 个专署和中共地区委员会。哈北地委、专署设在呼兰，哈东地委、专署设在阿城，哈西地委、专署设在肇东，哈南地委、专署设在双城。以后又陆续建立了各军分区。哈北地委书记李建平、专员钟声、分区司令员谭友林；哈东地委书记陈达、专员何延川、王景侠、分区司令员温玉成；哈西地委书记王建中、专员王效明、分区司令员刘子奇；哈南地委书记孙新仁、专员林诚、分区司令员王奎先。

滨江省工委这个组织存在的时间很短，到11月中旬就撤销了。

1945年11月15日左右，陈云同志从长春带领张秀山等几个同志来到哈尔滨，即决定撤销滨江省工委，重新组建了松江省委和松江省军区司令部。张秀山同志任省委书记，我任省委副书记，聂鹤亭任松江省军区司令员，秀山同志兼政治委员，我兼副政治委员。当时在省委的成员中，组织部长先后有陈达、李华生；宣传部长中先后有李海涛、李建平、于林等；邹问轩同志任秘书长。大约在11月20日左右又组建了哈尔滨市委和北满分局。北满分局书记陈云，委员有张秀山、李兆麟、秘书刘达。

这时我们组建的保安总队已发展到5000多人。各方面工作进展也很顺利。突然苏联红军提出：让我们的军队和公开的党、军领导机关马上退出哈尔滨市，准备把政权交给国民党接收。当时从关里来的干部思想上都没有准备，谁也不想走。

二、撤离哈尔滨市前后的情况

为了说明问题，需从我们一进哈尔滨说起。我们从延安来了之后，拿着党中央的介绍信与苏军联系，他们对我们热情接待。当时苏联在哈尔滨驻防的是远东红旗第一军，他们有个军事委员会，其成员有一位军长，专门负责指挥打仗，上将军衔，三位师长都是中将军衔，有一位专职军事委员叫斯莫林科夫，少将军衔（相当于过去的政治委员），负责政治工作和军事委员会的全面工作，其他成员还有哈市卫戍司令官、红旗军的政治部主任、供给部长，这些都是他们的高级将领。因苏联实行了军管，我们所有的事情，特别是一些重大决策都要通过这个军事委员斯莫林科夫。比如我们到哪个地方接收政权、怎样建军、设什么机构等都得事先与他们商量好，请他们通知所在地区的苏联红军部队。在第一军政治部中还设有一个第7部，配有七八个中下级军官，其中有一名中校、一名少校，其他都是尉官，是专门帮助我们工作的。那时我们刚刚进城，一无所有，从住房、烧柴到吃饭，就连接装一部电话这样的小事，都得依靠他们帮助才能解决。对我印象特别深的是，红旗军中那个供给部长杜达列夫，少将军衔，是苏联国内战争时期的老游击队员，这个老同志很好，只要我们找他，说需要什么东西，也没有什么手续，只要说一声或打电话，他马上就给你开个条子派人、派车送来。在这个时期，我们从生活物资到武器弹药，都是靠他们供给，关系处得很融洽。另外还有一个卫戍司令部，司令官是位中将，名叫卡扎科夫，这个人整天坐在他的办公室里专门接待前来要求解决问题的中国人、外国人、白俄……在他那里整天排着长队。

此时，哈尔滨市属于红军军事管制，其他市政机关的各项日常事务也基本上都是“军管”。红军卫戍司令部派了一名军衔不高的上尉或大尉在市政府及其他市政机关当顾问，管理市政工作。由红军任命的市长张庭阁，是哈尔滨市最大的资本家，我们自己派的有市政府秘书长张观（中共党员），市公安局长周维宾（中共党员），李兆麟同志是滨江省副省长、红军少校军衔。这些机关，当时都没有什么实权。

红军虽然在工作上给予我们很大帮助，但是在政治上、宣传上限制我们的报道，广播电台不让公开反对国民党和美国，怕给他们引起不必要的麻烦。

因为刚解放，当时的社会秩序比较乱和红军的纪律都不好，我们外出时都有红军军官和保卫人员跟着，平时到红军司令部联系工作，都是我和兆麟同志两个人去。什么时候有事，只要打个电话，他们政治部的同志就带我们去，有时我们自己也去找他们。双方关系比较密切，我们提出什么要求，基本上都可以解决。初期他们的军队纪律不好，我们经常向他们反映，他们也采取了很多措施，抓了一些违犯军纪的人送交军事法庭审判，根据情节轻重给予不同刑事处分，判刑后就送回苏联。他们自己也承认部队的纪律不好。他们多次跟我们讲，这个部队几年来整天在前线打仗都打野了。在德国什么事都敢干，还讲什么纪律、政策！特别是苏德战争伤亡的人很多，这个部队的士兵有些是从监狱里放出来的犯人，部队成员很复杂；加上战争环境的残酷、紧张，政治工作比较差，所以军队很难管，就只好靠军法。但军法判刑，也判不了那么多。在这种情况下，市里的一些老百姓和一部分干部对苏联红军有不少意见。

当苏联红军决定叫我们退出哈尔滨时，斯莫林科夫派人对我们说，你们要准备好，尽快把哈尔滨交给国民党接收。你们的市委机关党群干部可以留下，地方的群众工作仍然由你们负责去做。只是把你们穿军装的部队和大的党、军机关撤出去，到外县去剿匪、锄奸、发动群众、建立革命根据地。我们暂时留在这个地方保护和帮助你们继续工作。我们向陈云、秀山等同志如实传达了这些意见。有些同志思想一时想不通，说什么也不愿退出哈尔滨，我们就多次去找斯莫林科夫，他没办法后来就不出面接待我们了。在我们内部有人想不通，说红军为什么不把政权交给我们，而要交给国民党！兆麟同志就做说服工作。说红军已经决定了，这个地方不退不行。很多同志的思想仍然不通，于是就请陈云同志出来找红军的领导。最后决定由我和陈云同志一起再去找苏联红军交涉。

在11月21日晚上，我们去找斯莫林科夫，他没见我们，叫卫戍司令官卡扎科夫中将来接待我们。陈云同志说，我们是奉中共中央和毛主席的命令来的，不能退出这个城市。围绕这个问题讲了许多，开始卡扎科夫对我们还挺客气，做一些解释工作，后来看我们坚持不同意退，他就说，这个地方的政权是我们苏联红军的，不是你们中国共产党的，你们退也得退，不退也得退！这是我们上级的命令，必须在11月23日退出哈尔滨市。后来陈云同志就没有再坚持说不退了。

回来以后，根据红军要求，我们研究决定 11 月 23 日退出哈尔滨市。北满分局、松江省委、省军区撤到宾县；哈尔滨市的保安总队的队部大部分撤到三肇（肇东、肇州、肇源）。

1945 年 11 月 22 日的晚上，我们的各个机关和武装部队就全部撤出了哈尔滨市。这里保安总队已发展到五个大队，有 5000 多人了。其中有一些是我们自己的干部，和老八路军的骨干，如刘子奇等．但下边没有我们的基本队伍，有些是普通工人、知识分子、社会上的一些散兵游勇，也有极少数混进来的国民党地下军。由于部队人员比较复杂，有些人不大可靠，为了避免在撤退中出现问题，在撤退前的一天晚上，我们临时召开了一次连营长以上军官紧急会议，说明愿去者欢迎，不愿去者不勉强，经过我们做工作，绝大部分人都表示愿意跟我们的部队一起撤走，少数不去的被清洗了。保安总队部和三个大队及其附属机关撤到“三肇”后，分别成立了“三肇”军分区和地委及专员公署。11 月 22 日晚上，由于组织得很好，撤离得很快。陈云同志同北满分局、松江省委、省军区及一个保安大队和朝鲜大队也撤离了哈尔滨。陈云同志没走到宾县就和刘达、张秀山等同志一起在离三棵树火车站约三四十里路的蜚克图住下了，第二天就到了宾县。到那不久原来那个地方的保安大队发生叛变，很快就被消灭了。

宾县是我们党和军队领导机关选择的驻地，在我们没去以前，已有我们的干部接收了县政府的政权，成立了宾县县委和组织了一支宾县保安大队，我们的人去了以后，他们就叛变，也很快被我们消灭了。

在 12 月下旬，国民党的接收大员到了哈市，1946 年 1 月 1 日，国民党正式成立了哈尔滨市政府和松江省政府。部队的思想发生了混乱。如原来哈尔滨的保安总队，撤到“三肇”后不久，有一部分叛变了。其他各县的保安大队，也叛变了一部分。我们以前派到各县去接收政权，发动群众，建立根据地的干部，每个县去了二三个或三四个人，都是徒手空拳，没有自己的武装部队。在这次时局动乱中，有些同志被叛军给打伤或打死了。张林同志就是在那个时候在苇河当县委书记，被叛军把眼睛给打瞎了。那个时期，在各个地方我们牺牲了一些干部。

三、苏军向国民党移交政权

当我们的军队和主要机关撤出哈尔滨后，苏联红军通告国民党说，共产党都撤走了，你们来哈市接收吧！因为当时我们的大部队驻守在长春以北的陶赖召一带，国民党在关内的兵力从陆地上坐火车来不了。他们没办法就要求苏军缓期撤退（后来苏军缓期三个月），同时要求苏军协助他们从空中用飞机运送两个步兵旅的兵力来接收松江省和哈尔滨市。苏联红军不同意给他们空运两个旅，这就打乱了他们的计划，限制了他们的活动。后来他们又再三要求，能否少量空运一些人来接收，苏军最后决定允许他们空运300人的武装和他们的接收大员。

1945年12月下旬，国民党从关内空运来100余名接收大员和300名保安队，红军就把省、市政权交给了他们。从此国民党接收了松江省政府和哈尔滨市政府及其他的市政机关。这时哈尔滨市市长张庭阁、市公安局长周维宾都辞职了，谢雨琴和李兆麟同志也辞去了省长和副省长的职务，把各方面的政权都交给了国民党。他们来的保安队驻扎在哈尔滨市道里区原第一中学里，因人很少，怕出事，整天龟缩在“一中”里面不敢出来。那些国民党接收大员一旦有什么活动要出来，都得通过苏联红军来安排和保护他们的安全。他们虽然也有些乌七八糟的所谓“地下组织”和“地下军”遥相呼应，但是红军早已明文规定不允许他们公开活动。这样一来他们周围没势力，手中又缺少武装，不能像沈阳、长春的国民党那样大胆妄为，用暴力威胁我们。

从1945年12月底国民党接收了松江省和哈尔滨的省、市政府，到1946年4月27日苏联红军全部撤退，这四个多月时间，算是国民党的政权。哈尔滨当时是国民党的特别市，由国民党中央政府直属。它的松江省省长叫关吉玉，他所接收的省政府没有什么实权，只是接收了省政府机关里头的那套虚设机构和一座省政府办公大楼。外县的各级政权机构，他们一个也没能接收，一直在我们手里。

自从1945年11月23日以后，由于我们自己的正规部队以后从关内陆续赶到北满，在红军的协助下，很快把各县的叛军给镇压下去了，扭转了混乱局势，恢复了革命新秩序。从此，我们就全力以赴组织我们自己的军队，建立各地区的革命根据地，发动群众，搞反奸清算、土地改革、剿灭土匪。以关内来的老部队为基础，进行扩编军队，把原来一个班、排的老兵，扩编为一个连营，一个连营扩编为一个营团。提拔原来的老战士当班、排长；原来的班排长当连、营长。这些老部队都是成建制来的，为了更快地发展壮大全省革命武装力量，我们还按原来的营、团编制，成建制的调给各军分区，然后进行扩编为几个营或几个团，形成一个军分区的兵力。我们全省的部队就是这样迅速发展、壮大起来的。有了自己的军队，工作就好干了。我们就进一步做群众工作，搞土改、剿匪等。我们的领导机关和军队一直驻守在哈尔滨周围，管理着松江省的14个县。当时苏联红军对我们很支持。我们部队当时武器的来源，一部分是从关内带来的，一部分是从土匪那缴获来的，主要部分就是苏联红军交给我们的。

我们一方面抓军队建设，发展外围各县革命力量；另一方面在不停顿地与国民党进行公开合法斗争。1945年11月底北满分局和松江省委机关撤到宾县，在陈云同志赶到宾县不久，高岗也来了。成立了北满吉黑军区司令部，高任司令员。为了便于和国民党争夺政权，在1945年年初，分局和省委决定积极筹备召开松江省参议会，选举了参议员。然后经过参议会的选举产生并成立了我们自己的松江省政府和省参议会。

冯仲云同志任省政府主席，杜光宇（党外民主人士）任省参议会的议长。那时正是“双十协定”之后，进行国共谈判。我们有意识地在宾县再成立一个松江省政府，以便和国民党在哈尔滨的松江省政府相对抗。北满分局和松江省委确定由李兆麟和我出面跟国民党打交道，搞统一战线。当时，李兆麟同志的公开身份是中苏友好协会会长，常住哈尔滨市，和国民党接触多一些。我是松江省负责人之一，组织上决定叫我利用过去东北人民革命军第二军政治部主任的名义（我过去没任过军职）和兆麟同志一起跟国民党打交道。因此我经常往返宾县和哈尔滨市，并常住在哈尔滨市。我过去叫王友，后来为便于跟国民党打交道，改名叫钟子云（在东满特委时用过的名字）。与国民党谈判，有时是兆麟同志一个人去，有时是我们两个人一起去。那时哈尔滨国民党的市长叫杨绰庵，市公安局长余秀豪（这个人是国民党的军统特务）。

四、卢冬生同志之死和李兆麟同志的遇刺问题

卢冬生同志是随苏联红军一起来的，他和我们都住在南岗大直街26号。1945年11月中旬陈云同志来了以后住在花园街，叫卢冬生与他搬到一块住。卢冬生同志那时穿着红军军装。就是这一天晚上，他回宿舍搬东西，自己扛着个箱子从大直街26号往花园街走（这段路距离只有几百米远）。路上碰到红军士兵，怀疑他的箱子里装着什么值钱的东西，就把他劫持架到南岗边坡上，一枪把他打死了。然后打开箱子翻东西，一看都是些书籍，他们连书带箱子往旁边一丢就走了，他就是这样死的。

关于李兆麟同志遇刺的问题。这是国民党在哈尔滨的军统特务组织早有预谋的。杀兆麟的直接凶手是哈尔滨市市长杨绰庵秘书孙格玲和她

1946年12月至1947年4月，东北民主联军进行了三下江南，四保临江战役，歼灭国民党军4万余人。图为部队在松花江南岸攻歼郭家屯之敌。

的丈夫孙海金所直接指挥的一批特务。兆麟同志辞去副省长职务以后，留在市里任中苏友好协会会长，实际上是在继续领导哈尔滨市委的工作。那时他是中共北满分局的委员，参加哈尔滨市委工作。我们住在马家沟河沟街1号（现在叫红军街1号）原市长张庭阁家的一个小楼里面，与刘达同志也经常来往。在3月9日下午，我们几个人正在一块开会，参加会议的有杨维、兆麟、毛诚和我。到下午两三点钟时，会议还没开完，兆麟同志说他有事情就出去了。

杨绰庵的秘书孙格玲是个二毛子（混血儿），杨绰庵每次接待兆麟同志都是通过这个秘书去办。那时苏联红军交给兆麟同志一个特殊任务，要求他搞杨绰庵的情报工作，搜集他的材料。他接触孙格玲，也是为了搞杨绰庵的情报。他们搞我们的情报，我们也搞他们的情报。那天就是这个孙格玲约他去跟杨绰庵谈判。当时正是"国共"两党谈判两方面争"国大"代表人数的时候，国民党他们因早已密谋要杀害李兆麟同志，所以事先埋伏好了，当李兆麟同志一进门，就被几个匪徒们刺杀了。

兆麟同志遇刺前已接到过几封恐吓信说有些事情你要让步，不让步非把你杀了不行！那时毛诚同志是管党内保卫工作的，她经常告诉兆麟同志外出要注意安全。所以平时兆麟同志外出时都带警卫员和汽车司机。但是他总认为现在有苏联红军驻在哈尔滨，国民党不敢杀他。我们也没特别提高警惕，限制他的行动。那天下午他和警卫员坐车外出，从马家沟去道里，当车快要到道里水道街时（水道街 9 号，就在中苏友好协会的斜对门）。他坐的汽车突然坏了，警卫员李桂林和司机小卢都下来忙于修车。兆麟同志他一个人就走到中苏友好协会去了，到后对秘书于凯同志说，我马上要到水道街 9 号办事。说完自己就去了，到那就被刺杀了。

开始我们由于没注意，不知道这个消息，等到半夜还没见兆麟同志回来，就预感到有可能出问题了，马上报告苏联红军政治部。红军与市公安局督察处长马亮（延安来的老干部、共产党员）一起到水道街 9 号大院进行搜查，到那后家家户户的门都主动打开了，等待搜查，唯独孙格玲家的门没打开，这就引起了马亮同志的怀疑，他立即从孙格玲家门上边的小窗户跳进去，进屋一搜发现她家空无一人，之后在床底下找到了兆麟同志的尸体。为此，全市召开了 10 万人的追悼大会。对这个案件，经过侦破大部分凶手先后都被抓到了，就是孙格玲一直没抓到，据说她后来隐居在香港九龙。

五、我们返回哈尔滨市后二次改组市委

苏联红军在 1946 年 4 月 27 日全部撤离哈尔滨。这时由国民党派来的 100 多名接收人员和 300 名保安队呆不下去，都跟着红军撤到苏联去了。4 月 28 日我们的部队正式进驻哈尔滨。过去撤离到宾县的省委、省军区和北满分局各机关都回到了哈尔滨；新组建的省政府，也回到了哈尔滨。这里的政府机关和工作人员比较多，哈尔滨就成了北满的政治、经济、军事和文化中心。北满分局下面设有松江省、合江省、牡丹江省和哈尔滨市委。“四二八”我军进入哈尔滨市后重新改组了哈尔滨市委。

市委改组后，我仍任哈尔滨市委书记；何伟同志任市委副书记；聂鹤亭是省军区司令员兼哈尔滨卫戍区司令员和市委委员；我还兼任卫戍区司令部的政治委员；刘达任市长；杨维任市委民运部长，主管群众工作。何伟调走以后，王一夫任市委副书记兼组织部长；蒋南翔同志任宣传部长；毛诚任社会部长；唐景阳任秘书长；上述这些同志都是市委委员。

1946年六七月间，东北局由南满搬到哈尔滨市。不久把原北满分局合并进去，以后又把西满分局合并在一起了，统一领导东北各省委和哈尔滨市委的工作。

1947年冬天，第三次改组哈尔滨市委。由东北局调来了几个同志，张平化同志任市委书记，我给他当助手，任副书记兼卫戍区司令部政委。我在省里所担任的职务都陆续辞掉了。从东北局来的还有民运部长刘彬、组织部长刘英、市长朱其文；还有宋一平、饶斌等同志也调到哈尔滨市工作。

这次市委改组主要是两个问题：一个是要加强哈尔滨的市委领导，对原领导班子作了适当调整。杨维调到牡丹江，刘达被东北局免职了，蒋南翔调走了，由郑一平接任宣传部长；另一个原因是东北局几个主要领导人对市委执行有关方针、政策有很大的分歧，争论很激烈。无论在市委内部或外部对城市政策基本上有两种不同的意见。其中主要有以下几点：第一个是对工商业资本家的政策，是进行无限制的批斗？还是保护他们维持生产？第二个是对旧政权的政策，是先接收过来利用改造？还是彻底砸碎，不用旧职人员，重新组织自己的政府；第三个是群众运动，允不允许城市贫民群众搞普遍清算；第四个问题是让不让农民进城搞清算资本家的斗争？这几个问题从我们进城开始，一直争论了近两年。

第一个问题是对工商业资本家的政策。那时，我们的主张，用旧的说法叫实行改良主义，现在的说法是用过渡时期的政策。过去毛主席曾多次提出有关工商业方面的指示，即“发展生产，繁荣经济，公私兼顾，劳资两利"和"发展生产，保证供给，支援战争"。我们觉得毛主席在抗战时期所提出的这些有关政策很重要，是完全正确的。虽然比较原则，但有普遍的意义。其目的是为了争取抗日战争的胜利。由于过去我们长期工作、战斗在农村，缺乏管理城市的经验，现在进入大城市，特别是哈尔滨又是全国解放最早的一个大城市，而且在国际上也有一定影响，所以在执行各种政策时，必须十分慎重，按照毛主席关于"发展生产，保证供给，支援前线"这个基本政策来工作。当时哈尔滨市有两个比较大的资本家，很有代表性。一个是工业资本家张庭阁（就是红军来了后，叫他当市长的那个人），他是山东省黄（掖）县人，属山东帮；第二个是大商业资本家叫武百祥，他经营着哈尔滨市最大的商店，有同记商场、大罗新环球百货商店，属河北省的乐亭帮。张庭阁的工厂有双和盛皮革厂、双和盛啤酒厂、双和盛面粉厂、双和盛油坊等。那时对待工商业资本家的政策，有人主张不管他们是什么资本家都要进行清算斗争，这个问题在市委内部有不同认识，长时间争论不休。后来我们说不行，不能采取这个办法，应该保护这些资本家。如果一下子把他们都批斗垮了，还怎么生产？如何支援前方战争？哈尔滨市的近百万人口又怎么生活？另外在市里还有一个波兰资本家经办的（英商）老八夺烟草有限公司，有1000多名工人，如果处理不好，就会引起很多问题。所以我们主张对大的工厂、商店一律要维持正常生产，搞好正常营业。那时党中央和毛主席对这些问题还没有更具体的指示，只是讲了一些原则。1946年4月28日我们进城后，就提出了我们的施政纲领：一要维持所有工商业的正常生产和营业；二要适当改善职工群众的政治和经济生活，给工人一定的政治民主权力和经济利益；三要积极支援战争。而有的负责同志则主张工人对资本家应当进行清算，有的工会把资本家抓去批斗毒打，没收财产，对这些做法市委大多数人坚决反对。这时在上级机关有少数人支持他这种"左"的做法，而且还认为我们这些人思想上右倾。这是第三次改组市委最基本的原因。

第二个问题是政权问题。我们在“四二八”进入哈尔滨时，只是把旧的市公安局全部解散了。把伪满的公安局残余部分和红军与国民党临时组建起来的旧公安局全部给解散了，重新组建了我们自己的公安局，周维宾任公安局长，下面的干部也大部分调整了。其他市政机构除任命了一些主要领导同志外，如正副局长，中下层工作人员基本没动；市政府内的卫生局、财政局、交通局等20几个局的机构都暂时留下了。对这个问题有的人不同意，他们说这些都是旧政权机关和旧工作人员，不能原封不动，应采取革命的办法，彻底砸碎。刘达同志是市长，他对不加区别的彻底砸碎的办法和思想坚决反对。我是不赞成不加分析的打碎旧机构的意见，虽经再三说服，但有的同志还是坚持。并利用分管群众工作之便，把工人组织起来冲击街公所、公安派出所及其他市政机关。我认为在我们党自己掌握政权的时候，采取这种做法是不妥当的。

第三个是群众运动问题。是组织市民先搞生产？还是先搞反奸清算？那时哈尔滨的工业基本上都是日本统治下组合的。各个工厂之间都有相互依存的关系。你要搞清算，就连最小的资本家也清算光了，工厂都要关闭。这样下去工人、店员就要大批失业，商品物资供应就要中断，城市人民生活就要受到极大影响。因为这个问题和在农村斗争地主不一样，斗地主是把他的生产资料拿过来，农民自己进行耕种，不断进行再生产。而城市清算资本家只是把他的人格批臭了，东西分光了，群众就散了。所以我们不赞成进行普遍的、无区别的清算斗争。

第四是农民进城抓斗地主的问题。那时正是土改的高潮时期。哈尔滨有的资本家在农村兼地主。因北满农村的农民不像关里的农民在经济生活上能自给自足。如关内农民能自己种棉花、纺线、织布、做鞋袜，而北满农民都是用自己生产的粮食到城里交换日用商品，到了日本统治时期就更厉害了。由于农村商品经济不断地发展，各农村都更加依靠城市，向城市提供粮食，交换生活用品（日本叫做出荷）。当时哈尔滨市有些大资本家，在城市有工厂、商店；在农村有土地出租，长期和农村有着密切的经济联系。在土改时，因东北土地多人口少，不像关内农民那样争地，感到只在本村斗争地主平分土地和少量浮财不解决问题，想到城市斗争地主兼资本家，多分他们的浮财。就是这样，清算斗争不断由农村发展到县城，当县城里的烧锅、造酒、油坊分得差不多后，就想到大城市来进行清算。他们的口号叫“算剥削”，就是清算过去的剥削。

中央那时有个政策规定：凡是城市工商业者兼地主的，在农村的土地、浮财农民可以没收、分配，但在城市的工厂、商店不能分配。根据中央的这项土改政策，也不能让农民进城清算。再一个问题，是农民要进城抓逃亡地主。当时确实有一批地主，在土改中怕被批斗跑到哈尔滨来躲避斗争，农民要进城抓他们，我们是支持的。但是必须通过市公安局才行。这样农民不干，有少数领导干部也不同意我们的意见。实际上农民不是单纯进城抓地主，而主要是想分浮财。我们根据实际情况和中央有关规定，认为无论如何不能允许大批农民随便进城抓斗地主。

当时王稼祥同志是城工部长，他从苏联刚回来，他也不赞成以上那些过“左”的办法。他的政策思想观点，给了我们极大的精神力量，鼓舞着我们坚持正确的方针和政策。但他说了不算数，我们有些事情虽不断向他汇报，但他也无能为力。东北局的同志也都住在哈尔滨市，大部分的领导同志不赞成上述那些过“左”的做法，只有个别领导人如林彪、高岗支持。在我们市委内部也没有几个人支持他这种办法。

1948 年 2 月 27 日，毛主席《关于工商业政策》（四条）发表了。4 月 8 日，《再克洛阳后给洛阳前线指挥部的电报》（九条）也发表了。从此对城市政策的公开争论，暂时告一段落。但对有关工商业的若干政策问题的分歧在某些人的思想上并没解决，仍不断地批判和清算过去在城市政策问题上的所谓右倾机会主义。

到 1949 年 2 月在沈阳召开的东北局高干会议以后，哈尔滨市委制定各项方针、政策，都是从如何支援前方战争的角度出发，所以一心想把哈尔滨的城市秩序搞好，维护正常生产。因为一旦把哈尔滨的城市秩序搞乱了，工业不能正常生产和商业不能照常营业了，不仅全市近百万人无法生活；我们的省、市和东北局机关及在北满的军队的物资供应、货币和公债发行等，都会遇到困难：医院要接收伤病员，铁工厂要制造小炮、手榴弹，被服厂要做军服，面粉厂、油坊要加工粮油等。

当时我们想，在中国经济比较落后的情况下，我们的党一旦取得政权之后，对群众运动采取什么态度，对工商业采取什么政策，这是一个原则问题，是涉及革命成败的关键。而有些人一再主张采用过去在革命战争中对待敌人的那些办法来搞群众运动，这肯定是错误的，过去在敌人统治时期，我们到处发动群众，组织工人起来砸碎敌对阶级的国家政权，破坏他们的社会生产，与资本家开展斗争，不断组织群众罢工和要求增加工人工资福利等是对的；今天是我们自己掌握国家的政权，又处在战争的困难时期，如再采取过去的老办法、老框框就不行了。而应当根据新情况研究新问题，采取新政策，组织工人搞好生产，关心千百万人民的生活，大力支援前线战争，这才是当务之急。至于对大资本家张庭阁、武百祥，等将来全国都解放了，再没收他们的财产也不晚，只要我们说一句话就没收了。现在发动群众，急急忙忙地把他们一下都弄垮了，群众自己在短时间内无法把生产搞起来！不论是组织生产，还是采购原材料，他们都有一套办法，都有一条采购渠道。那时在群众中还没有我们自己的骨干，不依靠他们无法马上搞好生产。最少也得使生产停滞和混乱一个相当时期。可是我们内部对这几个问题竟争论了好几年。争论得实在没办法了，在 1947 年市委开了一次扩大会议，彻底批判了个别负责人的错误思想，批判后把他调出去了。

这时也有少数人说我们在城市里所执行的政策是包庇资本家，说什么县城的烧锅（酿酒）、油坊都分了，你这个地方的张庭阁为什么不让批斗？什么同记商场、大罗新为什么不让分？你们这不是代表资本家的利益吗？这不是一般同志说的，而是相当负责同志讲的。我们不理睬他们的这些责难，还是继续坚持我们的意见。因为这不是为个人争论是非问题，而是关系到上百万人民的生活和夺取革命战争胜利的大问题。正是由于我们始终坚持维护哈尔滨市工商业的正常秩序，才使以后对“资方”加工订货，实行统购包销政策得以实施兑现。所以说这次争论的都是一些重大原则问题。

我们这几万人才刚进城的时候，都是赤手空拳，什么也没有。开始一切财政开支和筹集物资主要是靠发行公债，后来靠发行地方票（东北人民银行所发行的地方券），来维持当时庞大的财政开支。每当我们的军队在前方打了胜仗，城市里生产比较正常，我们所发行的票子就有效；否则我们的票子就是一张废纸。苏联红军进驻东北时，他们统一发行了不少红军票子，他们撤离后，我们又发行了不少东北流通券，开始发行的东北流通券还值钱，以后由于发行得太多了，市场上又没有多少东西，东北流通券就不大值钱了。这就必须：一是组织本市的工商业进行正常生产，搞加工订货；二是靠过去积存的一点粮食和临时向农民征购粮食，初步解决一下机关、部队和广大群众的吃饭问题。但其他生活日用品和棉花、棉布、衣服、鞋袜及药品等，都要通过商业渠道由外地进货。从南满的沈阳、长春往里进。但还是远远满足不了广大群众的需要，如果不采用其他方法组织生产，不采用正常的途径组织商品交换，也无法解决北满当时的财政和经济困难，这就是我们研究问题、制定政策时的社会背景和具体情况。

对这些问题有很多同志不太理解。

六、对土地改革中有关政策问题的不同看法

有关这方面的问题，在市委内部比较一致，故在前面没谈。过去毛主席和党中央对土改问题虽有不少重要论述和政策规定，东北党在执行

毛主席和党中央有关根据地建设及土地改革指示方面，都取得了很大的成绩，这是应当肯定的。但是在具体执行的过程中，对各项政策确有各种不同的理解和认识。现在仅举几个例子说明这个问题。

在北满农村土改斗争中，也存在着许多“左”的东西。如有一次农民把地主的老太婆拴在马尾巴上，然后用鞭子抽打这匹马，在高粱茬子地里拖着跑。有的领导同志用这个例子来说明群众已经发动起来了。作为一个巨大的群众运动，下面出现这样或那样的问题都是可以理解的，也是无可非议的。但是作为一个领导机关的主要领导干部，不应该支持这种做法，因为这不符合毛主席和党中央的土改政策。我听到这件事情后，便对个别领导同志反映，提出对这种做法应加以说服纠正。他说不行！说这是广大群众斗争的积极性，不能制止，不能泼冷水。另外在呼兰县的土改中搞什么“扫堂子”，我们也不赞成。“扫堂子”就是把这个村的农民群众发动起来，斗争完本村的地主，再组织起来到另外一个村地主家去进行斗争和清扫浮财，由甲村扫乙村，乙村扫丙村，最后把地主都弄得是净身出户，扫地出门。一切都扫光了，广大农民群众的正常生产也无法组织了。

在群众运动中，若是群众自己搞的一套办法，应加以具体分析。作为一个党的领导机关，对正确的事物应当加以支持和传播；对错误的做法应当加以引导纠正和帮助。而不能任其自由泛滥，更不能为其传播扩展。我认为在群众运动中，大胆放手发动群众这个口号，是正确的。但借口所谓“大胆放手就是政策”等，这是不对的。这是放弃领导，不讲政策。毛主席对待群众运动历来是讲政策的，特别是对土改的问题，不但有政策，而且也是讲过多次的。

总之，多年的实践充分证明，我党在城市取得政权之后，首先要搞好工农业和商业的正常生产，制定各项符合实际的、正确的方针政策，其他的一切政治活动，都必须围绕这个主体进行。毛主席在七届二中全会上曾对这个问题作了详尽的阐述，各级领导机关和主要负责同志不仅要敢于领导，更要严格掌握政策善于领导。就是根据当时当地的实际情况，善于处理群众眼前利益和长远利益的关系，局部与全局的关系，个人与国家的关系。否则，只凭一时的热情，或所谓大胆放手就是政策，实际上是放任自流，肯定要犯错误的。一个人在工作中从来不犯错误是不可能的，犯了错误也不可怕，但应接受教训，尽快改正。否则会给党的事业和革命工作造成重大损失。这个问题在解放后东北局的会议上也作过说明：“在土改中杀人过多，打人普遍”。这是每个领导同志都应引以为戒的。

七、有关林彪和高岗的几个问题

林彪平时沉默寡言，和高岗是两种不同的性格。在东北解放初期因工作关系我和他接触比较多，都住在哈尔滨市，他是东北局的书记、东北民主联军的司令；我是哈尔滨市委书记、卫戍司令部的政治委员。所以我经常列席参加东北局的会议。有时向他汇报工作，因在若干政策问题上思想认识不一致，他对我们的工作很不满意。不论在大会还是小会上常批判我们的所谓右倾思想。

到东北后我和高岗比较熟悉，在工作上接触更多一些。他的政策思想和林彪是一致的，他对我们的工作也很不满意。但我有什么意见就跟他当面提，有不同意见就和他争论，背后不搞自由主义，不议论他的是非问题。比如有一次，有几十个农民带着枪支进城抓地主，我们不让他们直接抓人，要抓人必须经过市公安局；而有的领导同志则坚持让农民自己去抓人。后来东北局开会时，我把这件事提到会议上来了。高岗说，你为什么不让农民抓地主啊！我说，他们要抓的不是地主，真正的地主他们要抓多少，我们让市公安局抓到后都给他们送过去。送过去的地主他们都不一定要，他们进城来抓地主的主要目的是要东西、要浮财。因此我们不同意他们进城直接抓人。如果一定要抓，请东北局作个决定或下命令，我们就坚决执行。东北局当时既不便作决定，也不好下这个命令，不下命令，他们就抓不去。后来告诉市公安局长陈龙同志说，农民带着武器再进城抓人，还是要通过市公安局，如农民不同意，你先把他们的枪支收了，将他们送回去后，再把枪支还给他们，并做些说服教育和解释工作。我们采用这个办法暂时把农民进城抓人的问题勉强解决了。

我当时和他们争论的主要是若干政策问题。总觉得他们有些事情做得不符合毛主席的指示。毛主席有一个基本政策，在前面已经说了，我们就是坚持这一条。这不是说我们怎么聪明，创造了什么新东西。因为，人民群众和军队是要吃饭、穿衣的，不着重抓这个问题，而热衷于搞那些热热闹闹、大轰大嗡的东西能行吗？那时我们在哈尔滨搞清算斗争中，无论在没收敌伪财产方面，还是捕杀惩处汉奸、特务和土豪劣绅，都做了许多工作。比如姚锡九、张九鹏等，是哈尔滨比较大的恶霸，过去当包工头发了财，他们没有工商业，但有很多房产。我们发动群众斗争了他们，没收他们的财产，最后把他俩给枪毙了。此外还杀了一些伪满和国民党特务。实际上那段时间我们杀的坏人也不少。虽然所有判决死刑的人都得经过我市委书记签字，假如今天你要问我哪个杀得对，哪个杀错了，我大部分说不上来。因为那个时候，群众一起来，对民愤比较大，多数群众要求杀的人，拿起笔来就批，不像现在这么严格。这是1948年以前这一段的情况。

再讲一下林彪、高岗的干部政策。他们与以林枫为首的东北的这一批高级知识分子出身的领导干部，关系不好，在工作中不太信任他们。认为这些同志家里过去大都是旧东北军，或者是官僚地主出身，以后到北京或在东北上了大学。这批人当时大部分在东北行政委员会和各省市任行政领导（部长、副部长和省长、市长等职），如刘澜波、高崇民、张学思、杜者衡、阎宝航等。另外对在工作中或思想作风等问题上意见与他们不一致的同志也加以歧视，如对古大存同志，那时他在哈尔滨就不赞成高岗这一套，有时说些不满意的话，就得罪了他们。开始他是东北局组织部副部长，林枫是组织部长。以后就把他们两个人的职务调换了，都调到东北行政委员会去工作。由于林彪、高岗他们不太相信这批人，所以也不很好使用这批干部。

他们不仅歧视原在东北的知识分子出身的干部，同时对“抗联”的干部也不感兴趣。林彪、高岗对这些人不谅解，总觉得他们水平低、能力差。李兆麟同志很好，这个人有一定的思想水平，就是因为他在各方面听苏联红军的意见多了一些，所以就说他右倾。陈云同志对原东北抗联的同志很关心、很爱护，经常告诫其他领导同志，对抗联的同志要理解，并要很好教育、培养和帮助他们。就是林彪、高岗背后老是指责他们。对其他根据地来的同志也是如此，凡是同意他们的意见，听他们话的人就加以信任重用，否则就被歧视排斥。

我们刚进入哈尔滨时，刘达和我与林彪、高岗的关系都很好，我们没有这个山头那个山头，无论对哪个领导同志都是从工作出发尊重他们。但由于在有关若干重大政策问题上长期存在分歧，互相之间有不同看法，逐渐关系不太融洽，以后陆续把我们都先后免职和调离了。

林彪、高岗他们在东北局内部也是专横跋扈，只依靠少数几个人，压制多数人。当时东北局里面有很多中央委员，并不是都能很好地发挥作用，不论什么事情都是林彪、高岗几个人说了算，根本不听取多数中央委员的意见。虽然高岗在东北局的领导成员中排列在第四位（第一位是林彪，第二位是彭真，第三位是罗荣桓，第四位是高岗），任副书记兼秘书长，但是由于他跟林彪关系密切，所以当时权势很大，盛气凌人。对他下面的其他中央委员大部分不重视，不相信，不能很好地发挥他们的作用。

在工作中，谁一旦给高岗提点意见，他就很不高兴。由于他在思想作风上不民主，在组织上大搞宗派活动，所以我说高岗这个人是赫鲁晓夫式的人物；而林彪从东北这段工作和以后几个历史阶段发展联系起来看，他确实是一个有野心的人。林彪、高岗当时依靠毛主席对他们的信任，忘乎所以，大搞两面派，为个人树碑立传。东北解放前后，高岗到苏联去过两次。第一次他见到了斯大林同志，因为他是东北局的负责人，所以斯大林同志对他很亲切，他就自以为是，到处说斯大林同志对他怎么怎么亲切；第二次他又去苏联，斯大林同志跟他开玩笑说，你就是“东北的张作霖”。他一回来，就兴高采烈地到处说，斯大林说他是“东北的张作霖”，自我吹嘘，不可一世。我为什么说他是赫鲁晓夫式的人物呢？他这个人没有什么马列主义理论和思想政治水平，只是依靠别人给他写文章和出谋划策，由他到处去说。

林彪这个人很厉害，平时沉默寡言，很少暴露自己的真实思想。他为了支持高岗，在东北局叫高岗兼任秘书长，并说在东北局由高岗实行“秘书长专政”（这是高岗自己说的）。为什么说东北局要实行秘书长专政呢？因为林彪和罗荣桓他们是野战军，不能经常领导和参加东北局的会议，林彪对彭真同志的意见特别大，为了削弱彭真同志在东北局的领导，故叫高岗兼任东北局的秘书长。高岗在背后“做工作”。说林彪思想开朗，在军事、政治方面都有很高的水平，大家要拥护他；而林彪支持高岗兼任东北局的秘书长，掌握东北局的全面工作。当东北全部解放，林彪将要带着部队进关时，就推荐高岗任东北局的书记。由此可见他们早有打算的。

反过来，他们对少奇、恩来同志意见很大，经常在背后议论他们几个人。一是“和平民主新阶段”，说少奇同志是投降主义，站在资产阶级和国民党的立场，推行投降主义路线，甚至说他想将八路军和新四军都交给国民党改编，以达到消灭我军之目的等。二是他们对恩来同志搞统一战线工作也特别有意见，总觉得恩来同志思想右倾，经常拉扯国民党地区的那些上层关系。对少奇同志的“讲话”，他们从中抓住一些枝节问题大做文章，大肆攻击，如对“和平民主新阶段”这个口号。我也不大清楚“和平民主新阶段”这个口号，是毛主席提的还是少奇同志提出的（王首道后来说：是毛主席讲的，经中央研究同意的）。

再比如他们批判林枫和彭真同志吧！第一，批判他们留恋大城市，不搞根据地；第二，说他们的“扩军”是招兵买马，招降纳叛，不讲阶级路线；第三，就是对统一战线的认识问题也有分歧；第四，还有一条即新兵新枪，老兵老枪。此外还说他们不尊重林彪、高岗等。他们指的问题背景是林彪、高岗到东北后，没留他们在东北局工作。

关于留恋在城市。这不只是彭真、林枫少数几个同志的想法，当时很多从各根据地到东北来的同志，都是抱着很大的希望，进驻大城市。认为苏联红军一定会把东北直接交给我们，没想到后来交给国民党了，使我们的机关、部队只好撤离到周围各县和中小城市。我们在延安要出发的时候，少奇同志也并没有讲这个问题，只是讲你们去了以后，会遇到一些困难和曲折，要克服困难。当然还讲了一些其他问题了。所以，我们的精神上有准备，来到这个地方肯定不会是很简单的。因为苏联红军出兵东北的时候，就根本没有通知我党中央。那时候苏联有个情报站在延安的枣园，他们并没有向我党中央透露这件事。所以少奇同志就估计到这里头会有很多困难，是不乐观的，他并不认为我们到东北就会顺利地接收政权，他有这个思想准备。但是别的同志不了解这个情况，到东北一来，就想叫红军把政权交给我们，对斯大林为什么把政权交给国民党的政策不太理解。开始我也不太理解这个问题，后来听到红军负责人反复讲，我们才慢慢地清楚了。当时的情况是：苏联在苏德战争中，已经打得精疲力尽，在远东出兵刚打败日本关东军，伤亡也很大，很怕再因为中国的问题，引起苏美战争，把苏联陷进去；同时，在《雅尔塔协定》中已确定了，待苏联红军收复东北之后，要将东北的政权交给国民党。就因为这个原因，才叫苏联红军的同志在处理东北的问题时要特别慎重，对中国共产党的关系不要太公开了，以免引起美国的直接干涉。在这种情况下，他们不把东北各大城市的政权交给我们，而交给国民党，这是可以理解的。

苏联红军中的领导人政治和思想水平也不大一样。因此在执行苏联政府的政策中，情况也不尽相同。如驻哈尔滨的红旗第一军军事委员斯莫林科夫，这个人是少将，军衔虽然比较低，但他的思想水平比较高。是第一军中政治工作的主要负责人，当他们将松江省和哈尔滨市的政权交给国民党后，他表面上应付国民党，背后却积极支持共产党。而那个供给部长杜达列夫，是个老红军、老游击队员，他在政治上对我们很友好。此外，他们政治部第7部的那些中下级军官，都很热情，积极为我们服务，虽然有些问题，我们和他们也有争论，但总的情况是好的。他们都是些好同志，但无权改变苏联政府的对外政策。

我们的许多同志到东北以后，对苏联不把各大城市的政权交给我们很不满意。毛主席在12月28日关于《建立巩固的东北根据地》指示中说要远离大城市和交通要道，到各中小城市和广大农村建立根据地，后来通过学习毛主席“十二月指示”和几个月的实践，使许多人的思想认识才逐渐有所转变。概括起来说，这种转变有两个方面的原因：一个是我们11月在北满被迫从哈尔滨退出后，各地土匪四起，不搞根据地不行。所以到各县后就广泛发动群众，搞土改、剿匪、清算汉奸特务等，经过一段时间工作，很快就把广大农民群众发动起来了。凡是我们进驻的县城和其他中小城市，苏联红军都主动把他们原设的卫戍司令部撤销了，把政权陆续交给我们。在陈云同志负责北满分局这段工作中，思想转得很快，工作抓得很紧，成效也显著。另一个原因是，学习了毛主席12月28日关于《建立巩固的东北根据地》的指示，要让开大城市，占领中小城市和建立农村根据地，大家的思想才逐渐转变了。开始退出大城市时，都有些留恋。但他们抓住这一点只批判彭真、林枫等同志，说他们舍不得大城市，没有建立根据地的思想。实际刚进入东北的时候，谁也不想离开大城市，只是由于以后形势所迫，才有所改变，这是当时的实际情况。对待这个问题，有的人思想转得快，有的人思想转得慢。

第一是有关保卫四平和长春的问题。“把长春作为马德里来保卫”这个口号，不是别人提出来的，而是中央提出来的。他们一开始光要死守四平街，四平街没守住，又提出要死守长春，“保卫马德里”。长春的一仗没有打好，很多同志的思想认识才彻底转变。因当时留恋大城市绝非那几个人，大家都是一样，也包括我们这些人在内。所以对这个问题，在当时那个环境、形势下，不能无限上纲来批判。只说彭真、林枫等留恋大城市，并当作一个路线问题，对彭真、林枫同志进行批判，显然是不对的。

第二个问题，就是东北解放初期，说建立军队是“招兵买马，招降纳叛”和“老兵老枪、新兵新枪”的问题。在“八一五”日本帝国主义投降后的情况下，除冀热辽军区在李运昌同志率领下有1.5万多人的主力部队进驻东北外，其他老部队都没来得及进兵东北。你想大规模建军没有多少骨干部队，只有把社会上一般群众组织起来。可是当时东北的老百姓有些人对国民党蒋介石抱有幻想，对我们党的印象很浅薄，特别是在知识分子中间，大部分相信蒋介石。再加上苏联红军到东北后纪律不好，影响较大。所以很多群众幻想蒋介石、幻想国民党，这是客观条件造成的。这绝不是少数几个人所能认识和解决的。所以在解放初期我们在北满组建起来的军队，组织成分不纯，故在国民党接收几个大城市后，有部分军队叛变了，是可以理解的。这种情况只能认真总结经验教训，不能把它当成什么政治路线和阶级路线错误加以批判。

至于“老兵老枪、新兵新枪”的问题，也不是那几个领导同志决定的。当时冀热辽的部队先到了沈阳，他们的部队发展得较快，而使他们得到很多新枪。所以他们的新兵就得到了很多原日军在沈阳军火仓库存放的新武器。这是在1945年11月以前的情况。不久情况发生了很大变化，这是由于苏军要将几个大城市交给国民党，在沈阳由苏联红军负责看守的军火仓库，什么武器也不交给我们的军队。这时由关内各根据地来的大部分老部队，有的带着老枪，有的没带武器空手来的，希望到东北以后，能用日本武器重新装备自己。由于沈阳市日军的军火仓库，都控制在苏联红军手中，他们不肯发放，才使关内来的老兵没能领到新枪。他们不了解这些复杂情况，所以就对东北局和李运昌同志有意见。这也是林彪等人以后批判彭真和李运昌同志时的重要问题之一，说他们有本位主义。实际上 1945 年末，许多新建的部队已成建制地编入了老部队中去。对那时出现的这些问题，必须根据当时的条件来分析。不能乱扣帽子，这些做法都不妥当。

第三个问题，就是统一战线。林彪和高岗他们不赞成做统战工作。并经常在背后议论，用冷言冷语加以讽刺挖苦。他们看不到中国这个大局及其错综复杂的政治形势，不理解毛主席关于统一战线的思想，所以只是一种简单的斗争方法，来解决中国所有的问题，这是不可能的。

总之，东北“八一五”光复后的问题很多也很复杂。特别是苏联政府怕因中国问题引起美国的直接干涉。这些问题都是在当时的历史条件下形成的，应当实事求是和系统地认真地总结经验教训。应当贯彻团结、批评、团结的方针。不要把这些问题不加分析地都当成原则和路线问题，搞无限上纲，给别人乱扣帽子，说人家是什么右倾机会主义啊！因东北这段历史比较复杂，涉及很多干部。受到批判、压制而造成党内不团结，这对党的事业是不利的。

在东北时，我对许多中央和其他高级负责干部都没有什么个人关系。我只是从工作的侧面观察，发觉有些人在搞宗派，个人主义比较严重，他们的思想境界太狭隘了，作为一个高级领导干部是很不应该的。这就是我对这些人的看法。

我觉得我对以上这一系列重要情况的说明，讲到底就是要认真对待历史经验教训和坚决执行党的方针路线和政策。

1942 年转战陕北时的王还寿。

王还寿（1922—1992），山西阳曲人。1938 年参加八路军，历任勤务员、特务员、中共中央书记处警卫班长，石家庄华北军区摩训队坦克队学员兼区队长、天津军事管制委员会汽车队队长、特种兵营政委、坦克一师科长、处长、副政委。

作者简介

随党中央转战陕北——周恩来卫士的回忆[①]

□王还寿

大约是 1946 年 12 月，组织分配我到周副主席处工作，我很高兴。在军队中威信高的是毛主席、朱总司令，此外就是周恩来同志，大家都叫他周副主席。

在延安时，周副主席身边有两个卫士，成元功和关兰轩。毛主席、朱总司令、刘少奇、彭德怀这四位领导同志处各有一个警卫排，周副主席坚决不要警卫排，他说：我的安全是军队的事，警卫战士不能算在我的编制内。给周副主席站岗的是警卫团扛大枪的普通战士。毛主席的警卫排长是阎长林。警卫排和警卫团是平行的，都归中央办公厅警卫

① 原载《中华英烈》1989 年第 3 期。

毛泽东（右三骑马者）、周恩来（右一骑马者）、任弼时（右二骑马者）等转战陕北。

科管。

我刚到枣园的第一天，周副主席、邓大姐接见我，和我谈话。他们对身边的工作人员都很重视。第一句话问我："你到这来帮助我工作，愿意不愿意?"接着问我出身、历史、家庭情况、本人的一些情况。

然后交代工作情况和任务。强调：你来这是帮助我们工作，做什么事必须和我们商量，不能自作主张。无论做什么事，事前请示，事后汇报。

我和关兰轩跟着周副主席，两个人轮班值日，每班一天一夜。成元功主要搞内勤和白天的工作。我们看大姐年纪大了，主动地帮她干干家务活。她不许我们插手，说：这不是你们干的，你们的任务主要是把警卫工作做好，把恩来照顾好就行了。她规定周副主席的内衣、袜子，她的衣服都是她自己洗，只让我们洗被褥、罩衣。转战陕北时，周副主席的裤衩、袜子都是他自己洗，只让我们帮助晒晒。

延安喂了几头奶牛，喂得不好，奶很少。规定中央委员、书记处同志一人一大瓶。大姐是中央候补委员，每天一小瓶。他们自己不吃，送给病号，或送给从外面回来有困难的同志，送给生了孩子的母亲，没有奶吃的孩子。

枣园后面有后沟，离枣园十来里路。这个地方在半山腰，去的人不多，比较安全，但条件艰苦。1947 年 2 月为了防空，朱总司令、少奇、周副主席、彭德怀几位首长搬到后沟去住。

撤离延安

在后沟住了一个多月，延安的群众已经疏散完了，中央首长准备疏散。清理文件时，我惹了一个祸。不注意把大姐的一份材料烧掉了。她急得跳起来，说她还要用这份材料。批评了我几句，已经烧了，也就算了。

准备撤出延安，要轻装。我给周副主席准备了一个马褡子，有一套被褥、一条毯子、一个床单、两套衣服、两双鞋。我背了一个皮包，这个皮包是周副主席很早就开始用的，现在历史博物馆展出。皮包里放着几份地图，还装着放大镜、红蓝铅笔、铅笔刀。我还随身背一个绿色的帆布兜，里面放着滴鼻子的药、药棉捻。周副主席走到哪里我跟到哪里。他鼻子爱流血，有时开会，说着话就流血了，赶快用棉花捻沾上药送过去。

3 月 13 日，成元功和大姐一起从后沟出发。邓大姐、康大姐负责带队，同行的有朱总司令，还有陆定一的夫人严慰冰及孩子，少奇同志的小孩涛涛、丁丁。

大姐走后，我们跟着周副主席搬到王家坪，毛主席先搬去的。在王家坪桃园处有防空洞，我们住在防空洞的南面，毛主席住北面，中间是会议室。

我们到王家坪时，敌人已开始进攻延安，轰炸延安，整整炸了 6 天，毛主席和周副主席在防空洞呆了 6 天。因为延安的机关、老乡都已撤走，他们只在河滩上炸死了老乡的一头猪。

我们在防空洞里准备了马灯、凳子、行军床，可以休息、办公，因为只有毛主席和周副主席两人，地方比较宽敞。

撤出延安的那天，是最紧张的。半夜就听见隆隆的炮声，听声音离延安也就是二三十里路。早上炮声越来越近了，江青沉不住气，催主席走。主席胸有成竹，准备了两手，一是敌人占不了宝塔山，我们坐汽车从飞机场那条路走。二是敌人占领南山，封锁了公路，我们骑马从王家坪后面的山沟里撤出去。马就在后沟里拴着，白天备好鞍，行李都搬去了，随时都可以走。

那天早上毛主席、江青吃了早饭，大约八九点钟。他俩坐在会议室里，一条长的会议桌，一人坐一头。周副主席因睡得晚，还未起来。

江青要毛主席上午就离开延安。毛主席说："我不能走，敌人还远嘛！他也是两条腿，我也是两条腿，他到延安，我见到他，走也不晚。"他是在等王震。王震带着部队从晋东南星夜兼程赶回陕甘宁边区。王震怕来不及，先行赶到黄河边。主席知道后已于早上派吉普车去黄河边接他。

江青沉不住气，说："王震的部队根本赶不到延安，你等他，等不到！"一再要求主席赶快走，说："敌人已快到延安了，你听见了没有！这炮打得越来越近了。"

主席是稳坐钓鱼台，说："我不管他，走不走等王震来了再说。"

江青发火了，把手里的杯子往地上一摔，大喊大叫："你走不走!?你不怕死，我怕死！我还要我的后代！"

主席生气了，把喝茶的杯子摔在地上，训她："你走！你走你的！"

说着搬起椅子要打江青，江青吓得嗷嗷乱叫，围着桌子跑。

我们在外面听见了，赶快把周副主席叫起来。周副主席推开会议室的门，平静地说："你们俩干什么？"

主席把手中的椅子放在地上，顺势坐在椅子上。江青坐在凳子上又哭又闹，撒泼。俩人一天也不吭声。以往江青吃完早饭就摔老K（打扑克）今天没摔老K，回房子里生闷气。

一直等到晚上，王震同志终于来了。他风尘仆仆，刚坐下来吃饭，主席、周副主席、陆定一等人都来了，在饭桌旁开了一个会，决定马上撤出延安。

当天晚上我们坐车出发。毛主席、江青和阎长林带的几个警卫员坐一辆中吉普，走在前面。中间是周副主席，关兰轩和我随他坐一辆小吉普。后面一辆吉普坐着陆定一。同行的还有毛岸英，他没有职务，帮助毛主席处理日常事务，后来他跟着刘少奇、康生搞土改。马匹派专人牵着，从西山翻过来。

我们离开王家坪时，一路上静悄悄的。天亮以前就住下了，这个地方叫刘家渠（属延川县）。在这住了两宿，观察敌人的动静。

在刘家渠住下的当天一早，我们就把汽车分散隐蔽在高粱垛子里。用树枝把汽车轮胎压的印都扫了。白天敌人派两架飞机侦察扫射，往高粱垛里乱打，把主席汽车的挡风玻璃打穿了一个洞。周副主席闻讯后很着急，批评我们没有隐蔽好。我们估计敌人是盲目扫射，敌机走了，我们赶快把车挪了一个位置。

我们坐汽车经过徐家沟、高家岭、任家山到瓦窑堡附近一个村子叫枣林沟（现属清涧县，在石嘴驿的北面）。朱总司令、刘少奇、彭德怀同志已在这等我们了。我们是早上到的，上午首长们睡觉休息，吃了午饭，下午三四点钟开始开会，一直开到天亮。参加的人有：毛主席、朱总司令、周副主席、少奇同志、弼时同志、彭总，还有陆定一同志。

他们在窑洞里开会，敞着门，我们在外面支了一口大锅，做夜餐煮面条，他们在屋内争吵我们听得很清楚。卫士可以旁听会议，但是不准外传。这个会是研究中央留在陕北，还是撤出陕北的问题。主席坚决不走，任弼时开始不发言，周副主席是一段一段地插话。刘少奇、彭德怀是坚决主张中央撤离陕北。

彭德怀发脾气骂人："你们这些人留在陕北没有多大用处，统统滚蛋，你们到河那边去，腾出地方我来打仗。你们留在陕北还要保护你们，增加部队的负担。到山西去，安全、生活条件好，一样指挥全国打仗。"刘少奇也是这个观点，他提出两个方案，一个是离开陕北到晋西北去，再一个是干脆到河北去。

吵了半天主席仍是坚决不走。朱德同志开始说："为了安全，可以过河。"后来他支持毛主席的意见。弼时最后才发言，同意毛主席的意见，他在会上没有和毛主席发生争吵。陆定一是宣传部长，他没有讲话。江青不算会议成员，她是断断续续参加会。

周副主席给刘少奇、彭总做了不少工作，他是坚决支持毛主席的。在王家坪时就已商量留在陕北。

会议确定周副主席、弼时、定一和毛主席留在陕北。朱总司令和少奇到河北平山领导土改工作。在山西临县三交镇成立了后方委员会，由叶帅挂帅，他是副总参谋长，还有邓大姐、杨尚昆及外事组、总参等机关。

天快亮了，会议结束了。因为敌机时常侦察轰炸，为了安全，少奇同志、朱总司令连饭也没有吃，就走了。彭总回前线总指挥部。

三交之行

他们走后，我们又住了一两天，周副主席要到三交镇去传达中央的精神。因为关兰轩要留下来看"家"，我一个人跟着周副主席忙不过来，警卫班临时派关元太同志帮助工作，他是陆定一的警卫员，同行的还有汪东兴，他带了一个机要员。我们连马夫都未带。

我们先离开枣林沟，向北走，路过田庄，向绥德方向走。随后主席他们也出发，也是向北走，路过田庄，而后向西。

在路上住宿时，我和汪东兴干了一仗。我第一次见他，不知道他是警卫科长。这个人，什么事都管，老教训我。住下后他开我的玩笑："你一个人，首长出去怎么办？"我说："跟着去。"

"马怎么办？""喂呀！"

"号房子，吃饭怎么办？"

我说："我跟着首长出去，你看房子，烧开水做饭。"他不高兴，但也不好推辞。

我让关元太喂牲口，找民兵在窑上警戒。我跟着周副主席到外面转，他每到一地总要接近群众，做调查研究。大约一两个小时，我们回来了，饭已做好。吃饭时汪东兴还问我："怎么样？吃得有没有味道。"其实不是他做的，是请房东大娘做的，他只在一旁烧烧火。

睡觉时，汪东兴又问我："晚上喂牲口怎么办？"我说："关元太喂半夜，我喂半夜，没有你的事。"我们住的是两个窑洞，关元太和其他人睡在外间，我们睡在里间。一铺炕，周副主席睡在最里面，挨着灶，我挨着他，汪东兴睡在最外面，挨着窗户。汪东兴不干，非要挨着周副主席不可，我俩争起来了。正争得脸红脖子粗时，周副主席进来了："你们吵什么。让东兴挨着我睡，不就行了。"

到了三交，社会部部长李克农批评我：你好厉害，科长都要听你指挥。我才知道汪东兴是警卫科科长。李克农同志又问了问路上安全问题，周副主席的身体状况，鼓励我们做好警卫工作。

周副主席到三交传达中央精神。我们见到大姐。大姐住在离三交镇六七里的一个山村里。首长们都改了姓名，大姐叫肖秘书。散会后，大姐说："他忙，不打扰他。"要回小山村里去。李克农坚决不同意，对成元功说："你牵上马回去，明天早上来。"硬把大姐留在三交住了几宿。

成元功告诉我，李克农和总理几十年患难与共，出生入死，并肩战斗结下非同一般的友谊。他们之间是无话不讲的，大姐开玩笑说："连我们洞房话都讲给你（指李）听了。"在日内瓦会议上，周总理和李克农住在一层楼内，有一次周总理批评了李克农，李克农误会了不太高兴。事情处理完了，周总理亲自到李克农的房间，语重心长地说："我从来把你看作知己，出了事我不批评你，批评谁，而你……"李克农听了这肺腑之言，备受感动。误会和委屈顿时冰释云消。

周副主席在三交每天日程安排得满满的，一天不知讲多少话，嗓子都讲哑了，回来的路上边走边休息，还清闲一点。

回来时，就是我和关元太跟着周副主席，一行三人。走到绥德东山上，我们居高临下观察。周副主席坐在一块石头上计算敌人北进的速度。我们搞不清敌人是否已占领绥德。我要求先下山侦察一下，周副主席说：估计敌人没有占领绥德，休息一会，咱们一块走。我仍坚持先下去看看。他半开玩笑地说：你是首长，我是首长？我们一起下了山，平安地过了无定河。

在三交时，贺总接见我，询问中央首长健康、安全情况及撤出的路线等等，我一一汇报。

贺总问："你们这次来跟着几个人？"

我答："两个人。"

"哎呀，人太少了。"

我说："周副主席说了，过了黄河是安全地带，没有事。前方正打仗，不准多带人。"

贺总又问："你带的是什么武器？"

我如实地答道："每人带了两支枪，一支左轮，一支快慢机。"

贺总关切地说："都是短射程武器不行，火力太弱，回去路上万一碰上敌人怎么办？带一个远射程武器。"让我挑了一支美式卡宾枪，又送给我五六百发子弹。我认为是贺总给的，时间又紧，就没有向周副主席汇报请示。

回来的路上周副主席发现我多了一支美式卡宾枪，没有说什么。我们在路上开开玩笑，讲讲故事，轻松愉快。在绥德东山上休息时他故意问我：你背的是什么枪，射程多远，性能怎么样，你会不会用，会不会保养。下了山我们骑上马，他严肃地说："换好枪、要手表、要马、要这个要那个，是旧军队的作风。"把我剋了一顿。我低着头静静地听着。等他讲完了，我解释了一下，承认自己不请示是不对的。他说："还是你有理呀!"

我们没有返回出发地，主席走到哪里，周副主席知道，他没有告诉我们，领着我们从中间插过去。在石湾镇的南边碰到龙飞虎、阎长林来接我们，一起回到青阳岔（现属靖边县），和毛主席会合了。

在王家湾

党中央撤出延安后，西北野战军打得很好，三战三捷。

3 月 25 日在青化砭歼灭胡宗南第三十一旅旅部和一个团共 2900 余人，俘虏旅长李纪云。4 月 14 日，在羊马河全歼敌一三五旅 4700 余人，俘虏代旅长。5 月 4 日，在蟠龙歼敌整编一六七旅 6700 余人，俘虏旅长李昆岗。

我记得羊马河战斗后，敌人从绥德方向向靖边追来，我们是向北走，地点忘了。下午我们到了，房子没有号好，水没有准备好，马料还要现去筹备，一切都没有就绪。部队坐在山坡上唱歌，等了两三个小时，还不能进房子休息，有的同志累了，靠在背包上睡着了，东倒西歪，不成个队形。

主席看到部队散了，发火了，让周副主席把大家组织起来，说直属队的事大家都要过问，指定任弼时为直属队的司令，陆定一为政委。

周副主席马上把直属队干部、战士集合起来，有二三百号人。周副主席作动员报告，然后宣布任弼时为直属队的司令，陆定一为政委，叶子龙担任参谋长，汪东兴任副参谋长。代号是三支队。

从这时起首长们才起了代号，是叶子龙出的点子，让我们送首长审阅，他们都同意了。毛主席叫李德胜，周副主席叫胡必成，任弼时叫史林，陆定一叫郑位。叶子龙是一号，汪东兴是二号。

后来我们到了王家湾（现属安塞县），住了一个多月的时间。

在王家湾首长工作繁忙。全国战事紧张，中央和全国各个战场、每个部队，每半天联系一次，遇到紧急情况，两个小时和部队联系一次。

这时生活开始困难。为了保证首长的基本生活需要，卫士们每天骑马出去找菜，到敌人未占领过的地方，一出去就是三四十里路，跑上半天，才买到南瓜、小白菜。有时用旧衣服换只鸡、鸡蛋，当地不产棉花，布匹很缺。如果买不到东西，空手而归，首长们就啃咸菜头。

虽然生活艰苦，工作紧张，周副主席比在延安时消瘦，但正是年富力强，精力充沛，从未生病。各地捷报频传，首长们精神愉快，互相之间关系融洽，配合默契。

5 月初，我们在蟠龙打了一个胜仗，全歼守敌。5 月 14 日，在真武洞（即安塞）召开了祝捷大会，周副主席亲临大会讲了话，宣布党中央、毛主席留在陕北，和大家一起坚持战斗。给大家鼓舞很大。

满满当当开了三天会，16 日，我们启程返回王家湾，路过第一纵队的司令部。纵队司令张宗逊、副司令员贺炳炎在路上迎接周副主席。

在这里，周副主席同李昆岗谈了一次话。这个人是胡宗南的“四大金刚”之一，对我们有仇恨，态度傲慢。周副主席给他算了一笔账，从内战开始，蒋介石在各个战场打了多少败仗，损失了多少兵员。我们共产党由劣势转为优势，取得了多少胜利和发展。严肃地指出：“蒋家王朝必败，共产党必胜！你不相信就走着瞧，历史自会做出结论。”无情的事实，使李昆岗哑口无言，耷拉下了脑袋。

在离开王家湾之前，江青对我说：“你到前线去，捎点东西给彭总。”捎的是牛肉罐头、奶粉罐头，美国纸烟、罐头，我装在马褡子里。她说：“彭总在前线很辛苦，这些都是我和主席节约下来的。你不能直接给他，不能说是我们送的，更不能说是我送的。如果讲了，他不但不收，反而会骂人。”她让我去找贺炳炎同志商量，会找到两全其美的办法。她嘱咐我不要对别人讲，我对周副主席也未讲。江青是好意，当时的思想、感情和后来是不可同日而语的。

我向贺炳炎一说，他哈哈大笑说：“这好办，你就说是从前线缴获的，战士们送给他的，他可高兴哩。”我把东西如数地交给他，请他办理。

祝捷大会后，胡宗南部向西寻找我主力。我们有计划地撤出王家湾。

临出发时，我把首长们住的三间窑洞，仔细地检查一遍，铺在炕上的门板都已上好，把炕席掀起来看了看。周副主席不放心，又一个窑洞一个窑洞亲自做了检查，炕上炕下检查一遍。他历来是这样，每次撤退都走在最后。

王家湾的老乡向东撤退，毛主席派人追回来。老乡随三支队一起向西走。我们刚走上路，就下起大雨，雷声滚滚，雨脚如麻，毛主席、周副主席一直未穿雨衣。山陡路滑不好走，牵马的同志拉着前面的马尾巴，才能摸着道走。首长拉着马尾巴，我和关兰轩一边一个扶着他，一夜才走了二三十里路。

走到山顶，雨停了，满山遍野是敌人点的一堆一堆的篝火，马嘶人喊，离我们很近，情况险恶。我们实行严格的灯光管制，划个火柴也不行。同志们浑身上下淋得精湿，背包淋湿后，死沉死沉的，同志们又困又累，夜风一吹，冻得人直打哆嗦，有一位女同志钻到骡子肚子下取暖。有的实在耐不住了，倒在泥地里就睡着了。毛主席见到这种情景，不穿雨衣，不戴草帽，拄个棍子，站起来就走。榜样的力量是无声的命令，同志们揉揉眼睛，从泥地里爬起来跟上，部队又出发了。

从天赐湾到小河

经小河一带，到了天赐湾（现属靖边县），在这住了几天。天赐湾是光秃秃的荒山，就几户人家，吃水要到很远的沟里去挑，而且还是浑水，倒在缸里沉淀后才能吃。毛主席、周副主席等首先挤在一间小窑洞里住，我们就住在院子里。

条件这么困难，江青还要洗头。她每次洗头，要把水烧得滚开，用毛巾过滤后，晾得水温合适了才洗，洗一次头要用三盆水，她的盆别人是不能碰的。

主席的卫士王勇同志，对她非常看不惯，经常骂她："你臭拽什么！你不是和主席结婚早死了，活不到今天。"江青让他烧开水洗头，王勇想连同志们喝的水都难以保证，你还要洗头！生气地说："不烧！要烧，你自己去烧。我是照顾主席的，管你的事?!"铛，一脚把盆踢开了，拂袖而去。我知道了悄悄地劝他几句，他理直气壮地说："熊她，白熊她，她不敢告诉主席。"果然江青不敢让主席知道。

后来在杨家沟他们又闹了一场。那时环境比较安定，江青就哭起来。江青找我谈话，边哭边讲，哭得好伤心。她说卫士们对她不尊敬，叫她蓝苹，说她的坏话。她哭诉："我出身贫寒，在上海搞地下工作，为党做了不少工作，你们不了解，瞧不起我。"

我很纳闷，我们不是一个党小组，她为什么对我讲这些话。可能是她想让我向周副主席反映，但不好明说。我才不替她汇报哩，汇报了我们的同志倒霉，假装不明白，不理她。

1947年7月中共中央在陕北靖边小河村召开小河会议。

王勇现在湖北，“文化大革命”时江青没有找到他，没整他。我们在北京工作的同志都挨了整。

6月中旬，我们到了小河（现属靖边县）。刚住下就为会议做准备工作，筹集粮食、马料、副食，准备首长们住的房间。没有会议室，我们砍些杨柳树枝，在院子里搭了一个凉棚，小河会议是在凉棚下召开的。

会议期间贺总开玩笑说：我用一排人把你们都缴械了。提出给警卫排换换武器，因主席、周副主席不同意，没有办。

8月1日我们离开小河，我们由三支队改称为九支队。

在沙家店战役前后生活最艰苦，有两个星期，粮食虽然保证供应，但来不及加工，都是整麦子、整黑豆、整高粱。我们没有工具无法加工，只好煮着吃。这三样比较而言，黑豆最好吃，高粱涩得很，最难吃的是麦子，像牛皮筋，咬不动，嚼不烂。警卫团的同志们更艰苦，他们吃的全是整高粱。当地老百姓由于战争的破坏，粮食很困难。我们吃的粮食是从晋绥运来的。

九支队在神泉堡附近的曹庄（现属佳县）休息时，我和周副主席坐在一块大石头上，我拉着两匹马，周副主席在那看电报。休息结束，他站起来走路一拐一拐的。我赶快扶着他坐下，叫他把脚伸出来一看，鞋底磨了一个洞，袜子也磨破了，脚后跟皮磨红了，快出血了。我说赶快换鞋，要到马褡子里拿鞋。周副主席执意不肯，说部队已出发了，耽误时间，影响队伍的行动不好，无论如何不肯换。让他骑马也不肯。毛主席听到我俩争执，知道原委后，派警卫排的同志拿一副担架过来。警卫排准备了两副担架，可是一直没有用过。周副主席连马都不肯骑，他怎么会坐担架呢！一直坚持走了二三十里地，直到目的地才换上鞋。

周副主席穿的鞋子是我做的，自己搓麻绳，纳鞋底，绱鞋，一天能纳一双鞋底。我给周副主席做了两双鞋，给毛主席做了一双。江青见我做得好，让我给她做一双，她拿的鞋面，是紫棉花织的布做成的。她说她有鸡眼，让我在棉鞋垫上留个洞，垫上棉花。

8月中旬，我们第一次攻榆林未攻下，敌人从榆林、绥化两路夹攻我们。敌人离我们很近，枪声、炮声都听得到。我们处境很危险，前有佳芦河，回旋余地很小，这时任弼时同志积极主张主席暂过黄河，他比较急躁，和主席争吵起来。

主席说，你的主意不正是蒋介石想要的嘛，蒋介石就希望我们过河，我们只要一过河，中央留在陕北就成了吹牛皮。

弼时同志火了，说，你们都不支持我的意见。毛主席批评了他，不理他，他不吭声了。

我们在佳芦河上搭了浮桥，先让首长过河，而后把牲口、驮骡拉过河。牲口还未过完，桥就塌了，阿洛夫①的马、行李未过来，他生气

① 阿洛夫，原名安德烈·亚科夫列维奇·奥尔洛夫，1940年作为苏联情报组成员到延安，抗战后期回国。1945年以医生身份再次到延安，负责中苏之间的电台联络，随中共中央转战陕北，后到北京。1949年7—8月间该电台停止工作，阿洛夫参加中央负责同志的保健工作。50年代回国。后因飞机失事遇难。

了，我们号了房子，首长都进屋了，他不肯进去。开饭了，他气还未消不肯吃饭。主席问：“这是为什么?”我们如实汇报，周副主席马上说：“把我的行李给他用。”我把副主席的行李拿出一半，毛毯、褥子等给了阿洛夫，阿洛夫仍不去吃饭。毛主席吃完了饭，走到他的跟前严肃地说：“这是中国，不是苏联，战争就是这么苦!”他才进屋休息去了。

8 月 21 日，首长们到前总驻地祝贺沙家店战役的胜利，观看了战场。在路上碰到抬下来的伤员，他们看了看伤员，并安慰、鼓励一番。

从朱官寨到杨家沟

8 月下旬，我们到了朱官寨（属佳县)，在这里住了一个多月的时间。朱官寨是陕甘宁的边缘地区，生活就好一些了。边区的老百姓认得毛主席，毛主席一出来，大人、小孩、婆姨跟着看。他们嘴上不讲，心中有数。

在朱官寨首长们指挥打仗，工作是比较紧张的。到处打胜仗，传来的都是捷报，形势大不一样。主席的兴致很高。9 月 29 日是中秋节，主席从屋里拿出一瓶白兰地，在院子里请卫士、警卫排的同志们喝。毛主席、周副主席等首长和我们一起席地而坐，拿着粗瓷大碗，就着辣椒喝酒。边喝酒，边赏月，大家说说笑话，讲讲故事，在一起玩了一个多钟头。

主席爱吃辣椒，每顿饭要吃十几个辣椒。那时没有油，就把整辣椒放在木炭火上烤烤，拿出来吹吹灰就吃。周副主席有痔疮不能吃辣椒，他吃生姜，把鲜姜切成丝，倒上醋吃。

转眼冬天快到了，首长们议论在哪里过冬。因为陕北未完全取得胜利，确定不过黄河，仍在陕北过冬。叶子龙、汪东兴派警卫团的同志先

1947 年 9 月周恩来在陕北佳县神泉堡做战略反攻动员报告。

行到米脂杨家沟做准备。

11 月底我们搬到杨家沟，直属队的代号改为亚洲部。环境安定了，家属从河东过来了。有：李讷和她的媬姆，陆定一的爱人和孩子，叶子龙的爱人蒋英和孩子燕燕、二娃子。邓大姐已到河北平山，没有过来。秘书处的人也多了，叶子龙负责的办公厅的人也多了，准备召开会议。一到杨家沟，就投入准备召开会议的紧张工作。会议的规模是比较大的，除了能够到会的中央委员和候补委员外，还有陕甘宁边区和晋绥边区负责同志参加。陈毅、贺龙、王震都参加了。我记得在会前，在周副主席的会议室里召开了多次小型会议，或叫准备会议。这些会议都是由毛主席主持的，我在外面烧水供水所以知道。这些小型会议是反复讨论、研究，会场气氛活跃、融洽、各抒己见，有时吸收有关的参谋参加。会议主要研究战局，怎么样打出去，进一步由内线打到外线的问题。

12 月 25 日至 28 日中央正式开会。25 日，毛主席在会上做了《目前形势和我们的任务》的报告。周副主席在会上就全国各战场形势作了汇报。准备这个报告的时间不短，周副主席是花了心血的。算各个战场敌我力量的对比，算了又算。

我们在杨家沟过新年、春节（2 月 10 日）。新年过得热热闹闹，首长们在会议室里跳交际舞。

我们烧的地炉子，用的烟囱很粗，敞开口烧每天要烧一二百斤煤。灶口就在周副主席办公室的窗下，他一看见我们添煤就心疼，让我少添。他说：烧这么多，房子里并不是很热，热气都从烟囱里跑了。他说老百姓节煤好，让我向老百姓学习。我这样做了，果然又节省煤，又保持了室温。他很高兴，把这件事在机关内推广，他说是我的功劳，实际是在他的指导下干的，我听了他的表扬很不好意思。

我们和毛主席住一个院子，周副主席住在西头，毛主席住在东头，我们出大门，要经过毛主席的窗前，周副主席的习惯是每天早上一起床，就要大声地咳嗽几下。主席睡觉很轻，周副主席醒来先问我们主席起来没有？如果主席还没有起来，他就轻声轻脚地走出院子，到山包后面咳嗽。他经常教育我们要注意主席的休息，不要弄出声音来。

他不仅关心主席，而且对下面的同志也很关心。他经常写东西写到深夜，常常催值班的卫士回去睡觉。我们不肯离开，搬个椅子躺躺，他说："这太冷，你回去睡。有事我叫你。"有时我睡着了，他有事到屋里来叫我。

过了新年，机关里开始搞三查，机关的运动由江青坐镇。中央规定三查是"查阶级、查工作、查斗志"。江青是查三代，选贫农代表，党团员不起作用了。搞忆苦思甜，有些老红军诉苦，一般同志因年纪很小就参加了革命，讲不出什么来。江青不顾实际情况，武断地说：你没有苦可诉，就讲甜，讲你是怎么剥削别人的，算剥削账。机关里的参谋、干事、卫士、勤杂人员，大部分出身于贫下中农，只有少数人出身于地主、富农。江青不论这些出身不好的同志平时表现如何，主张斗争这些同志。七斗八斗，挫伤了这些同志的革命积极性，在同志们间制造了分裂。周副主席发觉后，讲了话，弼时同志也出来讲了话，很快纠正了。

当时土改搞得很“左”，晋绥、河北都搞了“搬石头”。三交搞得很凶。唯成分论，谁的成分好，谁就当贫协主席，要怎么样就怎么样，完全是极左的一套。白天开群众大会斗争，晚上在老百姓家里把门一关开小会斗争，挨批斗的尽是干部。有的人因为自己的要求没有达到，因而对领导有意见，借此机会泄私愤。康生在晋西北搞土改，把猫放在被斗人的裤裆里，你不按他的意图交代就打猫，让猫抓你，十分的恶劣。陈毅同志发现后，向中央报告。主席、周副主席派我们到地方上看如何斗地主，分浮财。弼时、周副主席知道后，写了文章纠正这种错误的做法。毛主席也讲了话。

东渡黄河

1948年3月，延安解放指日可待，西北的战局，已是胜券在握，毛主席准备东渡黄河。

3月下旬，我们骑马到吉镇（属绥德县）住了一夜，第二天到达刘家坪（属佳县）渡口，在此东渡黄河，告别了中央工作过13年的陕北。

刘家坪渡口浪不大，水流平缓，周副主席和弼时同志一条船。两位首长，四名卫士，两个马夫，八匹牲口。主席和警卫排是一只大木船。陆定一和胡乔木是一只船。我们这三只船是第一批渡过来的，大木船很稳。

过河就是临县，走了没有多远就住下了。第二天晋绥分局派汽车接我们到兴县蔡家崖贺龙的司令部所在地住。一下车就像到了城镇，电灯、电话，房子粉刷一新，桌上铺着雪白的桌布，桌上摆着茶杯、茶壶、花瓶，花瓶里插着盛开的鲜花，满屋子洋溢着山花的清香。街上贴着大标语：欢迎伟大领袖毛主席，欢迎中央机关的同志，等等，真是喜气洋洋，一派和平、繁荣的景象，人来人往热闹非凡。我们刚从满目疮痍的战场过来，耳目一新，格外欢畅。

主席很高兴，白天开会，晚上看戏。周副主席更是喜爱文艺，场场都去。他们很内行，边看边评论，边笑。在蔡家崖住了十来天，首长们消除疲劳恢复体力，休整了一下。

4 月 1 日毛主席到晋绥干部会议上讲话，4 月 2 日，毛主席对晋绥日报编辑人员的谈话，都是周副主席陪着去的，主席出去，周副主席总是陪着。

4 月上旬，我们离开兴县。我们从岢岚、宁武、应县、代县到雁门关外。在雁门关游览、照相，然后从北路上五台山。

到五台山我们住在大庙里，主席对文物古迹很感兴趣。在这里休息了几天。各处走走、看看，爬上好高的山去看。主席身体不适，又住了两天，这时大雪封山，漫山遍野白雪皑皑，看不到路，刚出发又返回来。要等雪化了约十天半个月，派部队扫雪，扫了两三天，我们才能过山。一过山就到了河北，有汽车接我们，一直把我们接到聂总的司令部——城南庄。

住了十来天，我们准备去西柏坡。临走的头天下午司令部弄了些酒菜饯行。萧克和周副主席碰杯，已经喝了不少酒，又连喝三杯，周副主席喝醉了。他头发晕，脸发烧，我用冷毛巾放在他的额头上，休息了几个小时。萧克醉得更厉害，一夜未醒。下半夜周副主席、杨尚昆、任弼时、陈毅等一起坐汽车离开城南庄。主席没有走。汽车一直向南走了七八个小时，经过杨尚昆住的地方（贾峪），第二天上午到了西柏坡。

到西柏坡后不几天，就接到敌机轰炸城南庄的消息。聂总硬是把主席拉到防空洞，刚进了防空洞，飞机把主席住的房子炸了一个角。

1948 年，毛泽东和周恩来在西柏坡。

得到消息第二天周副主席、任弼时、陈毅、李涛又返回城南庄，看望主席。并出席中央会议。周副主席的汽车走在最后，前面是陈毅、李涛的车。快到城南庄时上一个很陡的坡，接着是一个急转弯。我们正上坡，只见陈毅坐的车翻下沟去。周副主席见此情况，脸一下子白了，不等汽车停稳，就跳下了车。我跟着也跳下了车，跑到公路边一看，那辆吉普车四轮朝天。周副主席站在路边上急切地喊："怎么样？怎么样？"看见陈毅从车里爬出来，一边拍手上的土一边笑哈哈地说："没事，没事！"过了一会儿李涛也从车下爬出来，周副主席才放心了。

在西柏坡，1948 年这一年打了辽沈、淮海、平津三大战役，这是党中央集体领导的，周副主席是参谋长，当时朱老总年纪大，弼时同志身体不好，少奇同志负责整党、土改。主席挂帅，每个具体的工作都落到周副主席的身上。从电报上看，周副主席每天光起草电报就有上万字，看电报的任务更大了。这一年他总是太阳出来了才睡觉。一天到晚就是看电报、写电报，开会。他对国民党几百万军队团以上的番号、代号、驻地、军队的负责人都装在脑子里背得滚瓜烂熟，对我军的情况更是了如指掌，胸中有数。有一次一个战役打完了，做总结时漏掉了一个敌团。周副主席看出来了，马上指出这个团的番号，驻在哪儿，团长是谁，是被我们哪个部队消灭的。他们一查果然是如此。大家惊叹不已，无不钦佩。

他常工作到十一二点，要吃一顿夜餐，我们提出专门给他做一顿饭，杨尚昆、大姐也劝他，他怎么也不同意。他说，为了我一个人，让伙房的同志半夜起来不行。他坚持让卫士在吃晚饭时把饭打回来，自己热一热吃。我们住的旁边就是毛主席的小伙房，我们建议他和主席一起吃夜餐。他也不同意，怕影响主席。让主席的伙夫代他做，也不行。最后同意我们用主席的小伙房给他热热饭。

在西柏坡时，岸英谈恋爱，要结婚。毛主席不同意说："你这个小孩子，没有什么本事。现在我的好多团长、营长还没有结婚，你有什么资格提出结婚。你有本事出去，我不管，你在这，我不能同意。"岸英想不通。

岸英从不叫江青妈妈，叫她江青，客气时加上同志二字，不高兴了叫她蓝苹。这时江青拉他："你有什么话对我说，你爸爸不同意，我做工作。"唆使岸英到主席那去闹。主席火了要把岸英关起来。阎长林报告了周副主席，周副主席把我找去，说："岸英住在你们那儿，别让他出去。"周副主席陪他吃饭、散步，和他谈心，做他的工作。毛岸英很懂事，听了周副主席的话。

由于我一直都想去学习，到西柏坡环境安定，1948年秋，我再次向汪东兴提出去学习的要求。汪东兴说："我已碰了两次钉子。"我说："你再去说说，这次不行就不怪你了。"我等了半个小时汪东兴出来说，周副主席答应是答应了，可话里有话，你们要走就都走吧，我这里的事随便来个人都行。你还走不走？我一心一意想去学习，就说，那他同意我去学习了。后来调了两个人来，都不行，最后把成元功调出来替我，我才走。

我临走时，周副主席和大姐找我谈话，对我的工作进行总结，有表扬，有批评，请我吃了顿饭，汪东兴、阎长林、成元功都参加了。我到学校后大姐还托人给我捎了笔记本、鞋等。这都几十年前的事情了，我回想起来仍是历历在目，终身难忘。

柳林溪（1910—2002），河北省肥乡县柳庄人。1927年参加革命，1929年加入中国共产党，1931年至1934年任中共肥乡永年、曲周中心县委书记，兼任肥乡县委书记等职。1949年1月21日，受命负责接管颐和园工作，任颐和园管理处主任。1983年从北京市园林局离休。

作者简介

毛泽东主席率中共中央抵达北平的第一站[①]

□ 柳林溪

1949年3月24日，毛泽东主席率党中央从河北省平山县西柏坡村移至北平，抵达北平后的第一个休息地方是颐和园。颐和园，也就成了毛主席进抵北平的第一站。

那时，我是颐和园管理处的主任。3月24日早晨，刚成立不久的北平市政府的秘书长薛子正给我打来电话，要我马上到他那里去，说有要事。

我赶到市政府，见到薛秘书长，还没有来得及问明白有什么事，他就对我说："介绍信已开好，你拿着信乘我的车，马上赶到社会部找李克农部长报到。具体任务，李部长会向你交代的。"

---

① 原载《中共党史资料》1994年第49辑。

在社会部，李克农部长看完信后，望着我。他那张非常严肃的脸上，隐约流露出几分神秘和一丝无法掩饰的喜悦。他说：“今天晚上 10 点钟左右，党中央毛主席从平山县西柏坡来北平，要在颐和园景福阁休息。你在东大门等候，负责接待安排毛主席和中央领导同志的休息。”

“保证完成任务！”我按捺不住激动的心情，立即站起来答道。

毛主席率党中央从西柏坡移至北平，这标志着随着人民解放军的胜利进军，党的工作重心已由乡村转移到了城市，人民解放战争的全面胜利已是指日可待了，一个新中国就要诞生了。

这是多么振奋人心、令人激动的消息啊！

组织上把接待毛主席这么重要的事情交给我，是党和人民对我的信任，我决不能辜负党和人民对自己的期望，一定做好接待毛主席和中央领导同志的工作。

天色刚黑，我就来到颐和园东大门等候。

北平，早春的夜晚寒气逼人。这时的颐和园门前冷清得很，我在大门外踱来踱去，但身上觉得暖融融的，没有感到一点寒意。

当天晚上已是夜深人静之时，毛主席和中央领导同志来了！

第一辆车是毛主席的车，我连忙上前迎接毛主席。毛主席下车后，亲切地问我：“你叫什么名字？你是颐和园的负责人？”我有些激动地答道：“我叫柳林溪，是负责人。”这时，朱德、刘少奇、周恩来和任弼时等中央领导同志也相继下车了，毛主席一挥手，说：“走吧！”我领着毛主席和中央领导同志来到景福阁。大家还没有来得及坐下，毛主席就握着我的手，问道：“你认识我？”“认识。”我说。

毛主席，我怎么能不认识呢。1943 年我在延安先后在行政学院、自然科学院学习，多次聆听他的报告。1945 年他为了争取和平去重庆与国民党谈判，欢送、迎接我都参加了。我们为了粉碎国民党对边区的封锁，纺过线、开过荒，在瓦窑堡搞过农场，种烟叶、种甜菜，制过糖，我简要地将我在延安学习和工作时那几年的情况向毛主席作了汇报。

毛主席听了风趣地说："噢，是你熬的糖，我还吃过你熬的糖呢！"

毛主席的几句话，使我本来有些紧张的心情平静了下来。

毛主席劳累了一天，该休息了。我向毛主席告辞，离开了景福阁。

大约两个小时后，我正守在电话机旁值班时，毛主席身边的工作人员打电话来，说毛主席要我到景福阁谈话，在这次谈话中，毛主席详细地询问了颐和园的情况。

毛主席关切地问："接管了多少旧职员？多少工人？有没有太监？他们生活怎么样，有困难没有？"

我将颐和园的情况一五一十向毛主席汇报说："我们接收旧职员 20 多人，工人 30 多人。没有太监。他们多是年岁大的，青年人很少，生活比较贫苦。北平被包围时，全园职工连工资都领不到了。当时，就要过春节了，职工无法生活，更无法过年啦。我们进城接管后，了解到这一情况，立即报告市政府，从市财政局借来钱给职工发了两个月的工资，让大家过了年。"

毛主席非常关心职工的生活，听到这里便赞许地说："那很好。"接着又说："对原有的职工的生活，我们要包下来，不要辞退，不要解雇，原薪是多少，还发多少。不要叫人家说，国民党时期我们有饭吃，共产党来了反倒没有饭吃了。如果这样就不好了。"

我回答毛主席："我们就是按原薪发的。"毛主席听到我们已经这么做了，满意地点了点头。

毛主席还对公园管理和园林建设问题作了重要指示。毛主席说："过去我们在山沟里打游击有经验，进了大城市搞公园就不行了。没有经验，要向老工人学习嘛，从没有经验到有经验，先把原有的公园管好。过去的公园是地主资产阶级悠闲人士逛的，劳动人民一是没有钱，二是没有时间逛公园，我们不但要把原有的公园管好，还要建设许多新公园，让劳动人民今后都能逛公园。在劳动之余，有时间在公园休息娱乐，消除疲劳，再回到工作岗位上，为国家做更多的工作。”

毛主席和我一直谈到次日凌晨才休息。

在颐和园停留休息后，毛主席和中央领导同志便于 25 日离开了颐和园，去参加在西苑机场举行的入城阅兵式。

关于毛泽东主席进抵北平的时间，众说不一。有人说是 1949 年 3 月 25 日，因为这一天，毛主席和中央领导同志在西苑机场检阅部队；也有人说是 3 月 26 日，因为从这天起，毛主席和党中央领导同志便在香山住了下来。但据我所知，毛主席和中央领导同志是 3 月 24 日晚上就进了北平。那晚，他们就住在颐和园景福阁内。

光阴似箭，岁月流逝。这件事虽然过去了 40 多年，但我仍记忆犹新，终生难忘。

余湛邦，1914 年生，广东顺德龙山人，早年毕业于国立中山大学，后任张治中将军机要秘书 30 年，现任国务院参事室参事。

作者简介

毛泽东与张治中[①]的一次重要谈话[②]

□余湛邦

1949 年 4 月 1 日，张治中以南京国民党政府代表团首席代表名义，率领代表团由南京飞抵北平。次日，国共双方代表即采取三三两两的形式就国内和平问题开始商谈。当时中共中央毛泽东主席住在香山双清别墅，先后接见了张治中、邵力子、章士钊、黄绍竑、李蒸、刘斐、卢郁文等国民党政府代表团成员。8 日，毛泽东首先接见张治中，和他进行

① 张治中（1890—1969），安徽巢县人，辛亥革命时参加学生军，1924 年任黄埔军校学生总队长、军官团团长，参加北伐战争。历任国民政府中央军校教育长、第五军军长、第四路总指挥、第九集团军总司令、湖南省政府主席、国民党军事委员会政治部部长兼三民主义青年团书记长。抗战胜利后参加国共谈判，任军调部国民党代表，国民党西北行营主任兼新疆省政府主席。1949 年任国民党政府和平谈判代表团首席代表，到北平（今北京）进行和平谈判。和平谈判被蒋介石拒绝后，留在北京。出席中国人民政治协商会议第一届全体会议。建国后任西北行政委员会副主席、全国人大常委会副委员长、国防委员会副主席、民革中央副主席。

② 本文根据张治中生前谈话记录整理。原载《中共党史资料》1994 年第 48 辑。

了重要的谈话。

毛一见张，就马上起立紧握张的双手，满脸笑容地说："谢谢你在重庆谈判时的殷勤接待，照顾得无微不至；不过我很抱歉咧，当时你用上好酒席招待我，而你后来三到延安，我没办法，只好用小米饭招待你，很抱歉咧!"毛的态度，有如老朋友久别重逢，使张感到十分亲切友好。

"不敢当。当时从谈判到事务，一切都是和恩来先生商量好的。是他想得周到，我不过略尽地主之谊而已。"张谦逊地说。

"到这里后生活怎样？住旅馆方便吧？有什么需要和意见，请随时告诉接待同志。"毛诚恳地说。

"没有什么，很好，很好。"张说。

"这几天大家谈得怎样?"毛不多寒暄，直接进入本题。

"我已经和恩来先生谈了不少，涉及各个方面。同来的代表也和中共代表个别谈了很多。当然，分歧还是有的，需要慢慢来谈，好好协商。"张答。

"是的，国共两党从第一、二次合作到现在，经过了无数次的商谈。有些问题当时得到解决或局部解决，有些得不到解决就暂时搁下，有些当时解决了，但事后又有反复，是需要耐心地慢慢协商的。不过，主要的是双方要有诚意。现在中共方面已经表示了诚意，因此事情就有了百分之五十的把握，只要你们也有诚意，事情就比较好办了。"毛说。

"李代总统早就表示过以您在元月 14 日提的八条为谈判基础，我们当然要以此为依据来谈，但是事情总是复杂的。"张治中到北平前，两次到奉化溪口，就毛所提八条请蒋介石表示意见，进行了摸底。在南京时又由何应钦主持研究出《和谈腹案》九条，胸中早有成竹，现在是想知道毛泽东的底数。

"当前核心问题是和谈，和为贵。但我们不是为和平而和平，我们有其远大的目标，就是为着中国人民的解放和中华民族的独立，为着早

1949年8月，毛泽东、周恩来、张治中（右一）在火车站迎候宋庆龄。

日结束战争，恢复和平，以利于在全国范围内开始生产建设的伟大工作，使国家和人民稳步地进入富强康乐之境。我们所提的八条也是环绕着这个远大目标而设想的。”毛对和谈作了一个概括。

“要和，也不能回避历史问题。国共两党的斗争已20多年，谁是谁非，一时难以算清。为了实现和平，我们得现实些。战争罪犯问题和战争责任问题，看来是和平的两大障碍，我已和恩来先生、中共其他代表谈过，是不是可以暂时搁下，静待历史公断?”张直接提出他最关心的两个问题。

“重庆谈判以及随之而来的政协决议、停战协定、整军方案等都是你亲身参与缔结的。谁撕毁这些协议，谁首先发动战争，你比别人都清楚。这不是我们要提出的问题，而是客观历史自行鉴定的问题，完全否定它们，全国人民是不会同意的。”毛泽东坦率坚定地表示。

“国内的情形您是清楚的，国民党内部的情形您也不比我们知道得少。战犯名单、首恶元凶这些具体字样，希望所有的人都加以接受是很难很难的。这样的现实障碍不去，是根本无法获致协议的。”张委婉地加以解释，事实上是想为蒋介石争回些面子。

“原则上可以灵活些，我们是对具体的人作具体的分析和处理的。不问是谁，只要他能认清是非，幡然悔悟，出于真心实意，确有事实表现，因而有利于中国人民解放事业的推进，有利于用和平方法解决国内问题的，都可以给予宽大的待遇。至于文字措辞，等到双方谈判得到协议，是可以量情斟酌的。”毛的话含有暗示性和伸缩性。

“希望形式上不提名单，对人则作具体处理，那么协议就比较容易达成。”张似乎不大放心，再补提这两句。然后又说：“恩来先生对我提到，由于国民党违背了孙中山先生的革命三民主义与三大政策，也就是背叛了孙中山先生的遗教，所以兵连祸结。对此，我们满怀惭愧。国民党的失败，确实是症结在此。多年来人民处在水深火热之中，渴望和平能够实现，现在是双方隔江对峙，人民希望流血惨剧到此为止，希望国共双方约束自己的部队，化干戈为玉帛。”张的含义是希望宣布停战，划江而治，此话险些脱口而出。

“革命是必须进行到底的，不然人民不会同意。国民党 20 多年的反动统治，人心失尽，必须引咎自责，以谢国人。至于何时渡江，如何渡江，双方代表团是可以协商研究的。”毛已明白了张的用意，委婉地关上大门。

“从目前情况看，国民党的失败已成定局，国共两党斗争亦将结束了。孙中山先生去世 24 年了，我们没有把中国变成自由、平等、独立的国家，我们的同胞，在国外受人家的轻视鄙视，我们实在感到惭愧和耻辱！作为一个革命党人，我们有诚意承认错误，有勇气承认失败，今后是你们的政权了，你们怎样做呢?”张坦诚地说出心里的话。

“不，不是的，是我们大家来做的，是靠大家合作来做的。我们知道，国民党内部也不是清一色的，其中有不少开明进步分子是不赞成独裁的。我们希望他们能和我们合作，他们多出主意，多提意见。”毛也坦诚地说。

“今后怎么办？我倒有一个意见，不知您可愿意听？”张说。

“那很好，那是我们求之不得的。”毛说。

“抗日战争胜利后，在国民党政权中占统治地位的是亲美的反动集团。他们的一面倒亲美、死硬反苏的错误政策是一个致命的孤注，给国家民族带来严重的灾难，不但危及国家民族的命运，而且影响到远东的和平，因此我坚决反对一面倒亲美，主张美苏并重，就是亲美也亲苏，不反苏也不反美，平时美苏并重，战时善意中立。我是一生坚持孙中山先生三大政策的，但在亲苏联共的总方针下，不妨在外交策略上美苏并重，保持同等距离。我曾经向蒋委员长反复建议过，可惜他犹豫不决，不能实行。不知您以为如何？”张试探地提出自己的主张。

“二次世界大战后，国际上分成以美、苏为首的两大集团，互相对立，剧烈斗争。以苏联为首的是社会主义集团，以美国为首的是资本主义集团，前者是革命的、民主的、要解放全人类的，后者是垄断的、侵略的、压迫剥削穷人的，我们只能倒向以苏联为首的集团，而不能倒向以美国为首的集团。”毛扼要地说明中共的主张。

“我的设想是从全世界局面出发的。现在中国在远东处于举足轻重的地位，成为美苏争取的对象。如果我们争取善意的中立，那么对苏有利，对美也有利，对中国更有利。中国善意中立之后，如政治上运用得宜，还可以通过国共合作以促进美苏协调，通过美苏协调以加深国共合作。这一长远的战略政略如运用成功，还可以保证远东的和平进而有利于世界的和平。”张振振有词地说了这番话。

紧接张的话头，毛告诉他：“必须从根本上看到，两大集团的冲突，是根本的冲突，两大集团的斗争，是你死我活的斗争；一边是社会主义，另一边是帝国主义，当今之世，非杨即墨[①]，不是倒向苏联一边，便是倒向美国一边，绝无例外，骑墙是不行的，第三条道路是没有的，我们反对倒向帝国主义一边的国民党反动派，也反对第三条道路的幻想。我准备写一篇专文，与你以及和你具有类似观点的人进行辩论。”然后又幽默地说：“我们准备为此辩论一百年！”

1949 年 4 月，以周恩来为首的中共代表团和以张治中为首的国民党代表团在中南海勤政殿会谈。这是周恩来在发言。

“如您刚才所说，结束战争恢复和平之后，就要开始生产建设的伟大工作，使国家和人民稳步地进入富强康乐之境，就是说要进行全国性的建设。以中国之大，人口之众，建设不可能只靠自己，还得向外寻求援助。我认为，光靠苏联援助不够，还得向英美等国去争取援助才行。”

① 杨即杨朱，墨子反对儒家，创立墨家学说，主张“兼爱”。杨朱针对“兼爱”，创立为我学说，反对墨家。杨墨两家学说满天下。世人不是崇杨，就是崇墨，孟子出现后才改变了这种状况。

张换一个角度继续发表意见。

“在目前，这是一种幼稚的想法。英美的统治者现在还是帝国主义，他们会给我们援助吗？从鸦片战争以来100多年的历史告诉我们，帝国主义只会侵略、压迫、剥削我们中国，谁曾见过哪个帝国主义者援助过我们？孙中山先生一生中向资本主义国家吁请过多次援助，结果落空，反而遭受打击，所以他临终总结经验，谆谆嘱咐大家要把目光转向‘以平等待我之民族’，而不要再上帝国主义者的当。我们在国际上是属于以苏联为首的一边的，真正的援助只能向苏联一边去争取，而绝不能把目光投向帝国主义的一边。”毛温和而坚定地解释道。

“但是，我们还是要做生意。现在世界交通日益发达，各国人民贸易往来，有无相通，是正常的事。我们要和所有国家做生意，尤其和发达的英美苏等国做生意，而不能像清王朝那样闭关自守，一律排斥外来的东西。”张从问题的另一角度提出意见。

“是的，我们要做生意，完全正确，生意总是要做的，大家须知，妨碍我们和外国做生意以至建立邦交的，不是别人，正是帝国主义及其走狗洋行买办等人。我们要团结国内外一切可以团结的人击破国内外的一切反动派，我们就有生意可做了，我们就可以在平等、互利、互相尊重领土主权的基础上和各国建立邦交了。”毛进一步说。

“我们既然主张和平，既然要和各国建立邦交和做生意，那么我们就得注意态度，不一定对别人，例如对美国采取敌对或刺激的态度。”张又从另一角度提问题。

“我们要区分反动派与革命派的界限。对于国内外的反动派不发生刺激与否的问题，你刺激它是这样，不刺激它也是这样。在武松看来，景阳冈上的老虎，刺激它是那样，不刺激它也是那样，反正它要吃人。我们或者把老虎打死，或者被老虎吃掉，二者必居其一。”毛设想到张治中对敌我友界限一时还不容易区分清楚，所以严正地说明。

谈话至此，张治中告辞，毛泽东与他握手道别。

1949年9月21日至30日，中国人民政治协商会议第一届全体会议在北平中南海怀仁堂举行。图为毛泽东在政协会上致开幕词。

在以后不久的时间里，毛泽东发表了著名的《论人民民主专政》等文章，对“一边倒”、“要做生意”、“要国际援助”等问题，作了深刻的、系统的阐述，进一步回答了以张治中为代表的一部分人的疑问和主张。

当国民党反动派顽固拒绝中共提出的条件，使北平和谈彻底破裂后，张治中接受毛泽东、周恩来劝告，留居北平。毛对张说：“我们将举行新的全国政治协商会议并成立中央人民政府，请你参加。”张说：

“过去一个阶段的政权是我们负责的，今已失败成为过去了，我这个人也应成为过去了。”毛笑笑对他说：“过去的阶段等于过了年三十，今后还应从大年初一做起！”

重新做起，在毛泽东的关心、帮助下，张治中在新中国担负了许多重要职务，为人民做了不少的好事。